Hungerleider werden Bildungsbürger: Preußische Gymnasiallehrer 1820–1914

GESCHICHTSDIDAKTIK DISKURSIV – PUBLIC HISTORY UND HISTORISCHES DENKEN

Herausgegeben von
Jürgen Elvert, Christine Gundermann,
Wolfgang Hasberg und Holger Thünemann

BAND 11

Zu Qualitätssicherung und Peer Review der vorliegenden Publikation

Die Qualität der in dieser Reihe erscheinenden Arbeiten wird vor der Publikation durch die Herausgebenden der Reihe – gegebenenfalls in Verbindung mit Mitgliedern des Advisory Boards oder externen, von den Herausgebenden benannten Gutachter*innen – geprüft.

Notes on the quality assurance and peer review of this publication

Prior to publication, the quality of the work published in this series is reviewed by the editors of the series and, if indicated, in cooperation with members of the advisory board or by external referees appointed by the editorship.

Wolfgang Jacobmeyer

Hungerleider werden Bildungsbürger: Preußische Gymnasiallehrer 1820–1914

Profile einer Profession

PETER LANG
Lausanne · Berlin · Bruxelles · Chennai · New York · Oxford

Bibliografische Information der Deutschen Nationalbibliothek
Die Deutsche Nationalbibliothek verzeichnet diese Publikation in der Deutschen Nationalbibliografie; detaillierte bibliografische Daten sind im Internet über http://dnb.d-nb.de abrufbar.

ISSN 2365-0222
ISBN 978-3-631-90911-9 (Print)
E-ISBN 978-3-631-90912-6 (E-PDF)
E-ISBN 978-3-631-90913-3 (EPUB)
DOI 10.3726/b21269

Verlegt durch:
Peter Lang Group AG, Lausanne, Schweiz

info@peterlang.com
http://www.peterlang.com/

Inhaltsverzeichnis

Abkürzungen 9

Vorbemerkung 11

1 Einleitung 13

1.1 Fragestellung 13

1.2 Quellenlage 17

Schulprogramme: Entstehung, Verbreitung, Form 17

Bildungsgeschichtlicher Quellenwert 22

Quellenwert der Nachrufe 27

Begrenzung auf Preußen 34

Überlieferung der Schulprogramme 34

Künstliche Quelle für die Direktoren 36

2 Biographische Merkmale der Gymnasiallehrer 37

2.1 Herkunft 37

2.2 Studium und Berufseinstieg 43

Quellenlage und quantitative Vergewisserung 43

Zugang an Lehrern im gymnasialen Schulwesen 44

Studienorte 45

Konfessionelles 51

Lehramtsprüfung als Ordnungsfaktor 54

Ausbildung zum Lehramt: Probe- und Seminarjahr als Adaption .. 56

Indikator des Wandels: Absolventen-Trends in der Berufswahl [Exkurs] 62

2.3 Lebensalter 65

3 **Die Direktoren** ... 69
3.1 Dienstliche Aufgaben ... 69
3.2 Soziale Herkunft und gesellschaftliche Bindungen ... 76
3.3 Wissenschaftliche Exzellenz und Bildungsziele ... 91
3.4 Pädagogische Vorstellungen ... 99
3.5 Leistungen und Erfolge ... 101
3.6 Gesellschaftliche Bindungen ... 104
3.7 Beruflicher Aufstieg im Gymnasium ... 105
3.8 Aufstieg zum Direktor ... 106

4 **Die Oberlehrer: Kollegialität und berufsständisches Wir-Gefühl** ... 117
4.1 Die Hierarchie des Gymnasiums ... 118
4.2 Amtsführung und Tugendmuster ... 135
4.3 Tüchtige Lehrer und die Spanne des Berufs ... 142
Die 1820er Jahre ... 151
Die 1830er Jahre ... 153
Die 1840er Jahre ... 161
Die 1850er Jahre ... 168
Die 1860er Jahre ... 176
Die 1870er Jahre ... 185
Die 1880er Jahre ... 193
Die 1890er Jahre ... 201
1900 bis 1914 ... 208
4.4 1848/49: Behördenmuster und Selbstbild des Lehrers ... 213
4.5 Ansprüche der Schule gegenüber der Elternschaft ... 224

5 **Schüler als Klientel** ... 239
5.1 Einordnung ... 239

5.2 Strenge, Zucht und Ordnung ... 242
5.3 Das Bild vom Schüler ... 251
5.4 Selbstdisziplinierung der Schule ... 253
5.5 Ethos des Lehrerberufs ... 258
5.6 Dankbarkeit der Schüler ... 261

6 Orientierungen ... 269

6.1 Bildungsziele ... 269
Wandel ... 272
Kontinuitäten ... 280
6.2 Vom Patriotismus zum Nationalismus ... 285
1813 als Gottesgericht: Sieg des Guten über das Böse ... 285
1866: das deutsche Volk als *Gottes Knecht* ... 293
1871: *deutsches Kaisertum bei dem Grabgeläute des französischen* 298
Sedan als Focus und Orientierung ... 304
Die politischen Heroen: Wilhelm I. und Bismarck ... 307
Nationalgefühl als Selbstfesselung ... 312
1866 und 1871: *Idee der politischen Wiedergeburt des deutschen Volkes* ... 318
Dämpfungsversuche ... 327

7 Zusammenfassung ... 333

Literaturverzeichnis ... 349

Lehrer und Schulverwaltungsbeamte ... 353

Abkürzungen

BürgerSch	Bürgerschule
Dir	Direktor
FS	Festschrift
Gf.	Geschäftsführender
Gym	Gymnasium
Höh.	Höhere
NR	Nachruf
OL	Oberlehrer
Prog	Programm
PSK	Provinzialschulkollegium
RealSch	Realschule
VO	Verordnung

Vorbemerkung

Die Geschichtswissenschaft kann das Einzelne nicht als Einzelnes, sondern nur die Gattung, und das Einzelne nur in Beziehung auf diese, beachten.[11]

Wenn man sich dem wirklichen Alter nähert und es trotz der durch unsere *unsichere Lebenszeit* (A. E. Imhof) begründeten Skepsis zu erreichen scheint, wundert man sich über die Wege in der Wissenschaft, die man zurückgelegt hat. Jeder Einzelschritt war zwar schlüssig, die Strecke insgesamt jedoch auf das krumme Holz geschrieben. Ein ausgedehntes Studium hat den Assessor des Lehramts nach dem Hildesheimer Referendariat nicht in die Schule geführt, sondern in Forschungsinstitutionen – 1971 in das Münchner Institut für Zeitgeschichte, 1978 in das Braunschweiger Georg-Eckert-Institut für internationale Schulbuchforschung[2] und 1991 auf den Lehrstuhl an der Westfälischen Wilhelms-Universität in Münster. Jeder Wechsel bereicherte durch andere Aufgaben. Der Ruhestand, fünfter Arbeitgeber, eröffnete 2005 zunächst die Freiheit, Angefangenes nach langen Jahren endlich fertigzustellen, und gab danach das Gelände für neue Schritte frei. 2011 erschien das dreibändige Inventar des deutschen Schulgeschichtsbuchs 1700–1945,[3] durch die Braunschweiger Zeit angeregt, das aber nicht nach dem dortigen Modus fragte, dem internationalen Vergleich gegenwärtiger Schulbücher, sondern nach der Historizität des deutschen Lehrbuchs der Geschichte, nach seiner Gattungsgeschichte. Wegen des Umfangs und seiner Anspruchshöhe konnte es neben der Lehrstuhlarbeit nicht eher fertig gestellt werden. 2018 folgte eine zusammen mit Holger Thünemann edierte Quellensammlung deutscher Diskurse des 19. Jahrhunderts zum Geschichtsunterricht und zur Historik,[4] die die historische Tiefenschärfe der Didaktik erweitert. Der jetzt vorliegende Versuch hebt sich von eigenen Arbeiten zum 20. Jahrhundert nicht zuletzt durch die honorige Klientel ab, deren Leben und Bedeutung hier skizziert wird. Denn die Gymnasiallehrer des 19. Jahrhunderts sind denkbar weit entfernt von den Verbrechern des 20. Jahrhunderts, denen einige meiner früheren Arbeiten gewidmet waren.[5] Der Forschungsweg ist also dem

---

1 Wilhelm Wachsmuth, Entwurf einer Theorie der Geschichte. Halle 1820, 8.

2 Heute *Institut für Bildungsmedien.*

3 Das deutsche Schulgeschichtsbuch 1700–1945. Die erste Epoche seiner Gattungsgeschichte im Spiegel der Vorworte. 3 Bde. (= Geschichtskultur und histor. Lernen, hg. v. Saskia Handro u. Bernd Schönemann; 8). Münster 2011.

4 Grundlegung und Ausformung des deutschen Geschichtsunterrichts (Geschichtskultur u. histor. Lernen. Hg. v. S. Handro u. B. Schönemann; 17). Münster 2018.

5 Eine Sammlung von Aufsätzen zu meinen Interessengebieten und Fragestellungen hat Barbara Hanke herausgegeben: Wolfgang Jacobmeyer,

Anreiz der historischen Profession gefolgt, dass man ebenso gut auf neuen Feldern ackern darf, wie man die alten bestellen muß. Langweilig war das nicht. – Altern, der grassierende Fortfall von Alternativen, scheint zunächst mit dem gewählten Thema wenig Berührung zu besitzen. Aber man fällt doch aus persönlicher Kontinuität nicht heraus. Erneut konnte ich hier meiner Neugier leben; zum anderen, mindestens ebenso mich geleitend, konnte ich im Geiste versuchen, das mir so wichtige Gespräch mit Karl-Ernst Jeismann fortzuführen, über seinen Tod am 25. Februar 2012 hinaus. Ich kann am besten abschätzen, wie sehr ich sein Urteil, seine Kenntnisse, seine Struktursicherheit, seine Freundschaft bei meinen Überlegungen gebraucht hätte.

Für vielfältige Hilfe bei Vorbereitung und Niederschrift schulde und empfinde ich tiefe Dankbarkeit, vor allem gegenüber meinem engeren Lebenskreis. Denn meine Frau ist auch nach mehr als 56 Ehejahren meiner antiquarischen Interessen noch nicht überdrüssig; nach wie vor formt sie unsere lange Gemeinsamkeit mit Umsicht, Gleichmut und Energie, und zugleich ist sie ein Kompaß für pädagogische Qualität von Graden. Weiterhin ist das Gespräch mit den Töchtern Hannah und Rebecca Jacobmeyer und ihren Männern Thomas Hark und Lars Fischer nicht fade oder karg geworden; und endlich bereichern die drei Enkel, wie sie unterschiedlicher kaum sein könnten, unser Leben: Johann Fischer in Lübeck und die Brüder Sebastian und Alexander Hark in Lüneburg. Hinzu kommen die direkten Unterstützer der Recherchen, von denen ich Hermann-Josef Schroers, den umsichtigen, hilfsbereiten, unermüdlichen Hüter der Schulprogramme im Landesarchiv NRW Abt. Westfalen in Münster, herausheben möchte. Sehr herzlichen Dank schulde ich meinem Freund Prof. Dr. med. Dr. phil. Heiner Raspe, der die Übernahme der von mir extrahierten biographischen Daten von über 1600 Gymnasialdirektoren in das Programm SPSS ermöglicht hat und der mich mit taktvoller Geduld bei der Auswertung unterstützt und begleitet hat, der Kenner den Anfänger. Ferner haben mich unsere Freundin Dr. Sabine Rogge und Frau Julia Schulte vom Institut für Didaktik der Geschichte sehr zuvorkommend in EDV-Fragen unterstützt.

Nicht zuletzt gedenke ich mit den hier vorgetragenen Überlegungen meiner eigenen Schullehrer, alle seit langem verstorben: Thiess (Bürgerschule 55, Hannover-Limmer), Welge, Eicke und Dr. Burandt (KWG Hannover), Siegfried Galley, Dr. Scheller, Dr. Haake, Engelhardt, Mauss, Vaßmer, Moldenhauer, Schäling (Lutherschule Hannover). Sie stehen mir in ihrer Unterschiedlichkeit trennscharf vor Augen und zeigen mir für den hier vorgelegten Versuch, wie waghalsig es ist, betonte Individuen in eine gemeinsame Erzählung zu bannen.

W.J.
Münster im September 2023

Zeitgeschichte – Zeitverständnis (Geschichtsdidaktik diskursiv Hg. v. J. Elvert, C. Gundermann, W. Hasberg, H. Thünemann; 9). Berlin 2020.

1.0 Einleitung

1.1 Fragestellung

Wenn man angehalten wird, nicht so kleinlich, nicht gar zu detailversessen, nicht auf schwer erträgliche Weise lehrhaft zu sein, benutzt der Tadel oft die Formulierung, man bitte um einen weniger *oberlehrerhaften* Tonfall.[6] Bedenkt man aber den Vergleichs- und Orientierungspunkt des Tadels näher, den *Oberlehrer* als tertium comparationis, so ist es keine Frage, dass mit dieser Abwehr von Strenge, vielleicht auch Pedanterie eine virtuelle Figur angezogen und zugleich verzeichnet wird. Denn mit der floskelhaften Abwehr wird die historisch nicht leicht fassbare Person des Oberlehrers geradezu abwegig in Anspruch genommen. Schon gar nicht wird in diesem Tadel der inkriminierende, angebliche Habitus des Oberlehrers durch dessen historisch erkennbare Verdienste in der deutschen Bildungsgeschichte balanciert. Überhaupt sollte man endlich wohl fragen, mit welchem Recht sich denn Strenge oder die Forderung nach Genauigkeit und Gleichmaß auf der Ebene professionellen Handelns abqualifizieren lassen.

Vielleicht kann man das metaphorische Unrecht, das dem Oberlehrer angetan wird, noch besser einschätzen, wenn man den historischen Ort und die bildungsgeschichtliche Funktion des Oberlehrers näher beleuchtet. Denn wir haben es bei bildungsgeschichtlichen Fragen mit einem ganz eigenen Kontext zu tun. Der alte Zweifel, ob denn wirklich Männer Geschichte machen, ist im Binnenklima dieser Arena so trivial wie der Sachverhalt selbst. Die Antwort ist: ja. Weiter verkennen wir leicht, wie hochgradig das Bildungswesen personalisiert ist, besetzt durch die Interaktion von Lehrern und Schülern, beide vor den Herausforderungen durch die Sache. Wenn man die deutsche Bildungsgeschichte des 19. Jahrhunderts enger fasst und konkretisiert, dann dürfte es ganz unstrittig sein, dass es Personen sind, nicht Umstände, die deren tragende Institutionen von innen geformt haben, weil sie in ihnen lebten und arbeiteten. Gerade im höheren Bildungswesen ist es keine Frage, dass die Schulform des Gymnasiums mit ihren besonderen Eigenschaften – Zugangswesen, Leistungsforderung, Kollegialität, erwünschten Verhaltensmustern, regelmäßigen Gewohnheiten, Berechtigungswesen, sozialer Belohnung der Abschlüsse usw. – auf weite Strecken der erkennbaren schulischen Realität ihre konkrete Ausformung nicht von oben, also nicht durch behördliche Weisung, durch Verordnung und Erlass erhalten hat,[7] sondern durch individuelle

6 Als beiläufige Lesefrucht vgl. Karl-Rudolf Korte, *Im Land der Oberlehrer*, Süddeutsche Zeitung v. 9.12.2022, 5. – Korte äußert sich zur Opposition gegen die Ampel-Regierung.

7 Vgl. als institutionelles Beispiel Julia Kreusch, Der Verlag der Buchhandlung des Waisenhauses als Schulbuchverlag zwischen 1830 und 1918. Die erfolgreichen

Leistungsbereitschaft innerhalb der Institution Schule, der *Anstalt*. Zudem waren als Mittelbehörde des Schulstaats Preußen die Provinzial-Schulkollegien seit den 1830er Jahren wegen der jährlich stattfindenden, regelmäßig unangekündigten, meist zweitägigen Visitationen der Gymnasien[8] durch fachlich hocherfahrene Beamte mit der Schulpraxis vor Ort eingehend vertraut. Geradezu modellhaft ging das so vor sich:[9]

> *Am 15. Juni v.[origen] J.[ahres] traf ganz unvermuthet Morgens 71/2 der Geheime Ministerialrat Prof. Dr. Wiese aus Berlin ein und revidirte die Anstalt am Vor- und Nachmittag und am 16. Vormittag von 7–1, desgleichen die Schülerhefte, die Bibliotheken, das Archiv, und hielt Nachmittag von 5–7 eine Conferenz, in welcher er das Ergebniß der Revision mittheilte und auf einzelne Mängel aufmerksam machte, im Ganzen jedoch durch seine*

Geographie- und Geschichtslehrbücher und ihre Autoren. [= Hallesche Forschungen; 25]. Tübingen 2008: 2. Kapitel, S. 17ff – Vgl. auch Ludwig Wieses erfahrene Einsicht, *Gewiß, das Beste in der Schule geschieht ohne gesetzliche Vorschrift.* Ludwig Wiese's Sammlung der Verordnungen und Gesetze für die höhere Schule in Preußen. Berlin 1867, V.

8 Dir Friedrich Gottfried Wilhelm Hertel (1795–1877) bemerkt, die Visitationen seien auf den Wunsch der Gymnasien zurückzuführen: *Wenn es früher nur beklagt werden konnte, daß die höchsten Behörden der Wirksamkeit der Lehrer und den Leistungen der Schüler im Ganzen eine geringe Teilnahme zu bezeugen schienen, erfolgten sie nunmehr jährlich und unverhofft.* Vorbemerkung zum Prog Gym Zwickau 1837, 40. Oder Prog Gym Tilsit 1837: *hat die vorgesetzte hohe Behörde ihre völlige Zufriedenheit zu erkennen gegeben und den Lehrern über die bisherigen Leistungen ihr ermunterndes Wohlwollen ausgedrückt.* – Ein Nachlassen der Kontrolle ist bis 1914 nicht feststellbar. Vgl. u.a. Prog Gym Lauban 1830, 15 (*ganz unerwartet eine Revision*); Prog Gym Schleusingen 1844, 33; Prog Gym Potsdam 1855, 25; Prog Meldorfer Gelehrtenschule 1855, 18 *(und ermunterte die Lehrer, den Kampf des Idealen, das die Gelehrtenschule ja dem Streben des Realismus gegenüber zu vertreten habe, muthig und kräftig durchzukämpfen*); Prog Gym Petrinum Brilon 1870, 19; Prog Städt Gym Schwedt a.d.O. 1886, 17, usw. breit belegt. Eine Untersuchung der Visitationsberichte in den Behördenakten wäre lohnend.

9 Prog Kgl. Gym Tilsit 1856, 29. – Nicht anders bei städtischen Gymnasien: *Am 19. Junius 1828 erfreuete unsere Stadt und Schule durch seine Ankunft der ehrwürdige Herr Consistorial- und Schulrath* [Johann Andreas] *Matthias* [1761–1837] *von Magdeburg, welcher an den zwei folgenden Tagen eine allgemeine und genaue Revision der Schule anstelllte. Die belehrenden Erinnerungen, die er in den verschiedenen Klassen machte, die weisen und durch Erfahrung erprobten Rathschläge, die er für Unterricht und Disciplin, so wie die freundlichen und väterlichen Ermunterungen und Lehren, die er den Schülern gab, und alle übrigen Wirkungen, die seine Gegenwart veranlaßte und hervorgebracht hat, werden stets in gesegnetem Andenken bei uns bleiben.* Prog Gym Eisleben 1829, 31.

> *eben so treffende, wie humane Kritik, durch Anerkennung des Gelungenen, sowie durch seine ganze Persönlichkeit einen freudigen und in hohem Grade anregenden und belebenden Eindruck auf die Lehrer machte.*

Aufmerken lassen zwei Umstände, durch die die jährlichen Revisionen sich auszeichneten: die routinisierte Genauigkeit, an der sich die Schulerfahrung und die Prinzipientreue der Provinzialschulräte ablesen läßt, und die Freundlichkeit der Überprüfung, die durch ungekünstelte, von Gefühlen der Dankbarkeit geleitete Berichte der geprüften Schulleitungen bezeugt ist:

> *...Schulrat Dr. Klix, der am 22. Juni hier eintraf und in den drei folgenden Tagen die gesamte Anstalt der eingehendsten und dabei wohlwollenden Prüfung unterwarf. Dank ihm für die mannichfachen anregenden Winke, die er allen Lehrern zu Theil werden ließ, aus denen jeder sofort den scharfen Blick, aber auch das warme Herz erkennen konnte.*[10] *– Als besonderes Ereignis ist hervorzuheben die Revision der Anstalt durch den Geheimen Regierungsrath, Herrn Dr. Wiese. Derselbe wohnte drei Tage hindurch dem Unterrichte in allen Classen bei, prüfte auch die Schüler selber und unterwarf die Hefte derselben einer genauen Durchsicht. Am Schluß theilte der Herr Revisor seine Wahrnehmungen dem Lehrercollegium in einer mehrstündigen Conferenz mit. Die Anerkennung, welche der Anstalt, sowohl hier als später in einem schriftlichen Erlaß, zu Theil geworden ist, wird uns unvergeßlich bleiben, da sie nach der sachkundigsten und strengsten, bis in das Einzelne gehenden, Prüfung erfolgte und wegen der Stellung des Herr Revisors für die Anstalt entscheidende Bedeutung gewinnen muß. Wir können nicht anders, als dem Herr Geheimrath unseren ehrerbietigen und tiefsten Dank aussprechen.*[11]

Das Dirigat der Behörde[12] konnte daher viel weniger offensichtlich erfolgen. Erst gegen Ende des 19. Jahrhunderts wandelte sich das Behördenverhalten. Mehr und

---

10 Prog ProGym Friedeberg i.d.Nm. 1871, 32. – Auch der schulische NR auf Provinzialschulrat Dr. Gustav Klix (1822–1894) im Programm des Joachimsthalschen Gymnasiums Berlin (1894, 33) ist bemerkenswert: *seine treue Fürsorge unserer Anstalt – erfahrenster leitender Rath und Theilnahme eines warmen Herzens – von echtem Wohlwollen geadelte Klarheit des Blickes – Musterbild eines Schulrats von Gottes Gnaden – kernige Gesundheit der Lebensauffassung, Umfang und Vielseitigkeit des Wissens.*

11 Prog Saldernsche RealSch Brandenburg 1858, 39.

12 Für den Stil vgl. die kühle und knappe Anweisung des PSK v. 16.6.1848, *das Lehrer-Collegium wird aufgefordert, in Beziehung auf die Reorganisation der höheren Lehranstalten seine auf den kürzesten Ausdruck zu bringenden Wünsche und Anträge zusammen zu stellen*: Referat von des *hochpreislichen* PSK, Prog Gym Hirschberg 1850. – Dir Prof. Dr. Karl Ernst Georg Matthisson (1785–1857) berichtet daraufhin stilistisch ähnlich: *Ein nachtheiliger Einfluß auf die Gymnasial-Schüler von Seiten der politischen Zeitverhältnisse ist nicht wahr genommen worden.* Prog Kgl. Gym Brieg o.J. [1850], 26.

mehr formierten sich nunmehr die behördlichen Eingriffe zu dem uns gewohnten breiten Strom von Weisungen, Erlassen und Verordnungen, weil an der Stelle beherzt sanierender Reformen, die etwa Maß und Richtung von Schule aus gesellschaftlichen Veränderungen abgeleitet hätten, nunmehr das Kleinmuster der nur fallweise reparierenden Anpassungen dominiert oder, wie heute, die an kurzfristige Wahlperioden gekettete Spielfreude von Kultusministern nach politischer, finanzieller u.a. Opportunität. Das staatlich-öffentliche Bildungswesen hat aber ein Recht darauf, sich in langen Linien weitgehend autonom zu entwickeln, wenn es denn wirksam sein soll. Redet man für das 19. Jahrhundert nicht breitflächig und wenig distinkt vom Bildungswesen, sondern konkret von Schule und von der Aktion vor Ort, dann waren es die Akteure in der Schule selbst, die Gymnasiallehrer, die ihre jeweilige Anstalt unter Nutzung behördlicher Vorgaben, aber nicht durch deren blinden Vollzug zu einem funktionalen und leistungsfähigen Organismus geformt haben. Darum stehen sie hier im Mittelpunkt der Überlegungen.

Wir können inzwischen die ebenso jäh aufbrechende, qualitätvolle und auf der Wahrung von Qualität insistierende, am Ende des Jahrhunderts schließlich in die Fläche arbeitende Karriere abschätzen, die das deutsche Gymnasium nach dem Modell des preußischen bis zum Ersten Weltkrieg gemacht hat. Wir haben ein Urteil über seine über die deutschen Verhältnisse hinaus reichende Bedeutung. Daher ist es berechtigt, nun einmal nicht nach den bauenden Königen, sondern nach ihren Kärrnern zu fragen. Aus diesem Grunde auch werden in den Anmerkungen bei der ersten Erwähnung immer das Geburts- und Sterbejahr der Lehrer genannt, soweit die oft sehr verborgene Überlieferung persönlicher Daten das zuläßt. Auch die Sentenzen, die jeweils zu Beginn eines Abschnitts gegeben werden, sind bei der Materialsichtung zu Tage getreten und dienen hier als Erinnerungen, sind implizite Verweise auf den beleuchteten Personenkreis und die Auffassungen, von denen die Lehrer sich haben leiten lassen.

Diese Personenbindung ist jenseits der Ehrenpflicht auch sachlich begründet. Denn es geht nicht um Institutionen wie Schulverwaltungen oder um Abstraktionen wie Schulformen, sondern um eine Gruppe von Personen, die im System gewirkt haben, die mit ihrem Leben Schule gemacht haben. Welches Selbstverständnis haben sie gelebt, welchen Wertbildern haben sie sich nachgeordnet, was haben sie ihre Schüler über den Stoff hinaus gelehrt, wie haben sie ihre eigene Qualifikation erworben und gemehrt, wie haben sie sich in das System ihres Berufs gefügt, woher kamen sie sozial, wie und wie lange haben sie überhaupt gelebt, wann hat sich die Forderung und das Erlebnis von Kollegialität in der Schule zu einem berufsständischen Bewußtsein erweitert, welche politischen Visionen haben sie vertreten, wie haben sie den Wandel in ihrer Zeit aufgefaßt und moderiert? Wenigstens einige dieser weit verästelten und gleichzeitig subtil mit einander verketteten Fragen sollen untersucht werden mit der Hoffnung, ein wenig mehr als die bloßen Umrisse einer professionellen Elite abzubilden. Es geht also nicht um Einzelpersonen, sondern um eine Personengruppe. Aber für die Gruppe sprechen in der Überlieferung jeweils Einzelne. Hier muß der Historiker vermitteln, einfühlsam und methodenbewußt.

1.2 Quellenlage

Omne tulit punctum, qui miscuit utile dulci[13]

Schulprogramme: Entstehung, Verbreitung, Form

Kaum eine Quellensorte besitzt wohl größere Bedeutung für die Geschichte des höheren Bildungswesens als die seit 1824 regelförmig werdenden sog. Schulprogramme, also die gymnasialen Jahresberichte. Sie sind unerhört detailreich und stellen, da sie sich bis zum Ende des Ersten Weltkriegs bruchlos durchgehalten haben, eine Langzeitquelle von unvergleichlichem Wert dar. Den Lehrern des 19. Jahrhunderts, also den Verfertigern dieser Berichte, war zwar nicht der Quellenwert bewußt – dazu fehlten Abstand und Veranlassung –, wohl aber die Vieldimensionalität dieser Textsorte:[14]

> *Schulprogramme pflegen dreierlei Leser im Auge zu haben. Sie bringen nach altem Herkommen wissenschaftliche Abhandlungen, oft sehr specielle, für die engen und engsten Kreise der Fachgenossen bestimmt. Sie wenden sich auch an die Lehrerwelt mit Ausführungen über pädagogische und methodische Fragen. Sie laden endlich die Angehörigen der Schüler zu den Prüfungen ein und suchen ihnen dabei einen Einblick in die Zwecke, Mittel, Bestrebungen der Schule zu geben.*

Sie waren Einladungsschriften zur öffentlichen Abiturprüfung[15] und richteten sich damit an *alle hiesige Beschützer, Gönner und Freunde des Schulwesens.*[16] Der Leiter

---

13 Dem ist allgemeiner Beifall gewiß, der Heilsames mit Süßem mischt. Horaz, de arte Poetica 343. In: Rektor Dr. Wilhelm Alberti (1803–1874), Rede *Umwandlung der Anstalt in ein Gymnasium*, Prog Höhere BürgerSch Landsberg a.d.Warthe1859, 3.

14 Dir Friedrich Kreyssig (1818–1879), Erläuterungen zum Lehrplan unserer Anstalten. Prog Schulanstalten der Polytechnischen Gesellschaft (Wöhlerschule) Frankfurt a.M.1872, 3.

15 Oeffentliche Endprüfung: Prog Gym Laurenzianum, Warendorf 1793. – Sehr selten abweichend formuliert: Einladungsschrift zur Feier des Geburtstages Seiner Majestät des Königs Wilhelm von Württemberg. Prog Karls-Gym, Heilbronn 1857. Da aber keine Geburtstagsfeier durch das Gym intendiert war, ist die Titelei als eine Widmung aufzufassen. – Dir Dr. Karl Friedrich August Grashof (1770–1841), *Über Zweck und Einrichtung der öffentlichen Schulprüfungen*, Prog Kgl. Karmeliter-Collegium Köln 1823, 1–52, zitierte die VO des PSK Jülich-Cleve-Berg v. 3.8.1818: *Die öffentlichen Schulprüfungen sind diejenigen Veranstaltungen einer öffentlichen Schule, durch welche dieselbe von ihrem Lehrgange und dem Erfolg desselben in Hinsicht ihrer Schüler, im Verhältniß zu den an jede Klasse zu machenden gesetzlichen Anforderungen, ein treues und möglichst vollständiges Bild in einer feierlichen Handlung öffentlich darstellen soll, zur Kunde für das Publikum, zur Anfeuerung für ihre Schüler, zur Genugthuung für sich selbst.*

16 Titelblatt. Prog Gym Neu-Ruppin o.J. [1826].

der Anstalt ersuchte darin *gehorsamst und ergebenst um die geneigte Gegenwart gebildeter Jugendfreunde,*[17] mit einer Formulierung also, in der das devote Ornament des Barocken noch in der längst eingetretenen Moderne fortwirkte. Eltern, Schüler, Lehrer

> *müssen über die Schule, zu welcher sie in näherer Beziehung stehen, auf's innigste unterrichtet sein. [...] Den Lehrern endlich, welche nicht bloß mit den Zöglingen und Eltern, sondern schon unter sich selbst und so vollkommen in Einklang stehen müssen, dass das ganze Collegium einer einzigen Person gleiche, – diesen besonders muß es ein Bedürfniß sein, den Geist ihres Verfahrens in Worte zu fassen.*[18]

Ausführlicher in der Nennung von Schulträgern und direkten Interessenten adressierte das Titelblatt des Gymnasiums Erfurt 1872 den Leserkreis: *ladet die Königlichen und Städtischen Obrigkeiten, die Geistlichkeit und Lehrer der Stadt, die Eltern und Pfleger*[19] *der Schüler, desgleichen alle Gönner und Freunde des Schulwesens ehrerbietigst ein Director Dr. Dietrich.*[20] Das Programm des Archigymnasiums in Soest nennt 1822 *Beschützer, Gönner und Freunde des Schulwesens.*[21] Aus dem Adressatenkreis lässt sich die offensichtliche Absicht der Programme erschließen; denn mit der Einladung zur jährlichen Okkasion der Abiturprüfung verbindet sich zugleich auch ein Rechenschaftsbericht der Anstalt.

Obligatorisch in Preußen wurden die Programme durch den Erlaß des preußischen Unterrichtsministeriums vom 23.8.1824. Es gab sie aber schon eher,[22]

---

17 Rektor Prof. Karl Wilhelm Halbkart (1765–1830), Titelblatt, Prog Kgl. Gym Schweidnitz 1828.

18 Dir Wilhelm Friedrich Philipp Patze (*1791), Vorwort: Prog Archigym Soest 1822, o.S.

19 Das sind Personen, in deren Haushalt auswärtige Schüler in der Regel gegen Entgelt untergebracht waren.

20 Titelblatt. Prog Gym Erfurt 1872. – Dir Dr. Albert Dietrich (1816–1882).

21 Titelblatt, Prog Archigym Soest 1822.

22 Vgl. Dir Gottlieb Anton Gruner (1778–1844), *Kurzgefaßte Nachricht an die Freunde der Musterschule von dem letzten Schuljahre und überhaupt von der Arbeit der Lehrer in dieser Anstalt. Eine Einladungsschrift.* Prog Musterschule Frankfurt a.M. 1810. – Früh und noch im gelehrten Latein: *Viro amplissimo doctissimo Arminio Schmidtio megapolitano doctoris superiorum ordinum extraordinarii munus in inclyto lyceo Wittenbergensi rite auspicato... Interprete Mauritio Seyffert.* Wittenberg: Rübener 1815. (GV datiert irrig 1825). Aber der Schulberichts-Typus ist noch nicht entwickelt. – Vgl. aber als früheste Nennung: Verzeichnis der wissenschaftlichen Programm-Abhandlungen des Gymnasiums zu Nordhausen (1672–1911), zusammengestellt v. OL Karl Thiede (*1881). Prog Gym Nordhausen 1912, S. 3–11. – Die Auffassung im Prog Gym Altenburg 1892, die Gattung sei von Dir Dr. August Matthäi (1789–1835) 1805 begründet worden sein, ist nach Sache und Datierung wohl unrichtig. Sein erstes Programm ist 1804 erschienen.

auch da schon Rechenschaftsbericht und Werbemedium zugleich. Der Titel des Programms des Warendorfer Gymnasiums von 1793 bezeugt mit der doppelten Nennung von Inhalt und Zweck gleichsam die Urform: *Oeffentliche Endprüfung über die Erfahrungsseelenlehre, mathematischen Wissenschaften und Geographie.*[23] Das Schulprogramm als Format machte nach seiner offiziellen Installation 1824 rasche Karriere. Denn andere Länder folgten dem preußischen Beispiel: Bayern (1825), Sachsen (1833), Baden (1836); die innere Ordnung der württembergischen Programme wurde sogar durch Verfügung des Königlichen Studienraths vom 14. Februar 1856 an die der preußischen Programme angeglichen.[24]

Die Wirkung der Programme erschöpfte sich allerdings nicht durch den Umlauf am jeweils eigenen Schulort. Vielmehr wurden sie gleichzeitig auf dem Weg über das Königliche Ministerium der Geistlichen, Unterrichts- und Medicinalangelegenheiten in Berlin allen anderen Gymnasien zur Kenntnisnahme zugestellt.[25] Das steigert auch ihr Quellengewicht, denn vor allem normative Stellungnahmen in den Programmen blieben nicht auf die einzelne Schulgemeinde beschränkt, sondern wurden Ideengut und Handlungsmaxime aller Gymnasien. Ab 1873 erfolgte auf Beschluß der Reichsschulkonferenz 1872 der Austausch nicht länger durch die Schulverwaltung, sondern durch die *buchhändlerische Centralstelle B. G. Teubner in Leipzig.*[26] An dem landesweiten Austausch zunächst nur in Preußen beteiligten sich schon 1831 die Freien Städte Frankfurt am Main und Lübeck, 1836 Sachsen. Auch wenn die Provinzial-Schulkollegien als Mittelbehörde über die bloße Mitwirkung am Verteilungsprozeß hinaus die Programme sorgfältig im Auge behielten,[27] waren die Programme doch kein Amtsblatt der oberen Verordnungsebenen, sondern eine Selbstdarstellung der Aktionsebene an der Basis. Sie sind damit als eine institutionelle und berufsständische Autobiographie aufzufassen. Denn sie dienten nicht nur der Berichtspflicht, sondern auch dem Austausch von Wissen zwischen den Schulen. Auf diese Weise arbeiteten sie einer Vereinheitlichung des gymnasialen Schulwesens zu. Sie sicherten vor allem eine Gemeinsamkeit der ideellen Ausrichtung, wie sie sich durch Verordnungen *von oben* schwerlich hätte erreichen

---

23 Prog Gym Laurenzianum Warendorf 1793.

24 Vgl. Fortsetzung der Nachrichten über das Gymnasium, Prog Gym Ulm 1857, 37.

25 Die schlesische Stadt- und Höhere Bürgerschule in Landeshut vermerkt im Programm 1857, *die schuleigene Programmsammlung hat sich vermehrt auf No. 1209.* Prog Gym Landeshut 1857, S.31. Jährlich gingen der Schule rd. 150 Programme zu. 1860 betrug der Bestand schon 1810 Titel.

26 Vgl. Referat des Beschlusses: Prog Gym Gera 1876, S. 20. Bayern ist dem Beschluß nicht beigetreten.

27 Der wissenschaftliche Beitrag des OL Franz Samland (1828–1898) *De vocabulis Graecis apud scriptores Romanos* wurde vom Provinzial-Schulkollegium nach Prüfung zum Druck freigegeben: Verfügung der Kgl. Behörden, v. 16.6.1862, Abdruck in: Prog Kgl. Kath. Gym Neustadt/Westpr. 1862, 41.

lassen. Die Unterrichtsbehörden haben die Wirkung der Programme daher fraglos begrüßt und dürften ihre Drucklegung, wie aus einer Negativmitteilung zu erschließen ist, finanziell regelmäßig gefördert haben.[28]

Von der Rezeption der Programme vor Ort und von ihrem direkten oder indirekten Einfluß auf die institutionelle Entwicklung des Gymnasiums haben wir im Einzelnen keine gesicherten Kenntnisse. Wie fern wir von wirklicher Kenntnis des Formenreichtums und einer befriedigenden inhaltlichen Durchdringung dieser Quellensorte insgesamt stehen, können wir am Material selbst ablesen, an erstaunlichen Zufallsfunden demonstrieren, etwa an dem in bester Kanzleischrift geschriebenen, dann aber lithographisch vervielfältigten, also nicht gedruckten Programm des Gymnasiums Leobschütz von 1826[29], das in dieser Form wirklich einzigartig sein dürfte. Man muß allerdings gerecht sein: Der Forschungsrezeption steht auch die ungeheure Fülle dieser Überlieferung entgegen. Die Gesamtmenge von mehreren Hunderttausend Programmen ist für den einzelnen Forscher eigentlich unfassbar, erst recht die Inhaltsfülle der häufig bemerkenswert subtilen Detailmitteilungen, die sich allenfalls durch präzise Forschungsfragen einhegen und erschließen ließe.[30]

---

28 *Eine wissenschaftliche Abhandlung kann der Einladung zur Prüfung auch in diesem Jahre nicht beigegeben werden, weil die Druckkosten dazu nicht verwilligt worden sind*: Prog Herzoglich Nassauisches Gym Wiesbaden 1851, 3. – Offenbar war der im Umfang wesentlich schmalere Jahresbericht der Schule, die Mitteilungen über die Lehrverfassung, aus dem Normaletat der Schule zu finanzieren, während die Druckkosten für den wissenschaftlichen Teil nur durch eine außerordentliche Bewilligung zu decken waren. – Das Prog des Kgl. Pädagogium Putbus berichtet 1860, 3: *Da nun aber die Verhältnisse unserer Anstalt es nicht gestatten, in einem Jahre zwei grössere Gelegenheits-Schriften drucken zu lassen, so wird* ***mit Genehmigung der hohen vorgesetzten Behörde*** *die sonst gewöhnlich dem Jahres-Bericht hinzugefügte Abhandlung nicht sogleich, sondern erst nach einigen Wochen ausgegeben und versandt werden.*

29 Abhandlung über Charakter-Bildung auf Gymnasien von Professor [Augustin] Schramm. Nebst einigen Nachrichten betreffend das Königl.-Katholische Gymnasium in Leobschütz womit zu der, den 12, 16, 17, August abzuhaltenden öffentlichen Prüfung und der, den 19 August früh um 8 Uhr festgesetzten feierlichen Entlassung der Abiturienten und Classification der Schüler alle Gönner und Freunde unserer Lehranstalt höflichst einladet Dr. Jeloneck, Rector und erster Lehrer. Ohne Ort [Leobschütz] lithographisch vervielfältigt bei Richter o.J. [1826]. – Bestand Schulprogramme Landesarchiv Münster.

30 Die Quellensorte findet jetzt mehr Beachtung, vgl. jüngst Friedrich Markewitz, Das Schulprogramm als Textsorte zwischen Erziehungs- und Wissenschaftssystem. Münster 2018. – Normann Ächtler, Schulprogramme Höherer Lehranstalten. Hannover 2020. – Reinhard Nitsche, Verdens Sammlung historischer Schulschriften. Ein Schatz der Bildungs- und Wissenschaftsgeschichte. In: Jb. f. d. Landkreis Verden 2023, 188–217. Ebenda, 179–187: Uwe Haats u. Konrad Rudolph, Die Erfassung der historischen

Zur Form der Programme: Die fachwissenschaftlichen Interessen und berufsständischen Kompetenzen der Gymnasiallehrer wurden jeweils im ersten Teil der Programme in der Form von Aufsätzen demonstriert. In dieser Abteilung wurde regelmäßig die Abhandlung eines Lehrers über ein wissenschaftliches, ein theoretisches oder praktisches Thema des Unterrichts oder Lehrerberufs oder eine Rede, meist des Direktors,[31] veröffentlicht. Ferner dokumentieren die Programme dort in rund 200 Katalogen die Lehrer- oder Schülerbibliotheken oder die oft bedeutenden Schulsammlungen alter Drucke, nicht selten auch als Separatum,[32] dazu Kataloge zu Sondersammelgebieten.[33] Die Forschungsbeiträge der Schulmänner waren jeweils zu ihrer Zeit fraglos nicht unbeachtlich. Aber sie waren von sehr enger, ja minutiöser Themenstellung, waren wegen ihrer Liebe für das Detail auch rasch veraltet gegenüber dem Fortschreiten der Fachwissenschaften. Das galt selbst für die numerisch stark vertretenen altphilologischen Beiträge, vor allem aber für die wissenschaftlich zumeist insuffizienten mathematisch-naturwissenschaftlichen; oder sie erschienen in der Substanz bald unerheblich, weil sie nur örtliche Verhältnisse und Phänomene von Flora, Fauna, Geologie und Wetterbedingungen dokumentierten und erörterten. Die Fachwissenschaften mögen zwar zeitweilig Kenntnis von diesen Sachmitteilungen besessen haben, aber sie haben die wissenschaftlichen Leistungen der Lehrer nicht systematisch genutzt und zunehmend als veraltet beiseite gelegt.

Als Beispiel sowohl für die Kleinschrittigkeit als auch die thematische Oszillation der Programmaufsätze folgt hier als ein ebenso typisches wie beliebiges Beispiel die Auflistung von Programmen des Kgl. Friedrich Wilhelms Gymnasium Berlin von 1797, des Friedrichskollegiums Königsberg von 1701 und des Kgl. Katholischen Gymnasiums Köln, jeweils aus den Jahren 1835 bis 1839:

Bemerkungen über den Wert und die Glaubwürdigkeit der Commentarien Caesars (OL E. Bresemer, *1802)
Elementare Syntax (OL G. Drogan, *1804)

Schulschriftensammlung des Domgymnasiums Verden. Die Sammlung umfaßt 17.145 Programme.

31 Häufig Trauerrede beim Tode des Landesherrn, sonst etwa Verabschiedungsreden für die Abiturienten.

32 Sehr oft in Bayern und Württemberg.

33 Z.B. die völkerkundliche Sammlung (Gym Osterode), die Siegel-Sammlung (Gym Adolphinum Bückeburg), die Reptilien-Sammlung (Musterschule Frankfurt a.M.), die Münz-Sammlung (Gym Attendorn), die Vögel-Sammlung (Gym Eisleben), usw. Für Nachweise vgl. Franz Kössler. Personenlexikon von Lehrern des 19. Jahrhunderts. Berufsbiographien aus Schul-Jahresberichten und Schulprogrammen 1825–1918 mit Veröffentlichungsverzeichnissen. Preprint (Stand: 18.12.2007). UB Giessen 2008. URL: http://geb.uni-giessen.de/geb/volltext/2008/6106.

De fabulis, quae media aetate de Publio Virgilio Marone circumferentur (Prof. Siebenhaar, *1786)
De varia Cantici Canticorum interpretandi ratione commentatio historica (Prof. Dr. Fr. Uhlemann, *1794)
Kaiser Tiberius. Ein Beitrag zur Charakteristik desselben (Prof. E. A. Wigand, *1795)

Quaestionum Flavianarum specimen (Dr. Friedrich Lewitz, *1805)
Ueber den Ursprung der Erasmischen Aussprache des Griechischen (F. A. Gotthold, *1778)
An- und Aussichten die Mathematik und Physik in den Gymnasien betreffend (Prof. Leonhard Lentz, *1814)
De vocabulis [griech.:]filologos, grammatikos, kritikos (Prof. Dr. Lehrs)
Die Geschichte des Preussischen Jagdwesens von der Ankunft des Deutschen Ordens in Preussen bis zum Schlusse des siebzehnten Jahrhunderts, mit besonderer Bezugnahme auf einige schwierige Aufgaben der Zoologie (OL Prof. J. Georg Bujack, *1835)

De adverbiis Graecis (Prof. Dr. Erhard Hagen, *1804)
Ueber die philosophischen Vorbereitungs-Studien auf den Gelehrten-Schulen (Dir Prof. E. J. Birn-baum)
Commentatio de tempore, in quo Herodotus mortem obiit (OL Dr. Franz Ley, *1803)
De Sophrone Mimographo (OL Dr. C. J. Grysar)
Einiges über Dichtkunst überhaupt (OL Dr. Dilschneider)

Bildungsgeschichtlicher Quellenwert

Die schulorganisatorischen Mitteilungen im zweiten Teil der Programme dagegen sind der schul- und bildungsgeschichtlichen Forschung als eine Quelle viel zu selten vor Augen getreten. In diesem zweiten Teil der Schulprogramme finden sich detaillierteste Schulnachrichten in einer zwar gegliederten, aber bunten Mischung: fast immer zu Beginn die *Lehrverfassung* der Anstalt, also Nennung der Lehrer mit ihren Fächern und Klassenstufen, Angaben über die Unterrichtspensa, die benutzten Lehrbücher, Klassengrößen und Schülerfrequenz mitsamt den Konfessionsverhältnissen, Abiturientenlisten mit Väterberufen, in Jubiläumsschriften auch die Absolventenberufe, Verfügungen vorgesetzter Behörden *von allgemeinem Interesse* (also keine Personalfragen) in Regestform, Stundentafeln der Lehrer, Erträgnisse und Ausgaben der Schulstiftungen[34] und anderer Kassen,

34 Die durchaus beträchtlichen Vermögen der schuleigenen Stiftungen sind häufig aus Zuwendungen von Lehrern als Ausdruck persönlicher Verbundenheit mit dem Gymnasium entstanden. Sie sind im 20. Jahrhundert ausnahmslos durch Währungsumbrüche vernichtet worden. Für ihre schulinterne Bedeutung vgl. etwa Rektor Dr. Ottomar Kayser (1802–1884), Zur Geschichte der milden Stiftungen bei der evangel. Stadt- und höheren Bürgerschule von Landeshut. Programme der Jahre 1845, 1847,

Zuerkennung von Schulpreisen und Prämien, Auflistung der Geld-, Buch- und anderer Spenden an die Schule wie etwa Bilder des Landesherrn, Abgüsse antiker Statuen oder Zugänge zur Schulbibliothek oder zu den wissenschaftlichen Sammlungen, Berichte über den Ablauf des Schuljahres, Schulausflüge, besondere Vorkommnisse wie Erkrankungen (etwa örtlich aufgetretene Seuchen, v.a. *Halsbräune* und Cholera) und Todesfälle von Lehrern und Schülern, Anmeldefristen, Programme von Schulfeiern und Ausflügen, Ablauf der Abiturprüfungen, schulgeschichtliche Rückblicke, Beschreibung der neuen Schulbauten, Schulordnungen, die im Gedanken institutioneller Autonomie fast immer als *Gesetze* tituliert werden, u.a.m.

In dieser Vielfalt erfüllt sich wohl noch am ehesten, was der bedeutende Direktor des Berliner Friedrich-Wilhelms-Gymnasiums, Dr. August Spilleke, zur Leitlinie der Programme ausgegeben hatte, nämlich dass sie *insbesondere auch von dem Geiste zeugen, welcher in einer Anstalt herrschend ist, und die Gesinnungen aussprechen, mit welchen sie ihre Zöglinge zu erfüllen sucht.*[35] Beiträge zu den Programmen waren alles anderes als eine leidige Pflicht. OL Friedrich Wilhelm Genthe in Eisleben bat z.B. darum, dass er eine Abhandlung im Programm veröffentlichen dürfe, *da dies voraussichtlich seine letzte Arbeit dieser Art für die Schule sein werde.*[36] Sie wurde tatsächlich im Jahr nach seinem Tode veröffentlicht. Auch gab es höchst bereitwillige Beiträger zu den Programmen, die sich besonders durch Nachrufe, sofern dieser Typus nicht durch den Direktor erfüllt wurde, und die notorischen Kaiserreden hervortaten.[37]

Von ganz besonderem Wert sind die sonst allenfalls aus Personalakten zu extrahierenden biographischen Mitteilungen über die Lehrer. Die neu eingetretenen Lehrer werden mit einer Kurzbiographie vorgestellt;[38] Lehrer, die an einen anderen

---

1851, 1853, 1861. Mitte des 19. Jahrhunderts betrug das Stiftungs-Vermögen dieser Schule fast 33.000 Rheinthaler. Das entsprach knapp 30 Direktoren-Gehältern.

35 Dir Dr. August Spilleke (1778–1841), Vorrede, Prog Friedrich-Wilhelms-Gym Berlin 1824, 1.

36 NR auf Friedrich Wilhelm Genthe (1805–1866): *Die Abhandlung, die er zu liefern gewünscht hatte, beschäftigte ihn noch, als schon der Körper fast alle Dienste versagte; sie war sein letztes Vermächtnis an die Anstalt, in der er über 35 Jahre gewirkt hatte.* Prog Gym Eisleben 1867.

37 Ernst Eduard Frenkel (*1853), NR auf Hofrat Dr. Johannes Jacob (1849–1913). Prog Gym Dresden Neustadt 1914, 15.

38 Mit Ausnahme der süddeutschen Programme zusammengestellt von Franz Kössler, vgl. Anm. 69. – Die hier zusammengetragene schiere Datenmasse ist einzigartig und überwältigend, die redaktionelle Souveränität und Sorgfalt sind es freilich nicht. Auch sind Zweifel an der Vollständigkeit nicht ausgeräumt. Es scheint aber leider nicht die Absicht zu nachträglicher Verbesserung zu bestehen.

Schulort wechseln, werden bei ihrem Weggang ausführlich gewürdigt;[39] die verstorbenen Lehrer erhalten einen oft wirklich detailreichen Nachruf in freier Form; der neue Direktor wird von einem Vertreter des Provinzialschulkollegiums eingeführt und stellt sich mit seinen pädagogischen Überzeugungen in öffentlicher Rede vor, die das Programm wörtlich wiedergibt; der ausscheidende Direktor äußert sich im Rückblick auf seine Amtszeit, usw.

Die wahre Flut von Nachrufen auf die verstorbenen Kollegen, die in den Programmen überliefert ist, kann in ihrem Wert gar nicht hoch genug geschätzt werden. Hier werden Zeugnisse ereignisnah, dicht, aus langer persönlicher Bekanntschaft und mit großer fachlicher und institutioneller Sachkenntnis überliefert. Zugleich haben sie normativen Wert, der den engen Bezug auf den jeweils verstorbenen Kollegen ausweitet. Im Nachruf kann man ja einfach nicht ohne Wertbezug reden. Dort sprechen die Lehrer über sich selbst, aber nicht intern, sondern Schul-öffentlich und öffentlich gegenüber Elternschaft, Stadtpublikum und Behörden.[40] Die Nachrufe erfolgten im Übrigen am offenen Sarge.[41] Ohne Frage

---

39 Etwa: *verliess uns, um einer ehrenvollen Berufung an die lateinische evangelische Hauptschule in seiner Vaterstadt Halle zu folgen, der Oberlehrer Dr. phil. Theodor Werther* [1846–1892], *seit Begründung unseres Gymnasiums* [=1874] *einer seiner thätigsten Lehrer, durch wissenschaftliche und pädagogische Tüchtigkeit, wie durch die Eigenschaften seines Charakters gleich ausgezeichnet, dem die Schule unter herzlichen Segenswünschen für ihn und sein Haus und seine Berufsarbeit stets ein dankbares und liebevolles Andenken bewahren wird.* Prog Gym Dresden-Neustadt 1881, 35.

40 Spätestens durch die Schulprogramme nahm die Behörde Kenntnis; z.B. kommentierte das Ministerium den Nachruf auf Prorektor Gotthilf Samuel Hecker (1753–1825) im Prog Gym Stargard 1825: *Mit einem aufrichtigen Interesse hat das Ministerium nähere Kenntniß von dem Inhalte dieser Schrift genommen, in welcher Sie Ihrem durch gründliche Kenntnisse, Reinheit der Gesinnung und des Lebens und durch unermüdliche Amtstreue hochverdienten Collegen ein recht würdiges Denkmal gesetzt haben. Berlin den 16. November 1825.* Prog Gym Stargard 1826, 30. – Hecker verstarb im 51. Dienstjahr.

41 Als ein Beispiel: *Abends wurde die entseelte Hülle des Verstorbenen in der festlich erleuchteten und schön geschmückten Aula des Johanneums ausgestellt. Die freundlichen Züge des Entschlafenen, von keinem Todeskampfe entstellt, zeigten eine friedliche Ruhe. Der Sarg war mit einer ausserordentlich reichen Fülle von Blattpflanzen, Palmzweigen, Lorbeer- und Blumenkränzen umgeben. Zu beiden Seiten desselben befanden sich hohe Wachcandelaber. Eine Ehrenwache von Schülern, die Palmzweige trugen, umstand denselben. Von dem Raume neben der Tribüne herab ertönte gedämpfter Chorgesang. Ein aus allen Ständen zusammengesetztes Publikum bewegte sich, sichtlich ergriffen von dem feierlich ernsten und würdigen Anblick des Ganzen, durch die schönen Räume.* Bericht über die Feierlichkeiten anläßlich des Todes von Dir Heinrich Julius Kämmel (1813–1881), Prog Gym Zittau 1882, 3. – Auch Prediger Prof. Hermann Scholz (*1853), NR auf Dir Dr. Karl Julius Schaper (1828–1886),

betonen Nachrufe die Hauptmerkmale einer Person. Anders als am Grabe auf dem Friedhof, wo dann ja auch noch gesprochen wurde, aber doch ausnahmslos konventionell und berufsfern,[42] gab es in der Schule nichts zu beschönigen, denn der Mann war allen bekannt. Diese Kondition der sozialen Kontrolle ist dem Historiker sehr wertvoll, wenn er herausfinden will, wie es *eigentlich* gewesen ist. Selbst wenn dabei idealistisch überhöht wurde, ist die Quelle nicht wertlos, denn die Urteile sind normativ aufzufassen, weil sie belegen, wie es sein sollte. Wenige Beispiele für die Dichte und Einprägsamkeit dieser Mitteilungen können wohl zeigen, wie wertvoll diese Überlieferung ist:[43]

> *Am Tage seiner Ankunft ward gerade die dritte Säcularfeier der Reformation festlich begangen, der Hauptfestredner des Tages, der Rector gymnasii Adolf Friedrich Furchau [1752–1819], benutzte diese Gelegenheit, den neuerwählten jungen Lehrer [Hasenbalg] in sein Amt einzuführen. Nachdem die Einführungsfeierlichkeiten durch altherkömmliche Ueberreichung des Klassenschlüssels beendet waren, bestieg der Neueingeführte den*

Prog Joachimsthalsches Gym Berlin 1886: *Rede gehalten am Sarge in der Aula des Königl. Joachimsthalschen Gymnasiums.* – Selten wurde der Sarg von den Schülern getragen: *trugen die Primaner die theuren Reste ihres unvergeßlichen Lehrers aus dem Trauerhause.* Bürgermeister Johann Carl Bertram Stüve (1792–1872), NR auf Dir SchulR Dr. Bernhard Rudolf Abeken (1780–1866), Prog Rat-Gym Osnabrück 1867, 9.

42 Pastor-Collaborator und Lehrer Tappe, NR am Grabe auf Schulamtskandidaten Leiste (1826–1854), Prog Gym Helmstedt 1855, 11f. – *Seine tüchtigen Kenntnisse, seine Gewissenhaftigkeit, seine Treue und Geschicklichkeit im Beruf,* [...] *die warme Liebe zu seinem Beruf, diese unbedingte, volle Hingebung an dessen schwere, verantwortungsreiche Pflichten – die Liebe zu seinem Beruf und die Liebe zu seinen Zöglingen. Und das werdet ihr mir bezeugen, ihr, die ihr seine Schüler, seine lieben Schüler wart, mit denen noch auf dem Totenbett sein Geist sich beschäftigte. O, ihr habt einen braven Lehrer verloren, einen Lehrer, der euch lieb hatte. Ich weiß, ihr werdet selbst in seiner strafenden Hand noch immer die väterliche Milde, die Freundlichkeit der Liebe, die Herzen gewinnende Herzensgüte erkannt haben.* – Dir Dr. Julius Asbach (1854–1908), Zur Charakteristik Karl Wilhelm Kortüms (1789–1859), in: FS z. Feier d. Einzugs in das neue Schulgebäude des Kgl. Gym Düsseldorf o.J. [1906], 8: *Selbst solche, die er bestrafen mußte, erkannten meist früher oder später den edlen Sinn an, dem sein Tun entsprang.*

43 Prof. Franz Biese (1803–1895), NR auf Director Karl Friedrich Ferdinand Hasenbalg (1793–1851). Prog Kgl. Pädagogium Putbus 1852, 3. – Die Rede war wohl nur in der Frühgeschichte des Gymnasiums üblich als Relikt des 18. Jahrhunderts. Vgl. Rektor Prof. Dr. Carl Ferdinand Crain (1787–1865), Geschichte der Wismarschen Großen Stadtschule, Prog Gym Wismar 1862, 32: *Bei meiner Einführung* [1814] *hatte ich eine lateinische Antrittsrede zu halten. In ähnlicher Weise war bei der Berufung der beiden nach mir angestellten Lehrer verfahren worden.*

> *vom Rector verlassenen höheren Lehrstuhl und hielt sofort und unter vielem Beifall seine Antrittsrede.*

Es ist gewiß nur eine Episode, aber wie reichhaltig sind ihre Implikationen! Institutionsgeschichtlich fällt die konfessionelle Bindung auf, personengeschichtlich ist es die Einführung des neuen Kollegen. Hasenbalg wurde 1817, erst 24 Jahre alt, Lehrer am Gymnasium in Stralsund, 19 Jahre später, 1836, Direktor in Putbus. Der Kollege in Putbus, der über den Verstorbenen redet, weiß aber noch – langes Gedächtnis der Institution –, wie zeremoniell es 1817, vor 35 Jahren, zugegangen ist, u.a. daß von dem neuen Lehrer *sofort* eine Rede erwartet wurde – für ihn *am Tage seiner Ankunft* doch wohl überraschend – und daß sie gut, inhaltsreich war, also auch von den Kollegen bewertet wurde. Sowohl pragmatisch als auch indikativ wird berichtet, der neue Kollege habe vom *hohem Lehrstuhl* herab gesprochen; das signalisiert in der Wortwahl, wie die alte Würde der Universität vom jungen Gymnasium modellhaft beansprucht wurde.[44] Aber es leuchtet auch unverkennbar hindurch, daß das Gymnasium seine eigene Hierarchie hat. Endlich teilt der Text Einzelheiten des damaligen Schulalltags mit: Hasenbalg hatte den Klassenzimmerschlüssel, und die Klasse hatte *ihr* Klassenzimmer, zog also nicht, wie etwa in Amerika üblich, im Laufe des Unterrichtstages von einem Unterrichtsraum zum anderen. Sodann verfolgt der Nachruf den weiteren Lebensweg und schildert Hasenbalg, der 1836 mit 43 Jahren Direktor eines Gymnasiums wurde, mit folgendem Leitungsstil gegenüber dem Kollegium:[45]

> *Im Lehrercollegium trat mehr die Milde und Freundlichkeit seiner Gesinnung hervor, als die strenge Haltung des Schulrectors, indem er die Individualität jedes einzelnen Lehrers gerne gewähren liess, in der Ueberzeugung, dass sie sich dann erst am erspriesslichsten entwickeln könne. Bereitwillig kam er seinen jüngeren Amtsgenossen mit Rath und That entgegen und wusste ihnen lehrreiche, praktische Winke zu geben. [...] unser Hasenbalg war von einfach practisch-christlicher Gesinnung und ein feuriger Vaterlandsfreund. Seine Menschlichkeit offenbarte sich in seinem Wohlthätigkeitssinn. Die Liebe*

---

44 Neu eintretende Lehrer halten vor Kollegium und Schülerschaft eine Antrittsvorlesung (z.B. Prog Gym Hirschberg 1847, 21), das Schuljahr ist in *Semester* unterteilt, der ausgeschiedene Direktor führt den Titel *Director emeritus* (z.B. Prog Kgl. Gym Erfurt 1846, 11), die Schule wird als *alma mater* bezeichnet (z.B. Prog Gym Coburg 1857, 24), die Lehrtätigkeit des Lehrers wird als *Lehrstuhl* (Prog Gelehrtenschule Kiel 1857, 8), der Klassenraum, meist aber die Aula der Schule ist der *Hörsaal* (Prog Königstädtische RealSch Berlin 1878, 19), der OL Christian Harms, mit dem Charakter eines Professors wurde als Professor emer. bezeichnet (Emil Krause [*1846], NR auf Prof. emer.[sic!] Christian Harms, Prog ORealSch Oldenburg 1897, 3), usw. – Analog wird die Präparandenanstalt Altona *Präparandeum* genannt, obwohl sie mit Latei ja gerade nichts zu tun hat. Vgl. Johannes Ehrich (*1847), Prog Gym Ratzeburg 1884.

45 Ebenda 12f.

des Menschen zum Menschen bildete den Mittelpunct seines practischen Christenthums. [...] In dem Umgang und Verkehr gab er grosse gesellige Talente kund, welche ihm die Liebe und Zuneigung der Menschen leicht gewann; seine Heiterkeit, seine frische Laune, sein ächter Humor, womit er die Gesellschaft zu würzen wusste, werden allen, die ihn kannten, in lieber Erinnerung sein und sich darin erhalten.

Quellenwert der Nachrufe

Die weltlichen Leichenpredigten in der Schule waren ein Reflex von Kollegialität und ressortieren damit weit jenseits des dürren Datums in der Personalakte oberhalb des schon vorgedruckten und dann handschriftlich auszufüllenden Vermerks *Abgang*. Die Nachrufe in den Schulprogrammen sind nicht nur Quellen für Lehrer als Einzelpersonen, sondern sie bezeugen gleichsam beiläufig auch den inneren Zusammenhalt der Lehrer eines Gymnasiums und den Kanon der sie tragenden Wertmuster, den *Geist der Schule*. Kollegialität, also die einvernehmliche Zusammenarbeit zwischen den Lehrern,[46] galt als ein hohes Gut, gerade weil in der ersten Hälfte des 19. Jahrhunderts die Lehrerkollegien regelmäßig nur 7–9 Männer umfaßten.[47] Im engen dienstlichen Zusammenwirken, aber auch im überschaubaren öffentlichen Leben beobachtete man sich natürlich sehr genau, kannte man die fachliche Qualität und die persönlichen Marotten der *Amtsgenossen* aufs allerbeste. Daher rühren die gediegenen Charakterbilder der Nachrufe, z.B.[48]

---

46 Für die Intensität vgl. Prog Gym Elberfeld 1834, 17: *Die gesamte Gymnasialpflege wurde, außer den täglichen gegenseitigen Besprechungen der einzelnen Lehrer während der vor- und nachmittäglichen Zwischenpausen, in 12 ordentlichen und 14 außerordentlichen Conferenzen des Lehrercollegiums wahrgenommen.*

47 Am leichtesten faßbar in Karl Eduard Brauns u. August Friedrich Adam Theobald (Hg.), Statistisches Handbuch der deutschen Gymnasien. Bd.I. Kassel: Krieger 1837. – Es ist leider nur noch der 2. Band 1838 erschienen. Dessen Umfang (630 S.), die Komplexität der Mitteilungen und der aus Umfangsgründen gewählte geradezu aberwitzige Gebrauch von Abkürzungen – praktisch jedes Wort – zeigen, dass die Schulwirklichkeit sich kaum vollständig eruieren ließ und daß sie in ihrer schieren Masse nicht beherrschbar war, schon gar nicht im Nebenamt der Schulmänner. Aber sogar noch in dieser Verfassung sind beide Bände die würdige Anzeige für ein Unternehmen, das bei uns Heutigen, wenn es sich denn hätte etablieren können, in hohem Ansehen stünde. – Zu Brauns vgl. Hermann Siebert, Erinnerungen aus dem Leben des zu Rinteln 1846 verstorbenen Gymnasialdirektors Dr. K. Brauns, in: Zs Hessenland 1893, Nr. 5 u. 6. – Auch: Wolfgang Jacobmeyer, *Civibus aevi futuri*: Normen des schulischen Lehramts aus der Sicht eines Gymnasialdirektors 1844. In: Jan M. Hoffrogge, Martin Schlutow, Max Twickler (Hg.), Geschichtsbewußtsein in der Gesellschaft. FS f. Bernd Schönemann zum 65. Geburtstag. Frankfurt/Main 2021, 29–45.

48 NR auf Prof. Dr. Hermann Bruncke (1851–1914). Prog Herzogl. Gym Wolfenbüttel 1914, S.21.

Was er gleichzeitig für das Kollegium gewesen ist, zumal in den Jahren seiner Vollkraft, für einen getreuen und wohlgemuten Zusammenhalt der zwanzig, so verschiedenartigen Männer, die berufen sind, in gemeinsamer Arbeit, jeder nach seinen Gaben und seiner Art, erziehlich auf die Jugend, die Männer der Zukunft, zu wirken, das wissen wir älteren, die es erlebt haben, aus guten und aus schweren Zeiten. Ein Freundschaftsverhältnis, nicht bloß dem Namen, sondern der Wahrheit nach verband ihn mit Altersgenossen und auch mit nachwachsender Jugend; in diesem Verhältnis haben wir mit ihm gelebt und Hand in Hand gearbeitet, nicht als nebeneinander unterrichtende Beamte, sondern als Menschen in einer sittlichen Lebensgemeinschaft.

Allerdings ist es überraschend, wie wenig Schönfärberei sich in den Personenportraits der Nachrufe findet. Viele von ihnen waren bewußt in einer herben Tonlage gehalten:[49]

Ich bin sehr fern davon gewesen, ihm eine Lobrede halten zu wollen. Wie mir selbst ein Panegyrikus am Sarge in tiefster Seele zuwider ist, so weiß ich auch, dass ich mit einem solchen Sinn des Heimgegangenen am wenigsten treffen würde. Ich habe nach innigster Ueberzeugung die Wahrheit gesagt [...], um den Dank für Gott für das zu wecken, was wir an dem Entschlafenen hatten, als er noch bei uns war. Ein schwacher, sündiger Mensch war auch er.

Die Nachrufe in den Schulprogrammen, diese modernen, berufsständisch veranlaßten und institutionell gekammerten, also weltlichen Leichenpredigten des 19. Jahrhunderts, beleuchten dem Historiker mit großem Aspektreichtum, wie *Kollegialität* an den Gymnasien wahrgenommen, erwartet und praktiziert wurde. Sie sortieren nicht nach schulischer Hierarchie, sondern nach kollegialem Ansehen. Zwei Beispiele aus Erfurts Königlichem Gymnasium mit unter 200 Schülern und einem Kollegium von 13 Lehrern, also einer eher großen Anstalt:[50]

wurde der seit 1803 am Gymnasium angestellte Schreiblehrer, Hieronymus Kalbhenn, in einem Alter von 49 Jahren durch den Tod entrissen. Er war ein eifriger, höchst pünktlicher, gewissenhafter Lehrer, und ein frommer Christ.[51]

Der Schreiblehrer, also ein nicht wissenschaftlich vorgebildeter Lehrer, stand in der Wertordnung der Schulfächer weit unten. Kalbfell starb mit 49 Jahren, genau im durchschnittlichen Alter aller Gymnasiallehrer der Geburtsjahrgänge 1800–1850. Gleichwohl wird sein Ableben nicht nur konstatiert, sondern kommentiert. Gerühmt werden nicht nur die bürgerlich-professionellen Tugenden, sondern auch

---

49 Prorektor Dr. Ferdinand Bredow (1817–1913), NR auf Dir Dr. Robert Geier (1810–1868), Prog Kgl. Bugenhagensches Gym Treptow a.R. 1889, 32.

50 Vgl. Karl Eduard Brauns u. August Friedrich Adam Theobald (Hg.), Statistisches Handbuch der deutschen Gymnasien. Bd. 1, 118f.

51 Prog Kgl. Gym Erfurt 1830, 26.

seine religiöse Bindung. Noch ausführlicher wird des Zeichenlehrers Bertusch gedacht, nicht nur seiner Person, sondern auch der Umstände seiner Bestattung:[52]

> *doch sahen wir mit schmerzlicher Theilnahme die Kräfte unsres biedern, schon lange kränkelnden Zeichenlehrers Bertusch mehr und mehr schwinden, und ihn endlich [...] einem unheilbaren Brustübel erliegen. Das Gymnasium verlor an ihm einen Lehrer; der mit einer ausgezeichneten Kunstfertigkeit den reinsten Eifer zu nützen und mit der größten Anspruchslosigkeit ein seltnes Talent, den Fleiss seiner Schüler anzuregen und ihre Fortschritte zu fördern, verband. Die Liebe und Achtung, die er in dem ganzen Kreise seiner Thätigkeit erworben hatte, sprach sich [...] bei der Bestattung seiner irdischen Hülle deutlich aus, in dem zahlreichen Gefolge, welchem sich aus freiem Antriebe ausser den Lehrvorweisenern und Schülern des Gymnasii auch zwei würdige katholische Geistliche anschlossen und von welchem sich selbst die jüngsten und schwächlichsten Schüler, der rauhen Witterung ungeachtet, nur sehr ungern zurückhalten liessen.*

Die Wertschätzung eines Lehrers hing offenbar an der Person, nicht daran, ob er ein Hauptfach unterrichtete. Und seine Beerdigung ist eine Schulangelegenheit und öffentliche Okkasion:[53]

> *Die Schüler und Lehrer des Gymnasiums eröffneten den grossartigen Leichenzug. Abiturient Bayer trug dem Wagen die Insignien des dem Verstorbenen vor kurzem verliehenen roten Adlerordens voraus. Dem Sarge folgten der Vorstand des Nassauischen Vereins für Naturkunde, die Spitzen der hiesigen Behörden sowie eine große Anzahl von Beamten und Bürgern. Auch Deputationen auswärtiger naturwissenschaftlicher Vereine waren erschienen.*

Gegen Ende des Jahrhunderts, als die Menschen sich nicht mehr unbedingt am Dienstort bestatten ließen und der Sarg mit der Eisenbahn erst an den gewählten Ort der Beisetzung befördert wurde, war es üblich, daß der Sarg im schulischen Trauerzug durch die Stadt zum Bahnhof begleitet wurde.[54] Interessant ist auch,

---

52 Prog Kgl. Gym. Erfurt 1830, 64. – Vgl. auch den NR auf den Zeichenlehrer nach 25jähriger Tätigkeit: *Den Lehrern schloß er sich mit collegialischer Zuneigung an. Diese nehmen jetzt daher auch an dem tiefen Schmerze der Zurückgebliebenen den innigsten Antheil.* Prog Cöllnisches RealGym Berlin 1853, 20.

53 NR auf den 1. OL Prof. Dr. Carl Ludwig Kirschbaum (1812–1880), Prog Gym Wiesbaden 1880, 37.

54 Prog Gym Zweibrücken 1869, 26, NR auf Prof. Emmert: *verlor die Anstalt einen [...] unvergeßlichen Lehrer, dessen irdische Hülle sie am 27. Februar zur Bestattung in Würzburg feierlich an den Bahnhof hier begleitete.* – Ebenso: *Die Schule hatte feierlich die Leiche zum Bahnhof geleitet*: Dir Prof. Dr. Gustav Schmidt (1829–1892), NR auf Dr. Goldschmidt (†1870), Prog Gym Nordhausen 1871, 30. – Oder: NR auf Dr. Jacob Heinrich Hansen (1856–1889), Prog Wilhelm-Gym Hamburg 1890, 8. – *Vertreter des Lehrerkollegiums und der Schüler folgten nach der Einsegnung der irdischen Hülle, die in mondheller Winternacht über Eis und Schnee im Scheine der Fackeln und unter*

daß in diesem Nachruf nicht so sehr die fachliche Qualität seines Unterrichts, sondern die pädagogische hervorgehoben wird. Und endlich ist es für uns heute ungewöhnlich zu bemerken, daß die Schüler auch auf den Kunstlehrer, also den Vertreter eines Nebenfachs, mit Liebe und Achtung reagiert haben. Es ist nicht zu ermitteln, wie alt der Kunstlehrer Bertusch geworden ist; aber da es sich um die damals weithin wütende Tuberkulose handelte, dürfte er bei üblichem Verlauf kaum Mitte 30 Jahre alt gewesen sein. – Ein anderer Nachruf:

> *Die Treue im Großen, wie im Kleinen war der Schmuck seines Lebens; streng in den Anforderungen, die er an sich selbst stellt, hat er mit milder Freundlichkeit und unermüdlicher Geduld seinen Schülern ein Beispiel hervorragender Gewissenhaftigkeit und Arbeitslust gegeben. Zuverlässig in seltener Weise, war er ebenso ehrenwert in seiner Lebens-, wie in seiner Amtsführung; schwerer als der Lebenskampf wurde ihm der Todeskampf durch die Sorge um die Seinen. [...] Seine Pflichttreue wie seine herzgewinnende Bescheidenheit sichern ihm bei seinen Amtsgenossen ein liebe- und ehrenvolles Andenken.*[55]

Hier haben wir den Lehrer, der 41jährig stirbt und seine Familie unversorgt zurückläßt. An seiner beruflichen Qualität ist offenbar nichts auszusetzen; aber einen Beamtenstatus mit Versorgungssicherheit für die Hinterbliebenen gab es nicht. In die lokal entstandenen Witwen- und Waisenkassen haben die Lehrer selbst eingezahlt. Sie waren wie Vereine entstanden und organisiert, ohne allerdings die ungleich besseren Ressourcen des Staates zu besitzen.

Das unseren Beamtenverhältnissen so fremd gewordene Thema mangelnder Versorgungssicherheit stellt sich auch in einem anderen beliebig herausgegriffenen Fall, diesmal bei einem mit 34 Jahren gestorbenen Lehrer. Auf die Frage, weshalb Lehrer unter solchen Umständen überhaupt diesen Beruf ergriffen haben, läßt sich keine leichte Antwort finden. Der Mann hat vermutlich nicht damit gerechnet, so früh sterben zu müssen. Deshalb hat er die Frage sozialer Absicherung auf die lange Bank geschoben und gehofft oder erwartet, daß sich im Laufe der Zeit eine Antwort einstellen werde. Da er aber andererseits das Beispiel offenbar vieler Lehrer in Berlin vor Augen hatte, war es leichtsinnig, so zu optieren. Vielleicht ist es die Liebe zum Fach gewesen, vielleicht die Neigung zum Unterrichten. Beruf war im 19. Jahrhundert sicherlich nicht Job. Aber was hier vorgelegen und den Ausschlag gegeben hat, läßt sich auf der Grundlage nur dieser einzelnen Mitteilung nicht entscheiden, zeigt aber auch gleichzeitig die vielen Aspekte des Problemfelds.

> *beklagen wir den Verlust eines Lehrers voll Leben und Eifers für die Jugend, freudiger Aufopferung für die Zwecke des Unterrichts, ausgerüstet mit den mannichfaltigsten*

---

ergreifendem kirchlichen Gesange zur Eisenbahn gebracht wurde: NR auf Dir Johann Peter Binsfeld (1828–1892), Prog Kgl. Gym Koblenz 1892, 11.

55 Prog Kgl. Gym Bromberg, NR auf Jacob Ruczinski (1839–1880). Prog Gym Bromberg 1881, 12.

Kenntnissen und von wissenschaftlichem Geiste beseelt, welcher sich in fast 9 Jahren um unsere Anstalt ehrenwerteste Verdienste erworben hat. […] Leider war es deßungeachtet nicht möglich, ihn so zu stellen, daß er mit Frau und Kind ein sorgloses Leben hätte führen können; auch er hat das traurige Loos mancher Berliner Lehrer getragen, ungeachtet unablässiger Arbeit und rastloser Thätigkeit doch nicht so viel erwerben zu können, um sorglos mit den Seinen davon zu leben. […] Sein Andenken bleibt bei uns in Segen![56]

Seine Collegen ehrten seinen biederen, zuverlässigen Charakter, sein gerades, offenes, anspruchsloses Wesen, seine gediegene allgemeine Bildung, seine vorzügliche Kenntniß des Faches, das er lehrte. Stets sich selbst gleich, warm für alles Gute, der Selbstüberhebung, dem Ehrgeiz und der Streitsucht völlig fremd, immer bereit, uneigennützig für andere zu wirken, seine eigene Person zurückzustellen, für sich nichts in Anspruch zu nehmen; seinen Schülern war er ein anerkanntes Muster der hingebendsten Treue, rastloser Arbeit, immer fortgesetzter, eifriger Studien; er behandelte sie mit Wohlwollen […]. Nachlässigkeit, Unaufmerksamkeit, Gleichgültigkeit gegen die Wissenschaft […] verwundeten ihn sehr.[57]

Man fragt sich, wie ein solcher Lehrer sich gegenüber den Schülern wohl hat durchsetzen können. Aber die Schüler im 19. Jahrhundert waren andere als heute. Erstens waren es ausgesuchte Schüler, denn kaum ein Prozent des Geburtsjahrgangs besuchte ein Gymnasium. Zweitens hatten nicht nur Eltern, sondern auch die Schüler begriffen, daß das Gymnasium eine realistische Zusicherung für sozialen Aufstieg war. Die Schüler wußten zudem, daß die Eltern sich für ihren Schulbesuch krumm legten. Rund ein Drittel aller Schüler kam von auswärts, weil es so wenige Gymnasien gab; sie wohnten bei Verwandten, Freunden der Eltern, Berufskollegen des Vaters oder in halbprofessionell vermieteten Unterkünften, wurden nachmittags von ihrem Lehrer besucht, der dabei die Hausaufgaben – damals hieß das hübscherweise *Privatfleiß* und galt im übrigen auch für Lehrer[58] – kontrollierte und sich zugleich davon überzeugte, daß seine Klientel gut versorgt war und sicher abgeschottet gegen die wüsten Versuchungen der Welt, vor allem gegen Kneipen, Rauchen, leichte Mädchen und Leihbibliotheken.[59] Die Privatquartiere wurden

---

56 Dir Dr. Ferdinand Ranke (1802–1876), NR auf Dr. Friedrich Wilhelm Rückert (1817–1851). Prog Kgl. Friedrich-Wilhelms-Gym Berlin 1852, 51.

57 NR auf OL Dr. August Rudolf Lucherhandt (1810–1868). Prog Friedrich-Wilhelms-Gym Berlin 1869, S. 35

58 Vgl. Rektor Dr. August Beger (1802–1859), *Über den Privatfleiß*, Prog Höhere Bürgerschule Dresden-Neustadt 1840, 2–20, hier 14. – Vgl. auch Dr. Wilhelm Schrader (*1817), *Anleitung zum Privatstudium für die beiden oberen Klassen des hiesigen Gymnasiums.* Prog Gym Sorau 1855. Schrader wurde 1856 zum Provinzialschulrat in Königsberg befördert.

59 Vgl. Dir Dr. Karl Ferdinand Ranke, NR auf Ernst Ferdinand Yxem (1799–1866), Prog Kgl. Friedrich-Wilhelms-Gym Berlin 1867, XIX: *Eine Revision der Leihbibliotheken in hiesiger Stadt hatte in den Jahren 1824 und 1825 die Schulbehörden auf den Gedanken*

vom Direktor des Gymnasiums vermittelt, mindestens ausdrücklich empfohlen: *Jeder auswärtige Schüler darf nur eine von dem Director genehmigte Wohnung beziehen.*[60] Nicht selten bot der Direktor selbst Quartiere an; und ein Direktor, der an das Dom-Gymnasium in Verden an der Aller berufen war, lehnte die Stelle ab, weil seine Dienstwohnung nicht Platz für Externe bot, die ja eine hocherwünschte Einnahmequelle waren. Im übrigen verhinderte die soziale Kontrolle der Kleinstadt, daß die Auswärtigen allzu sehr über die Stränge schlagen konnten.[61] Dennoch war die Frage dringend regelungsbedürftig, weil nur die schulische Kontrolle

---

gebracht, den häufig aus unbewachter Lectüre für die Jugend entstandenen üblen Folgen durch Errichtung von Lesebibliotheken in den Schulen entgegenzuwirken. [...] Seit dem Jahre 1828 nahm sich Yxem dieser wichtigen Angelegenheit mit aller Kraft an und brachte für sie eigne Opfer an Zeit und Geld. – Das Prog Gym Breslau 1825, 6 referiert eine Verfügung dcs Provinzialschulkollegiums bezüglich der selbständigen Nutzung öffentlicher Leihbibliotheken durch Schüler: *Damit diejenigen Schüler, deren Eltern, Vormünder oder Pfleger nicht an dem Orte selbst wohnen, aus Mangel an häuslicher Aufsicht nicht so leicht auf Abwege gerathen und einen nachtheiligen Einfluß auf die in den Gymnasien zu erhaltende Disciplin ausüben möchten, sind die Gymnasien-Lehrer beauftragt worden, über solche Schüler eine besondere Aufsicht zu führen, und soweit als möglich über ihre Sittlichkeit außerhalb der Schule zu wachen.* – In der Regel war die außerschulische Disziplin von der Aufmerksamkeit der Schulleitung abhängig, vgl. Theodor Vogel (*1838), *Erinnerungen eines 76jährigen*, Prog Gym Plauen 1912, 30: *soviel darf ich aber wohl sagen, daß bis zur Neuordnung dieser Dinge durch* [seit 1850 Rektor Prof. Dr. Friedrich] *Palm* [1813–1871] *unter den oberen Schülern viel rüdes Wesen herrschte, von ihnen auch viel und unmäßig gekneipt, von einzelnen auch in Venere exzediert wurde. So ist denn auch aus manchen, die mit mir in II und I saßen, später nichts Rechtes geworden, einzelne sind sogar schon auf der Universität versumpft.*

60 Prog Kgl. Gym Coblenz 1871, 32. – Vgl. Prog Gym Tilsit 1855, 26: Der Direktor muß der Unterbringung eines auswärtigen Schülers in einer Pension zustimmen; beim Wechsel der Pension ist er vorab zu informieren. – Prog Gym Braunsberg 1842, 29 nennt *die Verordnung der höchsten Behörden, daß kein auswärtiger Schüler ohne Billigung des Direktors eine Wohnung beziehen oder ändern darf.* Die Regelung durch Verordnung oblag den Provinzialschulbehörden und war deshalb nicht gleichmäßig oder gleichzeitig.

61 Vgl. Prog Kgl. Gym Brieg o.J. [1845], 28, Aufruf *An das dem Gymnasium zunächst stehende Publikum*: *ist es unsere angelegentliche Sorge gewesen, dem in einer gewissen affectirten Sittenrohheit sich gefallendem Treiben und Gebahren mancher Schüler, insbesondere ihrem Hange zur Biervöllerei entgegen zu arbeiten, und da die vom Königl. Polizei-Amte an hiesige Schankwirthe in dieser Beziehung erlassene Warnung ohne Erfolg geblieben, so haben wir uns am 14. September a.pr.* [1844] *in den hier wöchentlich erscheinenden Blättern an alle wohlgesinnten Mitbürger mit der Bitte gewendet, uns die an den ihnen verbotenen Orten betroffenen Schüler anzuzeigen. In Folge dessen*

der Unterbringung auswärtiger Schüler *den unschätzbaren Vorteil einer genauen und ununterbrochenen Aufsicht, Erleichterung der Kosten und gewissenhafte Wirthe* sichern konnte.[62]

Inzwischen wird offenkundig, daß sich in den Hunderten von Nachrufen ein besonderes, auch methodisch reizvolles Arbeitsfeld auftut. Unterscheiden sich die positiven Urteile überhaupt? Sind sie in der Großstadt anders als in der Kleinstadt? Ändert sich der Urteilstenor im Laufe des Jahrhunderts? Solche und andere Fragen lassen sich am Material beantworten, wenn man es geduldig untersucht. Von der Streuung der Urteile kann man sich ein gutes Bild machen. Alles in allem entsteht und festigt sich ja der Eindruck einer individuell je unterschiedlichen, insgesamt aber hohen und anspruchsvollen Qualität dieser Personengruppe. Für den Kenner ist es keine Frage, daß der heute immer etwas belächelte Oberlehrer eine bedeutende Figur in der deutschen Bildungsgeschichte ist. Er hat Standards für persönliches Verhalten und für Leistungsziele gesetzt, die Deutschland damals zu einer vom Ausland bewunderten Bildungs-Nation gemacht haben. – Wenige Schlaglichter und Kurzporträts können die Spannweite andeuten:

teurer Lehrer – treuer Mitarbeiter und lieber Freund[63]

kräftiger Mann – kindliches Wesen – Treuherzigkeit – Gesinnung ohne Falsch – ungeheuchelte Frömmigkeit – tugendhaftes Leben – Tüchtigkeit im Beruf – reine Hingebung – Lust zur Sache – Liebe zur Jugend – freudige Tüchtigkeit– nach seinem Tode eine freudige Anerkennung seines Werthes und allgemeine Theilnahme – Die Nachricht von seinem plötzlichen Hinscheiden wirkte erschütternd, und wurde überall mit dem tiefsten Schmerze vernommen – viele Thränen sind ihm nachgeweint worden.[64]

Tiefe Trauer, denn viel Treffliches sank mit ihm ins Grab – gründliche Gelehrsamkeit – Begeisterung für das Fach des Unterrichts und der Erziehung – unwiderstehliche Gewalt über seine Zöglinge – Lebendigkeit im mündlichen Vortrage – Pünktlichkeit in allen Dienstverhältnissen – feine äußerliche Bildung – edle gesellige Formen – vortrefflicher junger Mann, den wir nur wenige Jahre den Unsrigen nannten, und den vor Allem ich selbst wie den eigenen Sohn geliebt habe.[65]

---

sind uns zwei mündliche und zwei schriftliche Anzeigen von Trunkstubenbesuchen und andern Excessen zugekommen.

62 OL Dr. Ernst Schober (1799–1876), *Andeutungen und Wünsche in Beziehung auf die pädagogischen Bestrebungen des Gymnasiums*, Prog Gym Neisse 1842, 11.

63 Dir Dr. Hermann Bredtmann (*1864), NR auf OL Wilhelm Schauwienold (1867–1908). Prog RealGym Wanne und Eickel 1909, 25.

64 Dir Dr. Ferdinand Ranke, NR auf Turnlehrer Feddern (1799–1848). Prog Kgl. Friedrich-Wilhelms-Gym Berlin 1849, 46.

65 Dir Prof. Dr. August Spilleke, NR auf Christian Wilhelm Fischer (1806–1833). Prog Kgl. Friedrich-Wilhelms-Gym Berlin 1834, 53.

Begrenzung auf Preußen

Die Entscheidung, die vorliegende Untersuchung thematisch auf Preußen und auf preußische Lehrer zu begrenzen, wurde ebenfalls durch die Programme unterstützt. Denn gegenüber den Programmen dieser Provenienz sind die bayerischen, württembergischen und badischen Programme ungleich karger in der Mitteilung von Sachpunkten und Intentionen. Bei ihnen liegt der Nachdruck auf dem ersten, dem wissenschaftlichen Teil, der regelmäßig als Separatum vorgelegt wurde. Infolgedessen treten dort die Biographien der Lehrer aus den Programmen nur kursorisch hervor; die Mitteilungen heften sich statt dessen an die Okkasionen von Beförderungen, an schulinterne Wechsel in der Aufgabenzuteilung und an Erkrankungen, die zu Vertretungen nötigen, stellen aber keine zusammenhängenden Biographien vor.[66] Die preußischen Landesgrenzen wurden in dieser Untersuchung allerdings nicht streng beachtet. Denn die pädagogischen und berufsständischen Muster angrenzender Territorien – etwa Sachsen, Braunschweig, Hannover, Hessen, Hamburg oder Mecklenburg – waren den preußischen so ähnlich, daß der Wechsel von Lehrern zwischen diesen Ländern alles andere als ungewöhnlich war.

Im übrigen war Preußen der unstreitig führende deutsche Schulstaat. Anfang der 1890er Jahre unterhielt Preußen bei 30 Mio. Einwohnern 275 Gymnasien.[67] Legt man die preußische Ratio von 1 Gymnasium pro 109.000 Einwohner auf andere deutsche Länder um, zeigt sich deren eklatanter Abstand zu Preußen. Sachsen (3.5 Mio. Einwohner) hätte 32 Gymnasien haben müssen, unterhielt aber nur 17, Norddeutschland (4 Mio. Einwohner) statt der bestehenden 18 Gymnasien ein Soll von 36, Bayern (5,6 Mio. Einwohner) statt seiner 37 Gymnasien rechnerisch 51.

Überlieferung der Schulprogramme

Erst in letzter Zeit gibt es Anstöße, häufig genug von Bibliotheks- und Sammlungsleitern, die in der für die Erschließung eines unbearbeiteten Quellenbestandes typischen kleinen Münze des Aufsatzes auf den inhaltlichen Reichtum der

---

66 Die Auflistung der in den bayerischen Programmen vorgelegten wissenschaftlichen Beiträge enthält im 1. Band wenigstens knappe Angaben zu den Autoren: Johann Georg Zeiß, Verzeichnis der Programme und Gelegenheitsschriften welche an den K. bayer. Lyceen, Gymnasien und Lateinschulen vom Schuljahr 1823/24 an erschienen sind. Progr Gym Landshut 1861. In den Folgebänden dünnen die Biographien aber rasch aus; im übrigen sind es nicht etwa alle Gymnasiallehrer, sondern nur solche, die mit Programmbeiträgen hervorgetreten sind.

67 OL Prof. Dr. Gustav Gemß (1846–1903), Statistik der Gymnasialabiturienten im Deutschen Reich während der letzten drei Schuljahre, Prog Kgl. Luisen-Gym Berlin 1895, 5.

Programme hinweisen.[68] Auch in der digitalen Welle unserer Zeit sind es zunächst die von der Wissenschaft schon zur Kenntnis genommen, damit aber auch gleichsam verbrauchten Themen des ersten Teils der Programme.[69] Noch immer völlig unerschlossen ist die im Detail berichtete Institutions- und vor allem die Personengeschichte, um die es hier geht.

Es stehen sehr umfangreiche Sammlungen der Programme zur Verfügung: in der UB Giessen, in der Bibliothek für Bildungsgeschichtliche Forschung in Berlin, in Düsseldorf, wo nunmehr der enorme und gut verzeichnete Bestand des Görres-Gymnasiums[70] den Grundstock der Sammlung der UB bildet, und in der Bayerischen Staatsbibliothek, um nur die wichtigsten Standorte zu nennen. In Düsseldorf und München sind umfangreiche Digitalisierungsprogramme angelaufen. Konkret genutzt wurde in der vorliegenden Studie vor allem der Bestand des Landesarchivs NRW, Abteilung Westfalen, in Münster.[71] Er ist mit über 40.000 einzelnen Programmen zwar nicht die umfangreichste Sammlung, reicht empirisch jedoch aus, hat den Vorteil leichter Erreichbarkeit (mit dem Fahrrad) und konnte durch digitalisierte Programme ergänzt werden.

68 Etwa Rudolf Jung, Die deutschen Schulprogramme. Erinnerungen an eine fast vergessene Publikationsform. In: 300 Jahre Bibliothek des Gymnasiums Weilburg. Weilburg 1985, S. 86–95. – Dietmar Haubfleisch u. Christian Ritzi, Schulprogramme: zu ihrer Geschichte und ihrer Bedeutung für die Historiographie des Erziehungs- und Bildungswesens. In: Bibliothek und Forschung Bd. 102 (2011), S. 165–205. – Regina Mönch, Die Preußen wußten noch, was in ihren Schulen los war. FAZ v. 15.11.2002. – Rolf Hensel, Diese außerordentlichen Tage des Winters.... Die Jahresberichte der höheren Schulen in Preußen. In: Berlin in Geschichte und Gegenwart. Jb d. Landesarchivs Berlin. Berlin 2015, 55–71.

69 Umfangreichste Bibliographie: Franz Kössler, Verzeichnis der Programm-Abhandlungen deutscher, österreichischer und schweizerischer Schulen der Jahre 1825–1918. 4 Bde. München: Saur 1987 und 1 Ergänzungsband 1991. – Andere Bibliographien sind damit erfaßt, für Bayern etwa Josef Gutenäcker, Verzeichnis aller Programme und Gelegenheitsschriften, welche an den Kgl. Bayer. Lyzeen, Gymnasien und lateinischen Schulen vom Schuljahr 1823/24 bis 1859/60 erschienen sind. Bamberg 1862. Fortsetzung: J. G. Zeiß 1860/61–1883/84. Landshut 1874–1885. Fortsetzung: Emil Renn 1884/85–1907/08. Landshut 1890–1909.

70 Die Sammlung umfaßt ca. 140.000 einzelne Schulprogramme. Das einzige sachsystematisch nach Fächern und Schulorten gegliederte Findmittel wurde von OStR Dr. Siegfried Rosezin erarbeitet. Freundliche Überlassung durch Frau Dr. Barbara Rosezin, Hamburg.

71 Der Betreuer der Sammlung, Bibliothekar Hermann-Josef Schroers, hat mir unschätzbare Unterstützung gegeben, auch über seinen Bestand hinaus. Dafür bin ich ihm außerordentlich dankbar.

Künstliche Quelle für die Direktoren

Neben den Quellentypen von Überlieferung und neben den Erträgen von Forschung wird hier für eine einzelne Funktionärsschicht eine künstliche Quelle verwendet. Sie versammelt die Gymnasialdirektoren, für die eine gesonderte Überlieferung nicht vorliegt und die als eigene Gruppe noch nicht im Focus von Forschung gestanden hat. Aus dem von Franz Kössler zusammengetragenen Personenlexikon von rd. 16.000 Lehrern des 19. Jahrhunderts wurden 1.616 Berufsbiographien von Direktoren extrahiert, nach 22 Merkmalen oder Hauptkategorien wie Lebensalter, Bildungsgang einschließlich Lehramtsausbildung, regionaler Zuordnung, Karriereverläufen mit Schulformen, Vaterberuf u.a.m. und 69 Unterkategorien codiert und mit Hilfe des Statistikprogramms SPSS Windows (Version 22) ausgewertet.[72] Trotz der Erhebung wichtiger, valider und möglichst vollständiger Merkmale ließen sich bei mehreren Variablen z.T. erhebliche Lücken nicht vermeiden. Diese verstärken sich in bivariaten Auswertungen. So fehlt z.B. die Angabe der Schulform für 91 der 1.616 Fälle: 1.099 beziehen sich auf Direktoren klassischer Gymnasien, 398 auf solche von Realgymnasien und 28 auf Höhere Töchterschulen (n=1.525). Ungeachtet der blinden Stellen in der Überlieferung traten durch die Auswertung dennoch unerwartete und abgesicherte profilierte Gruppenmerkmale zu Tage, die sich anders nicht hätten eruieren lassen. Setzt man diese Variable z.B. mit den Angaben zum Personenalter bei Antritt des Direktorats in Beziehung, so erhöht sich die Zahl fehlender Werte auf über 300. Dies kann zwar, muß aber nicht zu Verzerrungen führen. Eine Kontrolle durch z.B. multivariante oder stratifizierende Analysen hätte jedoch die Möglichkeiten dieses Projektteils überschritten. Quantitative Angaben für die Direktoren werden deshalb mit Vorsicht angeboten. Um den Leser eine Abschätzung zu ermöglichen, wird die Zahl der in die deskriptiv-explorativen Analysen eingehenden Fälle angegeben, bei bivarianten Analysen mit Angabe der Irrtumswahrscheinlichkeit für den Fehler 1.Art (wenn <0.05).

72 Hier darf ich meinem Freund Prof. Dr. med. Dr.phil. Heiner Raspe noch einmal sehr herzlich danken. Er hat die Übernahme der von mir extrahierten biographischen Daten dieser Personengruppe in das Programm SPSS ermöglicht, und er hat mich bei der Auswertung – der Kenner den Anfänger – mit großer Geduld unterstützt und begleitet.

2.0 Biographische Merkmale der Gymnasiallehrer

2.1 Herkunft

Willst du dich am Ganzen erquicken,
so mußt du das Ganze im Kleinsten erblicken.[73]

Am Anfang des 19. Jahrhunderts erfüllte das Gymnasium zusammen mit der Universität zwar intentional ein Format der *Veranstaltungen des Staates, welche den Unterricht in nützlichen Kenntnissen und Wissenschaften zur Absicht haben*;[74] aber dabei war in der Realität das Gymnasium weit davon entfernt, flächendeckend zu sein. Das überall vorhandene, leicht erreichbare Gymnasium, gar mehrere davon in einer Stadt, wie wir es heute kennen und für selbstverständlich halten, gab es zunächst gar nicht, war auch nicht gewünscht, wie das Beispiel Elbing im Urteil Humboldts zeigt; es entstand erst am Ende des Jahrhunderts durch die elterliche Nachfrage, durch sein Sozialversprechen des bürgerlichen Aufstiegs und durch die vom Erfolg der Nachfrage nach dieser Schulform ausgehende äußerliche Nötigung, insgesamt also eher durch Evolution als durch Planung. Es ist sicherlich noch eng gegriffen, dass im 19. Jahrhundert mindestens ein Drittel aller Gymnasialschüler Auswärtige waren, aber keine modernen Fahrschüler, die täglich in das Elternhaus zurückkehrten, vielmehr Externe, die gelegentlich in schulischen Internaten, meistens aber bei Freunden der Eltern, bei Berufskollegen am Schulort oder im halbprofessionellen Logis gegen Bezahlung lebten.[75] Erst spät bildete der Besatz der deutschen Länder mit Gymnasien die zunehmende Verstädterung ab – je städtischer, desto dichter. Was für die Schüler galt, traf auch auf die Gymnasiallehrer des 19. Jahrhunderts zu. Beide Personengruppen stammten nicht aus Städten, gar den künftigen Großstädten, sondern aus kleinen Siedlungen, Dörfern oder auch nur Flecken: Spenge, Mörtitz, Podasch, Gersfeld, Brietzig, Druffelbeck, Plathe, Baruth, Borsch, Kreuzburg, Görisseifen, Schköna, Grapzow, Jakobswalde, Löbejün, Börln,

73 Goethe: Sprüche. Hamburger Ausgabe Bd.1, S. 304. Aus einer Direktorenrede.

74 Allgemeines Landrecht für die Preußischen Staaten, 2. Teil, 12. Titel, § 1.

75 In den späten 1770er Jahren schlug Christian Meier (1732–1815) den Ruf auf die Leitung des DomGym Verden nach Besichtigung der Dienstwohnung aus: Dort mißfiel ihm die Beschränktheit der Rektoratswohnung, da diese es ihm unmöglich machte, eine von ihm vorgesehene *sehr große* [!] *Anzahl von Schülern* gegen Entgelt in sein Haus zu nehmen. Die Kgl. Regierung Stade sicherte Umbau zu, so daß Meier schließlich doch annahm. Vgl. Conrektor Sonne, *Biographische Skizzen der Lehrer des hiesigen Gymnasiums.* Prog Dom-Gym Verden 1863, 7.

Hohenmölsen oder Steinhäuteroda, Sichdichfür, Dobberphul, Schmachtenhagen, Gnadenthal, Hoym, Schivelbein, Darslup, Westönnen, Rulle oder Zipkeleben, um nur wenige zu nennen. Die Ortsnamen sind längst nicht mehr vertraut und lassen sich allenfalls noch durch *den Neumann*[76] verifizieren.

Wenn man die Väterberufe der Gymnasiallehrer betrachtet, ist der Wandel längst nicht so eklatant. Kösslers Personenlexikon der Lehrer nennt für die Geburtsjahre 1800–1889 bei insgesamt 2.680 Fällen die Väterberufe. Nur jede sechste Biographie enthält eine solche Angabe. Wenn man die künftigen Gymnasiallehrer nach Jahrzehnten der Geburt unterteilt und ihre Väter in grobe Berufsgruppen klassifiziert, ergibt sich für die Vätergenerationen und damit für die soziale Herkunft der Gymnasiallehrer unserer Zeitspanne folgendes Bild:

76 Am besten in der letzten Auflage: Neumanns Orts- und Verkehrslexikon des Deutschen Reichs. 4. Auflage, hg. von Max Broesike u. Wilhelm Keil. Leipzig-Wien 1905.

Tabelle 1: Väterberufe nach Geburtsjahrgängen

Vaterberuf	**1800-1809**		**1810-1819**		**1820-1829**		**1830-1839**		**1840-1849**		**1850-1859**		**1860-1869**		**1870-1879**		**1880-1889**		**GESAMT**	
Angaben[77]	*real*	%	*real*	%	*real*	%	*real*	%	*real*	%	*Real*	%	*real*	%	*real*	%	*real*	%	*real*	% [78]
Lehrer[79]	**33**	5	**38**	5	**47**	7	**89**	12	**110**	15	**104**	14	**81**	11	**104**	15	**108**	15	**714**	27
% je Dekade	16		20		23		32		27		29		24		33		32			
Selbständ.[80]	**42**	7	**33**	6	**35**	6	**42**	7	**69**	12	**91**	16	**82**	15	**73**	13	**91**	16	**58**	21
% je Dekade	20		18		17		15		17		21		25		23		27			

77 Prozentwerte sind auf oder abgerundet und beziehen sich auf die Berufsgruppe.

78 Diese Angaben vergleichen die Berufsgruppen untereinander.

79 Zunächst waren die Väter überwiegend Elementarschullehrer; erst in der zweiten Jahrhundert-hälfte finden sich Gymnasiallehrer bis hin zum Rang des Direktors in der Vätergruppe.

80 Kaufmann, Gutspächter, Unternehmer, Arzt, Apotheker, Gastwirt, Hausbesitzer, Fotograf, Schiffs-kapitän, Historienmaler, Universitätsgärtner etc.

Vaterberuf	1800-1809		1810-1819		1820-1829		1830-1839		1840-1849		1850-1859		1860-1869		1870-1879		1880-1889		GESAMT	
Pfarrer[81]	**46**	9	**51**	10	**43**	8	**63**	12	**98**	18	**81**	15	**49**	9	**50**	9	**50**	9	**531**	20
% je Dekade	22		27		21		22		24		19		15		16		15			
Beamter[82]	**45**	9	**35**	7	**37**	8	**45**	9	**85**	17	**85**	17	**60**	12	**45**	9	**47**	10	**484**	18
% je Dekade	22		19		19		16				20		18		14		14			
Handwerker	**7**	11	**15**	10	**14**	9	**15**	10	**20**	13	**19**	12	**30**	20	**13**	8	**10**	6	**153**	6
% je Dekade	8		8		7		5		5		4		9		4		3			

81 Auch Prediger, Missionare etc.

82 Verwaltung, Justiz, Militär, staatl. Medizin, Post, Bahn, Bibliotheks und Archivwesen, Markt-meister etc.

Vaterberuf	1800-1809		1810-1819		1820-1829		1830-1839		1840-1849		1850-1859		1860-1869		1870-1879		1880-1889		GESAMT	
Landwirt	**11**	12	**1**	1	**7**	8	**6**	6	**8**	9	**22**	24	**15**	16	**13**	14	**8**	9	**91**	3
% je Dekade	5		2		4		2		2		5		4		4		2			
Professor	**6**	10	**4**	6	**8**	13	**7**	11	**9**	15	**12**	20	**4**	6	**6**	10	**5**	8	**61**	2
% je Dekade	3		2		4		2		2		3		1		2		1			
Bediensteter	**5**	6	**9**	10	**9**	10	**12**	14	**8**	9	**15**	17	**9**	10	**8**	9	**13**	15	**88**	3
% je Dekade	2		5		5		4		2		3		3		2		4			
GESAMT	**205**		**186**		**200**		**279**		**407**		**429**		**330**		**312**		**332**		**2.680**	

* Prozentwerte sind auf-oder abgerundet und beziehen sich auf die Berufsgruppe; ** Diese Angaben vergleichen die Berufsgruppen untereinander; † Zunächst waren die Väter überwiegend Elementarschullehrer; erst in der zweiten Jahrhunderthälfte finden sich Gymnasiallehrer bis hin zum Rang des Direktors in der Vätergruppe; †† Kaufmann, Gutspächter, Unternehmer, Arzt, Apotheker, Gastwirt, Hausbesitzer, Fotograf, Schiffs kapitän, Historienmaler, Universitätsgärtner etc.

‡ Auch Prediger, Missionare etc.; ‡‡ Verwaltung, Justiz, Miitär, staatl. Medizin, Post, Bahn, Biblikotheks- und Archivwesen, Marktmeister etc.

Dieses Zahlenwerk, wenngleich es selbst noch immer nur ein Ausschnitt ist, bietet Ansätze zu einer genaueren Beschreibung des sozialen Aufstiegs und der ständischen Karriere, die die Gymnasiallehrer im 19. Jahrhundert durchmessen haben. Früeren Untersuchungen stand Kösslers Personenlexikon noch nicht zur Verfügung, so daß bisher die empirische Basis nicht ausreichte.[83] Insofern ist Karl-Ernst Jeismanns Urteil zutreffend, daß es für dieses Problem an Untersuchungen fehle, nicht hingegen an plausiblen Vermutungen.[84]

Isoliert man aus den in der Statistik angegebenen Werten die Väterberufe, die ein akademisches Studium voraussetzten – Lehrer, Pfarrer, Professoren –, so tritt eine zementierte gehobene Mittelschicht von 21–51 Prozent, im Mittel 33 Prozent, zu Tage. Ihr zuzurechnen sind die Väter, die gehobene Beamten waren: 7–17 Prozent, im Mittel 11 Prozent. In der linearen Verteilung kann von einer sozialen Niveaukonstanz nicht die Rede sein; vielmehr nehmen diese Berufsgruppen in dem Maße an Dominanz zu, in dem die Eingangszahlen für das Lehramt ansteigen, besonders in den beiden Jahrzehnten von 1860 bis 1879, wo über 60 Prozent der neu eintretenden Gymnasiallehrer dieser gehobenen Mittelschicht entstammen. Es wäre zwar nicht zutreffend, deren sozialen Hintergrund als exklusiv zu bewerten; aber er war dominant, während gleichzeitig der Zugang zum gymnasialen Lehramt zwar noch sozialoffen blieb, allerdings in den engen Grenzen der Finanzierbarkeit höherer Schulbildung und eines universitären Studiums.

Wenn man die Anteile der einzelnen Herkunftsgruppen von Dekade zu Dekade vergleicht, so tritt die Herkunft aus einem Lehrerhaus dominant in den Blick. Sie verdoppelt sich im Laufe des Jahrhunderts und beträgt in den 1880er Jahren 32 Prozent. Familiare Berufstreue und das Ansehen des Berufs selbst – zu der Zeit auch gewiß die finanzielle Ausstattung – treten allmählich zu einem ständischen Muster zusammen. Dem gegenüber ist der Anteil des bildungsbeflissenen protestantischen Pfarrhauses in der Literatur deutlich überschätzt worden.[85] Er nimmt nur den dritten Rang ein und ist nach der Jahrhundertmitte in einem deutlichen

83 Leonore O'Boyle (Klassische Bildung und soziale Struktur in Deutschland zwischen 1800 und 1848, in: HZ 207 (1968), 584–608) stützt sich auf 114 biographische Fälle, Hans-Jürgen Apel (Preußische Gymnasiallehrer 1820–1850. Soziale Herkunft, Studienverhalten, Studienerfolg nach Prüfungszeugnissen insbesondere der Bonner Schulamtskandidaten, in: Vierteljahrschrift f. Sozial- u. Wirtschaftsgeschichte 72 (1985), 353–368) untersucht 61 Kandidaten, Karl-Ernst Jeismann (Das preußische Gymnasium in Staat und Gesellschaft, Bd. 2: Höhere Bildung zwischen Reform und Reaktion 1817–1859, Stuttgart 1996, 345) wertet 56 Biographien von Direktoren aus.

84 Karl-Ernst Jeismann, wie oben, 344.

85 Etwa von Werner Conze in: Hermann Aubin u. Wolfgang Zorn (Hg.), Handbuch der deutschen Wirtschafts- und Sozialgeschichte. 2 Bde. Stuttgart 1971–1976, Bd. 2, 487: Die Gymnasiallehrer seien *zum größten Teil aus Pfarrhäusern* gekommen.

Rückgang begriffen. Diesen Verlauf teilt es mit allen anderen Berufsgruppen – mit den beamteten Vätern, deren Söhne am Anfang noch mit 22 Prozent auftreten, am Ende auf 14 sinken, mit den Handwerkern, Agronomen, Professoren und den kleinen Leuten, die von 18 Prozent zu 10 verkümmern. Es kann kein Zweifel darüber bestehen, daß sich am Ende des Jahrhunderts die Quellschicht für die Rekrutierung von Gymnasiallehrern einseitig focussiert hat. Herkunft und Berufswahl begründeten den geläufigen Spott, das Gymnasium sei eine Einrichtung von Oberlehrern für Oberlehrer.

2.2 Studium und Berufseinstieg

Introite, quos Musa nascentes
placido lumine riderit[86]

Quellenlage und quantitative Vergewisserung

Ein wissenschaftliches Studium war die Voraussetzung für Lehrtätigkeit am Gymnasium, dem *gelehrten Schulwesen*, wie es genannt wurde. Wie diese Anforderung erfüllt wurde, läßt sich näher an den Berufsbiographien von Gymnasiallehrern ablesen.[87] Kösslers Sammlung hat Defekte. Erstens hat sie nicht alle Schulprogramme ausgewertet, die es gibt, sondern nur den – allerdings überwältigend starken – Bestand der UB Gießen; zweitens fehlen die Programme sämtlicher bayerischer Gymnasien;[88] drittens hat die Sammlung editorische Defekte, weil sie v.a. die Schulformen vermischt, indem sie unterschiedslos die Viten von Gymnasiallehrern, Universitätsprofessoren, Elementarlehrern und Schulverwaltungsbeamten aufgenommen hat, und diese teils wörtlich zitiert (aber ohne Kennzeichnung), teils referiert; auch ist eine abschließende Revision der Einträge bezüglich der vielen Verschreibungen, Tippfehler wie Namensformen für Städte (*Söst statt Soest, Kösfeld statt Coesfeld, usw.*) wie für Personennamen

---

86 Tretet alle ein, denen bei der Geburt die Muse freundlich gelächelt hat. – Inschrift über dem Haupteingang des Gymnasiums Wetzlar. Dir Prof. Dr. Gustav Heep (*1859), Antrittsrede, Prog Gym Wetzlar 1913, 11.

87 Franz Kössler, Personenlexikon von Lehrern des 19. Jahrhunderts. Berufsbiographien aus Schul-Jahresberichten und Schulprogrammen 1825–1918 mit Veröffentlichungsverzeichnissen. *Vorabdruck (Preprint) Stand: 18.12.2007.* Universitätsbibliothek Gießen, Giessener Elektronische Bibliothek 2008. URL: http://geb.uni-giessen.de/geb/volltexte/2008/6107/ (Band) URL: http://geb.uni-giessen.de/geb/volltexte/2008/6106/ (Gesamt).

88 Kössler gibt keinen Grund dafür an; aber er dürfte in der Natur der bayerischen Schulprogramme liegen, aus denen kohärente und umfangreiche Personen-Mitteilungen nicht zu entnehmen sind.

nicht erfolgt. Die Kritik muß durch Nennung der Vorzüge balanciert werden: Kösslers Namenslexikon ist mit 98.077 Kb Volumen der umfangreichste Bestand, den wir besitzen. Die Defekte schlagen nur selten auf das Einzeldatum durch, und die Mischung von Kategorien kann händisch sortiert werden. In der vorliegenden Untersuchung ist das für die Buchstaben A–K (50.859 Kb) erfolgt, also etwas mehr als die Hälfte der Gesamtdatei. Aufgefunden und ausgewertet wurden dadurch 8.384 Biographien von Gymnasiallehrern.[89] Es wurden in den ersten 8 Jahrzehnten des 19. Jahrhunderts die künftigen Gymnasiallehrer nach ihrem Geburtsjahr in solche Kohorten gruppiert,[90] die nach dem Besuch von Schule und Universität mit einem Lebensalter von durchschnittlich 25 Jahren in das Gymnasialwesen eingetreten sind. Damit ist schulgeschichtlich die Zeit von 1820 bis 1914 abgedeckt. Erhoben wurde der nach Jahrzehnten gegliederte Zugang an Gymnasiallehrern; zugleich wurden die von ihnen gewählten Studienorte ermittelt. Da nur die Hälfte der von Kössler gesammelten Überlieferung ausgewertet wurde, sind die Realzahlen zu verdoppeln.

Zugang an Lehrern im gymnasialen Schulwesen

Die quantitativen Veränderungen zeigen sich am deutlichsten in den Prozentwerten.

Tabelle 2: Lehrerwachstum und Promotionen

Geburtsjahr	**Dienstbeginn**	**Anzahl**		**Promotionen**	
		real	**in** %	**Real**	**in** %
1800-1809	1825-1834	243	2,9	97	40
1810-1819	1835-1844	293	3,5	126	43
1820-1829	1845-1854	321	3,8	153	48
1830-1839	1855-1864	447	5,3	217	48
1840-1849	1865-1874	1.133	13,5	588	52

89 Kösslers Personenlexikon enthält gut 16.000 Biographien von Gymnasiallehrern enthält. Die hier eruierten gut 50% reichen für empirische Aussagen völlig aus.

90 Also schematisch: 1800–1809, 1810–1819, usw. bis 1870–1879.

Geburtsjahr	**Dienstbeginn**	**Anzahl**		**Promotionen**	
		real	**in %**	**Real**	**in %**
1850-1859	1875-1884	1.684	20,0	749	44
1860-1869	1885-1894	2.983	35,5	631	21
1870-1879	1895-1904	1.280	15,2	581	49
Gesamt/Mittel		*8.384*	*12,5*	*3.142*	*43*

Zunächst fallen die Promotionsanteile ins Auge. Im Mittel sind über 40 Prozent der Gymnasiallehrer bei Dienstantritt promoviert, in den 1840er Jahren 52 Prozent, dagegen in den 1860er Jahren nicht einmal die Hälfte. An diesen Schwankungen zeigt sich, daß die übliche Zuordnung der Promotion, sie sei ein ständisches Merkmal, als Deutung nicht ausreicht. Vielmehr muß auch der wirkliche oder imaginierte Vorteil der Promotion beim Wettbewerb um die Stellen oder die Promotionsdauer als Wartefrist für bessere Zeiten als Motiv berücksichtigt werden. Bewerber sind in stellenknappen Zeiten überhäufig promoviert, in Zeiten gut verfügbarer Stellen dagegen nicht. Diese Deutung läßt sich durch den Hinweis auf die Mathematiker substantiieren. Denn Altphilologen bewarben sich mit hohen Zugangszahlen auf knappe Schulstellen; Mathematiker hingegen taten das nicht, weil für sie andere Berufe verfügbar waren und weil ihnen die für ihr Fach einladende Stellenlage der Schule entgegenkam. Die Ersteren waren daher stärkerem Wettbewerb ausgesetzt und entsprechend häufiger promoviert, während die Letzteren gesucht wurden und deshalb vergleichsweise selten promoviert waren. Die Promotion als ein ständisches Merkmal ist jedenfalls ein schwächeres Motiv, als gewöhnlich angenommen wird. Es spiegelt möglicherweise die gesellschaftliche Wahrnehmung der Trägerschicht des gelehrten Schulwesens, weniger ein historisches Programm des Berufsstandes, zumal die altphilologischen und promovierten Stelleninhaber überhäufig leitende Positionen einnahmen, an den Gymnasien nicht weniger als auf Behördenebene in den Provinzialschulkollegien.

Studienorte

Die Verteilung der Studenten auf Studienorte bietet ein Bild, das angesichts der Vorschrift überrascht, das Studium innerhalb von drei Jahren zu absolvieren (*Triennium* vom 7.4.1804). Denn auf die 8.384 Studierenden entfallen 11.271 Studienorte. Jeder einzelne Student hat durchschnittlich 1,4 Universitäten besucht. Die quantitative Verteilung der Studenten[91] auf die Studienorte war allerdings sehr ungleich, weil vier Universitäten – Berlin, Leipzig, Halle und Göttingen – die Hälfte der Studienfälle auf sich zogen, während die 17 übrigen Universitäten mit geringen bis unbeachtlichen Fallzahlen zur Lehrerausbildung beitrugen, eine nachträgliche Rechtfertigung der im 18. Jahrhundert erfolgten Schließungen und Verlegungen von Universitäten.[92] Ausbildungs-, Berufsfindungs- und Berufswege der Gymnasiallehrer fügten sich nicht selten zu geradezu migrantisch anmutenden Mustern.

Gustav Bösche (*1850):

> Schulbesuch Berlin, 1869 Theologiestudium Göttingen, Kriegsteilnahme und schwere Verwundung, 1873 theologisches Examen Koblenz, 1876 Gymnasialexamen Göttingen, Probejahr Bad Kreuznach, Realschule Essen, o. Lehrer Musterschule Frankfurt a.M., 1887 OL Luisengymnasium Berlin, 1893 Dir Realschule Eisleben, 1897 Dir Realgymnasium Lippstadt.[93]

---

91 Kössler hat auch 25 Frauen (0,3% der männlichen Gymnasiallehrer) erfaßt, die hier mit Namen, Geburtsjahr und letzter beruflicher Stellung genannt werden: Karola Barth (*1879, OL Frankfurt/M.), Karoline Bathe (*1889, techn. Lehrerin Frankfurt/M.), Eva Becker (1853, Handarbeitslehrerin Frankfurt/M.), Helene Bergmann (*1862, Technische Lehrerin Wiesbaden), Elisabeth Berk (*1881, Technische Lehrerin stundenweise Frankfurt/M), Elisabeth Bernhoeft (*1880, Dr.phil. OL Frankfurt/M), Frieda Bremer (*1888, Technische Lehrerin Frankfurt/M), Luise David (*1845,?? Hamburg), Elisabeth Delius (*1873, OL Wittenberge), Elisabeth Eggerking (*1878, Dr.phil. OL Frankfurt/M), Marie Eiselen (*1858, Hilfslehrerin Frankfurt/M), Magda Ennecerus (*1866, OL Frankfurt/M), Charlotte Falk (*1884, Hilfslehrerin Frankfurt/M), Elsa Goßmann (*1879, OL Westfalen), Hedwig Graf (*1885, Lehrerin Frankfurt/M), Julie Grimm (*1870, Lehrerin Frankfurt/M), Klara Hafkesbrink (*1886, Hilfslehrerin Frankfurt/M), Helene Hannes (*1878, Lehrerin Frankfurt/M), Anna Hoffa (*1876, Lehrerin Frankfurt/M), Florence Horkheimer (*1889, Hilfslehrerin Frankfurt/M), Marie Klump (*1847, Lehrerin u. Direktionsgehilfin Frankfurt/M), Leontine Köper (*1872, Lehrerin Frankfurt/M), Elisabeth Korn (*1872, OL Wiesbaden), Alexandra Maria Koslowska (*1854, Hilfslehrerin Frankfurt/M), Emma Kühner (*1843, Hilfslehrerin Frankfurt/M). – Die Anstellung von Lehrerinnen in Frankfurt erfolgte am Philanthropin, an der Musterschule, an der Victoriaschule, an der Humboldtschule oder an der Handelslehranstalt. In der Regel ist die Planstelle unterwertig; Hilfslehrerin ist noch immer zwei Stufen von einer o. Stelle entfernt. Für Preußen ist die Zahl von Lehrerinnen an Gymnasien bis 1918 zu vernachlässigen.

92 Vgl. R. Steven Turner, Universitäten in: Karl-Erst Jeismann u. Peter Lundgreen (Hg.), Handbuch der deutschen Bildungsgeschichte, Bd. III: 1800–1870. Von der Neuordnung Deutschlands bis zur Gründung des Deutschen Reiches. München 1987, S. 221–249.

93 Prog Musterschule Frankfurt a.M. 1903.

Dr. Albert Faber (1832–1904):

> Schulbesuch in Hildesheim und Holzminden, 1851 theologisches und philologisches Studium in Göttingen, 1855 philologisches und 1860 und 1865 theologische Examina, Probejahr am Gymnasium Minden, 1857 Promotion in Jena, 1857 o. Gymnasiallehrer am Gymnasium Herford, 1862, 1867 Berufung an das Gymnasium Bielefeld, 1865 OL, 1868 1. OL am Gymnasium Nordhausen, 1872 Archidiakonus und Konsistorialassessor in Stolberg a. H., 1880 1. Pfarrer in Rautheim b. Braunschweig, 1884 in Timmerlah b. Braunschweig, 1885 dort Superintendent.[94]

Karl Deutschbein (1841-1906):

> Schulbesuch in Köthen, Landesseminar Köthen, Anstellung an der dortigen Herzoglichen Freischule, privates Studium neuerer Sprachen, 1865 Studien in England und Paris, Anstellung an der Royal Edward's School Lichfield (Stafforsshire), 1867 Rückkehr, 1868 Ablegung des Lehramtsexamens in Dessau, o. Stelle am Gymnasium Köthen, 1869 Realschule II.O. Crimmitschau, 1873 Realschule I.O. Zwickau, 1882 an das Gymnasium Zwickau berufen.[95]

Konstantin Ewoldt (1859):

> Schulbesuch in Plön, 1880 Studium Theologie und Mathematik in Kiel, Straßburg, Leipzig und wiederum Kiel, 1885 Examen pro facultate docendi, 1885 Probejahr am Gelehrtengymnasium Wiesbaden, 1886 dort 2 Monate Wissenschaftlicher Hilfslehrer, 1886 Hofmannsches Institut St. Goarshausen, 1888 unbesoldeter wissenschaftlicher Hilfslehrer am Gymnasium Hanau, 1889 dort besoldet, 1893 OL und Versetzung an das Gymnasium Marburg, 1906 Professor.[96]

Anton Giesen (1840–1883):

> Schulbesuch in Düsseldorf, 1860 Studium Mathematk und Naturwissenschaften in Münster, Tübingen, Bonn, München und Berlin, 1868 Examen in Berlin, Probejahr am Gymnasium Kempen/Rh., 1869 kommissarisch beschäftigt am Gymnasium Trier, 1874 ebenso am Gymnasium Koblenz, gleich darauf nach Gnesen versetzt mit o. Anstellung, 1877 Versetzung an das Gymnasium Wongrowitz, 1882 Oberlehrer am Gymnasium Ostrowo.[97]

Diese Biographien, die nicht als Belege für krasse Normabweichung ausgesucht wurden, sondern durchaus übliche Verläufe geben, enthalten aufschlußreiche Belege für die Vielfalt und Variabilität der Lehrerschaft. Sie unterscheiden nach Schulformen, weil der Elementarlehrer in seiner Ausbildung im Gegensatz zum

94 Prog Gym Nordhausen 1869 und Prog. Gym Herford 1891.

95 Prog Gym Zwickau 1883 und 1907.

96 Prog Gym Marburg/L. 1895.

97 Prog Gym Ostrowo 1883 und 1895.

Gymnasiallehrer ortsfest blieb. Sie widersprechen der Vorstellung, daß der Nachwuchs an Gymnasiallehrern sich in vorgeordneten Kohorten einstellte. Die Ergänzung der preußischen Gymnasiallehrer, deren Stärke Ende der 1830er Jahre mit 1.334 Personen beziffert wird,[98] war ein hochdifferenziertes System von Verwaltung und Zufall. Als unverrückbar etabliert und für jeden Bewerber unumgänglich war das Examen *pro facultate docendi.* Aber Studienverläufe, Fächerkombinationen, Auslandsaufenthalte oder landsmannschaftliche Herkunft waren weitgehend variabel. Das Probejahr konnte bei nachgewiesener Unterrichtserfahrung teilweise erlassen werden,[99] oder es wurde zeitgleich mit der Verwaltung einer Stelle als wissenschaftlicher Hilfslehrer abgeleistet.[100]

Die Universitäten, an denen die künftigen Lehrer sich ausbilden ließen, waren nicht determiniert, sondern wahloffen. Zulassungsbeschränkungen wie etwa der *numerus clausus* des 20. Jahrhunderts, der erstmals vor dem 2. Weltkrieg zur Beschränkungen weiblicher oder jüdischer Studierenden verfügt wurde, oder fachspezifische Zulassungsprüfungen haben im 19. Jahrhundert die Wahl von Studienorten und Fächern nicht dirigiert. Statt dessen waren Fragen der Finanzierung oder die Attraktion bedeutender Lehrer die leitenden Gesichtspunkte.

---

98 Karl Eduard Brauns u. August Friedrich Adam Theobald (Hg.), Statistisches Handbuch der deutschen Gymnasien, Kassel 1837, Bd. I, 58.

99 Vgl. den Fall von Franz Josef Getz (*1876), der Unterrichtserfahrung in der deutschen RealSch Konstantinopel nachweisen konnte. Ebenso bei Otto Alexander Grohnert (*1802), der 1829 mitten im Probejahr einen Ruf als 3. OL auf die Höh. BürgerSch in Marienburg/Westpr. erhielt, oder bei Josef Essing (*1863), der wegen seiner Tätigkeit als Privatlehrer am Collegium Albertinum der Dominikaner in Venlo durch ministerielle Entscheidung vom Probejahr ganz befreit wurde. Kössler.

100 Vgl. Karl Wilhelm Maximilian Koch (*1851); Dezember 1874 Staatsexamen, schon Michaelis 1874, nach Genehmigung durch das PSK, Probejahr und gleichzeitige Verwaltung einer Stelle als (unbezahlter?) wissenschaftlicher Hilfslehrer, 1875 nach Berlin berufen, 1876 dort o. Stelle, 1885 an ein städtisches Progymnasium versetzt. – Gelegentlich wurde private Lehrerfahrung auf die Dauer angerechnet, oder es setzte sogar schon ein, ehe der Kandidat das Examen absolviert hatte: Etwa Bernhard Wege, vgl. Kössler.

Tabelle 3: Studienorte der Gymnasiallehrer

Univer-sität	**Fälle**	**%**	**Univer-sität**	**Fälle**	**%**	**Univer-sität**	**Fälle**	**%**
Berlin	2.192	19	Mün-ster[101]	425	3,7	Rostock	236	2,0
Leipzig	1.307	12	Greifs-wald[102]	413	3,6	Tübingen	227	2,0
Halle[103]	1.135	10,0	Königs-berg	395	3,5	Gießen	215	1,9
Göttingen	976	8,6	Jena	343	3,0	Freiburg	212	1,8
Bonn	675	5,9	Kiel	311	2,7	Er-langen[104]	182	1,6
Marburg	629	5,6	Straß-burg[105]	308	2,7	Heidel-berg	176	1,5
Breslau	600	5,3	München	261	2,3	Würz-burg	52	0,5
			GESAMT			11.271 Studienfälle		

Der Löwenanteil der Lehrerausbildung (50,5 %, aber ohne die Studienfälle an bayerischen Universitäten) erfolgte an preußischen Universitäten, wenngleich nicht alle dort ausgebildeten Studenten als Lehrkräfte an preußische Gymnasien strebten. Eine Anerkennung der Examina zwischen den deutschen Einzelstaaten war grundsätzlich nicht problematisch, weil der Landeskinder-Vorbehalt den Modus der Anstellung betraf und weniger starr gehandhabt wurde als im 20. Jahrhundert. Bei einem Studium an der oder einer Landesuniversität stand der Anstellung des

101 Im 19. Jahrhundert Akademie, aber mit allen akademischen Rechten.

102 Finanzierte bis 1874 den Etat aus eigenen Einnahmen, v.a. Ländereien.

103 Seit 1815 mit der Universität Wittenberg vereinigt.

104 Die einzige protestantische Universität in Bayern.

105 Erst 1872 als Reichsuniversität gegründet.

Landeskindes gar nichts entgegen, sofern eine Stelle verfügbar war, während sich sonst der auswärtige Kandidat lediglich *zur Verfügung* stellte und regelmäßig die Genehmigung des aufnehmenden Landes erwirken mußte.[106] Zwischen den abgebenden und aufnehmenden Ländern gab es allerdings kein bindendes *quid pro quo*, wie es heute die Regel ist, sondern die Länder entschieden je einzeln nach augenblicklichem Bedarf und nach ihrer Möglichkeit. Wenn die Kapazitäten es zuließen, wurde dem Antrag zugestimmt, allerdings stets durch ministerielle Genehmigung,[107] während die eigentliche Anstellung in Preußen durch die Provinzialschulkollegien ausgesprochen wurde.[108] Andere Hindernisse für eine Anstellung waren ohne Belang, etwa die Gesundheitsprüfung. Das zu vermuten legt jedenfalls die hohe Zahl von solchen somatischen und psychischen Erkrankungen nahe, die sich schon zum Zeitpunkt der Anstellung hätten vorhersehen lassen.[109]

Der Wechsel der Studienorte koaliert schon allein wegen seiner Häufigkeit klarerweise mit der Aufweichung des Trienniums, wie sie in den letzten Jahrzehnten des 19. Jahrhunderts notorisch wurde. Studienverläufe von fünf Universitätsorten waren zwar exorbitant und durchaus unverträglich mit dem Triennium, aber keine Seltenheit.[110]

---

106 Vgl. Paul Bretschneider (*1843): *und bezog hierauf die Universität Leipzig, um sich dem Studium der Mathematik und Naturwissenschaften zu widmen. Hier und in Berlin, wo er nach Erlangung der Doktorwürde seine Studien fortsetzte, waren es hauptsächlich Vorlesungen über Philosophie, welche neben den mathematisch-physikalischen ihn andauernd fesselten. Zu Michaelis 1865 kehrte er nach Gotha zurück, wo sich ihm bald Gelegenheit bot, als Hilfslehrer am Gymnasium zum ersten Male sich im Lehramte zu versuchen. Gleichzeitig suchte er beim Oberschulkollegium in Hannover darum nach, in Göttingen der Prüfung für Kandidaten des höheren Schulamtes sich unterziehen zu dürfen. Da ihm Schwierigkeiten nicht in den Weg gelegt wurden, so unterzog er sich dem Examen und erhielt die Facultas docendi für Mathematik, Physik und Französisch. Anspruch auf Anstellung in Hannover hatte er jedoch hierdurch nicht erlangt. Er stellte sich daher dem k. sächsischen Kultusministerium zu Verfügung. Das hohe Ministerium sah davon ab, daß er die Staatsprüfung nicht in Leipzig bestanden und verwies in Behufs Erstehung des vorschriftsmäßigen Probejahres an das gräfl. Vitzthumsche Geschlechtsgymnasium zu Dresden. Nachdem er hier von Ostern 1866 bis Ostern 1867 tätig gewesen, wurde er als Oberlehrer an das Gymnasium und die Realschule zu Plauen berufen.* Prog RealSch Plauen 1868.

107 Vgl. Theodor Denecke (*1878), Prog Gym Hameln 1903.

108 Cabinetsordre v. 31.12.1825, Wiese's Sammlung der Verordnungen und Gesetze für die höheren Schulen in Preußen, 3. Aufl., hg. v. Otto Kübler, Berlin 1888, Bd. 2, 87.

109 Vielleicht wurde das Ergebnis der militärischen Musterung übertragen.

110 Etwa Otto Keutel (*1860: Jena, Leipzig, Berlin, Straßburg, München, Leipzig) oder Max Kienitz (*1879: Tübingen, Berlin, Straßburg, München, Marburg) u.a.m.

Konfessionelles

Ein anderer Grund für die Wechselbereitschaft lag darin, daß das numerisch häufig gewählte Studienfach Theologie, ein Neigungsfach nicht selten auch aus familiärer Berufstreue – die Pfarrerssöhne als Vorreiter der Oberlehrersöhne[111] –, aus Stellenmangel nicht in das gewünschte Pfarramt führte, während der in den ersten Jahrzehnten des Jahrhunderts noch offen stehende Weg, die Schule als eine berufliche Wartestation für das Pfarramt zu nutzen,[112] sich seit den 1830er Jahren versperrte. Denn die Schulbehörde wurde nunmehr unnachgiebig in ihrer Forderung, daß Gymnasialbewerber den staatlichen Examensnachweis *pro facultate docendi* erbringen mußten und in das Probejahr in der Schule einzuwilligen hatten. Theologen mit dem kirchlichen Examen *licencia concionandi* haben deshalb in hoher Zahl ein altphilologisches Studium mit Lehramtsexamen nachgesattelt, nicht selten mit einem Wechsel des Studienorts. Auch wenn der Vorsatz der Theologen blieb, bei passender Gelegenheit *den anstrengenden Schuldienst mit dem ruhigeren Berufe eines Landpfarrers zu vertauschen,*[113] trat der geistliche Beruf sein Sozialversprechen des Aufstiegs durch Bildung an das höhere Lehramt ab.[114]

Für den Nachwuchs des protestantischen Klerus war das preußische Gymnasium bis in die 1830er Jahre hinein ein Zufluchtsort vor der Arbeitslosigkeit. Ohnehin sollte es nach der Weisung seiner vielfach angerufenen protestantischen Leitfigur Melanchthon ein *seminarium pietatis et doctrinae* sein,[115] und war zudem

111 OL Dr. Heinrich Böttger (*1855), NR auf OL Prof. Emil Wetzel (1845–1902), Prog Dorotheenstädtisches Gym Berlin 1903, 22: *Bei der Wahl seines Lebensberufes war ausser seiner persönlichen Neigung wohl vorzugsweise der Umstand maßgebend, daß er nicht nur in seinem Vater das Beispiel eines mit seltener Hingabe, aber auch mit seltenem Erfolg tätigen Lehrers vor Augen hatte, sondern auch sämtliche Brüder seines Vaters einen in Lehrerkreisen wohlbekannten und hochgeachteten Namen besaßen.* – Finanzieller Anreiz war selten maßgeblich. Vgl. Heinrich Julius Kämmel, NR auf Dir Friedrich Lindemann (1792–1853), Prog Gym Zittau 1854, 3: *wo sein Vater damals als Schulrector eine ziemlich beschränkte und sorgenvolle Stellung hatte.*

112 Für die Frühzeit des modernen Gym galt sicherlich: *Die Mehrzahl der Lehrer, Candidaten des Predigtamts, betrachteten die Schule als Thür zu einer einträglicheren Pfarre.* Bürgermeister Johann Carl Bertram Stüve, NR auf SchulR Dr. Bernhard Rudolf Abeken (1780–1866), Prog Rats-Gym Osnabrück 1867, 8.

113 Wilhelm Kühn (*1813), Prog Gym Sondershausen 1905.

114 Vgl. R. Steven Turner, Universitäten, 240.

115 Dir Prof. Dr. Friedrich Palm, Antrittsrede, Prog Gym Budissin 1862, 16. – Auch: *Iuventuti in fundamento scripturae sarae erudiendae instituendae (Der Jugend zur Erziehung zu den Grundlagen der Heiligen Schrift und zur Unterrichtung durch literarische Überlieferung)*: vergoldete Inschrift am 1860 neu gegründeten Gym Pyritz. Prog Gym Pyritz 1861.

nicht durch konfessionelle Verwerfungen belastet.[116] Die beiden christlichen Konfessionen in Preußen waren nach ihrer Siedlungsdichte gut abgegrenzt, und die Anzahl jüdischer Schüler war gering.[117] In der Regel waren die Gymnasien evangelisch, oft auch im Schulnamen so ausgewiesen, ausgenommen die mit *katholisch* bezeichneten Anstalten in Westfalen, den Rheinlanden und Schlesien.[118] Nicht selten, vor allem in größeren Städten,[119] gab es für beide Konfessionen je ein

---

116 Vgl. das Distichon im Nachruf auf einen hohen Beamten der Schulverwaltung in Schlesien jenseits konfessioneller Bindung: *Sei's Katholik, sei's Protestant, wir liebten Dich Alle:/ Geister gewann Dir der Geist, Herzen gewann Dir das Herz*: Dir Prof. Ender (1783–1872), *Necrolog des Prälaten und Königl. Konsistorial-Rathes Dr. Sckeyde.* Ein Beitrag zur Geschichte des katholischen Schulwesens in Schlesien, Prog Kgl. Kathol. Gym Glogau 1830, 14. – Konfessioneller Zwang war ausgeschlossen, auch von protestantischer Seite: *Die Jugend dieses Gymnasiums hat ein Recht darauf, im Evangelium nach lutherischer Lehrnorm unterrichtet zu werden. Das Ökumenische darf indessen nicht zu kurz dabei kommen, denn wir sind nicht auf Luther getauft, sondern auf Jesum Christum.* Dir Hermann Friedrich Müller (*1843), Antrittsrede, Prog Gym Blankenburg 1886, 4. – Der Kreis Blankenburg hatte 1884 genau 32.871 evangelische, 1.150 katholische und 36 jüdische Einwohner: Max Broesike u. Wilhelm Keil, Neumanns Orts- und Verkehrs-Lexikon des Deutschen Reichs. Leipzig-Wien 1905 (4. Aufl.), 93.

117 In den drei Abiturjahrgängen 1892–1894 des Reiches beliefen sich die jüdischen Absolventen auf 9,4% von 19.600, also etwas über 600 jüdische Abiturienten pro Jahr. Nur rd. 8.000 der 19.600 Absolventen nahmen ein Studium auf. OL Prof. Dr. Gustav Gemß, Statistik der Gymnasialabiturienten im Deutschen Reich während der letzten drei Schuljahre, Prog Kgl. Luisen-Gym Berlin 1895, 5.

118 Braunsberg, Breslau, Glatz, Gleiwitz, Leobschütz, Neisse, Oppeln, Arnsberg, Coesfeld, Paderborn, Recklinghausen, usw.

119 Etwa Köln, Breslau, Münster (seit 1907 für die Söhne der protestantischen Beamtenschaft), Glogau. – Ministerielle Verfügung v. 19.11.1867: *Den Schulen ersterer Art* [den Gym] *ist zur Erreichung ihres pädagogischen Zwecks ein religiöser Charakter unentbehrlich.* [...] *Demgemäß sind die Gymnasien, Real- und höh. Bürgerschulen in den altpreußischen Provinzen alle entweder evangelisch oder katholisch, in einzelnen Fällen simultan, wobei dann über dem Unterschied der beiden Confessionen die Einheit doch in dem christlichen Charakter der Schule vorhanden ist.* Wiese's Sammlung der Verordnungen und Gesetze, 3. Aufl. hg. v. Otto Kübler, Berlin 1888, Bd. 2, 81. – Die protestantische Dominanz wurde zudem nicht selten durch fragwürdige Mittel gefördert. Z. B. wurden im Internat des Meiningischen Internats Freistellen und Freitische nach der Stiftungssatzung nur an evangelische Schüler vergeben. Prog Schleusingen-Hennebergisches Gym Meiningen 1970, 27. – Oder Alfred Krupp, dessen Sohn das Essener Burggymnasium besuchte, befürchtete, daß dieser katholischem Einfluß von Schulleitung und Lehrern ausgesetzt würde, und nötigte den Direktor und zwei weitere Oberlehrer in den vorgezogenen Ruhestand.

konfessionell zugeordnetes Gymnasium. Erst mit der Vermehrung der Gymnasien seit 1871 verwischten sich solche älteren Muster.

Jenseits der Fragen nach einer Lagerung der Konfessionen ist jedoch die bildungsgeschichtliche Dominanz des Protestantismus zu erkennen. 1892–1894 stellten Katholiken von den etwas über 8.000 Abiturienten nur 34%.[120] Die Gymnasien sorgten für den unablässigen und numerisch überwältigenden Nachwuchs der protestantischen Geistlichkeit. Die hohen Zahlen von Absolventen, die das evangelische Theologiestudium anstreben, finden sich vor allem in den Kleinstädten und bei den altsprachlichen Gymnasien wegen der Sprachenkompetenz von Latein, Griechisch und nicht selten sogar Hebräisch. Ein Berliner Realgymnasium entließ zwischen 1870 und 1900 genau einen Abiturienten von 314 (0,3 %) zum Theologiestudium,[121] dagegen das Berliner Leibniz-Gymnasium 1876–1901 32 von 264 (12%).[122] In Wismar waren es dagegen zwischen 1833 und 1891 89 von 396 (22%),[123] in der Stadt Bromberg 1816–1866 von 255 nur 7 (6,7%),[124] in Marienburg 1885–1910 immerhin 20 von 189 (10,6%).[125] Das Rückgrat dieser Sendung zur Vorbildung der künftigen evangelischen Pastoren aber bildeten die alten Gymnasien und Gelehrtenschulen:[126] Lauenburg (1845–1895: 60 von 216 = 27%), Kiel (1848–1908: 90 von

---

Die Differenz zum ordentlichen Ruhestandesgeld zahlte Krupp. Andreas Gronewald, Das Essener Burggymnasium 1824-1945. Eine Höhere Schule im Wechsel politischer Machtsysteme. Essen 2011, 46f.

120 OL Prof. Dr. Gustav Gemß, Statistik der Gymnasialabiturienten im Deutschen Reich während der letzten drei Schuljahre, Prog Kgl. Luisen-Gym Berlin 1895, 5: *Den Grund für diese Erscheinung sehen wir weniger in der geringeren Wohlhabenheit der Katholiken, als vielmehr darin, daß der Dienst der katholischen Kirche gerade aus den mittleren und unteren Schichten des Volkes viele fähige Köpfe für sich in Anspruch nimmt.*

121 Dir Dr. Carl Gerstenberg (1846–1906), *Zur Geschichte des Friedrichs-Realgymnasium zu Berlin von Ostern 1850 bis Ostern 1900* [Absolventenverzeichnis 1870–1900], Prog Friedrichs-RealGym Berlin 1900, 36–42. – Ebenso OL Emil Knaake (*1852), *Geschichte des Kgl. RealGym zu Tilsit von 1839–1889*, Tilsit o.J. [1890], 104–112: 1 von 259 (0,4 %).

122 OL Dr. Hugo Panowsky (*1860), *Zur Geschichte der Anstalt 1876–1901*, Prog Leipniz-Gym Berlin 1901, 30–40.

123 Dir Prof. Dr. Theodor Nölting (1811–1890), Geschichte der Großen Stadtschule zu Wismar, Prog Gr. StadtSch Wismar 1892, 3–64, v.a. 54–64.

124 FS zum 50. Bestehen der Schule, Prog Kgl. Gym Bromberg 1867, 39–47.

125 OL Prof. Carl Gruber (1848–1914), *Geschichte des Kgl. Gym zu Marienburg während der Jahre 1885–1910*, FS z. 50jähr. Bestehen der Anstalt als Gym, Prog Gym Marienburg 1911. 8–14.

126 Dir Dr. J. Wasner, *Geschichte der ersten 50 Jahre der Lauenburgischen Gelehrtenschule* [Ratzeburg], Prog 1896, 53.

690 = 13%),[127] Stralsund (1860–1890: 52 von 317 = 16%),[128] Meldorf (1800–1900: 130 von 371 = 35%),[129] Schwerin (1834–1874: 123 von 471 = 26%),[130] Königsberg mit dem Friedrichs-Kollegium (1810–1898: 186 von 1272 = 14,4%),[131] das Katharineum in Lübeck (1807–1907: 239 von 1189 = 20%)[132] oder das Bugenhagen-Gymnasium in Treptow an der Rega (1856–1906: 124 von 657 = 18%).[133] Das sind allein aus diesen Gymnasien 10 Abiturienten jährlich, die sich zum Theologiestudium entschließen und damit auf einen um Stellen nicht zu erweiternden Arbeitsmarkt drängen. Eine vorübergehende Schultätigkeit der examinierten Theologen in der Hoffnung auf eine Pfarrstelle war also existentiell zwingend.

Zusätzlich zur schon genannten Aufdoppelung des Theologiestudiums durch das philologische Examen findet sich überraschend häufig der Erwerb einer amtlichen Qualifikation als Turnlehrer. Die Ausbildung erfolgte einzig in der Berliner Central-Turnanstalt, wo ein dreimonatiger Kursus absolviert werden mußte.[134] Da die praktische Verwendbarkeit eines Lehrers mit seinem Kompetenzangebot stieg, ist der Anstieg der Turnlehrerqualifikation eher nicht als ein politisches Bekenntnis, sondern als eine Verbesserung der Bewerbungschancen aufzufassen. Die Befähigung zum Turnlehrer war wohlfeil, zudem altersgerecht.

Lehramtsprüfung als Ordnungsfaktor

Die Lehramtsprüfung *pro facultate docendi*, auch *Oberlehrerprüfung* genannt, war die durch das Edikt vom 12. Juli 1810 vorgeschriebene *Staatsprüfung für das gelehrte Schulfach*.[135] Sie ist unter die fundamentalen Gesetzgebungsmaßnahmen

---

127 Prog GelehrtenSch Kiel 1909.

128 Konrektor Prof. Dr. Hermann Wähdel (*1831), *Zur Geschichte des Stralsunder Gymnasiums*, 7. Beitrag, Die Zeit von 1860–1890, Prog Gym Stralsund 1891, 21–26.

129 *Die Abiturienten der Meldorfer Gelehrtenschule 1767–1910*, Beil. z. Prog 1911.

130 OL Dr. Friedrich Latendorf (1831–1898), *Die Lehrer und Abiturienten des Friderricianums von 1834–1874, Ein Beitrag zur Schulstatistik*, Prog Gym Fridericianum Schwerin 1875, 29–64.

131 Dir Georg Ellendt (1840–1909), *Lehrer und Abiturienten des Kgl. Friedrichs-Kollegiums Königsberg 1698–1898*, Prog Friedrichs-Kollegium Königsberg 1898, 64 S.

132 Prof. Dr. Hermann Grenzken, *Die Abiturienten des Katharineums zu Lübeck*, Beil. z. Prog 1907, 98.

133 *Verzeichnis ehemaliger Schüler 1856–1906*, In: Paul v. Boltenstern, Henry Doerks, Hermann Rosenhagen (Hg.), Zur Geschichte des Kgl. Bugenhagen-Gym, FS z. fünfzigjährigen Stiftungsfeier. Treptow a. R. 1906, 1–36.

134 Die Doppelung *Turn- und Schwimmlehrer* trat selten in Erscheinung, war aber moderner und von der Turn-Ideologie weiter entfernt. Vgl. Martin Hammer (*1871). Kössler.

135 Johann Ferdinand Neigebaur (Hg.), Die preußischen Gymnasien und höheren Bürgerschulen. Eine Zusammenstellung der Verordnungen, welche den höheren

der preußischen Bildungsgeschichte zu rechnen, zunächst deshalb, weil sie die Willkür bei der Besetzung von Lehrerstellen durch ländliche Patrone oder städtische Behörden unterband, dann aber vor allem, weil sie *die Schaffung eines eigenen Gymnasiallehrerstandes* (Paulsen) bewirkte. Die Patrone und städtischen Behörden verloren zwar nicht das Recht, freie Stellen zu besetzen; aber der Kreis der Bewerber wurde durch die Anforderung der Prüfung determiniert. Der Gymnasiallehrer wurde, wie Humboldt intendiert hatte, ein Lebensberuf und ein Stand, und er leitete zeitlich versetzt die Unterrichtsverfassung des Gymnasiums mit seinem neunjährigen Kursus an. Die altsprachlichen Fächer Latein und Griechisch, das muttersprachliche Deutsch und Mathematik als Brückenfach zu den Naturwissenschaften waren die vier Säulen des Curriculums, wobei allein die alten Sprachen knapp 40 Prozent der Unterrichtszeit beanspruchten. Unter diesen Umständen ist die Dominanz der Altphilologen unter den Gymnasiallehrer geradezu konstitutiv.

Die Ausnahmen sind an Zahl nicht so hoch, daß sie auf das System verrechnet werden müßten. An ihnen zeigt sich im übrigen eine bemerkenswerte Geschmeidigkeit, mit der die Behörden den Einzelfall jenseits der eigenen Vorschriften entschieden, um berechtigten persönlichen Wünschen oder einer akuten Bedarfslage zu entsprechen. So wurde etwa der bekannte Konrad Duden durch Ministerialverfügung von der Auflage des universitären *Triennium* entbunden, später auch von der vollständigen Absolvierung des Probejahrs.[136] Das Elsaß bot nach 1871 vielfachen Anlaß zu personenbezogenen Aufweichungen. Der Zugang ordnungsgemäß ausgebildeter Gymnasiallehrer war auf längere Dauer nicht bedarfsdeckend, so daß für die Gymnasien auch Lehrer mit seminaristischer Qualifikation zugelassen wurden;[137] sogar Lehrkräfte mit französischer Ausbildung wurden übernommen, wurden am Ende aber mit kluger Abwägung nicht im Elsaß, sondern in Posen eingesetzt.[138]

Unterricht in diesen Anstalten umfassen. Berlin-Posen-Bromberg 1835, 229. Zur allgemeinen Würdigung des Edikts vgl. Friedrich Paulsen, Geschichte des gelehrten Unterrichts, Bd. II, 286–290. – Das qualifizierende Zitat: OL Konrad Grobe (*1836), Prog Gym Hildburghausen 1877.

136 Konrad Alexander Friedrich Duden (1829–1911): 1846 Studium in Bonn, nach 4 Semestern aus finanziellen Gründen abgebrochen, 1848 Erzieher in Frankfurt a.M., 1854 Lehramtsexamen, 1854 behördlich verkürztes Probejahr in Soest, Erzieher in Genua, 1859 Archigym Soest, zuletzt Prorektor und 1. OL, 1869 Dir Gym Schleiz, 1876 Dir Gym Hersfeld, 1905 Ruhestand.

137 Vgl. Adolf Delhougne (*1859) wurde 1890 an das Gym Mühlhausen i.E. berufen, erhielt aber erst 1891 seine o. Bestallung. Prog Gym Mühlhausen i.E. 1891.

138 Friedrich August Ihme (*1834): 1851 Examen (Bachelier-ès-lettres), Wechsel zur Theologie, 1857 Studienabschluß, 1858 o. Lehrer RealSch Posen. Prog RealSch Posen 1859.

Ausbildung zum Lehramt: Probe- und Seminarjahr als Adaption

Das akademische Studium von nur drei Jahren galt zunächst seit 1804 nur für die Universität Halle, wurde jedoch 1819 für alle preußischen Universitäten in allen Fächern eingeführt.[139] Es schloß mit dem Lehramtsexamen, das die Lehrbefähigung gestuft für bestimmte Fächer und bestimmte Altersklassenstufen zuerkannte – entweder als Oberlehrerzeugnis (2 Hauptfächer aller Klassenstufen, 2 Nebenfächer mittlere Klassen) oder als Lehrerzeugnis (2 Hauptfächer und 1 Nebenfach mittlere Klassen, 1 Nebenfach untere Klassen).[140] Was dann noch vor der Aufnahme einer gymnasialen Lehrtätigkeit zu absolvieren war, betraf mit der obligatorischen einjährig-freiwilligen Militärzeit die Pflichten des gehobenen Staatsbürgers, mit der möglichen Promotion das Interesse an akademischer Profilierung und bürgerlicher Reputation und seit 1826 mit dem gymnasialen Probejahr das Attest einer abgeschlossenen Zurüstung für das Lehramt.[141] Erst danach erfolgte, sofern eine Planstelle verfügbar war, die Ernennung, in staatlichen Gymnasien *durch allerhöchste Kabinettsordre* oder *durch allerhöchst vollzogene Bestallung*. Nach der späten, den eingeschliffenen Modus bestätigenden preußischen Verfügung vom 30. März 1867[142] war das Probejahr zur pädagogischen Ausbildung des *Probekandidaten* möglichst nur an einem Gymnasium zu absolvieren (Ausnahmen möglich und üblich), umfaßte 6 bis 8 Wochenstunden eigenverantwortlichen Unterricht, der jedoch – schwer einzulösende Vorschrift – keinen Unterrichtsausfall der Anstalt kompensieren durfte; der erteilte Unterricht war unvergütet, wenngleich Remuneration gewährt werden konnte;[143] im Hinblick auf die Praxisbreite war geregelt, daß der Kandidat auf allen Klassenaltersstufen unterrichten sollte; auch war sein Unterricht durch ständige Visitationen vor allem des Direktors zu überwachen.[144]

---

139 Vgl. Wiese's Sammlung der Verordnungen und Gesetze für die höheren Schulen in Preußen, 3. Aufl. Berlin 1888, Bd. 2, 1f.

140 Ebenda, 32–60.

141 VO v. 24.9.1826: Vgl. Johann Ferdinand Neigebaur, Die preußischen Gymnasien und höheren Bürgerschulen, 276ff. – Vgl. auch Karl-Ernst Jeismann, Das preußische Gymnasium, Bd. 2, 303ff.

142 Wiese's Sammlung der Verordnungen und Gesetze für die höheren Schulen in Preußen, 3. Auflage Berlin 1888, Bd. 2, 60–63.

143 Diese freien Gelder eines Gymnasiums wurden allerdings in der Regel nicht für Probekandidaten verwendet, sondern für solche Lehramtsbewerber, die das Probejahr erfolgreich absolviert, aber noch keine Anstellung gefunden hatte. Vgl. Pro Gym Sangershausen 1886, 22.

144 *Darum sollte gleich von vorn herein das Augenmerk der Directoren in Verbindung mit ihren Lehrercollegien darauf gerichtet sein, solche Mängel auf eine geschickte Weise zu beseitigen, nicht durch scharfen Tadel oder bitteren Spott, sondern auf die humanste, herzlichste und freundlichste Weise, die das Gepräge des innigsten Wohlwollens und*

Über den Erfolg des Probejahrs – *Brauchbarkeit und moralische Führung* als die Hauptkategorien – war ein Zeugnis auszufertigen, das nicht dem Kandidaten ausgehändigt, sondern dem zuständigen Provinzialschulkollegium zugestellt wurde, das für die Anlage und Führung der Personalakte zuständig war,[145] später auch für die Anstellung.[146] Den Kandidaten wurde auf Wunsch eine Bescheinigung ausgestellt oder im Programm des Gymnasiums veröffentlicht, mit deren Hilfe er sich vor allem auf städtische Schulstellen bewerben konnte:[147]

> *Trat der Schulamtscandidat Herr Friedrich Daniel Otte zur Ablegung seines Probejahres bei uns ein. Es wurden ihm die mathematischen Stunden in Secunda übertragen, welche er nach der Anweisung und unter Aufsicht des eigentlichen Lehrers dieses Unterrichtsfaches mit Eifer und sichtbarem Erfolge versehen hat.*

Eine eigene, durch die Behörde vorgezeichnete Ausbildung zum Gymnasiallehrer war nicht vorhanden. Sie war in das Belieben des Direktors gestellt und hatte die Züge einer patriarchalisch geführten Meisterlehre. Der Direktor Gustav Wagner des Friedrichs-Kollegiums in Königsberg nahm sich[148]

> *der neu eintretenden Lehrer und Schulamtscandidaten mit Fürsorge an. Er empfing sie mit fast väterlicher Herzlichkeit. In kurzen treffenden Zügen wurden die zu übernehmenden Amtsobliegenheiten vorgeführt und besprochen. Diejenigen, welche sein besonderes Vertrauen gewonnen hatten, wurden wiederholt in freundschaftlichster Weise in den Familienkreis gezogen und genossen das Glück, in freiem Verkehr mit ihm, sei es in seinem Hause oder Garten oder bei Spaziergängen, über pädagogische Fragen in eingehender Erörterung Aufschluß zu erhalten. Was er bei etwaigen Klassenbesuchen an der pädagogischen oder didaktischen Thätigkeit des Candidaten auszusetzen gefunden hatte, wurde meistentheils nur leise angedeutet [...] und alsdann wohl gelegentlich auf einem Spaziergange näher erörtert und in seiner Unhaltbarkeit ausführlicher begründet.*

Die Merkmale von Fürsorge und die persönliche Nähe sind fraglos beeindruckend, waren allerdings aus weit zurück liegenden idealistischen Bildungsvorstellungen abgeleitet und hatten kaum Berührung mit einem staatlichen Bildungssystem, waren historisch wie funktional obsolet. Erst mit der *Ordnung der praktischen Ausbildung der Kandidaten für das Lehramt an höheren Schulen* vom 15. März 1890[149]

---

der liebevollsten Theilnahme tragen muß. Prof. Dr. Adolf Jordan (1808–1874), *Aphorismen über das Probejahr der Schulamtscandidaten*, in: Zs. f. d. Gymnasialwesen, 1. Jg. (1847), H1, 50.

145 Verfügung des PSK v. 13.12.1858, referiert in: Prog Gym Tilsit 1859, 28.

146 Cabinetsordre v. 31.12.1825. Wiese's Sammlung der Verordnungen und Gesetze für die höheren Schulen in Preußen, 3. Auflage Berlin 1888, Bd. 2, 87.

147 Prog Gym Eisleben 1842, 16.

148 Direktor Ludwig Albert Lehnerdt (1827–1897), NR auf Dir Gustav Heinrich Wagner (1820–1878), Prog Friedrichs-Collegium Königsberg 1879, 27f.

149 Vgl. Centralblatt für die Unterrichts-Verwaltung 1892, S. 612ff.

wurde einem Zustande gegengesteuert, über dessen Insuffizienz sich nicht streiten ließ.[150]

Jedenfalls waren die Vorstellungen der Lehrer vom Wesen des Gymnasiums anspruchsvoller als die Ausbildung seiner Lehrer:[151]

> *Wehe der Schule, wo nur geschriebene Satzungen es sind, die durch Gewöhnung an äußeren Anstand und Ordnung, an Gehorsam gegen Gesetz und Authorität sie zu einer Uebungsstätte guter Sitten machen. Die Weihe der deutschen Schulbildung liegt in der von einem höheren Hauche belebten geistigen und sittlichen Persönlichkeit des Lehrers, der in seiner Schule eine Welt findet, in der seine Freuden und Leiden wachsen, der, wie Vater und Mutter thun, sein eigenes ernstes innerstes Leben mit Allem, was er glaubt, liebt und hofft, in die Herzen der Jünglinge hineinbildet, der, wie er sich theilnehmend hingibt an die fröhliche Lust des jugendlichen Sinnes und Spiels, so auch mit Ernst und Strenge den Eigenwillen bricht und aus ihnen eine neue Creatur macht, die mit einem Worte die Herzen an sich zieht mit jener Liebe, die da bessert. Auf solchem Boden erwächst alle Authorität, die ihre Bedeutung nicht in äußerer Machtausstattung hat, sondern in der unsichtbaren Gewalt geistiger und sittlicher Persönlichkeit.*

Die Anforderung, ein Probejahr zu absolvieren, verfolgte zwei Ziele der Professionalisierung, nämlich die Abweisung *von Candidaten des Predigtamtes, die die Schulen als Thür zu einer einträglicheren Pfarre betrachteten,*[152] und eine qualifizierte Ausbildung der künftigen Gymnasiallehrer. Die erstere Wirkung ist eingetreten, während der zweite Erfolg wesentlich geringer zu veranschlagen ist. Zudem herrschte auf Behördenebene ein alter Respekt vor Theologen, der gelegentlich dazu führte, daß die von einem Theologie-Kandidaten zurückgelegte Zeit im Konvikt auf Probe- und Seminarjahr angerechnet wurde,[153] oder daß ein Theologe zum *wissenschaftlichen Lehrer* erklärt wurde.[154]

---

150 Vgl. Friedrich Paulsen, Geschichte des gelehrten Unterrichts auf den deutschen Schulen und Universitäten vom Ausgang des Mittelalters bis zur Gegenwart. 3.Aufl., hg.v. Rudolf Lehmann, Berlin-Leipzig 1921, Bd. 2, S. 629. – Vgl. auch Karl-Ernst Jeismann, Das preußische Gymnasium in Staat und Gesellschaft. Stuttgart 1996, Bd. 2: Höhere Bildung zwischen Reform und Reaktion 1817–1859, S. 300–309.

151 Dir Karl Gustav Heiland, Antrittsrede v. 16.10.1856, Prog Wilhelm-Ernstisches Gym Weimar 1857, 9.

152 Bürgermeister Johann Carl Bertram Stüve, NR auf SchulR Dr. Abeken, Prog Rats-Gym Osnabrück 1867, 6.

153 Vgl. Paul Dietze (1876–1909): Theologie-Studium, 1900 erstes, 1902 zweites Examen, Militärpflicht; 1904–1906 Konvikt am Kloster Unser Lieben Frauen Magdeburg, Anrechnung als Seminar- und Probejahr, 1906 Lehramtsexamen, OL Gym u. Real-Gym Groß-Lichterfelde angestellt, früher Tod.

154 Vgl. Ernst Kurt Eder (*1875): 1895–1899 Theologiestudium in Leipzig, nach Abschluß Selektenlehrer an der Bürgerschule Lichtenstein, 1901 nichtständiger wissenschaftlichen Lehrer an der dortigen Realschule, Genehmigung des Kgl. Kultusministeriums,

Die zeitgenössische Rezeption des Probejahrs preußischer Gymnasiallehrer war zunächst sehr positiv.[155] Anregungen gingen über den frühen behördlichen Modus hinaus: Die Kandidaten sollten auch im Unterricht von Kollegen hospitieren, sollten sich in der Charakterisierung von Schülern üben und Protokolle schreiben, um einen Begriff von den unangenehmen Seiten des Berufs zu erhalten. Eine Verfügung des Ministeriums Eichhorn (1840–1848) gab detaillierte Regeln – genauen Lehrplan für den Kandidaten, Hospitation und Einzelgespräche, Klassenwahl nach den besten Kenntnissen des Kandidaten, aber nicht das ganze Jahr hindurch, Klassenlehrer als Mentor. Aber auch hier ging es darum, ein *entschiedenes Urtheil über die practische Tüchtigkeit des Candidaten* zu gewinnen. Die Kandidaten sollten von Seiten der Lehrer nicht als *willkommene Aushülfe oder Erleichterung* betrachtet werden, sondern im Probejahr Gelegenheit erhalten, *ihren künftigen Beruf in seinem ganzen Umfange* kennen zu lernen.[156] Allerdings waren ihnen Aushilfsbeschäftigungen willkommen, da das Probejahr sonst unvergütet war.[157]

Schon in den 1850er Jahren gerät die Dauerkrise des Probejahrs in offene Kritik. Es waren die personelle und sächliche Handhabung des Probejahrs und der knappe Zeitraum von meist nur 10 Monaten, die entschiedene Gegenvorstellungen herausforderten. Friedrich Paulsen urteilte aus der Perspektive der zweiten Jahrhunderthälfte, es sei allgemein bekannt gewesen, *daß das Probejahr keine Gewähr für eine wirksame Einführung des jungen Lehrers in die Schulpraxis biete.*[158] Die mit der Ausbildung beauftragten Direktoren waren überlastet und delegierten die Aufgabe auf die Klassenleiter oder Fachlehrer, denen der Ausbildungsauftrag den eigenen Unterricht störte, denen die Ausbildungspflicht als zusätzliche Aufgabe nicht willkommen war, und die in der Regel keine Qualifikation als Ausbilder besaßen. Noch problematischer war, daß ein nicht geringer Prozentsatz von Kandidaten zwei verschiedenen Schulen zugewiesen wurde, nicht aus Gründen der Ausbildung, sondern mit der Verpflichtung auf eigenverantwortlichen Unterricht, um eben doch Vakanzen abzudecken oder den hauptamtlichen *Lehrern eine willkommene Erleichterung ihres Lehramtes* zu verschaffen,[159] so daß vom Erwerb

---

1901 vor dem Evangelisch-Lutherischen Landeskonsistorium Dresden die Prüfung pro ministerio.

155 Prorektor Carl Friedrich Heinrich Freese (1807–1892), Die pädagogische Bildung der künftigen Gymnasiallehrer. Stargard: Hendeß 1839, etwa 18–23, 27f.

156 Referat der Verfügung im Prog Gym Neu-Ruppin 1843, 31.

157 Wilhelm Panzerbieter (*1844) etwa leistete am Falk-RealGym Berlin sein Probejahr ab, war aber zugleich in einem gräflichen berliner Haushalt Hauslehrer, um *pekuniären Schwierigkeiten* zu entgehen: Julius Lachmann (1850), NR auf Wilhelm Panzerbieter, Prog Falk-RealGym Berlin 1901, 5.

158 Friedrich Paulsen, Geschichte des gelehrten Unterrichts, Bd. II, 628.

159 OL Adolf Jordan, *Aphorismen über das Probejahr der Schulamtscandidaten*, 42. – Jordan wurde 1857 Dir des Gym Salzwedel.

gründlicher Schulerfahrung nicht mehr die Rede sein konnte. Wenn gelegentlich die Kandidaten zur Abdeckung des Unterrichtsbedarfs vollständig mit eigenverantwortlichem Unterricht beauftragt wurden,[160] verfehlte das nicht nur die Vernunft einer Ausbildung, sondern verletzte auch den ausdrücklichen Auftrag der Verfügung von 1826.

Den Universitäten wurde wohl vorgeworfen, daß sie *die Forderung wissenschaftlicher und methodischer Ausbildung zum höhern Lehramte äusserst mangelhaft erfüllen.*[161] Klagen adressierten aber nicht die Qualität, sondern die Kürze der Ausbildung. Direktor Ellendt in Eisenach referiert nicht nur seine eigenen Erfahrungen als Ausbilder, sondern ein allgemeines Urteil, daß das Jahr als Qualifizierungszeit nicht ausreicht.[162] Zudem sollte nach seiner Auffassung das Probejahr, also die Begegnung des künftigen Lehrers mit den Anforderungen der Praxis, nicht erst nach Abschluß des Studiums erfolgen, sondern in das Studium integriert werden, *zweckmässigerweise vor die Prüfung* gelegt werden. Adolf Jordan, Oberlehrer am Gymnasium Halberstadt und 1857 Direktor des Gymnasiums Salzwedel, klagt ebenfalls über das kurze Probejahr und entwickelt ein System der Verlängerung durch die Nutzung beschäftigungsloser Wartezeiten:[163]

> *Die kurze Zeit des Probejahres ist nun freilich bald verstrichen, und es reicht nicht dazu aus, den Candidaten für seinen Beruf practisch auszubilden; es kann ihn nur vorbilden und die erste tüchtige Grundlage legen. In der Regel trifft es sich indeß, daß die Candidaten nach Beendigung ihres Probejahrs kürzere oder längere Zeit bis zu ihrer definitiven Anstellung an der Anstalt freiwillig fortarbeiten. Ihre Stellung wird dadurch eine etwas veränderte; allein dadurch sollten die Directoren sich keineswegs abhalten lassen, das angefangene Werk fortzusetzen; namentlich sollten die Candidaten sich nach Abhaltung des Probejahrs nicht von der Verpflichtung oder wenigstens der Nothwendigkeit und Nützlichkeit des Hospitirens entbunden glauben. Wir haben diesen Punkt hier ganz*

---

160 Etwa Ferdinand Beckstein 1868, vgl. Franz Kössler, Personenlexikon von Lehrern des 19. Jahrhunderts. – Oder Karl Cavan: *Nach dem Examen 1860 in Breslau trat er im Pädagogium zu Züllichau sein Probejahr an, mit welchem bei dem damals herrschenden Lehrermangel bald volle Beschäftigung verbunden werden mußte. So übernahm er nach und nach den gesamten Unterricht in Mathematik und Naturbeschreibung für die unteren und mittleren Klassen. Auch den französischen Unterricht der mittleren Klassen erteilte er längere Zeit.* – Ebenso Max Dangel: 1877 Examen. *Die erste Hälfte meines Probejahres machte ich an dem Realgymnasium auf der Burg zu Königsberg ab, die zweite Hälfte an dem damaligen städtischen Gymnasium zu Allenstein, zugleich in Verwaltung der letzten ordentlichen Lehrerstelle.* Ebenda.

161 Dir Dr. Friedrich Ellendt (1796–1855), *Auch eine Stimme über das, was den Gymnasien Noth thut,* Prog Gym Eisleben 1855, 18. – Auch für das Folgende.

162 Ebenda, 19f. – Auch für das Folgende.

163 OL Prof. Adolf Jordan, *Aphorismen über das Probejahr der Schulamtscandidaten,* 51.

besonders hervor, weil wir der Ansicht sind, daß dieses Bildungsmittel des Lehrstandes bisher noch nicht in seiner ganzen Wichtigkeit anerkannt und geltend gemacht ist.

Der mangelnde Realismus dieser vorgeschlagenen Abhilfen ist ein verläßliches Maß für die Defekte. Der Prorektor Freese in Stargard hält der Tatsache, daß inzwischen Gelehrte *ungestüm* die Gründung pädagogischer Seminare an den Universitäten verlangen, die standesbewußte konservative Auffassung entgegen, für den Gymnasiallehrer müsse *die Basis seiner Bildung die Wissenschaft bleiben.*[164] Die Fachwissenschaft habe ihn zum Beruf geführt; sie werde ihm das Schülerinteresse erhalten und ihm *neue Nahrung ziehen für den erschlaffenden Geist.* Sein Beruf halte *die Mitte zwischen theoretischer und praktischer Arbeit*; aber sein Amt lasse ihm auch genügend Muße für die eigene Fortbildung. Wie sehr Freese daran interessiert ist, den pädagogischen Mangel nicht zu beheben, sondern nur zu überdecken, zeigt seine Konstruktion von Lehrertypen nach dem Bedarf von Schulaltersstufen:[165]

Der Lehrer der Oberstufe hat mehr die wissenschaftliche Geistesrichtung; durch Gründlichkeit und Umfang seines Wissens und Gediegenheit seines Charakters erwirbt er sich Vertrauen und Ansehen. Der Lehrer der mittleren Klassen zeigt die größte Energie; er ist ernst, streng, ordnungsliebend. Beim Unterlehrer gefällt Milde und Gemüthlichkeit; selbst ein Anflug von Schwäche schadet nicht. Wie bei den ihnen zugewiesenen Schülern, herrscht bei dem ersten die philosophische, beim zweiten die historische, beim dritten die sensuelle Richtung vor.

Die Realitätsferne dieser Vorschläge erklärt sich daraus, daß auf gymnasialer Ebene keine Einsicht in die Defekte der Ausbildung vorlag. Die alte Theorie, daß der Gelehrsamkeit gleichzeitig die Gabe des Lehrvermögens zugegeben sei, war zum *Dogma der philologischen Welt* geworden.[166]

Neue Bestimmungen für die praktische Ausbildung der Lehramtskandidaten ergingen erst wieder am 15. März 1890.[167] Sie schufen nach Vorbildern in Halle und Gießen eine besondere Institution zusätzlich zum beibehaltenen Probejahr, nämlich das Seminarjahr. Es war mit einem Gymnasium verbunden, stand unter

164 Prorektor Carl Friedrich Heinrich Freese, *Die pädagogische Bildung der künftigen Gymnasiallehrer*, 13f. – Auch für das Folgende.

165 Ebenda, 11f.

166 GymLehrer Dr. Paul Joachimsen, *Aus der Vergangenheit des Münchener Wilhelmsgymnasiums, Zur dreihundertjährigen Wiederkehr des Gründungsjahres*, Prog WilhelmsGym München 1909, 46.

167 Minister der geistlichen, Unterrichts- und Medizinal-Angelegenheiten, Ordnung der praktischen Ausbildung der Kandidaten für das Lehramt an höheren Schulen v. 15.3.1890, Centralblatt für die Unterrichts-Verwaltung 1892, 612 passim. – Vgl. auch Dir Dr. Friedrich Kirchner (*1840), *Rückblick auf fünf Jahre der Thätigkeit des bei der Ritter-Akademie in Liegnitz eingerichteten Seminars für Kandidaten des höheren Lehramts*, Prog Ritter-Akademie Liegnitz 1895, 3–9.

der Leitung des Direktors und zweier Lehrer und leitete die Unterrichtstätigkeit der Kandidaten durch theoretische und praktische Kurse an.[168] Als Problem erwies sich, daß beide Ausbildungsabschnitte für sich existierten und nicht mit einander verzahnt waren. Wie man aus den Fällen schließen kann, in denen die Behörde Kandidaten das Probejahr erließ,[169] ihnen auf Kosten des Probejahrs einen Studienaufenthalt im Ausland, zumeist in Frankreich, aber auch in England gewährte,[170] oder die Kandidaten zur Bedarfsdeckung im Probejahr auf die Vertretung vakanter Planstellen verpflichtete[171] – stets betraf es das Probejahr -, besaß das Seminarjahr den festeren Status als das Probejahr. Die schleichende Unterminierung des Probejahrs steigerte sich nach 1900, so daß in der Gesamtbilanz die gymnasiale Lehramtsausbildung weder wirkliches Profil[172] noch entscheidendes Gewicht gewonnen hat.

Indikator des Wandels: Absolventen-Trends in der Berufswahl [Exkurs]

Die an der sozialen Herkunft der Gymnasiallehrer beobachteten Wandlungen hatten ein Korrelat in der Berufswahl der Abiturienten. Auch diese war nicht von oben vorgegeben, sondern von unten gespeist und setzte den neuen Trend fort, der an der Herkunft ihrer Lehrer sich abzeichnete. Ungeachtet der inzwischen erfolgten Ausdifferenzierung von überkommenen fünf Berufsfeldern auf über 50[173], die hier aber nicht im Einzelnen beobachtet werden, läßt sich doch die Figur dieser

---

168 Ein gutes Beispiel für den Ausbildungsgang bietet die von Ranke zitierte Seminar-Erfahrung Ernst Ferdinand Yxems: Dir Dr. Karl Ferdinand Ranke, NR auf Ernst Ferdinand Yxem, Prog Kgl. Friedrich-Wilhelms-Gym Berlin 1867,XVI.

169 Nicht selten, etwa: Hermann Aigte 1903, Hermann Ammon 1909, Joseph Becker 1907, Paul Becker, Paul Beckmann 1908, Wilhelm Rahn 1903, Emil Jungmann 1870, Wilhelm Düvel 1906, Konrad Duden 1858, Heinrich Deckelmann 1903, Emil Dickhoff 1907, Hugo Döbelt 1912. Vgl. Franz Kössler, Personenlexikon von Lehrern des 19. Jahrhunderts.

170 Z.B. Paul Degelmann 1909, Karl Degenhardt 1908, Arnold Dressler 1906. Vgl. ebenda.

171 Etwa Otto Däcke 1871, Johannes Dähn 1881, Friedrich Dahleke 1856, Alfred Daßler 1912, Wilhelm Dillenburger 1907. Vgl. Ebenda.

172 Für das Seminarjahr nennt Friedrich Paulsen theoretische und praktische Eckpunkte der Ausbildung: Geschichte des gelehrten Unterrichts, Bd. 2, 629f.

173 OL Prof. Dr. Ernst Bahn (*1846), Nachtrag und Ergänzungen zu den Verzeichnissen der Lehrer und Abiturienten des Joachimsthalschen Gymnasiums, Prog Joachimsth. Gym Berlin 1807. – Die Schule hat zwischen 1789 und 1907 insges. 2.907 Abiturienten entlassen. – Das RealGym Halberstadt weist für 1845–1895 als neue Berufsziele der Absolventen u.a. aus: Post-, Bau-, Steuer-, Bergfach, Ingenieur, Veterinär, Mathematik. Prog RealGym Halberstadt 1896, 3–44.

bedeutsamen Umschichtungen erkennen. Sie markieren sich im 19. Jahrhundert etwa an einer althergebrachten und gut geführten Stadtschule wie dem Lübecker Katharineum folgendermaßen:

Tabelle 4: Absolventenberufe, Beispiel Katharineum (Lübeck)

	Theologie		Philologie		Jura		Medizin		Versch[174]		GESAMT
	real	*in %*	*real*	*in %*	*real*	*in %*	*real*	*in %*	*real*	*in %*	
1807-1872	164	25	65	10	272	42	85	13	61	9	647
1873-1907	75	13	115	20	177	31	99	18	96	17	562

Wie bei den Väterberufen der Gymnasiallehrer schieben sich auch hier bei den Absolventen die moderneren Berufe nach vorn, neben der Philologie die Medizin, während traditionelle Berufe (Theologen oder Juristen) zurückfallen. Soweit statistische Evidenz vorliegt, scheint der Lehrerberuf in der Absolventenwahl dort eine geringere Anziehungskraft besessen zu haben, wo der Schulbesuch auf stark traditionalistischen und/oder ländlichen Schulen erfolgte.[175] Doch eine genaue

174 U.a. Agrar- und Forstwissenschaft, Ingenieuerswesen, Militär.

175 Die Meldorfer Gelehrtenschule notiert für 1800–1910 etwas über 10% Entscheidungen für den Lehrerberuf (Die Abiturienten der Meldorfer Gelehrtenschule 1767–1910, Beil. z. Prog o.O., o.D. [Meldorf 1911]). Pro Jahr entließ die Schule knapp 4 Abiturienten. – Das 1856 gestiftete Kgl. Bugenhagen-Gymnasium in Treptow a. d. Rega entließ in den ersten 50 Jahren 657 Abiturienten (über 13 pro Jahr), von denen ebenfalls nur 10% Gymnasiallehrer wurden. Dir Dr. Paul v. Boltenstern (*1851), Henry Doerks (*1851) u. OL Hermann Rosenhagen (*1866) (Hg.), Zur Geschichte des Kgl. Bugenhagen-Gym. Festschrift zur fünfzigjährigen Stiftungsfeier, Verzeichnis ehemaliger Schüler 1856–1906. Treptow a.R. 1906, 1–36. – Die Kieler Gelehrtenschule entließ 1848–1908 jährlich gut 11 Schüler an die Universität, von denen 16% den Lehrerberuf wählten. Prog GelehrtenSch Kiel 1908. – Das Kgl. Friedrichs-Kollegium Königsberg entließ 1810–1898 jährlich gut 14 Schüler an die Universität, von denen 13% den Lehrerberuf wählten. – OL Dr. Georg Ellendt, Lehrer und Abiturienten des Kgl. Friedrichs-Kollegiums Königsberg 1698–1898. – Von den 601 Absolventen des Dom-Gymnasiums Verden 1816–1878 wurden 164 Pastoren und nur 21 Schulmänner (4%). Prog Dom-Gym Verden 1878, Festprogramm zum 300jährigen Jubiläum, Verzeichnis der Abiturienten 1816–1878, 68–80.

Ermittlung der Abiturientenzahlen ist bisher nicht erfolgt und wäre auch angesichts der (am Ende des Jahrhunderts) 275 Gymnasien Preußens mit 11.227 Abiturienten in den Jahren 1892–1894 ein gigantischer Aufwand.[176] Wenn man sich an den Absolventenzahlen orientiert, die die Anstalten selbst, zumeist aus Anlaß eines Jubiläums, für längere Abschnitte der eigenen Geschichte liefern, wird das Bild übersichtlicher.[177] Die Zahl der jährlichen Absolventen des Gymnasiums lag niedrig, betrug im Mittel 8 Abiturienten, von denen längst nicht alle ein Studium an der Universität aufnahmen. Seit den 1880er Jahren eröffneten sich *für begabte, gut vorgebildete und thatkräftige junge Männer innerhalb der praktischen Bahnen ungleich günstigere Aussichten als in den Studienfächern und im ganzen höheren*

---

176 Zahlen nach OL Prof. Dr. Gustav Gemß, *Statistik der Gymnasialabiturienten im Deutschen Reich während der letzten drei Schuljahre.* Prog Kgl. Luisen-Gym Berlin 1895, 5.

177 Höhere StadtSch Wismar, Prog 1892, 28f [1833–1891: 396 Abiturienten], Gym Bromberg, Prog 1867, 39–47 [1816–1866, 255 A], Gym Koblenz, OL Prof. Dr. Hermann Worbs, *Geschichte des Kgl. Gymnasiums Coblenz von 1582–1888,* Coblenz 1882, 37 [1820–1882, 816 A], Prog Dom-Gym Verden 1878, *Festprogramm zum 300jährigen Jubiläum, Verzeichnis der Abiturienten 1816–1878,* 68–80 [1816–1878, 601 A.], Prog Kgl. Gym Elbing 1884, *Verzeichniss der Abiturienten des Gym 1803–1882* [496 A.], Dir Dr. Ernst Friedrich Poppo (1794–1866), Rechenschaftsbericht anl. seines Ruhestands nach 46,5 Schuljahren, Prog Gym Frankfurt/O. 1863 [1817–1862, 350 A.]. Dir Dr. J. Wasner, *Geschichte der ersten 50 Jahre der Lauenburgischen GelehrtenSch,* Prog 1896, 53 [1845–1895, 216 A.], OL Emil Knaake, *Geschichte des Kgl. RealGym zu Tilsit von 1839–1889,* Tilsit o.J.[1890], 104–112 [259 A.], Dr. Friedrich Latendorf, *Die Lehrer und die Abiturienten des Fridericianums von 1834 bis 1874,* Prog Gym Fridericianum Schwerin 1875 [371 A.], Prof. Dr. Hermann Wähdel (*1831), *Zur Geschichte des Stralsunder Gymnasiums, Die Zeit von 1860–1890,* Prog Gym Stralsund 1891, 21–26 [317 A.], *Die Abiturienten des Gymnasiums aus den Schuljahren 1882–1906,* Prog Gym Elbing 1907, 18–32 [286 A.], *Gym zu Nakel, Festschrift zum 25jährigen Bestehen 1875–1900,* Nakel 1901, 24–34 [140 A.], *Festschrift zum 25jährigen Bestehen der Anstalt* [RealGym] Coblenz, Coblenz 1907, 111ff [1891–1907, 133 A.], Festschrift zur Feier des Realprogymnasiums zu Wriezen, Wriezen o.J. [1914], 115–134 [1864–1914, 503 A.], Dir Dr. Carl Gerstenberg, Zur Geschichte des Friedrichs-RealGym zu Berlin von Ostern 1850 bis Ostern 1900, Prog Friedrichs-RealGym Berlin 1900, 36–42 [1870–1900, 314 A.], OL Prof. Carl Gruber, *Geschichte des Kgl. Gymnasiums zu Marienburg während der Jahre 1885–1910,* Prog Gym Marienburg 1911, 8–14 [189 A.], OL Dr. Hugo Panowsky, Zur Geschichte der Anstalt 1876–1901, Prog Leibniz-Gym Berlin 1901, 30–40 [264 A.], Schülerverzeichnis 1834–1852, Prog GelehrtenSch Schwerin 1853 [138 A.].

Beamtenstande.[178] Die Besorgnis der Schulmänner betraf auch den eigenen beruflichen Nachwuchs, denn nur 10 Prozent der Absolventen entschieden sich zu einem Studium für das gymnasiale Lehramt. Die Behörde dagegen benutzte gelegentlich Absolventenzahlen zur Legitimation von Politik.[179]

2.3 Lebensalter

primum incipere a se ipso![180]

In unserem persönlichen Erinnerungsbild an unsere Lehrer tradieren wir die Schülersicht, daß Lehrer alte Männer sind. Für das 19. Jahrhundert traf diese Wahrnehmung des Lebensalters ganz und gar nicht zu. Gymnasiasten erreichten die Studienreife gut zwei Jahre früher als heute, und traten vor allem wegen der durch das Triennium von 1804 auf knappe drei Jahre begrenzten Studienzeit und der knappen Vorform der heutigen Referendarausbildung im gymnasialen Probejahr[181] früh in das Lehramt ein – in der Regel spätestens Mitte ihres dritten Lebensjahrzehnts. Für die Altersmischung der Lehrerkollegien *ergibt sich aus dieser Uebersicht, dass [...] alle damaligen Lehrer am Gymnasium in den schönsten Lebensjahren zwischen 30 und 40*[182] standen. Natürlich wurden sie als Kohorte dann älter. Aber trotz ihres frühen Eintritts standen sie der gymnasialen Anstalt nicht lange zur Verfügung, nur etwa 25 Jahre wegen ihrer erstaunlich knappen Lebenserwartung; sie starben durchschnittlich im mittleren Mannesalter. Zu diesem ernüchternden Resultat gelangt man, wenn man die gut 6.500 Lehrerbiographien für die Geburtsjahrgänge 1800–1850 auszählt, die mit verwertbaren Daten in den Schulprogrammen überliefert sind.[183] Die in der ersten Jahrhunderthälfte geborenen Lehrer

---

178 Dir Otto Julius Wilhelm Richter (*1839), *Welchen Berufskreisen sollten wir angesichts der schwierigen Verhältnisse der Gegenwart unsere Söhne mehr als bisher zuführen? Ein Wort an das Elternhaus*, Prog RealProGym Eisleben 1888, 3.

179 VO des Provinzialschulkollegiums v. 9.5.1836, referiert im Prog Gym Ratibor 1837, 9: *Es soll die zugeschickte Nachweisung der Abiturienten von 1826–1835 wo möglich bis zum Jahre 1801 zurückgeführt werden. Ueberhaupt sei es bei dem bevorstehenden Jubelfeste der Besitznahme Schlesiens durch die Krone Preußens von großem Interesse, zeitig solche einfachen Thatsachen zu sammeln, durch welche klare Beweise für die gedeihliche Pflege und für kräftiges Fortschreiten gediegener wissenschaftlicher Bildung während der bald hundertjährigen Regierung unsers Herrscherstammes über Schlesien vor Augen treten.*

180 Bei sich selbst beginnen!

181 Sachlich zutreffend der abweichende Terminus *Anleitungsjahr*: Karl August Franz (*1876), Prog RealSch Eimsbüttel 1903. – Franz hatte sein Probejahr je zur Hälfte am Hamburger Johanneum und an der ORealSch vor dem Holstentore abgeleistet.

182 Prog Gym Görlitz 1842.

183 Vgl. Franz Kössler, Personenlexikon von Lehrern des 19. Jahrhunderts.

hatten eine durchschnittliche Lebenserwartung von knapp 49 Jahren und lagen damit unter den Sterbeniveau anderer Akademikergruppen. Lungenleiden, vor allem Tuberkulose,[184] aber dann auch Kreislauferkrankungen und Schlaganfälle waren die hauptsächlichen Todesursachen, gefolgt von infektiösen Seuchen wie Typhus, Cholera und Influenza, aber auch von Syphilis aus dem Zusammenwirken von Sexualität und retardierter Sozialreife.[185] Häufig orientierte die Benennung der Todesursache sich am Erscheinungsbild Fieber (Drüsen-, gastrisches -, Nerven-, auszehrendes -, typhoses -) oder bezeichnete das zentral erkrankte Organ wie etwa die Lunge (-lähmung, chronische Pneumonie, Luftröhrenschwindsucht, -katarrh, -übel, Brustleiden, -entzündung, Brustentzündung, -schlag) oder die Nerven (-leiden, -lähmung,-schlag). Schlaganfälle oder Organleiden wurden variationsarm bezeichnet und die Pandemien (Influenza, Cholera) übereinstimmend. Wichtiger aber als Übereinstimmung in der medizinischen Diagnostik und Terminologie war die Rückwirkung dieser Kurzlebigkeit auf den zurückbleibenden Lehrkörper:

> *Noch sind keine sechzehn Jahre seit der Organisation unseres Gymnasiums verflossen, und schon sind zehn von den Männern, die seit der Zeit an der Anstalt wirkten, aus ihrem irdischen Berufe hinweggerufen worden. [...] Nur drei von ihnen erreichten das Greisenalter, die meisten von ihnen sanken dahin in der Blüthe ihres Lebens.*[186]

Der Tod eines 43jährigen Lehrers, *eine trostlose Witwe und vier kleine Kinder hinterlassend*[187], war im Einzelfall erschütternd, allgemein jedoch alles andere als außergewöhnlich. Die Amtsgenossen der kleinen, oftmals nur 7–9 Kollegen umfassenden Lehrkörper des Gymnasiums haben die Einschnitte in ihrer Mitte natürlich genau verfolgt und nach den Maßstäben ihrer Zeit bewertet. Aus heutiger Sicht starben Lehrer also jung, nicht alt. Die Ausnahmen von der Regel sind allerdings ebenso spektakulär. Dr. Eduard Schauenburg (1821–1901) etwa trat mit 22 Jahren in das Probejahr ein und nahm 1897 als Direktor der Realschule in Krefeld seinen Abschied, nach über 54 Dienstjahren. Aber nicht auf die Länge der Lebensdauer

---

184 *Das Glück eines gesunden Lehrers, der mit voller Kraft unter der Jugend wirkt und ihre Achtung und Liebe genießt, ist ihm nicht zu Theil geworden.* – NR auf einen an der *elenden Schwindsucht* verstorbenen Lehrer, Prog Gym Glogau 1852, 23.

185 Als beliebiges Beispiel hier Gustav Siecke (1808–1882): *Dem 46jährigen war es noch vergönnt, sich 1854 einen eigenen Hausstand zu gründen.* Prog Luisenstädt. RealGym 1883. – Erdmann Gottlieb Johann Müller (1786–1858): *Sein Einkommen war anfangs so schmal, dass es kaum für den einzelnen Mann ausreichte, nämlich 180 Mfl. nebst dem Schulgelde, im ganzen etwa 450 M. nach heutigen Gelde. Trotzdem hatte er den Mut zu heiraten und war so glücklich, eine sehr energische und sparsame Hausfrau zu finden.* Prog Gym Gera 1908 (FS).

186 OL Wilhelm Buddeberg (1804–1865), NR auf Dir Anton Jacob Paulssen. Prog Gym Essen 1835, 4.

187 Joseph Hölker (1805–1848), Prog Gym Münster 1848.

kam es den Berufsgenossen an, sondern darauf, *dies Leben, mag es auch kurz sein, mit einem würdigen Inhalt zu füllen.*[188] Berufliche Erfüllung war der Maßstab. Der Wolfenbütteler Oberlehrer Bruncke, 63jährig verstorben,[189]

> *hatte das Glück gehabt, in nicht zu raschem, aber auch nicht zu langsamem stetigen Aufsteigen die Klassen von unten auf zu durchmessen und auf der Mittagshöhe der ihm vom Schicksal vergönnten Bahn die Prima zu erreichen.*

Das Problem war der Maßstab. Der Vergleich mit einem Kind lieferte keinen Anhalt: Niemand fragt viel, wenn ein Kind aus dem Leben gegangen, aber Alles forscht, wenn ein Mann in der Kraft der Jahre von dem Schauplatze der Welt geschieden ist.[190] Lehrer, die in der Vollkraft der besten Mannesjahre, ein Bild fester Gesundheit, rastlosen Wirkens im Dienst seines Amtes[191] verstarben, waren der eigentlich verbindliche Maßstab. An sie adressierte sich die Trauer der Kollegenschaft, oft in der Form, daß religiöser Trost als einziger Rekurs beansprucht wurde:[192]

> *Aber der Herr in seiner Weisheit muß erkannt haben, daß für die Hingeschiedenen ein so früher Tod das Beste sei, sein Name sei gelobet.*

Bei Langlebigkeit taten sich die Zeitgenossen schwer in der Bestimmung von alt. Die Bandbreite umfaßte mehr als eine halbe Generation. Christian Gottlieb Salzmann *starb als Greis von 67 Jahren;*[193] der Prorektor des Gymnasiums Mühlhausen, Johann Ferdinand Limpert, kam als *Greis von 71 Jahren*[194] um seine Pensionierung ein, Johann Gottlieb Schmidt als *76jähriger Greis*[195]; der Oberlehrer Dr. Otto Dressel

---

188 Dir Otto Apelt (1845–1932), *Die falsche und die wahre Selbstliebe*, Abiturentlassungsrede, Prog Gym Jena 1908, 3.

189 Dir Dr. Wilhelm Brandes (*1854), NR auf OL Prof. Dr. Hermann Bruncke, Prog Gym Wolfenbüttel 1914, 20. – Tatsächlich hatte Bruncke eine gewöhnliche Karriere: Sohn e. Superintendenten, 1865 Schulbesuch Gym Helmstedt, 1871 Studium Philologie (Berlin, Leipzig), 1874 Promotion, Hilfslehrer Gym Wolfenbüttel, 1876 Examen, Kollaborator, o. Lehrer (untere, mittlere Klassenstufen), 1885 Ol, 1895 Professor.

190 Dir Samuel Reuscher (1788–1878), Einführung von August Ernst Semper, Prog Gym Cottbus 1829, 1.

191 Dir Ferdinand Bösser (*1840)), NR auf Dir Johannes Theodor Werther, Prog Gym Eutin 1893, 14.

192 Dir Dr. Johann Karl Gottfried Schütt (*1802), Selbstbiograhie, Prog Gym Augustum Görlitz 1854, 6.

193 Prog Realschule Neustrelitz 1907.

194 Dir Dr. Wilhelm Christian Haun (1793–1868), *Ueber Schulgesetzgebung*. Prog Gym Mühlhausen 1842, 1.

195 NR Prog Landesschule Pforta Naumburg 1843.

galt als *hochbetagt*[196], als er 80jährig starb. Deshalb sprachen die Zeitgenossen bei einem 83jährigen Lehrer von einem *gesegneten Alter;*[197] der Rector Georg v. Jaeger hatte mit 85 Jahren *ein langes, langes Leben.*[198] Ein alter Lehrer war im 19. Jahrhundert weit eher die Ausnahme als die Regel. Wenn so hohes Alter eintrat, gab es oftmals im Kollegium niemanden mehr, der den Verstorbenen näher gekannt hätte; und die Gedenkworte im Schulprogramm mußten sich auf fremdes Zeugnis stützen, waren keine persönliche Erinnerung mehr:[199]

> *Wir müssen bedauern, über sein Leben und seinen Bildungsgang keine näheren Nachrichten geben zu können, in dem Lehrercollegium ist Niemand, der so lange mit ihm zusammen gewirkt oder ihm so nahe gestanden hätte, daß er über das Eine oder Andere nähere Auskunft zu ertheilen vermöchte, und die sonstigen Bemühungen, solche zu erlangen, haben sich als vergeblich erwiesen.*

196 NR OL Dr. Otto Dressel (1819–1899): Prog Gym Wolfenbüttel 1903.

197 NR auf Johann Gottlob Matho (1817–1890). Prog 2.Realschule Leipzig 1901.

198 Rector Prof. J. Fischer, NR auf Rector Dr. Georg v. Jaeger (1778–1863), Prog Lyceum Speyer 1864, 4.

199 Dir Dr. August Geffers (1805–1863), NR auf Dr. Thospann (1774–1853), Prog Gym Göttingen 1853, 28.

3.0 Die Direktoren

Bangigkeit ist die Tochter nicht der Schwäche,
sondern des Ernstes und der Gewissenhaftigkeit.[200]

3.1 Dienstliche Aufgaben

Der Gymnasialdirektor war ein *primus inter pares*,[201] aber zugleich ein herausgehobener Dienstgrad, und zwar ohne Einschränkungen für die gesamte Dauer des 19. Jahrhunderts bis 1914. Er habe *ein königliches Amt* wahrzunehmen, wie ein Vertreter der Provinzialschulbehörde noch 1903 die Befugnisse des Direktors metaphorisch faßte.[202] Er stand dem Kollegium seiner Schule vor und war berichtspflichtig gegenüber dem Provinzialschulkollegium, mußte aber dort auch zu Bau- und Etatfragen gehört werden. Er öffnete die Dienstpost, fertigte Zeugnisse aus, führte das Dienstsiegel, durfte sich selbst für bis zu vier Tage beurlauben und einen Stellvertreter bestellen, mußte vom Kollegium seiner Schule stets zutreffend informiert werden, war Hausherr und Leiter von Sammlungen und Archiv, entschied über die Aufnahme von Schülern und konnte die Aufnahme verweigern, wenn Nachteile für die Anstalt zu befürchten waren, war Verfasser des Stundenplans, wenngleich er die Lehrer dazu hören mußte, war Vorgesetzter jedes einzelnen Lehrers und leitete das Kollegium, leitete die monatliche Lehrerkonferenz, beaufsichtigte die äußerliche und dienstliche Führung der Lehrer, leitete den gesamten Unterricht bei 10–12 eigenen Stunden in Oberprima, mußte die Lehrer nach der Vorschrift *fleißig* hospitieren, hatte die Aufsicht über die auswärtigen Schüler (u.a. durch gelegentliche Hausbesuche), mußte das Strafwesen der Lehrer beobachten und diese zur Mäßigung anhalten, war zuständig für die Ausbildung von Lehramtskandidaten in ihrem Probejahr – kurz: der Direktor *leitet sämtliche Angelegenheiten, welche das*

---

200 Gegen die häufig artikulierte Sorge vor den Anforderungen des Amtes: Dir Ernst Friedrich Eberhard (1809–1868), Einführung von OL Anton Müller (1818–1877), Prog RealSch Coburg 1857, 10.

201 Vgl. Dir Prof. Dr. Friedrich August Eckstein (1810–1885), Abschiedsrede, Prog Thomasschule Leipzig 1882, 23, er habe gegenüber seinen Amtsgenossen niemals die direktoriale Weisungskompetenz herausgekehrt.– Ebenso OL Prof. Karl Keuffel (*1841), NR auf Dir Dr. Anton August Draeger (1820–1895), Prog Kgl. Gym Aurich 1895, 7: *übte er die nicht leichte Kunst, als primus inter pares aufzutreten.*

202 Provinzialschulrat Dr. Otto Wilhelm Friedel (*1851), Amtseinführung des neuen Dir, Prog Bugenhagen-Gym Treptow 1903, 2.

Wohl der Anstalt betreffen.[203] Seine wissenschaftlichen, pädagogischen und organisatorischen Vorstellungen prägten die Schule.[204] Der Direktor solle, so meldete ein pommerscher Direktor seinen Anspruch noch in der Einführungsrede 1913 an, von *wesentlichem Einfluss auf den Geist der Anstalt sein und deren Kräfte zusammenfassen und leiten.*[205] Damit gehörte er zu den 2 Prozent der Beamten im Lande mit den höchsten dienstlichen Einkommen.

Diese Akkumulation von Status, dienstlichen Pflichten und Rechten war nicht im Laufe des 19. Jahrhunderts von den Inhabern des Direktoramts erst allmählich erstritten oder durch Gewohnheit erreicht worden, sondern war dem Direktorenamt schon früh zuerkannt worden, und zwar u.a. schon in der zweiten Maßnahme der Bildungsreform, in dem zum Gesetz erhobenen Abitur-Edikt vom 25. Juni 1812[206]. Es ging dabei um die Frage, wer über die Zulassung von Schülern zum Abitur befinden sollte. Da der Direktor seine abgesenkte Stundenzahl stets auf den Unterricht in Oberprima verwandte,[207] war es sowohl nach dem hierarchischen

---

203 Vgl. Wiese's Sammlung der Verordnungen und Gesetze für die höheren Schulen in Preußen. Bd.2, Berlin 1888 (3. Aufl. hg. v. Otto Kübler), 109.

204 Vgl. die Charakterisierung des Dir Dr. Theodor Ellendt (1796–1855), der in der Schule verstarb, weil er seinen Dienst nach einer Grippe zu früh wieder aufgenommen hatte: *Gymnasium, das nach der in ihm waltenden Ordnung und Zucht vorzugsweise seine Schöpfung ist.* Dir Prof. Hermann Schwalbe (1801–1878), NR auf Dir Dr. Theodor Ellendt, in: F. Rothe (Hg.), Zur Erinnerung an den am 11.5.1855 verstorbenen Direktor des Königl. Gymnasiums zu Eisleben Dr. Fr. Ellendt, Eisleben 1855, 21.

205 Dir Alfred Bähnisch (*1856), Einführungsrede, Prog Kgl. u. Gröningsches Gym Stargard 1914, 16. – Ebenfalls die Einführung von Dir Prof. Dr. Gustav Lothholz (1822–1903) durch Provinzialschulrat Dr. Bernhard Todt (1829–1891), Prog Stifts-Gym Zeitz 1870, 23: *ein Amt, das seine ganze Thätigkeit mit allen Seelen- und Leibes-Kräften in Anspruch zu nehmen geeignet ist, ein Amt, dessen edelste Früchte theils unsichtbar, theils spätreifend sind, ein Amt, bei dem man nie das volle Behagen der Zufriedenheit mit sich und seinem Thun hat oder haben darf, ein Amt endlich, dessen schönste Belohnung in keiner äusseren Anerkennung, sondern in der Rückwirkung der amtlichen Thätigkeit auf den inwendigen Menschen besteht, indem es dem Träger täglich und jährlich bezeugt, wie wenig das, was man allein thut, wirkt, wie alles Pflanzen und Begießen nichts ist ohne den Segen Gottes, der das Gedeihen giebt.*

206 Vgl. Karl-Ernst Jeismann, Das preußische Gymnasium in Staat und Gesellschaft. Stuttgart 1996, Bd. 1, 376 passim.

207 *Die Leitung und Verwaltung einer höheren Lehranstalt nimmt fast die ganze Zeit auch des tätigsten und tüchtigsten Mannes in Anspruch. Darum kann der Direktor einer Anstalt weniger sich an dem Unterricht selbst beteiligen.* OL Dr. Friedrich Fredericks (1823–1891), NR auf Dir Dr. Ludwig Kleiber (1814–1879), Prog Dorotheenstädtische RealSch Berlin 1880, 20.

Aufbau des Gymnasiums als auch wegen der persönlichen Kenntnis der Oberprimaner und Abiturienten schlüssig, daß dem Direktor *das vollgültigste, obschon immer noch Irrthümern unterworfene Urtheil* über die Zulassung zustand.[208] Aus diesem Grunde war es nicht ungewöhnlich, daß ein Direktor seine Dienstzeit nicht nur nach Jahren berechnete, sondern auch nach der Zahl der vom ihm verabschiedeten Abiturienten, und daß er hohe Abiturientenzahlen als Ausweis einer persönlichen Leistung verstand.[209]

Angesichts so weit reichender Dienstpflichten und Befugnisse sah sich das Berliner Ministerium 35 Jahre nach dem Abitur-Edikt veranlaßt, eine Beschreibung von pädagogischen und persönlichen Eigenschaften eines Direktors zu verfügen:[210]

> *Die Wichtigkeit der pädagogischen Kraft eines Mannes tritt aber in ihrer ganzen Bedeutung hervor, da es darauf ankommt, die Leitung des Gymnasiums dem rechten Manne zu übertragen. Die wissenschaftliche Befähigung ist auch in diesem Fall leichter zu*

---

208 Kommentar von OL Dr. Heinrich Wilhelm Thienemann (1791–1848) zum Abitur-Edikt, zitiert in: Dir Dr. Rudolf Friedrich Hanow (*1836), NR auf Thienemann, Prog Gym Züllichau 1849, 20.

209 Etwa im Rückblick Dir Adolf Giesebrecht, der nach 10jähriger Leitung des Gym Neustettin in das Provinzialschulkollegium wechselt und erklärt, er habe zwischen 1833 und 1842 insgesamt 383 Schüler in das Gym aufgenommen und *79 zur Universität mit dem Zeugnis der Reife entlassen.* Prog Gym Neustettin 1843, 26. – Beim 25jährigen Jubläum als Direktor zählte Dr. Karl Tücking auf, 372 Abiturienten habe er entlassen. OL Johannes Zenzes (*1844), *Bericht über die Feier*, Prog Gym Neuss 1899, 5. – Schon 8 Abiturienten eines Gymnasiums pro Jahr ist ein hoher Durchschnitt. – Kommentar von OL Dr. Heinrich Wilhelm Thienemann zum Abitur-Edikt, zitiert in: Dir Dr. Rudolf Friedrich Hanow, NR auf Thienemann, Prog Gym Züllichau 1849, 20. – Der Direktor des kneiphöfischen Gymnasiums in Königsberg, Dr. Fridolin v. Drygalski (1829–1904), erklärte bei seiner Verabschiedung, er habe *465 Schüler zur Universität entlassen, denen zu seiner größten Freude nur wenige im Sturme des Lebens gescheitert seien.* Prog Kneiphöfisches Gym Königsberg 1900, 18. – Die zwischen 1698 und 1898 *zur Universität entlassenen* 1.131 Abiturienten des Friedrichs-Kollegiums Königsberg werden genau nach Direktoraten aufgeteilt: Friedrich August Gotthold (42 Jahre Dir / 338 Abiturienten), Johannes Horkel (8 / 99), Schrader (1 / 9), Theodor Adler (2 / 28), Gustav Heinrich Wagner (15 / 222), Kammer (1 / 9), Lehnerdt (13 / 212), Ellendt (7 / 214): Dir Prof. Dr. Georg Ellendt, Lehrer und Abiturienten des Königlichen Friedrichs-Kollegiums zu Königsberg Pr. 1698-1898, Königsberg 1898, 70.

210 Circularverfügung v. 6.2.1847: Wiese's Sammlung der Verordnungen und Gesetze, 78. – Ähnlich im Wortlaut und Anforderungsprofil äußert sich die Verfügung, die alte Prüfung *pro rectoratu* künftig nicht mehr von Wissenschaftlichen Prüfungskommissionen, sondern von den Provinzialschulkollegien abzuhalten. Ebenda, 74. Dort auch das Anforderungsprofil jenseits der förmlichen Qualifikation.

ermitteln; schwieriger aber ist es, sich die Ueberzeugung zu verschaffen, daß der künftige Dirigent[211] *nicht nur selbst eine richtige Anschauung der Lebensverhältnisse besitze, sondern auch mit der erforderlichen Gesinnungs- und Charaktertüchtigkeit ausgestattet sei, und durch eine Vertrauen und Achtung einflößende Persönlichkeit im Wege liebevollen Ernstes derselben innerhalb des Lehrercollegiums Geltung zu verschaffen und durch dieses sowohl als durch eigene consequente und kräftige Einwirkung die Jugend für dieselbe zu gewinnen, in ihr zu befestigen, und dadurch für Religion, Vaterlandsliebe und gewissenhafte Treue in allen Verhältnissen des Lebens zu erziehen.*

Die konkrete Bestallungsurkunde war enger und verpflichtete den Amtsinhaber auf staatstreuen Gehorsam und protestantische Zielauffassung und Tätigkeiten:[212]

Wir thun dies in der Voraussetzung und wohlbegründeten Hoffnung, daß derselbe in unverbrüchlicher Treue Sr. Majestät dem Könige dienen, die Staatsgesetze und Anordnungen der vorgesetzten Unterrichtsbehörden gewissenhaft erfüllen, die ihm anvertraute Jugend mit aller Sorgfalt in der Zucht und Vermahnung zum Herrn erziehen, mit Liebe und Hingebung für den König und das Vaterland erfüllen und mit einer gründlichen wissenschaftlichen Bildung ausrüsten werden, um sie dadurch tüchtig und geschickt zu machen für ihren himmlischen und irdischen Beruf. Zugleich erwarten wir, daß derselbe in Uebereinstimmung mit dem durch § 6 der Statuten unseres Gymnasiums bestimmten Zwecke, neben der gründlichen wissenschaftlichen Bildung der Schüler die christliche Erziehung und Unterweisung derselben auf dem Grunde der heiligen Schrift als dem Worte Gottes, wie solches in dem lutherischen Katechismus ausgelegt und bezeuget ist, mit allen Kräften erstreben und demgemäß in Gewissenhaftigkeit und Treue sämmtliche Pflichten seines hohen Amtes wahrnehmen, auch unter dem Gnadenbeistande des heiligen Geistes der seiner Leitung anvertrauten Anstalt reichen Segen schaffen werde.

Der vor der Schulöffentlichkeit abzulegende Amtseid, der einem neu ernannten Gymnasialdirektor regelmäßig von einem Vertreter des zuständigen Provinzialschulkollegiums vor der Schulöffentlichkeit abgenommen wurde, lag auf dieser

---

211 Hier gemeint: der Direktor. Später ist der *Dirigent* ein nicht zum Direktor berufener Lehrer, der die Leitungsgeschäfte nur einstweilig wahrnimmt. Vgl. Bemerkung von Prof. Dr. Richard Wachsmuth (1840-1908), er sei nun nicht mehr Dirigent, sondern er sei zum Direktor ernannt. Prog Kaiser-Wilhelm-Gym Hannover 1879, 3. – Ein anderer älterer Titel für den Schulleiter war *Rector.* Bei den altehrwürdigen Schulen hat er sich oft erhalten, wurde aber sonst ersetzt. Z.B. Dr. Friedrich Ellendt, der in der Leitung des Gym Eisleben auf einen *Rector* folgte, wurde als *Direktor* ernannt und war *auch in der Tat froh, diesen veraltenden Titel nicht zu führen.* Prog Gym Eisleben 1836, 20. – Das Prog des Fürstlich-Hedwigischen Gym Neustettin zitiert eine Verfügung des Provinzialschulkollegiums, der offizielle Gebrauch der Titel *Prorector, Conrector und Subrector* sei einzustellen: Prog 1854, 29.

212 Bestallungsurkunde für Dir Dr. Adolf Zinzow (*1822), Prog Bismarck-Gym Pyritz 1860, 16. Das Gymnasium war 1859 gegründet worden.

Linie, war aber noch simpler, auf drei Glaubenspunkte reduziert, auf Verwaltungsrecht, Thron und Altar:[213]

Ich bin der Zuversicht, Sie werden in pflichtmässiger Beachtung der geltenden Vorschriften, in eifrigem Dienste des Königs und des Vaterlandes, in glaubensvollem Aufblick zu Gott, in christlichem Geist und Sinn Ihre Treue bewähren. Dass Sie das wollen, bezeugen Sie durch Ja und Handschlag.

Auswahl und Ernennung der Direktoren oblagen bei den königlichen Gymnasien dem Ministerium, bei städtischen Gymnasien dem Magistrat der Stadt. Bei der Antrittsrede der neuen Direktoren wurde regelmäßig an diesen Sachverhalt erinnert. Friedrich Palm in Budissin dankt für das *Wohlwollen der höchsten Behörde und des Rathes dieser Stadt,*[214] adressierte also sowohl Ministerium als auch Magistrat, während Johann Iltgen in Culm nur der Behörde für die dienstliche Rückversicherung dankte: *weil ich die Gewißheit habe, dass an jeder Stelle unserer grossen Monarchie über uns waltet eine Behörde, die mit Treue und Milde und Schonung dem Anfänger ein Berater, dem Irrenden ein Mahner und dem Angefeindeten ein starker Schutz ist.*[215] Johann Rosenheyn in Gumbinnen dagegen hatte im Gefühl der *Freudigkeit* über seine Ernennung nicht nur die Behörde im Sinn, sondern *die Aeltern, Lehrer und Jugend,* also die Schulgemeinde.[216]

Die typischen Stufungen des insgesamt komplexen Vorgangs von der Bewerbung bis zur Berufung zeichnet Direktor Dr. Wittich vom Realgymnasium Kassel in seiner Antrittsrede nach: Aufforderung zur Bewerbung durch das Kollegium, innerstädtische Abklärung (Schulkuratorium, Stadtrat, Bürgerausschuß), Befassung des Provinzialschulkollegiums, Ernennung durch das Ministerium und endlich die Ausfertigung der Bestallungsurkunde durch den preußischen König.[217] Es gab allerdings auch entschieden kürzere Wege ins Direktorat, wenngleich sie selten beschritten wurden. Als der Geheimrat Dr. Wiese als Vertreter des Ministeriums 1868 das Gymnasium Johanneum in Lüneburg visitierte, wurde er auf den Oberlehrer Dr. Rudolf Haage aufmerksam und erklärte: *Den können wir gebrauchen.* Noch im gleichen Jahr wurde Haage zum Direktor des Gymnasiums Schleusingen ernannt.[218] Offenbar waren sowohl das

---

213 Geh. RegierungsR Dr. Theodor Wehrmann (1819–1892), Amtseinsetzung von Dir Dr. Gustav Friedrich Sorof (1829–1910), Prog Gym Köslin 1883, 3.

214 Dir Prof. Dr. Friedrich Palm, Antrittsrede, Prog Gym Budissin 1862, 3.

215 Dir Dr. Johann Iltgen (1843–1911), Antrittsrede, Prog Gym Culm 1884, 6.

216 Bericht über die Einführung des neuen Direktors Dr. Johann Samuel Rosenheyn (1777–1843), Prog Gym Gumbinnen 1825, 30.

217 Dir Dr. Wilhelm Wittich (*1841), Antrittsrede, Prog RealGym Kassel 1884, 25–28.

218 Dir Dr. Cornelius Holk (*1869), NR auf Dir D. theol. Rudolf Haage (1836–1911), Prog Gym Johanneum Lüneburg 1912, 18. – Haage war als Dir in Lüneburg Holks Vorgänger. 1869 kehrte Haage als Direktor an das lüneburger Johanneum zurück,

Ministerium als auch die Provinzialschulkollegien ständig auf Talentsuche für Leitungsposten.[219]

Die Qualifikationen für das Amt waren eindeutig und bekannt. Als das *colloquium pro rectoratu*, die Eignungsprüfung, nicht mehr von den Wissenschaftlichen Prüfungskommissionen, sondern eine Ebene niedriger von den Provinzialschulkollegien abgehalten werden sollte, hieß es im Erlaß, die Befähigung könne zuerkannt werden einem Mann,[220]

> *der nach seinem bisherigen Wirken und Verhalten für einen redlichen und selbständigen Charakter gelten muß, beseelt von edler und wohlwollender Gesinnung, von aufrichtiger Liebe zu seinem Beruf, zu König und Vaterland, von Achtung vor Gesetz und Ordnung, von klarer und ungefärbter Religiosität; ob er in seinem Lehramt mustergebende Treue und Geschicklichkeit sowohl in der wissenschaftl. Belehrung, Anregung und Leitung, wie auch in der sittl. Bewahrung, Besserung und Förderung seiner Schüler bewiesen hat, und ob sich von ihm erwarten läßt, daß er die zur Leitung einer höh. Lehranstalt im Innern und zu ihrer Vertretung nach außen nöthige Menschenkenntnis, gesellige Bildung, Umsicht, Besonnenheit und taktvolle Energie beweisen wird, sowie daß es ihm an Sinn und Befähigung für die administrative Seite des Amts nicht fehle. Litterarische Thätigkeit und schriftstellerischer Ruf sind schätzbare Eigenschaften; entscheidend können sie für die Empfehlung zu einer Directorenstelle nicht sein.*

---

bis zum Ruhestand 1901. – In seinen bedeutenden und detailreichen Memoiren erwähnt Wiese diese Episode nicht, was den Vorgang wohl als geläufige Praxis jenseits behördlicher Aufmerksamkeit einstuft.

219 Dir Prof. Dr. Karl Capelle (1841–1913), NR auf Dir Dr. Heinrich Ludolf Ahrens (1809–1881), Prog Lyceum Hannover 1882, 6: *Aber durch seine bedeutenden wissenschaftlichen Leistungen wie durch sein vorzügliches Lehrtalent hatte Ahrens längst die Blicke der vorgesetzten Behörde auf sich gelenkt und wurde in Folge dessen 1845 zum Direktor des Gymnasiums zu Lingen berufen.* – Oder: *Bei Marquardts hervorragender Tüchtigkeit als Lehrer und Gelehrter war es nicht zu verwundern, daß schon sehr früh das Augenmerk auf ihn zur Besetzung einer Direktorenstelle sich richtete; aber erst 1856 kam diese Absicht zur Ausführung, als ihm die Leitung des Friedrich-Wilhelms-Gymnasiums in Posen übertragen wurde*: OL Prof. Dr. Rudolf Ehwald (1847–1927), NR auf den Geh. OSchulR Dir Dr. Joachim Marquardt (1812–1882), Prog Gym illustre Gotha 1883, 13. – Prog Gym Neuruppin 1836, 41: *so wurde Herr Friedrich Wilhelm Mummelthey, zweiter Lehrer zu Kyritz bei Neustadt an der Dosse, als ein tüchtiger Elementar-Lehrer für diese Klasse von einem Königlichen Hochlöblichen Schul-Collegio empfohlen.*

220 Wiese's Sammlung der Verordnungen und Gesetze für die höheren Schulen in Preußen, 74.

Die zum Direktorenamt Berufenen dürften angesichts dieses Forderungskatalogs ihre Berufung fraglos als eine Auszeichnung betrachtet haben:[221]

> *Ohne irgend ein Wort der Bewerbung oder Bitte habe ich das Amt erhalten. Das gereicht mir zur Beruhigung und wird mir in schweren Zeiten ein Trost sein. Gestützt auf das ‚rite vocatus' der Augsburgischen Konfession werde ich mein Amt als ein von Gott verliehenes betrachten und führen.*

Andere, die *die Ehre des Directorates nicht gesucht* hatten,[222] sprachen ihren *aufrichtigen und rückhaltlosen Dank* für die Berufung aus. Ein besonders eindrucksvolles Beispiel dafür ist die 1854 erfolgte Berufung von Dr. Johann Karl Gottfried Schütt zum Direktor des Görlitzer Gymnasiums durch die Behörde. Der 1802 geborene Schütt hatte bei seiner Berufung schon einen heute bizarr anmutenden Lebensweg hinter sich – in ärmlichsten Verhältnissen aufgewachsen, kränklich, mit 14 Jahren Vollwaise, wechselnde Fachstudien (Theologie und Jura, beide abgebrochen), schließlich das Philologiestudium, dieses aber wegen Mittellosigkeit durch Tätigkeit an einer Privatschule unterbrochen, Studium durch privat geliehenes Geld fortgesetzt, Haus- und Privatschullehrer nach dem Examen, Übernahme einer Pensionsanstalt für Gymnasialschüler in Altona, Konzession zur Errichtung einer höheren Privatschule, Umstieg auf die 6. Lehrerstelle am Gymnasium in Altona, Konrektor in Husum, Rektor in Altona, Verlust des Amts unter dänischer Herrschaft, Rektor der Gelehrtenschule in Plön, Amtsverlust erneut aus politischen Gründen, schließlich die erfolgreiche Bewerbung auf die Direktorenstelle in Görlitz. Schütt beschloß seine Antrittsrede mit einem Gebet:[223]

> *Wolle er [der Herr] denn segnen mit seinem reichen Segen den König, dessen Gnade den Fremdling in Sein Land und in Seinen Dienst nahm! Wolle er segnen die hochverehrte Behörde, die meinem Gewissen das wichtige Amt anvertraute! Wolle er denn segnen diese ganze Stadt, die mir gastlich ihre Thore geöffnet hat. Wolle er denn auch mich segnen in all meinem amtlichen Thun, daß ich der Gnade, die er mir geschenkt hat, nicht ganz unwürdig bleibe.*

Diese Beispiele zeigen, wie vielfältig und wie wenig stromlinienförmig die Wege sein konnten, die in das Direktorenamt führten. Regelformen waren schon früh etabliert, wurden aber frei interpretiert oder zum Vorteil eines qualifizierten Bewerbers ganz ausgesetzt; die heute im öffentlichen Dienst so verpönten sog.

---

221 Dir Hermann Müller (1843–1919), Antrittsrede, Prog Gym Blankenburg 1886, 3. – Müller bezieht sich auf Art. XIV der Augsburger Konfession, auf die Formel *rite vocatus*, den zu Recht Berufenen. In Blankenburg hatte das wegen der pietistischen Frömmigkeit von Stadt und Umland fraglos einen besonderen Appellationswert.

222 Dir Prof. Dr. Carl Schubart (1829–1904), Antrittsrede als Direktor, Prog Gym und RealSch Plauen i.V. 1879, 5. –Auch für das Folgende.

223 Dir Dr. Johann Karl Gottfried Schütt, Antrittsrede, Prog Gym Görlitz 1854, 7.

Hausberufungen waren zwar nicht die Regel, aber keineswegs ausgeschlossen und jedenfalls nicht anstößig. Die Berufung ist jedoch für die Betroffenen selbst durchgängig das große Lebensereignis gewesen. Wenn etwa der an die Königstädter Realschule in Berlin berufene Direktor Dr. Wenzlaff erklärte, daß ihm aus dem Kreise seiner *werthen Collegen* sehr viele bekannt seien, die *mit gleichem Recht, gleicher Kraft, vielleicht mit größerer Tüchtigkeit* hätten berufen werden können,[224] so ist das nicht unbedingt als freundliche Rhetorik oder falsche, auf Widerspruch bedachte Demut aufzufassen, da Wenzlaff ja nicht ohne öffentliche Verdienste war: 1848 Abgeordneter in Mecklenburg und Vizepräsident von deren Verfassungsausschuß, seit 1862 auch Professor an der Berliner Bauakademie.[225] Ungeschminkt selbstbewußt erklärte sich Direktor Dr. Ebinger bei der Amtsübernahme in Luckau, er werde *der Anstalt, zu deren Leiter ich berufen bin, meinen Geist aufprägen,*[226] so daß der Nachruf denn auch über *Schroffheit und Rücksichtslosigkeit* seiner Amtsführung klagt. Aber wenn die Direktoren ihre Tätigkeit nicht schon von sich aus mit prägender Wirkung ausstatteten, verlangte die Behörde vom Direktor, er müsse *der Anstalt den Stempel seines Geistes aufdrücken*:[227] Schule müsse *aus einem Guss sein, einheitlich auf dem Gebiete der Sittlichkeit und Wissenschaft.*

3.2 Soziale Herkunft und gesellschaftliche Bindungen

Obwohl die Direktoren die Leitungsebene des gymnasialen Schulwesens formieren, sind ihre sozialen und persönlichen Daten lückenhaft überliefert. Bei der Untersuchungsgruppe von 1617 Direktoren, die im umfangreichsten Personenhandbuch greifbar sind,[228] läßt sich nur für 308 der Vaterberuf ermitteln. Bei der folgenden Aufschlüsselung der Väterberufe sind die für die jeweilige Sozialgruppe ermittelten Werte nicht für die Gesamtgruppe der Direktoren signifikant – die Herkunft aus dem Pfarrhaus etwa dürfte noch höher liegen; wohl aber vermitteln sie ein Bild von der sozialen Streubreite der Väterberufe.

---

224 Dir Dr. Franz Wenzlaff (1810–1888), Antrittsrede, Prog Königstädtische RealSch Berlin 1869, 14.

225 Er hielt dort Vorlesungen über Oryktognosie (Mineralienkunde) und Geognosie (Geologie).

226 Bernhard Linke (*1848), NR auf Dir Dr. Julius Ebinger (1841–1902), Prog Gym Luckau 1903, 19. – Auch für das Folgende.

227 Provinzialschulrat Dr. Rudolf Bouterwerk (1840–1901), Rede zur Einführung des neuen Direktors Dr. Karl Richard Schirlitz (*1842), Prog Gym Stargard 1895, 21.

228 Franz Kössler, Personenlexikon von Lehrern des 19. Jahrhunderts.

Tabelle 5: äterberufe von Direktoren

Vaterberuf	**Fallzahl**	**in %**
Evang. Pfarrer	71	23
Selbständiger	63	21
Gymnasiallehrer	61	20
Verwaltungsbe-amter	52	17
Elementarlehrer	26	9
Arzt	13	4
Universitätspro-fessor	12	4
Musiker	6	2
Hofbediensteter	2	1
GESAMT	**306**	**100**

Nur 51 Prozent der Direktoren entstammten also einem akademischen Milieu. Für 49 Prozent der Direktoren hatte dagegen auf dem Weg über den Gymnasialbesuch und ein akademisches Studium ein sozialer Aufstieg bis auf die Ebene der Schulleitung stattgefunden. Auch streuen die nicht-akademischen Väterberufe breit. Der Gymnasialbesuch war also verhältnismäßig sozialoffen und aufstiegsbetont; erst das Abitur verwies den Absolventen in die Schicht der gebildeten Bürger.[229] Signifikant ist auch das evangelische Pfarrhaus, dessen Bildungswille den Söhnen

229 Formular des Abgangszeugnisses (Prog Friedrich-Wilhelms-Gym Cottbus 1830, 30): *1. Anlagen und Fähigkeiten. 2. Allgemeine Entwickelung derselben. 3. Aufmerksamkeit in der Klasse. 4. Häuslicher Fleiß. 5. Fortschritte, im Allgemeinen. 6. Fortschritte, insbesondere a. in den Sprachen (1. Latein, 2. Griechisch, 3. Hebräisch, 4. Deutsch, 5. Französisch); b. in den Wissenschaften (1. Religion, 2. Geschichte, 3. Geographie, 4. Arithmetik, 5. Geometrie, 6. Physik, 7. Naturbeschreibung, 8. Philosophie); c. in den technischen Fertigkeiten (1. Im Lesen und Recitiren, 2. Schönschreiben, 3. Singen), 7. Mittheilung und Darstellung des Erlernten a. mündliche, b. schriftliche, 8. Charakter, 9. Betragen a. in der Schule, b. außer der Schule, 10. Sittenklasse, 11. verspätet, 12. Versäumt.*

regelmäßig, bald auch häufig den Töchtern die Wege zu höherer Bildung eröffnete. Dagegen ist die Berufstreue, mit der Söhne die Berufswege ihrer Väter einschlugen, im 18. Jahrhundert stärker ausgebildet als im 19. Jahrhundert – möglicherweise wegen stärkerer Geltung des Leistungsprinzips und wegen veränderter Berufsformen auf Väterebene.

Der Umfang des gymnasialen Schulwesens liegt Mitte der 1830er Jahre noch sehr niedrig.[230] Das unterstrich die Bedeutung des Direktors. Preußen unterhielt damals 101 Gymnasien (kommunal oder staatlich), Sachsen 23. Im Preußen des Jahres 1832 wirkten im gymnasialen Schuldienst 1.334 Lehrer. Die 24.159 Schüler waren 0,18 Prozent der knapp über 13 Millionen Landesbewohner. Von den jährlichen Absolventen der Gymnasien wurden 738 *zur Universität entlassen*, 2.326 dagegen *zu anderen Bestimmungen*. Mehrfach erklärten die Jahresberichte der Gymnasien, man habe in diesem Schuljahr keinen Abiturienten gehabt,[231] oder die traditionelle Entlassungsrede des Direktors adressierte nur einen einzigen Abiturienten.[232] Unter diesen Umständen des geringen institutionellen Drucks blieben auch die überkommenen Direktoren im Amt, die dieses vielfach schon vor 1800 innehatten, und es lief die Modernisierung und Verjüngung der Direktorenschaft nur langsam und spät an, vollzog sich dann aber besonders markant zwischen 1860 und 1880. In den 1860er Jahren wurden in Preußen aus der hier beobachteten Gruppe von 1617 Gymnasialdirektoren 114 neu bestellt, in den 1870er Jahren sogar 177. Sie entstammten den Geburtsjahrgängen 1830–1840. Die erstaunliche Größenordnung dieser personellen Veränderung geht auf vier Ursachen zurück, die nicht interdependent aufgetreten waren: auf die berufliche Mobilität der Direktoren,[233]

230 Zahlen nach Karl Eduard Brauns u. August Friedrich Adam Theobald, Statistisches Handbuch für 1836, 58 u. 263.

231 Die Flaute war in den 1830er Jahren nicht ungewöhnlich, weil die Schülerzahlen noch niedrig lagen: etwa Prog Gym Hildburghausen 1839, 8, Schülerzahl betrug 78. Prog Gym Francisceum Zerbst 1847, 68. Prog Gym Frankfurt/Oder 1835, 29. Schülerzahl 174. Oder Prog Gym Kreuznach 1833, 24f.

232 Dir Prof. Philipp Karl Hess (1792–1872), Entlassungsrede 1862, Prog Gym Wolfenbüttel 1864; ebenso 2 Jahre später. – Vgl auch den Vorgang: *Am 10. August traf Herr Provinzial-Schulrath Dr. Schrader zur mündlichen Prüfungt der Abiturienten ein, die jedoch nicht abgehalten wurde, da der eine Abiturient zurücktrat, der andere von der mündlichen Prüfung disensiert wurde.* Prog Gym Tilsit 1869, 34.

233 Drei Beispiele: Theodor Kock (1820–1901): 1842 Examen und Probejahr, 1846 o. Lehrer Gym Posen, 1850 OL Gym Elbing, 1854 Dir Gym Guben, 1857 Dir Gym Stolp, 1863 Dir Johanneum Hamburg, 1863 Dir Gym Memel, 1866 Dir Luisenstädtisches Gym Berlin, 1882 Ruhestand. – Dr. Karl Julius Schaper: 1849 Promotion, 1850 Examen und Probejahr, 1851 Hilfslehrer Friedrichs-Kollegium Königsberg, 1853 Gym Tilsit, 1854 dort o. Lehrer, 1858 Altstädtisches Gym Königsberg, 1861 Gym Insterburg, 1864 Dir Gym Lyck, 1868 Dir Gym Posen, 1872 Dir Joachimsthalsches Gym Berlin. – August Waldeyer (1830–1901): 1853 Examen, 1854 Probejahr Gym Essen,

auf den Stellenzuwachs durch die nicht leichtfertig vorgenommene Neugründung von Gymnasien,[234] auf das Abtreten der alten Direktoren-Generation aus Altersgründen und auf die territorialen Veränderungen Preußens 1866 und 1871.

Die seit dem 18. Jahrhundert herüber ragenden, mindestens vor 1820 tätigen Direktoren waren allerdings ebenso tüchtig als Lehrer, wie sie als Personen honorig waren. Sie verstanden sich nicht als Verwalter einer abstrakten Sache, sondern nahmen sich ihrer Schulen, Schüler und Kollegen *mit selbstverleugnender Liebe und Fürsorge* an.[235] Direktor Dr. Krause war *nicht bloß ein geschickter Baumeister*[236] der Großen Stadtschule Rostock, sondern auch *in seiner Lehrthätigkeit anregend und fördernd.* Direktor Gerlach am Katholischen Gymnasium Braunsberg *hat kein anderes Glück gesucht als die Ausübung seiner Pflichten*[237] und bot das Bild *des geistreichen lebendigen Lehrers*, der sich zudem in der Verwaltung der Schule durch *seltene geschäftsmännische Tüchtigkeit* hervortat. Als ein weiteres Muster an Exzellenz, mehr als nur brauchbar für die reformierten Bildungsverhältnisse darf Direktor Dr. Schaper gelten, der mit 16 Jahren das Abitur ablegte, nach Promotion, Lehramtsexamen, Probejahr und einjähriger Militärpflicht mit 23 Jahren Hilfslehrer erst in Königsberg, dann in Tilsit wurde, weiter mit 30 Jahren ordentlicher

---

1855 Kommissar. Lehrer Gym Neuß, 1856 dort o.. Lehrer, 1863 OL, 1868 Gym Köln, 1870 Dir Gym Leobschütz, 1874 Dir Gym Bonn, 1883 Dir Gym Köln, 1901 Ruhestand.

234 Über das Verfahren zur Gründung eines neuen Gymnasiums berichtet Dir Dr. Adolf Zinzow, *Entstehung und Eröffnung des Gymnasiums der Stadt Pyritz*, Prog Gym Pyritz 1860, 11f: *Während dieser östlichste Theil unserer Provinz noch vor 40 Jahren nur zwei, und vor 7 Jahren nur drei Gymnasien besaß, die nicht an Ueberfüllung litten, sollte er nun schon das achte Gymnasium bekommen. Man konnte wohl bedenklich sein, ob nicht bei dieser verhältnißmäßig großén Zahl die einzelnen einander gleichsam Luft und Licht nehmen würden, und es war daher die Pflicht der Provinzial-Unterbehörde zu prüfen, ob auch das achte hinterpommersche Gymnasium, das dreizehnte der ganzen Provinz, ohne das Leben der andern zu beeinträchtigen, selbst lebensfähig sein würde. Diese Prüfung ist sorgfältig vollzogen.* [...] *Deshalb konnte das Königliche Provinzial-Schulcollegium dem einmüthig gefaßten Beschluß der hiesigen Stadtbehörde, ganz aus eigenen Mitteln ein Gymnasium zu gründen und dauernd zu unterhalten, nicht zuwider sein. Es hat, nachdem von den Vertretern der Stadt die zur Sicherung des Unternehmens für erforderlich erachteten Feststellungen bereitwillig gemacht waren, dasselbe dem Herrn Unterrichts-Minister zur Genehmigung empfohlen.*

235 Prof. Carl Mosche (1796–1856), NR auf Dir Johann Friedrich Jacob (1792–1854; Dir seit 1831), Prog Gym Katharineum Lübeck 1854, 52.

236 Eduard Schullze (1825–1902), NR auf Dir Dr. Karl Ernst Krause (1822–1892), Prog Gym Rostock 1893, 12. –Auch für das Folgende.

237 Prof. Karl Biester (1788–1853), NR auf Dir Maria Gideon Gerlach (1789–1845), Prog Kgl. Kath. Gym Braunsberg 1845, 21. – Auch für das Folgende.

Lehrer und Ordinarius[238] von Obersecunda am Altstädtischen Gymnasium Königsberg, mit 33 Jahren erster Oberlehrer am Gymnasium Insterburg, mit 36 Jahren Direktor des Gymnasiums Lyck, mit 40 Jahren Direktor des wegen des deutsch-polnischen Gegensatzes notorisch schwierigen Gymnasiums Posen und endlich mit 50 Jahren Direktor des 1607 gestifteten Joachimsthalschen Gymnasiums Berlin, also im Zeitraum von 14 Jahren auf seiner dritten Stelle als Direktor.[239] Selten war einer der Direktoren so *exzentrisch und diktatorisch und in seinem Pathos mehr als überschwenglich* wie Friedrich Thormeyer;[240] dennoch brachte auch dieser *neuen Schwung in das Leben der Anstalt.* Thormeyer hatte das Direktorat in Stendal, das er seit 1793 innehatte, aufgeben müssen, weil er im Zorn seinen Ephorus, den Generalsuperintendenten, tätlich angegriffen hatte; immerhin brachte er, seit 1805 Direktor in Neuruppin, die Schule in den Krisenjahren 1806 und 1807 *ohne große Störungen* durch, obwohl die Gehaltszahlungen[241] stockten. Im übrigen hielt Thormeyer sehr auf Ordnung im Gymnasium und war nicht zurückhaltend oder nachsichtig in seinen professionellen Anforderungen an die ihm nachgeordneten Lehrer.[242] Von anderen Direktoren, die in den 1830er und 1840er Jahren ausschieden, werden in den Nachrufen allerdings keine bizarren Episoden überliefert. Direktor Steinbart in Züllichau, der 1794 mit nur 23 Jahren die Leitung des Gymnasiums Züllichau übernommen hatte, war vielmehr[243]

---

238 Da die Oberprima vom Direktor unterrichtet wurde, die Unterprima vom Stellvertreter, war Schaper 1. Oberlehrer. *Ordinarius* war der Begriff für den heutigen *Klassenlehrer.* – Zur Diskussion der Modelle des Klassenlehrers vs. Fachlehrers vgl. Dir Wilhelm Kortüm, *Ueber Abfassung des Lehrplans für Gymnasien*, Prog Gym Düsseldorf 1820, 11f.

239 OL Dr. Paul Stengel (1851–1929), NR auf Dir Dr. Karl Schepers (1828–1886), Prog Joachimsthalsches Gym Berlin 1886.

240 Prog Gym Neuruppin 1814. – Auch für das Folgende.

241 Die Gehälter wurden in einer Jahressumme gezahlt.

242 Vgl. den Katalog von Dienstregeln im Prog Gym Neuruppin 1831, etwa 24f: *1. Jeder Lehrer ist verpflichtet, vor dem Anfange seiner Lection sein Schüler-Verzeichniß laut und genau vorzulesen, die Abwesenden zu notiren, und nach geendigter Lehrstunde selbige entweder durch den Famulus zu sich zu bescheiden, oder selbst zu ihnen zu gehen, um den wahren Grund ihres Ausbleibens zu erfahren, denn ein Schüler, welcher einen oder mehrere Tage den Unterricht verabsäumt, verliert den Zusammenhang der Vorstellungen von den Dingen, welche abgehandelt werden. 2. Jeder Lehrer muß seine im Lectionsplane von oben herab genehmigten und bestätigten Pensa treu und eifrig absolviren; er darf also weder andere Autoren lesen, noch andere Pensa. 3. Jeder Lehrer, um gehörig nach Zeit und Kraft in das große Räderwerk der Schule einzugreifen und gerecht seinen Antheil von Kraft und Eifer zur harmonischen und beglückenden Bewegung desselben darzubringen, sehe sowohl auf die hintere als auf die vordere Classe, um zweckmäßig und mit Erfolg in der seinen zu unterrichten.* usw.

243 NR auf Friedrich August Steinbart (1771–1841), Prog Gym Züllichau 1844, 2.

ebenso würdig als erfolgreich. Mit seiner scharfen Beobachtungsgabe und einem seltenen Takte für die Würdigung der mit ihm in Berührung tretenden Persönlichkeit stand er inmitten seines Lehrerkollegiums als verehrter Vorgesetzter, als geschätzter Rathgeber, als verehrter Freund.

Karl Gottlieb Anton, seit 1803 Konrektor des Gymnasiums Görlitz, 1809 vom Magistrat zum Rektor gewählt, erklärte, ein Direktor müsse sein Amt antreten *im Vertrauen auf Gott, mit einem genügsamen Sinn, frei von Menschenfurcht, ohne Sucht nach Ruhm und Glanze, ohne große Erwartungen von seinen Mitbürgern, ohne Anmaßung gegen seine Kollegen und mit einem liebevollen Herzen gegen die Menschheit.*[244] Die Musterschule in Frankfurt/Main verdankte *einen großen Theil ihres innern Werthes und äußern Flors*[245] dem 1821 verstorbenen Direktor Wilhelm Seel

wegen seiner Erfahrung im Unterrichtswesen, seiner Nüchternheit, Besonnenheit, Umsicht und Sinnigkeit, seiner Abneigung gegen Einführung desjenigen Neuen, das glänzt, aber keinen Gehalt hat, seiner Bereitwilligkeit, Veränderungen in der Schule vorzunehmen, wenn es Verbesserungen waren, seinem Grundsatze, die Schule lieber langsamen aber sichern Schrittes einem bessern Zustande entgegenschreiten zu lassen, als sie mit ungeduldiger Eile einem solchen entgegen zu treiben.

Ein sehr differenziertes Charakterbild ist für Gotthilf Wilhelm Körber vom Gymnasium Hirschberg überliefert, der 1799 zum Prorektor, 1807 zum Direktor berufen wurde, dessen programmatische Denkschrift *Ueber eine bessere Organisation des preußischen Schulwesens*[246] vom Ministerium angefordert worden war und der mit Humboldt in brieflichem Austausch gestanden hatte:[247]

Sein kräftiges männliches Wesen, jeder Weichlichkeit im Empfinden und Genießen, jeder Schlaffheit und Feigheit wie von Natur, so mit vollem Bewußtsein und aus Grundsatz abhold, dazu, was einer seiner Schüler von ihm rühmt, seine ‚felsenfeste Rechtschaffenheit und seine unbestechliche Gerechtigkeit und Unparteilichkeit'. Andrerseits sehr frischen und lebhaften Geistes war er im Umgang heiter, humoristisch, witzig, vielleicht nicht immer mit strenger Innehaltung der scharfen Linie des guten Geschmacks, dabei in seinem Innern voll des mannigfaltigsten Interesses, vorzüglich aber voll Wärme, ja Begeisterung für alles Höhere, Sittliche, ein Idealist durch und durch. Demgemäß hatte auch seine Religiosität, die er aber nie zur Schau trug, einen heiteren Charakter. Alle

244 Dir Karl Gottlieb Anton (1776–1861), *Ueber die Gesinnung, mit welcher der Vorsteher einer Schulanstalt sein Amt antreten muß, wenn er bei demselben den guten Mut nicht verlieren will*, Prog Gym Görlitz 1810, 6.

245 Johann Heinrich Müller (1787–1844), NR auf Dir Dr. Wilhelm Heinrich Seel (1776–1821), Prog Musterschule Frankfurt/M 1822, 16. – Auch für das Folgende.

246 Bibliothekarisch nicht als selbständige Schrift nachgewiesen – Programmschrift?

247 Dir Prof. Dr. Albert Dietrich, Zur Geschichte des evangelischen Gymnasiums zu Hirschberg, Prog Gym Hirschberg 1862, 36.

seine Bildung aber und alle Gaben seines Geistes und Charakters waren dem Berufe seines Lebens gewidmet, den er mit voller Begeisterung liebte, dem Berufe des Jugendlehrers und Erziehers.

Der Nachruf auf den Direktor der Realschule Grimma, Schieck, zeigt in seiner Abwägung von Persönlichkeitsmerkmalen und fachlichen Vorzügen, wie außerordentlich komplex das Anforderungsprofil eines kompetenten Direktors war:[248]

Treue Pflichterfüllung, reiches Wissen, Lehrgeschick nötigen Achtung ab. Anhänglichkeit und Verehrung, wie sie uns erfüllen, ruhen doch wohl auf anderem Grunde. Nimmer werden wir unsers humanen Direktors vergessen, der stets bereit war, redliches Bemühen anzuerkennen, der persönlichen Wünschen, soweit sie sich nur vereinigen ließen mit dem Wohle des Ganzen, stets Gehörs schenkte, ja, der selbst den rein persönlichen Interessen und Nöten der Einzelnen gegenüber der teilnehmende Freund war.

Insgesamt war in der Auswahl des Führungspersonals der Gymnasien ein spannungsloser Übergang ohne Bruch vom späten 18. Jahrhundert in die reformierte Verfassung des 19. Jahrhunderts erfolgt. Auch wenn Tradition nicht immer der berufene Wächter über Qualität ist, war es doch gelungen, die Geltung alter Qualifikation – vor allem den Anspruch von Wissenschaftlichkeit – zu wahren und zugleich das Amt mit neuer Autorität nach innen bei straffer Verwaltungsbindung nach außen auszustatten. Das durchaus selbstbewußte und von einer professionellen Sendung überzeugte *Lehrerglaubensbekenntnis*[249] als programmatische Selbstbeschreibung des Direktors Axt in Wetzlar lautete, *ein Mann zu seyn, der selbst auch Wissenschaft liebt und eifrig bemüht ist, das Gute nach Kräften zu lehren, gerecht zu seyn gegen alle, jede Ungebührlichkeit aber in dem Maße, wie sie es verdient, als solche zu behandeln.* Mit der Behörde im Rücken war das Potential für Erneuerung und Aufschwung gegeben. Beides war in der Frühphase des Gymnasiums dringlich, denn der Unterricht *war wohl nur dürftig* und bedurfte zu seiner Verbesserung *der Einwirkung bedeutenderen Persönlichkeiten.*[250] Als der ungestüme Karl Wilhelm Kortüm 1813 in Düsseldorf an die Spitze des Lyceums trat, *begann er sein Werk mit der Hebung der Zucht und der Aufstellung eines neuen Lehrplans.*[251] In kaum weniger bedenklicher Verfassung als Kortüm in Düsseldorf – *Leistungen*

248 Dir Franz Bernhardt Brandt (1845–1910), NR auf Dir Prof. Karl Julius Schieck (1811–1900), Prog RealSch Grimma 1901, 31.

249 Dir Dr. Carl August Moritz Axt (1801–1862), *Das Wort*, Antrittsrede, Prog Gym Wetzlar 1834, 9.

250 Johann Carl Bertram Stüve, NR auf Schulrat Dr. Bernhard Rudolf Abeken, Prog Rats-Gym Osnabrück 1867, 1.

251 Dir Dr. Julius Asbach, *Zur Charakteristik Karl Wilhelm Kortüms*, Studien z. niederrheinischen Geschichte, Festschr. z. Feier d. Einzugs in das neue Schulgebäude des Kgl. Gym Düsseldorf, o.J. [1906], 4.

und die Zucht der Schüler sichtlich herabgekommen –,[252] fand Carl Schönborn das mit mehr als 400 Schülern übergroße Breslauer Maria-Magdalena-Gymnasium bei seinem Amtsantritt 1830 vor, so daß er mit einer Entschiedenheit eingriff, *welche manche als Rücksichtslosigkeit betrachteten.* Seine Kritiker ließen sich allerdings durch den Erfolg von Schönborns Strenge versöhnen, denn 1869 wies das Gymnasium mit knapp über 1100 Schülern eine für das gesamte Jahrhundert exzeptionelle Größe auf. Auch Prof. Dr. Matthisson, dem 1839 das Direktorat des Königlichen Gymnasiums Brieg anvertraut wurde, war eher ein schroffer Mann:[253]

> *Was er als wahr erkannt, das bekannte er auch offen und standhaft und übte es mit Kraft und Beharrlichkeit aus. Er war ein fester Charakter, der auch seine Ueberzeugungen nie verleugnete, seine Zu- und Abneigungen nie verhehlte. Daß solche Charakterfestigkeit den wohlthätigsten Einfluß auf die Schulzucht ausüben mußte, liegt am Tage. Er tadelte und bestrafte eben das Tadelns- und Strafwürdige ohne Beschönigung, ohne schwache Nachsicht. Er vertrug auch keinen Widerspruch, sondern forderte unbedingten Gehorsam, der ihm um so williger geleistet wurde, je rückhaltloser er selbst das Beispiel des Gehorsams gegen die Vorgesetzten gab.*

In solchen Beschreibungen, die in der Begleitung des Lebens- und Berufsweges als Kritik einsetzen und mit zustimmendem Lob enden, artikulieren sich nicht nur persönliche Kompetenzen, sondern zugleich der Erfolg der Bildungsreform, die auch die harschen Züge kannte. Denn das unbrauchbare, das hemmende Alte war nicht selten nur auf diese Weise fortzuräumen. Obgleich am Königsberger Direktor Johann Ernst Ellendt eine *schroffe Ausdrucksweise* bemerkt wurde,[254] die den Verdacht nährte, er sei *ein echter Schulmonarch nach alter Weise*, münden die Vorbehalte am Ende doch in das Urteil, er sei *in seltnem Grade ein edler Mann* gewesen. Der *Druck der amtlichen Verhältnisse* habe ihn gehindert, seine ästhetische und musikalische Empfindungsfähigkeit auszuleben. An Direktor Kleiber in Berlin war eine *etwas rauhe Außenseite* bemerkt worden, weil er *zuweilen zu weit gehen und durch harte Worte verletzen* konnte.[255]

---

252 Dr. Albert Beinert (*1818), NR auf Dir Dr. Carl Schönborn (1803–1869), Prog Maria-Magdalena-Gym Breslau 1870, 38f. – Auch für das Folgende. Die städtische Anstalt stand in Konkurrenz zum staatlichen katholischen Matthias-Gymnasium, das aber kontinuierlich bis in die 1920er Jahre mehr Schüler anzog und als größtes Gymnasium im Reich galt.

253 Dir Prof. Julius Guttmann (*1806), NR auf Dir Prof. Dr. Karl Ernst Matthisson, Prog Kgl. Gym Brieg 1858, 6. – Matthisson ist 1857 gestorben, 68jährig, im 19. Amtsjahr.

254 Dir Prof. Dr. Rudolf Möller (1815–1885), NR auf Dir Dr. Johann Ernst Ellendt (1803–1863), Prog Altstädtisches Gym Königsberg 1864, 36. – Auch für das Folgende.

255 OL Dr. Friedrich Fredericks, NR auf Dir Dr. Ludwig Kleiber, Prog Dorotheenstädtische RealSch Berlin 1880, 21.

Allerdings standen die neuen Direktoren regelmäßig realen Reformbedürfnissen gegenüber. In Hamburg war es für den später noch zum Schulrat beförderten Direktor Hoche *kein leichtes Beginnen* gewesen, *von einer mehr patriarchalischen Gewöhnung zu straffer neuzeitlicher Organisation hinüberzuleiten.*[256] Das auch für die hamburger Verhältnisse maßgebende preußische Gymnasialwesen habe *in hoher Blüte gestanden* und sei *vorbildlich* gewesen. Am Friedrichs-Gymnasium in Frankfurt/Oder, wo Karl Kock 1863 die gewiß schwere Nachfolge auf Friedrich Poppos 47 Direktorjahre antrat,[257] hieß es dann über die Person hinausweisend, daß es bei ihm *die Anforderungen der Zeit* gewesen seien, die sich *immer gebieterisch geltend gemacht* hätten.[258] Auch hier war der Ertrag der fast 20 Jahre im Direktorat überwältigend: statt anfänglich 8 Lehrern am Ende 19, statt 280 Schülern dann 483, zudem die talentierteren, Lösung der Schule aus dem Patronat der reformierten Kirche und der Stadt und ihre Überführung in staatliche Verwaltung, endlich der 1872 fertig gestellte Neubau des Schulgebäudes. Daß es insgesamt streng zuging, war gewöhnlich, auch wohl unvermeidlich bei Zielstrebigkeit und Reformwillen. Schon bei der Selbstvorstellung des Direktors durch die Antrittsrede vor der Schulgemeinde und Behördenvertretern wurde gelegentlich den Schülern, trotz der üblichen Anrede *geliebte Schüler*, offen gedroht:[259]

> *Möchte es doch immer seltener werden, daß dem Strauchelnden mit Drohung, dem Frevelnden mit Strafe, oder gar dem Unverbesserlichen und Gemeinschaftsschädlichen mit Ausscheidung begegnet werden muss. Ungern zwar, aber darum nicht weniger entschieden würde ich, wo es Noth thäte, auch solche saure Pflicht erfüllen.*

Mancher Direktor führte sich mit Strenge und Schärfe auf und handhabte die Schulzucht wie ein jugendlicher Heisssporn,[260] allerdings balanciert durch die Meisterschaft und Virtuosität in der Besorgung des gewählten Tagewerks und der Sicherheit des Erfolgs. Nur ein einziges Mal ist die Recherche auf das Beispiel eines

---

256 Friedrich Schulteß (*1851), NR auf Schulrat Prof. Dr. Richard Gottfried Hoche (1834–1906), Prog Gelehrtenschule Hamburg 1907, 5. – Auch für das Folgende.

257 Dir Dr. Ernst Friedrich Poppo: seit 1816 Leitung des Friedrichs-Kollegium in Frankfurt/Oder, 1863 pensioniert. Zu seiner Entschiedenheit in der bildungspolitischen Diskussion vgl. Karl-Ernst Jeismann, Das preußische Gymnasium Bd.2, 589f. Im übrigen zur Vita Poppos: *Kurzer Rechenschaftsbericht über seine Amtsführung von 1816 bis 1863 und Verzeichnis seiner Schriften anläßlich seiner Pensionierung.* Prog Friedrichs-Kollegium Frankfurt/O 1863, VI–IX.

258 NR auf Dir Dr. Karl Kock, Prog Friedrichs-Gym Frankfurt/Oder 1907, 11. – Auch für die nachfolgenden Angaben.

259 Dir Dr. Adolf Rothmaler (1838–1874), Antrittsrede, Prog Gym Nordhausen 1872, 55.

260 Dir Emanuel Bernhardt (1821–1892), NR auf Prof. Philipp Adolph Schenck (1803–1877), Prog Gym Weilburg 1878, 5. – Auch für das Folgende.

unbeherrschen Grobians gestoßen, der offenen Schülerwiderspruch im Unterricht der Oberprima nur gewalttätig zu beantworten wußte:

> *Schon von weitem donnerte er den Frechen an, flammenden Auges ging er ihm zu Leibe, und dann entlud sich sein Zorn in schallenden Hieben mit der Hand oder mit dem Krückstock, selbst wenn der Missethäter den oberen Klassen angehörte.*[261]

Doch dieses extrem seltene Verhaltensmuster ist typologisch nicht in die Reformära des Bildungswesens einzuordnen, selbst wenn man die Umsetzung der Reformen mit großzügiger Bandbreite ansetzt. Zudem muß man sein Gewicht balancieren mit den vielen hoch anerkennenden Urteilen über all die Direktoren, die ihre Zielsicherheit in den Leitungsaufgaben mit Verständnis,[262] Freundlichkeit,[263] Milde[264] und persönlicher Askese[265] verbinden konnten.

Die Kernkompetenz des Direktoren-Amts bestand in persönlicher Führungsqualität. Dem Düsseldorfer Direktor Dr. Kiesel attestierte die Schulverwaltung *ungewöhnliche Kraft und Sicherheit*[266] in der Leitung des Gymnasiums, *persönliche, wissenschaftliche und lehramtliche Überlegenheit.* Die erfolgreiche Leitung eines Gymnasiums verlangte nach Ansehen im Kollegium, nach Autorität gegenüber

---

261 OL Prof. Dr. Gottfried Riehm (1858–1928), NR auf Dir D. theol. (h.c.?) Otto Nasemann (1821–1895), Prog Städt. Gym Halle 1896, 22.

262 Prediger Prof. Hermann Scholz, NR auf Dir Dr. Karl Julius Schaper, Prog Joachimsthalsches Gym Berlin 1886, 8: *Nichts lag ihm ferner, als Person und Sache miteinander zu vermischen. Alles in allem, er war gerecht. Das wird ihm unvergessen bleiben.*

263 HofR Dr. Johannes Traugott Jacob (1849–1913), NR *am Sarge* auf den GeheimR Dir Prof. Dr. Friedrich Theodor Ilberg (1828–1884), Prog Gym Dresden-Neustadt 1884, 26: *Heute beim Scheiden bezeugen wir Dirs vor dem Angesicht des lebendigen Gottes, daß Du dieser Schule ein treusorgender, zärtlicher Vater gewesen bist.* – Archidiakon und Prediger J. C. F. Weitling, NR auf Dir Prof. Dr. Ernst Ferdinand August (+1870), Prog RealGym Köln 1871, 5: *Er war milde und freundlich gegen jedermann und liess den berechtigten Eigenthümlichkeiten gern freien Spielraum. Weder den Schülern noch den Lehrern der Anstalt wollte er als gebietender Director gegenüberstehen, jenen wollte er lieber der väterliche Freund, diesen der vertraute und berathende Amtsgenosse sein.* – August war 50 Jahre Lehrer an der Schule, davon 43 als Direktor.

264 NR auf Jacob Ruczinski, Prog Kgl. Gym Bromberg 1881, 12: *Hat er mit milder Freundlichkeit und unermüdlicher Geduld ein Beispiel hervorragender Gewissenhaftigkeit und Arbeitslust gegeben.*

265 Ebenda, 7: *Bedürfnislosigkeit war ein ausgesprochener Zug seines Wesens. Er hatte zum Leben erstaunlich wenig nötig. Die Ansprüche waren überaus gering, die er für die Pflege seiner Person erhob. Er liebte gar nicht, an sich zu denken.*

266 Provinzialschulrat Dr. Johannes Buschmann (*1844), über Dir Dr. Karl Kiesel (1812–1903) anläßlich der Einführung von Dir Julius Asbach, Prog Gym Düsseldorf 1898, 10. – Auch für das Folgende.

Schülern und Eltern, nach Geltung bei der Behörde, nach Sicherheit in Verwaltungssachen und nach ausgewiesener Wissenschaftlichkeit, jeweils in hohem Maße anspruchsvoll ausgeformt. Unbeirrbarkeit gehörte dazu – *auch wenn die Ernte schlecht oder wohl ganz ausgefallen ist, es muß doch gesät werden.*[267] Direktor Klapp vom Gymnasium Wandsbeck bündelte alle nur denkbaren Qualifikationen, war *väterlich streng,*[268] aber *wohlwollend,* zeigte *maßvolle Ruhe,* war ein *Pädagoge von Gottes Gnaden,* seinen *Lehrern ein Vorbild,*[269] arbeitete mit *gewissenhafter Pflichterfüllung, ohne jemals kleinlich* zu werden, ließ das Kollegium zur sozialen Absicherung der Hinterbliebenen eine schuleigne Witwenkasse gründen und flößte den Eltern ein *unerschütterliches Vertrauen* ein. – Daß allerdings Direktor Wagner, der Nachfolger des hochgeschätzten Poppo am Friedrichs-Kollegium Königsbergs, die Abiturprüfungen abnimmt, während zuhause sein Kind stirbt, ist exzeptionell und befremdlich;[270] hier wechselt dienstliche Hingabe denn doch ins Pathologische.

Vorbildliches Lehren, sorgfältiges Regieren, männliches Handeln, menschliches Fühlen[271] waren die Amtsnormen nach Auffassung der Mittelbehörde, allerdings mit dem regulierenden Zusatz, Regieren sei aber nicht die Ausübung von Herrschaft, sondern *im Grunde Dienen – den Pflichten und Forderungen, die er selbst, sein Amt, die Gott an ihn stellt.* Direktor Schirlitz erklärte bei seinem Amtsantritt 1880 in Neustettin mit tiefer Gewißheit einer göttlich beglaubigten Sendung:[272]

> *So opfere ich denn heute vor allem Dank dem allmächtigen Gotte für die Gnade, die er mir hat widerfahren lassen. Ich muß in dem Rufe, der an mich ergangen ist, die Weisheit seines göttlichen Willens erkennen, wenn ich solchem Rufe mit freudiger Gewißheit und wahrhafter Befriedigung meiner Seele folgen soll.*

---

267 *Etiam post malam segetem serendum est*: Rafael Mühlberg (1796–1869), NR auf Dir Geh. RegR Dr. Gustav Schimmelpfeng (1829–1900), Prog Klostersch Ilfeld 1900, 51. – Schimmelpfeng war Dir von 1870 bis 1898.

268 Ernst Mirow (*1848), NR auf Dr. Hermann Klapp (1840–1894), Prog Gym Wandsbeck 1895, 21. Auch für das Folgende.

269 Vgl. Heinrich Beck (*1844), NR auf Dir OSchR Dr. Karl Julius Weismann (1814–1899), Prog Gym Coburg 1900, 30: *für Lehrer und Schüler ein Vorbild, das Nachahmung heischte.*

270 Unkommentiert Dir Albert Ludwig Lehnerdt, NR auf Dir Prof. Dr. Gustav Heinrich Wagner (1820–1878), Prog Friedrichs-Kollegium Königsberg 1879, 28f: *Als an dem Tage der mündlichen Prüfung* [...] *eins seiner Kinder im Todeskampfe lag, wohnte er, wenn auch von Zeit zu Zeit sich entfernend und unter sichtlicher Anstrengung, der Prüfung doch, selbst als das Kind gestorben war, bis zum Ende bei.*

271 Provinzialschulrat Dr. Otto Wilhelm Friedel, Amtseinführung von Dir Prof. Dr. Paul v. Boltenstern, Prog Bugenhagen-Gym Treptow a.R. 1903, 2. – Auch für das Folgende.

272 Dir Carl Richard Schirlitz (*1842), Antrittsrede, Prog Kgl. Hedwigs-Gym Neustettin 1880, 6.

Daß ein Direktor sich in sein Amt *als von Gott gestellt* fühlte, war eine keineswegs seltene Vorstellung der Amtsinhaber;[273] daß es *seine* Lehrerkollegen, *seine* Schüler waren, die von Gott in den Status der possessiven Zuordnung zum Direktor gesetzt waren, folgt einer üblichen Vorstellung, und daß es ihm *schwer wurde, Vorschriften von fremder Hand zu ertragen*, war nur folgerichtig. Solche Überwölbung von direktorialer Autorität als ein tiefergelegtes Gottesgnadentum wird vervollständigt durch das Gefühl von Verlorenheit der zurückbleibenden Schulgemeinde beim Tode des Direktors, das in seinem Bekenntniswert auch durch den habituellen Predigtton des Sprechers nicht geschmälert ist:[274]

> *Wir stehen hier ohne ihn, nach dessen Anordnungen die ganze Anstalt bisher wesentlich geleitet wurde, ohne ihn, der das Wohl der ganzen Anstalt, das eines jeden Einzelnen unter uns auf seinem Herzen trug. Unser theurer, unvergesslicher Director, der Euch allen ein gütiger Vater war, er ist nicht mehr unter uns, er ist von uns gegangen auf Nimmerwiedersehen für diese Welt, er ist todt!*

Der Katalog bemerkenswerter Tugenden verstorbener Direktoren ist lang und ausgefeilt, in der Summe überwältigend, zudem im jeweiligen Einzelfall völlig glaubhaft überliefert. Er zeigt daher das wirklich bemerkenswerte, allem Anschein nach kaum erschöpfbare Potential an hoch talentierten Männern mit je eigenem Begabungsprofil, mit dem das Gymnasialwesen zuverlässig gesteuert und fortentwickelt werden konnte:

> *Besaß er die beneidenswerthe Gabe, daß er, während er das Ideal einer Schule fest in sich trug und zu seiner eigenen Erhebung, sowie als Maßstab für sein Schaffen still hegte, doch in seinem Wirken selbst stets nur vom Gegebenen ausging, und dieses ohne Zwang und ohne Gefahr dem Ideale zu nähern suchte.*[275]

Die rasche Auffassung, die stete Umsicht und scharfe Beobachtung war mit einer Energie des Willens verbunden, die vor keinem Hindernisse zurückschreckte und die Aufgabe, die er sich einmal gestellt hatte, mit Ausdauer und Beharrlichkeit zu lösen suchte. Ganz in dieser Zeit lebend, strebte er doch stets einem idealen Ziele nach und widmete den höheren Grundsätzen, zu denen er sich bekannte, eine muthige und unverbrüchliche Treue.[276]

---

273 Felix Eduard Philipp Bohnert (*1862), NR auf Dir Prof. Dr. Karl Redlich (1832–1900), Prog OberrealSch Holstentor Hamburg 1901, 6). – Auch für das Folgende.

274 OL Karl Ludwig Lamprecht (*1826), NR auf Dir Dr. Friedrich Roeder (1839–1870), Prog Gym Köslin 1870, 31. – Lamprecht hatte Theologie studiert.

275 Dir Dr. Karl Friedrich Ludwig Kühner (1804–1872), NR auf Dir Friedrich Konrad Bruckner (1801–1851), Prog MusterSch Frankfurt/Main 1852, 35.

276 Dir Jakob Auerbach (1810–1887), NR auf Dir Dr. Sigismund Stern (1812–1867), Prog Philanthropin Frankfurt/Main 1868, 4.

Tiefes und umfangreiches Wissen, lichtvolle Klarheit des Denkens und sichere sprachliche Gestaltungskraft, ein glückliches Gedächtnis und unermüdliche Schaffenslust, herzliches Wohlwollen und geistvoller Humor, Lauterkeit des Charakters und unbedingte Zuverlässigkeit.[277]

Tiefe Abneigung gegen alles Scheinwesen und gegen leere Formen, sowie die Geringschätzung äußerer Ehren. Über konventionelle Formen setzte er sich manchmal hinweg. Von seiner großartigen und vielseitigen Gelehrsamkeit ausführlich zu sprechen, wäre überflüssig.[278]

Die Amtsübergabe an den neuen Direktor war die übliche Gelenkstelle, bei der die Behörde normativ auftrat, wobei wohl weniger der Direktor der Adressat war als vielmehr die Schulgemeinde – die Lehrer, die anwesenden Eltern und die Schüler.

Und hiermit übergebe ich Ihnen das Königliche Pädagogium zu Ilfeld zur Leitung, Behütung, Bewahrung, mit dem ganzen Umfang der Rechte und Pflichten, welche dem Director desselben zustehen. Ich lege Ihnen das Wohl der Schule auf Ihr Herz und Ihr Gewissen.

So erklärte sich der Königliche Geheime Oberregierungsrat Dr. Wiese gegenüber dem neuen Direktor Professor Dr. Scheibel.[279] Während die amtlichen Pflichten des Direktors klar vorgeschrieben und geregelt waren, ragte seine eigentliche Aufgabe doch darüber hinaus. Er sollte *von wesentlichem Einfluß auf den Geist der Anstalt sein und deren Kräfte zusammenfassen und leiten.*[280] Die Identifikation zwischen Amt und Amtsträger darf nicht als das Ergebnis eines langjährigen Direktorats aufgefaßt werden, sondern sie war schon mit der Bestallung intendiert und galt von Anfang an als eine Dienstpflicht. Direktor Korselt erklärte bei seiner Antrittsrede im Gymnasium Zittau, daß *ich jederzeit daran denken werde, daß das Amt nicht mir, sondern daß ich dem Amte gehöre.*[281] Tatsächlich war diese Dienstauffassung tragend. In der Entlassungsrede, also im Rückblick auf die geleistete Dienstzeit,

---

277 Alfred Göthe (*1851), NR auf Geh RR Dir Dr. Gustav Weicker (1837–1904), Prog Marienstiftsgym Stettin 1905, 20.

278 OL Prof. Karl Keuffel, NR auf Dir Dr. Anton Draeger, Prog Kgl. Gym Aurich 1895, 5.

279 Kgl. Geh. ORR Dr. Ludwig Wiese, Eröffnungsrede beim Direktoratswechsel, Prog Kgl. Pädagogium Ilfeld 1868, 3. – Dir Prof. Dr. Ewald Scheibel (1819–1873) war durch das Ministerium zum Direktor der Klosterschule bestimmt worden, die sich seit 1867 unter preußischer Verwaltung befand. Deshalb war der Amtswechsel so prominent ausgewiesen.

280 Dir Dr. Alfred Bähnisch, Einführungsrede als Direktor, Prog Kgl. u. Gröningsches Gym Stargard 1914, 16. – Bähnisch war ein erfahrener Direktor: 1895 Dir Gym Ohlau, 1900 Dir Gym Kreuzburg.

281 Dir Dr. Ernst Julius Korselt (*1859), Antrittsrede, Prog Gym Zittau 1912, 5.

erklärte Direktor Fabian vom Gymnasium Tilsit der zurückbleibenden Kollegenschaft den pädagogischen Beruf mit starkem, religiösem Nachdruck:[282]

> *Ihre Aufgabe ist, über die, über welche Sie von Gott gesetzt sind, nicht Gewalt auszuüben, sondern zu dienen, d.h. Sie sollten in jeder Stellung des Lebens nicht zuerst Ihre Bequemlichkeit, Ihren Nutzen, Ihre Ehre, sondern das Wohl derer zu fördern suchen, deren Leib oder Seele, deren Besitz, Ehre oder Rechte zu vertreten Ihnen von Gott anvertraut ist.*

Die Vertreter der Mittelbehörde neigten ebenfalls dazu, die Achtung der Direktoren vor Antritt ihres Amtes normativ auszustaffieren. Der Stettiner Provinzialschulrat Dr. Bouterwerk etwa bestätigte dem neuen Direktor für dessen Selbstachtung, dieser habe *kein leichtes Amt* angetreten, um dann wesentliche Amtsgrundsätze und ein Genrebild von Schule jenseits des konkreten Anlasses festzuschreiben:[283]

> *Es verlangt eine Vereinigung seltener Eigenschaften. Ein guter Direktor muß einen festen Willen haben und eine feste Hand; er muß scharf sein und schneidig, und doch wieder milde und schmeidig, suavis in modo, aber fortis in re,[284] er muß den Geist der ganzen Anstalt bestimmen und beherrschen, er muß ihr das Gepräge geben, die Schüler mit Ernst und Freundlichkeit regieren, die Lehrer mit überlegener Einsicht und wahrem Wohlwollen als seine Mitarbeiter an dem gemeinsamen großen Werke der Jugendbildung vor allem durch das eigene Beispiel treuester Pflichterfüllung lenken und leiten, damit beide, Lehrer und Schüler, gern und freudig unter ihrem Leiter arbeiten, und Friede und Eintracht sich die Hand reichen im Leben der Schule.*

Der sächsische Provinzialschulrat Dr. Todt führte 1871 den neuen Direktor des Gymnasiums Nordhausen mit ähnlichen Worten ein. In einer Zeit der *Theilung der Gewalten* und des *collegialischen Regiments* sei *das besonders Erquickliche an dem Amte, dass es noch aus einem Guss und aus ganzem Holze sei,* weil seine *Vollmacht noch unzersplittert dasteht,* so daß der Amtsinhaber *die volle Wucht und Macht seiner Persönlichkeit* geltend machen könne.[285] Todt war darin ganz musterhaft, daß er *das Director-Amt mit allen seinen Befugnissen im letzten Grunde* [für] *von Gott verliehen* erklärte. *Männliches Handeln*[286] machte Provinzialschulrat Dr.

---

282 Dir Gottlieb Theodor Fabian (1801–1878), Entlassungsrede v. 31.3.1863, Prog Gym Tilsit 1871, 6.

283 Provinzialschulrat Dr. Rudolf Bouterwerk (1840–1901), Einführung von Dir Albert Haake (1840–1910), Prog Gym Treptow a.R. 1894, 1ff. – Auch für das Folgende.

284 Der Urheber der Sentenz, der Jesuit Claudio Acquaviva (1543–1615), formuliert *fortiter in re, suaviter in modo.*

285 Provinzialschulrat Dr. Bernhard Todt, Einführung von Dir Dr. Adolf Rothmaler, Prog Gym Nordhausen 1872, 45f. – Auch für das Folgende.

286 Provinzialschulrat Dr. Otto Friedel, Einführung von Dir Prof. Dr. Paul v. Boltenstern, Prog Bugenhagen-Gym Treptow a.R. 1903, 3. Auch für das Folgende. – Vgl. auch Paul Harre (*1845), NR auf Karl Götschke (1841–1871), Prog Kaiserin-Auguste-Gym

Friedel dem neuen Direktor v. Boltenstern zur Pflicht, weil *Nachsicht Schwäche, Rücksicht Unrecht* wäre, *fest zufassen mit unerschrockenem Mannesmut, keinem zu Lieb und manchem zu Leid.* Die Direktoren ließen sich, soweit die Überlieferung das erkennen läßt, bereitwillig auf solche robusten elitären Muster verpflichten, um so mehr, als die Bedeutungszumessung des Amtes ihnen schon vorab Freiheiten für die Führung der Anstalt und die Bestimmung von Bildungszielen eröffnete. In der Antrittsrede im Gymnasium Seehausen erklärte der neue Direktor Bindseil, es sei in der Tat ein schwieriges Amt, weil der Direktor die Anstalt *in dem allgemeinen Geiste* zu leiten habe, wie er in allen Gymnasien zu herrschen habe, sie zugleich aber *mit dem eigenen, besonderen Geiste durchdringen* müsse.[287] Wegen der *Schwere der Aufgabe könnten die Grundpfeiler keine anderen sein als Gottesfurcht, Vaterlandsliebe und Wissenschaftlichkeit.* Die Direktoren reklamierten die ihnen behördlich zugemessenen Vollmachten, indem sie das *donum regendi*[288] für sich in Anspruch nahmen, das ihnen allerdings vom Kollegium auch zugestanden wurde, offenbar bereitwillig:[289]

> *Der Rector einer solchen Anstalt aber bedarf vor allem der Gabe des Regiments; er soll das Ganze fest im Auge halten, die überschäumende Kraft der Jugend zügeln, aber auch die gebundene und unterdrückte Kraft des Einzelnen zu entfesseln, die Ordnung, die Zucht und Sitte zu erhalten wissen.*

Es ist aufschlußreich zu beobachten, welches die Bedingungen waren, die dem Gymnasialdirektor Autorität und Handlungsfreiheit verschafften. Ein *kenntnisreicher, gründlicher und feinsinniger Gelehrter*[290] war fraglos eine gute Empfehlung, ebenso *vorbildliche Gewissenhaftigkeit und nie versagender Takt im Verkehr mit den Amtsgenossen und den Eltern.*

An den Antrittsreden der neuen Direktoren sieht man die Vielfalt der Perspektiven, die sich beim Amtsantritt eröffneten. Direktor Matthisson, der spät, erst mit 54 Jahren die Leitung des Gymnasiums Brieg übernahm, stellte sein Programm vor und rechnete damit, *daß es vielfach Unzufriedenheit und Mißbilligung erwecken*

Berlin-Charlottenburg 1872: *Ihn begeisterte die tiefinnerliche Ueberzeugung von der Heiligkeit des Berufes, dem er sich einmal mit voller Seele hingegeben hatte.*

287 Dir Prof. Dr. Theodor Friedrich August Bindseil (*1842), Antrittsrede, Prog Gym Seehausen 1890, 17f. Auch für das Folgende. – Vgl. auch OL Dr. Ludwig (*1864), Ansprache zum 25jährigen Direktorjubiläum von GeheimR Dir Albert v. Bamberg (1844–1910), Prog Gym Gotha 1909, 22: *Drei sind einer in mir: der Hellene, der Christ und der Deutsche.*

288 Dir Prof. Dr. Karl Mayhoff (*1841), Antrittsrede, Prog Nikolaigym Leipzig 1885, X.

289 Heinrich Ludwig Oskar Ackermann (*1836), NR auf Rektor Prof. Dr. Friedrich Franke (1805–1871), Prog Gym St. Afra Meissen 1872, 5f.

290 Provinzialschulrat Dr. Otto Friedel, Verabschiedung von Dir Dr. Karl Schirlitz (*1842), Prog Kgl. u. Gröningsches Gym Stargard 1914, 12. – Auch für das Folgende.

werde;[291] er werde es aber *unverdrossen* durchführen und erwarte *keinen Dank.* Direktor Röder in Neustettin pochte auf *liebevolle Hingebung, weisen Ernst und hoffnungsvolle, im Glauben ruhende Treue.*[292] Direktor Palm in Budissin signalisierte seine Unabhängigkeit von Kollegen, Schülern und Eltern, indem er erklärte, er habe sich mit der Übernahme des Amtes nicht ihnen gegenüber, sondern gegenüber der Behörde und dem Rat der Stadt verpflichtet.[293] Direktor Wendt in Köslin empfand 1852, daß die Gegenwart eine *Zeit der Gährung* sei,[294] so daß die Ausbildung der Schüler nicht nur *auf dem von Jahrhunderten vorgezeichneten und von der Treue der Lehrer eingehaltenen Wege* erfolgen dürfe, sondern neuen Zielen folgen und die bisherigen Unterrichtsmittel und Unterrichtsweisen in Frage stellen müsse, um auf das Neue der Zukunft vorzubereiten. Direktor Ebinger dagegen machte dezidiert keine programmatischen Ankündigungen, sondern hielt sich an den ehrenwerten Gemeinplatz, für ihn komme es darauf an, *in jedem einzelnen Falle den richtigen Takt zu besitzen, der ihn leitet, das Richtige zu treffen.*[295]

Aber auch das Ansehen des Gymnasiums war zu fördern, wenn der Direktor einen *Ehrenplatz in der Geschichte dieser altehrwürdigen Anstalt* erlangen wollte. Bei alten Gymnasien wog die Tradition stets schwerer als die Zielvorstellungen bei neu gegründeten Anstalten. Und schließlich bestand das Amt in der Verantwortung für die Schüler. Mochte ein Direktor sich auch als einen *konservativen Mann*[296] verstehen, der *nichts einzureissen oder umzustürzen* beabsichtigte, so konnte er doch seine Aufgabe, wenn er sie verantwortungsethisch wahrnehmen wollte, auch nicht in der *Konservierung eines leblosen Gegenstandes* sehen.

> *Es handelt sich um fast 200 deutsche Knaben und Jünglinge, die zu deutschen Männern heranreifen sollen, um eine Fülle frischen Lebens, blühender Lebenskraft. Lebendes aber konserviert man nicht, indem man es erhält, wie es ist. Leben heißt sich entwickeln.*

3.3 Wissenschaftliche Exzellenz und Bildungsziele

Daß der Direktor eine hohe wissenschaftliche Kompetenz aufwies, war für die Behörden bei der Auswahl als ein Eignungsmerkmal wichtig, als ein *donum super additum* und Startkapital in einer dienstlichen Umgebung mit wissenschaftlichem

---

291 Dir Karl Ernst Georg Matthisson, Antrittsrede v. 17.7.1839, Prog Gym Brieg 1839, 10. – Auch für das Folgende.

292 Dir Dr. Friedrich Röder (1808–1870), Antrittsrede 1844, Prog Fürstlich-Hedwigisches Gym Neustettin 1845, 11.

293 Dir Prof. Dr. Friedrich Palm, Antrittsrede, Prog Gym Budissin 1862, 3.

294 Dir Heinrich Karl Albert Wendt (1803–1859), Antrittsrede, Prog Gym Köslin 1852, 7. – Auch für das Folgende.

295 Dir Dr. Julius Ebinger, Antrittsrede, Prog Gym Luckau 1881, 11.

296 Dir Prof. Dr. Jürgen Andreas Lübbert (*1856), *Die Aufgaben des Eisleber Gymnasiums*, Antrittsrede, Prog Gym Eisleben 1905, 4. – Auch für das Folgende.

Anspruch. Wenn man das Merkmal wissenschaftlicher Produktivität der Direktoren nach Menge und Anspruch mit den Forschungsleistungen der Gymnasiallehrer vergleicht, die nicht Direktoren wurden, dann heben sich die Direktoren von Anfang an deutlich heraus. Auch wenn solche Kompetenz aus Sicht der Behörde keine zwingende Qualifikation in dienstlicher Hinsicht darstellte, wurde sie vom Kollegium gleichwohl bewundert:[297]

> *Eine außerordentliche Vielseitigkeit der Begabung und eine damit verbundene seltene Schärfe des Urtheils, und eben dadurch eine wunderbare Gründlichkeit des Wissens in allen möglichen Gebieten schufen Rieckher zu einem der gelehrtesten Männer unseres Landes, und wir dürfen ohne Übertreibung von dem zugleich gründlich bescheidenen Manne rühmen, daß er ganz für sich allein im Stande gewesen wäre, ein ganzes Gymnasium in allen Fächern durch alle Klassen hindurch vorzüglich zu unterrichten. In Geschichte und Geographie war er so vollkommen zu Hause, daß er jederzeit, auch ohne Vorbereitung, jede Lektion mit vollkommener Sicherheit und Gründlichkeit in diesen Fächern hätte ertheilen können.*

Bis zum Ende der Ära Altenstein 1838 legte das Ministerium jedenfalls bei der Auswahl von Direktoren großen Wert auf den Ausweis von gediegener wissenschaftlicher Kompetenz.[298] Für die Tätigkeit im Amt selbst aber verlangte die Behörde anstelle von stupender Gelehrsamkeit in erster Linie pädagogische Qualitäten und eine ordnungsgemäße Führung der Anstalt, und sie sah im übrigen voraus, daß in diesem Amt die Kraft und Muße für wissenschaftliche Arbeit abnehmen würde: *Erwähnt muß werden, daß seine Thätigkeit eine wesentlich organisatorische war und daß in die Zeit seiner Amtsführung die eigentliche Consolidierung der Anstaltsverhältnisse fiel.*[299] Die meisten Direktoren, die in der ersten Hälfte des Jahrhunderts in ihr Amt gelangt waren, versuchten jedoch mit Fleiß, den Anschluß in der Wissenschaft zu halten,[300] und bedauerten es, daß ihnen die Muße für wissenschaftliche Arbeiten beschnitten war. Friedrich Lindemann, seit 1823 Direktor in Zittau, hat sich *der Wissenschaft niemals entfremdet.*[301] Der Göttinger August

---

297 Dir Prof. Dr. Adolf Planck (1820–1879), NR auf Rektor Dr. Julius Rieckher (1819–1878), Prog Karlsgym Heilbronn 1878, XII.

298 Karl-Ernst Jeismann, Das preußische Gymnasium, Stuttgart 1996, Bd. 2, 323.

299 NR auf Dir Dr. Eduard Kayser, Prog RealSch Landeshut 1886, 13.

300 In der Gedenkrede für Dir Adolf Ferdinand Krech (1803–1869) wird die hohe Zahl von Gelehrten im Kollegium gerühmt: *v. Klöden, Wöhler, Burmeister, Köhler, Herter, Strehlke, A. Seebeck, A. Benary, Kramer, Holzapfel, die theils zu Directoren höherer Unterrichtsanstalten befördert wurden, theils akademische Lehrstühle einnahmen.* Dir Dr. Gustav Adolph Friedrich Runge (1816–1890), NR auf Krech, Prog Friedrichs-Gym Berlin 1870, 6.

301 Dir Heinrich Julius Kämmel, NR auf Dir Friedrich Lindemann, Prog Gym Zittau 1854, 8. – Das Oeuvre Lindemanns umfaßte 81 Titel.

Geffers, seit 1842 Direktor, beklagte sogar, sich nicht ausschließlich der Wissenschaft widmen zu können.[302] Direktor Krahner in Stendal war *seinem innersten Herzensbedürfnis nach* Gelehrter und Lehrer.[303] Direktor Volckmar, seit 1854 in Aurich, ragte auf beiden Gebieten heraus, war tüchtig als Gelehrter und als Leiter der Schule.[304] Für das Kollegium der Schule und für die Außenwahrnehmung der Schule durch Elternschaft[305] und bürgerliches Publikum hingegen nahm sich die Frage anders aus. Hier hatte das wissenschaftliche Ansehen des Direktors eine Bedeutung, die über dessen Funktion und Status hinausreichte, weil sie den Rang der Schule markierte. Für die Außenwahrnehmung bot wissenschaftliche Kompetenz des Direktors zudem die Gewähr dafür, daß der Schulbesuch profitabel, angesichts der aufzuwendenden Kosten für die Eltern (Schulgeld, Lehrmittel, Unterbringung) seinen Preis wert war.

Für die Direktoren faltete sich die Frage der wissenschaftlichen Kompetenz breiter auf. Denn fortgesetzte Produktivität ließ sie nicht nur an fachwissenschaftlichen Fragen weiterhin teilnehmen, sondern bescherte ihnen gegenüber der Behörde einen Freiraum auf einem Felde, auf dem die staatliche Verwaltung nichts zu vermelden hatte. Daß die Personalakten als letzte Rubrik stets sämtliche Veröffentlichungen des Direktors auflisteten, zeigt die behördliche Beobachtung zur Genüge.[306] Aber auch gegenüber den nachgeordneten Kollegen an der Schule erhöhte der Nachweis erfolgreicher wissenschaftlicher Produktivität das Ansehen des Direktors, gegenüber Eltern und städtischen Schulträgern allemal.

Allerdings unterlag im Laufe des Jahrhunderts die Publikationstätigkeit der Direktoren einem deutlichen Wandel, der sich statistisch beschreiben läßt. Wenn man aus dem Sample von 1617 Direktoren zur Arbeitserleichterung eine kleinere Zufallsgruppe bildet, nämlich alle Direktoren, deren Familienname mit A, B oder C beginnt, erfassen wir 202 Personen; von 186 haben wir Angaben zu ihren Veröffentlichungen.[307] Das sind mehr als 10 Prozent der Ausgangsgruppe von 1617

---

302 Prof. Dr. Ernst von Leutsch (1808–1887), Zur Erinnerung an Dr. August Geffers, Prog Gym Göttingen 1863, 8. – Geffers hatte nach August Grotefends Tod Hoffnungen auf das Direktorat. Es wurde ihm jedoch Ranke vorgezogen. Er erhielt es erst, als Ranke 1842 nach Preußen zurückging. Unter seiner Leitung blühte das Gym auf. Die Publikationsliste umfaßt über 10 Titel.

303 Dir Dr. Otto Friedel, NR auf Dir Dr. Leopold Krahner (1810–1885), Prog Gym Stendal 1885, 22. – Krahners Publikationsliste umfaßt 11 Titel.

304 NR auf Dir Dr. Karl Heinrich Volckmar (1814–1872), Prog Gym Aurich 1873, 25.

305 *Wenige amtliche Stellungen dürfte es geben, welche eine so eingehende Beachtung bei dem Publikum finden*: ProvinzialSchR Dr. Bernhard Todt, Einführung von Dir Adolf Rothmaler, Prog Gym Nordhausen 1872, 51.

306 Vgl. dazu die über das Portal der Bibliothek für Bildungsgeschichtliche Forschung (Berlin) digital verfügbare Sammlung von Personalakten.

307 Angaben nach Kössler, der sie den Schulprogrammen entnommen hat. Stichproben haben die Verläßlichkeit attestiert.

Direktoren, und es erlaubt daher valide Aussagen über die Gesamtgruppe. Wir gliedern in vier politische Zeitabschnitte, die sich politikgeschichtlich nahelegen, aber für das Gymnasium auch bildungsgeschichtliche Einschnitte markieren: 1800–1848, 1849–1870, 1871–1889, 1890–1914. Es interessieren hier die jeweils epochale Zahl der Direktoren, das Volumen ihres gesamten Veröffentlichungs-Oeuvres, das Volumen ihrer Veröffentlichungen als Direktoren und deren Verteilung auf Veröffentlichungen fachwissenschaftlichen bzw. schulischen Inhalts,[308] weil sich an diesen Werten der Wandel demonstrieren läßt.
Die publizistische Lebensleistung der Direktoren weist wohl Schwankungen auf, aber keine eklatanten. Bis 1848 waren es im Durchschnitt knapp 9 Titel, eine Zahl, die im folgenden Abschnitt bis 1870 deutlich unterschritten und auch in den beiden folgenden Epochen nicht wieder erreicht wurde. Wichtiger ist die Differenzierung zwischen der für ein Direktorenamt qualifizierenden und der im Amt des Direktors erbrachten Publikationsleistung. Die steigende Anzahl der Qualifikationsarbeiten erschließt den Wettbewerb um das Amt, zeigt, daß die Härte des Wettbewerbs immer mehr zunahm, und impliziert, daß mindestens die Bewerber ihre Publikationsleistung als eine Qualifikation ansahen und daß sie von der Behörde bei den Personalentscheidungen auch in Anschlag gebracht wurde.

Eine zweite Ebene wirklich bemerkenswerter Veränderungen dokumentiert sich anhand der Publikationsleistungen im Amt des Direktors, wenn man fachwissenschaftliche und schulaffine Publikationen unterscheidet. Nach 1848 halbiert sich die Zahl wissenschaftlicher Beiträge, nach 1890 ist ihre Zahl zu vernachlässigen. Damit erledigte sich auf oberer Ebene des Bildungsgeschehens der für die ersten Dekaden des 19. Jahrhunderts so vielfach nachweisbare Wechsel von Lehrern aus der Schule in die Universität.[309] Beide Bildungsinstitutionen drifteten nunmehr in Personalfragen *auseinander*. Es wurde an anderer Stelle für die Motivlagen festgestellt, daß die Universität mit der Habilitation eine eigene Zugangsvoraussetzung zur Professur entwickelte, der die Lehrer nicht genügen konnten, daß aber andererseits wegen der quantitativen Expansion des Schulwesens überhaupt das dortige Stellenangebot immer umfangreicher wurde, so daß die Universität als Berufsfeld

308 Das sind u.a. schulische Kasualien wie Nachrufe, Anstaltsgeschichten o.ä., aber auch pädagogische Reflexionen (Zensuren, Lerndynamik, Strafwesen, Stoffzuweisung o.ä.).

309 In Ausnahmefällen war auch der Weg wieder zurück zur Schule möglich: *Das Königl. Ministerium hat den Oberlehrer Dr. Schubarth auf seinen Wunsch aus der ihm übertragenen Stelle eines außerordentl. Professors in der philosophischen Facultät der Universität Breslau wieder entlassen und ihm gestattet, in seinen bisherigen Verhältnissen als Oberlehrer bei dem Gymnasio Hirschberg bis auf weiteres zu verbleiben.* Prog Gym Hirschberg 1842, 23. – OL Dr. Karl-Ernst Schubarth (1796–1861), viel beachteter Freund Goethes und entschiedener Gegner Hegels, war 1830 in das Gym Hirschberg eingetreten, wechselte 1841 an die Universität und 1842 zurück an das Gym.

Tabelle 6: Veröffentlichungen der Direktoren

Epoche	**Zahl**	**Oeuvre**	**pro Dir**	**vor Dir**		**als Dir**		**wissenschaftlich**		**schulisch**	
	Dir	*Gesamt*		*Zahl*	*in %*	*Zahl*	*in %*	*Zahl*	*in %*	*Zahl*	*in %*
1800-1848	23	200	5,6	25	12	175	87	104	71	71	48
1849-1870	44	282	6,4	117	41	165	59	100	39	65	51
1871-1889	50	353	7,6	123	34	230	66	120	34	110	66
1890-1914	69	484	7	270	55	214	45	58	12	156	78

vernachlässigt werden konnte. Sekundierend, sowohl Folge als auch Bestätigung, war, daß die Direktoren in ihrer Publikationstätigkeit sich zunehmend von fachwissenschaftlichen Beiträgen auf schulaffine Veröffentlichungen verlegten, sobald sie im Amt waren. Aus dem Zahlenbild läßt sich folgern, daß die Direktoren sich rasch zunehmend in ihrer Schultätigkeit einrichteten und in diesem Bereich die thematischen Anreize für Publikationen suchten und fanden.

Einblick in das originäre wissenschaftliche Profil der auf ein Direktorat berufenen Lehrer verschafft ein Blick auf deren Promotionsstatus. Die Promotion war keine unumgängliche Qualifikation für das schulische Lehramt. Für dieses war vielmehr im 19. Jahrhundert, bis zum heutigen Tage, das Staatsexamen erforderlich und völlig ausreichend, verbunden mit dem Probejahr, einer an der behördlich zugewiesenen Schule abzuleistenden Trainings-, Eingewöhnungs- und Beobachtungsphase. Die professionellen Anforderungen des Probejahrs lagen zudem weitaus niedriger als beim heutigen Referendariat. Dennoch waren die Gymnasiallehrer und auch die Direktoren der höheren Schulen zu mehr als der Hälfte promoviert. Die universitäre Auszeichnung der Promotion, die aus dem 18. Jahrhundert herüberragte, besaß weiterhin ihre Geltung, weil sie das traditionelle Merkmal von Gelehrsamkeit für den am Gymnasium zu erteilenden *gelehrten Unterricht* (Friedrich Paulsen) war. Eine Rezension dieser Qualifikationsarbeiten, die ihren wissenschaftlichen Rang darlegt, kann hier nicht geleistet werden; das bleibt einer ausstehenden fachwissenschaftlichen Würdigung durch einzelne Disziplingeschichten vorbehalten.

Zu beobachten ist allerdings, daß Lehramtsexamen und Promotion im Laufe des 19. Jahrhunderts zu einer berufsständischen Verfestigung zusammentraten. Die Berufsreputierlichkeit der Promotion bezeugt noch 1910 der promovierte Altphilologe und Direktor des preußischen Gymnasiums Philippinum in Marburg/Lahn, Friedrich Aly, Vorsitzender der Wissenschaftlichen Prüfungskommission und vor allem ein einflußreicher bildungspolitischer Sprecher als Vorsitzender des deutschen Gymnasialvereins in der Nachfolge Oskar Jägers: *Es ist eine schöne Sitte der Studenten der philosophischen Fakultät, sich die Doktorwürde zu erwerben. Nicht nur ist es eine Zier, die er der künftigen Gattin schuldet, sondern auch ein organischer Abschluß des Studiums.*[310] Zeitgenössisch war das ernst gemeint; Ironie vermutet erst der heutige Leser.

Näheren Aufschluß über die Promotionen vermittelt eine Untersuchung der erfaßten 1617 Direktoren von Gymnasien, Realgymnasien und Höheren Töchterschulen. Diese sind zu 57% promoviert.[311] Bei der Fächerverteilung dominiert

310 Friedrich Aly (1852–1913), Vademecum für Kandidaten des höheren Lehramts. Marburg: Elwer 1910, S. 13. – Aly, Sohn eines Kaufmanns, wurde 1873 in Leipzig bei Georg Curtius mit einer wissenschaftlich wenig bedeutenden altphilologischen Untersuchung promoviert.

311 Zusätzlich waren 27 Direktoren durch eine Ehrenpromotion ausgezeichnet. Bei 99 Direktoren des Samples fehlte die Angabe.

mit großem Abstand die Altphilologie (55%); die Geschichtswissenschaft aller drei Teilepochen kommt auf 13%, gleichauf mit Mathematik und Naturwissenschaften, die Neuphilologien auf 7% und die Germanistik auf 4%; immerhin noch einen Anteil von 6% hatten die Fächer Theologie und Philosophie, die ja nicht durch ein korrespondierendes Schulfach ausgewiesenen waren und ohnehin eher in den Gelehrtenkanon des 18. Jahrhunderts als in die Fachlichkeit des modernen Gymnasiums gehörten.

Diese Verteilungsfigur nahm im Vergleich zwischen den Schulformen eine jeweils andere Form an. Für das Gymnasium blieb sie im wesentlichen stabil. Aber schon im Realgymnasium ging beides zurück: die nur traditionalistisch zu erklärende Dominanz der altphilologischen Promotionen ebenso wie die Zahl promovierter Direktoren überhaupt. Während wir an der Spitze von Gymnasien 505 promovierte Direktoren haben, sind es bei den Realgymnasien 294 und bei den Töchterschulen nur 25. Zudem verschieben sich, nach Schulformen abgestuft, die Promotionsfächer zwischen den Schulformen:[312]

Tabelle 7: Promotionsfächer und Schulformen

Fach	**Gymnasium**		**Realgymnasium**		**Töchterschule**		**Gesamt**	
	Anzahl	*in %*	*Anzahl*	*in %*	*Anzahl*	*in %*	*Anzahl*	*in %*
Altphilologie	375	74,0	74	25,0	8	32,0	457	55,0
Alte Geschichte	44	8,0	17	5,0	2	8,0	63	7,0
MA Geschichte	20	4,0	25	8,0	3	12,0	48	5,0
N. Geschichte	2	0,3	8	2,0	1	4,0	11	1,0
Germanistik	18	3,0	18	6,0	3	12,0	39	4,0
Romanistik	5	1,0	37	12,0	2	8,0	44	5,0

312 SPSS: Kreuztabelle Promotionsfach vs. Direktor-Schulform; %-Werte gerundet.

Fach	Gymnasium		Realgymnasium		Töchterschule		Gesamt	
Anglistik	3	0,5	17	5,0	3	12,0	23	2,0
Mathematik	11	2,0	39	13,0	1	4,0	51	6,0
Naturwiss.	9	1,0	46	15,0	1	4,0	58	7,0
Theologie	5	1,0	7	2,0	-	-	12	1,0
Philosophie	13	2,0	6	2,0	1	4,0	20	2,0
GESAMT	**505**	**61,3**	**294**	**35,6**	**25**	**3**	**824**	

Die Altphilologie schwindet in dem Maße, in dem sich die angebotene Schulform vom Gymnasium entfernt. Am realistischen Schulwesen läßt sich das besonders deutlich erkennen – im Vergleich: Die Altphilologie sinkt auf ein Drittel des Gymnasialwertes, historische Promotionen auf ein Viertel, theologische und philosophische Promotionen in gleicher Höhe. Gewinner sind die Neuphilologien und die Germanistik, beide Fächergruppen verdoppelt, vor allem aber der neunfache Anstieg der Mathematik und Naturwissenschaften. Für das Realgymnasium ist das im Blick auf die realistischen Lehrziele dieser Schulform schlüssig; zusätzlich legt es das steuernde Kalkül der Schulverwaltung frei, daß die Leitung dieser mit dem Gymnasium konkurrierenden Schulform offenbar möglichst Männern vom Fach übertragen werden sollte.

Ein weniger eindeutiges Bild bieten die Direktoren der Höheren Töchterschulen. Da ihre Schulform oberhalb der Elementarschulen und unterhalb des höheren Knabenschulwesens eingeordnet war,[313] signalisiert die Besetzung von Schulleitungen durch promovierte Direktoren keinen fachlichen Bedarf, sondern persönliches Ansehen. So ist etwa die Höhe der Altphilologie gegenüber dem Realschulwesen zu erklären, ebenso der Schwerpunkt historischer Dissertationen. Eine fachliche Nähe angesichts der Schulform ist lediglich für die Neuphilologie gegeben.

313 Vgl. Erika Küpper, Die höheren Mädchenschulen. In: Karl-Ernst Jeismann u. Peter Lundgreen (Hg.), Handbuch der deutschen Bildungsgeschichte. Bd. III: 1800–1870. Von der Neugründung Deutschlands bis zur Gründung des Deutschen Reiches. München: Beck 1987, S. 180

3.4 Pädagogische Vorstellungen

Obwohl die Direktoren die methodische und fachdidaktische Kompetenz der Kollegen ihrer Schule beaufsichtigen und anleiten sollten, waren sie selbst im besten Falle nur naturbegabte Lehrer. Der in seinem wissenschaftlichen Oeuvre ebenso wie in seinem schulischen Wirken viel beachtete Direktor Peter hatte jedenfalls nur solche Gemeinplätze anzubieten wie die, daß *der Lernstoff dem Standpunkte und der Fassungskraft der Lernenden gemäß gestaltet, ihnen das Lernen erleichtert und die Methode des Unterrichts verbessert würde.*[314] Das sagt alles und nichts, war allenfalls die Übersetzung des Bildes vom gerechten Herrscher in das Schulmilieu. Sogar an prominenter Stelle, in der Antrittsrede vor Schulgemeinde und Behördenvertretern brüstete sich Direktor Muff in Schulpforta mit Äußerungen, die allenfalls durch den im Amt erworbenen Pragmatismus erklärlich sind, dabei jedoch das Defizit an theoretischer Klärung offenbaren:[315]

> *Wenn Sie mich fragen, meine Herren Kollegen, welcher pädagogischen Richtung ich angehöre, so sage ich Ihnen rund heraus: keiner. Ich schwöre auf keines Meisters Worte, wie ich keine Methode für die allein beglückende halte.*

Die Engführung der Gymnasialpädagogik setzte sich aus drei Axiomen zusammen, von denen jedes einzelne schon für methodisch-didaktische Reflexion hinderlich wirkte, deren Gleichzeitigkeit jedoch für eine Unterbindung sorgte.

Das erste Axiom war die Annahme, daß jegliche Art von unterrichtlicher Schwierigkeit durch irregeleitetes Schülerverhalten verursacht war und disziplinarisch erstickt werden mußte. Der oben zitierte Rektor von Schulpforta, Muff, rühmte so ambivalent an seinem Vorgänger Volkmann, dieser habe *die strengste Zucht aufrecht erhalten und dabei doch freundliche Milde geübt,*[316] als ob der milde Umgang erst durch die Strenge ermöglicht wurde.

Das zweite Axiom betraf den auf das Altertum verengten Bildungsbegriff und Lehrauftrag des Gymnasiums. Der Unterricht stand damit unter der Heilserwartung,

---

314 Dir Prof. Dr. Diederich Volkmann (1838–1903), Außerordentliches [d.h. nicht das am Schuljahrsbeginn übliche] Ecce für Dir Karl Ludwig Peter (1808–1893), Prog Schulforta Naumburg 1893, 8. – Für das regelmäßige Totengedenken haben alle drei sächsischen Fürstenschulen Schulpforta, St. Afra und Grimma den Begriff des *Ecce* verwendet. In St. Afra fand es regelmäßig am 24.November als *Totenfest* statt: Prog 1868, 56. – Volkmann blickte auf eine bemerkenswerte Karriere zurück. Nach Promotion und Lehramtsexamen 1861 trat er in Schulpforta ein als Adjunkt, 1870 Professor, 1873 Dir Gym Görlitz, 1874 Dir Gym Elberfeld, 1878 Dir Schulpforta.

315 Rektor Prof. Dr. Christian Fürchtegott Muff (1841–1911), Antrittsrede, Prog Landesschule Pforta, Naumburg 1899, 19.

316 Rektor Prof. Dr. Christian Fürchtegott Muff, Verabschiedung von Rektor Dr. Diederich Volkmann, Prog Landesschule Pforta, Naumburg 1899, 18.

daß *Bildung* sich durch die Kenntnis des Altertums und die Rezeption lateinischer und griechischer Texte von allein einstellen werde.

Das dritte Axiom war, daß das Gymnasium zusätzlich zum schulischen auch einen allgemeinen Erziehungsauftrag gegenüber den Schülern wahrnehmen sollte. Der Auftrag war nicht neu; aber neu an ihm war, daß seine Begründung nicht als pädagogisch schlüssiges Konzept vorgetragen wurde, sondern als eine politisch zwingende Forderung. Rektor Rieckher vertrat die Auffassung, *daß in unserer schlaffen Zeit die Erziehung von Jünglingen, aus denen künftige Lenker des Staats werden sollten, sich frühe an den kategorischen Imperativ zu gewöhnen habe.*[317] Noch in seiner Abschiedsrede 1890 erklärte Realschuldirektor Wilhelm Becker, es gelte,[318]

> *die Schule zu einer Erziehungsanstalt zu machen, die Lehrstoffe weise zu beschränken, die geistigen Forderungen nicht zu hoch zu spannen, und dafür mehr sittliche That und Gesinnung zu verlangen.*

Über dem Portal des 1890 neu gegründeten Gymnasium in Pyritz stand darauf bezogen in goldenen Lettern die Widmung: *Iuventuti in fundamenta scripturae sacrae erudiendae literisque instituendae.*[319] Es war gängige Überzeugung, daß das Eine das Andere bedingte. Ohne klassische Studien – so zitiert Direktor Haake seinen Vorgänger Nägelsbach – bräche *die Barbarei mit Macht über uns ein*, aber ohne gründliche Kenntnis des Evangeliums brächte das klassische Altertum ein *unheilvolles Heidentum* hervor.[320] Nimmt man als drittes Element den Patriotismus hinzu, die *königstreue vaterländische Gesinnung*, so sind die ideellen Leitbilder versammelt. Das übrige sind bloße Verhaltensnormen, pragmatisch naheliegend, aber nicht ideell zwingend, wie sie im schulischen Kanon von Antrittsrede, Verabschiedung und Nachruf ihren Ort haben: *Eifer und Treue,*[321] *aufopfernde Hingebung an seinen Beruf und leuchtendes Vorbild treuester Pflichterfüllung,*[322] *fein und vorsichtig, gewissenhaft und pflichtgetreu,*[323] *anhaltende Ausdauer, stille Arbeitsamkeit und*

---

317 Direktor Adolf Planck, NR auf Rektor Dr. Julius Rieckher, Prog Gym Heilbronn 1878, XIII. – Oder: Dir Dr. Rudolf Plähn, *Erziehungs-Anstalten*, Prog RealSch Waldkirch i.Br. 1894, 4: *Die höheren Schulen aber wollen doch Männer bei uns heranziehen, die einmal den wirklichen Adel im deutschen Volk bilden.*

318 Dir Wilhelm Becker (*1826), Abschiedsrede, Prog Michelstadt RealSch 1891, 12.

319 Der Jugend zur Erziehung zu den Grundlagen der Heiligen Schrift und zur Belehrung durch die literarische Überlieferung.

320 Dir Prof. Albert Haake, NR auf Dir Dr. Alexander Kolbe (1841–1893), Prog Bugenhagen-Gym Treptow a.Rega 1894, 27. – Auch für das Folgende.

321 Dir Dr. Oskar Breitenbach (1854–1940), NR auf Dir GeheimR Dr. Otto Buchwald (1842–1915), Prog Gym Fürstenwalde 1915, 13.

322 NR auf Dir Dr. Emanuel Bernhardt, Prog Gym Weilburg 1892, 22.

323 Prof. Ernst Danz (*1822), NR auf Dir Dr. Hugo Langguth (1829–1895), Prog RealGym Iserlohn 1896, 4.

sorgfältige Treue auch im Kleinen,[324] *gottesfürchtige, tatkräftige und feste Männer sollten die Schüler werden.*[325]

Jenseits religiöser und patriotischer Überzeugungen zeichneten sich die Direktoren nicht nur hinsichtlich ihrer Fähigkeiten aus, sondern vielleicht mehr noch im Hinblick auf die Art und Weise, wie sie ihre Talente und besonderen Begabungen in der Berufsausübung zur Geltung brachten. Zunächst läßt sich feststellen, daß die Gestaltungskraft nicht nur in seltenen Fällen über den Umkreis des Berufs hinausragte. Der erste Rektor des Realgymnasiums in Döbeln hat sich *allezeit mit Aufopferung seiner besten Kräfte nur den Pflichten seines Amtes* gewidmet.[326] Daneben haben die Direktoren Verhaltensmuster an den Tag gelegt, die auf die Beförderung des Geistes, des inneren Klimas der Schule bedacht waren, etwa Volkmann in den 20 Jahren seiner Leitung von Schulpforta:[327]

> *Mit unermüdlichem Eifer ist er unterrichtend, erziehend, regierend thätig gewesen, [...] ein anregender Lehrer, ein liebevoller Berater, ein weiser Führer auf der Bahn der Bildung und Gesittung. [...] Weil sein Wesen vom edelsten Humanismus erfüllt war, so fand er stets den rechten Ton im Verkehr mit Lehrer und Schülern und leitete sie mit Wohlwollen.*

3.5 Leistungen und Erfolge

Über das Forderungsniveau direktoraler Aufgaben und deren Komplexität bestanden bei keinem Amtsinhaber Zweifel:[328]

> *Denn wenn es schon keine kleine Aufgabe ist, einen einzelnen Menschen zur Sittlichkeit und zu einem höheren Grade wissenschaftlicher Kenntnisse heranzubilden: um wieviel schwieriger ist die Stellung desjenigen, dessen Amt es gebietet, an einer ganzen Lehranstalt durchgehends guten Ton, guten Geist und Sitte aufrecht zu erhalten, der aber auf der anderen Seite die Verantwortung dafür trägt, daß in jeder einzelnen Klasse ein bestimmtes Maß von Kenntnissen erreicht werde, die auf der obersten Stufe zu einem solchen Umfange, zu einer solchen Gründlichkeit gediehen sein müssen, daß für die spätern Leiter und Vorsteher im Staate und in der Kirche damit die allgemeine Vorbildung für ihr Berufsleben abgeschlossen ist?*

---

324 Dir Eugen Trosien (*1838), Antrittsrede, Prog Hohenstein Gym Königsberg 1870, 19. – Trosien wurde 1892 als ORegR Dir des Schulkollegiums in Magdeburg und 1908 D. theol. h.c. der evang. Fakultät Halle.

325 NR auf OL Heinrich Johann Müller (1827–1881), Prog Gym Graues Kloster Berlin 1881.

326 Direktor Ludwig Rudolf Schulte (1836–1904), NR auf Rektor Prof. Dr. Eduard Stössner (1821–1892), Prog RealGym Döbeln 1893, 2.

327 Rektor Prof. Dr. Christian Fürchtegott Muff, Verabschiedung von Dir Prof. Dr. Diederich Volkmann, Prog Landesschule Pforta, Naumburg 1899, 18.

328 Dir Dr. Wilhelm Bogen (1823–1879), Antrittsrede, Prog Gym Münstereifel 1863, 8.

Sogar an den hohen Anforderungen gemessen sind die Leistungen und Erfolge der Direktoren sehr beachtlich. Sie haben ein gymnasiales Niveau der Leistungsforderung und Bildungsziele etabliert und gesichert, zunächst jeder für sich und an seiner Schule, dann aber auch in der Fläche. Sie haben den Widerspruch von Hierarchie und Kollegialität zur Deckung gebracht. Und sie haben das Gymnasium auf Expansionskurs gesetzt, waren aber dem schieren Größenwachstum gegenüber skeptisch, wenn Inhalt und Form dahinter zurücktraten: *Lieber eine schülerarme als eine zuchtlose Schule!*[329] war bei aller Wachstumseuphorie keine einsame Auffassung. Wilhelm Brandt war von 1849 bis 1868 Direktor des Gymnasiums Andreanum in Hildesheim und hat die Schülerzahl von 154 auf 494 steigen sehen.[330] Der Direktor des Grünberger Gymnasiums, Hermann Fritsche, notierte über die 14 Jahre seiner Amtsführung: *Als ich kam, fand ich 204 Schüler vor, ich habe aufgenommen 950, entlassen 880, darunter 58 Abiturienten.*[331] Friedrich Lindemann steigerte schon in seinem ersten Jahr als Direktor des Gymnasiums Zittau die Zahl der Schüler von nur 40 auf 100 und erreichte es, daß die öffentlichen Schulveranstaltungen von 400 bis 500 Personen *beiderlei Geschlechts* besucht wurden.[332] Direktor Crampe in Halberstadt konnte in den letzten 10 Jahren seiner Amtszeit die Schülerzahl von 112 auf 241 vermehren und dadurch den Magistrat dazu bestimmen, die Schule als Vollanstalt zu erhalten.[333] Direktor Wiegand in Bockenheim, der bei seinem Amtsantritt zwei Schulen mit 27 Lehrkräften vorgefunden hatte, formte eine ganze städtische Schullandschaft, nämlich eine Realschule, eine höhere Töchterschule und *drei blühende Volksschulen, also 5 Anstalten mit 65 Lehrkräften.*[334] Dr. Spilleke steigerte in den 29 Jahren seines Direktorats in Halberstadt die Lehrerzahl des Martineum auf insgesamt 62 Pädagogen, baute ein neues Schulgebäude, verschaffte den Kollegen bessere Einkommen und mehrte die Schülerzahlen.[335] Julius

---

329 *Malo scholam desolatam, quam dissolutam*: Prof. Karl Matthisson, NR auf Direktor Prof. Dr. Friedrich Schmieder (1770–1838), Prog Kgl. Gym Brieg 1839, 14.

330 Prog Gymnasium Andreanum Hildesheim 1869. Vgl. auch Köstlers Eintrag. – Das Fürstlich-Hedwigische Gym in Neustettin nahm folgende Entwicklung: 1837 (154 Schüler), 1861 (228), 1865 (334), 1881 (446). Die Schule beschloß eine Klassenfrequenz von 50 Schülern als Obergrenze.

331 Dir Dr. Hermann Fritsche (1828–1901), Abschiedsrede, Prog Friedrich-Wilhelms-Schule Grünberg/Schl. 1884, 4.

332 Dir Heinrich Julius Kämmel, NR auf Dir Friedrich Lindemann, Prog Zittau Gym 1854, 5.

333 Dir Dr. Wilhelm Perle (*1854), NR auf Dir Karl Gustav Crampe (1815–1895), Prog ORealSch Halberstadt 1896, 27.

334 Theophil Fries (*1846), NR auf Dir Gustav Wiegand (1839–1889), Prog RealSch Bockenheim 1890, 10.

335 O.Verf., *Das Martineum zu Halberstadt unter der Leitung Dr. Hermann Spillekes* [1817–1885] *in der Zeit von 1854 bis 1883.* Beil. z. Prog RealGym Halberstadt 1884, 1–18.

Kämmel hat *in der Zeit seines Direktoriums im Ganzen 90 Lehrer unter seiner Leitung* gesehen.[336] Diese Leistungen ließen sich noch viel umfassender bilanzieren, können zwar dem Wirken der Direktoren allein nicht zugeschrieben werden, da sie mit dem flächendeckenden Aufschwung des Bildungswesens in den deutschen Staaten in der zweiten Hälfte des 19. Jahrhunderts verrechnet werden müssen. Aber es war die Berufstüchtigkeit der Direktoren, die ein modernes Bildungswesen zwar nicht schuf, wohl aber formte und für den Aufschwung bereitstellte. Mit dem Wechsel zum 20. Jahrhundert gelangt dieses quantifizierende Bilanzieren indessen an sein Ende, weil die Zuwächse unübersehbar, als Phänomen damit zugleich trivial geworden waren und weil der Sitz des Problems sich auf die Konkurrenz am gleichen Schulort verschoben hatte. Die Zunahme der Schülerzahlen war ein Selbstläufer geworden, die Gründung neuer Schulen alltäglich und flächendeckend. Nunmehr erklärte die Behörde, um mit steuernder Absicht die Gefühle in Schach zu halten, im pädagogischen Imperativ des Futur:[337]

> *Zu den anderen höheren Lehranstalten der Stadt wird der Direktor ein gutes Verhältnis pflegen. Es soll keine Konkurrenz der drei höheren Lehranstalten im unfreundlichen Sinne stattfinden, sondern freundlicher Wettbewerb. Nicht hohe Zahlen in den Klassen dürfen als besonders erstrebenswert gelten, sondern das hohe wissenschaftliche Ziel.*

Es war allerdings nicht selten, daß ein Direktor sich von der Fülle seiner Amtspflichten und seiner Aufgaben zur Leitung der Schule, Verkehr mit der Behörde, Wahrung des dienstlichen wie persönlichen Ansehens in der lokalen Gesellschaft und nicht zuletzt Förderung kollegialer Hygiene überfordert sah. Direktor Paulsen in Essen erklärte mit Murren, die Verwaltungsaufgaben, die ihm *Schwierigkeiten und Verdruß*[338] machten, drohten, ihn zu einem *Geschäftsmann* werden zu lassen, so daß er wiederholt, aber vergeblich bei der Behörde um seinen Rücktritt einkam. Mancher Direktor war von seinen Verwaltungsaufgaben heillos überfordert, etwa Matthisson in Brieg, dem die Verwaltung *unwesentlich und kleinlich* erschien,[339] so daß er die Dinge aufschob, bis sie *zusammengehäuft nicht mehr zu bewältigen* waren. Anderen Direktoren dagegen wurde eine *ausserordentliche Gewandtheit in der Behandlung der Geschäfte* nachgerühmt.[340]

---

336 Konrektor Prof. Dr. Oskar Friedrich (*1832), NR auf Dir Heinrich Julius Kämmel, Prog Gym Zittau 1882, 17.

337 Provinzialschulrat Dr. Paul Eduard Ludwig Cauer (1854–1921), Einführung des neuen Direktors Arthur Corsenn (*1861), Prog Gym Gelsenkirchen 1908, 11.

338 OL Wilhelm Buddeberg, NR auf Dir Anton Jacob Paulssen, Prog Gym Essen 1835, 9. – Auch für das Folgende.

339 Dir Prof. Johannes Julius Guttmann, NR auf Dir Prof. Dr. Karl Ernst Georg Matthisson, Prog Kgl. Gym Brieg o.J.[1850], 7. – Auch für das Folgende.

340 OL Wilhelm Theodor Jungclaussen (1820–1903), NR auf Dir Dr. Otto Siefert (1820–1874), Prog Gym Flensburg 1875, 20.

3.6 Gesellschaftliche Bindungen

Dr. Emil Panten war 25 Jahre lang Direktor des Danziger Realgymnasiums. Neben den Leitungsaufgaben für die Schule war er langjähriges Mitglied der Danziger Schuldeputation, der Literarischen Gesellschaft, des Kirchenrats der Marienkirche, Mitglied von Verwaltungsräten wohltätiger Stiftungen, Schriftführer der Westpreußischen Friedensgesellschaft, dazu noch Träger hoher Auszeichnungen – der Hohenzollern-Medaille, des Landwehr-Verdienstkreuzes und des Roten Adler-Ordens IV. Klasse. Dr. Johannes Richter leitete nur 13 Jahre lang das Gymnasium in Nakel an der Netze. Im Vergleich bemißt sich die Zahl erreichbarer bürgerlicher Ehrenämter nach der Größe der Stadt. Denn während Danzig um 1816 rd. 51.000 Einwohner hatte, um 1900 rd. 130.000, wies Nakel 1816 nur etwas über 1500 auf, Anfang des 20. Jahrhunderts rd. 7.800. Direktor Richter war, nicht zuletzt wegen der paritätischen Konfessionslage Nakels, vor allem in kirchlichen Nebenämtern tätig – Mitglied des Gemeindekirchenrats und der Kirchenvisitation des Kirchenkreises – und lebte damit sein Interesse für die evangelische Kirche aus, *der er stets von Herzen zugethan war.*[341] Wenn auch die örtlichen Verhältnisse das Angebot an Ehrenämtern bestimmten, war der Gymnasialdirektor doch in jedem Bürgerverein eine willkommene Zierde. Der Neuburger Direktor Romeis trat Privatvereinen bei, der Harmoniegesellschaft, dem örtlichen Historischen Verein, dem Gabelsberger Stenographenverein und dem Neuburger Schachclub.[342] Ob Danzig, Nakel in Westpreußen oder das niederbayerische Neuburg – das gesellschaftliche System des Bürgertums war flächendeckend und konkurrenzlos tätig; es inkorporierte den Gymnasialdirektor als den Vertreter der Ansprüche und der Verheißungen des Bildungssystems und damit als einen Exponenten bürgerlicher Selbstsicht.[343] Das System war auch bei umgekehrter Perspektive paßgenau, denn die Vereinstätigkeit setzte den Direktor *durch seine wohlthätigen Zwecken zugewendete Thätigkeit in hohes Ansehen,*[344] ohne ihn auf Ziele politischer Opposition oder sozialen Protests zu verpflichten.

Es ist allerdings auch einmal nötig, auf den stupenden Fleiß hinzuweisen, durch den die meisten Direktoren sich auszeichneten. Für Direktor Dr. Friedrich Schmieder, der das Königliche Gymnasium Brieg 34 Jahre geleitet hat und im Amt

341 Dir Rudolph Heidrich (*1838), NR auf Dir Dr. Johannes Richter (1833–1891), Prog Kgl. Gym Nakel 1891, 4.

342 Prof. August Ducrue, NR auf Dir Franz Seraph Romeis (1824–1879), Prog Kgl. Studien-Anstalt Neuburg/Donau 1879, 41f.

343 Vgl. Thomas Nipperdey, Verein als soziale Struktur in Deutschland im späten 18. und frühen 19. Jahrhundert. Eine Fallstudie zur Modernisierung I. In: Ders., Gesellschaft, Kultur, Theorie. Gesammelte Aufsätze zur neueren Geschichte. Göttingen 1976, 174–227.

344 NR auf Prof. Anton Floeck (1807–1869), Prog Kgl. Gym Koblenz 1870, 33.

verstarb, war, wie der Nachruf rühmt, *Fleiß beispiellos.*[345] Nach dem Grundsatz *Alles zur rechten Zeit! Alles am rechten Ort! Alles in der rechten Form!* hat Schmieder neben der Leitung des Ende der 1830er Jahre mit 220 Schülern sehr großen Gymnasiums als Neben-Pflichten die Aufgaben des Cassen-Curators, des Schulbibliothekars, des Schulinspektors für das Alumnat und des Geschäftsführers der Witwenkasse mit den Eigenbeiträgen der Kollegen wahrgenommen, publizierte 38 Titel wissenschaftlichen und pädagogischen Inhalts, zeichnete sich durch Pietät, Leutseligkeit, Heiterkeit, Freundlichkeit, Frohsinn, Aufmerksamkeit, Gefälligkeit, Anspruchslosigkeit aus, sah streng auf Ordnung und zog die unter seinem Vorgänger etwas gelockerten Zügel der Disziplin wieder an, bis hin zu Schulverweisen, und hat doch

> *nie Lob und Ehre, geschweige weniger edlen Lohn gesucht. Vielmehr von der Ansicht ausgehend, daß das Gymnasium meistens das beste sei, von dem man am wenigsten rede, und überzeugt, daß der Lehrer nicht auf äußern Lohn und glänzende Auszeichnung in der Welt angewiesen sei und vermöge der Natur seines Berufes nicht angewiesen sein könne, genügte ihm so ganz das eigene Bewußtsein und die Anerkennung seiner Vorgesetzten.*

3.7 Beruflicher Aufstieg im Gymnasium

Dem neu eintretenden Lehrer eines Gymnasiums wurde regelmäßig die unterste, damit die am schlechtesten vergütete Stelle des Lehrkörpers zugewiesen. Er mußte sich hinten anstellen. Sein weiteres Vorrücken folgte den Bewegungen des Stellenplans, dem Tod oder altersbedingten Ausscheiden von Kollegen.[346] Die Kollegen beobachteten das Aufstiegstempo genau, wie bei Dr. Brunke in Wolfenbüttel. *Er hatte das Glück gehabt, in nicht zu raschem, aber auch nicht zu langsamem stetigen Aufsteigen die Klassen von unten auf zu durchmessen.*[347] Sehr ungewöhnlich war es, wenn ein Lehrer diese Chance ausschlug, wie etwa der Oberlehrer Weigand am Gymnasium Brieg, der in seiner Erklärung *von dem richtigen Grundsatz ausging, daß der Grad der Nützlichkeit und Achtungswürdigkeit des Lehrers nicht von*

---

345 Dir Karl Ernst Georg Matthisson (1785–1854), NR auf Dir Dr. Friedrich Schmieder, Prog Kgl. Gym Brieg 1839, 17–21. – Auch für die folgenden Angaben.

346 Passende Bemerkung von SchulR Dr. August Karl Baumeister (*1830), *Der höhere Unterricht, Bemerkungen und Vorschläge weiteren Kreisen vorgelegt von einem Schulmanne im Elsaß*, Straßburg 1878, 64: *Ist es nicht grausam, daß der mit Familie gesegnete Lehrer mittleren Alters, welcher, ohne gerade hervorragend zu sein, durch treuliche Pflichterfüllung sich still verdient gemacht hat, jetzt geradezu gezwungen ist, den Tod seines älteren Collegen abzuwarten, um in eine bessere Stelle zu kommen?*

347 Dir Dr. Wilhelm Brandes, NR auf Prof. Dr. Hermann Bruncke (1851–1914), Prog Gym Wolfenbüttel 1914, 20.

der Klasse, worin er unterrichtet, abhängig sei.[348] Generell aber eröffnete sich dem Gymnasiallehrer ein Vorrücken nur durch das Ableben, gelegentlich durch den Weggang von vorgeordneten Kollegen; und Oberlehrer wurde er nur nach der Anzahl der am der jeweiligen Schule verfügbaren Oberlehrerstellen.

> *Unserem Hasenbalg ward infolge von Lehrerwechseln die anerkennende Auszeichnung seiner vorgesetzten Behörde, des Stralsunder Magistrates, dadurch zu Theil, daß er nach und nach in die höheren Lehrerstellen aufrückte, bis er im Jahre 1832 zum Conrektor befördert wurde, und somit die [in der schulische Hierarchie] erste Oberlehrerstelle erhielt.*[349]

Daß ein Kollege die Schule verließ, um an einer anderen Anstalt eine Stelle anzutreten, kam zwar alles andere als selten vor, war aber wegen der kleinen Kollegien von 7 bis 10 Person jedesmal in qualifizierender Weise berichtswürdig für das Schulprogramm:

> *daß der erst vor einem Jahr zum Lehrer des Gymnasiums berufene G. Erzgräber um seine Entlassung nachgesucht, um eine ihm angetragene vorteilhaftere Stellung an der Realschule zu Güstrow in Mecklenburg anzutreten.*[350]

> *verläßt uns leider Herr Prof. Dr. Hitzig, um die Direction des neuerrichteten Gymnasiums zu Burgdorf im Canton Bern zu übernehmen. Während der zwei Jahre, in welchen derselbe unserer Anstalt angehörte, hat er sich in ungewöhnlichem Masse die Achtung und Liebe seiner Mitarbeiter und seiner Schüler erworben.*[351]

3.8 Aufstieg zum Direktor

Beförderungsmöglichkeiten für Lehrer, die das Amt eines Direktors anstrebten, wie auch für Direktoren waren rar, obgleich die Lehrer wenigstens den Schulort

---

348 Dir Dr. Karl Ernst Georg Matthisson, NR auf OL Ferdinand Gottlieb Weigand (†1840). Prog Gym Brieg 1840, 23f.

349 Prof. Franz Biese, NR auf Dir Karl Friedrich Ferdinand Hasenbalg, Prog Kgl. Pädagogium Putbus 1852, 4.

350 Dir Prof. Dr. Albert Grumme (1838–1931), Chronik. Prog Gym Gera 1875, S. 19. – Oder: *verliess uns Herr Dr. Böhmer, seit Mich.*[aelis] *1868 unser lieber, treuer Amtsgenosse, um die Stelle eines Rectors an der neu zu organisierenden Schule in Lötzen zu übernehmen. Neues, Besseres zu schaffen ist eine schöne Aufgabe. Diese und eine günstigere Stellung, als sie ihm bei uns geboten werden konnte, hat unser Freund in seinem neuen Wirkungskreise gefunden, und mit unsren Herzen bleibt er auch dort verbunden. Was er seinen Schülern war, haben dieselben in der Scheidestunde deutlich genug an den Tag gelegt.* Dir Prof. Dr. Rudolf Möller, Prog Altstädtisches Gym Königsberg 1876, 13.

351 Chronik, Prog Gym Heidelberg 1873, S. 3.

und den Schulherrn wählen konnten. Sie konnten zwischen den alten städtischen und den neuen staatlichen Gymnasien auswählen und dadurch die Ungleichheit der Gehälter und Ruhestandsbezüge dieser beiden Arbeitgeber zu ihren Gunsten wenden, oder sie wechselten die Gymnasien nach regionalen Vorlieben und Heimatverbundenheit.[352] Direktoren konnten die Leitung einer großen Anstalt anstreben, denn ein hohes Schüleraufkommen wurde regelmäßig als beruflicher Erfolg des Direktors bewertet. Das alles bewegte sich jedoch auf der gleichen Statusebene wie der des Dirigenten einer Anstalt. Nur eine einzige wirklich bedeutende Karrieremöglichkeit darüber hinaus stand den Direktoren offen, nämlich der Weg in die Behörde. In Preußen waren das die Provinzialschulkollegien, also die neun Mittelbehörden in Berlin, Breslau, Königsberg, Stettin, Posen, Magdeburg, Münster, Koblenz und ab 1866 Hannover. Die Provinzialschulräte hatten die Aufgabe, die ihnen jeweils unterstellten Schulen fachlich zu beaufsichtigen. Auch für diese Spitzengruppe der Pädagogen lohnt es sich, die Promotionsfächer vergleichend zu betrachten, zumal von insgesamt 118 Provinzialschulräten oder den Schulbeamten in vergleichbarer Stellung in anderen Ländern 47 promoviert waren.

Tabelle 8: Promotionsfächer

Fach	**Gymnasialdirektor**		**Provinzialschulrat**	
	Zahl	*in %*	*Zahl*	*in %*
Altphilologie	375	74,0	31	65,0
Alte Geschichte	44	8,0	4	8,0
MA Geschichte	20	4,0	1	2,0
N. Geschichte	2	0,3	1	2,0
Germanistik	5	1,0	1	2,0
Romanistik	3	0,5	-	-
Anglistik	11	2,0	3	6,0

352 Für landsmannschaftliches Unbehagen gegenüber dem Schulort vgl. etwa den NR auf den mecklenburgischen Dir Dr. Anton Draeger durch den ostfriesischen OL Prof. Dr. Keuffel (*1841), Prog Kgl. Gym Aurich 1895, 4.

Fach	Gymnasialdirektor		Provinzialschulrat	
Mathematik	9	1,0	2	4,0
Naturwiss.	5	1,0	1	2,0
Theologie	18	3,0	1	2,0
Philosophie	13	2,0	2	4,0
GESAMT	**505**		**47**	

Auch wenn die Anzahl der der erfaßten Provinzialschulräte verhältnismäßig niedrig ist, so daß man sich hüten wird, die Vergleichszahlen allzu schematisch zu bewerten, ist doch das Musterhafte einer Selbstrekrutierung augenfällig. Die Altphilologie verzeichnet gewiß Einbußen, die aber die Substanz ihrer numerischen Übermächtigkeit nicht schmälern. Geschichte und die Neuphilologien sind nicht verändert, ebenso wenig die schulfernen Disziplinen Theologie und Philosophie. Mathematik und Naturwissenschaften hingegen haben sich verdreifacht. Ob das Letztere den Grund hatte, eine fachliche Aufsicht über das realistische Schulwesen zu professionalisieren, oder ob die bessere Praxisbewährung der mathematisch oder naturwissenschaftlich ausgewiesenen Direktoren der leitende Maßstab für ihre Beförderung war, kann hier nur als Frage aufgeworfen werden; klären ließe es sich wohl nur auf der Aktenebene der Schulverwaltung.

Insgesamt aber läßt sich sagen, daß die Auswahl von Lehrern für hohe und höchste Schulämter im Blick auf die fachgebundene wissenschaftliche Kompetenz von festgefügter, auf allen Ebenen wieder auffindbarer Musterhaftigkeit war. Ihr Orientierungspunkt lag im 18. Jahrhundert, war nicht durch die rasanten Veränderungen des 19. Jahrhunderts moderiert. Sie war aber andererseits auch durch den Anspruch hoher fachlicher Qualität ausgewiesen, besaß darin einen Qualitätsmaßstab für schulische Anforderungen und war damit ein wechselseitig wirksamer Stabilitätsfaktor.

Anders stand es mit den Direktoren, bei denen es ja innerhalb der Schule kein Vorrücken mehr gab. War ein Schulmann erst einmal Direktor, mußte das dennoch nicht das Ende seiner Karriere sein.[353] Er wurde entweder durch die Behörde an

353 Es war eine bemerkenswerte Ausnahme, daß Dr. Karl Ludwig Conrad (1796–1861), der seinen Berufsweg 1822 als Hilfslehrer am Joachimsthalschen Gymnasium in Berlin begann und dort als Professor und Oberlehrer 1860 in den Ruhestand ging, mehrere Rufe auf Direktorate ablehnte.

eine andere Schule berufen,[354] oder es stand ihm offen, sich auf der schon erreichten Ebene des Dirigenten einer Anstalt auf *erledigte*, d.h. frei gewordene Schulleitungen anderswo zu bewerben. Dafür gab es eine Vielzahl von einleuchtenden Motiven zur Veränderung der Stellung. *Der Wunsch, sich zu verbessern und die Rücksicht auf die Lage unserer Stadt und ihrer Umgebungen,*[355] war angesichts sehr unterschiedlicher Gehälter häufig; auf Seiten des Schulträgers war es die Gelehrsamkeit des Bewerbers, etwa *der literarische Ruf, den er sich schon als Lehrer in Breslau erworben hatte.* Aber es gab auch persönliche Motive, über die die Akten selten etwas verlauten lassen.[356] In einem Jahrhundert, in dem die landsmannschaftlichen Prägungen und entsprechende affektive Bindungen noch immer stark ausgebildet waren, ist auch das Fremdeln am Dienstort ein valides Wechselmotiv. Die Möglichkeiten zum Wechsel des Dienstortes wurden durchaus genutzt, wie unser Sample zeigen kann:

Tabelle 9: Stellenwechsel von Direktoren

1x Wechsel	431
2x Wechsel	143
3x Wechsel	20
4x Wechsel	5

Die numerische Häufigkeit dieser Karriereschritte blieb indessen überschaubar. Wenn sich lediglich ein Drittel aller hier im Sample erfaßten Direktoren um eine andere Stelle bemüht, wenn die Intensität des mehrfachen Wechselwunsches so drastisch sinkt, dann liegen auch hier grundsätzlich stabile Verhältnisse vor, zumal der Wechsel die Strukturen nicht verformte. Die Motivlagen und Umstände für den Wechsel lassen sich klären, wenn man zunächst die beiden unteren Gruppen näher betrachtet.

354 Prog Kgl. Gym Kreuznach 1842, 43: *Während der Ferien war der bisherige Director Herr Dr. K. Hoffmeister einem Rufe als Direktor an das Königliche Friedrich-Wilhelms-Gymnasium zu Köln mit Gehaltserhöhung gefolgt.*

355 NR auf Dir Dr. Carl Linge (1782–1848), Prog Gym Hirschberg 1850, 20. – Auch für das Folgende.

356 Vgl. Dir Prof. Dr. Gustav Heep, Antrittsrede, Prog Gym Wetzlar 1913, 11: *Nicht leichten Herzens habe ich mich von der dortigen Anstalt* [RealGym Ruhrort] *getrennt. Die Gründe, die mich dazu bestimmten, habe ich hier nicht darzulegen, zumal sie nicht amtlicher, sondern persönlicher Natur sind.*

Die dramatisch erscheinende Gruppe der Vierfach-Wechsler schrumpft analytisch rasch zusammen. Der erste, der Bäckermeisterssohn Hermann Göhl (1859–1919), war eigentlich ein fünffacher Wechsler. Er begann 1887 als Leiter einer Privatschule in dem preußischen Altgersdorf, einem Dorf von rd. 400 Einwohnern, ging nach Sachsen und leitete eine Bürgerschule in Glashütte (1891), eine Volksschule in Hartmannsdorf (1894), eine Bürgerschule in Freiberg (1898), eine Knabenschule in Riesa (1905) und endlich das Realprogymnasium am gleichen Ort (1905). Im Laufe seines Berufswegs verließ er zunächst nicht die Schulformebene; erst auf der letzten Station gelang es ihm, die Elementarschulebene unter sich zu lassen. Aber die Gymnasialebene blieb ihm verschlossen.

Der fünfte in der Gruppe der Vierfach-Wechsler war Josef Schmalz (*1846), der im Großherzogtum Baden als Direktor einer höheren Mädchenschule in Mannheim begann (1875), dann jedoch seinen Weg im Knabenschulwesen fortsetzte: 1876 Gymnasium Mannheim, 1881 Gymnasium Tauberbischofsheim, 1894 Gymnasium Rastatt und 1904 Gymnasium Freiburg. Sein beruflicher Erfolg, der durch den ihm zuerkannten Titel eines Geheimen Hofrats dokumentiert wurde, umfaßte die zeitweilige Leitung von vier katholischen Gymnasien der insgesamt 16 des Landes.

Die Kerngruppe der Vierfachwechsler bildeten drei Pädagogen, die zur preußisch-sächsischen Dominanz im deutschen Bildungswesen beigetragen haben: Wilhelm Herbst (1825–1882), Theodor Kock (1820–1901) und Gottlieb Leuchtenberger (1839–1914). – Wilhelm Herbst, Sohn eines Gymnasialdirektors und neben Friedrich Kohlrausch wohl der profilierteste Geschichtsdidaktiker des 19. Jahrhunderts,[357] leitete zunächst das Gymnasium Cleve (1859), dann das in Köln (1860), das in Bielefeld (1865), die altehrwürdige, von mehr als 500 Schülern besuchte Klosterschule Unser Lieben Frauen in Magdeburg (1867) und endlich, als Steigerung kaum mehr denkbar schien, 11 Jahre lang die sächsische Gelehrtenschule Schulpforta. – Theodor Kock übernahm nach zwei eher unscheinbaren Schulleitungen in Guben (1854) und Stolp (1857) das Johanneum in Hamburg (1863), ging im gleichen Jahr als Direktor nach Memel und beschloß seinen Berufsweg mit der Leitung des hoch angesehenen Luisenstädtischen Gymnasiums in Berlin (1866–1882). – Gottlieb Leuchtenberger (1839–1914), der einflußreiche, viel beachtete Schriften zum Lehrerberuf veröffentlicht hat,[358] begann mit der Leitung des Gymnasiums in Krotoschin (1875), übernahm 1888 das 1561 gegründete und gut frequentierte Gymnasium Erfurt, 1891 das wegen der deutsch-polnischen Differenzen auch behördlich als notorisch schwierig geltende Gymnasium in

357 Vgl. Wolfgang Jacobmeyer u. Holger Thünemann (Hg.), Grundlegung und Ausformung des deutschen Geschichtsunterrichts, Münster 2018, 5.

358 Vgl. Vademecum für junge Lehrer. Berlin 1909 (verfaßt im Auftrag einer Direktorenkonferenz). – Der Schuldirektor. Erfahrungen und Ratschläge für junge Direktoren und solche, die es werden möchten. Berlin 1911 (verfaßt zum 350jährigen Jubiläum seines Gymnasiums in Erfurt).

Posen[359], 1901 das Gymnasium in Köln und 1904 das Kaiser-Wilhelm-Realgymnasium in Berlin.

Die Angehörigen dieser Kerngruppe von Vierfachwechslern zeichneten sich in ihrer beruflichen Mobilität durch überragende fachliche Kompetenz aus. Sie waren durch Berufung und nicht durch Eigenbewerbung in ihre letzten und den Lebensweg krönenden Leitungspositionen gelangt. Demgegenüber trägt das Bild der 20 Dreifachwechsler heterogenere Züge. Das tritt schon im Altersbild der Gruppe hervor. Vier sind vor 1820 geboren und beginnen ihre Berufstätigkeit in den 1830er Jahren,[360] fünf sind nach 1850 geboren mit Berufsbeginn nach der Reichsgründung, zwischen 1877 und 1896.[361] Als Schulform bleibt das Gymnasium dominant; kaum ein Viertel der Dreifachwechsler endet im Direktorat einer realistischen Anstalt[362] oder einer Töchterschule.[363] Der sich ab 1871 öffnende pädagogische Stellenmarkt des *Reichslands* Elsaß-Lothringen markiert sich merkwürdig flüchtig, trotz der politisch motivierten Beachtung und Rücksicht,[364] die der Integration des überkommenen französischen Schulwesens in das preußisch-deutsche Bildungssystem geschenkt wurde. Alle drei Direktoren dieser Gruppe, die eine Dienststation im Elsaß wahrnahmen, kehrten wieder nach Preußen zurück.[365] Ohnehin kann von einer pädagogischen Überfremdung des Reichslands kaum die Rede sein, wenn wir die Direktoren unseres Sample betrachten. Nur 21 von ihnen (1,3%) haben ihre Lehramtsausbildung im Probejahr dort absolviert, nur 28 Direktoren haben dort Schulleitungen innegehabt. Die Masse der Dreifachwechsler sucht und findet den Erfolg in Preußen, danach mit klarem Abstand in Sachsen und Mecklenburg. Vier von ihnen verdienen es, wegen ihrer fachlichen Exzellenz besonders gewürdigt

---

359 Als Albert Gustav Heydemann (1808–1877) 1850 die Leitung des Gymnasiums übernahm, mußte er außerdem die Erfahrung machen, daß das Gymnasium unzureichend ausgestattet war. Vermutlich wechselte er deshalb schon 1855 auf das Direktorat des Gym Stettin.

360 Johann Karl Friedrich Schütt (Nr. 1357: *1802), Karl Ludwig Peter (Nr. 1092: 1808–1893), Julius Risch (Nr. 1205: 1810–1867), Theodor Franz Adler (Nr.7: 1813–1883).

361 Max Krösing (Nr. 794: 1851–1931), Hans Kolligs (Nr. 755: *1863), Matthias Paulus (Nr. 1083: *1864), Reinhold Schröter (Nr. 1352: 1865–1945), Max Wiesenthal (Nr. 1585: 1867–1949).

362 Julius Risch (Nr.1205: 1810–1867), Anton Knitterscheid (Nr. 732: 1821–1907), Isidor Rockstroh (Nr. 1210: 1843–). Das berufliche Fortkommen Rockstrohs war durch seine jüdische Herkunft und die nur seminaristische Ausbildung besonders behindert.

363 Reinhold Schröter (Nr. 1352: 1865–1945).

364 Vgl. Ludwig Wieses Bericht über seine Inspektionsreise von 1871: Lebenserinnerungen und Amtserfahrungen. 2 Bde. Berlin 1886 (2. Aufl.), Bd. I, 318–336.

365 Peter Besse (Nr.126: *1829), Anton Knitterscheid (wie Anm. oben), Philipp Wirth (Nr. 1597: *1841). Wirth war Theologe mit beiden Examina und hatte sich durch Lehrtätigkeit im Ausland für den Schuldienst entschieden.

zu werden. Einmal ist es als ältester Karl Ludwig Peter (1808–1893), der schon 1835 das Gymnasium Meiningen leitete, dann in die Schulverwaltung ging, aber wieder zurückkehrte als Direktor in Anklam (1852), Stettin (1856) und kurz vor seinem Ruhestand Rektor von Schulpforta wurde (1873). Als zweiter wäre Johannes Oberdick (1835–1903) zu nennen, dessen Wirkungsorte von Schlesien (1870 Glatz, 1882 das reichsweit schülerstärkste Matthias-Gymnasium Breslau[366]) bis Westfalen spannen (1876 Arnsberg, 1877 das 797 gegründete Paulinum in Münster, neben dem Paderborner Erpho-Gymnasium die Mutterschule der Provinz). Der dritte war Friedrich Junge (1847–1899), der in rascher Abfolge das Gymnasium in Greitz (1881), die Oberrealschule Magdeburg (1888), das dortige Realgymnasium (1891) und endlich das gut bekannte Friedrichs-Werdersche Gymnasium Berlin (1897) leitete. Der vierte endlich wäre Hans Kolligs (1863–1931), Sohn eines Lohgerbers, der zunächst das Progymnasium in Mayen (1901), dann das Gymnasium in Viersen (1906), das in Neuss (1911) und endlich das Kaiser-Wilhelms-Gymnasium in Trier leitete und als Lehrbuchautor hohes Ansehen genoß.[367]

Wenn man die Mobilität des Führungspersonals im gymnasialen Schulwesen begründen will, können feste Parameter unterlegt werden. Die Zugänge zum Lehrerberuf waren noch in den späten 1820er und frühen 1830er Jahren durch ein geringes Angebot an Stellen geprägt gewesen, vor der die Behörden eindrucksvoll gewarnt haben. Kandidaten waren von Arbeitslosigkeit bedroht und wurden regelmäßig über Jahre als Hilfslehrer beschäftigt, auch wenn sie später in die spätere Führungsschicht der Direktoren gelangten. Je weiter das 19. Jahrhundert voranschritt, desto mehr öffnete sich der Stellenmarkt eines nach Schulformen und Schüleraufkommen rapide expandierenden Bildungswesens. Die Expansion war so umfassend, daß etwa die Rivalität zwischen gymnasialer und realistischer Bildung sich auf die ideelle, allerdings streitige Abwägung von Bildungszielen beschränken konnte, sich aber nicht zum Verteilungskonflikt von materiellen Berufschancen zuspitzte, zumal die zwar spät, aber endlich doch erfolgte Ordnung der Lehrerbesoldung denkbare Konflikte ebenfalls befriedete oder doch wenigstens einhegte. Im Wettbewerb um die Führungspositionen des Gymnasialwesens blieben zudem die Distinktionsmerkmale erhalten: fachwissenschaftliche Profilierung, pädagogische Exzellenz und Führungskompetenz. Und endlich belegt der Wechsel von Direktoren, daß der organisatorische und ideelle Unterbau des Gymnasiums vor Ort als Institution intakt und belastbar war. Kollegiale Kohärenz war, wie später ausgeführt wird, das Merkmal einer institutionellen Garantie auf Beständigkeit vor Ort.

---

366 Vgl. Wolfgang Jacobmeyer, Geschichte des Gymnasiums Paulinum in Münster 1918-1945, in: Günter Lasalle (Hg.), 1200 Jahre Paulinum in Münster. 797–1997. Münster 1997, 123f.

367 Vgl. Wolfgang Jacobmeyer, Das deutsche Schulgeschichtsbuch 1700-1945. Münster 2011, Bd. 3, 1354f (Nr. 1572) und 1359f (Nr. 1579).

Die oberste Karrierestufe für einen preußischen Gymnasiallehrer war die eines Provinzialschulrats. Um Merkmale dieser Personengruppe zu bestimmen, sind aus methodischen Gründen mehrere Beschränkungen nötig. Zum einen werden nur die preußischen Verhältnisse angesprochen. Zum anderen werden alle Personen beiseite gelassen, die vor 1800 geboren sind. Es kommen damit nur diejenigen späteren Provinzialschulräte in Betracht, die in ihrem frühen dritten Lebensjahrzehnt nach Examen und Promotion in das etablierte Gymnasialsystem eintreten, dort nach Festanstellung – meist mit 27 Jahren[368] – Oberlehrer werden, in ihren späten 30er Lebensjahren häufig mit dem Titel eines Professors ausgestattet werden und denen mit Anfang 40 die Leitung eines Gymnasiums anvertraut wird. Aus unserem Sample von 1617 Direktoren gelangen nur 118 (gut 7%) auf die Ebene des preußischen Provinzialschulrats oder seines Äquivalents in anderen deutschen Ländern. In der oben gesetzten Engfassung sind es nur noch handverlesene 63, die zwischen 1800 und der Reichsgründung geboren und in Preußen tätig sind. Diese Enge von nur 3,7 Prozent entspricht im übrigen auch dem typisch spitzen Stellenkegel des Gymnasialwesens im 19. Jahrhundert. Wenn wir in diesen sieben Dekaden das Bestallungsalter vergleichen, so finden wir folgende Werte:

Tabelle 10: Bestallungsalter der Direktoren

Geburtsjahr	Bestallungsalter	Anzahl
1800-1809	50	11
1810-1819	49	11
1820-1829	50	11
1830-1839	50	10
1840-1849	52	8
1850-1859	51	7
1860-1869	47	5

Auffällig und nur durch eine zielklare Verwaltungstätigkeit erklärlich ist das Gleichmaß des Lebensalters bei Amtsbeginn. 25 Jahre anspruchsvoller Schultätigkeit hatten bei einem in Frage kommenden Kandidaten die Basis der Erfahrungen

368 Exzeptionell war Wilhelm Münscher (1795–1872), der als 14jähriger das Studium begann und mit 22 Jahren ordentlicher Lehrer am Gym Herzfeld war, dessen Leitung er mit 37 Jahren übernahm.

gefestigt und jene Urteilsfähigkeit herangebildet, die in dem neuen Verwaltungsamt nötig war. Und nach menschlichem Ermessen lagen noch 15 bis 20 Dienstjahre im neuen Amt vor dem Provinzialschulrat. Die Pensionsgrenze von 72 Jahren wird gar nicht selten ausgeschöpft. Und wenn die Dinge im Schulkollegium sich nicht gut gestalten lassen, gibt es den Weg zurück in die Schule, in gleicher Funktion an ein anderes Provinzialschulkollegium[369] oder in eine andere, etwa ministerielle Verwendung.[370] Es ist schwer, ein anderes regulatives Prinzip bei der Auswahl von Provinzialschulräten durch die Behörde zu erkennen als das der fachlichen Eignung. Sie gibt offensichtlich den Ausschlag, hinter der die starre Laufbahnroutine zurücksteht. Als Direktor Giesebrecht in Neustettin zum Provinzialschulrat berufen wurde, urteilte das Kollegium zustimmend:[371]

> *Es konnte kaum anders sein, als daß die Hohe und Höchste Behörde auf eine Wirksamkeit so umfassend-gediegener Art früh die nähere Aufmerksamkeit richtete und eine seltene Kraft dahin stellte, wo sie in noch weiteren und angemessenen Kreisen für die gesammte Provinz sich nunmehr bewähren kann.*

---

369 Etwa: Wilhelm Tschackert (*1820): 1866 Dir Gym Ostrowo, 1873 PSR Posen, 1882 PSR Breslau. – Emil Mackel (*1862): 1895 Dir Gym Berlin-Schöneberg, 1906 PSR Berlin, 1908 PSR Stettin, 1911 Dir Gym Andreanum Hildesheim. – Julius Uppenkamp (*1877): 1904 OL Gym Münster, 1911 PSR Posen, 1912 Dir Gym Sagan, 1921 Dir Gym Münster. – Heinrich Wendt: 1832 Dir Gym Posen, 1842 PSR Posen, 1848 PSR Stettin, 1856 PSR Magdeburg.

370 Etwa: Wilhelm Dillenburger (1810–1882): 1866 zum PSR in Breslau, danach aber Dir Gym Deutsch-Krone. – Eduard Fürstenau (1826–1913): 1876 PSR Brandenburg, 1882 Schulrat in Berlin. – Anton Göbel (1824–1898): 1859 Dir Gym Konitz, 1866 PSR Königsberg, 1875 PSR Magdeburg. – Ernst Höpfner (1836–1915): 1866 Dir Wilhelms-Gym Berlin, 1873 PSR Koblenz, 1888 Ministerium, 1894 Kurator Universität Göttingen. – Hugo Ilberg: 1871 Rektor St. Afra Meissen, 1874 Dir Gym Dresden-Neustadt, 1875 PSR, 1879 Dezernent im KM. – Friedrich Gustav Kießling (1809–1884): 1843 Dir Gym Posen, 1850 PSR Brandenburg, 1857 Dir Joachimsthalisches Gym Berlin. – Reinhold Köpke (1839–1915): 1880 Dir Gym Landsberg/Warthe, 1884 PSR Schleswig, 1890 Ministerium als Geh. RR u. Vortr. Rat. – Dietrich Landfermann: 1841 Dir Gym Elberfeld, 1841 PSR Koblenz, 1860 Geh. RR. –Wilhelm Möller (*1861): 1898 Dir Gym Kiel, 1909 PSR Schleswig, 1910 PSR Magdeburg, 1911 Dir Gym Hadersleben. – Wilhelm Schrader: 1853 Dir Gym Sorau, 1856 PSR Königsberg, 1875 Geh. RR.

371 Prog Fürstlich-Hedwigisches Gym Neustettin 1842, 26.

Besonders erstaunlich ist die Freiheit, mit der die Behörde einen Beamten zum Provinzialschulrat ernennen konnte, der noch gar keine Schulleitung innegehabt hatte.[372]

372 Etwa: Max Nath (*1859): 1890 OL Gym Berlin, 1901 PSR Berlin, 1903 Dir RealGym Nordhausen 1907 Dir Gym Pankow. – Walther Prellwitz (*1864): 1896 OL Gym Tilsit, 1901 PDR Königsberg, 1903 Professor, 1904 Dir Gym Rastenburg. – Franz Schickhelm (*1859): 1882 o. Lehrer Gym Ohlau, 1900 Professor, 1907 PSR, 1907 Dir Gym Königshütte. – Otto Schumann (*1875): OL Gym Magdeburg, 1912 PSR Magdeburg, 1913 Dir Gym Luckau.

4.0 Die Oberlehrer: Kollegialität und berufsständisches Wir-Gefühl

in neccessariis unitas,
in dubiis libertas,
in omnibus caritas[373]

Als Dr. Johann Friedrich Degen, Lehrer am Karl-Alexandrinum in Ansbach, 1783 den ersten Band seiner Herodot-Übersetzung vorlegte[374], begründete er das um zwei Buchmessen verspätete Erscheinen gegenüber dem gebildeten Publikum mit diesen Erläuterungen:

> *Es ist schon genug, wenn sie [die Leser] nur wissen, daß der Schulmann, der täglich sechs bis sieben Stunden lang ein hübsches Quantum von jugendlicher Rohheit und Unwissenheit auf seinen Schultern tragen muß, nicht immer Zeit, Stärke und Laune genug hat, um in einem solchen Geschäfte [...] ununterbrochen fortarbeiten zu können, zumal wenn er dieselbe so mögte ausfallen sehen, daß sie nicht unter der itzt so gewöhnlichen Rubrik: Fabrikwaare [...] verkauft werden dürfte.*

Aus der Perspektive des 19. Jahrhunderts sind diese Bemerkungen sowohl vertraut als auch fremd. Sie nehmen ein erst in dieser Zeit dem Schulmann geläufig gewordenes Qualitätsbewußtsein in Anspruch, weil die wissenschaftliche Arbeit neben dem Schulamt geradezu zu einem viel beachteten professionellen Standard geworden war. Andererseits ist die Fürstenschule des Dr. Degen nunmehr im 19. Jahrhundert die gymnasiale Anstalt, war das Stundendeputat auf ein erträgliches Niveau abgesenkt, war der Lehrerberuf ein Amt, und war die *jugendliche Rohheit* durch die Durchsetzung von Disziplin gemindert.

373 Wo nötig, stehe man zusammen; in Zweifelsfällen herrsche Freiheit; stets walte Achtsamkeit. – Das Dictum stammt nicht von dem Hl. Augustinus von Hippo (so der Nachweis durch Nellen 1999), sondern von Marco Antonio de Dominis, De Republica Ecclesiastica (1619). Es wurde zunächst kirchlich gebraucht, heute darüber hinaus: Wahlspruch der deutschen und der österreichischen katholischen Cartellverbindung, der christkatholischen Kirche der Schweiz, aber auch der Medizinischen Hochschule Hannover, des Gym St. Anna (Augsburg) und der von Bundespräsident Theodor Heuss ins Leben gerufenen Dankspende des Deutschen Volkes für die Hungerhilfe nach 1945. – Hier: Dir Dr. Theodor Vogel, Antrittsrede, Prog Kgl. RealSch Zittau i.O. 1883.

374 Johann Friedrich Degen, Herodots Geschichte. 6 Bde. Frankfurt/Main: Hermann 1783–1790. Zitat Bd. 1, 3f.

4.1 Die Hierarchie des Gymnasiums

Der sprichwörtliche gewordene *Oberlehrer* bezeichnet den höchsten Rang unterhalb der Position des Direktors oder des Subrektors (auch Prorektor oder Konrektor genannt), wenn eine solche Vertreter-Stelle im Stellenplan ausgewiesen war. Es folgten die etatmäßigen Lehrer, die Hilfslehrer mit Examen und nach dem Probejahr, aber jenseits des Stellenplans, dann die Hilfslehrer, gelegentlich *Kollaboratoren* (studiert, aber ohne Examen) genannt, darunter die nicht-wissenschaftlichen Lehrkräfte wie Zeichenlehrer oder Gesangslehrer, endlich die Lehramtskandidaten im Probejahr.[375] Die Anzahl der Oberlehrer eines Gymnasiums hatte in einem quantitativen Verhältnis zur Anzahl der ordentlichen Lehrer zu stehen, nämlich weniger Oberlehrer als ordentliche Lehrer; bei einer mittelgroßen Schule mit sieben Planstellen (ohne Direktor) konnten bis zu drei mit dem Oberlehrer-Titel ausgezeichnet, zugleich mit der Verbesserung ihrer Gehälter bedacht werden.[376] Neben solchen etatmäßigen Oberlehrern gab es allerdings auch die ehrenhalber, erst nach Prüfung der Lehrqualität verliehenen Titular-Oberlehrer. Die Verleihung des Titels erfolgte durch die Behörde, unter Berücksichtigung wissenschaftlicher Exzellenz.[377] Das gleiche Verfahren wurde bei der Auszeichnung eines Oberlehrers mit dem *Charakter eines Professors* angewandt. Die Titelvergabe, die im Falle des *Oberlehrers* mit Einkommensvorteilen verbunden sein konnte, im Falle des *Professors* aber nur ehrenvoll war, war kein routinemäßiger Regelvollzug, sondern eine Auszeichnung. Sie band alle Hierarchiestufen des Schulwesens ein – Anstalt, Provinzialschulkollegium, Ministerium und den König. Sie stellte daher immer ein herausgehobenes Ereignis für die Ausgezeichneten, die Anstalt und die

---

375 Vgl. als beliebiges Muster Prog Gym Potsdam 1865, tabellarische Übersicht. – Der Adjunkt als Lehrerstatus war typisch für das 18. Jahrhundert und verlor sich im 19. Jahrhundert; er war ohne eigene Lehrpflichten einem ordentlichen Lehrer als Gehilfe beigegeben. Heinrich August Pierer u. Julius Lobe (Hg.), Universal-Lexikon der Gegenwart und Vergangenheit. Altenburg 1857 (4. Aufl.), Bd. 1, 134. – Aber: *wurde er als Classenlehrer der Quarta feierlich eingeführt und zwar mit Beibehaltung des Prädicats ‚Adjunctus'*. Dir Prof. Dr. Albert Grumme, NR auf Prof. Dr. Julius Saupe (1809–1871), Prog Gym Gera 1871, 23.

376 Verfügung v. 19.4.1845, in: Prog Fürstlich-Hedwigisches Gym Neustettin 1846, 19. – Kurz vorher: Circular-Verfügung v. 27.3.1845. später bekräftigt am 2.1.1863: Wiese's Sammlung der Verordnungen und Gesetze, 85. – Das Provinzialschulkollegium mußte die Ernennung dem Ministerium vorschlagen: Ministerialverfügung v. 27.2.1838.

377 *In wissenschaftlicher Beziehung steht der Oberlehrer über seinen Amtsgenossen; in pädagogischer dagegen und als Lehrer im allgemeinen sind sie insgesammt vollkommen gleich zu achten*: Prorektor Carl Friedrich Heinrich Freese, *Die pädagogische Bildung der künftigen Gymnasiallehrer*, Stargard 1839, 12.

Schulgemeinde dar.[378] Die Vielfalt war indessen stringent geordnet und zu einem spitzen Stellenkegel geformt. Der junge Lehrer wurde der Basis des Stellenkegels zugewiesen:[379]

> *Dieser tritt in eine organisirte Anstalt hinein; er findet einen bestimmten Lehrplan vor und einen bestimmten Geist, in dem Unterricht und Erziehung geleitet wird; der lebendige Organismus, in den er hineinwachsen soll, übt eine Art von Assimilationskraft auf ihn aus, und leicht ist die Stelle gefunden, wo er, gemäß seiner eigenthümlichen Begabung und Leistungsfähigkeit, den Zwecken des Ganzen am besten dienen kann.*

Jeder Lehrer wurde ausschließlich einer bestimmten Schulaltersstufe zugeordnet und war der Klassenlehrer. Engelbert Boner, der seit 1824 ganze 48 Jahre am Gymnasium Paulinum in Münster lehrte, ist ein sprechendes Beispiel für Karriere am Gymnasium. Er war zunächst Ordinarius in den unteren Klassen, dann in den mittleren, wurde 1832 Oberlehrer und lehrte seit 1833 in Secunda; 1845 wurde er Extraordinarius für die Mathematik in den mittleren und oberen, 1853 ausschließlich in den oberen Klassen; 1857 wurde er *in Anerkennung seiner amtlichen Wirksamkeit und seines wissenschaftlichen Strebens* zum Professor ernannt.[380]

Der Aufstieg erfolgte allerdings nicht automatisch und lag nicht im Ermessen der Schule, sondern bedurfte stets der behördlichen Zustimmung.[381] Überhaupt ist die behördliche Konditionierung dieses Systems völlig kompatibel mit den

---

378 Vgl. Dir Dr. Wilhelm Hermann Blume (1795–1869), Prog Kgl. Gym Potsdam 1828, 35: *Von dem hochlöblichen Schulcollegium nämlich wurde dem Director unter dem 13. März der Bescheid zugefertigt, daß Se. Majestät der König den Antrag der gedachten Behörde und des hohen Ministeriums zu genehmigen, und den Conrector Herrn Schmidt und den Subrector Herrn Helmholtz zu Professoren zu ernennen allergnädigst geruhet haben; und daß von dem hohen Ministerium dem ersten Collaborator Herrn Brüß das Prädicat Oberlehrer beigelegt worden ist. Wie die, vorzüglich von unserem Staate ausgehende, Hebung desjenigen Standes, auf dessen Wirksamkeit die Bildung der Diener für Staat und Kirche, so wie der bürgerlichen Gesellschaft überhaupt, zunächst beruht, zu den ermunterndsten Erfahrungen unserer Zeit gerechnet werden muß, so wird auch diese von den erleuchteten Staatsbehörden kundgegebene, durch königliche Huld besiegelte, Anerkennung stets eine Aufforderung für uns alle sein, in treuer Ergebenheit gegen einen allverehrten Monarchen unseren Amtseifer zu verdoppeln, und die dem Gymnasium angewiesene Stelle durch Wort und That in jeder Beziehung würdig zu behaupten.*

379 OL Dr. Konrad Duden, *Ueber Begriff und Ziel der Erziehung nebst einiger Bemerkungen über das Verhältniß von Schule und Haus bei der Erziehung*, Prog Archi-Gym Soest 1865, 6.

380 NR Gym Paulinum Münster 1873.

381 Z.B. *In die erledigte erste Oberlehrerstelle ascendirte auf Grund eines hohen Ministerial-Rescripts vom 4. Februar 1857 Herr Professor Meyer*: Prog Kgl. Gym Potsdam 1858, 27.

Hoffnungen, aber auch den Grundsätzen der Lehrer. So sehr sie auch den Wunsch einer Karriere in ihrem Berufsfeld hatten, so sehr waren sie doch gezügelt durch die Leitmotive, von denen Direktor Eiselen 1867 in seiner Frankfurter Antrittsrede spricht:[382]

> *So muß denn auch jedes Glied eines Lehrercollegiums die Resignation besitzen, seine volle Thätigkeit an der Stelle zu entwickeln, wo es gerade steht, und nicht etwa mit einer solchen Thätigkeitsentwickelung zu warten, bis es an die eigentlich ihm gebührende Stelle gesetzt sei. [...] Unzweifelhaft ist ein tüchtiger Lehrer in unteren Classen mehr werth, als ein untüchtiger in oberen, niemals adelt die Stelle den Mann.*

Erst durch Erlaß vom 28.7.1892 entfiel die Stufung zwischen ordentlichen Lehrern und Oberlehrern, weil nunmehr alle etatmäßigen Lehrkräfte als Oberlehrer anzusprechen waren.[383]

Die Gymnasiallehrer lehrten aus der Wissenschaft und lebten aus der Kollegialität. Sie faßten dabei Kollegialität nicht als ein endliches Ziel oder Ergebnis ihres gemeinschaftlichen Handelns auf, sondern setzten sie als einen selbstverständlichen Modus ihrer Berufsausübung voraus. Zugleich waren sie sich der hoch einzustufenden Leistung bewußt, die sie damit erbrachten. – Der 67jährige Direktor (nach altem Brauch als *Rektor* tituliert) am Vitzthumschen Gymnasium in Dresden Prof. Ernst Ziel war in den 40 Jahren seines Berufslebens vom Konrektor zum Direktor aufgestiegen und hatte in Dresden seine dritte Direktorenstelle inne, war also hocherfahren in allen Fragen der Schulleitung.[384] An dieser Schule gab es satzungsgemäß unterhalb des Direktorats keine Rangordnung der Lehrer, sondern nur das Prinzip der Anciennität; außerdem war die Anzahl der Schüler auf 100 begrenzt – ebenso veraltete und bizarre wie einschneidende Rahmenbedingungen.[385] Bei seiner Verabschiedung 1885 erläuterte Ziel gegenüber dem Kollegium, der Schülerschaft und der Schulgemeinde an dieser seiner letzten Schule mit folgenden Bemerkungen sein Erlebnis von Kollegialität, in der er ein Schlüsselmerkmal des Gymnasiums sah:[386]

> *Wir haben lange Jahre zusammen in Frieden und Eintracht gelebt, wie selten ein anderes Kollegium, so daß einer meiner Rektorenkollegen mir einst sagen konnte: ‚Ja, in Ihrem*

382 Dir Dr. Friedrich Eiselen (1825–1917), Antrittsrede, *Leitende Gesichtspunkte*, Prog MusterSch Frankfurt a.M. 1868, 12.

383 OL Dr. Hugo Panowsky (*1860), *Zur Geschichte der Anstalt in den Jahren 1876–1901*, Prog Leibniz-Gym Berlin 1901, 10. – Kössler schreibt irrig: Panofsky.

384 Ernst Ziel war 1845–1857 Konrektor am Gym Celle, 1857–1865 Dir Gym Andreanum in Hildesheim, 1865–1870 Direktor Gym Clausthal und 1870–1885, mit dem alten Titel *Rektor*, der Leiter des Vitzthumschen Gym Dresden.

385 Vgl. Brauns/Theobald, Statistisches Handbuch, Bd. 1, 379–382.

386 Rektor Prof. Ernst Ziel (1818–1899), Abschiedsrede, Prog Vitzthumsches Gym Dresden 1886, 8.

Kollegium herrschen wahrhaft ideale Zustände'. Nun, meine Herren, ideale Zustände giebt's in der Welt nicht und kann's nicht geben und hat's darum auch bei uns nicht gegeben; wenn man aber gewissenhaftes, ernstes und einmütiges Streben, neidlose Anerkennung der Vorzüge und Verdienste anderer, Duldsamkeit gegen abweichende Anschauungen und Ansichten, friedliches Zusammenwirken im amtlichen, und freundschaftliches Zusammenleben im außeramtlichen Verkehr mit diesem Namen bezeichnen will, so kann man ihn mit Recht für die Zustände in unserem Kollegium in Anspruch nehmen.

Direktor Ziel, der sich in seiner Lob- und Dankesrede lediglich einer rhetorischen Figur bedient, nämlich des scheinbaren Gegensatzes zwischen einem Ideal und einer dem Ideal im Grunde nicht widersprechenden Praxiserfahrung, nennt und bekräftigt damit wesentliche Merkmale von Kollegialität, wie er sie erfahren hat: Verbundenheit in der Lehre, Achtung vor den Talenten der Kollegen, undoktrinäre Bewertung fremder Ansichten, freundlicher Umgang auch jenseits des dienstlichen Miteinander. Diese vier Eckwerte für die innere Verfassung des Gymnasiums sind nicht nur institutionstypisch, sondern sie können auch als berufsimmanent bewertet werden. Denn erstens sind sie durch eine außerordentlich dichte Überlieferung belegt und abgesichert, und zwar zumeist aus dem Anlaß des Nachrufs auf einen verstorbenen Kollegen oder autobiographisch aus dem der rückblickenden Abschiedsrede. Sodann ist dieses Merkmal über die ganze Zeitstrecke erhalten geblieben, findet sich für die frühen 1820er Jahre ebenso wie im letzten Jahrzehnt vor 1914. Drittens ist das Merkmal nicht spezifisch für ein bestimmtes Territorium Preußens, sondern tritt an den Gymnasien in allen Landesteilen zu Tage, von den Rheinprovinzen bis nach Ostpreußen oder Schlesien. Und endlich ist es in inhaltlicher Hinsicht musterhaft übereinstimmend und invariant. Über die normative Macht des kollegialen Gedankens läßt sich ein Urteil gewinnen, wenn man dem hausberufenen, aus dem Kollegium seiner Schule zum Direktor aufgestiegenen Ernst Grimsehl bei der Antrittsrede vor der Kollegenschaft zuhört: *Lassen Sie mich, indem ich die Leitung der Schule übernehme, nicht aus dem Kollegium ausscheiden.*[387] Offenbar bedeutete Kollegialität einen Zugewinn an Ordnung in dem im einzelnen gewiß komplexen, insgesamt aber *herrlichen Beruf.*[388]

Was in der täglichen Praxis zur Schaffung kollegialer Verhältnisse an Leistung erforderlich war, fiel vor allem dem Direktor zur Last. Denn der normale Lehrer besaß in der Schule und im Unterricht wenigstens die Autonomie des Klassenzimmers, während der Direktor als Adressat und Schlichter von Konflikten und als Wächter über das kollegiale Klima ohne Rückzugsraum auszukommen hatte. Er mußte befähigt sein, *zu berichtigen, aufzuklären, zu ermutigen, zu prüfen, in der Ausführung voranzugehen, den Intentionen der Staatsbehörde Geltung zu verschaffen*

387 Dir Ernst Karl Heinrich Grimsehl (1861–1914), Antrittsrede, Prog ORealSch Uhlenhorst Hamburg 1910, 11.

388 Dir Gustaf Adolf Lambeck (*1849), Antrittsrede, Prog RealGym Barmen 1895, 2.

und durch Beseitigung von Sonderbestrebungen die Einheit der Anstalt darzustellen.[389] Dabei wußten nur zu gut *wir Collegen, wie schwer das Verhältniss unter Amtsgenossen in voller Lauterkeit und Würde sich gestaltet.*[390] Der scheidende Direktor sei stets bereit gewesen, angemessene und berechtigte Wünsche zu erfüllen; ihm wird andererseits attestiert, bei Differenzen *sei niemals Groll in Ihrem Herzen zurück geblieben.* An einem anderen Direktor wird nicht nur die *treffliche Ordnung des Ganzen* gerühmt, sondern auch das *Vorbild männlicher Selbstüberwindung,*[391] das er als Direktor offenbar in Konfliktfällen gegeben hatte. Neben dem Ordnungswillen der Behörde für die Verhältnisse an der Anstalt und der Beobachtung des Direktors durch die Lehrerschaft stellen schließlich die Forderungen des Direktors an die Kollegen die dritte Perspektive dar. Bei ihrer Betrachtung wird deutlich, daß Kollegialität das Ergebnis eines Aushandlungsprozesses war.[392] Beim Amtsantritt am Gymnasium Nordhausen erbittet der neue Direktor Rothmaler von den Lehrern *all Ihre wissenschaftliche Tüchtigkeit, Ihre pädagogische Erfahrung, Ihren treuen Eifer für das Wohl unserer Anstalt;*[393] erst dadurch könne seine Amtstätigkeit zu *Wirksamkeit und Lebensfähigkeit* gelangen. Direktor Schmidt fordert bei Amtsantritt: *müssen wir selbst aufrechte Männer sein, die bieder und ehrlich mit eigener Meinung und selbständigem Urteil nicht zurückhalten;*[394] ihm liege es fern, *das Recht der Persönlichkeit anzutasten oder zu verkümmern, oder an einer wohlbegründeten Ueberzeugung achtlos vorüberzugehen.*

Wenn einem Direktor nachgerühmt wird, daß die erstaunliche Zahl von vier Kollegen seiner Schule anderswo Schulleiter wurden, so ist das *gewiß ein glänzendes Zeugnis für die Lehrkräfte, sowie für den richtigen Takt des Direktors, der dieselben seiner Anstalt zu gewinnen wußte.*[395] Aber wichtiger als die Erwähnung

---

389 OSchR GehR Dr. Hermann Deiters (1833–1907), Amtseinführung von Dir Dr. Leopold Contzen (1836–1918), Prog Gym Bonn 1895, 40.

390 Prof. Dr. Heinrich Theodor Habich (1807–1876), Verabschiedung von Dir OSchRat Dr. Valentin Christian Friedrich Rost (1790–1862), Prog Gym illustre Gotha 1860, 24. – Auch für das Folgende.

391 Prof. Dr. Wilhelm Hoffmann (1835–1900), NR auf Dir Prof. Dr. Wilhelm Theodor Paul (1831–1894), Prog Sophien-Gym Berlin 1895, 24.

392 Dir Ludwig Karl Wilhelm Ehrenthal (*1859), Antrittsrede, Prog Gym Halberstadt 1910: *Aber wie kann ein Direktor seine Aufgabe auch nur annähernd erfüllen, wenn er sich nicht eins weiß mit seinem Lehrerkollegium?*

393 Dir Dr. Adolf Rothmaler, Antrittsrede, Prog Gym Nordhausen 1872, 54. – Auch für das Folgende.

394 Dir Dr. Max Georg Schmidt (*1870), Antrittsrede, Prog RealGym Lüdenscheid 1912, 8. – Auch für das Folgende.

395 OL Anton Göbel (*1824), NR auf Dir Dr. Franz Brüggemann (1805–1858), Prog Gym Konitz 1859, 31. – Die 4 Lehrer, die zu Direktoren avancierten, sind ohne Akteneinsicht nicht nachzuweisen. Wohl aber sind besondere Verhältnisse des Schulorts anzusprechen: Das Gymnasium, eine jesuitische Gründung von 1623, wurde 1814

von Aufstiegsmentalität und Lehrqualität innerhalb des Kollegiums ist die Charakterisierung des Direktors für die wechselseitig konditionierte Verfassung des Gymnasiums, weil sie zeigt, wie elementar die aufgeräumte Kollegialität für den Direktor, wie elementar die direktoriale Amtsführung für die arbeitsfähige Kollegialität der Anstalt war. Beide Faktoren bedingten einander und wirkten auf eine Weise zusammen, von deren Subtilität der Nachruf auf Direktor Hanow in Züllichau spricht:[396]

> *Er war der Vorgesetzte; jeder fühlte seine geistige, wissenschaftliche, sittliche Ueberlegenheit; jeder brachte ihm unwillkürlich und als selbstverständlich den Tribut der Hochachtung auf das bereitwilligste dar; aber er selbst beanspruchte ihn nicht, noch weniger machte er sein Ansehen oder seine Stellung als Zwang geltend. Er versuchte zu überzeugen, zu gewinnen, und dies gelang ihm in wunderbarer Weise; befehlen hat er kaum je gewollt oder nöthig gehabt.*

Die Kompetenz für die Dämpfung von Konflikten war in diesem – im übrigen nicht ungewöhnlichen – Falle durch das Charisma eines Direktors gegeben. Aber auch von Natur aus weniger begabte Persönlichkeiten konnten als Direktoren auf die weitreichenden Amtsbefugnisse des Direktors zurückgreifen; zudem traten die Gewöhnung der Lehrerschaft an die schulische Hierarchie und die Freiheit des Lehrers bei der Gestaltung seines Unterrichts moderierend hinzu. Dieses weithin selbsttragende System war komplex und daher durchaus störanfällig. Als der 22jährige Karl Haage, sehr jung also, dazu noch *supernumerär*, d.h. außerordentlich und jenseits des genehmigten Stellenplans, an das Gymnasium Lüneburg berufen worden war und nach spektakulär kurzer Dienstzeit von 11 Jahren zu dessen Direktor ernannt wurde, gab es zwar keinen Widerspruch wegen mangelnder Eignung Haages, wohl aber Unmut wegen der verletzten Beförderungserwartungen anderer Lehrkräfte und verständlichen Widerstand im Kollegium gegen die behördliche Entscheidung.[397] Wenig anders motiviert waren die Schwierigkeiten, die Direktor Fabian in Tilsit erfuhr. Er war 1801 aus engen Verhältnissen geboren, hatte nach dem Besuch der *Pauper-Anstalt* und des Tilsiter Gymnasiums erst ein Theologie- und dann ein Philologiestudium absolviert und wurde 1844 zum Direktor seiner ehemaligen Schule ernannt. Er hat die Stelle nur zögernd angetreten,

---

als Königliches Katholisches Gymnasium neu gegründet. Die Stadt Konitz hatte 1859 rd. 6.000 Einwohner mit einer knappen protestantischen Mehrheit, während der Landkreis dominant katholisch war. Das Gymnasium war übergroß, schon Mitte der 1830er Jahre 323 Schüler (vgl. Brauns/Theobald, Statistisches Handbuch, 229) und entließ jährlich eine zahlenstarke Gruppe von 13–16 Schülern zur Universität.

396 OL Prof. Dr. Wilhelm Erler (*1820), NR auf Direktor Dr. Rudolf Hanow (1806–1873), Prog Gym Züllichau 1873, 16.

397 Vgl. Rudolf Haage [Sohn], *Lebensabriß des Direktors Dr. Karl Haage* (1801–1842), Prog Gym Johanneum Lüneburg 1898, 6.

weil er Schwierigkeiten voraussah, die auch eintraten.[398] Der Kern der Schwierigkeiten lag darin, daß die älteren Lehrer[399] im Kollegium seiner Schule nicht akzeptieren mochten, daß ihr ehemaliger Schüler nun ihr dienstlicher Vorgesetzter war.

> *Dadurch entstand viel Verdruß, der ihn um so tiefer traf, als er als Direktor von wahrer Pietät und Hochachtung gegen seine Lehrer erfüllt war und sich ernstlich bemühte, durch schonendes und zuvorkommendes Wesen seine Dankbarkeit zu zeigen. Auch war es seine Art, Kränkungen leicht zu vergessen [...]. Erst als öfters bewiesene Zuvorkommenheit für Schwäche genommen und unfreundlich zurückgewiesen wurde, änderte er Ton und Haltung. Abgesehen hiervon waren die Verhältnisse in dem ehemaligen Lehrer-Collegium durch manche Umstände so zerrüttet, daß ein freundlicher Verkehr der Collegen unter einander nicht statthaben konnte, andererseits hatte das Publikum sein Vertrauen von der Anstalt abgewendet. Doch Fabian ging unbeirrt seinen Weg, und da es ihm selten an einem treffenden, auch scharfen Worte fehlte, wich mancher seiner Gegner still zurück. Unter den Schülern war gleichfalls mancher Widerstand zu überwinden. Doch hier bewährte sich bald sein großes pädagogisches Geschick, das auf dem sicheren Grunde inniger und wahrer Liebe zur Jugend beruhte.*

Fabian verstand *Kollegialität* vor allem wohl als einen Ausgleich von Interessen. Auf diesem Weg hatte er zu seinem Vorteil und zur Durchsetzung direktorialer Autorität allerdings auch wirksame Hebel zur Verfügung, um die sich lange hinziehenden Querelen endlich für sich zu entscheiden, ohne ein Machtwort der Behörde bemühen zu müssen – nämlich die dienstlichen Vollmachten des Direktors, seinen guten Rapport mit den Schülern, die Gewinnung neuer guter Lehrkräfte, Erfolge in seinen Bemühungen zur Verbesserung der Lehrergehälter und, ebenfalls gewichtig, das Ansehen der Schule bei der Elternschaft.

Denn eine unabweisbare Aufgabe eines jeden Direktors war es, *das Wohl der ihm anvertrauten Anstalt zu befördern, ihren Flor zu erhöhen.*[400] Dafür standen zwei Wege offen – freundliche Anpassung des Direktors an die sächlichen und personellen Umstände oder zielbewußte, Maßstäbe setzende, dirigierende Kritik. So trat etwa bei dem einen Direktor im *Lehrercollegium mehr die Milde und Freundlichkeit seiner Gesinnung hervor, indem er die Individualität jedes einzelnen Lehrers gerne gewähren liess,*[401] während ein anderer Direktor unnachgiebig die Einhaltung

398 OL Prof. Heinrich Pöhlmann (*1822), *Zur Erinnerung an Gottlieb Theodor Fabian*, Prog Kgl. Gym Tilsit 1878, 24f. – Auch für das Folgende.

399 Das waren vermutlich OL Wilhelm Lentz (am Gymnasium 1812–1853), OL Ferdinand Heydenreich (1816–1856) und Lehrer Johann Schneider (1816–1859) – also die *Dreizehnender* des Kollegiums.

400 OL Wilhelm Buddeberg (1804–1865), NR auf Dir Paulssen, Prog Gym Essen 1835, 9.

401 OL Prof. Dr. h.c. Franz Biese, NR auf Dir Karl Friedrich Ferdinand Hasenbalg (1793–1851), Prog Kgl. Pädagogium Putbus 1852, 12.

seiner Maßstäbe forderte und *zuweilen recht schroff dreinfahren* konnte.[402] *Fand er alsdann seinen Mann immer noch bei demselben Leisten, lieber mit den Schülern als mit sich unzufrieden* [zu sein], *so ließ sich nun die gänzliche Verwerfung voraussehen. Denn in diesem Puncte war er fest und unbeweglich.*[403] Die Behörde hielt sich bedeckt, gab keine Verhaltensweisungen, sondern nur die Garantie dafür, daß das hierarchische Gefüge stabil blieb. Als Provinzialschulrat Giesebrecht in Neustettin den neuen Direktor Dr. Röder einführte, sagte er zu ihm,[404]

> *führe ich Sie, hochgeehrter Herr Director, dem Kreise wissenschaftlicher Männer zu, welche hier das Werk Gottes treiben, die Geister der ihnen anvertrauten Jugend zu schirmen und zu entfalten, gewiß, daß Sie kein Vertrauen, keine Neigung, keine Liebe werden unerwidert lassen.*

Der Subtext dieser Einführung, die Warnung an den neuen Direktor vor allzu schroffem Auftreten gegenüber den künftigen Kollegen, war fraglos nicht ohne behördliche Erfahrung. Denn die Wahl eines Direktors war eine Entscheidung der Behörde, die ohne Zuziehung des Kollegiums und fernab von heutigen Formen der Stellenausschreibung erfolgte. Das begünstigte autoritäre Verhaltensformen des Direktors: *Manchen hat er auch unangenehm berührt mit dem, was er sagte. Er färbte nicht, er besass den Mut, offen auszusprechen, was er als wahr erkannt zu haben glaubte.*[405] Der Direktor der hamburger Gelehrtenschule setzte mit der ihm eigenen Energie seine Absichten durch, *aber nicht ohne auf Erschwerung und Verkennung* zu stoßen.[406]

In der Praxis stellte es sich heraus, daß freundlich-geschmeidiges, aber unbeirrbares Festhalten an hohen, mindestens herausfordernden Standards den besten Erfolg versprach, *laterale Führungstechnik*, wie man heute sagt. Das kam sowohl den individuellen Interessen der Kollegen als auch den kollektiven der Anstalt entgegen. Gustav Lange in Berlin ließ den Kollegen in der Führung ihres Unterrichts

---

402 OL Prof. August Sartori (1827–1908), NR auf Dir Johann Friedrich Breier (1813–1880), Prog Gym Katharineum Lübeck 1881, 47. – *Gelegentliche Schroffheit* und *an Härte grenzende Festigkeit* wurden auch Peter in Schulpforta nachgesagt: OL Diederich Volkmann, a.o. Ecce für Karl Ludwig Peter, Prog Gym Schulpforta b. Naumburg 1893, 10.

403 Ernst Wilhelm Kalisch (*1793), *Das Andenken Spillecke's, des Schulmannes* [Dir August Gottlieb Spilleke], Prog Kgl. RealSch Berlin 1842, 9.

404 PSR Benjamin Adolph Friedrich Giesebrecht (1790–1855), Einführung von Dir Dr. Friedrich Röder, Prog Fürstlich-Hedwigisches Gym Neustettin 1845, 4.

405 Dir Dr. Wilhelm Werner Wittich (*1841), NR auf Dir Prof. Dr. Friedrich Kreyssig, Prog RealGym Kassel 1885, 27.

406 Dir Dr. Friedrich Schulteß, NR auf Dir Dr. Julius Bintz (1843–1891), Prog Gelehrtenschule Hamburg 1892, 5.

möglichst freien Spielraum;[407] sein Coburger Kollege Muther hatte, kaum anders, für die Wünsche seiner Lehrer *immer ein offenes Ohr und einen hilfsbereiten Willen.*[408] *Still und ruhig* ließ der Direktor der Frankfurter Musterschule daher die einzelnen Lehrkräfte sich selbständig entfalten, verfolgte *mit freundlichem Interesse auch die eigenthümlichen Lehrweisen* und hütete sich davor, *durch unnöthiges Eingreifen eine unbehagliche Stimmung* hervorzurufen.[409] Ein anderer Direktor trat am Gymnasium ebenfalls *schonend* auf, *ließ abweichende Ansichten sich offen aussprechen*, war *fast immer ein billiger Beurtheiler*, weil er auf *einträchtiges Wirken des Lehrer-Collegiums den höchsten Werth* legte, kannte aber bei aller Rücksichtnahme *keine schwächliche Nachgiebigkeit.*[410] *Lehrtüchtigkeit und ächte Humanität*, verklärt durch *eigenthümliche Milde und Freundlichkeit* waren im Kollegium hilfreich und waren, wie man aus dem seltenen Nachruf in der Zeitung folgern darf, auch öffentlich anerkannt.[411]

In allen überlieferten Zeugnissen zum Status oder zur Handhabung von Kollegialität steht die Person des Direktors im Mittelpunkt. Es ist aber nicht diese Gewichtung in der Überlieferung, die hier das Urteil anleitet. Selten war die Kollegialität ein Ergebnis nur persönlicher Souveränität im Umgang, wie sie etwa an Direktor Klein in Wiesbaden bewundert wurde:[412]

> *Eine der bewundernswertesten Eigenschaften unseres entschlafenen Freundes war die ihm eigene Art im Umgang mit seinen Kollegen. Er brachte es fertig, jedem die Wahrheit zu sagen, ohne zu verletzen, und war deshalb überall beliebt.*

Sondern Kollegialität war nach dem Modell des Gymnasiums vorgeformt, war als Ideal und als Realität nach Autoritätsstufung organisiert. Sie war damit ein Exponent der hierarchischen Ordnung des Schulwesens, in das die Beteiligten, jeder an seinem Ort und alle in ihren Gruppen, eingewilligt hatten und eingepaßt worden waren. Nur unter der Voraussetzung von Tüchtigkeit in der Amtsführung des Direktors konnte Kollegialität gedeihen. *Musterhafte Amtstreue, strenge Gewissenhaftigkeit*,[413] *musterhafte Ordnung und*

407 Dir Prof. Dr. Samuel Herrlich (*1846), NR auf Dir Prof. Dr. Gustav Lange (1839–1905), Prog Humboldt-Gym Berlin 1905, 24.

408 Dir Dr. Heinrich Beck, NR auf Dir Dr. Heinrich Muther (1825–1901), Prog Gym Coburg 1901, 21.

409 Dir Dr. Karl Friedrich Ludwig Kühner, NR auf Dir Friedrich Konrad Bruckner, Prog Musterschule Frankfurt/M 1852, 35.

410 Heinrich Julius Kämmel, NR auf Dir Prof. Friedrich Lindemann, Prog Gym Zittau 1854, 9.

411 NR auf Dir Carl August Cadenbach (1804–1868), Heidelberger Zeitung v. 3.4.1868.

412 OL Dr. Eduard Wickel (*1859), NR auf Dir Prof. Dr. Otto Klein (1857–1906), Prog RealSch am Zietenring Wiesbaden 1907, 5.

413 OL Wilhelm Buddeberg, NR auf Dir Paulssen, Prog Gym Essen 1835, 8. – Für Strenge als Programm vgl. Nachruf auf Kondirektor Wilhelm Friedrich Pietzsch (1835–1896),

Pünktlichkeit,[414] *seltene Vereinigung von bedeutenden Eigenschaften, von geselliger Tugend, Bedürfnislosigkeit und Lust und Kraft zu rastloser Arbeit*[415] waren keine Ausnahmeerscheinungen, sondern die berufstypischen Voraussetzungen des Direktors insgesamt und besonders für eine kollegiale Atmosphäre. Hinzu kamen Charakterfestigkeit, feinfühliger Umgang mit den Kollegen, Hilfsbereitschaft und Rücksichtnahme im Führungsstil, aber auch strategisches Kalkül in Sach- und Personenfragen.

> *Alles anmaßende, herrische Wesen, alle Pedanterie war ihm gründlich zuwider. Sein Rektorat führte er mit Weisheit, Liebe und Würde.*[416]
>
> *daß in seiner Art, mit uns zu verkehren, ein starker Zug von Vertrauen lag. [...] Er hat groß und frei vom Lehramt gedacht, groß und frei auch von seinen Lehrern. Zudem, nichts lag ihm ferner, als Person und Sache miteinander zu vermischen. Alles in allem, er war gerecht.*[417]
>
> *Wo sein Eingreifen erwartet werden konnte, da liess er es auch niemals an sich fehlen, und seine Collegen wussten, dass seine Umsicht und Entschiedenheit, sein persönliches Ansehen alles Wünschenswerthe oder gar Nothwendige durchsetzte, das Bedenkliche leicht zurückdrängte oder fern hielt.*[418]
>
> *Unparteilichkeit und Gewissenhaftigkeit und aufrichtigstes Wohlwollen*[419]
>
> *Er folgte keineswegs immer der zufälligen Rangordnung; denn er wollte nicht den Umständen dienen, sondern hielt sich berufen, lebendige Principien zu vertreten. [...] Um also die verwendbaren Kräfte je an den geeigneten Platz zu stellen, überlegte er sich, welche Anordnung dem Ganzen am heilsamsten und für jeden Einzelnen erfreulich oder*

Prog RealGym Zwickau 1896: *Geboren von Eltern, die ihn wohl nur spärlich mit irdischen Gütern ausstatteten, dafür aber im Besitze eines kostbaren Gutes anderer Art festigten: der Kunst einer strengen Lebensführung.*

414 Konrektor Prof. Dr. Oskar Friedrich, NR auf Dir Heinrich Julius Kämmel, Prog Gym Zittau 1882, 16.

415 Prediger Prof. Hermann Scholz, NR auf Dir Dr. Karl Schaper, Prog Joachimsthalsches Gym Berlin 1886, 8.

416 Rektor Adolf Planck, NR auf Rektor Dr. Julius Rieckher, Prog Gym Heilbronn 1878, XIV.

417 Prediger Prof. Hermann Scholz, NR auf Dir Dr. Karl Schaper, Prog Joachimsthalsches Gym Berlin 1886, 8.

418 Dir Heinrich Julius Kämmel, NR auf Dir Prof. Friedrich Lindemann, Prog Gym Zittau 1854, 8.

419 Konrektor Prof. Dr. Oskar Friedrich, NR auf Dir Heinrich Julius Kämmel, Prog Gym Zittau 1882, 17.

doch billig sein werde. [...] Alles in Allem wurden der Gemeingeist und die Arbeitslust gesteigert, und man lebte auf die Dauer in Eintracht.[420]

Es war keine flüchtige Vision, daß eine Schule vom Segen agonal erreichter oder auf friedfertige Weise ausgehandelter Leitlinien geleitet werden sollte, die sich auf gemeinsame Beschlüsse berufen konnte; auch ist diese Vorstellung nicht das endliche Ergebnis einer langen institutionellen Entwicklung. Vielmehr wird das Gymnasium schon früh – analog zum Modell von Familie[421] – als ein Organismus aufgefaßt, der von immer wieder neu erlangter Ordnung getragen wurde:[422]

---

420 Franz Christian Reuter (1823–1876), Mitteilungen aus dem Leben des Directors Johann Heinrich Jakob Bartelmann (1816–1868), Teil III, Prog Gelehrtenschule Kiel 1878,30f.

421 Vgl. Konrektor Prof. Dr. Otto Kämmel (1843–1917), Gedächtnisrede für Rektor Prof. Dr. Friedrich Theodor Hugo Ilberg, Prog Gym Dresden-Neustadt 1884, 27: *Doch ein tröstend erhebendes Gefühl war es,* [...] *daß alle empfanden wie die Glieder einer einzigen grossen Familie.* – Dir Ernst Ziel (1818–1890), Antrittsrede, Prog Vitzthumsches Gym Dresden 1870, 7: *Lassen Sie uns bei aller Freiheit und Selbständigkeit, die dem Einzelnen innerhalb eines wohlgeordneten Organismus gestattet ist, die Einigkeit des Geistes halten durch das Band des Friedens; haben Sie Vertrauen zu mir wie ich zu Ihnen.* – Diese Passage der Antrittsrede von 1870 wurde in der Abschiedsrede 1886 wieder aufgegriffen – ein Beleg dafür, daß solche Äußerungen nicht leichthin getan wurden. – Noch intensiver verknüpft Familie und Schule Dir Dr. Karl Friedrich Julius Koppen (1841–1927), Antrittsrede, Prog König-Wilhelms-Gym Stettin 1894, 6: *Ich erkenne es als eine meiner ernstesten Pflichten an, dahin zu streben, dass, wie die Familie auch eine Schule sein soll, so die Schule auch eine Familie sei.* [...] *Darin soll die Schule der Familie gleichen, daß nicht dem Gesetz, sondern der Liebe das erste und letzte Wort in ihr gebührt, daß die Liebe der auch dem Zögling stets fühlbare Untergrund des Gesetzes sein soll, – damit er lerne, was ein Hauptziel aller Erziehung bleibt, die Pflicht selbst zu lieben.*

422 Rektor Dr. Johann Friedrich Ernst Meyer (1791–1851), *Das Haus muß eine Schule, die Schule ein Haus sein*, Prog Gym Eutin 1839, 5. – Dir Dr. Friedrich Eiselen, Antrittsrede *Leitende Gesichtspunkte*, Prog Musterschule Frankfurt a.M. 1868, 11: *aber wir sind Theile eines organischen Ganzen, das von dem Ineinandergreifen unserer Thätigkeit, von dem übereinstimmenden Grundzuge derselben abhängt.* – Ebenso PSR Dr. Theodor Wehrmann, Rede zur Eröffnung des neuen Gym, Prog Gym Pyritz 1860, 16: *Sie finden hier nicht* [...] *ein bestehendes Collegium von schon ausgeprägtem Geist und Charakter vor. Nein, Sie sollen selbst von diesem Augenblicke an eins bilden, sich zusammenfügen als Glieder zu einem Organismus, darin ein Glied an dem andern hängt und dessen Handreichung empfängt und alle zusammengehalten werden durch das Band der Liebe. Von dem Geiste, den Sie in Ihrem Collegium entwickeln, hängt größtentheils das Wohl und Wehe dieses Gymnasiums ab.*

Feindseliges Entgegenstreben ist da Unnatur, wo im einmüthigen Zusammenwirken alles Heil liegt, ist Versündigung an der Schule, wo, wie im Hause, der Friede walten soll. Eintracht der Lehrer wollen wir lieber der Schule wünschen; damit wünschen wir etwas Hochwichtiges, ja etwas, dessen sie zu ihrem Gedeihen nie und nimmer entbehren kann.

Das implizierte wechselseitig persönliche Fürsorge und berufsethische Achtsamkeit in dem *beglückenden collegialischen Vereine.*[423] Direktor Schöler in Erfurt versicherte den Kollegen, er werde es *als meine heiligste Pflicht erachten, mit Ihnen alle Beschwerden Ihres Berufes zu theilen und Sie nie zu verlassen, wo Sie meines Trostes, meiner Fürsprache oder meiner Vertretung bedürfen.*[424] Direktor Dietsch meinte eine Wertegemeinschaft, als er von *meinen geehrtesten, theuersten Herren Collegen* sprach.[425] Direktor Bindseil erklärte in seiner Antrittsrede: *Die nächsten und wichtigsten Mitarbeiter aber für mich, das sind Sie, werte und liebe Amtsgenossen.*[426] Direktor Lehmann in Marienwerder adressierte seine Kollegen als *hochverehrte und theure Amtsgenossen*[427] und sagte im Rückblick auf die kollegialen Verhältnissen seines voraufgegangenen Dienstes am Gymnasium Danzig, es habe ihn dort *treue Freundschaft der hochgeachteten und inniggeliebten Amtsgenossen im hohen Grade beseligt.* Direktor Müller in Jever forderte, es müssten *Einer für Alle und Alle für Einen* stehen;[428] dann werde man stark genug sein, um *alle Schwierigkeiten zu überwinden, die dem Wirken des Schulmannes entgegen treten,* und schloß seine Antrittsrede mit der Bitte, *lassen Sie mich nicht vergebens auf Ihr Wohlwollen, Ihre Freundschaft, Ihr Vertrauen gezählt haben.* Direktor Heiland in Stendal versicherte dem Kollegium, er wolle *demselben heiligen Werke dienen, als ein Gehülfe Ihrer Arbeit und Ihrer Sorgen.*[429]

---

423 Prog Archigym Soest 1837, 13.

424 Dir Prof. Dr. Georg Schöler (1793–1865), Antrittsrede, Prog Gym Erfurt 1844, 10.

425 Dir Prof. Dr. Rudolf Dietsch (1814–1875), Abschiedsrede als Direktor in Plauen 1866, in: Dietsch, Schulreden. Leipzig: Teubner 1876, 33. – Dietsch wechselte auf das Rektorat der Landesschule Grimma, das er bis 1872 versah.

426 Dir Theodor Friedrich August Bindseil, Antrittsrede, Prog Gym Seehausen 1890, 18. – Zur Notwendigkeit von Kollegialität: *Ich bin mir wohl bewußt, daß der Direktor ohne die willige und freudige Mithilfe der Lehrer befriedigende Erfolge für das Ganze nicht zu erzielen vermag und daß es zu seinen wichtigsten Aufgaben gehört, die Kräfte aller Mitarbeiter so nutzbar als möglich für das Ganze zu machen, die Berufsfreudigkeit so viel als möglich zu fördern und ganz besonders die rechte Mitte zu halten zwischen der Betonung der notwendigen Einheit und der Rücksicht auf das freie Walten der Persönlichkeit.* Ebenda.

427 Dir August Johann Lehmann (1802–1883), *Der freudige Muth des Schulmannes,* Antrittsrede, Prog Gym Marienwerder 1836, 14. – Auch für das Folgende.

428 Rektor Ludolf Heinrich Otto Müller (1808–1875), Antrittsrede als Dir, Prog Gym Jever 1850, 13. – Auch für das Folgende.

429 Dir Dr. Karl Gustav Heiland (1817–1868), Antrittsrede, Prog Gym Stendal 1855, 7.

Ein einziges Bespiel mag einen notorischen Problem-Typus belegen und mag für das Aktionsfeld zeigen, wie lange die Aushandlung von schwierigen Problemen dauerte, wie kräftezehrend für die Gefühle von Kollegialität sie war, wie belastend die Aussichtslosigkeit einer Lösung gewesen sein muß und wie tragfähig dennoch die Gemeinsamkeit war. Es geht um einen völlig ungebärdigen, nicht anpassungsbereiten Schüler, für den 1838 die Kollegen der Großen Stadtschule Wismar das *concilium abeundi* wünschten, für das aber die Einstimmigkeit erforderlich war, die der Direktor durch seinen Widerspruch dauerhaft verhinderte:[430]

> *1838 beschäftigte die Lehrer [...] eine langwierige Disciplinaruntersuchung einen Schüler betreffend, der sich wiederholter großer Excesse gegen die Schulordnung, namentlich durch höchst unsittliche Reden vor den Mitschülern und durch schmutzige Anschriften an öffentlichen Orten, auch durch Einwerfen der Fenster eines Lehrers u.s.w. schuldig genmacht hatte. Dieses trotz aller uns zu Gebote stehenden Mittel unverbeßerlich scheinende Betragen schien endlich zur Anzeige beim Schuldirektor und zur Beantragung der Verweisung des Knaben geeignet. Auf diese Strafe wollte jedoch der Schuldirector (Hofr. Dahlmann) nicht eingehen, weil das Alter des erst 13jähr. Knaben zu berücksichtigen sei. Die Lehrer hingegen mußten auf den schädlichen Einfluß hinweisen, den das Bleiben des Knaben auf die Sittlichkeit seiner Mitschüler ausüben würde. Es entspannen sich bei dieser Differenz der Ansichten und über die Auslegung der diesen Punkt betreffenden Schulgesetze weitläufige, theils schriftliche theils mündliche Verhandlungen vor dem Schuldirector. Man einigte sich endlich mit dem Schuldirector dahin, daß der Schüler zwar, unter Erleidung einer milderen Strafe vorläufig an der Schule geduldet, jedoch ihm auch vor der Conferenz erklärt werden sollte, er habe eigentlich die Verweisung verdient, sie solle jedoch diesmal nicht vollzogen werden, wenn er aber diese Hoffnung enttäusche, unfehlbar eintreten. Die Erziehung des Schülers machte uns jedoch bis zu seinem endlichen Abgange noch manche Noth.*

Die staatlichen oder städtischen Behörden haben solchen innerschulischen Vereinbarungen und Findungsprozessen mit distanziertem Interesse am Ergebnis zugesehen, haben aber von direkter Einwirkung abgesehen.[431] Daß die Behörde das Problem sah, belegt das Beispiel der Einführung des neuen Direktors für das Marzellen-Gymnasium in Köln. Bei dieser Gelegenheit legte Provinzialrat Vogt dem neuen Direktor sachdienliche Verhaltensmuster nahe:[432]

---

430 Rektor Prof. Dr. Carl Ferdinand Crain, Geschichte der Wismarschen Großen Stadtschule, Prog Gym Wismar 1863, 18f.

431 Vgl. die anerkennende Verfügung des Schul-Collegiums Stettin v. 15.1.1829, zitiert in Dir D. Johann Samuel Kaulfuß (1780–1832), Bericht über die Zustände 1825, Prog Kgl. Gym Neustettin 1830, VI: *Insbesondere hat es uns zum Wohlgefallen gereicht, in dem Bericht unsers Kommissarius das freundliche kollegialische* [Ein] *Vernehmen gerühmt zu wissen, welches Sie im Verein mit Ihren Mitarbeitern zu erhalten* [...] *zu vermögen gewußt haben.*

Ihre eigene schulmännische Erfahrung wird Sie vor dem Wahn behüten, als könnte überall das diktatorische Wort des Anstaltsleiters, die Berufung auf die amtliche Autorität, die Arbeit der Amtsgenossen zur rechten Fruchtbarkeit bringen. Sie wissen und werden es in Ihrem neuen Amt immer mehr erfahren, daß der Chef eines Lehrerkollegiums sich nicht vermessen darf, die einzige lebengebende Quelle sein zu wollen, aus welcher die Geister seiner Mitarbeiter gespeist werden müssen, daß er die Mitarbeiter mehr zu gewinnen als zu beherrschen, mehr zum Rechten verständniserweckend anzuregen als zu zwingen berufen ist, daß er nicht nur geben, sondern auch empfangen soll, daß seine vornehmste Aufgabe ist, die berechtigte Eigenart der Kollegen zu freier und freudiger Bethätigung im harmonischen Zusammenwirken zu entfalten, aus dieser Eigenart das Beste auch in sich selbst aufzunehmen, zu persönlichsttter Einheit zu bringen und das so ihm eingewordene[433] *Beste aller in seiner Gesamtheit wieder als Vorbild für jeden seiner Amtsgenossen herauszustellen.*

Der gemessene Tonfall – eher eine Beschreibung und Bestätigung als eine Anweisung – war durchaus situationsgerecht. Denn die Direktoren hatten sich die behördliche Empfehlung für *die heilige Gemeinschaft des Lehramts,*[434] wie einer von ihnen formulierte, längst zu eigen gemacht. Rektor Eckstein erklärte jedenfalls in seiner beim Abschied aus der Leipziger Thomasschule gehaltenen Rede, er habe sich *stets als primus inter pares betrachtet, niemals das sic volo, sic iubeo geltend gemacht, mehr durch Beispiel und Vorbild Einfluß geübt und vor allem die Individualität geachtet und den Geist der Gemeinschaft gepflegt.*[435]

Strategisches Führungstalent des Direktors, seine Aufrichtigkeit und fachliche Kompetenz allein waren für die Erlangung von Kollegialität allerdings nicht ausreichend. Es bedurfte auch der Leistungen von Seiten der Lehrer,[436] die ebenso wie die Direktoren von der Behörde auf die Vorteile von Kollegialität verpflichtet wurden: *Sie alle aber haben in dieser Lebensgemeinschaft die Erfahrung gemacht,*

432 Provinzialschulrat Dr. Edmund Vogt (1839–1885), Einführung von Dir Dr. Heinrich Milz (1830–1909), Prog Marzellen-Gym Köln 1885, 5. –Vgl. auch ProvSchR Dr. Julius Mützell (1807–1862) bei der Feier des Gym Landsberg a.d.W. 1860, 10: *Die Lehrer machte er darauf aufmerksam, daß, um in einem Geiste und einem Sinne zusammen wirken zu können, es vor allem erforderlich sei, daß sie einander ein offenes, männliches Vertrauen entgegenbrächten, auf dessen Grundlage allein die natürliche Verschiedenheit der pädagogischen und didaktischen Ueberzeugungen zum Austrag kommen und eine fruchtbare Einmüthigkeit des Wirkens und Schaffens im Geist und in der Wahrheit ins Leben treten könne.*

433 Zu eigen gewordene, zuteil gewordene.

434 Dir Prof. Dr. Rudolf Dietsch, Abschiedsrede 1866 als Rektor des Gym Plauen, in: Rudolf Dietsch, Schulreden. Leipzig: Teubner 1876, 33.

435 Rektor Dr. Friedrich August Eckstein, Abschiedsrede, Prog Thomasschule Leipzig 1882, 23. – Juvenals Wortlaut (Satire vi, 223) *hoc volo* wird, wie oben, gern etwas schmissiger zitiert.

daß nichts die Mühen unseres Standes in dem Maaße erleichtert, wie das innige Einverständniß mit den befreundeten Amtsgenossen.[437] Deshalb wurde etwa dem Oberlehrer Wetzel in Berlin undoktrinäre Urteilsfähigkeit als Beitrag zur Kollegialität nachgerühmt:[438]

> *Nie stellte er seine Ansicht aufdringlich in den Vordergrund, noch blickte er geringschätzend auf eine fremde Meinung herab; bescheiden trat er stets zurück und war bei aller Selbständigkeit des Denkens gern fremden Beweisgründen zugänglich. Dabei besaß er eine scharfe Beobachtungsgabe und wußte uns oft genug durch die Richtigkeit seiner Auffassung zu überraschen. Aber sein Urteil war nie schroff.*

Solche Selbständigkeit der Kollegen bewährte sich auch nach außen. Der Direktor der Landesschule Schulpforta, Volkmann, berichtet im Nachruf auf seinen Vorgänger von zwei bemerkenswerten Episoden vom *kollegialischen Geist unter den Genossen*, bei denen die Behörde sich vom besseren Urteil der Lehrer bestimmen ließ.[439] – Als Vertreter der meiningischen Schulbehörde reiste 1835 der Konsistorialrat Seebeck[440] nach Halle, wo fünf Lehrer an der lateinischen Hauptschule der Franckeschen Stiftungen tätig waren: Stehr, Ruge, Echtermeyer, Seyffert und Peter. Seebeck wollte den Unterricht von Moritz Seyffert hospitieren, da er ihn zum Direktor des Gymnasiums Meiningen vorgesehen hatte, und bot ihm nach der Stunde die Stelle an. Seyffert aber erwiderte:

> *Herr Konsistorialrat, ich bin für diesen Posten schwerlich geeignet. Wenn ich Ihnen raten darf, so hospitieren Sie in der nächsten Stunde bei meinem Freunde Peter. Das ist für Sie der rechte Mann.*[441]

Seebeck ließ sich dazu bestimmen, und Karl Ludwig Peter trat 1835 das Direktorat in Meiningen an, wo er die Schule in ein Gymnasium umwandelte und zum Schulrat ernannt wurde, ehe er 1854 Direktor in Anklam wurde und damit in preußische

---

436 Vgl. Dir Hermann Fritsche, Abschiedsrede, Prog Friedrich-Wilhelms-RealSch Grünberg i.Schl. 1884, 5: *danke ich den Erfolg wesentlich Ihrem collegialischen Sinne, der auch bei Meinungsverschiedenheiten sich des Zieles bewußt blieb. Gott behüte diese Schule, Gott behüte Euch alle! Lebt wohl!*

437 PSR Friedrich Giesebrecht, Einführung des neuen Direktors, Prog Kgl. Gym Neustettin 1845, 4.

438 OL Prof. Dr. Heinrich Böttger, NR auf OL Prof. Emil Wetzel, Prog Dorotheenstädt. Gym Berlin 1903, 24.

439 Dir Prof. Dr. Diederich Volkmann, *Außerordentliches* [d.h. nicht das am Schuljahresbeginn übliche] *Ecce für Dir Dr. Karl Ludwig Peter*, Prog Porta 1893, 5f.

440 Karl Julius Moritz Seebeck (1805–1884), hoch angesehener Reorganisator des meiningischen Schulwesens.

441 Moritz Seyffert (1812–1871) wechselte später an das Joachimsthalsche Gym Berlin, wo er als Professor ein gefeierter Lehrer der alten Sprachen war.

Dienste wechselte. Die zweite Episode spielt in Meiningen, wo Peter als der neue Schulleiter die übernommene Anstalt in ein Gymnasium umwandelte, aber mit dem Leistungsstand der Schüler herzlich unzufrieden war. Alle Schüler mußten daher eine Eingangsprüfung ablegen, und nicht wenige wurden um eine Klasse oder gar zwei zurückgestuft. Der erwartbare Elternprotest, *eine nicht geringe Aufregung*, ballte sich in Beamtenkreisen des meiningischen Hofes und führte zu dem Beschluß, ein besonderes Kuratorium zu bilden und zwischen Schulbehörde und Direktor einzusetzen. Der Konflikt löste sich erst durch den Entschluß ganz ungewöhnlicher Solidarität des Kollegiums mit dem Direktor. Denn die Kollegen erbaten alle ihre Dienstentlassung für den Fall, daß dieses Sondergremium installiert würde. Daraufhin *zog der Landesherr, der wohl wußte, wie tüchtige Männer am Gymnasium seiner Residenz wirkten, ohne Zögern seine Forderung zurück.*[442]

Diese beiden Episoden bewahren vor der Annahme, daß die Kollegialität am preußischen Gymnasium des 19. Jahrhunderts im wesentlichen ein bloßes Dekor der Festrede war. *Planvolle, auf Einverständnis beruhende Arbeit*[443] war der einvernehmliche Modus, *ein Verhältnis gegenseitiger Unterstützung auf dem ernstesten Gebiet des nationalen Lebens,*[444] *ein seltener Bund innigster Gemeinschaft.*[445] Die professionellen Überzeugungen sprechen dafür, daß unter den Lehrern ein ständisches Bewußtsein selbstverständlich und handlungsleitend war:[446]

> *Mir scheint für ein Lehrercollegium nichts wichtiger, als dass es einträchtig ist. Würde es sich nur darum handeln, practische Kenntnisse zu vermitteln, nur den Verstand zu bilden, oder irgend eine Fertigkeit zu erzielen, so wäre ein inneres Band unter den Lehrern nicht erforderlich, sondern jeder könnte lehren ohne Rücksicht auf und ohne Pietät für den anderen. Aber bei der Erziehung der Jugend handelt es sich um ein Größeres, nicht blos um Wissen, sondern auch um Gewissen, nicht blos um Verstand, sondern auch um Herz, nicht blos um Geist, sondern auch um Charakter. Aus allem einzelnen, was die Jugend lernt, soll ein allgemeines, aus jeder Vorstellung ein Begriff, aus jedem Satz ein Grundsatz werden, und da, meine Herren Collegen, ist durchaus Einheit und Eintracht der Lehrenden notwendig, notwendig, dass der eine pietätvoll das achtet und pflegt, was*

442 Dir Dr. Diederich Volkmann, *Außerordentliches Ecce für Dir Karl Ludwig Peter*, Prog Schulpforta 1893, 6.

443 Rektor Prof. Dr. Christian Fürchtegott Muff, Antrittsrede, Prog Landesschule Schulpforta 1899, 18.

444 Dir Eugen Trosien, Antrittsrede, Prog Gym Hohenstein 1870, 23. – Trosiens eindrucksvolle weitere Karriere: 1876 Dir Kgl. Gym Danzig, 1883 PSR Königsberg, 1889 Geh. RegR, 1892 ORegR und Dir des PSK in Magdeburg, 1908 D. hc. der theologischen Fakultät Halle Oktober 1876.

445 HofR Prof. Dr. Johannes Traugott Jacob, Festschrift *Das Kgl. Gymnasium Dresden-Neustadt 1874–1899*, Dresden 1899, 4.

446 Dir Eugen Trosien, Antrittsrede, Prog Kgl. Gym Danzig 1877, 20.

der andere gepflanzt hat, und nicht schonungslos mit dem Mehltau des Spottes dasjenige zu Schanden macht, was der andre gross gezogen hat.

Wenn eine solche Verhaltensdisposition nicht gewährleistet war, wie etwa bei Lehrern, die neu in ein Kollegium eintraten, wurden sie unmißverständlich mit der Erwartung eines solchen Verhaltens konfrontiert und auf den Geist der Gemeinschaft eingeschworen: *heiße ich Sie in unserem Kreise willkommen und hoffe und wünsche, daß Sie mit ächter Collegialität, ich sage mit vertrauender, wohlwollender und friedfertiger Gesinnung in denselben eintreten und uns als Ihren Amtsgenossen sich anschließen werden.*[447]

Das Bewußtsein, als Lehrer ein Mitglied einer hervorgehobenen Gruppe zu sein – geadelt durch eine qualifizierte Ausbildung ebenso wie durch einen verantwortungsvollen Auftrag –, hatte das Bewußtsein einer Gemeinschaft formiert. Als Direktor Wiedasch sich von den Kollegen in Wetzlar verabschiedete, weil er die Leitung in Ilfeld übernehmen wollte, bekannte er ihnen gegenüber, *ohne Ihre vereinte Kraft, ohne Ihren Rath, ohne Ihre Einsicht, ohne Ihren Eifer*[448] wäre seine Leitungstätigkeit ohne Erfolg gewesen, und nannte als die von ihm erlebten Elemente von Kollegialität: *Ihr Beistand, Ihre Weisheit, Ihre Pflichttreue.* Noch am Vorabend des Ersten Weltkriegs verstanden die Lehrer sich *nicht als nebeneinander unterrichtende Beamte, sondern als Menschen in einer sittlichen Lebensgemeinschaft.*[449] *Ächte Collegialität mit vertrauender, wohlwollender und friedfertiger Gesinnng*[450] wurde schon dem neu eintretenden Lehrer abverlangt.[451] Solche Selbstbeschreibungen galten für die Lehrerschaft insgesamt, waren nicht gelegentlich anzutreffen, sondern in der Fläche vorhanden und auf Dauer gestellt, signalisierten nicht

447 Dir Prof. Philipp Karl Hess, Rede bei der Einführung des OL Dr. Hermann Hausdörffer (*1812) 1855, Prog Gym Wolfenbüttel 1864, 6.

448 Dir Ernst Wiedasch (1786–1857), Abschiedsworte, Prog Gym Wetzlar 1834, 12f. – Auch für das Folgende.

449 NR auf Prof. Dr. Hermann Bruncke, Prog Herzogl. Gym Wolfenbüttel 1941, 21.

450 Dir Prof. Philipp Karl Hess, Einführung 1855 des OL Dr. Hermann Hausdörffer, Prog Gym Helmstedt 1864, 6. – Es ist nicht überliefert, weshalb der Abdruck der Einführungsrede um 11 Jahre verzögert war; aber die Tatsache des Abdrucks belegt nachdrücklich, wie wichtig die Sache war und wie dauerhaft sie sich dem Gedächtnis eingeschrieben hatte. – Bei einem Treffen der Kollegen *an heiterer Festtafel* der Großen Stadtschule Rostock bestand fast die Hälfte der Teilnehmer aus ehemaligen Lehrern, die sich v.a. am Rückblick auf ihre *collegialische Einigkeit* erfreuten. Prog Gr. StadtSch Rostock 1856, 18.

451 Die Anpassungsforderung war geläufig, vgl. Dir Dr. Wilhelm Büchner (1807–1891), Prog Gym Fridericianum Schwerin 1870, 27f: *Jeder neueintretende Lehrer [... pflegt aus seinem früheren Kreise bestimmte Anschauungen mitzubringen, denen wiederum zu entsagen ihm nicht ganz leicht wird; und dennoch ist es nothwendig, da jeder Ort seine Eigenthümlichkeiten hat, die aus ganz bestimmten Verhältnissen erwachsend*

den Zufall örtlicher Verhältnisse, sondern sie sind typologisch aufzufassen. Die Gymnasiallehrer waren nicht *Räder einer Maschine,*[452] die von einem *tüchtigen Maschinendirektor* nach Zweckmäßigkeit in Gang gehalten und gewartet wurden, sondern sie waren *Personen mit concreten Gaben und Charakteren, nach Charakter und Geistesart verschieden.*[453] Was dagegen ihre individuellen Unterschiede in Temperament, fachlicher Kompetenz und Unterrichtsstilen im Blick auf die Institution einebnete, war die Wertegemeinschaft, der sie sich verpflichtet wußten und deren Respekt sie genossen: ihre ständische Zusammengehörigkeit, der Rang ihrer Ausbildung, der Zugang in den Beruf, der institutionelle Rahmen und das gesellschaftliche Ansehen ihrer Berufstätigkeit.

4.2 Amtsführung und Tugendmuster

res severa verum gaudium[454]

Lehrertugend als Attribut verweist sowohl auf dienstliches Handeln als auch auf die private Lebensführung und ist daher ein bemerkenswert breit gefächertes Aktionsfeld. In ihm mischen sich normative Merkmale wie etwa die so häufig beschriebene *Amtstreue* (Dienstführung, Lehrtätigkeit, Erfüllung der Erwartungen der Behörde, Gehorsam gegenüber direkten behördlichen Auflagen, Kollegialität) mit deskriptiven Merkmalen des Unterrichtserfolgs und der Persönlichkeit. Beides unterliegt dem Urteil von außen, dem der Behörde, der Kollegenschaft, der Schüler und der Eltern, und setzt voraus, daß der Lehrer zugleich als Vertreter von Normen und als Person wahrgenommen wurde. Weit überwiegend finden sich solche Urteile in den Nachrufen auf verstorbene Kollegen. Die quellenkritischen Zweifel – *de mortuis nil nisi bene?* –, die sich an die Herkunft und Natur dieser Urteile richten, sind indessen weniger berechtigt, als sie zunächst scheinen. Zwar könnte bezweifelt werden, daß die dargestellte Person wirklich so gewesen ist, wie die Trauerrede sie zeichnet. Aber in der konkreten Situation hielt sich Schönfärberei der Urteile in sehr engen Grenzen, weil die Person denen direkt bekannt war, an die sich die Widmung richtet. Auch äußern sich die Kollegen noch im Nachruf oft genug kritisch, mit offenen Worten über die unduldsame Härte und schülerferne Rigorosität des Unterrichts. Gerade hier wird eine besondere Eigenschaft des

nicht unberücksichtigt bleiben können, denen der neue Lehrer Manches, was anderwärts unter andern Verhältnissen seine volle Berechtigung hatte, dennoch ohne Weiteres zum Opfer bringe.

452 Dir Dr. Friedrich Eiselen, Antrittsrede *Leitende Gesichtspunkte*, Prog Musterschule Frankfurt a.M. 1868, 11. – Auch für das Folgende.

453 Dir Paul Eduard Ludwig Cauer, Abschiedsrede, Prog Gym Düsseldorf 1906, 30.

454 Nur die ernsthaft betriebene Sache bereitet wahre Freude. Seneca an Lucilius 23,4. – Auch Motto des Gewandhauses Leipzig (heute im Konzertsaal über der Orgel).

Nachrufs deutlich: Er egalisiert die vielen Verhaltensformen und Wesensmerkmale eines Menschen dadurch, daß er die dominante Seite heraushebt. Bei einem notorisch groben Lehrer entfällt in der Regel der Hinweis, daß er sich einmal ruhig, zuvorkommend und besonnen verhalten hat. Umgekehrt wird ein milder Lehrer ohne den Schatten dargestellt, den das eine Mal auf ihn werfen könnte, bei dem er aus der Haut gefahren ist.

Besonderes Vertrauen in den Quellenwert erwecken die Trauerreden in der gymnasialen Aula vor der Schulgemeinde, zumeist angesichts des offenen Sarges. Denn hier wurde zu denen gesprochen – *Amtsgenossen* wie *Zöglingen* –, die den Verstorbenen aus täglichem Erleben beurteilen konnten. Anders als bei der öffentlichen Trauerfeier durfte bei der *schulinternen manches Persönliche stärker hervortreten, als es bei einer öffentlichen Trauerfeier, vor einem weiten Kreise geschehen kann.*[455] Hinterher, bei der Bestattung, wurde noch einmal geredet, aber vermutlich konventionell und floskelhaft. Auch sind die Friedhofsreden kaum erhalten geblieben. Der Zweifel am Nachruf als einer vertrauenswürdigen Quelle kann auch noch aus einer anderen Perspektive beruhigt werden. Denn es kommt für den Nachvollzug nicht darauf an, ob die Urteile über den Verstorbenen genau zutreffen oder nicht, sondern der Quellenwert ergibt sich aus den Normen, die bei dieser Gelegenheit gepredigt und bekräftigt werden. Der Tod des Kollegen liefert nur den Anlaß, der erweiterten Schulgemeinde darzulegen, was am Schulleben nötig und sachgerecht ist. Der Nekrolog war damit ein offen wertender Kommentar aus dem Vergleich zwischen Lebensleistung des Verstorbenen und Schulordnungen, die regelmäßig *Gesetze*[456] genannt wurden, der Verstorbene ein Vorbild, sofern er ihre Normen erfüllt hatte.

Ehe der Versuch gemacht wird, die anlaßbezogenen Einzelbemerkungen zu einem Urteilstenor zu ordnen, soll ein gutes Dutzend Nachrufe auf Lehrer vorangestellt werden – chronologisch nach Geburtsjahren geordnet, wegen der Vielfalt und des Aspektreichtums ausgesucht, ausnahmslos in den Schulprogrammen überliefert. Die Absicht ist, dadurch neben der Gemeinsamkeit des Lehramts die breite Streuung individueller Lebensentwürfe vor Augen führen zu können – *thick description* als Darstellung, wo sie angebracht und plausibel ist. Besser als

455 Samuel Brandt (*1848), NR auf Prof. D. theol. Dr. Karl Hartfelder (1848–1893), Prog Gym Heidelberg 1893, 1.

456 Vgl. z.B. Karl-Ernst Jeismann, Das preußische Gymnasium in Staat und Gesellschaft. Bd. 2, 741ff: Schul-Gesetze des Friedrichs-Gymnasium zu Breslau, 1845. – Zur Einschwörung der Schüler: *Der Direktor suchte in der Eröffnungsrede die guten Vorsätze der Schüler zu einer geordneten und seegensreichen Thätigkeit in dem neuen Schuljahre zu beleben und zu befestigen, und machte dann die Schulgesetze mit den nöthigen Erläuterungen aufs neue bekannt, worauf sich jede Klasse mit ihrem Lehrer in ihr gewöhnliches Lehrzimmer begab, um noch besonders mit Gesang und Gebet die neue Laufbahn anzutreten.* Prog Kgl. Gym Erfurt 1826, 26.

abstrakte Darlegungen zeichnen sie lebenskräftige und zugleich berufsnahe Bilder von Lehrern.

Karl Johann Friedrich Küsell (1759–1835) als Sohn des Bürgermeisters in Freienwalde geboren, nach Schule und Universität 1785 zum ordentlichen Lehrer der Stettiner Ratsschule bestellt. Diesem Amt hat er bis zu seinem Tode

> *mit gewissenhafter Treue vorgestanden und mit einer so festen Körperkraft, daß seine Tätigkeit kaum einmal durch längere Krankheit unterbrochen worden [ist]. Wenn die auf ärztliche Erfahrung sich stützende Bemerkung, dass [...] nächst den Ärzten selbst den Lehrern die kürzeste Lebensdauer beschieden zu sein pflegt, ihre Richtigkeit hat, so gehört unser Jubelgreis zu den seltenen Ausnahmen von der Regel. Er hat achtzehn Jahre hindurch nicht ohne bedeutende Aufopferung [...] die Ministerialschule neben seinem eigentlichen Amte unentgeltlich übernommen, und die vorgesetzte Behörde bestätigte ihm 1824, die große Sorgfalt und Umsicht'.*[457]

Ludwig Ramshorn (1768–1837) hat eine philologisch wie pädagogisch anerkannte Wirksamkeit geübt, so dass er eine der gefeiertsten Zierden unserer Anstalt geworden ist. Der Kirchenhistoriker Hase, der bis 1818 sein Schüler war, meint, er habe seine Schüler etwas pedantisch behandelt.[458]

Johann Christoph Siderer (1785–1853)

> *erhob sich im Sommer mit dem Glockenschlag 5, im Winter um 6 Uhr von seinem Lager, arbeitete in seinem Studierzimmer (er besass eine der größten Privatbibliotheken in der Stadt) bis zum Beginn der Schulstunden. Gleichmässige, fleissige Arbeit führte ihn entweder in die Klassenzimmer oder in sein Amtszimmer – nur wenige Stunden der Erholung gönnte er sich. Pünktlich 10 Uhr abends ging er zur Ruhe. Seine persönliche Liebenswürdigkeit, in Verbindung mit einem entschiedenen und festen Willen brachte ihm Achtung und Freundschaft seiner Kollegen und die Verehrung und Liebe seiner Schüler ein.*[459]

Erdmann Müller (1786–1858):

> *Sein Einkommen war anfangs so schmal, dass es kaum für den einzelnen Mann ausreichte [...]. Trotzdem hatte er den Mut zu heiraten und war so glücklich, eine sehr energische und sparsame Hausfrau zu finden. Er hatte drei Söhne, die alle studiert haben. [...] In der Schule wirkte er mit jener Treue, die der hervorstechende Zug in seinem Charakter war, mit der er an seinen Jugendfreunden und Jugendfreuden festhielt, mit der er seine religiösen und sittlichen Überzeugungen pflegte, mit der er seine alte Lebensweise und selbst Nahrung und Kleidung fortsetzte. Er trug das Haar lang bis auf die Schultern herab und hohe Stiefel. Da er ausserdem klein von Statur war, so musste seine Erscheinung mit*

457 Prog Gym Stettin 1836.

458 Prog Gym Altenburg 1892. – Karl August [1883: von] Hase (1800–1890). Polemische und politische Schriften veröffentlichte er unter dem Pseud. Karl von Steinbach.

459 Prog Realgym Halberstadt 1895.

der Zeit auffallend genug werden. Im Unterrichte war er mild und hatte rohen Gemütern gegenüber manchmal Schwierigkeiten. Er richtete seine Schüler nicht für das Examen ab und konnte daher nicht immer glänzende Erfolge aufweisen. So wurde er von dem Konsistorium nicht richtig beurteilt. Der Sitte, am Neujahrstage Aufwartungen zu machen, fügte er sich nicht. Dazu kam, dass der so bescheidene und humane Mann sich den Mut, seine Überzeugung in Wort und Schrift (in der Zeitung) frei zu äussern, nicht verkümmern liess, so dass er wohl manchmal unbequem wurde. In der Stadt galt er als Armenvater, bei dem kein Notleidender umsonst anklopfte. Als er […] starb, war die Teilnahme allgemein, denn alle hatten das Gefühl, dass mit ihm ein Charakter von seltener Reinheit und Festigkeit aus dem Leben geschieden war.[460]

Ferdinand Ranke, der jüngere Bruder Leopold von Rankes, wurde 1831, also mit 29 Jahren, Direktor des Gymnasiums Quedlinburg:

Neben seinen Amtsgeschäften wandte er seine Zeit und Kraft der Anfertigung eines Katalogs der in dem Cythergewölbe der St. Servatii-Kirche in Quedlinburg aufbewahrten Altertümer zu. Außerdem machte er sich für die Stadt und die Einwohner verdient, indem er die vielen in der Stadt vorhandenen Büchersammlungen zu einer Stadtbibliothek vereinigte, und durch seine Mitwirkung an der Gründung eines litararischen Vereins (1833). Dann und wann bestieg er auch die Stadtkirche, um zu predigen. 1837 erhielt er den Ruf als Direktor an das Gymnasium Göttingen, den er annahm. 1838 wurde er in die Wissenschaftliche Prüfungskommission als Mitglied aufgenommen, der er bis 1840 angehörte. Auch bekam er den Auftrag zur Errichtung eines pädagogischen Seminars zur praktischen Durchbildung der studierten Lehrer. Zunächst wurde ein solches von der Universität Georgia Augusta vorläufig eingerichtet und Ranke als Leiter desselben ernannt. 1841 wurde er in dieser Eigenschaft zum ordentlichen Professor der philosophischen Fakultät ernannt. Eine bedeutende Aufgabe schulmännischer Wirksamkeit fiel Ranke zu, als ihm Ostern 1842 das Direktorat des Kgl. Friedrich-Wilhelms-Gymnasiums in Berlin und der mit diesem vereinigten zwei Anstalten, der Kgl. Real- und der Elisabeth-Schule, übertragen wurde. […] Trotz seiner anstrengenden Amtsgeschäfte war er auch Mitglied des Gemeinde-Kirchenrats der Dreifaltigkeitskirche, gehörte dem Central-Ausschuss für Innere Mission, dem Kuratorium des Paulinums, dem Vorstande der preußischen Hauptbibelgesellschaft, dem Kuratorium des Grünen Hauses an. Auch war er ein eifriges Mitglied der griechischen Gesellschaft und des Gymnasial- und Realschullehrer-Vereins.[461]

August Julius Edmund Pflugk (1803–1839):

Wenn es die höchste Aufgabe des Lehrers ist, nicht das einzelne Wissen, sondern die Tüchtigkeit des ganzen Strebens in dem Schüler zu befördern, und das nicht durch äussere Mittel, sondern durch die Mitteilung seiner eigenen Begeisterung für die Sache, so hat er diese Aufgabe in ihrem ganzen Umfange gelöst.[462]

460 Prog Gera Gym (Festschrift) 1908.
461 Prog Friedrich-Wilhelms-Gym 1877.

Heinrich Eduard Foß (1805–1875), 1831 mit nur 26 Jahren zum Direktor des Gymnasiums Friedland in Mecklenburg-Strelitz berufen, erhielt 1835 den Ruf auf die Leitung des Gymnasiums Altenburg.

> *In Altenburg hatte er die keineswegs leichte Aufgabe, den alten Ruf zu wahren und einem Vorgänger wie Matthiä*[463] *nicht nachzustehen. Den Ruhm, daß er es verstanden hat, der Anstalt sein Gepräge zu geben, darf man ihm nicht absprechen. Hatte Matthiä milde Humanität geübt, so zeigte Foß vor allem strengen Ernst. Mit Energie handhabte er strenge Zucht. Im Besitze einer außerordentlichen Lehrgabe wußte er die Aufmerksamkeit der Schüler zu fesseln und ihre geistigen Kräfte allseits zu üben. Besonderes Gewicht legte er auf Übungen des Gedächtnisses und stellte [...] nicht geringe Anforderungen an die Schüler. [...] In dem Nachrufe der Altenburger Zeitung heißt es, die Schüler, die bei Foß griechischen Unterricht genossen, hätten Mühe gehabt, das für seine Stunden Gelernte wieder zu vergessen. Strenger noch als gegen seine Schüler, war er gegen sich selbst; das hat ihn zu einem glänzenden Muster von Pflichteifer und Gewissenhaftigkeit gemacht. Regungen des Gemütes kämpfte er mit dem festen Willen nieder. Nur die vor seinen Abiturienten gehaltenen Entlassungsreden zeigten nicht selten den Ausdruck tiefen Gemütes und warmen Gefühles.*[464]

Friedrich Kruse (1824–1890) erlebte den Verlust der Sehkraft auf einem Auge durch Netzhautablösung. Aber die Frische und Energie seines Unterrichts hat ihn bis zu seiner letzten Krankheit nicht verlassen. Beruf und Familie gaben ihm, wie er selbst sagte, sein Lebensglück.[465]

Oberlehrer Prof. Dr. Albert Muncke (1834–1879)[466]

> *Mit einem natürlichen Seelenadel begabt, von Verständnis und Begeisterung für das Ideale auf allen Gebieten menschlicher Thätigkeit erfüllt, von Gott mit einem kindlich-frommen Glauben begnadigt, hatte der Dahingeschiedene seine herrlichen Geistesgaben durch die classischen Studien auf das feinste durchläutert und ausgebildet. Als Lehrer verstand er es, wie wenige, den Geist der Schüler zu wecken, weil er selbst, wie wenige, geistvoll war. Als Erzieher wußte er durch die eigene Liebe zum Guten und durch die Lauterkeit seiner Gesinnung die Jugend zu williger Hingabe an ihre Pflichten zu stimmen und übte durch die bezaubernde Anmut ruhigen, sittlichen und christlichen Ernstes den mächtigsten Einfluß auf die Gemüther der Jünglinge, die mit Verehrung seiner Einwirkung ihre Herzen öffneten. Als College und Freund fesselte er alle, die mit ihm*

---

462 Prog Städtisches Gym Danzig 1858.

463 August Matthiä (1769–1835, Direktor seit 1802). Sein Schriftenverzeichnis weist 55 Titel auf.

464 Prog Gym Altenburg 1892.

465 Prog Kaiser Wilhelms-Gym Berlin 1891.

466 NR auf OL Prof. Dr. Albert Muncke (1834–1879), Prog Evang. Gym Gütersloh 1879, 36.

> *verkehrten (und es thaten dies alle so gern), durch eine angeborene Liebenswürdigkeit, welche es niemals auf Gewinnung absah und dennoch alle Herzen gewann. Die allseitige Liebe und Anerkennung, die ihm zu Theil wurde, kann nicht im entferntesten als ein genügender Lohn für seine anspruchslose Treue und seine opferwilligen Dienste erachtet werdend, die er auch in schweren Zeiten unter langjährigen äußeren Entsagungen unserer Anstalt geleistet hat.*

Peter Anton Bremer (1837–1880), der erst mit 36 Jahren definitiv fest angestellt wurde, *war ein um die geistige und sittliche Förderung seiner Schüler väterlich besorgter Lehrer, ein lieber Kollege, ein treuer Beamter, ein achtenswerther Mensch.*[467]

Karl Hentze (1836?–1900?):

> *1899 trat Herr Professor Karl Hentze in den Ruhestand und wurde mit der Verleihung des Roten Adlerordnes verabschiedet. Herr Prof. Hentze ist an dem hiesigen Gymnasium, das ihn dereinst zur Universität entlassen, seit mehr als 40 Jahren ununterbrochen als Lehrer tätig gewesen und vergegenwärtigte in seiner Person und seiner gesamten pädagogischen und literarischen Wirksamkeit ein bedeutendes Teil der ehrenreichen Geschichte des hannoverschen Schulwesens. Viele Schülergenerationen haben unter seiner Einwirkung gestanden, die er zur Arbeit erzogen, in die edelsten Schöpfungen der griechischen Literatur eingeführt und mit Liebe zur Kalokagathie erfüllt, denen er ein lebendiges Beispiel der Pflichttreue und stillen und selbstlosen Hingabe an seinen Beruf gegeben hat. Auch manche Lehrergenerationen hat er für kürzere oder längere Zeit an seiner Seite gesehen, die er durch den Reichtum seiner Erfahrung, durch die Fülle seiner Gelehrsamkeit und die Vielseitigkeit seiner Bildung angeregt und gefördert hat. Was aber seine Wirksamkeit noch im besonderen Maße auszeichnete, war, dass sie auf dem Grunde einer seltenen Herzensgüte und jener echten Humanität ruhte, der es ein natürliches Bedürfnis ist, Wohlwollen und Freundlichkeit in jedes Verhältnis zu tragen. So hatte er sich unter Schülern und Amtsgenossen ein Verhältnis der Liebe, Verehrung und Freundschaft geschaffen, dessen tägliche Wirkungen entbehren zu müssen, uns auf das Schmerzlichste berührt.*[468]

Bernhard Köhler (1847–1910) *war seinen Schülern ein wohlwollender Lehrer und Berater, seinen Amtsgenossen ein stets bewährter Kollege; er wußte sich durch die schlichte Biederkeit seines Wesens und die Lauterkeit seiner Gesinnung die Hochachtung auch weiter Kreise zu erwerben.*[469]

Karl Gattwinkel (1857–1913):

---

467 Prog Gym Neuss 1881.

468 Prog Gym Göttingen 1900. Die literarische Wirksamkeit betrifft Hentzes Editionen v.a. griechischer Schulklassiker. – Kalokagathie bezeichnet das griechische Menschenideal körperlicher und zugleich geistiger Vortrefflichkeit.

469 Prog Domschule Schleswig 1911.

Die Arbeitskraft unseres Freundes war staunenswert. Neben den wöchentlichen 26 bis 30 Stunden fand er noch Zeit, mit den älteren Schülern Ausflüge innerhalb und außerhalb Berlins zu Zeichen- und Malübungen zu unternehmen; er selbst bewährte sich als tüchtiger Künstler. Seine Liebenswürdigkeit, unterstützt von einem trockenen Humor, erwarb ihm über die Schulzeit hinaus dauernde Anhänglichkeit aller seiner Schüler. Des Abends unterrichtete er in wöchentlich 8 (zuletzt 4) Stunden an der zweiten Handwerkerschule. Außerdem widmete er viel Zeit dem Provinzial-Verbande und dem Landesverein akademisch gebildeter Zeichenlehrer Preußens. Er veranlaßte die Ausstellungen der neuen Methoden des Zeichenunterrichts in den Jahren 1900, 1907 und 1912 und redigierte den Personalkalender des Vereins. Diese Arbeiten beschäftigten ihn auch in den Sommerferien, welche er bald an der Ostsee, bald im Gebirge zubrachte. Sein kräftiger Körper unterlag schließlich dem Übermaß der Arbeit.[470]

Es sind sehr farbige und sehr unterschiedliche Lebensläufe, die lediglich durch das Bindeseil der Berufsausübung zusammengehalten werden. Um zunächst die Unterschiede zu benennen: Die Lebensspanne schwankt beträchtlich und kaum vergleichbar zwischen 36 (Pflugk) und 74 Jahren (Ranke), wobei der Durchschnitt von 61 Jahren für die genannten Lehrer sehr hoch liegt.[471] Die Abstände zwischen den Karrierestufen sind beträchtlich und reichen von der Höhe des Gymnasialdirektors (Ranke, Foß) zum Zeichenlehrer Gattwinkel. Das Gemeinsame hingegen ist das Echo auf die im Beruf erbrachte Lebensleistung, das von denen ausgesprochen wird, die die Nutznießer waren. Zum dienstlichen Echo gehört auch die Behörde, die etwa mit politischem Akzent feststellt, Küsell habe sein Amt in den Jahren der französischen Besatzung *mit großer Sorgfalt und Umsicht*, und zwar zeitweise unter den sehr ungünstigen Umständen der *Franzosenzeit* ausgeübt. Aber gewöhnlich urteilen Kollegenschaft und Schüler. Ramshorn war eine der *gefeiertsten Zierden* der Anstalt, also ein hervorstechender Leistungsträger im unerklärten Wettbewerb der Schulen unter einander, als sich ihre Anzahl noch überschauen und die jeweilige Exzellenz sich noch bestimmen ließ. An Foß werden der Lernerfolg der Schüler und die Dienstauffassung, das glänzende Muster an Pflichteifer und Gewissenhaftigkeit gerühmt, ebenso wie an Kruse die Frische und Energie seines Unterrichts oder an Hentze die Pflichttreue und stille und selbstlose Hingabe an seinen Beruf, auch die Fülle seiner Gelehrsamkeit und die Vielseitigkeit seiner Bildung, dazu – ebenso wie an dem früh verstorbenen Muncke – die seltene Herzensgüte und echte Humanität. Wenn man das Letztere für eine Sekundärtugend hält, verkennt man die Realität von Unterricht. Deshalb wird Gattwinkels trockener Humor im Unterricht genannt oder Köhlers schlichte Biederkeit seines Wesens und die Lauterkeit seiner Gesinnung oder Müllers für die Disziplin unbekömmliche Milde auf der einen Seite, die seltene Reinheit und Festigkeit seines Charakters

470 Prog 10. Realschule Berlin 1914.

471 Das gilt auch für das zeitgenössische Urteil, vgl. die Bemerkung im NR auf Karl Johann Friedrich Küsell: *Lehrern die kürzeste Lebensdauer.* Prog Gym Stettin 1836.

auf der anderen. Der intensive Austausch zwischen Wesensart und Lehrtätigkeit spiegelt sich etwa in Bremers Ruf als eines um die geistige und sittliche Förderung seiner Schüler väterlich besorgten Lehrers, und steigt im Nachruf auf Pflugk auf die Ebene der pädagogischen Theorie, artikuliert die Ziele und Normen des Lehrens überhaupt: nicht das einzelne Wissen, sondern das Interesse an der Wissenschaft, nicht der einzelne Erfolg, sondern die Tüchtigkeit des ganzen Strebens sollen gefördert werden.

Auf eine ganz andere Ebene der Würdigung begeben wir uns, wenn wir den Nachruf auf Ferdinand Ranke lesen. Hier steht das Wirken eines *großen Schulmannes* zur Debatte. Das Königliche Friedrich-Wilhelms-Gymnasium in Berlin, 1747 nach Hallenser Modell zunächst als Realschule errichtet, das er von 1842 bis 1876 geleitet hat, gehörte zu den bedeutenden Gymnasien Berlins, neben dem Gymnasium zum Grauen Kloster von 1574, dem Königlichen Joachimsthalschen Gymnasium von 1607 und dem Friedrichs-Werderschen Gymnasium von 1681. Es war seit langem exzellent in wissenschaftlicher Hinsicht und organisatorisch in hervorragender Verfassung, war seit 1821 von dem bemerkenswerten August Spilleke, dem Schwiegervater Ludwig Wieses, geleitet, und beschulte im Vergleich mit der üblichen Schulgröße die vierfache Anzahl von Schülern. Auf dieser Ebene bleibt auch im Nachruf für den bloßen Schulmann Ranke wenig Platz, wenn man von seinem Interesse für die Turnbewegung absehen will, die aber eher schulpolitischer als unterrichtspädagogischer Natur war; auch vom Unterricht Rankes heißt es nur, daß er das Fach Religion unterrichtete; gerühmt wird hingegen die soziale Vernetzung Rankes, der breite gesellschaftliche Pflichtenkanon des Bürgers, die Mitgliedschaft in wichtigen kirchlichen, karitativen und bürgergesellschaftlichen Organisationen und Berufs-Vereinigungen.

Im Folgenden soll ermittelt werden, wie die Lehrer in ihren Nachrufen auf verstorbene Kollegen den Katalog von lehramtsaffinen Tugenden modelliert haben. Dafür liegt in den Schulprogrammen reiches Material vor. Es wurde oben ja schon erläutert, daß nicht die Frage der Glaubwürdigkeit gestellt werden muß, ob denn die im Nachruf gepriesene Tugend auch die tatsächlich gelebte Tugend des Lehrers war. Vielmehr wird der Nachruf aufgefaßt als die Funktionsstelle im Schulleben, in der der Normenkatalog für den Berufsfleiß des Lehrers vorgetragen und bekräftigt wurde. Die chronologische Ordnung des Materials in Dekaden mag schematisch sein, soll aber den Blick für normative Entwicklungen erleichtern.

4.3 Tüchtige Lehrer und die Spanne des Berufs

Zielpunkt aller Überlegungen war die Tüchtigkeit des Lehrers. Es war nicht schwierig und lag für die Selbstbesinnung nicht fern, dafür einen Forderungskatalog zusammenzustellen, wie ihn der Oberlehrer Christoph Grimm vom Dom-Gymnasium Halberstadt entwarf: Pflichtliebe und Amtstreue, Pünktlichkeit und Ordnung, Sanftmut und Geduld, Bescheidenheit, unbestechliche Gerechtigkeit auch gegenüber Söhnen vermögender Eltern, *wohlwollende Gleichmüthigkeit,* Ruhe, Ernst und Besonnenheit, *Billigkeit* gegenüber Schwächen und Fehlern der

Schüler, ein *väterlicher Sinn.*[472] Oder: *brav, treu, gewissenhaft, gut, artig, wirthschaftlich und fromm im öffentlichen Leben wie in seinen häuslichen Verhältnissen, und dabey ein Kenner der menschlichen Seele.*[473] Solche idealistischen Kataloge haben – und darum sind sie dann doch bald aus der Mode gekommen – bei aller schönen Schlüssigkeit einen kaum überbrückbaren Abstand zur Realität und sind wegen ihre Idealität nicht verallgemeinerungsfähig. Zudem wußte man auch im frühen 19. Jahrhundert schon, wie schwer es ist, die Qualifikation eines Lehrers zutreffend zu diagnostizieren. Der durch fachwissenschaftliche Publikationen ausgewiesene Lehrer ist keine sichere Bank für pädagogische Qualität, *litterarischer Ruhm gehört nicht zu den wesentlichen Merkmalen eines tüchtigen Schulmannes;*[474] der lebenserfahrene Argwohn wie auch die Empirie sagen: Sie vergraben sich in tiefe Forschungen und behalten dabei wenig Zeit, Lust und Geduld, sich mit dem Unterricht zu plagen.[475] Gleichwohl hatten die eigenen Unterrichtserfahrungen die Lehrer angehalten, verschiedene Referenzsysteme zu bedenken. Nicht der Lehrgegenstand, nicht die Methode, sondern die Persönlichkeit des Lehrers sei eigentlich prägend, war eine vielfach vertretene Auffassung.[476] Eine andere mit vielen Anhängern pries das imitatorische Lernen, daß jede Erziehung *am entschiedensten durch Muster und Beispiel* wirke.[477] Die behördliche Dienstvorschrift in Kurhessen

---

472 OL Dr. Christoph Johannes Andreas Grimm (1782–1848), *Ueber Authorität der Gymnasiallehrer.* Prog Dom-Gym Halberstadt 1826, 7–16.

473 Dir Dr. Friedrich Christian Thormeyer (1765–1837), *Ueber Anregungen, Unterhaltung und Verstärkung der Lernbegierde bei der Jugend von Seiten des Lehrers.* Prog Gym Neuruppin, 11.

474 Rektor Prof. Dr. Friedrich Theodor Hugo Ilberg, NR auf Rektor Prof. Dr. Friedrich Franke, Prog Gym St. Afra Meissen 1871, 7. – *Es giebt wie in jedem, so auch in diesem Berufe manchen treuen Arbeiter, der auf die Lösung der nächsten Amtsaufgaben seine ganze Kraft verwendet und da mit Segen wirkt, ohne die Anerkennung weiter Kreise zu finden oder zu begehren.*

475 Vgl. Prorektor Karl Ludwig Severin (1785–1851), *Einige Worte über den Maßstab, nach welchem gelehrte Anstalten beurtheilt zu werden pflegen.* Prog Evang. Gym Glogau 1825, 8.

476 OL Prof. Dr. Heinrich Böttger, NR auf OL Prof. Emil Wetzel, Prog Dorotheenstädtisches Gym Berlin 1903, 24. – SeminarDir Christian Lex (1811–1880), *Die wichtigste Pflicht der Lehrer, den Gefahren des Formalismus mit aller Sorgsamkeit zu begegnen,* Prog Schullehrerseminar Usingen 1860, 9: *Hundertmal mehr und eher, als der Lehrstoff durchs Wort des Lehrers in die Kinder gründlich übergeht, zieht der Geist des Lehrers, wie er sich in Ton, Miene, Gebärde, Haltung, Manier, Redeweise und Handlung desselben kundgibt, in die Kinder ein. Gefühl zündet und weckt Gefühl, Gemüth erzeugt Gemüthlichkeit, ideelles Interesse macht interessevoll für ideelle Dinge.*

477 OL Prof. Adolf Jordan (1808–1874), *Aphorismen über das Probejahr der Schulamtscandidaten,* in: Zs. f. d. GymWesen 1. Jg. (1847), H. 1, 49. – Provinzialschulrat Dr. Theodor Breiter (*1824), Eröffnung der neu gegründeten Anstalt und Einführung

bezog Vorbildlichkeit mit ein, betonte aber auch Christentum und bürgerliche Verhaltensformen des Staatsbeamten:[478]

> *§1. Die Amtsführung der Gymnasiallehrer soll im Allgemeinen geregelt werden durch die Vorschriften und Ordnungen der christlichen Kirche des (evangelischen oder katholischen) Bekenntnisses, welchem der betreffende Lehrer angehört, sodann durch wissenschaftlichen Eifer und durch liebevolle Unverdrossenheit, die anvertraute Jugend mittels Lehre und eignen Vorbilds zu lebendigen Gliedern der christlichen Kirche, welche dereinst auf die Gesinnung und das Leben Anderer bestimmend einzuwirken haben werden, mithin zu aufrichtiger Frömmigkeit und zu wissenschaftlicher Gediegenheit zu erziehen.*
> *§3. Der Gymnasiallehrer ist vermöge seines Berufes nicht allein zu einer steten wissenschaftlichen und pädagogischen Vervollkommnung, sowie zu einem vorsichtigen Benehmen im äusseren Leben, sondern auch vor allem zur Achtung und Ehrerbietung gegen die Ordnungen der Kirche, welcher er angehört, verpflichtet.*
> *§8. Die Schuldisciplin ist lediglich als eine christliche Zucht aufzufassen, für deren gewissenhafte Handhabung der Gymnasiallehrer eben so Gott, wie der Kirche und Obrigkeit verantwortlich ist.*

Ein Pendant, die brandenburgische Instruktion, verlangt vom Gymnasiallehrer Gehorsam gegen die Vorgesetzten, *Eintracht mit seinen Amtsgenossen, eigene Fortbildung seiner wissenschaftlichen Tüchtigkeit und pädagogischen Geschicklichkeit, und untersagt durchaus*, Schüler durch unziemliche Scheltworte, sowie spöttische Bemerkungen zu rügen.[479]

Aus der Beobachtung von Lehrern in ihrem unterrichtlichen wie bürgerlichen Verhalten war keine Sicherheit im Urteil zu gewinnen, denn ein glänzender Gesellschaftslöwe konnte gleichwohl seinen Schülern den Mut nehmen und sie durch *Spott und Bitterkeit* von sich stoßen, während der Pedant als Gegensatz zum Schwadroneur *ein sehr guter und nützlicher Lehrer* sein könnte. Für ein zutreffendes Urteil müsse man *den Lehrstunden oft und unangemeldet und, wo möglich, ungesehen beiwohnen*, wobei das eine wie das andere ja aber als Regelform in der Schulpraxis undurchführbar ist. Und endlich bietet auch das Schülerurteil keinen verläßlichen Anhalt für die Qualifikation eines Lehrers, denn es ist *mehrentheils verdächtig.*[480] Schüler lassen sich von Äußerlichkeiten blenden, machen den eigenen Vorteil zum

des Direktors, Prog Kgl. Höh. BürgerSch Duderstadt 1877, 6: *Aber nicht dürfe der Lehrer meinen, dies durch Worte allein erreichen zu können; die grösste Macht über das Kindesgemüth habe das Vorbild.*

478 Prog Gym Rinteln 1853, 44: Referat des Ministerialrescripts v. 10.4.1852.

479 Provinz Brandenburg, Instruktion v. 22.1.1868, in: Wiese's Sammlung der Verordnungen und Gesetze, Bd. 2, 231. – Die eigentliche Schärfe der Vorschrift lag in dem Wort *durchaus*, dessen strikt regulierender Weisungscharakter (*unbedingt*) heute nicht mehr erkannt wird.

480 OL Dr. Christoph Heinrich Andreas Grimm, *Ueber Authorität der Gymnasiallehrer.* Prog Dom-Gym Halberstadt 1826, 1.

Maßstab des Urteils – *Dem Trägen und Unordentlichen wird der mildeste und nachsichtsvollste Lehrer auch der liebste sein,* – zumal das Schülerurteil nicht geeicht ist, denn *durch eine gewisse Vergünstigung der Natur erscheint bei dem einen die consequente Strenge nicht gehäßig, während sie bei dem Andern wie Bosheit, Härte und Grausamkeit aussieht.*[481] Das kollegiale Urteil ist, nach Abwägung, eine bessere Quelle.

In der Praxis gab es Fälle wie die Entlassung des Subrectors Matthäi in Verden, dessen *abstracte Lehrweise und ausschließliche Beschäftigung mit gelehrten theologischen Studien seinem Schulvortrag und seinem Ansehen bei den Schülern, wie seinem collegialischen Verhältniß zu den übrigen Lehrern zu schaden anfing.*[482] Aber es dominiert die Überlieferung der positiven Fälle. Als der Oberlehrer Dr. Leopold Ranke nach gut 6 Jahren Lehrtätigkeit am Gymnasium in Frankfurt a.d.O. auf den durch ihn berühmt gewordenen Lehrstuhl in Berlin berufen wurde, wurde ihm *rastloser Eifer im Studiren* mit gemessener Emphase nachgesagt, dazu daß er *ein gewissenhafter, eifriger, lebendiger Lehrer und ein freundlicher Genosse seiner Kollegen*[483] gewesen sei. Als Oberlehrer Prof. Dr. Weber auf den Posten des Prorektors eines Frankfurter Gymnasiums wechselt, ist seine Verabschiedung ungleich ausdrucksvoller:[484]

> *Seinem klassisch-gebildetem Geiste, seinem lichtvollen und belebenden Vortrage, seinem unverkennbar heißen und redlichen Eifer für Zucht und Ordnung ist es gelungen, viele wohlbegabte Jünglinge für ein gründliches und fruchtbares Wissen, für das Schöne, Rechte und Gute zu begeistern und in den dankbaren Herzen sich ein dauerndes Denkmal zu stiften – die süßeste Belohnung des mühseligen, meistens vielfach verkümmerten und mißkannten Schulmannslebens.*

---

481 Alle Zitate ebenda, 9f.

482 Bericht der Provinzialregierung an das Ministerium 1826, zitiert in: Conrector Detlev Sonne, Versuch einer Geschichte der Domschule zu Verden von 1764–1832. 3. Abt. Prog Gym Verden 1862, 23f. Der Begriff *Schulvortrag* verdeutlicht, wie selbstverständlich der Frontalunterricht war.

483 Dir Ernst Friedrich Poppo, Chronik, Prog Friedrichs-Gym Frankfurt/Oder 1825, Xf. – Eine lesenswerte, aus den Schulakten gearbeitete Skizze zu Rankes Zeit am Gymnasium: Dir Prof. Dr. Conrad Rethwisch (1845–1921), *Leopold von Ranke als Oberlehrer in Frankfurt a.O.*, Wissenschaftl. Beil. z. Prog Kaiserin Augusta-Gym Berlin-Charlottenburg 1908. 53 S.

484 Prog Gym Wetzlar 1823, 4. – Auch etwa: *hat die Anstalt einen bedeutenden Verlust durch den Abgang des Herrn Dr. Ahrens, Lehrers der Mathematik und Physik, erfahren, indem dieser dem Rufe eines Professors der Mathematik am Gymnasium zu Augsburg gefolgt ist. Wie herzlich er sich seinen Collegen anschloß, wie liebevoll er mit den Schülern umging, und wie er mit seinen Kenntnissen so ganz der Schule lebte, wird uns stets unvergeßlich bleiben. Es folgen ihm unser herzlichster Dank und unsere innigsten Wünsche für sein ferneres Wohlergehen*: Prog ArchiGym Soest 1822, 40f.

Im Nachruf auf den Breslauer Oberlehrer Kinzel wird im Dreischritt gerühmt, er habe in *aufopfernder, uneigennütziger Liebe für die ihm Anvertrauten* gewirkt, sei ein *Amtsgenosse voll Friedensliebe und Gefälligkeit, wie selten einer* gewesen, dazu ein *Mann von ausgezeichneter Geradheit, Redlichkeit, Aufrichtigkeit.*[485] Amtsführung, Kollegialität und Schülerorientierung bilden ein wichtiges Raster – *ein in seinem Berufe pünktlicher Lehrer, gegen seine Kollegen freundschaftlich und gefällig, bei den Schülern auf Erhaltung der Disciplin sorgsam bedacht*[486] –, stellen aber nicht mehr dar als ein Formular von Gesichtspunkten, das mit allen Schattierungen zwischen amtlicher Nüchternheit und emphatischer Trauer gefüllt wurde. Das war vielseitig verwendbar, etwa auch als Zwischenzeugnis für einen Lehrer, dessen Festanstellung von der Schule erhofft wurde: der *ruhige, besonnene Gang seines Unterrichts, die liebevolle Behandlung seiner Zöglinge, sein nicht gewöhnliches Rednertalent [...] sowie eine Uebereinstimmung in der Gesinnung und den leitenden Grundsätzen für unsre gemeinsame Wirksamkeit.*[487] Aufschlußreich für die normative Absicht solcher offiziellen Äußerungen ist nicht zuletzt, wenn der Rückblick auf verstorbene Kollegen das Ziel verfolgt, den Nachfolger auf Kontinuität einzuschwören:[488]

> *daß der Verstorbene* [Maywald] *für den Unterricht in den mittlern und untern Real-Klassen von Gelehrtenschulen eine seltne Gabe faßlicher Mittheilung, klarer Entwickelung, deutlicher Darstellung, sokratischer Lehrkunst besaß und bewährte, daß er sein ihm überwiesenes Lehramt mit Vorliebe, Eifer und Gewissenhaftigkeit, ja! mit dem edlen Unwillen verwaltete, seine Kraft demselben nicht ganz widmen zu können: sondern in ein Gewebe und Gewirke mühevoller Neben-Aemter [...] verstrickt, sich zertheilen und zersplittern zu müssen [...]; daß derselbe von Seiten seines moralischen Einflusses auf seine Lehruntergebenen durch den ruhigen Ernst seines Charakters und die väterliche Strenge und Milde seiner Disciplin, höchst wirksam, verdienstlich und hochachtbar, und eine Stütze und ein Halt des sittlichen Geistes war, der über unser Gymnasium seither gewaltet hat und fortan walten möge!*

Die Tugendenpredigt setzte sich auch bei anderen Anlässen fort, etwa bei der Königsgeburtagsrede, wo von *rechtschaffenen, gewissenhaften Lehrern* die Rede ist, deren Beruf nach Johannes 9,4 unter die eschatologische Nötigung gestellt sei zu wirken, *so lange es für ihn Tag ist, ehe die Nacht kommt, da niemand wirken kann.*[489] Ebenfalls losgelöst vom Anlaß des Nachrufs und deshalb frei, um über den

---

485 NR auf Kinzel, Prog Elisabeth-Gym Breslau 1829, 10.

486 Dir Dr. Ernst Poppo, NR auf Konrektor Carl Friedrich Elsner (1788–1827), Prog Friedrichs-Gym Frankfurt/O., 12.

487 Über Hilger Hamacher (*1804), Prog Karmeliter-Gym Köln 1827, 18.

488 Dir Samuel Reuscher, Introductions-Rede für August Ernst Semper (*1797?), Prog Friedrich-Wilhelms-Gym Cottbus 1829, 3.

489 OL Karl Lebrecht Hantschke (1796–1856), Königsgeburtstagsrede 1825. Prog Gym Elberfeld 1827, 11.

Lehrerberuf als solchen zu sprechen, ist die Rede bei der Entlassung der Abiturienten.[490] Der Lehrer habe in dem *für die gesammte Menschheit so wichtigen Bildungsgeschäfte*[491] einen *hohen Beruf, einen erhabenen Beruf*,[492] ja, *einen heiligen Beruf*;[493] denn das Gymnasium habe nicht die Aufgabe, *den Zögling zu fördern zu bürgerlicher Brauchbarkeit in nützlicher Kenntniß und löblicher Fertigkeit*; es solle vielmehr darüber hinausgreifen und *das Herz des Zöglings in der innersten Tiefe erwärmen für alles Wahre, Schöne und Gute; in ihm den Grund legen zu Wissenschaft, Kunst und Religion; [...] daß er imstande ist, die Dinge und Begebenheiten in sich und außer sich zu verstehen, seinen allgemeinen und besonderen Lebenszweck selbstthätig zu verfolgen.* Es ist schwer zu entscheiden, ob diese idealistischen Ausführungen nur dem Augenblick eine besondere Weihe geben sollten, ob sie von dem hier bestehenden Patronat der evangelisch-reformierten Gemeinde angeleitet sind, von dem die Schule in Elberfeld ja nicht unabhängig war, oder ob in ihnen schon die Absicht einer berufsständischen Überhöhung erkennbar wird. Jedenfalls würde es sich heilsam auswirken, wenn der Lehrer nicht bloß *Schul- und Stundenhalter*

---

490 Bei den niedrigen Schülerzahlen in der ersten Jahrhunderthälfte war es nicht ungewöhnlich, daß die Anstalt keinen Abiturienten hatte, den sie *zur Universität entlassen* konnte.

491 Christoph Heinrich Andreas Grimm, *Ueber Authorität der Gymnasial-Lehrer*. Prog Gym Halberstadt 1826, 21.

492 Auch für das Folgende: Dir Joachim Ludwig Seelbach (1782–1832), Abitur-Entlassungsrede 3.10.1829, Prog Gym Elberfeld 1929, 6. – Im bayerischen Eisenberg spricht der Dir Franz Friedrich Karl Schwepfinger (1801–1871) bei der Entlassung der Abiturienten *Ueber verschiedene Hindernisse der Wirksamkeit des Lehrers*, ist aber doch zu verliebt in den eigenen Klageton. Prog Lyceum Eisenberg 1843, 3–12.

493 Häufig belegt: Dir August Johann Lehmann, *Der freudige Muth des Schulmannes*, Antrittsrede, Prog Gym Marienwerder 1836, 11. – Dir Albert Lehnerdt, Antrittsrede, Prog Friedrichs-Collegium Königsberg 1879, 39. – Dir Dr. Rudolf Peppmüller (1843–1897), NR auf OL Dr. Leist (1836–1887), Prog Gym Seehausen/Altmark 1888, 30. – Variiert: Dir Johann Ludwig Seelbach, Abiturientenentlassungsrede, Prog Gym Elberfeld 1829, 7: *Ja, wir wollen streben, so viel an uns ist, unsere Schule des Segens Gottes werth zu machen!* – Dir Prof. Dr. Moritz Axt, Begrüßung der noch nicht vereidigten Probekandidaten, Prog Kgl. Gym Kreuznach 1843, 30: *Großes und Heiliges ist uns übertragen: die bedeutsamste Einwirkung auf das Wohl und Wehe junger Menschenseelen ist von Staat und Eltern in unsere Hand gelegt.* – Dir Wilhelm Lorenz (*1822), Antrittsrede, Prog Gym Wetzlar 1860, 14: *daß unser Beruf ein hochheiliger ist.* – PSR Albert Friedrich Gottschick (1807–1871), Einführung des neuen Dir, Prog Kgl. Pädagogium Putbus 1865, 2: *Der Beruf eines Lehrers und Erziehers ist seinem Ursprunge nach ein göttlicher.* – Dir Wilhelm Bruns (1869–1921), Antrittsrede, Prog Gym Gütersloh 1908, 15: *Ist's nicht etwas Großes, Göttliches, an den empfänglichen Seelen arbeiten, sie geistig, sittlich und christlich fördern zu dürfen?*

und Kathedermann[494] wäre, sondern die *Würde eines wissenschaftlichen Pädagogen* beanspruchen könnte.

Neben den idealistischen Selbstbeschreibungen stehen die herben Klagen über die Mühen und die Undankbarkeit des Lehrerberufs. Ohne Freudigkeit, Liebe und Interesse sinke der Unterricht zu *einer trostlosen Mechanik* herab, so daß bei fehlendem wissenschaftlichem Interesse vom Lehrerberuf unbedingt abzuraten sei, warnt ein berufskundlicher Ratgeber.[495] *Pädagogische Neigungen* dagegen müßten nicht die Berufswahl anleiten; diese würden sich *mit der Zeit schon einstellen.* Die sichere Versorgung und das gesellschaftliche Ansehen sei eine *banausische Spekulation.*[496] Das Staatsexamen sei *glücklicherweise* noch immer eine feste Mauer gegen Karrieristen, und der Beruf selbst *sei ernst und entsagungsvoll.* Im übrigen aber war das Urteil der Gymnasiallehrer über die Anforderungen und Erfolge ihres Berufs merkwürdig gedämpft. Direktor Paul Cauer, der in Düsseldorf kurz, aber prägend gewirkt hatte, ehe er als Provinzialschulrat und Honorarprofessor nach Münster ging, meinte resignativ, die Einwirkungschance von Erziehung werde *in der Regel überschätzt.*[497] Prägend seien Elternhaus, Freunde, Lektüre, Kirchen- und Theaterbesuch. Noch pessimistischer gestimmt ist das Urteil über den Schulalltag, und zwar ohne signifikante Veränderungen zwischen den 1830er Jahren und der Jahrhundertwende. Der Lehrer müsse *im Schweisse seines Angesichts sein kärglich Brod essen,* heißt es ohne jede Larmoyanz in der Antrittsrede von Direktor Lehmann;[498] die ständige Korrektur von Schülerarbeiten sei ein *mückensteigendes Kameelverschlucken, ein philologisches Affenspiel,*[499] weil der Schüler ja dadurch doch kein Stilgefühl entwickelt; das Leben des Schulmanns sei *mühevoll und mit schwerer Verantwortung belastet;*[500] er müsse oftmals den *Lohn für seine Arbeit im Bewusstsein redlich erfüllter Pflicht* finden, müsse *Unerkenntlichkeit und Undank für erwiesene Wohlthaten* entgegen nehmen;[501] Direktor Ellendt in Eisleben, der

---

494 Dir Samuel Reuscher, Introductions-Rede für A.E. Semper, Prog Friedrich-Wilhelms-Gym Cottbus 1829, 3. – Auch für das Folgende.

495 Prof. Dr. Friedrich Seiler (1851–1927); Der Oberlehrer. [Das Buch der Berufe; VII]. Hannover 1902, 62. – Auch für das Folgende, 64.

496 Dir Dr. Friedrich Aly, Vademecum für Kandidaten des höheren Lehramts, 7. – Auch für das Folgende.

497 Dir Eduard Paul Cauer, Abschiedsrede, Prog Gym Düsseldorf 1906, 30.

498 Dir August Johann Lehmann, Antrittsrede, *Der freudige Muth des Schulmannes,* Prog Gym Marienwerder 1836, 8.

499 Dir Dr. Moritz Axt, Ueber den Zustand der heutigen Gymnasien. Pädagogische Beiträge. Wetzlar 1838, 117.

500 Dir Prof. Dr. Georg Schöler, Antrittsrede, Prog Kgl. Gym Erfurt 1844, 10. – Auch für das Folgende.

501 Vgl. Dir Karl-Eduard Brauns (1793–1846), *Einige Worte der Erfahrung, daß der wahrheitsliebende Lehrer äußerst selten von den Eltern seiner Schüler nach Verdienst gewürdigt wird,* Prog Friedrichs-Gym Kassel 1821. – Zu Brauns Berufsauffassung

im persönlichen Umgang allerdings nicht ohne Schroffheit war, sieht sogar gesellschaftliche Stigmatisierung für den Lehrer voraus:[502]

> *Ein Schulmann, der seine Pflicht rücksichtslos und nach Gottes Gebot, nicht nach der Menschen Gefallen, zu üben bemüht ist, kann nur wenige Freunde haben. Denn wenn er Aufsicht und Zucht übt, wie er soll, lediglich auf die Sache gerichtet und ohne Persönlichkeit und parteiisches Wesen, wenn er dieselbe Wahrhaftigkeit und Gerechtigkeit für alle gelten läßt, so kann es nicht fehlen, daß er gar Manchem unbequem, ja verhaßt wird. Die Welt will von Wahrheit und Recht nichts wissen, sobald der Vortheil oder Nachtheil des einzelnen Urtheilenden dabei ins Spiel kommt.*

Direktor Karl Nobbe an der Leipziger Nicolaischule beklagt seine persönlichen Umstände – den Schlafmangel wegen der epileptischen Anfälle der Ehefrau –, der ihm die *Frische und Lebendigkeit des Geistes* raubte,[503] während Rektor Richter *mangelndes Verständniss, Gedankenlosigkeit, Unaufmerksamkeit, ja zuweilen auch Rohheit* konstatiert und diese Schülereigenschaften auf die menschliche Natur zurückführt, auf einen für Lehrer schwer zu bearbeitenden Werkstoff.[504] Aber auch ein entschiedenes, nicht einmal besonders trotziges *Dennoch!* gehört in den Chor der Lehreräußerungen: *Wir verzichten entschlossen und freudig auf alle Vergnügungen, Gesellschaften, die uns abziehen von dem Wirken an der lieben Jugend. Ihr zu dienen ist Manna, ist Labsal.*[505] Im Grunde genommen sind das aber eher ständisch

---

vgl. Wolfgang Jacobmeyer (Hg.), „Civibus aevi futuri“: Normen des schulischen Lehramts aus der Sicht eines Gymnasialdirektors 1844. In: Jan M. Hoffrogge, Martin Schlutow, Max Twickler (Hg.), Geschichtsbewußtsein in der Gesellschaft. FS für Bernd Schönemann zum 65. Geburtstag. Frankfurt/Main 2021, 29–45.

502 Dir Dr. Friedrich Ellendt, *Auch eine Stimme über das, was den Gymnasien Noth thut*, Prog Gym Eisleben 1855, 21.

503 Rektor Prof. Dr. Karl Nobbe (1791–1878), *Selbstbiographie der ersten 25 Jahre seiner Diensttätigkeit*, Prog Nicolaischule Leipzig 1839, 31. – Nobbes Mitschüler in Schulpforta demonstrieren die exzeptionelle Begabungsdichte einer einzigen Klasse: Karl Nobbe (Dir Nicolaischule Leipzig), August Meineke (1790–1870, Dir Joachimsthalsches Gym Berlin), Ludwig Döderlein (1791–1863, Rector Fridericianum Erlangen), Prof. Dr. Gregor Wilhelm Nitzsch (1790–1861, Lehrstuhl in Kiel, dann Wittenberg), Prof. Dr. Friedrich August Wilhelm Spohn (1792–1824, Lehrstuhl in Leipzig). Nobbe, seit 1816 Lehrer an der Leipziger Nicolaischule, lehnte 1826 das Angebot auf das Rektorat der Meißener Fürstenschule ab, erhielt 1827 eine a.o. Professur für Philosophie an der Universität Leipzig (Bleibe-Bonus?), 1828 das Rektorat der Nicolaischule.

504 Rektor Prof. Dr. Otto Julius Wilhelm Richter, Prog Höh. BürgerSch Eisleben 1879, 2: *um mit der Geduld, die der Bildhauer für die Bearbeitung eines harten Gesteins braucht, an der Entwickelung der ihm anvertrauten Jugend zu sittlichen Charakteren zu arbeiten.*

505 OL Prof. Zander, *Luthers bleibende Bedeutung für evangelische Schulen*, Festrede zum Lutherjubiläum, Prog Evang. Gym Gütersloh 1884, 10.

gefärbte als individualisierte Berufsurteile. Man habe das Lehramt ein mühsames genannt, heißt es in einem Heidelberger Nachruf. Das sei es zweifellos. Man habe es zugleich ein undankbares genannt. *Es ist es nicht.*[506] Für die ständische Perspektive des Urteils spricht der Vergleich mit anderen Berufen, etwa mit dem bäuerlichen. Die Anforderung, unentwegt tätig zu sein, unterscheide beide Berufe nicht; aber die Winterruhe des Bauern treffe auf den Lehrer nicht *zu, der die geistige Saat ununterbrochen in die jugendlichen Gemüter zu streuen hat;*[507] außerdem wachsen dem Lehrer mit jedem Jahrgang die Aufgaben neu zu. Von den Schwierigkeiten und Anforderungen des Lehrerberufs entwirft Direktor Kamp bei seinem Amtsantritt in Bückeburg ein differenziertes Bild:[508]

> *Der schöne Beruf, der uns geworden ist, ist kein leichter. Die Wissenschaft, deren Besitz die Voraussetzung unserer Thätigkeit ist, geben wir nicht einfach weiter, wie wir sie empfangen, wie wir sie für uns geprägt haben; aber wir treiben auch kein mechanisches Geschäft, wir wenden keine anlernbare, anerziehbare, für alle stereotypisierbare Methode an. In unserer Thätigkeit bedürfen wir der individuellen Kunst der Mitteilung an abgestufte Lebensalter, an Begabte wie Unbegabte, Willige wie Unwillige, Fleißige wie Säumige, bedürfen wir der steten Beobachtung des momentanen Erfolges und Mißerfolges, bedürfen wir der Kunst, die stets wechselnden Vorstellungsbilder und Gedanken in des Schülers Innern [sic!], ich möchte sagen: plastisch zu schauen – und das alles unter zehrender Beteiligung des Herzens, unter suchender und werbender Liebe, der keine Mühe zu viel wird.*

Das Proprium des Gymnasiallehrers der 1820er Jahre betonte nicht wissenschaftliche Exzellenz, so nötig sie auch war; die war vorausgesetzt, denn *ein Gymnasiallehrer ohne Gelehrsamkeit ist ein Stümper, der höchstens äußere Ordnung, nie geisterregende Wissenschaft empfehlen kann.*[509] Die für das Schulfach nötige Kompetenz wurde vielmehr vorausgesetzt; zudem wurde der Lehrer entsprechend seiner Einstufung in der Hierarchie des Kollegiums einer bestimmten Klassenstufe zugeordnet, so dass der sich stetig wiederholende Schulstoff nach wenigen Dienstjahren keine Schwierigkeiten mehr bot. Stärker betont und gefordert wurde die Kollegialität, die in Freundlichkeit und Hilfsbereitschaft sichtbar wurde, und das pragmatisch Schulmännnische, die Pünktlichkeit, Ordnungsliebe und

506 NR auf a.o. Prof. Dr. D.theol. h.c. Karl Hartfelder (1848–1893), Prog Gym Heidelberg 1893.

507 Geh. ORR Dr. Wehrenpfennig, Ansprache zur 300-Jahrfeier des Gym, Prog Kgl. Gym Tilsit 1887, 5.

508 Dir D.theol. Heinrich Kamp (*1851), Antrittsrede, Prog Gym Adolfinum Bückeburg 1902, 30.

509 Kalokagathophilos [Ps. f. Rektor Dr. Ernst Georg Karl Nöldeke (1800–1866)], *Ueber Mängel des höheren Unterrichtswesens besonders im Königreich Hannover*, Hamburg 1828, 27.

Verläßlichkeit, die im pädagogischen Beruf nun einmal unerläßlich sind. Das Urteil über den Lehrerfolg reflektiert einmal die Art des Vortrags – Lehren hieß in der Tradition des 18. Jahrhunderts auch im 19. Jahrhundert im wesentlichen frontalunterrichtlicher Vortrag –, zum anderen die Sicherstellung von Disziplin und drittens den Lernerfolg, der in der Regel aus Lehrersicht nicht per se gewertet wird, sondern als Kompensation für die Mühsal des Lehrgeschäfts. Dazu passen die Hoffnungen eines rigorosen Idealismus als Schulziel, denen Rudolf Abeken beim Antritt seines Direktorats 1815 Ausdruck gibt:[510]

> *ist doch der Lehrer so oft mit einem Gärtner verglichen worden, dessen angelegentlichste Sorgfalt es ist, auch das geringste Unkraut von seinen Beeten auszuraufen, damit das Wachsthum der zarten Pflanze nicht gehindert werde. Dieses thut, in ihrer Weise, die Schule und so gewinnt sie Raum und Empfänglichkeit für das Edle, das sie in des Menschen Seele pflanzen will; die niedere Natur, das Gemeine entweicht; und über ihr erbaut sich in seiner Würde das Höhere, was den Menschen würdig macht seiner erhabenen Abstammung.*

Die 1820er Jahre

Schon gegen Ende des 18. Jahrhunderts hatte sich ein qualitativer Wandel darin angekündigt, daß eine neue Lehrergeneration zur Schule fand. *Ihr Unterricht war geschmackvoller, ihr Vortrag frischer und blühender, als man es bei den drei älteren Lehrern der obersten Classen gefunden hatte*;[511] auch fand ihr Unterricht mehr Zulauf in einer Zeit, in der die Schulpflicht sich noch nicht durchgesetzt hatte und das Gymnasium im besten Falle als Reservat von Gelehrsamkeit galt. Wie nötig das Revirement war und wie weit die Kompetenzlücke klaffte, kann man an den alten Verhältnissen ablesen, wie sie etwa der Direktor, dann Schulrat und später Ministerialrat Gerd Eilers für das Gymnasium Jever beschreibt – nur drei studierte Lehrer, aber nicht examensfähig: *matt, kleinlich, ohne Geist und ohne Begeisterung für Jugendbildung, selbst gequält und ihre Schüler quälend mit todten Formen.*[512] An den randständigen Schulorten, hier Oberschlesien oder Ostfriesland, war das

---

510 Bernhard Rudolf Abeken, Antrittsrede v. 17.10.1815, Prog Rats-Gym Osnabrück 1867, 18. – Vgl. auch den NR auf Karl Ludwig Peter durch Dir Diederich Volkmann, a.o. Ecce, Prog Schulpforta 1893, 9: *So felsenfest in ihm* [Peter] *die Überzeugung wurzelte, daß der Schüler vor allem lernen müsse zu gehorchen, und daß das Gesetz, daß straffe Zucht und Ordenung Schranken seien, die keiner ungestraft durchbrechen dürfe, so war doch sein ganzes erzieherisches Thun von edler Humanität durchdrungen, und im Gehorsam gegen das Gesetz erblickte er den rechten, den einzigen Weg zur Freiheit.*

511 Dir Prof. Dr. Albert Dietrich, *Zur Geschichte des evangelischen Gymnasiums Hirschberg*, Prog Gym Hirschberg 1862, 27.

512 Gerd Eilers (1788–1863), Meine Wanderung durchs Leben. 1. Tl., Leipzig 1856, 60.

Qualitätsproblem besonders drückend, so daß die Einrichtung von Lehrerbildungs-Institutionen wie etwa dem Kgl. Schulen-Institut den dringendsten Bedarf decken mußte und Qualitätsstandards setzen konnte.[513] Im Rückblick aus den 1830er Jahren schienen die Zeiten *Gottlob schon lange vorbei, da man Leuten, welche im Kriegsdienst invalid oder durch falsche Spekulationen arm geworden oder sonst aus Mangel an Kraft und an Kenntniss nirgend anderswo ihr Fortkommen finden konnten, eine Schulstelle darbot als eine Kuh, die mit Butter versorgt.*[514] Aber abgesehen davon, daß die genannten Sozialzwänge eher für Stellenbesetzungen in der Elementarschule sprechen und für das Gymnasium eher die Theologen ohne Pfarrstelle das pädagogische und fachliche Niveauproblem waren, schnurren in diesem Rückblick viele Schuljahrzehnte zu einfach zusammen.

Erst in den 1820er Jahren findet das neue Gymnasium zu seiner Bestimmung, und *das Bildungsniveau des Lehrerstandes wurde gehoben.*[515] Klugerweise nahm die Behörde dabei gelegentlich die Qualität des Kandidaten zum Maßstab, ohne in jedem Falle auf dem Examen rigide zu bestehen.[516] Was soll Schule sein, und wie läßt sie sich verwirklichen? Der qualtätvolle Fall wird schon in einem kurzen schulgeschichtlichen Rückblick deutlich. Man habe

> *zwar wenige, aber brave Lehrer, die, ausgestattet mit gründlichen Kenntnissen und regem Eifer für das Unterrichtswesen, mit aufrichtigem Willen, das Bessere zu fördern und es sich anzueignen in Wissenschaft und Methode, und durch ein reines Herz und frommen* [gehorsamen] *Lebenswandel unseren Schülern zum Muster zu dienen, nicht blos mit Einsicht und Urtheil in meine Ansichten eingingen, zugleich mit mir schwere Arbeiten übernahmen – jeder wo er das Beste leisten konnte – sondern auch durch ein auf gegenseitige Achtung gegründetes freundschaftliches, edles Verhältniß unser gemeinschaftliches Werk*

513 Vgl. Prof August Veith (*1777), *Zur Lebensbeschreibung Anton Michael Zeplichals* [1737–1806], *ehemaligen Directors des Königl. Schulen-Instituts in Schlesien und der Grafschaft Glatz wie auch der Universität zu Breslau*, Prog Kath. Gym Glogau 1827, 13f.

514 Dir August Johann Lehmann, *Der freudige Muth des Schulmannes*, Antrittsrede, Prog Gym Marienwerder 1836, 7. – Die Metapher geht auf Schillers spitzes Distichon im Musenalmanach 1797 zurück: *Einem ist sie die hohe, die himmlische Göttin, dem andern eine tüchtige Kuh, die ihn mit Butter versorgt.* In der Jenenser Antrittsvorlesung von 1789 spricht Schiller nur vom *Brodgelehrten.*

515 Dir Dr. Julius Asbach, Antrittsrede, Prog Gym Düsseldorf 1898, 13.

516 Z.B.: Der spätere OL Prof. Friedrich Rudolf Karl Krebs (1804–1881) verweigerte die Staatsprüfung. Aus Lehrermangel wurde Krebs zum Kollaboranten berufen und bei niedrigem Gehalt von 400 Thalern im Griechisch- und Lateinunterricht der oberen Klassen am Gymnasium Weilburg eingesetzt, wo Krebs dann eine gute Karriere machte. Dir Emanuel Bernhardt, NR auf Krebs, Prog Gym Weilburg 1882, 44.

> *förderten, erleichterten und uns zur Freude machten. In kurzer Zeit wurde alles umgestaltet, oder vielmehr neu geschaffen. Gott segne unsere Arbeit.*[517]

Die öffentlichen Schulen verdienten Achtung; aber sie müßten in einem qualitätsorientierten Selbstfindungsprozeß auch auf sich selbst achten, indem sie

> *aus allen ihren Handlungen, aus ihrem ganzen Leben und Wirken hervorleuchten lassen, daß sie von dem Gefühle der Würde […] ihres Berufes auf's Innigste durchdrungen sind. Sorgfalt und Eifer in allen, auch den kleinsten Theilen ihres vielseitigen Berufs, willige Theilnahme an Bemühungen, Anstrengungen und Aufopferungen, durch welche der gute Ruf ihrer Schulen begründet werden kann, Achtung, Vertrauen und Liebe gegen die Schüler, ins Besondere Achtung, Vertrauen, Freundschaft und Liebe gegen einander selbst und Einheit in allem sich auf das Schulgeschäft beziehenden Denken und Handeln, auch bei hin und wieder anderer individueller Ansicht.*[518]

Die 1830er Jahre

In den 1830er Jahren hatten im Beruf des Gymnasiallehrers die professionelle Kontur und der numerische Zulauf einen unverkennbaren Aufschwung genommen. Vom universitären Studium führten klar definierte Wege in das Schulamt; die beruflichen Anforderungen waren akzeptabel; den Lehrer erwarteten keine Reichtümer, aber staatliche Fürsorge. Den Lehrern war auch bewußt, daß sie sich im Aufwind befanden:[519]

> *Kein Stand ist dem Vaterlande und dessen höchsten Behörden durch die in der neuesten Zeit ihm zu Theil gewordene Verbesserung seiner äußern Stellung mehr zu inniger Dankbarkeit verpflichtet, als der Stand der öffentlichen Lehrer.*

In den 1830er Jahren verstärkt sich die Beobachtung der Lehrerwirkung auf die Schüler. Normativ soll der *Schulmann mit der Jugend auch in den Anfängen der Unterrichtsgegenstände eine eigne heitre Jugend verleben, in ihren Ideenkreis sich versenken und doch überall Begeisterung und Besonnenheit als die Pole seines Lebens betrachten.*[520] Wie plausibel diese Forderung war, um einen attraktiven, lernaffinen

---

517 Direktor D. Johann Samuel Kaulfuß, Vorwort mit Bericht über die Zustände 1825, Prog Kgl. Gym Neustettin 1830, IV. – Kaulfuß hat die herunter gekommene Fürstin-Hedwig-Schule in Neustettin in den 7 Jahren seines Direktorats zur Blüte gebracht.

518 Dir Dr. Johannes Samuel Rosenheyn, *Von der den öffentlichen Schulen gebührenden Achtung*. Prog Gym Gumbinnen 1828, 11. – Rosenheyn hat als Direktor in 17 Jahren das herunter gekommene Kgl. Gym Lyck zur Blüte gebracht. Die Schülerzahl stieg auf über 200.

519 Prorektor Carl Friedrich Heinrich Freese, *Die pädagogische Bildung der künftigen Gymnasiallehrer*, Prog Gym Stargard 1839, 5.

520 Dir August Johann Lehmann, *Der freudige Muth des Schulmannes*. Antrittsrede. Prog Gym Marienwerder 1836, 6.

Unterricht zu gestalten, ist dem Material nicht zu entnehmen. Wohl aber gibt es Aussagen über die Art und Weise, vor allem die Qualität des tatsächlich erteilten Unterrichts. *Unwiderstehliche Gewalt über seine Zöglinge*[521] wird einem früh verstorbenen Kollegen nachgesagt. *Geduld haben mit den Schwachen und zu gleicher Zeit den Fähigern und Vorgeschrittneren munter erhalten*, also *Beiden genügen,*[522] ist nicht als ein dekoratives pädagogisches Motto aufzufassen, sondern als Siegel von Professionalität und Kompetenz zu differenzieren. Jedenfalls dürfe *kein Verfahren kleinlich, keine Mühe unbequem* erscheinen, wenn es gilt, *den Geist der Liebe, der Eintracht und Sittsamkeit unter der Jugend zu erhalten.*[523] Am Zeichenlehrer Bertusch, der also kein gelehrtes Fach unterrichtete, wird dennoch beobachtet, ihn zeichne *ein seltnes Talent aus, den Fleiss seiner Schüler anzuregen und ihre Fortschritte zu fördern.*[524] Bei einem anderen Lehrer heißt es, er habe *für die Gemüthsbildung der ihm anvertrauten Jugend mit dem günstigsten Erfolge gewirkt.*[525] Da es keine nennenswerte pädagogische Ausbildung, höchstens das Imitationslernen der Lehramtskandidaten im Probejahr gab, wird mit solchen Urteilen ein angeborenes Talent beobachtet, der sprichwörtliche *geborene Lehrer.*[526] Die Behörde spricht es von der anderen Seite an, nämlich mit ihrem wiederholten warnenden Insistieren, *jungen Leuten, welche nicht ausgezeichnete Naturgaben besitzen, wegen der großen Anzahl von Bewerbern um höhere Schulstellen von Ergreifung des Lehrberufs abzurathen.*[527] Fraglos war dabei nicht nur das Lehrtalent unter die *Naturgaben* gerechnet, sondern auch die Stabilität der Gesundheit.

Die Auffassung vom Lehrerberuf war allerdings hochdifferenziert und komplex, wie aus der Antrittsrede eines Direktors erhellt. Der Lehrer solle[528]

---

521 Dir Prof. August Spilleke, NR auf Christian Wilhelm Fischer. Prog Friedrich-Wilhelms-Gym Berlin 1834, 53. – Spilleke auf den Weggang Wieses: *den vor Allem ich selbst wie den eigenen Sohn geliebt habe*, ebenda.

522 Dir August Johann Lehmann, *Der freudige Muth des Schulmannes.* Antrittsrede. Prog Gym Marienwerder 1836, 6.

523 Johann Friedrich Ernst Meyer, *Wie beugt der Erzieher dem Ausbruche fehlerhafter Neigungen bei seinen Zöglingen am sichersten vor?* Prog Gym Eutin 1839, 13.

524 NR Prog Kgl. Gym Erfurt 1830, 64.

525 Dir Dr. Karl Friedrich August Grashof, NR auf Hilger Hamacher, Prog evang. Gym Köln 1830, 17.

526 Natürlich hat es solche Begabungen gegeben. Vgl. Julius Lachmann, NR auf Wilhelm Panzerbieter, Prog Falk-RealGym Berlin 1901, 5: *Er tritt sein Probejahr an. [...] Aber im großen und ganzen stehen Lebensanschauung, Grundsätze und Methode fest. Er tritt sein öffentliches Amt in gewissem Sinne als Meister an.* Aber das waren seltene Ausnahmen.

527 Prog Kgl. Gym Kreuznach referiert die VO des Schulkollegiums Koblenz v. 8.2.1830. 1830, 32.

528 Dir August Johann Lehmann, *Der freudige Muth des Schulmannes.* Antrittsrede. Prog Gym Marienwerder 1836, 4f.

danach streben, sich stets gleich zu bleiben in der Festhaltung strenger Zucht und Ordnung und pünktlichen Ge*horsams, in seiner Gerechtigkeit und Billigkeit und Achtung und Liebe. Ernst und Freundlichkeit, Strenge und Milde müssen sich wechselseitig dem Jugendgemüth tief einprägen; und während die freie Geistesthätigkeit in zuverlässigen Schranken gehalten wird, darf dabei doch nicht der jugendliche Frohsinn durch fortdauernden Zwang oder die natürliche Selbständigkeit des Geistes durch sklavische Unterjochung erstickt werden. Für die Bildung der Charakterstärke und für Geistesleben wäre ja Nichts untauglicher denn stetige Aufsicht, welche der Erzieher mit ebenso grossem Missbehagen übernimmt, als der Zögling sie lästig finden muss. Wie kann ein Kind gehen lernen, wenn es immer und ewig am Gängelbande geleitet wird? – Der Schulmann soll ferner über sich selbst wachen, überall und immer die nöthige Haltung zu zeigen, weit entfernt von dem Streben, auf künstliche Weise freundlich zu erscheinen und andrerseits eine Anerkennung seiner Superiorität bei den Untergebenen zu erzwingen. Keine Leidenschaft darf ihn überrumpeln, keine Laune ihn umdüstern, keine Angewöhnung, sei es in Sprache oder Sitte oder Geberde, ihn auffallend machen; und gesellschaftliche Gewandtheit und Geschmeidigkeit ist ihm unerlässlich, ohne dass er sich deshalb der Gefahr aussetzt, bei ängstlichem Meiden des Altväterlichen zu neumodisch zu erscheinen.*

Ein bayerischer Lehrer fordert die *theilnehmende Liebe* nicht nur für den Unterricht, sondern er will den Lehrer *auch außerhalb der Schule als Freund und väterlichen Rathgeber*[529] seiner Schüler wissen. Aber ob das nun aus der Perspektive der Anstalt her gedacht ist als ein Plädoyer für symbiotische Verschmelzung von Dienst und Privatleben oder als Verlängerung der Schulkontrolle – so weitgehende Vorstellungen finden sich in Preußen oder Sachsen nicht. Dem widerspricht nicht, daß gelegentlich ein Lehrer nach dem Beispiel der *Motionsstunden* aus der Stundentafel des 18. Jahrhundert *auf den zu seiner Erholung unternommenen Spaziergängen die ihn begleitenden Schüler im Lateinsprechen übte.*[530] Ohnehin muß man sich Verkehrsformen, Schul- und Lebensverhältnisse in der ersten Hälfte des 19. Jahrhunderts noch sehr kleinräumlich vorstellen. Darüber hinaus waren die Lehrer im 19. Jahrhundert auch jenseits des Unterrichts an die Schüler gebunden. Denn da rund ein Drittel aller Gymnasialschüler kein Elternhaus am Schulort hatte und in Alumnaten der Schule (selten) oder freien Mietverhältnissen (vom Direktor approbiert[531]) wohnte, machte der Lehrer spätnachmittags an jedem Tage die

529 Prof. Leonhard Martin Eisenschmid (1795–1836), *Ueber die Disciplin auf Gymnasial-Anstalten.* Prog Gym Schweinfurt 1832, 8. – Eisenschmids Karriere wurde durch seinen Wechsel zum Protestantismus gestört; aber 1833 wurde er Dir. Vgl. Karl Eduard Brauns u. August Friedrich Adam Theobald, Statistisches Handbuch Bd. 1, Kassel 1837, 331.

530 OL Wilhelm Buddeberg, NR auf Direktor Paulssen. Prog Gym Essen 1835, 8.

531 Am Ende der Programme geben die Direktoren nicht nur die Anmeldetermine für neue Schüler bekannt, sondern weisen auch regelmäßig darauf hin, daß private Mietverhältnisse für auswärtige Schüler ihrer Zustimmung bedürfen.

Runde im Städtchen, um sich vom *Privatfleiß* der Schüler zu überzeugen.[532] Die Grenze zwischen Zuwendung und Überwachung war durchaus fließend:[533]

> *Zur Bewirkung einer möglichst regelmäßigen Beaufsichtigtung und Controllirung der Schüler, besonders der Externen, in ihren Wohnungen wurde eine zweckdienliche Theilung des Geschäfts unter die dazu körperlich geeigneten Lehrer vorgenommen, und es wurden die von diesen bei den Hausbesuchen ihrer Befohlenen gemachten Wahrnehmungen entweder als erheblich sofort, oder andernfalls am Schlusse jeden Monats in einer nach einem gedruckten Schema geordneten Uebersicht an die Direction mitgeteilt.*

Von der Verpflichtung hatte sich auch Direktor Gräfenhan in Mülhausen nicht dispensiert, zumal nicht gegenüber seinen Oberprimanern: *ein fleißiger Kontroleur der hauptsächlich auswärtigen Schüler, ohne Rücksicht auf Tageszeit und Witterung. Noch an dem Abende, an welchem er den Anfang seiner nachher tödlich gewordenen Krankheit fühlte, hatte er dem stürmischen Aprilwetter sich ausgesetzt und eine Anzahl Primaner in ihren Wohnungen besucht, um deren häuslichen Fleiß zu beobachten.*[534] Der *Privatfleiß* galt wegen der vermehrten Einflußmöglichkeit als ein Königsweg von Schule. Oft genug wurde die selbständige Arbeit der Schüler nicht nur auf die Wiederholung des Schulstoffs verwendet, sondern diente auch der Erarbeitung darüber hinausgehender Kenntnisse: z.B. *neben einer sophokleischen Tragödie, die in der Classe gelesen wurde, ein Stück von Euripides privatim lesen zu lassen.*[535] Interessanterweise wurde solche Massierung der Stoffforderung als *Methodik* aufgefaßt. Tatsächlich läßt sich argumentieren, daß die Teilnahme am zumeist frontal durch Vortrag des Lehrers erteilten Unterricht den Schüler in einer passiven Rolle beläßt, *gewisser Maßen nur leidend*[536] – also die nur rezeptive Haltung des Schülers im schulischen Alltag gegenüber seiner Selbsttätigkeit bei der häuslichen Arbeit.

---

532 Gelegentlich war das Kontrollsystem noch differenzierter. Vgl. Prog Domschule Naumburg 1826, 19: *Schon seit einer langen Reihe von Jahren wurde eine geregelte Aufsicht über die häusliche Thätigkeit der Schüler geführt. Monatlich geben die Schüler, durch Ueberbringungen schriftlicher Arbeiten, und mit ihnen angestellten Prüfungen ihrem jedesmaligen Classenlehrer Rechenschaft von der Anwendung ihrer Zeit, der dann auuch in den Schulconferenzen, theils mündlich, theils schriftlich darüber Anzeige macht.*

533 Prog Gym Weilburg 1856, 27.

534 NR auf Dir Prof. Dr. Ernst August Wilhelm Gräfenhan (1794–1836). Prog Gym Mühlhausen 1837, 14.

535 Dir Prof. Karl Wilhelm Osterwald (1820–1887), NR auf Dir Dr. Karl Friedrich Ameis (1811–1870), Prog Gym Mühlhausen 1871, 14.

536 Rektor Johann August Tscherning (1763–1846), *Ueber einige Gebrechen der häuslichen Erziehung und ihren nachtheiligen Einfluß auf die öffentlichen Lehranstalten*, Prog Gym Heilbronn 1836, 15. – Auch für das Folgende.

> *Erst durch den Privatfleiß, bei welchem die ganze Seele freier, leichter und ungestörter wirkt, wird die volle Selbstthätigkeit derselben rege, und es ist ausgemacht, daß eine einzige Stunde selbstthätigen Fleißes einen jungen Menschen weiter zu bringen im Stande ist, als mehrere Stunden, in denen er sich blos als Maschine verhält, in die der Lehrer mit mühsamer Geduld Kenntnisse hineingießt, ohne sicher zu seyn, ob sie nicht vielleicht wie Wassertropfen aus dem löcherigen Fasse der Danaiden wieder herauslaufen.*

Da alle Methoden ambivalent und lehrerabhängig sind – i*n der Hand des einen ein schneidiges Schwert, in der des andern eine zerbrechliche Ruthe*[537] –, mußten die Lehrer schon früh durch sorgfältige Aufsicht verhindern, daß der Privatfleiß der Schüler *in einen Scheinfleiß ausarte oder in geistlosen Formen erstarre.*[538] Aber daß der Privatfleiß die Schüler überlasten könnte, schien den Lehrern undenkbar und rief bei ihnen keine Besorgnis hervor. Sie vertrauten in der Regel auf den pädagogischen Wert des selbständigen Arbeitens. Nur Direktor Coerber in Tilsit sah sich veranlaßt, die Eigentätigkeit des Schülers einzuhegen; er ordnete für die Schüler der vier Unterklassen – das dürften bei dieser stark frequentierten Schule etwa 200 Schüler gewesen sein – für jeden Tag mit Ausnahme der Sonntage *regelmäßige Arbeitstunden von 5 bis 8 Uhr* an, im Schulgebäude, unter seiner *Oberaufsicht* und gegen Entgelt von *1 Thaler Pränumerando.*[539] Dieser Fall einer selbstherrlich in das Gymnasium integrierten Privatschule ist allerdings singulär und, da in späteren Schulberichten davon nicht mehr die Rede ist, auch kurzlebig. Zudem ist bei einem Zubrot von etwa einem Viertel der Jahresbezüge eines Direktors der Geruch von Beutelschneiderei unverkennbar, was für ein Königliches Gymnasium, das 15 Jahre zuvor noch Provinzialschule gewesen war, abwegig gewesen sein und das Veto der Behörde hervorgerufen haben dürfte.

Kollegiales Verhalten steht nach wie vor in hohem Ansehen. *Biedere Gradheit im collegialischen Umgang*[540] ist ein großes Lob, ebenso die Charakterisierung als *treuer, zuvorkommender College.*[541] Der Nachruf auf den 1837 verstorbenen

---

537 OL August Romberg (1836–1880), *Nationale Bildung und die Schule,* Prog RealSch Coburg 1877, 13.

538 Prog Kgl. Gym Ratibor 1826, 67.

539 Prog Kgl. Gym Tilsit 1828, 13. – Am Gym Eisleben wurde für schwächere Schüler der vierten bis sechsten Klasse unentgeltlicher Nachhilfeunterricht angeboten, wöchentlich je 2 Stunden pro Klassenstufe, durch den Fachlehrer, zwei Primaner und vier Sekundaner unter Aufsicht des Dir: *Wir haben den erfreulichen Erfolg davon gesehen, dass von den Anfängern in jenen Klassen diesmal Keiner ganz zurückgeblieben ist, was sonst in jedem Halbjahr mit Einigen der Fall war.* Prog Gym Eisleben 1839, 26.

540 Verabschiedung von Capellan Lorbacher bei dessen Weggang auf ein Direktorat in Dresden, Prog Kgl. Gym Erfurt 1831, 20.

541 Verabschiedung von OL Dr. Karl Hoffmeister (1796–1844), der 1834 auf das Direktorat in Kreuznach wechselte, ehe er 1841 als Dir an das Friedrich-Wilhelms-Gym zurückkehrte. Prog Kgl. Friedrich-Wilhelms Gym 1834, 23.

Direktor Friedrich Wilhelm Doering in Gotha läßt zudem erkennen, daß die viel beschworene Kollegialität kein billiges Gut war:

> *Er suchte mit jedem von uns auf freundschaftlichem Fuß zu stehen; dieselbe Freundlichkeit, die er gegen jedermann bewies, zeigte er auch gegen uns; er ließ nicht überall sein Ansehen vorwalten; er war bereit, in die Vorschläge anderer einzugehen und billige Wünsche zu erfüllen; trat bisweilen zwischen ihm und anderen eine Spannung ein, so war er leicht wieder zu versöhnen und behielt keinen Groll im Herzen zurück.*[542]

Für die Verwurzelung dieser Kategorie spricht ihre Dauerhaftigkeit. Vierzig Jahre später wird der jung verstorbene Oberlehrer Muncke in Gütersloh ebenso vorgestellt:[543]

> *Als College und Freund fesselte er alle, die mit ihm verkehrten (und es thaten dies alle so gern), durch eine angeborene Liebenswürdigkeit, welche es niemals auf Gewinnung absah und dennoch alle Herzen gewann. Die allseitige Liebe und Anerkennung, die ihm zu Theil wurde, kann nicht im entferntesten als ein genügender Lohn für seine anspruchsvolle Treue und seine opferwilligen Dienste erachtet werden, die er auch in schweren Zeiten unter langjährigen äußeren Entsagungen unserer Anstalt geleistet hat.*

Die Anforderungen an die Schule und ihre Lehrleistungen wurden nicht gering veranschlagt und waren breit gefächert. So sollten *sämtliche Lehrer ihren Fächern völlig gewachsen, von redlichem Eifer für ihr Lehr- und Erziehungsfach beseelt, von übereinstimmenden, erprobten pädagogischen Grundsätzen geleitet, sich wechselseitig in ächtcollegialischem Vernehmen unterstützend und zugleich das Vertrauen ihrer Mitbürger und [...] der vorgesetzten Behörden* gewinnend.[544] *Unverwüstlicher Eifer, treue Gewissenhaftigkeit, aufregendes, belebendes Talent*[545] wird dem mit 44 Jahren verstorbenen Kollegen nachgerühmt: *sicher, gründlich und genau, aber nie pedantisch.* In diesem anspruchsvollen Katalog hat die fachliche Kompetenz fraglos ihren Ort. Aber nicht ihr Erwerb, ihr Besitz oder ihre weiterführende Pflege, sondern ihre Verwendung im Unterricht nahm den ersten Rang ein.[546] Im Nachruf

---

542 Prof. Friedrich Kries (1768–1849), Gedächtnisfeier des Dir Friedrich Wilhelm Doering (1756–1837), Prog Gym Gotha 1837, 8.

543 NR auf OL Prof. Dr. Albert Muncke, Prog Evang. Gym Gütersloh 1879, 36.

544 Prog Kgl. Gym Erfurt 1835, 30.

545 Dir Dr. Karl Hoffmeister, NR auf OL Prof. Dr. Petersen, Prog Kgl. Gym Kreuznach 1838, 24. Auch für das Folgende.

546 Über Heinrich August Töpfer (1758–1833) heißt es im NR: *Töpfer, der nie eine Gelehrtenschule besucht und Unterricht in den alten Sprachen erhalten hatte, war mehr zu einem mündlichen Lehrer bestimmt als zum Schriftsteller.* Der Sohn eines Postsekretärs habe sich durch die *logische Schärfe und Klarheit der Begriffe* und durch *eine ausgezeichnete Gabe der Veranschaulichung des Abstrakten* ausgezeichnet. Prog Gym Grimma 1834.

auf den hoch angesehenen, früh verstorbenen August Deckert heißt es: *In ihm vereinigte sich eine Größe des Geistes und des Herzens, eine Fülle des Wissens und Strebens, eine Form und Richtung der gesammten Bildung,*[547] *die zu den herrlichsten Erwartungen der Anstalt berechtigten.*[548] Wichtiger als das Fachwissen erscheint der Lehrerfolg. *Eine lange Reihe dankbarer Schüler*[549] bezeugte die pädagogische Zuwendung; *die Schüler werden lange ein dankbares und schmerzliches Andenken an ihn erhalten;*[550] Schüler wollen ihrem mit nur 31 Jahren verstorbenen *geliebten Lehrer ein Denkmal* errichten;[551] wegen seiner, freilich nicht prinzipienlosen, Sanftmut genoß Oberlehrer Günzel *die Liebe der Schüler in einem Grade, wie nicht leicht ein Lehrer sich derselben erfreuen mag.*[552] Solche Äußerungen wiegen nicht gering, wenn man dagegen hält, daß die Anforderungen an die Schüler *Sicherheit, Bestimmtheit, Gründlichkeit des Wissens*[553] waren.

Gelehrsamkeit als solche erschien unauffällig, wurde als erfüllt vorausgesetzt, aber nicht von Anfang an mit Nachdruck gefordert, obgleich ihr eine tragende Rolle und wichtige Funktion im Verbund des gymnasialen Bildungsprogramms zuerkannt wurde. *Sittliche Haltung und wissenschaftliche Bildung*[554] waren dessen Zielpunkte. Auch der Lehrer dürfe *nicht auf dem Standpunkte seiner Bildung stehen bleiben*, sondern er *muss immer fortschreiten und die geringe Zeit seiner häuslichen Musse zum Fortarbeiten in seiner Wissenschaft redlich benuzen.*[555]

Daß ein Lehrer sich sowohl die *Zuneigung seiner Schüler*[556] erwarb, als auch *seinen Collegen sich stets als ein Beispiel gewissenhafter Berufstätigkeit* zeigte, daß

---

547 Zum Bildungsbegriff allgemein vgl. Rudolf Vierhaus, *Bildung*. In Geschichtliche Grundbegriffe. Historisches Lexikon zur politisch-sozialen Sprache in Deutschland. Bd. I, Stuttgart 1972, 508–551. Der für das Gymnasialwesen milieuspezifische Gebrauch des Begriffs ist allerdings nicht erfaßt, auch nicht die Verwendung von *Bildung* als Kampfbegriff der Schulformen im Konflikt zwischen klassischer und realistischer *Bildung*.

548 Prog Gym Schleusingen 1830, 36.

549 NR auf Georg Heinrich von Manikowsky (1768–1837), Prog Kurfürstl. Gym Rinteln 1837, 43.

550 NR auf Dir Dr. Westerwick, Prog Gym Katharineum Lübeck 1832, 27.

551 NR auf Collaborator Johann Christian Große (1805–1835), Prog Gym Katharineum Lübeck 1836, 51.

552 NR auf OL Prof. Johann Günzel (1776–1835), Prog Kathol. Gym Glogau 1835, 9.

553 Dir Karl Ernst Georg Matthisson, NR auf seinen Vorgänger Dr. Friedrich Schmieder, Prog Gym Brieg 1839, 16.

554 Dir Dr. Ernst Ferdinand August, Verabschiedung von OL Herter. Prog Cöllnisches Realgym Berlin 1832, 34.

555 Dir August Johann Lehmann, *Der freudige Muth des Schulmannes*. Antrittsrede. Prog Gym Marienwerder 1836, 6.

556 Dir Prof August Spilleke, Verabschiedung von Prof. Barby, Prog Kgl. Friedrich-Wilhelms-Gym Berlin 1835, 34, auch für die folgenden Zitate.

zu seiner Verabschiedung ihn die Schüler der ersten Klasse *mit einem lateinischen Gedichte* erfreuten, die Kollegen *mit einer Porzellanvase mit den Abbildungen derjenigen klassischen Schriftsteller, welche er seit einer Reihe von Jahren mit den Schülern der ersten Klasse gelesen hatte*, daß *jede andere öffentliche Feierlichkeit sich der bescheidene Mann ausdrücklich verbeten* hatte, bildete eher den Rahmen, den Verhaltensmodus der Schulgemeinschaft. Die Schule war eine geschlossene Welt mit definierten Maßstäben für Lehrertugend. Religionslehrer Klopsch würdigt seinen ehemaligen Lehrer geradezu kanonisch:[557]

> *mit einer Hingebung und Ausdauer, mit einer Treue und Gewissenhaftigkeit, mit einer Umsicht und Klugheit, mit einem Ernste und einer Milde, die ich als sein Schüler durch sieben volle Jahre am Rande seines Grabes, wo man mit Floskeln und Redensarten wahrlich nicht zu spielen pflegt, nur dankbar rühmen kann, zur Ermuthigung für euch, meine Jünglinge! dem Beispiele des Verklärten zu folgen, sobald auch ihr dereinst als Lehrer in Kirche und Schule auftretet, [nach] dem Urteil der edlen Männer, die durch eine Reihe von Jahren als Collegen mit ihm für denselben Zweck gewirkt haben. Ihnen war er ein Freund und [Be]Rather, ihnen ein treuer und hochgeachteter Mitarbeiter auf dem grossen Felde der Wissenschaften, damit durch sie der jugendliche Geist geweckt, gebildet und mit Kenntnissen ausgestützt würde, die den Menschen tüchtig machen, als Bürger im Staate nicht namenlos einen Raum einzunehmen.*

Komplementär zu einem solchen Musterbild steht das Beispiel des Breslauer Lehrers Samuel Friedrich Gröning, der 29 Jahre an seiner Schule tätig war, mit *Liebe und Pflichttreue*, wie der Nachruf urteilt, und der dem Gymnasium eine Stiftung von 2000 Rheintalern zur beliebigen Verwendung machte, nach Sache und Größenordnung ganz überraschend. *Nur große Einfachheit der Lebensweise und Sparsamkeit konnte einen Mann von dem spärlichen Einkommen eines Schul-Collegen in den Stand setzen, eine solche Stiftung zu machen. Sie gleicht dem Scherflein der Wittwe. Gottes Friede über seiner Asche.*[558] Daß Lehrer Geld zur Förderung der Schüler spenden, Stiftungen an der Schule errichten oder ihre Forschungsbibliotheken der Schule vermachen,[559] setzt in den 1830er Jahren ein und hat im Laufe des Jahrhunderts einen bemerkenswerten Aufschwung erfahren. Im 20. Jahrhundert haben allerdings die beiden Weltkriege und die ihnen folgenden Geldentwertungen

557 Dir Christian David Klopsch (*1784), NR auf Prälat Prof. Dr. Johann Gaertner (1755–1834), Prog Kgl. Evang. Gym Glogau 1834, 11f.

558 NR auf Samuel Friedrich Gröning (†1836), Prog Elisabeth-Gym Breslau 1836, 32. – Markus 12, 42f: Eine Witwe hatte zwei Scherflein in den Opferkasten gelegt. Jesus: *Wahrlich, ich sage euch: Diese Witwe hat mehr in den Gotteskasten gelegt, denn alle, die eingelegt haben.*

559 Etwa Dir Prof. Dr. Friedrich Lindemann, der, als er 1852 in Ruhestand trat, seinem Gymnasium seine Privatbibliothek von über 3.000 Bänden zur klassischen Philologie schenkte. Prog Gym Zittau 1855, 30.

solche Stiftungen leider völlig erledigt und haben damit die von den spendenden Lehrern gewünschte Autonomie des Gymnasiums und dessen bildungspolitische Beweglichkeit vor Ort unmöglich gemacht.[560]

Die 1840er Jahre

Korporativ verstanden sich die Gymnasiallehrer als *gelehrt, erfahren und rechtschaffen,*[561] auch wenn sie einräumten, daß *Alle am Bollwerk ihrer Tugend Stellen haben, wo sie von Pygmäen über den Haufen geworfen werden können.*[562] Die Betonung der bis dahin privaten und lediglich in den Bereich des Dienstlichen fortgeführten Verhaltensweisen wurde in den 1840er Jahren allgemein akzeptierter Kanon. Eiserner Fleiß, sattelfeste Fachkenntnisse, Ordnung, Verläßlichkeit und Pünktlichkeit, nicht-devote Kollegialität, Rücksichtnahme auf die Schüler und Bedacht auf das öffentliche Ansehen der *Anstalt* waren zu Orientierungsstandards geworden. Sie waren schon berufsständisch, ehe sie es offiziell wurden. *Kräftige und doch freundliche Disciplin*[563] war einer der Eckwerte. Das Ministerium faßte aus politischer Veranlassung der Zeit diese Elemente einer Bewegung von unten bezeichnenderweise nur im Nachgang, also spät und vermutlich mit der politisch, nicht pädagogisch veranlaßten Absicht von Prävention zusammen, im Ministerialrescript vom 20. Dezember 1848,[564] gleichlautend in der Verfügung vom 15. Februar 1849 an die Provinzialkollegien:

> *Der Lehrer an einer öffentlichen Schule muß neben der wissenschaftlichen auch die sittliche Bildung besitzen, die ihn befähigt, seinen Zöglingen in jeder Beziehung zum Vorbild zu dienen. Er darf keine höhere Aufgabe für sich anerkennen, als, seinem selbstgewählten Berufe treu, im Unterrichte und im Umgange mit seinen Schülern alles zu vermeiden, was die naturgemäße und gesunde Entwickelung der Jugend irgendwie stören, von ihr nicht begriffen und richtig gewürdigt werden oder gar auf die Innigkeit des religiösen Gefühls, zu welchem Glauben es sich auch neigen möge, auf die Achtung vor allem Edlen und Guten von nachtheiligem Einfluß sein kann. Wer diese Eigenschaften nicht besitzt und sich anzueignen nicht bemüht ist, hat seinen Beruf als Lehrer verfehlt.*[565]

---

560 Für ein lokales Beispiel vgl. Wolfgang Jacobmeyer, Das Gymnasium Paulinum, 123–144, hier 142.

561 Dir Dr. Moritz Axt, Abiturienten-Entlassungsrede 1845, Prog Gym Kreuznach 1845, 6.

562 Ders., Prog Gym Kreuznach 1844, 12.

563 Abschiedsrede auf Karl Ferdinand Willkomm (*1808) beim Verlassen der Anstalt, Prog Gym Zittau 1841, 14.

564 Prog Gym Elberfeld 1849, 9f.

565 Prog Gym Neu-Ruppin 1849, 20f.

Staatliche Direktive und ein wachsendes ständisches Bewußtsein stehen nicht im Konflikt, sondern begegnen einander. Der Staat dekretiert, wie es sein soll, die Vision des Lehrers weist voraus, wie es einst sein wird. *Die Schule ist ein umgrenzter, ein abgeschiedener Bereich. Das Geräusch und der Schimmer der Aussenwelt sind fern von diesem Orte, wir arbeiten nicht für den Genuß der Gegenwart, sondern für die Zeiten, die da kommen; wir fördern den Geist zu Tage, der einst dem Lande Früchte tragen soll.*[566]

Der hellsichtige, nach der Jahrhundertwende geborene Direktor des Friedrich-Wilhelms-Gymnasiums in Berlin, Ferdinand Ranke, dessen Nachrufe auf die unter seinem Direktorat verstorbenen Kollegen einer hohe Begabung für die Nachzeichnung von plastischen Persönlichkeitsbildern belegen, spricht von seiner *gegenwärtigen, jüngeren Lehrerwelt*[567] und verdeutlicht das in dieser Altersgruppe der jüngeren Lehrer lebendige ständische Muster durch die Anrufung von Tugenden eines jung verstorbenen Kollegen: *wirklicher Fleiß, in seinem Lehramte reiner sittlicher Lebenswandel, Rohheit war ihm in der Seele zuwider, Anmaßung fremd, hochfahrendes Wesen unmöglich.* Die Hingabe dieses Mannes an seinen Beruf wurde implizit gesteigert durch den Hinweis, daß er nur Ordinarius der Eingangsklasse des Gymnasiums war und mit jährlichen 360 Talern – einem Viertel des Direktorengehalts – als verheirateter Mann hatte auskommen müssen. Zur Forderung nach einem unbescholtenen Lebenswandel und der, wie es damals hieß, *Amtstreue* gesellte sich also auch materielle Bedürfnislosigkeit, wenn nicht Armut. Tatsächlich lebte das Schulwesen insgesamt von bereitwillig erdienter, nicht von einer durch den Staat erkauften Honorigkeit. An dem ebenfalls erst im 19. Jahrhundert geborenen Zeichenlehrer Asmus rühmte Ranke *größte Gewissenhaftigkeit, Treue und Hingebung, edle Gesinnung, künstlerische Einsicht*[568] und sagt ihm nach, daß diesem Mann das Gymnasium das *sichtliche Aufblühen eines Unterrichtszweiges und eine nachhaltige Liebe zur Kunst* verdankte.

Normative wie deskriptive Seiten treffen in der Überlieferung aufeinander, betonen nur unterschiedliche Schwerpunkte. Die Streubreite der konkreten Themen ist allerdings beträchtlich, weil von der Person und vom jeweiligen Anlaß abhängig. Bei der Übernahme des Rektorats am Kgl. Gymnasium in Neu-Stettin führt Dr. Friedrich Röder in seiner Antrittsrede aus, *einem Lehrer, der in seiner Wissenschaft lebt und webt, der selbst von Liebe und Achtung für sie beseelt ist, kann es nicht schwer fallen, bei seinen Schülern alsbald dasselbe Gefühl und dieselbe Gesinnung*

---

566 OL Prof. Karl Schönwälder (1805–1888), Königgeburtstagsrede 1843, Prog Kgl. Gym Brieg 1844, 15.

567 Dir Dr. Ferdinand Ranke, NR auf Ernst Moritz Dittrich (1818–1847), Prog Kgl. Friedrich-Wilhelms-Gymnasium Berlin 1848, 13. – Auch für das Folgende.

568 Ders., NR auf Zeichenlehrer Asmus (1807–1848). Prog ebenda 1849, 47. Auch für das Folgende.

zu erwecken.[569] Wenn er *seinen Gegenstand klar, lebendig und mit Wärme* vortrage, könnten die Schüler nicht anders als *für die Schönheit und Würde der Wissenschaft begeistert* zu werden. Allerdings drohe auch das Gegenteil. Denn wenn der Lehrer *weder am Gegenstand seines Unterrichts, noch an den Leistungen der Schüler lebhafte und innige Theilnahme zeigt,*[570] dürfe man von den Schülern auch keine *nachhaltige und zu ausdauernder und freudiger Thätigkeit drängende Regsamkeit des Geistes und Willens* erwarten. Während die obigen Beispiele die eher Schüler-bezogenen Überlegungen darstellen, gab es daneben auch die Festlegung auf den Segen, den der Stoff selbst spendet. Nichts lag näher als die Überlieferung des klassischen Altertums – *Wissenschaft und Kunst, die Sitten, Gesetzgebungen, Verfassungen, Religionen: kurz das gesammte häusliche und öffentliche Leben des Alterthum's in seiner Wesenheit.*[571] Dieses alles müsse der Lehrer den Schülern durch *lebendige Vergegenwärtigung* nahebringen. Aber ein Stoffkanon ist austauschbar, so daß die Forderung, der *Erzieher muß künstlerischen Sinn besitzen, soll er ja doch aus jedem Menschen ein Kunstwerk bilden,*[572] sich in der Konkurrenz mit anderen Auffassungen nicht behaupten kann. Am Ende führt diese Linie bis hin zu frommen, zugleich bukolischen Berufsauffassungen:

> *Mit der frühen Morgensonne erhebt sich der gewissenhafte Schullehrer von seinem Lager. Gott und seine Schule sind die ersten Gedanken. „In einen schweren zwar, aber auch in einen großen, einen schönen Beruf hast du mich gesetzt, mein Gott!" – so betet der fromme Lehrer. „Ich fühle es, was ich bin, was ich sein soll. Kindern, Ebenbildern von dir, Vater im Himmel! soll ich Führer werden auf dem Wege zur Weisheit, Tugend und Seligkeit. O daß ich dieses ganz, daß ich es recht vermöchte, damit keines von denen verloren gehe, welche du mir anvertraut hast!" So gestärkt und neu begeistert für seinen Beruf, geht jetzt der gewissenhafte Lehrer an seine Arbeiten.*[573]

Solche persönlichen Bekenntnisse und Auffassungen von den beruflichen Aufgaben eines Lehrers stellen im Grunde nichts anderes als die andere Seite der Urteile dar, die sich in den Nachrufen finden, nur daß es in dieser Textsorte konkreter zugeht. Das schon bekannte Ensemble von Tugenden stellt sich wieder ein.

---

569 Dir Dr. Friedrich Röder, Antrittsrede, Prog Kgl. Gym Neustettin 1845, 11. – Auch für das Folgende.

570 Rektor Dr. August Beger, *Über den Privatfleiß.* Prog Höhere Bürgerschule Dresden-Neustadt6 1840, 14. – Auch für das Folgende.

571 Dir Samuel Reuscher, Rede zur Amtseinführung von Prorektor Dr. Karl Wilhelm Nauck (1813–1890). Prog Gym Cottbus 1843, 3. – Auch für das Folgende.

572 Conrektor Friedrich Schulz (1813–1867), *Ueber einige Forderungen der Zeit an eine tüchtige Gymnasialbildung.* Prog Gym Weilburg o.D. [1847], 1–28, hier 23.

573 Kgl. Regierungs und kath. Schulrat in Liegnitz C. Barthel, *Ueber die Gewissenhaftigkeit des Lehrers.* In: Der katholische Jugendbildner. Eine pädagogische Zeitschrift. 10. Jg. (1848), 322.

Gründlichkeit und Klarheit, strenge Gerechtigkeit, unbeugsame Festigkeit des Willens und stets reger Pflichteifer[574]; *natürliche Lebendigkeit des Vortrags* und eine *sich offen bekundende Liebe zur Jugend*;[575] und die wissenschaftliche Produktivität wird durchaus beobachtet, wenn ein Nachruf *sehr bedauert*,[576] daß der Verstorbene *nur einige Gelegenheitsschriften und keine größere stylistische Arbeit oder wissenschaftliche Untersuchung dem Druck übergeben hat.* Rapport mit den Schülern, Kollegialität und Lehrtalent machten den Lehrer aus:[577]

> *Keiner verstand es besser wie [sic!] er, neu eintretende Schüler an den regelmässigen Gymnasial-Unterricht zu gewöhnen, keiner erfreute sich grösserer Liebe und Achtung bei den Zöglingen. Sein hervorstechendes Talent im Unterrichten, seine vorzügliche Geschicklichkeit im Rechnen erregten, die Freude, Bewunderung und den Nacheifer der Zöglinge. Sein ernstes, stets gleichmässiges Verhalten erwarb ihm die Liebe und Achtung aller Amtsgenossen. Er stellte das Bild eines für seinen Beruf, den er mit weiser Umsicht sicher abgegränzt hatte, vollkommenen Lehrers dar.*

Neu ist die offene Bekundung von Trauer. *Viele Thränen sind ihm nachgeweint worden*,[578] heißt es im Nachruf auf einen Turnlehrer. Der lange Trauerzug aus Familie und Schulgemeinde *zeugte in Ernst und Thränen, wie werth der Heimgegangene den Trauernden gewesen.*[579] *Mit Wehmuth*[580] vernahmen die Schüler die Todesnachricht. Daß Lehrer häufig so jung, in ihren 30er und 40er Lebensjahren starben, machte es unabweisbar, das *media vita in morte* nicht nur als geläufige Predigtformel entgegenzunehmen, sondern als Realität zu akzeptieren, zumal die Schulprogramme auch sorgfältige Nachrufe auf verstorbene Schüler enthalten: *verlor die Anstalt zwei liebe Zöglinge, den Schüler der Vorschulclasse Johannes Dreyer und den Sekundaner Friedrich Amelong durch den Tode. Der erstere starb in Folge einer Verunglückung beim Spiel, der andere nach einem mehrwöchigen Leiden. Lehrer und Schüler begleiteten Beide zu ihrer letzten Ruhestätte und haben an dem Schmerze, den die Eltern durch den herben Verlust erlitten, herzlichen Antheil genommen.*[581]

---

574 NR auf Hofrat Friedrich Kries, Prog Gym illustre Gotha 1850, 19.

575 Rector Dr. Julius Held (1803–1864), NR auf Johann August Lange (1794–1842), Prog Gym Schweidnitz 1843, 3.

576 NR auf Prof. Dr. OL Ernst Gabriel Christian Rättig (1795–1845), Prog Gym Züllichau 1845, 23. – Auch das Folgende.

577 Direktor Dr. Ernst Ferdinand August, NR auf OL Erdmann Ludwig Bledow (1795–1846), Prog Cöllnisches RealGym Berlin 1847, 21f.

578 Dir Dr. Ferdinand Ranke, NR auf Turnlehrer Feddern (1799–1848), Prog Kgl. Friedrich-Wilhelms-Gym Berlin 1849, 46.

579 NR auf Konrektor Dr. Möller, Prog Gelehrtenschule Plön 1848, 19.

580 Rector Dr. Julius Held, NR auf Johann August Lange, Prog Gym Schweidnitz 1843, 3.

581 Prog Höhere Bürgerschule Fürstenwalde 1870, 34. – Vgl. auch die Mitteilung, daß der Sohn des OL Dr. Genthe, Quintaner, verstorben ist. Prog Eisleben 1849, 21. – Praktisch jedes Prog nannte verstorbene Schüler.

Der Tod eines Lehrers wurde nicht selten direkt in der Schule erlebt, nahe und handfest:[582]

> *Am 25. Jan.*[uar 1882] *unterhielt er sich nach 10 Uhr auf gewohnte Weise mit einigen seiner Collegen auf dem Schulgange, blieb einige Schritte zurück und sank, vom Nervenschlag gerührt, in der Nähe der Quinta entseelt nieder. Zwei anwesende Collegen mit einem Tertianer, der grade vorüberging, waren nicht imstand, ihn aufzuheben; daher eilte ich mit den Primanern herbei, die ihn als Leiche seiner Familie zutrugen.*

In einem anderen Falle wird der *biedere treue Amtsgenosse, von seinen Schülern hochgeliebte Lehrer unter dem Geleit zweier seiner Brüder, der Schuljugend und zahlreicher Amtsgenossen und Freunde zu Grabe getragen.*[583] Diese bemerkenswerten Trauerzüge, *eine schmerzliche Pflicht,*[584] die die Lehrer und die Schüler klassenweise, also in der Schulordnung und nicht nur einzeln versammelte, gingen, wenn nicht am Ort bestattet wurde, wenigstens zum Bahnhof, von wo der Sarg mit der Eisenbahn zu seinem Bestimmungsort befördert wurde.[585] Sie schlossen den Trauerakt in der Schulaula ab und richteten sich nach innen wie nach außen, waren Ausdruck innerer Solidarität der Gymnasialgemeinde und Demonstration gegenüber der Stadtöffentlichkeit. Dem einen verstorbenen Kollegen wird *deutsche Biederkeit und Rechtschaffenheit*[586] nachgesagt, *ächt christliche Frömmigkeit und Gottergebenheit,* den anderen zeichnete *Sicherheit und Klarheit als Lehrer*[587] aus. Der verstorbene Kollege war *ein durchaus* [durch und durch] *edler, höchst liebenswürdiger, achtenswerther und geistig reich begabter Mann von vielseitiger Bildung und gründlichem Wissen, voll tiefen Gemüths und wahrhaft frommer Gesinnung.*[588] Der Rekurs auf die Schüler, die *zahlreichen dankbaren Schüler,*[589] die später zu

582 Dir Josef Müller, NR auf Prof. August Thilsch (1780–1842), Prog Gym Glatz 1843, 15. – Vgl. auch Prog RealSch Neisse 1868 zum Ableben ihres Lehrers Franz Brilka (1822–1867): *Am 4. November 1867 überraschte ihn in einer für die ganze Anstalt tief erschütternden Weise der Tod in der Klasse auf dem Katheder.*

583 NR auf Johann Gottfried Carl Kuhnert (1814–1834), Prog Stadt- und Höhere Bürgerschule Landeshut 1949, 19.

584 NR auf Lehrer Kranz (1845–1878), Prog RealSch Eschwegen 1878, 33.

585 NR auf Dr. Jacob Heinrich Hansen, Prog Wilhelm-Gym Hamburg 1890, 8: *haben Kollegen und Freunde seiner Leiche, die nach der Heimat gebracht wurde, das letzte Geleit bis zum Bahnhof gegeben.*

586 NR auf Wilhelm Christian Alexander Eberwein (1789–1842), Prog Gym Nordhausen 1842, 16. Auch für das Folgende.

587 Dir Prof. Friedrich Wilhelm Sintenis (1804–1858), NR auf Prof. M. Werner (1803–1846), Prog Gym Francisceum Zerbst 1847, 65.

588 Ebenda.

589 Würdigung von OL Rudolf Skrezeczka, Prog Kgl. Friedrichs-Gym Gumbinnen 1844, 33.

Freunden des Verstorbenen wurden, mit denen er *fortwährend in einem wissenschaftlichen Verkehre*[590] blieb, reicht über das Totengedenken hinaus. Er drückt den korporativen Geist des Gymnasiums als einer Einrichtung aus, die für die Schüler nicht ein beliebiger, wenngleich unvermeidlicher Durchlauf war und für die Lehrer nicht ein Arbeitsplatz, sondern eine Gemeinde. Deshalb reagierte die Kollegenschaft auf das Ableben eines Kollegen mit offener Betroffenheit: *Wir haben uns der Thränen nicht geschämt, als wir die erste Kunde von seinem Tode vernahmen.*[591] In der Flucht dieser Auffassung liegt auch, daß Kollegen, die die Schule zugunsten einer anderen Stelle verließen, mit kaum geringerer Emphase verabschiedet wurden als die Verstorbenen: *ein der Anstalt nahe bevorstehender großer Verlust;*[592] ein Lehrer, *dessen Scheiden aus unserer Mitte uns mit tiefem Bedauern und innigem Schmerze erfüllt, für uns ein betrübendes Ereignis.*[593] Die Fortberufung eines Kollegen durch das Ministerium wurde im Jahresbericht mit einem ausführlichen Porträt gewürdigt. Es sei ein *kenntnißreicher, gewandter, gewissenhafter und darum auch allgemein hochgeachteter und geliebter Lehrer, ein geschickter, erfahrner und gefälliger Mitarbeiter, ein bewährter Freund* gegangen. Einem anderen wurde *eben so treue und pflichteifrige, als gesegnete Amtsthätigkeit* nachgesagt,[594] und die zurückbleibenden Kollegen beklagten den Verlust eines *stets freundschaftlichen und gefälligen Collegen, welcher zur Erhaltung des im Lehrercollegio bestehenden wahrhaft collegialischen Verhältnisses treulich beigetragen hat. Sein Andenken wird uns stets theuer und werth bleiben.*[595]

Das Gymnasium war die Institution, in deren Dienst sich die Lehrer mit *Gewissenhaftigkeit, Redlichkeit, Ordnungsliebe, Fleiss, Dienstfertigkeit und Bescheidenheit*[596] gestellt hatten, mit *tiefem Ernst, heiliger Ueberzeugung, felsenfester Pflichttreue.*[597] Zugleich waren die Lehrer aus tiefster innerer Überzeugung dem Gymnasium als einem ideellen Focus verpflichtet. Den Oberlehrer Weigand *bewegte das Wohl*

---

590 Dir Prof. Friedrich Wilhelm Sintenis, NR auf Prof. M. Werner (1803–1846), Prog Gym Francisceum Zerbst 1847, 66.

591 Dir Dr. Karl Ernst Georg Matthisson, NR auf OL Ferdinand Gottlieb Weigand, Prog Gym Brieg 1840, 24.

592 Würdigung von OL Rudolf Skrezeczka, Prog Kgl. Friedrichs-Gym Gumbinnen 1844, 33.

593 Abschiedsrede auf Karl Ferdinand Willkomm beim Verlassen des Gymnasiums, Prog Gym Zittau 1841, 14.

594 Prog Kgl. Friedrichs-Gym Gumbinnen 1841, 28.

595 Prog Kreuz-Gym Dresden 1840, 33. – Der scheidende Kollege hatte 27 Jahre an der Schule unterrichtet. Das Kollegium bestand aus 9 ordentlichen Lehrern.

596 Dir Dr. Karl Ernst Georg Matthisson (1785–1857), NR auf OL Ferdinand Gottlieb Weigand († 30.2.1849), Prog Gym Brieg 1840, 25.

597 Dir Dr. Rudolf Hanow, NR auf OL Dr. Heinrich Wilhelm Thienemann, Prog Gym Züllichau 1849, 5.

desselben im Einzelnen und Ganzen unaufhörlich in seinem Gemüthe, und noch auf dem Sterbelager war diese Sorge die einzige und letzte, die seine Seele beschäftigte.[598] Wesentliche Bedingung für das institutionelle Gedeihen war das kollegiale Verhältnis der Lehrer untereinander. Ob die kleinen Kollegien in der ersten Häfte des Jahrhunderts dafür immer eine besonders gute Voraussetzung waren, wie man mit Gründen vermuten darf, entzieht sich einem pauschalen Urteil, läßt sich aber an Einzelfällen überprüfen.

Karl Matthison, geboren 1785, nach 24jähriger Lehrtätigkeit 1839 zum Direktor am Gymnasium Brieg in Schlesien – 1564 von Herzog Georg II. gestiftet und 1837 von 174 Schülern besucht[599] – ernannt, urteilte über sein aus sieben Lehrern bestehendes Kollegium[600] eher verhalten und spricht von der *großen Verschiedenheit*[601] der Lehrer und der *Bewegung und Unruhe, welche solche Verschiedenheit herbeiführte.* Wir können uns diese Verschiedenheit gut vor Augen führen.[602] Von den sieben Kollegen, die Matthison beim Amtsantritt als Direktor vorfand, kamen mindestens zwei für den Unterhalt von Kollegialität nicht in Betracht: Adalbert Joseph Kayßler (1808–1844), Klassenlehrer der Tertia, wurde so krank, daß *das Siechthum seine Kraft lähmte und Mißmut seine Seele trübte*;[603] und Friedrich Wilhelm Ulfert, (*1776), Klassenlehrer der Quinta, wurde nach langjährigen Beschwerden über seinen Lebenswandel aus dem Dienst entlassen.[604]

Wenn von Kollegialität überhaupt die Rede ist, muß sie als Anforderung und Leistung aufgefaßt werden, nicht als Eigenschaft. Denn bei näherem Zusehen treten die Persönlichkeitsmerkmale doch weit aus einander. Ein Lehrer ist die Sanftmut selbst, von *liebenswürdigem, anspruchslosem Charakter, stets der treueste und gewissenhafteste, aber zugleich auch der geräuschloseste in seinem Beruf, bieder und rechtschaffen.*[605] Dagegen heißt es über August Gottlieb Spilleke, seit 1821 Direktor

---

598 Ebenda, 24. – Ebenso: NR auf Lehrer Kranz, Prog RealSch Eschwege 1878, 33.

599 Karl Eduard Brauns u. August Friedrich Adam Theobald (Hg.), Statistisches Handbuch der deutschen Gymnasien. Kassel 1837. Bd. I, 79.

600 Vgl. ebenda.

601 Dir Dr. Karl Ernst Georg Matthisson, NR auf OL Ferdinand Gottlieb Weigand (†1849), Prog Gym Brieg 1840, 25. – Auch für das Folgende.

602 Angaben bei Franz Kössler, Personenlexikon von Lehrern des 19. Jahrhunderts. – Kössler zitiert ohne direkten Quellennachweis. Da er das Personenlexikon auf der Grundlage der Schulprogramme erarbeitet hat, ist sicher, daß er aus Programmen des Gym Brieg zitiert. Das konnte hier nicht im Einzelnen nachgeprüft werden.

603 Zitiert bei Kössler o. Nachweis.

604 Ebenda.

605 Dir Dr. Ferdinand Ranke, NR auf Carl Ludwig Francke (1797–1845), Prog Kgl. Friedrich-Wilhelms-Gym Berlin 1846, 43.

des Friedrich-Wilhelms-Gymnasiums in Berlin, einer großen[606] und gut dotierten Doppelanstalt (Realschule und Gymnasium), er sei von *lebhaftem, leicht erregbarem Temperament*[607] gewesen; seine Stimmungen hätten *schnell gewechselt* und seien sehr merklich gewesen, *weil er damit nicht zurückhalten mochte. Für Wahrheit und Recht ohne Unterlaß erglühend*[608] fand Oberlehrer Hunter in Leobschütz seine Freude *an dem Prüfstein beider, der Disputation, und scheute es selbst nicht, paradox zu sein. Das hat ihm oft Kummer gemacht,* um dann in die begütigende Floskel zu münden, sein Tod habe *aber nun wohl jedes schiefe Urteil beseitigt und durch ein wahres ersetzt.* Einem anderen Lehrer wird *mannichfacher Theil an menschlicher Schwäche*[609] nachgesagt, so daß *wegen seines christlichen Eifers auch die besten und edelsten Freunde seiner Richtung sich vielfach von ihm abgewendet haben.* Endlich gab es auch die unkonventionellen Persönlichkeiten, die Originale wie etwa Dr. Gottlieb Kießling am Gymnasium Zeitz:[610]

> *Kießlings Tadel war kurz, treffend, kräftig und gefürchtet, nicht selten durch scharfen Witz einschneidend, zuweilen, bei geringeren Vergehen, nicht ohne einen leichten Anflug von liebenswürdigem Humor. Aber das gespendete Lob galt und wirkte viel. Als ein Glanzpunkt seines Wohlwollens galt im Schülerleben, wenn er bei öffentlichen Prüfungen vor größerer Zuhörerschaft einer gelungenen Antwort mit wohlklingendem Baßtone ein ‚Recte' ertönen ließ.*

Die 1850er Jahre

Die politischen Verwerfungen und Umbrüche der Jahre 1848/49 werden in den Nachrufen auf die bald darauf verstorbenen Kollegen weder direkt, noch in Anspielungen thematisiert. Nach wie vor wird die heile Welt des Gymnasiums und seiner berufstüchtigen und dienstbeflissenen Lehrerschaft beschworen. *Offene Biederkeit*[611], *glückliche Erfolge seiner Wirksamkeit, talentreicher,*[612] *pflichttreuer, stets freundlich entgegenkommender Amtsgenosse, treue und gewissenhafte Theilnahme*

---

606 1836 waren es insgesamt 437 Schüler, die vierfache Menge eines *normalen* Gymnasiums. Vgl. Karl Eduard Brauns u. August Friedrich Adam Theobald (Hg.), Statistisches Handbuch der deutschen Gymnasien. Bd.I. Kassel 1837, 79.

607 NR Prog Friedrich-Wilhelms-Gym 1842, 7. – Auch für das Folgende.

608 Dir Dr. Heinrich Kruhl (1798–1870), NR auf OL Hunt, Prog Kath. Gym Leobschütz 1842, 10f. – Auch für das Folgende.

609 Dir Dr. Ferdinand Ranke, NR auf Johann Friedrich Wilhelm Bötticher (1798–1849), Prog Kgl. Friedrich-Wilhelms-Gym Berlin 1849, 18. – Auch für das Folgende.

610 Prorektor Kahnt, NR auf Dr. Gottlieb Kießling, Prog Gym Zeitz 1849, 13.

611 NR auf den aus Gesundheitsgründen ausgeschiedenen Kollegen Lindemann, Prog Lyceum Hannover 1856, 65. – Auch für das Folgende.

612 NR auf OL Prof. Dr. Dennhardt (1792–1856), Prog Gym Erfurt 1858, 12. – Auch für das Folgende.

am Werke der Jugendbildung,[613] *biederer College,*[614] *Character, Gelehrsamkeit und sichere Behandlung der Schüler,*[615] *Wohlwollen gegen die Schüler, Herzlichkeit gegen die Amtsgenossen, vielseitige Bildung und treue Amtserfüllung,*[616] *nachsichtsvolles und leutseliges Wesen, Milde und Humanität, Begeisterung für Wissenschaft und Kunst, begabter Mitarbeiter an dem Werke der Jugendbildung,*[617] *gediegenste und vielseitigste Kenntnisse, reich begabter, aus den edelsten Quellen der Humanität genährter, klarer Geist.*[618] Die Liste dieser Urteile ließe sich nahezu beliebig verlängern, würde sich damit allerdings auch so eintönig ausnehmen wie das unablässige Gute und wäre damit nicht realitätskonform. Verstorbener Lehrer oder Lehrer, die an eine andere Schule gingen, wird mit einfühlsamer Emphase gedacht – etwa des nach über 40 Amtsjahren verstorbenen Carl Gottlieb Roehricht:[619]

> *Noch bis zu den letzten Stunden seiner Amtsführung, welche durch seine geschwächte Gesundheit unsäglich erschwert ward, hat er mit seltener Treue, Hingebung und Gewissenhaftigkeit seinem schweren Berufe oblegen. Er lebte nur seinem Amte, ein Muster seiner Kollegen, ein Lehrer im wahren Sinne des Wortes, dem Bildung und Vervollkommnung seiner selbst und anderer als höchstes Ziel alles irdischen Strebens stets vor Augen stand. Die Schule hat den treuesten Mitarbeiter in ihm verloren.*

oder ohne Statusunterschied des Hülfslehrers Seemann, der auf eine ordentliche Lehrerstelle in Essen berufen wurde:[620]

> *Mußten wir uns einerseits freuen, das ernste Streben, die aufopfernde Berufstreue und die vielseitige Thätigkeit des uns allen liebgewordenen Mitarbeiters in diesem Ruf nach Verdienst erkannt zu sehen, so konnten doch in der Stunde seines Scheidens von seinen Zöglingen reichlich fließende Thränen es ihm nicht unbezeugt lassen, wie schmerzlich sein Weggang empfunden wurde.*

---

613 Entlassung von OL Prof. Dr. Immanuel Herrmann (1796–1874). Prog Gym Erfurt 1860, 13.

614 Dir Karl Ferdinand Riebe (1813–1899), NR auf OL Becker, Prog Saldernsche RealSch Brandenburg 1859, 43.

615 Verabschiedung von OL Dr. Rudolph Holzapfel, Prog Cölnisches RealGym Berlin 1852, 32.

616 Verabschiedung von OL Prof. Dr. Lommatzsch, Prog Cölnisches RealGym Berlin 1854, 29.

617 Conrector D.theol. Eduard Wilhelm Emil Schütte (1805–1877), NR auf D.theol. Elster (1792–1854), Prog Helmstedt 1855, 5.

618 NR auf Hermann Gerhard Monjé (1807–1849), Prog RealSch Düsseldorf 1850, 39.

619 NR auf Carl Gottlieb Roehricht (1794–1869), Prog Stadt- und höhere Bürgerschule Landeshut 1855, 33.

620 Prog Kgl. Friedrich-Wilhelms-Gym Köln 1855, 28.

Daß der polternde, der tyrannische Lehrer nicht ausgespart ist, bestätigt e silentio das Totengedenken in seiner Funktion, Normatives zu betonen. *Alles Menschliche ist mangelhaft. Nicht verschwiegen sei, daß der häufig kränkelnde Palm nicht selten launenhaft, eigensinnig, grämlich, auch für seine warmen Anhänger nicht immer leicht zu ertragen war,*[621] erinnert sich ein Schüler, der 1852 mit dem Abitur die Schule verließ, um fortzufahren:

> *Aber alles derart*[ige] *tritt in der Erinnerung zurück hinter dem, was er als Lehrer geleistet und geboten hat. Vielleicht ging Rektor Palm, der wenig Sinn für Jugendfreude hatte, in seinem Bestreben, die Schüler zu strammer, stetiger Arbeit heranzuziehen, etwas zu weit, [...] so daß der mäßig Begabte und dabei Ehrgeizige wenig Muße behielt zum Verschnaufen. Jedenfalls waren seine Primaner zahmer, gesitteter, weniger zu Exzessen geneigt, als ihre Vorgänger.*

Das Verständnisvolle und Begütigende in solchen Urteilen läßt gleichwohl das Bild des zornigen, tyrannischen, eigensinnigen oder launischen Lehrers nicht verschwinden, sondern macht nur die Spannbreite der Persönlichkeiten deutlicher. Der Affekt richtete sich auch nicht immer auf die Schüler; der angesehene Professor Oskar Natorp, Sohn eines Pfarrers und nicht nur Philologe, sondern auch studierter Theologe, hatte schon im Studium wegen seiner unablässig schäumenden, gärenden Wesensart den Spitznamen *Most*:[622]

> *Frei von Selbstsucht und Eitelkeit konnte er doch gar heftig aufbrausen, wenn er glaubte, daß ihm jemand zu nahe trete oder das antaste, was ihm lieb und teuer war. In dem schlichten, unscheinbaren Manne glühte noch immer etwas von dem Feuer der Jugend, ja von dem brausenden Ungestüm des ehemaligen Burschens. So mochte dem Neuling in der Klasse gelegentlich angst und bange werden, wenn sich ein luftreinigendes Gewitter entlud, und wer gar erst durch Lug und Trug das Misstrauen des Professors erregt hatte, der hatte schlimme Tage vor sich.*

Der Oberlehrer Dr. Friedrich Facius, der seit 1777 am Gymnasium Casimirianum in Coburg tätig war, erschien Schülern, Kollegen und der regelmäßig gesuchten Öffentlichkeit als ein *Repräsentant des vorigen Jahrhunderts mit unveränderlich abgeschlossenen Ansichten, die er übrigens immer nur in kurzen Sentenzen aussprach, ohne jemals sich in eine eingehende Erörterung einzulassen.*[623] Solcher apodiktische

621 Dir Dr. Theodor Vogel, *Aus meiner Schulzeit am Gymnasium zu Plauen: Erinnerungen eines Sechsundsiebzigjährigen*, Prog Gym Plauen 1912, 28. – Auch für das Folgende, 31. – Konrektor Prof. Dr. Johann Palm (1813–1871), aus gedrückten Verhältnissen stammend, mit einer eindrucksvoll langen Veröffentlichungsliste.

622 Dir Dr. Georg Zietzschmann (*1847), NR auf OL Prof. Oskar Natorp (1831–1899), Prog Gym Mülheim 1899, 4. – Auch für das Folgende.

623 Eduard Forberg (1803–1865), Zur Erinnerung an OL Prof. Dr. Friedrich Facius (1750–1825), Prog Gym Casimirianum Coburg 1858, 8.

Traditionalismus schon im Lehrerzimmer galt erst recht in der Schulstube, wurde gelegentlich auch in den Rang pädagogischer Maximen erhoben. *Des Kindes leichter Sinn gleicht dem Wogen des Meeres – aber wie ein Fels muß der Lehrer in der Mitte stehen; er muß der feste Damm sein, an dem sich das bewegte Treiben bricht.*[624] Das unterlag im Urteil durchaus nicht nur unterrichts-pragmatischen, sondern auch ethischen Kategorien, was bei einem Ephorus des urprotestatantischen Seminars Urach allerdings auch naheliegt:[625] *Nicht sowohl geärgert und aufgebracht war er, wo ihm etwas Unwahres, Unechtes, Unreines entgegentrat, sondern innerlich verletzt fühlte er sich, und sein mahnendes und strafendes Wort drückte seinen Schmerz aus über die Störung der sittlichen Ordnung.* Noch intensiver kündigte Dr. Eduard Schütte in der Antrittsrede als Direktor in Blankenburg die religiöse Fundierung seiner pädagogischen Überzeugungen an:[626]

> *So macht leider die Schule auch schon die traurige Erfahrung, daß der böse Feind Unkraut säet unter den Weizen und den Schatten seines finsteren Reiches auch in die heilige Stätte der Unschuld zu werfen sucht. Wer könnte es da wohl dem Lehrer verargen, wenn er in Zorn geriete über die Frechen, welche die Würde des Gesetzes so muthwillig verspotten, oder seinen Ärger und Unmuth empfinden ließe die Unbesonnenen, die ihr eigenes Glück zerstören; wenn er mit heftigen und ungestümen Vorwürfen die Leichtsinnigen überhäufte, die sich an ihrem besseren Selbst versündigen, oder mit Verachtung und Geringschätzung die Gewissenlosen strafte, die unbekümmert die schönen Blüthen der Jugend in den Staub treten?*

Aber es ging regelmäßig um die Ordnung im Klassenzimmer und war Ausdruck von Lebensart und Selbstverständnis des Lehrers. Riemanns[627]

> *Lehrform war, wie sein ganzes Wesen, ruhig, mild, durchsichtig, klar; schuf jugendliche Ungebühr und Unaufmerksamkeit eines Trägen oder eines Sprudelkopfs eine Störung, so wußte er sie meist leicht zu beseitigen; wurde er zuweilen auch bitterböse, so milderte sich sein Zorn doch schnell zur ruhigen, an die eigene Einsicht des Schuldigen sich wendende Erörterung des Unrechts, so[gar] da, wo ein wetterndes Dreinfahren oder ein drohendes Machtgebot rascher zum Ziele führen konnte.*

Riemanns Schüler wußten freilich nur zu gut, daß ihr Lehrer es tolerierte, wenn einer gegen ihn sich *eine Gurke*[628] *herausnahm*, sofern es mit *kecken Humor* geschah,

---

624 Dir Dr. Georg Weber (1808–1888), Prog Höh. BürgerSch Heidelberg 1852, 8.

625 Dir Dr. Ludwig Kapff (*1802, 1854 Ephorus des evang. Seminars Urach), NR auf Dr. Christian Märklin (1807–1849), Prog Gym Heilbronn 1850, 19.

626 Dir D. theol. Eduard Schütte, Antrittsrede, Prog Gym Blankenburg 1858, 6. – Im neutestamentlichen Gleichnis vom Säemann, auf das Schütte anspielt, ist nur in Matth. 13, 24–30 von Unkraut die Rede.

627 Dir Prof. Dr. Ernst Eberhard, Lebensabriß des OL Hugo Riemann. Prog RealSch Koburg 1854, 24. – Auch für das Folgende.

628 Frechheit, spitzfindige Bemerkung.

daß aber *hart an der Grenze dieser unverkümmerten Freiheit der flammende Zorn wohnte, der das haarbreite Ueberschreiten der Marke unter wilden Wettern büßen ließ.* Dem widersprach keineswegs die oft bezeugte *Liebe zur Jugend.*[629] Es war freilich nicht jene *hätschelnde Affenliebe,*[630] sondern *eine männliche, ernste Liebe; diese Liebe schließt die Strenge nicht aus, sondern gebietet sie. Freundliche Belehrung wie kräftige Warnung*[631] vereinigten sich im Modus der Einwirkung auf den Schüler in Form der *ernst-eindringlichen disciplinarischen Behandlung der Jugend.*[632] Beides war verhaltensoffen, Strenge und Milde – *er vergab und verzieh, wenn auch zuweilen leicht gereizt, sobald er Rückkehr zum Besseren gewahrte.*[633]

Indessen zeichnen sich im Material doch differente Muster pädagogischen Handelns ab. Sie sind begrifflich nicht leicht zu unterscheiden, da sie einander nicht offen widersprechen. Wenn man die eschatologische Begründung Dr. Schüttes als die ideologisch intensivste auffaßt, kann man ihr Riemanns Pochen auf die personale Autorität des Lehrers an die Seite stellen. Nicht weit davon entfernt liegen Begründungen für das Lehrerhandeln, das seine Geltung aus dem Stoffbezug und seinen Lernzielen folgert. Dafür liefert der 1859 verstorbene Prof. Gustav Evers vom Gymnasium Katharineum in Lübeck ein besonders sprechendes Beispiel:[634]

> *Die Jugend zum Denken und zur Selbstthätigkeit zu führen, das war der klar erfaßte und erfolgreich durchgeführte Zweck seines Sprachunterrichts; sie zu begeistern für alles Edle und Schöne, zu Gemeinsinn und selbstverläugnender Tugend zu führen, das Ziel, welches ihm bei seinem Geschichtsunterricht vorschwebte. [...] Mit einer Regelmäßigkeit und Gründlichkeit, wie man sie selten findet, bereitete er sich auf jede seiner Lehrstunden vor, und wußte auch das schon vor vielen Jahren Getriebene mit stets neuer Frische und Leben zu behandeln und darzustellen, und wo er innerhalb der in der Schule gesteckten Gränzen das Ziel nicht vollständig erreichen zu können glaubte, opferte er viele Jahre lang in uneigennützigster Weise bereitwillig einen Theil seiner Muße, um durch außerordentliche Nachhülfe die tüchtigere Vorbildung der zur Versetzung in eine höhere Classe stehenden Schüler zu ermöglichen. Wie strenge er gegen sich selbst war und im Wissen wie im Handeln stets nach dem Höchsten strebte, so war er auch in der Schule ein Feind der Halbheit und Oberflächlichkeit und machte große Anforderungen an seine Schüler.*

---

629 Ernst Friedrich Eberhard, Lebensabriß des OL Hugo Riemann, Prog RealSch Coburg 1854, 22.

630 Dir Dr. Ernst Friedrich Eberhard, *Ueber Disziplin*, Prog RealSch Coburg 1851, 7. – Auch für das Folgende.

631 Rektor Ludolf Heinrich Otto Müller (1808–1875), Antrittsrede als Direktor, Prog Gym Jever 1850, 9.

632 NR auf OL Prof. Dr. Dennhardt, Prog Gym Erfurt 1858, 13.

633 Dir Dr. Julius Held, NR auf Wilhelm Türkheim (1794–1856), Prog Gym Schweidnitz 1857, 18.

634 NR auf den 4. Professor Gustav Evers (1809–1859, Freitod), Prog Gym Katharineum Lübeck 1859, 44.

> *Mochte dies nun auch auf manche der schwächeren Schüler entmuthigend einwirken, so wurden auch andre von diesen durch die Entschiedenheit, mit welcher er sie vorwärts trieb, zu erhöhtem Fleiße und tüchtigen Leistungen angespornt, während die Begabteren und Fleissigen unter seiner Leitung ungemein gefördert wurden und ungewöhnliche Fortschritte machten.*

Ein letzter Unterichtsstil lebte von der Autorität der Sanftmut:[635]

> *Es bedurfte für ihn fast keiner Gesetzesmächte, die Liebesmächte waren Alles. Gern und freiwillig folgten die Schüler seinen Anweisungen und Forderungen. Nie ward es für ihn nöthig, fremde Beihülfe für sich in Anspruch zu nehmen. Regte sich, wie natürlich, auch in seinen Schülern der Muthwille des Knabenalters, ein Wort, von einem seiner sanfften, bittenden, fast flehenden Blicke begleitet, wirkte, gleichsam ein mahnender Engel aus dem Herzen in das Auge emporsteigend, wie Zauberwort. [...] Ja, in der Klasse selbst, wenn ein Einzelner es wagte zu freveln, erhob sich der Unwille derselben; solcher Kindlichkeit und Frömmigkeit gegenüber schien dem jugendlichen Gemüthe selbst jede Antastung als Ruchlosigkeit. [...Auch] hat er uns Lehrer doch selbst bisweilen mit seinem Zauber berührt. Stets zeigte er sich im Widerstreit der Meinungen und Interessen als ein friedfertiges und beschwichtigendes Element. So wirkte in Allem, was er that, der göttliche Segen mit ihm.*

Wenn man den von Subrector Steinmetz gepflogenen Unterrichtsstil als den persönlichsten, am wenigsten verallgemeinerungsfähigen auffaßt, der deshalb vielleicht nur typologisch interessant ist, so beansprucht der stoff- und lernzielbezogene Zugriff des Prof. Evers aus Lübeck viel breitere Geltung. Hier ist auch die Politik zu bedenken. Wenn die Revolution von 1848/49 im politischen Urteil gewöhnlich als gescheitert und mißlungen gilt, so trifft das auf die Schule wohl nicht zu, denn die politische Emphase hat sich der Schule, wie der Evers'sche Unterrichtsstil bezeugt, mindestens implizit mitgeteilt, auch ohne direkten Rekurs auf die politischen Umstände zu nehmen. Denn nach wie vor galt Mansos Auffassung: *Es gehört nicht für den Gelehrten, der in dem Schatten der Schule lebt, über die Angelegenheiten des Staats zu richten.*[636] Die Frage des Scheiterns ist für die Schule neu und zugleich anders zu stellen. In diesem Bereich des Bildungswesens ist es jedenfalls auffällig, wie stark sich die Lehrerschaft ändert hinsichtlich der Berufsauffassung, der Aufgaben und schließlich auch der eigenen korporativ-ständischen Verfassung. Begründungen für das Berufshandeln werden nötig, Unterrichtsmethodik tritt in den Blick, Unterrichtsziele müssen klargestellt werden, die Lehrerschaft wird als Gruppe selbstreflektiert, nicht nur hinsichtlich einzelner Lehrer.

---

635 Dir Prof. Carl Ferdinand Wieck (1787–1864), NR auf Subrektor Dr. Steinmetz (1790–1854), Prog DomGym Merseburg 1854, 10.

636 Johann Kaspar Friedrich Manso (1758–1826), *Ueber einige Vorschläge zur Weckung teutschen Sinnes und teutscher Kraft*, Prog Magdalenisches RealGym Breslau 1809, 3.

Die Traditionalisten unter den Lehrern sind nicht länger vorbildlich und zustimmungsfähig, wie hier mit klarer Ablehnung geurteilt wird:[637]

> *Von den verschiedenen Ansichten neuerer Ausleger bekamen die Zöglinge nichts zu hören, und er wußte sich in der Eigenthümlichkeit seiner Auffassung auf eine einfache Weise zu schützen, daß er von fremden Meinungen sehr wenig Notiz nahm. [...] Die Unerschrockenheit, mit der er von dem Standpunkt des natürlichen Hausverstandes aus die Ansichten tiefer Denker aburtheilte, war unmöglich geeignet, in den Herzen von Jünglingen bescheidene Ehrfurcht vor hoher Geistesmacht zu erzeugen.*

Die Kritik steht nicht ohne Widerspruch. Denn der Direktor des Gymnasiums in Brieg erklärte, das Bestreben des Jugendlehrers solle sein, *mit Vermeidung alles Polemisirens gegen Altes und Neues, nur das völlig Bewährte in den Wissenschaften mitzutheilen.*[638]

In einer Art von Selbstfindungsprozeß tauschten die Gymnasiallehrer untereinander aus, was richtig und vorteilhaft für den Unterricht ist, und wer sie denn eigentlich sind. *An Ehre fehlt es dem preussischen Schulstande nicht mehr, seit er sich von der Theologie abgelöst hat,*[639] erklärte im Blick auf die ersten beiden Jahrzehnte des 19. Jahrhunderts der Eislebener Direktor Dr. Friedrich Ellendt, dessen Berufsstationen die Genese des Gymnasiallehrerstandes geradezu exemplarisch begleitet hatten. Im Rückblick betonte er: *Bis dahin galt der Schulstand als die enge und verachtete Pforte zum Predigtamte und der Lehrer als der Diener und Unterthan des Geistlichen.* Dieses Urteil aus der zuverlässigen Perspektive einer Familie von Gymnasialdirektoren[640] indiziert einen qualitativen Schnitt, mehr als nur die Lösung von Schule aus der geistlichen Aufsicht. Für die Vorstellung eines Lehrer-Standes war es nicht länger akzeptabel, daß der Lehrerberuf als Parkstation für das *eigentlich* erstrebte Pfarramt benutzt wurde. Komplementär formulierten die Lehrer professionelle Regeln für ihre Berufstätigkeit. Mit der Begrifflichkeit seiner

637 Eduard Forberg, Erinnerung an Dr. Genßler, Prog Gym Coburg 1858, 9.

638 Dir Prof. Dr. Karl Ernst Georg Matthisson, Prog Kgl. Gym Brieg o.J. [1850], 6.

639 Dir Dr. Friedrich Ellendt, *Auch eine Stimme über das, was den Gymnasien Noth thut*, Prog Gym Eisleben 1855, 20, auch für das Folgende. – Zur Biographie: 1819 Promotion, Staatsexamen und o. Lehrer am Altstädtischen Gym Königsberg, 1821 OL, 1825 a.o. Prof Universität Königsberg, 1835 Dir des Gym Eisleben. – Ein seltener Fall für die Oszillation zwischen geistlichem und Schulamt ist D. theol. Ernst Ludwig Cammann (1788–1861): Nach dem theologischen Examen 1810 wurde er Lehrer in Privatschulen in Hamburg und Stade. 1813 trat er das Pfarramt in Hechthausen an, gründete dort aber eine Privatschule. 1816 wurde er zum Direktor des Dom-Gymnasiums Verden berufen, 1832 dagegen zum Superintenden und Hauptprediger des Doms in Verden. Vgl. NR Prog Dom-Gym Verden/Aller 1863.

640 U.a. war der jüngere Bruder Ernst Johann Ellendt Direktor des Altstädtischen Gym Königsberg, dessen Sohn Friedrich Ellendt Direktor des Friedrichs-Gym Königsberg.

Epoche beschrieb Direktor Dr. Ernst Friedrich Eberhard moderne Bedingungen für erfolgreichen Unterricht:[641]

> *Der Lehrer muß vor allem des Stoffs mächtig sein, denselben wohl durchdacht und zu seinem geistigen Eigenthum gemacht haben, in ihm mit freier Herrschaft sich bewegen und zwar über die Gränzen hinaus, innerhalb derer sein Unterricht sich bewegt. [...] Soll aber dem Unterricht disziplinarische Gewalt einwohnen, so geselle sich zur Anschaulichkeit noch Frische und Lebendigkeit. Aber selbst ein anschaulicher, klarer, lebendiger Unterricht wird die erweckliche, disziplinarische Kraft für Knaben nicht sicher besitzen, wenn es der Lehrer nicht versteht, die Selbstthätigkeit und sofortige innere Verarbeitung des Stoffes im Schüler hervorzurufen.*

Noch ausführlicher äußert sich der Wolfenbütteler Direktor Prof. Philipp Karl Hess.[642] An erster Stelle der Bedingungen einer *segensreichen Wirksamkeit des Gymnasiallehrers* steht für ihn das Streben nach *wissenschaftlicher Gediegenheit*, an zweiter Stelle die *gehörige praktische Gewandtheit*. Bei dieser Qualifikation unterscheidet er den natürlichen Lehrer (*wird geboren*) von dem durch *eifriges Bemühen und ernstes Nachdenken* nur angelernten; für beide aber gelte, daß ohne eine *gründliche Kenntniß der Gymnasialmethodik keiner eine gehörige Durchbildung und praktische Gewandtheit in seinem Lehrfache* erwerben könne. Die dritte Bedingung

> *einer segensreichen Wirksamkeit des Gymnasiallehrers stützt sich darauf, daß derselbe eifrig danach strebe, die Jugend nicht blos zu belehren und zu unterrichten, sondern auch zu erziehen und durch seine Persönlichkeit, d.h. durch den sittlichen Ernst und die rechte Würde im Benehmen in und außerhalb der Schule wohlthätig auf sie einzuwirken und als Vorbild sich ihr darzustellen. Die zwischen Unterricht und Erziehung stattfindende Wechselwirkung dürfte passend so zu bezeichnen sein, daß der Unterricht erziehend, und die Erziehung unterrichtend sein müsse. Denn der Lehrer nimmt dem Schüler gegenüber eine moralische Stellung ein, in welcher ihm Achtung und Gehorsam gebührt, damit einer seinen erhabenen Beruf erfüllen könne.*

Der Hess-Katalog professioneller Anforderungen war nicht originär erfunden, sondern eine Kompilation der Praxis. Lehrer sollen *sowohl christliche Einsicht und Gesinnung, als auch methodische Kompetenz mit wissenschaftlicher Kenntniss vereinigen*,[643] fordert Direktor Dr. Ellendt aus Eisleben. Der Methodenvorsprung der Elementarschulen läßt ihn sarkastisch, aber in ständischer Verblendung kommentieren, daß die *neumodischen Methodiker*, die vor einer Reihe von Jahren in den *Schullehrerseminarien à la Diesterweg ihr Wesen getrieben*, ihre Zöglinge

641 Dir Dr. Ernst Friedrich Eberhard, *Ueber Disziplin*, Prog RealSchule Coburg 1851, 3f.

642 Dir Prof. Philipp Karl Hess, Rede zur Einführung von OL Dr. Hermann Hausdörffer 1855, Prog Gym Wolfenbüttel 1864, 1–5. – Auch für das Folgende.

643 Dir Dr. Friedrich Theodor Ellendt, *Auch eine Stimme über das, was den Gymnasien Noth thut*, Prog Gym Eisleben 1855, 17. – Auch für das Folgende.

mit *Selbstvergötterung* erfüllt hätten; und wegen des als Wertgefälle empfundenen Abstands zwischen Gymnasium und Elementarschule räumt er nur widerstrebend ein, daß die Diesterweg-Anhänger allerdings besser ausgebildet worden seien als die *Candidaten des gelehrten Schulamts*. Ein Bewußtsein der ständischen Überlegenheit und der unbefriedigende Ausbildungsbedarf lagen miteinander im Widerspruch. Das Probejahr der Kandidaten, dem der Gedanke einer Meisterlehre zugrunde lag, war kaum mehr als eine habituelle Anpassung an Geist, Gesittung und Tradition der Anstalt und des Standes. Die Norm war, daß der Direktor den *provisorischen Hilfslehrer in sein Amt mit einer Rede einführte, welche die Anforderungen, die das Lehramt an seinen Inhaber stellt, erörterte.*[644] Bezeichnend für die Lage war, daß die Bestimmung und Einschulung von Professionalität als eine im schulischen Alltag zu erbringende Leistung verblieb. Die Behörde kümmerte sich nur um die Wahrung der Beamteneigenschaften. Die Direktoren waren angewiesen, die Lehramtskandidaten bei Dienstantritt zu vergattern: Erwartet werde *sittlicher, würdiger Wandel, durch sein Beispiel Gottesfurcht, Achtung vor Gesetz und Obrigkeit, Liebe zum Vaterlande und Ehrfurcht gegen Se. Majestät den König.*[645] Darüber war ein von Kandidat und Direktor gezeichnetes Protokoll aufzunehmen.

Die 1860er Jahre

In dieser Dekade mehren sich die Anzeichen dafür, daß die Lehrer gesellschaftlich angekommen waren. Der Weilburger Gymnasiallehrer Prof. Eduard Francke, so hieß es im Nachruf, sei in den 1830er Jahren als *Fremdling in unsere Stadt* gekommen.[646] Weilburg habe aber in ihm *einen Bürger gewonnen, der den Glanz seiner Bürgertugend durch keine unedle That je befleckte.* In die gleiche Richtung geht die Bemerkung über den Eisenacher Prof. Dr. Wilhelm Rein:[647]

> *Wie er als Gelehrter bedeutend war, so besass er auch in den Geschäften des bürgerlichen Lebens besondere Geschicklichkeit und war bei dem tief-wohlwollenden Zuge, der in seinem Gemühte lag, ein Mann, der in seiner Umgebung grosses Vertrauen genoss, vielen ein stets bereiter Rathgeber und Helfer, vielen ein zuverlässiger, treuer Freund.*

Ein anderer Zug, der sich in den Äußerungen über Lehrer von denen der ersten Jahrhunderthälfte abhebt, ist die Betonung der Strenge, mit der sie den Schülern gegenübertraten. Direktor Geier in Treptow führt zur Rechtfertigung das Dictum

---

644 Prog Gotha 1854, 17.

645 Kgl. Provinzial-Schulkollegium, Erlaß v. 15.3.1852, abgedruckt im Prog Gym Elberfeld 1852, 8.

646 NR auf Prof. Eduard Christian Francke, Prog Gym Weilburg 1867, 23. – Auch für das Folgende.

647 Dir Hofrat Dr. Karl Hermann Funkhänel (1808–1874), NR auf Prof. Dr. Wilhelm Rein (1809–1865), Prog Karl-Friedrichs-Gym Eisenach 1865, 22.

Herders an, *dass Knaben auf Rosenbetten verzärtelt, als Greise gewöhnlich auf Dornen liegen.*[648] *Hervortretende Befähigung, die Schulzucht aufrecht zu erhalten,*[649] wird einem späteren Direktor schon als Oberlehrer nachgerühmt, einem anderen, er habe es *meisterhaft verstanden, die Disciplin unter den Schülern aufrecht und die Theilnahme rege zu erhalten.*[650] Es muß dabei allerdings nicht tyrannisch zugegangen sein. *Nachlässigkeit, Unaufmerksamkeit, Gleichgültigkeit gegen die Wissenschaft verwundeten ihn sehr,*[651] heißt es über den Oberlehrer Dr. Lucherhandt, dem *Streitsucht völlig fremd* war. Der Lehrer übt einen Beruf aus, der wie nur wenige andere die Persönlichkeit neben dem Lehrgegenstand auftreten läßt und damit ein breites Feld unendlicher Abschattierungen eröffnet. Persönliche Autorität, wenn sie wirksam sein soll, ist indessen originär vorhanden und nicht gemacht, etwa bei dem so früh verstorbenen Prof. Dr. Julius Deuschle. Er hat[652]

> *nur drei Jahre Treue und Beharrlichkeit zu leisten vermögen, hat uns angehört, und hinterläßt bei Collegen und Schülern die entschiedenste Hochachtung und Liebe, und ein gewiß gesegnetes Andenken für immer. Nur 32* [Jahre] *hat er gelebt, aber gezeigt, was auch in einem kurzen Dasein Treue und Beharrlichkeit zu leisten vermögen. Er war ebenso gründlich und tüchtig, wie geistig belebt, und ward durch die sich stets gleich bleibende Ruhe und Anmuth seines Wesens außerordentlich gehoben: beim Eintritt in seine Klasse nahm man eine andächtige Stille wahr, die sich über das Ganze ausbreitete: nie ist ein hartes, verletzendes Wort über seine Lippen gekommen, obgleich er der Schulordnung nicht das Mindeste vergab und etwaige Vergehungen einzelner nicht ungerügt ließ.*

Manche Lehrer besaßen eine strategische Bandbreite, *eine auf die Gemüther der Schüler berechnete Handhabung der Schulzucht,*[653] so daß sie die emotionale

---

648 Dir Dr. Robert Geier, Rede zur Einweihung des Alumnats am 3.11.1865, Prog Bugenhagen-Gym Treptow a.R. 1866, 4.

649 Dir Dr. Wilhelm Büchner, Zum Ausscheiden von Dr. Berthold Volz (*1839–1899), Prog Gym Fridericianum Schwerin 1869, 22.

650 NR auf Prof. Dr. h.c. Wilhelm Ferdinand Wensch (1800–1867), Prog Gym Wittenberg 1868, 21.

651 NR auf OL Dr. August Rudolf Luchterhandt, Prog Friedrich-Wilhelms-Gym Berlin 1869, 35.

652 Dir Dr. Ferdinand Ranke, NR auf OL Prof. Dr. Julius Deuschle (1828–1861), Prog Friedrich-Wilhelms-Gym Berlin 1861, 23f. – Deuschle hat in jungen Jahren eine bemerkenswerte Karriere gemacht: 1851 (also mit 23 Jahren) Praktikant am Gym Marburg, dann am Gym Hanau, 1855 o. Lehrer am Pädagogium des Klosters ULF Magdeburg, 1858 als Professor nach Berlin berufen. Auf allen Stationen hat er umfangreiche Platon-Interpretationen in den Programmen veröffentlicht.

653 Dir Dr. Wilhelm Büchner, Verabschiedung von Prorektor Friedrich Rietz (1795–1869) nach 50jähriger Tätigkeit in den Ruhestand, Prog Gym Fridericianum Schwerin 1869, 21.

Klaviatur bedienen, die Gestattung von Heiterkeit und die Forderung von Disziplin in ihren Mischungsverhältnissen nach Wunsch und Bedarf variieren konnten, Stimmungswechsel als Methodenwechsel:[654]

> *Aber wenn er meinte, daß das Lernen den Jungen endlich langweilig werden mußte, so war sein Humor auch wieder unerschöpflich, wobei er selber entweder sehr ernst aussah, oder auch sehr herzlich mit seinen Schülern lachen konnte. Aber sobald er leise mit einem kleinen Schlüssel auf den Tisch klopfte, wurde Alles wieder still. So geschah es denn, daß er in wunderbarer Weise die jugendlichen Geister in seiner Gewalt hatte, ohne irgendwie harte Strafen anzuwenden.*

Meistens aber war es nicht konfliktscheue eirenische Wesensart oder virtuose, wenngleich in den Zielen begrenzte Unterrichtstechnik[655], sondern bedachte Strenge, die den Ton angab:[656]

> *Er verlangte bei aller Milde seines Wesens von seinen Schülern mit geduldiger, aber unnachsichtiger Strenge die größte Sorgfalt und Genauigkeit der Arbeit und übte dadurch eine höchst heilsame Zucht. So unbequem manchem flüchtigeren und trägeren Knaben diese Rigorosität sein mochte, so achteten und liebten doch alle den Lehrer, dessen gerechten, liebevollen und gewissenhaften Charakter sie vollkommen würdigten.*

Sie rechtfertigte sich durch das Vorbild des Lehrers, durch *die wohlthätige Kraft des Beispiels,* das den Schülern *Achtung abnötigte und die Regungen ihres Leichtsinns in Schranken hielt.*[657] Aus eigenem Erleben wissen wir, daß sich das Lehrerverhalten oder die geläufige Disziplin in einer Schule nicht durch eine Generalformel beschreiben läßt. Diese Einsicht vermittelte sich auch dem 1795 geborenen Gottfried Reinhardt, der die Gymnasien in Hildburghausen und Gotha besuchte und dabei völlig gegensätzliche Erfahrungen machte.[658] In Gotha erlebte er eine *Zwanglosigkeit der Disciplin,* die die Schüler darin wetteifern ließ, dem Vorbild der Lehrer zu folgen. Ganz anders dagegen erlebte er nach einem Schulwechsel das Gymnasium Hildburghausen:

---

654 Dir Dr. Ludwig Schacht (1826–1882), NR auf OL Dr. Gustav Schoene (1831–1869), Prog RealSch Elberfeld 1869, 51.

655 Verabschiedung von Dr. Schmidt, Prog Gym Eisenach 1860, 9: *seine besondere Geschicklichkeit, die Knaben bald an die Schulzucht zu gewöhnen.*

656 NR auf OL Dr. Gustav Hermann Stisser (1825–1866), Prog Lyceum Hannover 1867, 34.

657 Rektor Dr. Friedrich August Eckstein, NR auf August Christian Adolf Zestermann (1807–1868), Prog Thomasschule Leipzig 1869, 64.

658 Theodor Friedrich Gottfried Reinhardt (*1795), *Welt und Schule oder Reminiszenzen eines Alten, wenn auch nicht eines Veteranen*, Prog Gymnasium Hildburghausen 1863. – Auch für das Folgende.

> *Ein zweiter Blücher marschierte der Lehrer tapfer vorwärts und mochte die Hälfte der Mannschaft als Marodeure am Wege liegen bleiben. Schläge setzte es wohl auch zuweilen, nur keine Ratschläge. Das kalte, amtliche Wesen mehrerer Lehrer verleidete mir überhaupt den Unterricht.*

Die Legitimation der Lehrer für die Strenge und Unerbittlichkeit findet sich in der Liebe zur Sache und in der Liebe zu den Schülern. Es stehe unwiderruflich fest, daß *Wahrheit in Liebe*[659] der Wahlspruch eines jeden Lehrers sein müsse, erklärte Direktor Schaper in seiner Antrittsrede 1865. Keine andere Norm als diese könne die Schule zu ihrem *Lebensprinzip* machen. *Reichthum von Gelehrsamkeit und Scharfsinn des Verstandes*[660] seien wertlos, wenn man sie nicht *zum Nutzen und Besten der Menschheit* anwende. Würde man nicht nach dieser Einsicht leben, ginge *der eigentliche Zweck der Menschheit verloren.* Es war unvermeidlich, daß der ethisch fundierte Rigorismus der Lehrer in der Praxis klaffende Widersprüche hervorrief. Dem Göttinger Lehrer Dr. August Geffers wurde nachgesagt, er sei zu seinen Schülern *streng, sehr streng*[661] gewesen; *aber er hatte sie lieb. Auch nach ihrem Abgange vom Gymnasium behielt er sie im Auge; wie freute er sich, war Gutes von ihnen zu berichten.* Auch die Strenge von Prof. Dr. Karl Arndt soll aus seiner Liebe hervorgegangen sein, fern von aller Ungerechtigkeit und Parteilichkeit.[662] Überhaupt sind die Beweise von Anhänglichkeit, die die Schüler ihren strengen Lehrern gaben, häufig und ausdrucksstark berichtet, treffen sich auch mit pädagogischen Überlegungen jenseits des preußischen Schulwesens.[663] *Achtung und Liebe seiner Schüler,*[664] *Liebe und Anhänglichkeit seiner Schüler,*[665] *ehrenvolles Andenken,*[666]

---

659 Dir Karl Julius Schaper, Antrittsrede, Prog Gym Lyck 1865, 7. – Auch für das Folgende.

660 Dir Dr. Eduard Schütte, *Vorwort zu den Gesetzen des hiesigen Gymnasiums*, Prog Gym Blankenburg 1861, 3. – Auch für das Folgende.

661 Univ.-Prof. Dr. Ernst von Leutsch, NR auf Dr. August Geffers, Prog Gym Göttingen 1863, 12. – Auch für das Folgende.

662 Dir Dr. Georg Thilo (1831–1893), NR auf Prof. Dr. Karl Arndt (1790–1874), Prog Gym Neubrandenburg 1875, 38.

663 Studienrektor Voelker, Prog Kgl. Studienanstalt Kaiserslautern 1873, 6: *Geflissentlich suchen wir deshalb als Strafmittel die Beschämung des Schülers zu vermeiden, die gar leicht das Ehrgefühl der Jugend verletzt und abstumpft, ebenso den Spott und die Ironie, welche nicht selten ihren Stachel in der Seele des Gestraften zurücklassen und dem Lehrer das Vertrauen und die Liebe seines Schülers entziehen. Auch in dem strafenden Lehrer muss der Schüler immer noch den liebenden Lehrer erkennen.*

664 NR auf Johann Heinrich Müller, Prog Gym Gotha 1862, 23.

665 NR auf Johann Heinrich Andreas Roßmann (1806–1868), Prog Gym Martino-Catharineum 1869, 46.

666 Dir Prof. Dr. Theodor Dielitz (1810–1869), NR auf Hülfslehrer Theodor Diehl (1835–1862); Prog Königstädtische RealSch Berlin 1863, 49.

ungeteilte Verehrung von Lehrern und Schülern.[667] Der Königliche Geheime Oberregierungsrat Ludwig Wiese forderte sogar eine Form der Zuwendung, der Liebe zu den Schülern, *die sich niemals mit einem officiellen Verhältniß zu den Schülern abfindet, und immer den einzelnen zum Gegenstande besonderer Theilnahme und Fürsorge werden läßt; sie ist die Sonne des Lehrerberufs.*[668] Auch sonst ist von *herzlicher Liebe zur Jugend* als *wesentlichstem Erfordernis des Lehrerberufs* die Rede.[669] Als der Oberlehrer Dr. Dihle vom Gymnasium Nordhausen auf die Leitung des Progymnasiums Seehausen wechselte, ein Mann, der *das Beste seiner Schüler im Auge hatte und über das geistige und sittliche Wohl der Schüler mit Ernst und Strenge wachte,*[670] wurden *rührende Beweise der Anerkennung und Liebe* seiner zurückbleibenden Schüler berichtet. Dem von Nordhausen nach Magdeburg wechselnden Dr. Haacke gaben die Schüler *die unzweideutigsten Beweise ihrer Dankbarkeit, Liebe und Hochachtung.*[671] Bei einem Lehrer, der sich in 50jähriger Dienstzeit durch *kräftige und umsichtige Handhabung der Schulzucht*[672] ausgezeichnet hatte, waren es *die aufrichtigsten Beweise der Liebe und Anerkennung von Seiten seiner Classe.* Ein Lehrer hinterließ ein *in Liebe, Achtung und Dankgefühl begründetes Ansehen,*[673] ein anderer *ein unvergeßliches Andenken.*[674] *Dankbare Anhänglichkeit*[675] oder *ehrenvolles Gedächtniß*[676] waren die eher konventionellen Formeln, mit denen der Berufs- und oft Lebensleistung von Kollegen gedacht wurde.

---

667 Verabschiedung des 2. OL Dr. Eduard Cauer (1823–1881), Prog Gym Potsdam 1869, 46.

668 Kgl. Geh. ORR Dr. Ludwig Wiese, Eröffnungsrede beim Rektoratswechsel, Prog Kgl. Pädagogium Ilfeld 1868, 3.

669 Rektor Prof. Dr. Franz Theodor Adler (1813–1883), NR auf OL Prof. Dr. Friedrich August Arnold (1812–1869), Prog Lateinische Hauptschule Halle 1869, 55.

670 Dir Prof. Dr. Karl August Schirlitz (1795–1886), Verabschiedung von OL Dr. August Dihle (1825–1910), Prog Gym Nordhausen 1864, 40. – Auch für das Folgende.

671 Dir Prof. Dr. Karl August Schirlitz, Verabschiedung von OL Dr. August Hermann Haacke (1818–1897) an das Pädagogium des Klosters ULF Magdeburg 1862, 30. – Ähnlich: *Herr Oberlehrer Balsam [...] nahm am Schluß unseres Herbst-Examens feierlich von der Gesammtheit des Gymnasiums Abschied. In Rede und Gegenrede sprach die Jugend ihren Schmerz über den Verlust des theuren Lehrers aus und die Schüler der 1. und 2. Klasse brachten ihm am Vorabend seiner Abreise ein Lied und gaben es gedruckt aus. Seine Talente, wie seine Verdienste werden wir in treuem Andenken bewahren.* Prog Gym Hirschberg 1845, 21.

672 Dir Dr. Wilhelm Büchner, Verabschiedung des Prorektors Friedrich Rietz (*1797), Prog Gym Schwerin 1869, 21. – Auch für das Folgende.

673 NR auf Carl Albert Agathon Benary (1807–1860), Prog Cölnisches RealGym Berlin 1861, 39.

674 NR auf Prof. Anton Andeltshauser (1797–1861), Prog Gym Straubing 1863, 22.

675 Verabschiedung von OL Dr. Mößler, Prog Gym Hirschberg 1870, 23.

676 NR auf OL W. Rührmund, Prog Gym Potsdam 1866, 33.

Von diesen Vertretern straffer Schulzucht unterscheidet sich in den Quellen eine Gruppe von Lehrern, die sich *nur mit Widerstreben zu strengeren Massregeln*[677] entschlossen und immer geneigt waren, *den Weg der Milde einzuschlagen*; nur bei grober *Unsittlichkeit* und wenn der Ruf der Schule gefährdet war, *strafte er mit entschiedener Strenge.* Bei anderen leitete nicht institutionelle Notwehr zum Einschreiten an, sondern die Besinnung auf die Ambivalenz von Vorschriften und Strafen:[678]

> *In der Behandlung der erwachsenen Schüler besass unser Haupt einen seltenen Tact. Während er strenge auf die Achtung vor dem Gesetz* [d.i. der Schulordnung] *hielt [...], war er doch weit entfernt in jedem jugendlichen Fehler eine schwere Sünde, in jeder Uebereilung bewußte Absicht, in jeder Thorheit und übermüthigen Handlung eine tiefe Verderbnis zu sehen. Er kannte den Sinn der Jugend, und so war er massvoll, wenn er tadeln und strafen musste. Und weil er das Gesetz geachtet wissen wollte, so war er ein entschiedener Gegner solcher Gesetze, die an sich unerlaubte Genüsse dem Schüler unbedingt verbieten und so fast Unmögliches fordern. Er war überzeugt, dass solche Verhältnisse das Uebel, dem man vorbeugen wollte, nicht ausrotten, sondern in grösseres Dunkel scheuchen, dass sie List und Verschmitzheit erzeugen, aber das Vertrauen nur zu leicht zerstören und einen Geist der Widersetzlichkeit hervorrufen, der die bestgemeinten Bemühungen der Lehrer zu vernichten droht. Und um so grösser war deshalb auch sein moralischer Einfluss auf die älteren Schüler, die seinen ernst ermahnenden Worten, seinen eindringlichen Vorstellungen gerne ihre Herzen öffneten. Sie fühlten sich beschämt und gehoben zugleich, gehoben, indem er ihr Selbstgefühl schonte und die edleren Triebe in ihnen zu beleben wußte.*

Da zweimal auf ältere Schüler abgehoben wird, dürften Verbotsverstöße gemeint sein, die sich vor allem bei den externen Schülern einstellten, die ja nicht mehr unter der direkten Aufsicht, Anleitung und Kontrolle des Elternhauses standen.[679] In einem Städtchen wie Wismar, das 1810 erst 6.000 Einwohner zählte, und selbst Anfang des 20. Jahrhunderts nur 19.000,[680] dürfte ein gutes Drittel der Schüler

677 NR auf Dir Schulrat Dr. Carl Heinrich Ferdinand Sintenis, Prog Gym Zerbst 1868, 56. – Auch für das Folgende.

678 Dr. Theodor Nölting, NR auf Rektor Dr. Eduard Theodor Haupt (1805–1867), Prog Große Stadtschule Wismar 1868, 4.

679 Vgl. etwa die Bemerkung eines Direktors: *Denn der Unterzeichnete ist mit den geehrten Eltern darin einverstanden, daß das alterliche Haus bei der ersten Erziehung in der Regel auch durch die besten Pensionen schwer ersetzt werden kann und die Entfremdung von den Eltern ein entschiedes und mit schweren Nachtheilen verbundenes Uebel ist.* Dir Prof. Dr. Michael Ferdinand Fabian (1798–1876), *Abhandlung über die Aufnahme der Schüler ins Gymnasium*, Prog Gym Lyck 1861, 3.

680 Vgl. Max Broesike u. Wilhelm Keil, Neumanns Orts- und Verkehrs-Lexikon, 1194.

Externe gewesen sein.[681] Diese Schüler lebten in dem Zwiespalt zwischen Schülerdasein und Erwachsenenwelt, weil sie als Schüler solche Verbote der Schulordnung befolgen sollten – Rauchen (gar in der Öffentlichkeit, wie 1848 im Berliner Tiergarten!), Wirtshausbesuche, Frauenkontakte, Zusammenschluß in eigenen Zirkeln nach dem erstrebten Vorbild studentischer Verbindungen –, die in der sie umgebenden Welt der Erwachsenen selbstverständlich alle nicht galten. Tatsächliche und angemaßte Maturität lagen daher im Widerstreit und verlockten die Schüler zum Bruch der Schulordnung, während die Schule den Eltern und dem eigenen Sittenkodex gegenüber verantwortlich war und auf Einhaltung der Verbote dringen mußte. Zur Dämpfung von Übermut und Verwilderung der Schüler dienten jedoch auch die von der Schule approbierten Externenquartiere, weil *die Hauswirthe mit ihren Familien grösstentheils gutes, auf Zucht und Ordnung gerichtetes Verhalten bethätigten.*[682] Eine letzte Variante führt in den Unterricht selbst zurück und setzt in der pädagogischen Theorie einen einsichtsvollen Schüler und die verdiente Strafe eines liebevollen, um gerechte Mäßigung bemühten Lehres in ein völlig spannungsloses Verhältnis:[683]

> *Ein ehrenwerther Schüler wird sich über einen Tadel, eine Strafe, die er verdiente, und die ja aus der Liebe des Lehrers hervorgingen, nicht beschweren, wird darum dem gewissenhaften Lehrer nicht zürnen.*

Solche durchsichtigen Relativierungen offenbaren, wie gering die Einsichtsbereitschaft der Lehrer in die seelische Verfassung Jugendlicher war, zugleich aber auch, wie unempfindlich die Lehrer gegenüber den pädagogischen Defekten des eigenen Unterrichts gewesen sein mußten.

Neben den strengen Lehrern gab es auch die schwachen. Lehrer Josef Müller, von schwächlicher Konstitution (wohl TB), den *die Sorge um seine zahlreiche Familie niederdrückte,*[684] der spätberufen mit 49 Jahren ordentlicher Lehrer des Französischen wird: *Er wußte die Faulen nicht zur Tätigkeit zu zwingen, und der Uebermut der Jugend hat sich an dem armen Maitre, wie er genannt wurde, arg versündigt.* Oder der ursprünglich zum Predigtamt bestimmte Dr. Müller, für die Anforderungen der Schule ein disziplinarischer und fachlicher Leichtfuß – *heiterem Lebensgenuss und geselligem Verkehr nicht abgeneigt, kam er zu eigentlichen gelehrten Studien nicht*[685] –, der mit *vielem Tact und gutem Humor manche jugendliche*

681 Das Kgl. Pädagogium Putbus hatte 1867 insges. 149 Schüler, von denen 63 im schuleigenen Alumnat und 24 in Pensionen lebten, also 58% Externe. Prog 1868.

682 Prog Gym Weilburg 1855, 29.

683 Dir Dr. Karl Hoffmeister, Prog Kgl. Gym Kreuznach 1836, 50.

684 NR auf Josef Müller (1812 – ca. 1869), Prog Gym Gera 1908. Nach Kössler: unzweifelhaft Zitat, aber ohne näheren Nachweis. – Auch für das Folgende.

685 Conrector Heinrich Hagge (*1815), NR auf Subrector Dr. Ludwig Müller (1801–1864), Prog Gelehrtenschule Kiel 1865, 26. – Auch für das Folgende.

Unart zu übersehen oder zu ertragen wusste und nur gegen Täuschung und Lüge *unerbittlich* war.

Maßstab waren und blieben Amtsverständnis, wissenschaftliche Gediegenheit und Kollegialität. Denn *der wahrhaft humane Mensch muß zu fördern streben, was entweder für gut und zweckmäßig erkannt wird, oder was eben vorhandene Verhältnisse und Bedürfnisse als wünschenswerth und nothwendig erscheinen lassen.*[686] Bei der Eröffnung der Kgl. Realschule Erster Ordnung im schlesischen Reichenbach erklärte Provinzialschulrat Dr. Scheibert, von den Lehrern werde *mehr gefordert, als ihnen befohlen werden könnte;*[687] erst durch *Hinausgreifen über die ihnen zugewiesene Arbeit nähmen sie mit theil an der Entwickelung und dem Vorwärtsgehen der Schule.* Diese in hohem Maße anspruchsvolle Dienstauffassung war nach allem, was uns an Lebenszeugnissen entgegentritt, nicht idealistische berichtet, sondern realistisch gelebt.

Julius Hincke hat am Gymnasium Halberstadt mehr als 20 Jahre lang seine Kräfte *mit musterhafter Treue und Gewissenhaftigkeit bis zur völligen Erschöpfung*[688] beansprucht und hinterließ bei seinem Tod mit 53 Jahren die Witwe und fünf unversorgte Kinder. Anders als in anderen Ständen habe die Persönlichkeit des Lehrers die besondere Bedeutung eines normgebenden Beispiels, erklärte Theodor Nölting, Rector der Großen Stadtschule in Wismar, um fortzufahren: *Der Lehrer soll mit seinem ganzen Menschen wirken, darum soll er danach streben, ein ganzer Mensch zu sein.*[689] Die Forderung wechselt leicht zur Überforderung, denn Nöltings Vorgänger Haupt ist an einem *langjährigen Herzübel* verstorben. Dem Subrector Dr. Müller *war es gegeben, bei Ernst und Strenge zugleich auch das väterliche Wohlwollen stets fühlbar werden zu lassen.*[690] Lehrer sein galt als *der edelste Beruf.*[691] Panegyrischer Überschwang läßt die Berufsqualifikation an das Religiöse angrenzen, indem er die Unterrichtstätigkeit des Lehrers mit der Rolle des Schöpfers identifiziert:[692]

---

686 Eduard Reibstein, NR auf Dir Dr. Ernst Georg Carl Nöldeke, Prog Gym Lingen 1867, 9.

687 Provinzialschulrat Dr. Carl Gottfried Scheibert (1803–1898), Eröffnungsrede, Prog Kgl. RealSch I.O. in Reichenbach 1869, 21. – Auch für das Folgende.

688 NR auf Prof. Dr. Julius Hincke (1810–1863), Prog Gym Halberstadt 1864. Nach Kössler: unzweifelhaft Zitat, aber ohne näheren Nachweis.

689 Rector Dr. Theodor Nölting, NR auf Rector Dr. Eduard Haupt, Prog Gr. Stadtschule Wismar 1868, 4.

690 NR auf Subrector Dr. Ludwig Müller, Prog Gelehrtenschule Kiel 1865, 26.

691 Rector Prof J. Fischer, NR auf Rector Dr. Georg v. Jaeger, Prog Lyceum, Gym und Lateinische Schule Speyer 1864, 3.

692 Dir Prof. Dr.Eduard Buchholz (1825–1887), NR auf Dir Dr. Adam Johann Hartung (1801–1867), Prog Kgl. Gym Erfurt 1868, 65.

Die Thätigkeit des Lehrers ist eine hohe und heilige; er hat die Aufgabe, unsterbliche Menschenseelen geistig und sittlich zu bilden; er giebt der Jugend fortwährend das Beste, was er hat; er überschüttet sie freigebig mit den Schätzen seines Wissens, und zwar seines besten Wissens; er weckt in ihnen die Funken jeglicher Tugend; er begeistert sie für alles Wahre, Gute und Schöne; er schenkt ihnen ein geistiges Capital, welches später, wenn sie in's Leben eintreten, die herrlichsten Früchte für sie tragen wird.

Mit den 1860er Jahren weiten die Nachrufe und Lehrerportraits sich in ihrem Bezug aus; der Glanz einer Person beleuchtet zugleich auch die Gemeinschaft der Lehrer und die Schule als Institution. Dem verstorbenen Kollegen werden *Achtung und Liebe seiner Schüler, so auch seiner Collegen*[693] nachgerühmt; *unser geliebter College ist selig entschlafen;*[694] der auf ein Direktorat wechselnde Dr. Eduard Cauer hat sich *die ungeteilte Verehrung von Lehrern und Schülern erworben;*[695] *liebevolles, geräuschloses Wirken*[696] sichert auch dem mit 27 Jahren verstorbenen Hülfslehrer *ein ehrenvolles Andenken in den Herzen seiner Collegen und seiner Schüler*; dem Lehrer des Hebräischen Heseler wird wegen seiner bedeutenden Fachkenntnisse, wegen seines *edlen Sinns und feinen Wesens*[697] eine *bedeutsame Wirksamkeit an der Schule* nachgesagt und eine *sehr erfreuliche Stellung im Lehrerkollegium.* Es ist naheliegend, diesen neuen Akzent mit dem Wachstum der Schülerzahlen und den entsprechend größeren Kollegien in Verbindung zu bringen. Aber auch die Behörden hatten ein Interesse daran, die Kollegialität an den Gymnasien zu fördern. Dafür spricht etwa die Rede, mit der der Königliche Geheime Oberregierungsrat Dr. Ludwig Wiese 1868 den Festakt des Direktoratswechsels im Pädagogium Ilfeld eröffnet hat:[698]

Es ist vor Allem die Einigkeit im Geist das köstlichste Gut einer Lehrergemeinschaft. Keine Schule hat rechtes Gedeihen ohne [...] die wahre Collegialität, in der der Einzelne nicht sich und seine Sache, sondern immer das allgemeine Wohl will, und sich allezeit gestärkt und erhoben fühlt durch die Einheit des Ganzen.

---

693 NR auf Johann Heinrich Müller (1827–1862), Prog Gym Illustre Gotha, 1862, 23.

694 Prog Gym und RealSch Plauen 1867, Anzeige auf der letzten Seite.

695 Verabschiedung von Conrector und 2. OL Dr. Eduard Cauer, Prog Gym Potsdam 1869, 46.

696 Dir Prof. Dr. Theodor Dielitz, NR auf Hülfslehrer Theodor Thiel (1835–1862); Prog Königstädtische RealSch Berlin 1863, 49. – Auch für das Folgende.

697 NR auf Hans Karl Eduard Heseler (1826–1868), Prog Gelehrtenschule Meldorf 1869, 15. – Auch für das Folgende.

698 Kgl. Geh. ORR Dr. Wiese, Eröffnungsrede beim Direktoratswechsel, Prog Kgl. Pädagogium Ilfeld 1868, 3.

Die 1870er Jahre

Die Lehrer, deren Lebenswege und Berufsleistungen in den 1870er Jahren endeten, wurden nach der Ära der Befreiungskriege geboren, im Durchschnitt der hier erhobenen Gruppe im Jahre 1817. Etwa zu Beginn der 1840er Jahre traten sie in den Schuldienst ein. Politisch erlebten sie die Revolution von 1848/49 schon hinter dem Katheder, im Gehäuse der Anstalt beamtet und aufgehoben, waren danach – unvergleichlich mit den Menschenverlusten im Erziehungswesen während der beiden Weltkriege des zwanzigsten Jahrhunderts – kaum betroffen von der Trias der Kriege von 1864 in Dänemark, 1866 bei Königgrätz und 1870/71 in Frankreich, die mit teleologischer Deutung *Reichseinigungskriege* genannt werden. Tatsächlich haben die Gymnasiallehrer schon im Sieg von Königgrätz 1866 als Vision das Reich von 1871 gesehen.[699] Im Krieg 1870 fällt auch nur ein 44jähriger Lehrer aus der hier untersuchten Gruppe, so daß Menschenverluste die Siegesgefühle nicht schmälern. Bringen wir die fachlichen Merkmale der Lehrer in Anschlag, so kann man nur staunen über den Reichtum an fachlicher Qualität, an allgemeiner und pädagogischer Intelligenz, an Hingabebereitschaft, der dem Gymnasium nunmehr zur Verfügung stand.[700] Als staatliche Einrichtung, in der vielfach das Außergewöhnliche normal war, befand es sich ein halbes Jahrhundert nach seiner Gründung auf einem Höhepunkt der Geltung und des Leistungsvermögens. Was Anfang des 19. Jahrhunderts die *Fähigkeit zur Reform und Ordnung* war, hatte sich umgebildet zur *umsichtigen Pflichterfüllung*[701] und Professionalität im Lehramt. *Geistesfrische, warmer Enthusiasmus sowie die gediegene und vielseitige Gelehrsamkeit* wurden

---

699 Prog Hennebergisches Gym Schleusingen 1867, 29: *Die Ereignisse des vergangenen, in politischer Hinsicht für das gesammte Vaterland so reichen und fruchtbaren Jahres.* – Vortrag von Dr. Ferdinand Winter (1829–1888), Prog Gym Wittenberg 1867, 13: *einem Bismarck endlich gelang es, Deutschland zu zwingen, die langausstehende Dankesschuld abzutragen, das Zugeständnis der Führerschaft für Preußen zu erwirken. Zunächst ist der Erbfeind deutschen Wesens, der Partikularismus, den in Preußen selbst eine strenge Königszucht längst gebrochen, zu Boden geworfen, hoffentlich auf immer ertödtet. [...] Sieg ächt deutschen Geistes durch Preußen.* – Dir Dr. Adolf Zinzow, Rede bei der Schulfeier des Dank- und Friedensfestes 1866, Prog Gym Pyritz 1867, 36: *Gott helfe unserem Vaterlande in Gnaden, daß aus der blutigen Saat dieses einzig denkwürdigen Krieges eine reich gesegnete Ernte erwachse, daß aus den Trümmern des alten, aus Preußischem Kern ein jugendfrisches, königsstarkes Deutschland entstehe, als würdiger Königsdank für solchen Heldenkampf ohne Gleichen!*

700 Vgl. etwa als ein beliebiges Beispiel NR auf Dir Prof. Dr. Karl Johann Friedrich Kneebusch (1849–1902): *Neben seiner amtlichen Tätigkeit suchte er sich auch wissenschaftlich zu bewähren, wie sich in einer ganzen Reihe von Abhandlungen zeigt.* Prog ORealSch Dortmund 1903.

701 Dir Karl Osterwald, NR auf Dir Karl Friedrich Ameis, Prog Gym Mühlhausen 1871, 11.

dem jungen Kollegen Karl Friedrich Ameis nachgesagt.[702] Über den Heilbronner Julius Rieckher heißt es:[703]

> *Feinheit war das Charakteristische seiner äusseren Erscheinung und seines Geistes [...]. Eine außerordentliche Vielseitigkeit der Begabung und damit verbunden seltene Schärfe des Urtheils, und eben dadurch eine wunderbare Gründlichkeit des Wissens [...] schufen Rieckher zu einem der gelehrtesten Männer unseres Landes, und wir dürfen ohne Übertreibung von dem zugleich gründlich bescheidenen Manne rühmen, daß er ganz für sich allein im Stande gewesen wäre, ein ganzes Gymnasium in allen Fächern durch alle Klassen hindurch vorzüglich zu unterrichten.*

Einen gewundenen, aber am Ende für sich und die Schule ertragreichen Weg nahm der 1. Professor der Mathematik am Gymnasium Ernestinum in Gotha, Carl Anton Bretschneider, der nach durchaus zeittypischer väterlicher Weisung zunächst ein Jurastudium beendet hatte, als Auditor im Justizdienst aber zutiefst unglücklich war, auch mit somatischen Folgen, so daß erst auf eindringliches Anraten des Hausarztes der Vater umgestimmt werden und der Sohn in den Gymnasialdienst eintreten konnte. An ihm rühmte ein Kollege, Bretschneider sei[704]

> *eine wahre Zierde für jede Unterrichtsanstalt. Im Besitz eines vielseitigen gründlichen Wissens von ungewöhnlicher Ausdehnung, ein philosophisch strenggeschulter Kopf mit der ruhigen logischen Klarheit, begabt mit einer bewunderungswürdigen Leichtigkeit der Auffassung und einer nimmerfehlenden Treue des Gedächtnisses, beherrschte unser verewigter Freund seine verschiedenartigen Lehrstoffe auch in ihren schwierigsten Theilen mit meisterlicher Sicherheit. Und bei der ihm eigenen Gewandtheit der mündlichen Mitteilung, wie unter dem belebenden Hauch des liebevollsten Interesses für seinen Gegenstand und seine Schüler, konnte es nicht fehlen, dass seine Wirksamkeit als Gymnasiallehrer von den schönsten Erfolgen gekrönt war. Er fesselte ihre Aufmerksamkeit durch das lebendige Interesse ohne irgendwelche pädagogischen Kunstgriffe, mit der naiven Unbefangenheit seiner durchaus liebenswürdigen Persönlichkeit, wie ein guter Vater mit seinen Kindern, ohne doch je die Disciplin zu lockern oder seine Würde zu gefährden.*

Der Lehrer Busch, der vom Gymnasium in Landsberg an der Warthe auf die Leitung der höheren Knabenschule in Schwerin wechselte, war *mit lebendiger Frische des Geistes und großem Lehrgeschick begabt,*[705] so daß die Kollegen *ihn ungern aus ihrer Mitte scheiden* sahen. Der Kollege Walter am Friedrich Wilhelms-Gymnasium in Berlin zeichnete sich durch *unübertreffliche Festigkeit und Energie* aus, durch

702 Ebenda.

703 Rektor Adolf Planck, NR auf Rektor Dr. Julius Rieckher, Prog Gym Heilbronn 1878, XII.

704 Prof. Karl August Regel (1817–1889), NR auf Prof. Carl Anton Bretschneider (1808–1878), Prog Gym Ernestinum Gotha 1879, 4.

705 Prog Gym Landsberg/W. 1871, 39. – Auch für das Folgende.

einen *schlichten Charakter, Gradheit, Offenheit, Wahrhaftigkeit, Entschiedenheit in allem seinem Thun und Reden*, und *Bescheidenheit war ihm eben so natürlich als Anerkennung des Verdienstes Anderer.*[706] Die intellektuelle und pädagogische Qualität, durch die das Gymnasium bereichert wurde, vollendete sich durch den stupenden Fleiß, durch *unerbittliche Anforderungen an die eigene Arbeitskraft*[707] und die Hingabe der Lehrer. Unterrichten war ein *heiliges Werk.*[708] Wenn ein Direktor in seiner Antrittsrede sagt, *der Beruf, dem wir unser Leben geweiht, ist wahrlich kein leichter,*[709] so liegt der eigentliche Akzent dieser Aussage nicht in der Beschreibung von Berufsanforderungen, sondern in der ungesagten Devotion. Denn die Lehrer wußten, daß das eigene Beispiel das *wirksamste Erziehungsmittel*[710] war: *Sollen unsere Kinder treu gegen ihr Vaterland, gegen ihren Kaiser und König, willig zum Gehorsam gegen alle menschliche Ordnung werden, so müssen wir selbst treue Bürger sein und Ehrfurcht und Achtung vor der Obrigkeit beweisen.* Der Lehrer wußte sich (und steht auch heute noch) in der Verantwortung für sich selbst und für seine Schüler, denn nur diese Selbstverpflichtung *bewahrt das Feuer, das den Verstand erleuchtet und das Gemüth entzündet.*[711] Der für Lehrer habituell gewordene zähe Fleiß, ohne den in diesem Beruf freilich auch schwer auszukommen ist, ließ einen Lehrer wie Johann Georg Schultze an der Höheren Bürgerschule in Frankfurt am Main *auch nach Jahren angestrengter Arbeit nie zum Mann der Gewohnheit und Routine*[712] werden. Allerdings fehlte auch der Lehrerfolg nicht. Die Schüler hätten sich *keine Silbe entgehen lassen*, seien *wesentlich in ihrer geistigen Entwicklung gefördert* worden.[713] Der Beruf war Lebensform. Die Schüler des Kieler Direktors Bartelmann hatten in dankbarer Erinnerung, in wie humaner Weise er aus dem reichen Schatz seiner Kenntnisse *auch im privaten Verkehr*[714] mitteilte. Darum fehlt

---

706 Dir Dr. Ferdinand Ranke, NR auf Prof. Friedrich Ludwig Walter (1802–1871), Prog Kgl. Friedrich Wilhelms-Gym Berlin 1873, 42f.

707 Dir Prof. Dr. Karl Wilhelm Osterwald, NR auf Dir Karl Friedrich Ameis, Prog Gym Mühlhausen 1871, 14.

708 NR auf den Lehrer Kranz, Prog RealSch Eschwege 1878, 33.

709 Dir Dr. Karl Koppin (1841–1927), Antrittsrede, Prog Kgl. Gym Stade 1879, 11.

710 Dir D. theol. Rudolf Haage, Rede zur Abiturientenentlassung, Prog Gym Lüneburg 1877, 8. – Auch für das Folgende.

711 Franz Christian Reuter, Mitteilungen aus dem Leben des Director Bartelmann, Tl. III, Prog Gelehrtenschule Kiel 1878, 27.

712 Gf. Dir Dr. Emil Scholderer (*1831), NR auf Johann Georg Schultze, Prog Höh. BürgerSch Frankfurt a.M. 1874, 79.

713 Dir Dr. Theodor Nölting, NR auf Dir Dr. Wilhelm Sonne (1820–1872), Prog Große Stadtschule Wismar 1873, 7.

714 Franz Christian Reuter, Mitteilungen aus dem Leben des Director [Johann Heinrich Jakob] Bartelmann, Tl. 1, Prog Gelehrtenschule Kiel 1875, 9.

es auch nicht an *aufrichtigstem Dank*[715] seiner Schüler, seiner Kollegen und der Anstalt,[716] vor allem im Totengedenken:[717]

> *Die Anstalt verlor in ihm einen wackeren Mitarbeiter, das Lehrer-Collegium betrauert einen aufrichtigen Freund, die Schüler beweinen einen liebevollen, väterlichen, frommen Lehrer, die Armen Neisse's einen mit Selbstverleugnung spendenden Wohlthäter. Sein Andenken wird gesegnet sein.*

Seltene Treue und Gewissenhaftigkeit und Lauterkeit seines Charakters,[718] *Vorzüge des Geistes wie des Herzens und Adel der Gesinnung,*[719] Liebe zur Jugend beseelte ihn.[720] Trotz der Schulferien fanden Lehrer und Schüler sich in der Aula zu einer *erhebenden Todtenfeier*[721] zusammen. Und wenn ein Lehrer nach 34jähriger Dienstzeit an der Schule in den Ruhestand trat, gaben die Schüler ihm durch einen Fackelzug – eigentlich üblich als studentischer Dank für die ausgeschlagene Wegberufung eines Professors – *einen öffentlichen Beweis ihrer Anhänglichkeit.*[722]

So schmeichelhaft solche Bekundungen der Zuneigung, des Danks und der Treue auch waren – sie formten nicht das Selbstverständnis der Lehrer. Diese lenkten von sich ab und verstanden persönliche Hervorhebungen als *weithin leuchtenden Schmuck des engeren Kreises, dem sie unmittelbar angehören.*[723] Neben fachlicher Kompetenz waren Demut und Bescheidenheit die Eckpfeiler des professionellen Kodex.[724] Der Lehrer verdient sich mit dem Dank wohl den ihm zustehenden *stillen Lohn;*[725] aber es ist die Schule, die durch seine Tüchtigkeit *um so*

---

715 NR auf Johann Valentin Roßbach, Prog RealSch Eschwege, Kassel 1872, 30.

716 Zur Verabschiedung von Dr. Schulte in den Ruhestand, Prog Gym Fürstenwalde 1878, 21.

717 Dir Dr. Julius Zastra (1808–1890), NR auf Dr. Teuber, Prog Kath. Gym Neisse 1870, 25.

718 NR auf Wilhelm Ernst Gottlieb Dahse (1820–1871), Prog Gym Neubrandenburg 1872, 34.

719 NR auf OL Theodor Stumpf (1831–1872), Prog Kgl. Gym Koblenz 1873, 33.

720 NR auf den 1870 gefallenen Hilfslehrer Caspar Heinrich Gustav Hackstroh (*1844), Prog Friedrich-Wilhelms-Gym Berlin 1870.

721 Dir Prof. Dr. Franz Wenzlaff, NR auf Heinrich Otto Lanzenberger (1836–1877), Prog Königstädtische RealSch Berlin 1878, 19.

722 Dir Emanuel Bernhardt, Verabschiedung von OL Prof. Philipp Adolph Schenck, Prog Gym Weilburg 1879, 29.

723 Rector Prof. Dr. Friedrich Theodor Hugo Ilberg, NR auf Rector Prof. Dr. Friedrich Franke, Prog Gym St. Afra Meissen 1871, 7.

724 *Seine Demuth, die alle eigene Ehren von sich wies, seine Bescheidenheit, die stets die eigenen Leistungen gegen die Anderer zurückstellte, seine Freude an der Arbeit, an seinem Amte und Beruf, seine Strenge gegen sich selbst*: Dir Dr. Georg Thilo, NR auf Prof. Dr. Karl Arndt (1790–1874), Prog Gym Neubrandenburg 1875, 37.

725 PSR Dr. Wilhelm Schrader, Rede zur Eröffnung des Gymnasiums und Einführung des Direktors, Prog Kgl. Gym Bartenstein 1873,4: Die Ansprache wurde unter

sicherer ihren Weg findet. Beim Nachruf auf den Direktor des Pädagogiums in Züllichau, Dr. Rudolf Hanow, wird die Schule als *unsere zu einer Familie zusammengeschlossene Anstalt*[726] tituliert. Nicht der Lehrer ist gestorben, sondern er *wurde der Anstalt entrissen* – ein *treuer und gewissenhafter, durch gründliche Kenntnisse wie durch pädagogische Tüchtigkeit befähigt, von freundlicher Milde des Gemüths, von den Schülern geliebt, von den Kollegen geachtet und anerkannt.*[727] Dr. Alfred Schottmüller postuliert in seiner Antrittsrede als Direktor, gleichzeitig zur Eröffnung des neu gegründeten Gymnasiums dieses überpersonale Recht der Sache und bekräftigt dessen Geltung durch nichts Geringeres als durch die Anrufung Gottes, der Reformation, des Rechts und der Nation:[728]

> *Und so gehen wir mit dem Wunsche an die Arbeit, daß in der neuen Anstalt immerdar unter den Lehrern echte Frömmigkeit, ernstes Pflichtgefühl, treue Liebe zur Wissenschaft herrschen, daß Alle insgesammt den Gesetzen willigen Gehorsam leisten, in christlicher Liebe und Demuth sich gegenseitig stützen und tragen, und sich als Glieder des Ganzen fühlen mögen: dann wird das neue Gymnasium erstehen als ein reiner Tempel Gottes, eine feste Burg der Wissenschaft, eine Schule nationaler Bildung.*

Die freie Individualität des Lehrers dürfe *selbstredend nicht beeinträchtigt* werden, erklärt der neue Direktor des Gymnasiums Wiesbaden in seiner Antrittsrede, forderte aber zugleich, *um der Einheit willen lieb gewordene Gewohnheiten und besondere Eigenthümlichkeiten* zu opfern.[729] Allerdings fand das Konformismus-Gebot im konkreten Unterricht seine Grenze. Oberlehrer Prof. Saupe in Gera wird gelobt, weil er sich pädagogisch von *pedantischem Nachtreten,*[730] also blindem Nachäffen, freigehalten habe und dadurch seine Schüler zu vorzüglichen Leistungen geführt habe. Als der Kandidat Hermann Bernhardi während des Probejahrs ausschied, um eine Planstelle anderswo anzutreten, wurde ihm Gewissenhaftigkeit attestiert, aber auch *eine eigenthümlich geartete Natur,*[731] und im Nachruf auf den Realschuldirektor Lorey in Gera mit seinem bemerkenswert unorthodoxen Lebensweg heißt es, er habe trotz eines *fast herben Zuges in seinem Charakter* allen, die ihn näher kannten, *vollste Hochachtung* eingeflößt.[732] Offensichtlich fand die soziale

---

lebhafter Gemüthserregung und ununterbrochenen Störungen gehalten. – Auch für das Folgende.

726 Wilhelm Erler, NR auf Dir Dr. Rudolf Hanow, Prog Pädagogium Züllichau 1873, 16).

727 Alle Zitate: Dir Dr. Wilhelm Büchner, NR auf OL Dr. Walther (†1870). Prog Gym Fridericianum Schwerin 1871, 58.

728 Dir Dr. Alfred Schottmüller (*1834), Antrittsrede als Direktor und zur Eröffnung des Gymnasiums, Prog Gym Bartenstein 1873, 15.

729 Dir Robert Pähler (*1842), Antrittsrede; Prog Gym Wiesbaden 1875, 28.

730 NR auf Prof. Julius Ernst Saupe, Geraer Zeitung v. 11.2.1871.

731 Schulnachrichten, Prog ProGym Friedeberg/Nm. 1877, 34.

732 NR auf Adolf Lorey (1813–1877), Prog RealSch Gera 1878, 10. – Lorey hatte 1831 das Studium der Theologie und Philosophie in Jena aufgenommen, war nach dem

Kontrolle der Lehrer untereinander ihre Grenze an der Qualität der Lehrleistung; das schloß die Toleranz gegenüber den nicht ganz stromlinienförmigen Persönlichkeitsmerkmalen mit ein, denn die *ganze eigene Persönlichkeit ist schließlich das Beste und Wirksamste, was der Lehrer seinen Schülern darzubieten vermag.*[733] Aber Toleranz wurde kategorisch versagt, wenn die Gemeinsamkeit im Kollegium, vor allem wenn gar das Ansehen des Gymnasiums gefährdet war. So wollte Schulrat Dr. Gilbert sich verstanden wissen, als er den neuen Direktor in der Fürstenschule St. Afra in Meissen einführte:[734]

> *Und wollen Sie die Cardinaltugend kennen lernen, durch welche dieser gute Geist geschützt wird, so nenne ich ohne Anstand und Zaudern und ohne alle Befürchtung einer Mißdeutung den Gehorsam. Denn ich verstehe das Wort Gehorsam nicht im Sinne der Jünger Loyola's. Wir verlangen keinen blinden Gehorsam gegen verdeckte Gesetze, gegen unbekannte Obere. Wir verstehen unter Gehorsam die willige Unterordnung unter das erkannte göttliche und das darauf aufbauende menschliche Gesetz. Aus dieser Unterordnung des Einzelnen baut sich die Ordnung des Ganzen auf. Dieser Gehorsam ist der Altar, auf welchem ein Mensch seinen Eigenwillen, seine Selbstsucht, seine bösen Neigungen und Leidenschaften sowohl in seinem eigenen als in dem Interesse aller als Opfergabe niederlegt.*

Fast niemals fehlt in den Nachrufen der dieser Kondition zugeordnete Urteilstenor, es sei der verstorbene Kollege *ein lieber Freund und redlicher Mitarbeiter seiner Berufsgenossen* gewesen,[735] *von seinem Amtsgenossen hochgeschätzt,*[736] mit seinen Kollegen *auf dem freundschaftlichsten Fuße;*[737] ihn habe, nicht zuletzt wegen seiner *musterhaften Berufstreue* die *ungetheilte Hochachtung der Vorgesetzten und der Collegen* begleitet,[738] oder, als institutionelle Begründung der Trauer, das Kollegium habe einen der *treuesten Helfer auf dem Felde der gemeinsamen Arbeit* verloren.[739]

Staatsexsamen 1834 Hauslehrer, 1836 *Vorsteher eines Privatinstituts* in Weimar, gründete 1837 dort eine bis 1846 bestehende *blühende Privatschule,* wurde 1848 Rektor und Frühprediger in Apolda, 1848 Mitglied des Landtags, 1851–1863 Gründer und Leiter einer Sekundarschule in Eisenach, 1863 Direktor der Stadtschule, später der Realschule I.O. in Gera.

733 Dir Dr. Karl Koppin, Antrittsrede, Prog Kgl. Gym Stade mit RealSch 1879, 10.

734 Kirchen- und Schulrat Dr. Robert Otto Gilbert (1808–1891), Amtseinführung von OL Dr. Wilhelm Heinrich Roscher (*1845), Prog Gym St. Afra Meissen 1871, 13.

735 NR auf Hermann Esch (1824–1873), Prog Gym Coesfeld 1873.

736 Verabschiedung von Prof. Dr. Lüdeking, Prog Herzogliches Nassauisches Gym Wiesbaden 1856, 24.

737 Prof. Dr. Karl Heinrich Dettmer (1811–1879, Kollege und Schwager des Verstorbenen), NR auf Franz Christian Reuter, Prog Gym Katharineum Lübeck 1877, 54.

738 Dir Carl Roeren (1816–1881), NR auf OL Franz Joseph Harnischmacher (1827–1875), Prog Gym Petrinum Brilon 1875, 18.

739 NR auf OL Stange, Prog Gym Landsberg/Warthe 1872, 45.

Nicht nur der Tod riß besonders in den 1870er Jahren Lücken, sondern auch die Berufsmobilität der Lehrer begann, die Kollegien zu verändern, wenn auch nur in milder Form. Als *schwerer Verlust*[740] wurde der Wechsel Oberlehrer Hoppes vom Gymnasium Erfurt auf das Direktorat des Gymnasiums Lauban gewertet. Denn in Erfurt hatte er sich *die Anerkennung seiner Vorgesetzten, sowie Hochachtung und Freundschaft der Collegen und die Verehrung und Liebe seiner Schüler* erworben. Als am Gymnasium Glückstadt der 4. ordentliche Lehrer Dr. Thiele um Entlassung einkam, weil er sich der *academischen Laufbahn* widmen wollte, wird ihm *selbstlos treuer Pflichteifer und ungewöhnlich erfolgreicher Unterricht* nachgerühmt.[741] Gelegentlich gewährt die Behörde in Bleibeverhandlungen Gehaltszulagen, so *daß dem Gymnasium eine bewährte Lehrkraft erhalten* wurde.[742] Aber die alte Regel der kollegialen Treue und der Ortskonstanz[743] blieb nicht mehr unverbrüchlich erhalten.

Die kleinen Lehrerkollegien an den Höheren Schulen waren in den 1870er Jahren bei wechselnder Zusammensetzung wohl immer noch korporativ intakt, blieben aber nicht im Personal des Lehrkörpers stabil.[744] Je kleiner das Land war, desto höher war die Fluktuation in den Kollegien. Ein gutes Beispiel liefert die Große Stadtschule Wismar im Großherzogtum Mecklenburg-Schwerin 1793–1891. Die von über 100 Schülern (also normal) frequentierte Schule hatte als Stammbesetzung 11 wissenschaftliche Lehrer. Bei 20jähriger Dienstzeit des Lehrers wäre ein Personalbedarf von 55 Lehrern zu veranschlagen. Tatsächlich gab es 45 Stellenveränderungen: durch Tod und Ruhestand (19), aus Karrieregründen (18), Pfarramt (5), unbekannt (3). Nach 1871 gerieten Gymnasien in prekäre Lagen:[745]

> *Der häufige Wechsel in der deutschen Lehrerwelt liegt in den Zeitverhältnissen: der schwere Krieg gegen Frankreich hat manche junge Kraft dahingerafft, und der schon früher spürbare Mangel an philologisch gebildeten Lehrern ist durch die Bedürfnisse der in der Reorganisation begriffenen Schulen der neuen Reichslande erheblich gesteigert worden. Bei uns waren die Umstände besonders ungünstig, so daß trotz der erst zu Ostern 1871 erfolgten Complettierung des Lehrercollegiums im Laufe des Schuljahres noch drei Stellen neu zu besetzen gewesen sind und außerdem der Abgang zweier Lehrer nur dadurch hat verhindert werden können, daß dieselben aus Anhänglichkeit zu unserer Schule und Stadt die an sie ergangene Berufung nach auswärts abgelehnt haben.*

---

740 Prog Gym Erfurt 1872, 42, zum Weggang von OL Alexander Hoppe auf das Direktorat des Gym Lauban. – Auch für das Folgende.

741 Prog Gym Glückstadt, *Zur Statistik und Geschichte der Anstalt*, 1874, 44.

742 So im Fall des Dr. Karl Regel, Prog Gym illustre Gotha 1851, 26.

743 *Abgesehen von einer im Juni 1849 unternommenen Reise nach Hamburg und dem paarmaligen Besuch der Philologenversammlung wird er Gera und seine reußische Heimat im Mannesalter kaum jemals auf mehrere Tage verlassen haben:* NR auf OL Ernst Julius Saupe, Prog Gym Gera 1871, 24.

744 Prog Große Stadtschule Wismar 1892, 28f.

745 Dir Prof. Dr. Albert Grumme, Prog Gym Gera 1872, 16.

Lehrerbedarf, Aufstiegschancen,[746] Kriegsverluste, die neuen Territorien, Zuwachs der Schülerzahlen, berufliche Neuorientierung[747] – das alles führte je einzeln und insgesamt zur Umbildung und Neuformierung der Kollegien in den 1870er Jahren und zu Unruhe.[748] Seit Mitte der 1860er Jahre mußte der Bewerber um eine andere Stelle seiner Bewerbung Geburtsdatum, landsmannschaftliche Herkunft, Konfession und Bildungsgang beifügen, damit die Behörde den Überblick behielt.[749] Der Fortgang eines Lehrers war ein Ereignis, wie aus den ausführlichen Widmungen deutlich wird, mit denen der menschliche, kollegiale und pädagogische Verlust im Schulprogramm angezeigt wurde.[750] Das Unberechenbare und Hektische verlor

---

746 *Mit grossem Bedauern müssen wir berichten, dass Herr Anz uns schon wieder verlassen wird, um einem vorteilhaftten Ruf an das Gymnasium in Quedlinburg zu folgen*: Prog Gym Heidelberg 1874, 3. Im Jahr zuvor hatte das Gymnasium schon einen Lehrer verloren. Vgl. Ebenda 1873, 3. – *daß der erst vor einem Jahr zum Lehrer des Gymnasiums berufene G. Erzgräber um s eine Entlassung nachsucht, um eine ihm angetragene vorteilhaftere Stellung an der Realschule zu Güstrow in Mecklenburg anzutreten*: Prog Gym Gera 1875, 19. Offenbar war der Wechsel von einem Gymnasium zur Realschule kein Abstieg. – *verließ Oberlehrer Dr. Günther die Anstalt, an welcher er seit 1857 thätig gewesen war, um einem Ruf an das Gymnasium in Krotoschin zu folgen*: Prog Gym Bromberg 1876, 1. – Auch das Gegenteil: *Dem Herrn Oberlehrer* [Friedrich Wilhelm] *Reimnitz* [1803–1864] *war ein ehrenvoller Ruf an das kölnische Realgymnasium in Berlin zugegangen. Doch erhielt sich derselbe durch Ablehnung des Antrags einem Wirkungskreise, welcher ihm selbst längst werth geworden war.* Dir Dr. Wilhelm Hermann Blume, Bericht, Prog Kgl. Gym Potsdam 1831, 42. – Oder Sieg der Anhänglichkeit über die Karriere: *Herrn Dr. Seidenstücker mußten wir fürchten zu verlieren, als er zu dem Directorate des Gymnasiums in Wesel berufen wurde. Doch seine Anhänglichkeit für die Anstalt, welcher sein hochverdienter Vater ihre Blüte gegeben, und in welcher er selbst schon die Liebe und die Achtung seiner Zöglinge ganz allgemein genoß, hat ihn in unsereer Mitte erhalten.* Prog Archigym Soest 1822, 41.

747 Prog Gym Hameln 1869, 19: *verließ der bisherige Ordinarius von Quinta, der allgemein geachtete Gymnasiallehrer Dr. Gilbert, das Gymnasium, um eine Stelle an der Universitätsbibliothek Göttingen zu übernehmen.*

748 *Ein harter Verlust traf unsere Anstalt durch die Beförderung des Herrn Prof. Martus zum Direktor der hiesigen Sophien-Realschule. So ehrenvoll es auch für die Schule ist, dass* ausser *dem Prof. Martus mehrere Lehrer der Anstalt, welche zur Entwickelung derselben wesentlich beigetragen haben, zu Direktoren höherer Lehranstalten befördert sind, so ist solches doch auch nicht ohne zeitweis recht merkliche Unruhe für die Schule vorübergegangen:* Prog Königstädtische RealSch Berlin 1881, 19.

749 Circularverfügung des Provinzialschulkollegiums Berlin v. 13.7.1865. Wiese's Sammlung der Verordnungen und Gesetze für die höheren Schulen in Preußen, Bd. 2, Berlin 1886, 82.

750 Prog Friedrich-Wilhelms-Gym Berlin 1867, 10: *Einen schwer wiegenden Verlust haben wir durch den Abgang des Professors Dr.* [Rudolf] *Foß* [1822–1904] *erlitten, der uns*

sich erst am Ende des Jahrhunderts, und der Stellenwechsel eines Kollegen wurde wieder ein normales Ereignis und zustimmungsfähig im Kollegium, etwa als 1904 der Oberlehrer Prof. Hafner das Gymnasium Hersfeld verließ, um das Direktoriat am Gymnasium Hoechst anzutreten:[751] *schmerzliches Bedauern über die notwendige Trennung* gab den Ton an, und neben *wärmsten Wünschen für eine gesegnete Tätigkeit* begleitete Hafner als Abschiedsgeschenk eine Standuhr, die *recht viele glückliche Stunden schlagen* sollte.

Die 1880er Jahre

Die Nachrufe und andere Personenzeugnisse in den 1880er Jahren entwickeln ein zwiespältiges Bild von den Gymnasiallehrern. Auf der einen Seite sind es

---

zu Ostern d.J. verließ, um die erste Oberlehrerstelle an einer hiesigen höheren Töchterschule zu übernehmen. Seit 22 Jahren Gymnasiallehrer hat er seit Ostern 1848 am Friedrich-Wilhelms-Gymnasium mit dem glänzendsten Erfolge gearbeitet und sich als einer unserer wirksamsten Lehrer bewährt. [...] *nahm er eine so hervorragende Stellung ein, daß wir ihn ungern aus unserer Mitte scheiden sehen. Sein Name ist innig mit der Anstalt verwachsen. Die Schüler haben stets von seiner Persönlichkeit die bedeutendste Einwirkung auf ihren Geist und ihr Leben erfahren; die Collegen sind ihm für mannichfache Anregung und um seiner durchgreifenden Leistungen willen herzlich dankbar. Sein Andenken wird für immer bei uns im Segen sein.* – Prog Kgl. Gym Bromberg 1875, 39: *Durch die Ernennung des Oberlehrers Leuchtenberger zum Direktor des Königlichen Gymnasiums Krotoschin erlitt unsere Schule und das Lehrercollegium einen großen Verlust. Herr Direktor Leuchtenberger* [...] *hat durch gründliche, umfassende Kenntnisse in fast allen Gymnasial-Disciplinen, durch ein außerordentliches Lehrgeschick, welches auch bei den weniger begabten Schülern Interesse an den behandelten Gegenständen zu erwecken und ein Verständnis derselben zu vermitteln wußte, durch sicheren pädagogischen Tact segensreich gewirkt; er hat sich die ungetheilte Hochachtung und Liebe seiner Collegen, seiner Schüler und den Publikums erworben, so daß sein Abgang von unserer Anstalt allseitig tief bedauert wurde.* [...] *Wir, seine ehemaligen Collegen, werden ihm das treueste, freundlichste Andenken bewahren.* – Prog Gym Wismar 1877, 53: *Herr Dr.* [Franz Christian] *Reuter* [1823–1876] *hat unserer Anstalt seit Ostern 1850 mit Treue und Fleiß und mit dem segensreichsten Erfolge gedient, so daß den Schmerz seiner Collegen, ihn zu verlieren, nur der Gedanke mildert, daß sich seine ökonomische Lage in dem neuen Wirkungskreis in dem Maße verbessert, als wir es ihm in dem Gefühle der Freundschaft wünschen müssen, die er sich durch seinen ehrenwerthen Charakter als Mensch von unserer Seite erworben hat. Möge er sich in Lübeck durch denselben gleiche Achtung und Liebe erwerben, möge seine dortige Wirksamkeit als Lehrer ein gleicher Erfolg belohnen!*

751 Dir Dr. Konrad Duden (1829–1911), Prog Gym Hersfeld 1905, 31. – Auch für das Folgende.

ausgewiesen tüchtige, ihrem Beruf hingegebene Männer[752], deren Schaffenslust und Berufsfreude nicht beflügelt war von der *Sucht nach Ehre und Ruhm oder nach äusseren Glückgütern, sondern vom Streben nach Wahrheit.*[753] Ein *durchaus* [durch und durch] *tüchtiger und durchaus liebenswürdiger*[754] Mann war der früh verstorbene Lehrer Wasmannsdorff – *mild, gerecht, gütig, ernst, klar geduldig,* zudem noch Teilnehmer am Krieg 1870. Prof. Dr. Martini wird als *reichbegabter und begeisterter Gelehrter, gewissenhafter und hingebungsvoller Lehrer* charakterisiert.[755] Oberlehrer Berndt, mit 43 Jahren verstorben, war *durch seine Begabung und wissenschaftliche Tüchtigkeit eine Zierde der Schule.*[756] Solche Vorbilder entsprachen voll und ganz dem Rekrutierungsmuster der Gymnasien selbst und der Schulbehörden. Ein in Schule wie Behörde so hocherfahrener Schulmann wie Friedrich Gustav Kiessling legte als Direktor des Joachimsthalschen Gymnasiums Berlin *das Hauptgewicht auf die Berufung von Lehrern, welche Neigung zur Befähigung der Jugend mit eminenter wissenschaftlicher Tüchtigkeit verbinden.*[757] Andererseits machte Gelehrsamkeit aber nach Auffassung der Nachrufe nur zu einem Teil tauglich *für die ernste Sache, die res severa des Jugendunterrichts.*[758] Denn ein Gelehrter sei *oft einseitig,* während ein Erzieher und Jugendlehrer vielseitige Bildung und ausgedehnte Interessen haben müsse – *Goethes wissenschaftlicher Universalismus muss sein Vorbild sein.* Auf der anderen Seite fand völlig verläßliches Wissen berechtigte Bewunderung: *Die Sicherheit seines Wissens war erstaunlich; was er sagte, stand fest, sonst sagte er es nicht.*[759]

---

752 *Er kam seinen Pflichten nicht nur mit Gewissenhaftigkeit nach, sondern er gab sich dem Unterrichte und der Erziehung der Jugend voll und ganz hin*: NR auf OL Dr. Albert Barth (1850–1883), Prog Gym Katharineum Lübeck 1884, 67,

753 OL Dr. R. Ehwald, NR auf Otto Schneider (1815–1880), Prog Gym Ernestinum Gotha 1881, 6.

754 Dir Franz Kern (*1830), NR auf Erich Wasmannsdorff (1851–1886), Prog Köllnisches Gym Berlin 1887, 23. – Auch für das Folgende.

755 NR Prof. Dr. Martini, Prog Gym Rottweil 1881, 8.

756 NR auf OL Gustav Berndt (1844–1887), Prog ORealSch Breslau 1888.

757 Friedrich Gustav Kießling (1809–1884) war 1835 Dir des Gym Meiningen, 1838 Schulrat von Sachsen-Meiningen-Hildburghausen, 1843 Dir des Friedrich-Wilhelms-Gym in Posen, 1850 Provinzialschulrat in Brandenburg und 1857–1872 Dir des Joachimsthalschen Gym Berlin, wo unter seiner Leitung die Schülerzahl von 276 auf 443 stieg. Vgl. NR Prog Joachimsthalsches Gym Berlin 1885.

758 Rektor Friedrich Schaper, Antrittsrede, Prog RealProGym Nauen 1883, 6. – Auch für das Folgende. – Mit gleichem Wortlaut: Rektor Dr. Friedrich August Eckstein, Abschiedsrede, Prog Thomasschule Leipzig 1881, 23.

759 NR auf Theodor Gustav Karl Jacob (1842–1882), Prog Königstädtisches Gym Berlin 1883.

Methodische oder gar didaktische Fertigkeiten der Gymnasiallehrer standen, wenn sie denn überhaupt ins Kalkül gezogen wurden, nicht hoch im Kurs. Gerühmt wurde, wenigstens im Nachhinein, die *besonders freundliche Art im Verkehr mit seinen Schülern.*[760] Befremdlich dagegen ist der Rat, der Lehrer solle sich hüten, ermattende und nachlassende Spannung der Schüler *durch ein künstliches Bemühen, interessant zu sein, wieder zu beleben; er wird meist das Gegentheil erreichen.*[761] Abgesehen davon, daß sich nicht ausmachen läßt, worin des Autors *Gegentheil* denn wohl hätte bestehen können, muß man denn doch sagen, daß es sich bei dieser Auffassung um nichts anderes handelt als um die reinen Bekenntnisse einer im besten Falle nur schulpraktisch erfahrenen pädagogischen Seele. Wie die schmale Schrift, der dieser Rat entnommen ist, ohne eine einzige Anmerkung und ohne eine einzige Literaturnennung als *Dissertation* hat passieren können, erschließt sich dem heutigen Standard nicht. Vielleicht ist die Schrift ein Indiz für die Vorrangstellung, die die Universität Jena bei Promotionen von Gymnasiallehrern einnahm. Aber da der Autor später Direktor des Lehrerseminars in Hamburg wurde, hat sein Bekenntnis denn doch Gewicht für zeitgenössische Auffassungen von Methodik und (der unerreichten) Fachdidaktik. Bei der Amtseinführung eines Kollegen sprach der Direktor des Gymnasiums Helmstedt zwar vom *hohen und heiligen Beruf des Lehrers,*[762] erklärte aber zur unterrichtlichen Praxis, die Erfahrung sei *für einen denkenden Lehrer werthvoller und wirksamer, als alle von außen kommenden Regeln der Methodik.* Einem anderen Lehrer wird zwar *unermüdlicher Eifer*[763] nachgesagt, gleichzeitig aber attestiert, daß er seinen Unterricht erteilt habe *in nicht gerade systematischer Form, die seinem Wesen fern lag.*

In solchen Beispielen tritt ein bildungsgeschichtliches Grundproblem zutage. Denn hier gewinnen die wechselseitigen Vorwürfe zwischen Elementarschul- und Gymnasiallehrern an Substanz und Schärfe, die Elementarschule verfüge lediglich über Methoden, das Gymnasium ausschließlich über Stoff. Die Gymnasiallehrer des 19. Jahrhunderts waren persönlich und korporativ weitgehend blind gegenüber dem Widerspruch zwischen ihrer Einwilligung in die Geltung wissenschaftlicher Kompetenz mit der ihr eigenen Regelforderung und einer Berufsauffassung vom Lehramt, die ganz den regelfernen persönlichen Eingebungen unterworfenen

---

760 NR auf OL Hermann Johannes Wilhelm Bauer (1852–1903), Prog Gelehrtenschule Hamburg 1904. Auch Kössler.

761 Heinrich Ahlburg (*1851; Rektor der Mittelschule in Treuenbrietzen), Was versteht man unter Charakterbildung und wie ist dieselbe seitens der Schule zu pflegen? Diss. Phil. Jena 1882, 82.

762 Dir Ludwig Heinrich Konrad Drewes (*1838), Einführung von Dr. Hermann Pfaff (*1862), Prog Gym Helmstedt 1889, 50. – Auch für das Folgende.

763 NR auf Johannes Günther Gensler (1803–1884), Prog Gelehrtenschule (Johanneum) Hamburg 1885. – Auch für das Folgende.

war, im übrigen aber allenfalls behördlichen Vorschriften oder der schulischen Pragmatik vor Ort.

Was diesen Zwiespalt überdeckte, aber nicht überwand, waren honorige Auffassungen vom Unterricht. In deren Geltung fanden Schule und Behörde sich zusammen. *Schwer sei die Aufgabe des Lehrers*, erklärte der Oberregierungsrat Bonitz als Vertreter des hannoverschen Ministers beim 300jährigen Jubiläum des Göttinger Gymnasiums, aber sie lohne sich auch wie keine andere: *durch die Unmittelbarkeit des Erfolges, durch den lebendigen Verkehr mit der stets frisch nachwachsenden Jugend, durch die Gewißheit des Dankes in der Zukunft.*[764] Unterrichtlicher Erfolg aber stelle sich dann ein, wenn *der rechte Lehrer die Begabung für seinen hohen, herrlichen Beruf mit auf die Welt gebracht* hat.[765] Alles andere werde sich dann von selbst regeln – die Mäßigung des Lehrers, die Überwindung seiner Selbstsucht, die Wahrnehmung der Eigenart des Schülers, seiner Empfindlichkeiten ebenso wie seiner Empfänglichkeiten, so daß es die Liebe zum Schüler ist, die dem Lehrer *das rechte Wort auf die Lippe legt und seine Hand lenkt, wenn er das ihm anvertraute junge Reis bindet oder frei giebt.* Dieses Vertrauen auf wesenhafte Voraussetzungen des Gymnasiallehrers, auf ein *natürliches Lehrgeschick*,[766] ist fraglos naiv, wenn man es mit der Forderung nach einer zweckmäßigen Berufsausbildung konfrontiert, hat aber wohl religiöse Wurzeln in der Zuversicht, daß Verstand und Amt einander auf dem Gnadenwege finden werden. Dem entsprechen Ziele und Praxis des Unterrichts, der keineswegs nur Stoff und Wissensformen vermitteln sollte, denn

> *höher, viel höher noch stand die Ausbildung des Charakters. Gottesfürchtige, thatkräftige und feste Männer sollten seine Schüler werden; das war sein oberstes Ziel, und es ist bewundernswert, mit welcher Ausdauer er dieses Ziel verfolgte. Er beobachtete an seinen Schülern die geringste Abweichung von dem richtigen Wege und erhob unausbleiblich und sofort seinen Warnungsruf; fand er dann, dass seine Worte beherzigt wurden, so wurde ihm der Schüler doppelt lieb, und nicht ohne einen gewissen Stolz erzählte er das; prallte aber seine Warnung ab an Leichtsinn oder bösem Willen, dann rüttelte und schüttelte er unablässig an dem jungen Gemüt.*

Andererseits ist das *Rütteln und Schütteln* als eine realistische Metapher für das Lehrerverhalten ernst zu nehmen. Denn die idealistische Konstruktion des Lehrerberufs hatte in der Praxis die dunkle Seite der pädagogischen Intervention. *Kühl und reserviert*,[767] wenngleich hilfsbereit gegenüber schwachen Schülern habe sich

---

764 Dir Prof. Dr. Hermann Hampke (1835–1893), Bericht über das 300jährige Jubiläum der Anstalt, Prog Kgl. Gym und RealGym Göttingen 1887, 14.

765 Dir Dr. Theodor Vogel, Antrittsrede als Direktor, Prog RealGym Dresden-Neustadt 1885, 41. – Auch für das Folgende.

766 Dir Dr. Friedrich Hofmann (†1893), NR auf OL Johann Heinrich Müller, Prog Gym Graues Kloster Berlin 1881, 16. – Auch für das Folgende.

767 Dir Dr. Otto Alexander Carnuth (1843–1899), NR auf Dr. Hermann Krupp (1849–1886), Prog Gym Danzig 1886, 13.

der mit nur 37 Jahren verstorbene Danziger Dr. Krupp gegeben. Eine chronische Erkrankung habe den Oberlehrer Retzlaff in Königsberg *trübe und missmutig* gestimmt.[768] Die Schüler des Direktors Dr. Redlich, eines Mannes von *energischer Frömmigkeit,*[769] in Hamburg haben sich *vor einem schroffen Zuge seines Wesens gefürchtet*, freilich seinen Gerechtigkeitssinn anerkannt. Ähnlich ambivalent heißt es über den Oberlehrer Dr. Gasda: *Mag er auch manchmal in der Classe unwirsch und heftig geworden sein – Ihr hättet ihn, liebe Schüler, nur sehen sollen bei den Censur- und Versetzungskonferenzen, wenn seine übergroße Güte und Nachsicht ihn fortriß*[770] und er sich für die Schüler einsetzte. Der Direktor des Realgymnasiums Ratibor, Rudolf Künstler, legte Wert auf Treue und Fleiß, war, wenn es daran fehlte, *zu geringer Nachsicht bereit,*[771] unterließ es aber auch nicht, mit sich selbst immer wieder ins Gericht zu gehen: Der Lehrer müsse es sich *den Schülern gegenüber sauer werden lassen*. Dennoch hatte Künstler *mancherlei Händel, nicht ohne eigene Schuld, und reizte namentlich schwächere Naturen, die ihm an sich schon unsympathisch waren, durch die Schärfe seiner Ironie oder durch provocirendes Auftreten*. Und endlich der Halberstädter Oberlehrer Bormann:[772]

> *Streng und fast schroff im Urteil war er den Schülern gegenüber, parcissimus laudis, sehr sparsam mit dem Lobe, ein Nicken mit dem Kopfe wurde als grosse Anerkennung der Leistung angesehen. Schüler, die in den Sprachen wenig oder nur gezwungenes leisteten, hatten einen harten Stand, mancher Schwache wurde – allerdings zu seinem eignen Heil – von ihm in eine andere Laufbahn gedrängt. Aber so schroff auch seine Weise, so hart sein Urteil sein konnte, seine Schüler wußten doch, daß unter dieser rauen Schale ein goldener Kern war, daß er es im Herzen mit ihnen gut meinte und nur ihr Bestes im Auge hatte. Wie manchem Strauchelnden hat er geholfen, wie manchen Irrenden auf die rechte Bahn zurück gebracht.*

Noch ärger wird der Oberlehrer Lehrs in Meseritz geschildert, hier aus der Sicht eines ehemaligen Schülers:[773]

---

768 Dir Dr. Heinrich Babucke (1841–1902), NR auf OL Prof. Dr. Otto Retzlaff (1824–1886), Prog Altstädtisches Gym Königsberg 1887, 47.

769 Dir Felix Eduard Philipp Bohnert, NR auf Dir Prof Dr. Karl Redlich, Prog ORealSch Holstenthor Hamburg 1901, 4. – Auch für das Folgende.

770 Dir Heinrich Guhrauer, NR auf OL Dr. August Gasda (1831–1888), Prog Gym Lauban 1889, 17.

771 Dir Prof. Dr. Gustav Weck (1842–1919), Rudolf Künstler [1837–1877]. Aus dem Leben und Wirken eines deutschen Schulmanns. Prog RealSch Reichenbach/Schl. 1882, 14. – Auch für das Folgende.

772 Dir Gustav Schmidt, NR auf Prof. August Friedrich Wilhelm Bormann (1808–1887), Prog Gym Halberstadt 1888, 8f.

773 Prof. Dr. L. Friedländer über Karl Lehrs (1802–1878, eigentlich Levi), zitiert in: OL Dr. Arthur Jung (†1890), Zur Erinnerung an Karl Lehrs, Prog Gym Meseritz 1880, 19.

In Aufrechterhaltung der Disciplin war er streng, zuweilen schroff; gelegentlich hieß er ‚unser Tyrann'; doch hing die Mehrzahl sehr an ihm. Seine Gelehrsamkeit imponirte gewaltig, und sein zuweilen barockes Wesen störte diesen Eindruck nicht im geringsten. Nicht verschweigen will ich, daß seine Abhängigkeit von Sympathie und Antipathien sich vielfach zeigte; er hatte entschiedene Lieblinge, andere konnte er nicht leiden und behandelte sie zuweilen mit verletzendem Hohn.

Das sind erstaunliche, heute deprimierende Einblicke in eine Praxis, die nicht nur den Eigensinn von Lehrern belegt, sondern auch deren Bereitschaft, Willkür und Herrschsucht gegenüber ihren Schülern auszuleben. Ein Unrechtsbewußtsein dieser harschen Lehrer ist nach der Quellenlage nicht auszumachen, ebenso wenig direktoriale Intervention oder Auseinandersetzungen im Kollegium der Schule. Offenbar gab es auch keine Zügelung durch die Elternhäuser oder die Behörde. Die oben wiedergegebenen Berichte versuchen auch keine Bagatellisierung, zeigen jedoch, daß neben dem Mißbrauch von Autorität auch die Wahrung berechtigter Interessen der Schüler erfolgt ist. Das ist auch die Botschaft an die Schüler. Neben dem *Ernst der Zucht und Schärfe des Blicks für eure Schwächen* stehen *treues Bemühen und liebevolle Sorge für euer Wohl.*[774]

Die Gymnasiallehrer hatten sich eingerichtet in der Vorstellung eines Wechselverhältnisses, innerhalb dessen sie – jeder auf seine Weise – durch sattelfeste Wissensvermittlung und liebevoll zugeneigte Erziehung das Wohl der Schüler besorgen, während die Schüler ihnen dafür Dankbarkeit und Liebe entgegenbringen. Widersprüche zwischen dem Aufwand an Strenge und dem Ertrag von Disziplinierung haben sie nicht gesehen, zumal die Zutraulichkeit besonders der jungen Schüler als Weichzeichner des Problems fungierte:[775]

Die Jungens nenne ich ‚Lämmer', und in der That, sie sind so fromm und unschuldig wie Lämmer, wenn sie sich treuherzig mit offenen Augen an mich anschmiegen und einen Blick zu erhaschen suchen, täglich früh und mittags alle auf dem Korridor mit warmem Händedruck mich begrüßen und wieder verabschieden, alle 67 [sic!] ohne Ausnahme.

Sie hatten indessen nicht genügend Abstand zu sich selbst, waren institutionell zu rollenfest, als daß sie ein angemessenes Urteil über sich selbst gehabt hätten. Der Rektor der Thomasschule Leipzig, Dr. Friedrich August Eckstein, führt in seiner Abschiedsrede 1881 aus, der Lehrer müsse zuerst die Schüler lieben, damit sie ihn lieben; er habe die Schüler geliebt und erlebt, daß die Schüler *wie Söhne des Hauses alles Leid und alle Freuden getheilt haben; sie haben gestanden am Grabe meiner unvergesslichen Gattin auf dem hallischen Friedhof, an dem Traualter meiner Kinder*

---

774 Prof. Dr. Wilhelm Gerberding (*1837), NR auf OL Dr. Gustav Dederding (1844–1884), Prog Luisenstädtische ORealSch Berlin 1885, 27.

775 Selbstzeugnis Rudolf Künstlers, Brief v. 10.8.1860, überliefert von Dir Prof. Dr. Gustav Weck, Aus dem Leben und Wirken eines deutschen Schulmannes, Prog RealSch Reichenbach/Schl. 1882, 10.

und keinen Geburtstag und keinen Neujahrstag vorüber gehen lassen ohne eine herzliche Begrüßung.[776] Das war nicht nur begünstigt durch die besonderen Alumnatsverhältnisse der Thomasschule oder die Singepflichten der Schüler bei kirchlichen Okkasionen, sondern ist im Tenor auch geglättet durch die Veranlassung der Abschiedsrede. Tatsächlich aber stellen sich die Dinge anders dar, wenn sich die Perspektive wechseln läßt. Ecksteins Persönlichkeit erscheint dann facettenreicher, seine Pädagogik keineswegs immer konfliktarm, wenn der Nachruf sagte, Eckstein war *streng gegen die Säumigen, sarkastisch gegen die Oberflächlichen und Selbstbewußten, ermunterte die Stillen und spornte die Begabten an durch die hohen Anforderungen, die er an sie stellte.*[777]

Betont wird die Liebe und Zuwendung des Lehrers. Es sei unerläßlich, daß der *Jugendlehrer Liebe zu seinen Zöglingen*[778] habe, denn diese lasse auch dort, *wo sie straft und zürnt, keine Bitterkeit in dem Herzen des Zöglings aufkommen.* Der Lehrer, dem sie fehlt, übt ein *unfruchtbares und totes Werk.*[779] Liebe zu den Schülern war als Norm so verfestigt, daß ein Lehrer ohne Empathie für die Gefühle seiner Schüler – biblisch bekräftigt – als *ein tönendes Erz und eine klingende Schelle* galt.[780] *Nicht die Pünktlichkeit und Sorgfalt der eigentlichen Arbeit bei der Vorbereitung, in den Schulstunden, bei den Correcturen u. dgl. macht den wahren Lehrer aus,* erklärte der Helmstedter Direktor Drewes an die Adresse des neu eingetretenen Lehrers, *sondern nur dies, daß er die ganze Seele und das Herz seiner Schüler gewinne.*[781] In überwältigender Weise ist das für die Lehrer bezeugt. *Gerechtigkeit, durch welche er allen seinen Schülern so lieb war,* heißt es über den jung verstorbenen Karl Ohrtmann;[782] *wahrhaft väterliche Fürsorge für das Gedeihen seiner Schüler* wird einem anderen attestiert;[783] sogar über einen Gesangslehrer heißt es, er habe sich durch *seine Gradheit und Gemüthsfrische die Herzen aller gewonnen;*[784] an dem Oberlehrer

---

776 Rektor Dr. Friedrich August Eckstein, Abschiedsrede 1881, Prog Thomasschule Leipzig 1882, 23.

777 Rektor Dr. Emil Jungmann (*1846), NR auf Rektor Prof. Dr. Friedrich August Eckstein, Prog Thomasschule Leipzig 1885, 27.

778 Rektor Friedrich Schaper, Antrittsrede, Prog RealProGym Nauen 1883, 6. – Auch für das Folgende.

779 Hermann Riemann, NR auf Dir Dr. Johann Friedrich Christian Campe (1808–1881), Prog Gym Greifenberg 1882, 23.

780 Provinzialschulrat Dr. Carl Kruse (1828–1915), Verabschiedung von Prof. Julius Czwalina (1810–1896), Prog Gym Danzig 1886, 20. – Zitat: 1. Korinther 13,1.

781 Dir Ludwig Heinrich Konrad Drewes, Rede zur Amtseinführung von Ernst Wilhelm Theodor Goerlitz (*1857), Prog Gym Helmstedt 1885, 28.

782 Ernst Löw (*1843), NR auf Karl Ohrtmann (1839–1885), Prog RealGym Berlin 1886, 31.

783 Dir Dr. Gustav Grosch (1835–1910), NR auf OL Prof. Dr. Theodor Perschmann (1826–1888), Prog Gym Nordhausen 1888, 31.

784 NR auf Gesangslehrer Wilhelm Grahn, Prog Gym Bromberg 1881, 12.

Prof. Dr. Frohwein in Gera hingen die Schüler *in Liebe und Verehrung*;[785] die Schüler des mit 35 Jahren verstorbenen Gustav Hinrichs *empfanden es deutlich, daß er ein wirklich warmes Wohlwollen für sie hatte*;[786] dem *herzlichen Wohlwollen* Adolf Seebecks für seine Schüler entsprach, daß diese an ihm *den ernsten Trieb und eine reine Gesinnung* erkannten;[787] dem mit 37 Jahren verstorbenen Dr. Schoene wurde nachgerühmt, er habe einen *fröhlichen Geist, frohsinnigen Humor* gehabt:[788] *Darum weilte er gern in eurer Mitte, hatte herzliche Freude an eurer jugendlichen Fröhlichkeit, beurtheilte mit milder Nachsicht eure Unbesonnenheiten, machte es euch durch seine herzliche Persönlichkeit leicht, vertraulich sich ihm zu nähern*; Prof. Dr. Mantels hatte sich in *langjährigerLehrthätigkeit die Verehrung und die Liebe seiner Schüler* erworben.[789]Als der Direktor des Realgymnasiums Posen zweier Kollegen gedenken mußte, entwarf er ein sowohl deskriptives Bild der Verstorbenen als auch ein normatives Bild des vorbildlichen Lehrers:[790]

> *Wir Lehrer wissen, daß die von uns geschiedenen Amtsgenossen durch die Lauterkeit ihres Strebens, durch den feinen Takt und das Maßvolle ihrer Empfindung, durch die wahre, aller Frivolität und Kleinlichkeit abholde Noblesse ihrer Gesinnung, durch die entgegenkommende Freundlichkeit und liebenswürdige Bescheidenheit ihres Wesens uns persönlich wert waren, daß sie als wahre Menschen und echte Freunde unsere Liebe besaßen, daß sie durch den Ernst und die Strenge ihrer Pflichttreue unsere volle Hochachtung und Anerkennung erwarben und dauernd bewahrten, daß sie durch ihre gereifte Erfahrung und besonnene Weisheit bei unseren Beratungen, durch ihre gewissenhafte und gediegene Thätigkeit im Unterricht unserem amtlichen Wirken und der Ehre der Anstalt in so vielen Beziehungen förderlich waren. Und die Schüler wissen es, daß sie dieser Gewissenhaftigkeit, Sorgfalt und Treue, ihrer väterlichen Gesinnung, Führung und Fürsorge in Güte und Ernst, Milde und Strenge eine Fülle von geistigen und sittlichen Anregungen und nützlichen Kenntnissen verdanken.*

---

785 Dir Prof. Dr. Albert Grumme, NR auf OL Prof. Dr. Eugen Frohwein (1841–1880), Prog Gym Gera 1881, 27.

786 Dir Ludwig Ernst Joachim Bellermann (1836–1915), NR auf Gustav Hinrichs (1851–1886), Prog Königstädtisches Gym Berlin 1887, 20.

787 Dir Dr. Karl Julius Schaper, NR auf Prof. Dr. Adolf Seebeck, Prog Joachimsthalsches Gym Berlin 1885, 4.

788 Dir Ludwig Schacht, NR auf Dr. Gustav Schoene, Prog RealSch Elberfeld 1869, 51. – Auch für das Folgende.

789 OL Dr. Karl Curtius (1841–1922), NR auf Prof. Wilhelm Mantels (1816–1879), Prog Gym Catharineum Lübeck 1880, 52. – Curtius war nicht nur langjähriger Kollege von Mantels, sondern auch dessen Schüler.

790 Dir Dr. Hermann Geist (1828–1903), NR auf OL Prof. Dr. Albert Magener (1824–1889) und OL Maximilian von Studniarski (1828–1889), Prog RealGym Posen 1890, 5.

Die 1890er Jahre

Das Programm der inneren Reichseinigung fand im Bildungswesen eine ideale Stütze. Daß die Gymnasien der bestimmende Quellgrund des staatstragenden Bildungsbürgertums waren, wurde in Form und Inhalt nicht zuletzt durch die *Allerhöchste Entschließung* Wilhelms II. vom 28. Juli 1892 bestätigt, die die Gymnasialdirektoren in die 4. Rangklasse der höheren Provinzialbeamten eingliederte, die Oberlehrer der 5. Rangklasse zuordnete, und im übrigen festlegte, daß bis zu einem Drittel der Oberlehrer eines Gymnasiums mit dem Titel eines *Professors* gewürdigt werden konnte.[791] Bildung war Staatsinteresse. *Großes Lehrgeschick, aufrichtige Frömmigkeit und Vaterlandsliebe,* [so]*wie die treue Liebe zur Jugend* werden einem Lehrer nachgerühmt.[792] Ein Lehrer elsässischer Herkunft wird zu einem *Muster solider deutscher Gelehrsamkeit und deutschen Fleisses* erklärt, da er zu denjenigen Elsässern rechnete, deren ganzes *geistiges und sittliches Leben und Streben trotz der politischen Zugehörigkeit zu Frankreich deutsch* geblieben war, zudem einem *kerntüchtigen Strassburger Bürgerhaus* entstammte, in dem *echt deutsche Sitte und Gesinnung, Frömmigkeit und Arbeitsamkeit* gepflegt wurde.[793] Neben solchen Beispielen für die neue Arrondierung – Peuplierung aus nationalpolitischer Raison –, wie sie ja für den in den Rang eines Gründungsmythos erhobenen deutsch-französischen Gegensatz verständlich ist, treten ständische Merkmale des Lehrerberufs auf. Dafür ist der Berufsweg des Dr. Korell beispielhaft, der zunächst nur eine seminaristische Ausbildung als Qualifikation besaß, also unzureichend für das Gymnasium, schließlich mit 26 Jahren das Abitur nachmachte, in Gießen studierte, gymnasialer Hilfslehrer mit beschränkter Stundenzahl wurde, promovierte, das Lehramtsexamen ablegte und nach dieser unerhörten Beschleunigung mit 29 Jahren Oberlehrer an der Thomasschule in Leipzig wurde:[794]

> *Er verdankte alles sich selbst, er hatte, in dem Wunsche vorwärts zu kommen, das Mögliche aus sich gemacht. Bequemes Sichgehenlassen kannte er nicht. Er war religiös gestimmt, eine sittlich ernste Persönlichkeit, ein Feind aller Nachlässigkeit und Frivolität, ein treuer Familienvater. Auch gemeinnützig suchte er zu wirken: in Leipzig war er als Armenpfleger thätig, hier hat er dem Beamtenverein, den er ins Leben gerufen hatte und dem er als Sekretär viele, viele Stunden widmete, große Dienste geleistet.*

Solche eindrucksvollen Karrierewege waren nicht außergewöhnlich. Auch alle anderen mußten *ihren Weg aus eigner Kraft* machen,[795] vereinten dann, wenn es

---

791 Vgl. das Referat im Prog Kronprinz Wilhelms-Progym St. Wendel 1893, 28.

792 NR auf Vorschullehrer Meyer, Prog Bismarck-Gym Pyritz 1894, 18.

793 Dir Prof. Dr. Heinrich Veil (*1850), NR auf Dir Karl Friedrich Schneegans (1822–1890), Prog evang. Gym Straßburg 1890, 5 u. 8.

794 Dir Dr. Karl Laubert (1829–1901), NR auf OL Dr. Adolf Korell (1847–1889), Prog RealGym Frankfurt/O. 1890, 18. – Auch für das Folgende.

795 Dir Alexander Wernicke (*1857), NR auf Prof. Dr. Karl Wilhelm Petzold (1848–1897), Prog ORealSch Braunschweig 1898, 22. – Auch für das Folgende.

gut ging, ein *bescheidenes und anspruchsloses Wesen mit scharfem und weitblickendem Verstande.* Der Preis für den Aufstieg war allerdings nicht schon durch das Erreichen des Zieles entrichtet. *Er hat seine Familie wohl nicht selten nur unter Sorgen durch das Leben geführt, er hat nie gerastet und viel gethan,*[796] hatte sich insgesamt den frühen Impetus der Lebensbeschleunigung auf Dauer bewahrt, offenbar nicht nur aus materieller Sorge. Andererseits: Hatte man den Status des Gymnasiallehrers erreicht, konnte man sich auch den Verzicht auf eine Karriere innerhalb des Systems leisten, ohne einen sozialen Absturz fürchten zu müssen. Der Professor und Oberlehrer Herbst in Hamburg, ein grundgelehrter Altphilologe, war wie üblich in die Hierarchie des Kollegiums unten eingestiegen und avancierte durch das Ableben seiner Altvorderen; als das Direktoramt vakant fiel, verzichtete er jedoch auf eine Bewerbung, obwohl er in der Zeit der Vakanz direktorial ausgeholfen hatte: *Sicher ist, daß sein Leben so, wo er sich darauf beschränkte, der Jugend aus dem Schatze seiner Gelehrsamkeit und Herzensgüte mitzuteilen, sich freundlicher gestaltet hat, als wenn er zu durchgreifender Behauptung eines leitenden Willens genötigt gewesen wäre.*[797]

Noch immer starben Lehrer auch in frühen Lebensjahren, gelegentlich durch Unfälle, aber durchwegs durch Krankheit. Infolge eines Reitunfalls ging mit 35 Jahren *ein reiches, vielversprechendes Leben* jählings zu Ende, das Leben *eines Lehrers von großem Eifer und besonderer Befähigung.*[798] Ein Berliner Hilfslehrer, dem *der lebendige Verkehr mit der Jugend eine besondere Lust* war – *mit glücklichem Takte wusste er hier den richtigen Ton zu finden* –, starb 31jährig, vermutlich durch Suicid.[799] Oder der studierte Theologe Schnabel starb mit 32 Jahren, schon Oberlehrer, der nach der Prognose der Kollegenschaft *Tüchtiges geleistet hätte, denn er dachte klar und scharf, die Waffen waren geschärft, das Feld bereitet.*[800] Oder mit 37 Jahren der Oberlehrer Schultz, ein *reichbegabter Geist, ein tiefangelegtes Gemüt, ein hochbegabter Mitarbeiter, ein treu bewährter, tüchtiger und unermüdlich thätiger Lehrer.*[801] Oder endlich der 39jährige Oberlehrer Dr. Arnold in Nordhausen, der zu den *glücklichen Lehrern* zählte, die *ohne Anwendung von Strafen die Schüler zur Erfüllung ihrer Pflicht zu bestimmen und zu gewinnen* vermochten.[802] Im letzten

796 Dir Paul Feit (*1850), NR auf Zeichenlehrer Förster (1820–1893), Prog Gym Ohlau 1893, 13.

797 Dir Dr. Friedrich Schulteß, NR auf Prof. Ludwig Ferdinand Herbst (1811–1894), Prog Gelehrtenschule Johanneum Hamburg 1895, 3.

798 NR auf OL Dr. Martin Klamroth (1855–1890), Prog Wilhelm-Gym Hamburg 1891, 1.

799 Dir Dr. Ludwig Ernst Joachim Bellermann, NR auf den wissenschaftlichen Hilfslehrer Paul Heucke (1862–1893), Prog Königstädtisches Gym Berlin 1893, 23.

800 OL Prof. Dr. Fritz Hankel (1848–1913), NR auf OL Heinrich Immanuel Schnabel (1862–1894), Prog Gym Dresden-Neustadt 1895, 7.

801 NR auf OL Dr. August Schultz (1852–1889), Prog Gym Hirschberg 1890, 13.

802 Dir Dr. Gustav Grosch, NR auf OL Dr. Bruno Arnold (1853–1892), Prog Gym Nordhausen 1893, 47.

Jahrzehnt des 19. Jahrhunderts zeichneten sich indessen die frühen Sterbefälle längst als besondere Ereignisse ab, denn die Lehrer wurden inzwischen deutlich älter, die in diesem Jahrzehnt in Gestalt der Nachrufe herausgehobenen durchschnittlich 56 Jahre, also ein knappes Jahrzehnt älter als die zwischen 1800 und 1850 geborenen.

In Fragen der Methodik und der Didaktik zeigten sich die Lehrer, derer in den 1890er Jahren gedacht wurde, durchaus gespalten. Die einen hatten für unterrichtsmethodische Kunst die alte milde Geringschätzung und hielten es mit einer auf den Geniekult gestützten Überbewertung von originärem Lehrtalent. *In der Persönlichkeit des Lehrers suchte er die ultima ratio aller Pädagogik*, heißt es über einen aus dieser Gruppe.[803] Ebenso erklärte der neue Direktor Windel in seiner Herforder Antrittsrede, *über der Methode und Theorie steht mir doch die lebendige und wirksame Persönlichkeit des Lehrers.*[804] Die *lebendige Persönlichkeit des Lehrers und Erziehers* sei, wie es in deutlicher Abwertung methodisch angelegter Unterrichtsformen heißt, *werthvoller als alle äußere Gewandtheit und methodische Fertigkeit des geübtesten Unterrichters.*[805] Aber die Vertreter dieser Auffassung, so richtig sie in Teilen auch war, gerieten nun doch schon in die Minderheit, und die alte Überzeugung vom genialen Lehrer bröckelte an vielen Stellen. Die Schule sei ein schöner, aber schwerer Beruf, den man als eine Kunst ansehen und *als solche betreiben* lernen möge, forderte der neue Direktor Muff in seiner Kasseler Antrittsrede.[806] Der Pfarrersohn Gustav Völker, Direktor einer Realschule, betrieb ein intensives Studium der neuen pädagogischen Literatur, aber auch eine innerbetriebliche Fortbildung seiner Lehrer, denn er erwies sich als in besonderem Maße befähigt, *seinen Lehrern wertvolle Anregungen für den Unterricht* zu geben, in der dann belohnten Absicht, die Höherstufung seiner Schule zu einem Realprogymnasium voranzutreiben.[807] *Es war fast übertrieben, mit welcher peinlichen Gewissenhaftigkeit* sich Prof. Dr. Adelbert Hoppe auf seinen Unterricht vorbereitete, denn er war ein Lehrer, der außerordentlich lebhaft und schnell war, *vielleicht für manche Schüler zu schnell.*[808] Als *ein durch methodische Gründlichkeit und Klarheit anregender Lehrer* wurde der bekannte Gymnasialdirektor Dr. Uppenkamp

803 NR auf Prof. Dr. Gustav Gilbert (1843–1898), Prog Gym illustre Gotha 1899, 25.

804 Dir Prof. Dr. Hans Windel (1854–1911), Antrittsrede, Prog evang. Gym Herford 1896, 23.

805 NR auf OL Prof. Edmund Karl Anton Knittel (1837–1890), Prog Gym Helmstedt 1891, 41.

806 Dir Prof. Dr. Christian Fürchtegott Muff, Antrittsrede, Prog Kgl. Wilhelms-Gym Kassel 1894, 23.

807 NR auf Dir Gustav Völcker (1845–1894), Prog RealproGym Schönebeck 1894.

808 Dir Dr. Ludwig Bellermann, NR auf Prof. Dr. Adelbert Hoppe (1827–1894), Gym zum Grauen Kloster Berlin 1895, 17.

aus Anlaß seines 50. Dienstjubiläums charakterisiert.[809] Insgesamt läßt sich jedoch feststellen, daß Unterrichtsmethodik und didaktische Überlegungen zu den Zielen des Unterrichts wegen ihrer retardierten Entwicklung noch nicht das disziplinäre Gewicht von Fachlichkeit besaßen. Als Eingeständnis hieß es noch im frühen 20. Jahrhundert: *Es klebte dem Unterricht vielfach etwas Unmethodisches an.*[810] Was an methodischer Übersicht und fachdidaktischer Reflexion Eingang in den Unterricht nahm, war ausschließlich die individuelle Leistung eines einzelnen Lehrers, im besten Fall *die durchdachte Methode, an der er unablässig bessernd weiterarbeitete.*[811]

Es ist bezeichnend für die Einschätzung von Methodik und Didaktik, daß *oft wissenschaftliche Forschung und schulmännische Wirksamkeit* als Gegensätze betrachtet wurden, die sich gegenseitig ausschließen oder doch wenigstens beeinträchtigen.[812] Der Nachruf auf Prof. Dr. Hartfelder vom Gymnasium Heidelberg, der diese Vermutung für gegenstandslos erklären wollte, ist tatsächlich aber als eine implizite Bestätigung dieser zeitgenössischen Auffassung zu bewerten. Denn Hartfelder hatte nach seinem Philologiestudium die Schullaufbahn eingeschlagen, war 1876 zum Gymnasialprofessor ernannt worden, 1879 als Archivar an das Landesarchiv Freiburg versetzt worden, wo 1882 seine Stelle gestrichen wurde, so daß eine Rückversetzung an die Schule erfolgte. Die Beliebigkeit, zugleich Schlüssigkeit des Wechsels erklärt der Nachruf damit, daß Hartfelder ein *Lehrer und Erzieher von seltener Begabung* gewesen sei, also wissenschaftlich ein *rastloser Forscher* und pädagogisch ein vorbildliches Naturtalent. Auf diese Weise konnte das Berufsbild des Gymnasiallehrers verhältnismäßig einfach und zugleich schlüssig bestimmt werden. Einmal mußte es seine Aufgabe sein, viele Schüler an die Anstalt zu ziehen, denn *unter der niedrigen Frequenz litt in hohem Maße die Berufsfreudigkeit der*

---

809 PSR Dr. Johannes Buschmann, Laudatio auf Dir Dr. August Uppenkamps 50. Dienstjubiläum, Prog Gym Düsseldorf 1898, 4. – Uppenkamp (1824–1908) wurde 1847 promoviert, Probejahr Gym Trier, 1850 Gym Köln, 1851 o. Lehrer Gym Düsseldorf, OL, 1866 Dir Gym Konitz, 1873 Dir Gym Posen, 1878 Dir Gym Düren, 1884 Dir Gym Düsseldorf, 1897 Ruhestand. – Schon 60 Jahre früher gefordert von Prorektor Carl Friedrich Heinrich Freese, *Die pädagogische Bildung der künftigen Gymnasiallehrer*, Prog Gym Stargard 1839, 10f: *natürlicher Takt, eine geistige Gewandtheit, angeborner Sinn für ihre formalen Seiten, Klarheit, Ordnung und Lebendigkeit.*

810 OL Hubert Rick (*1856), Über einige Unterrichtsgrundsätze beim Gymnasialunterricht, Prog Kaiser-Wilhelm-Gym Köln 1903, 3.

811 Dir Dr. Julius Schubring (1839–1914), NR auf OL Dr. Heinrich Hupe (1852–1892), Prog Gym Katharineum Lübeck 1893, 88.

812 NR auf Prof. Dr. Karl Hartfelder, Prog Gym Heidelberg 1893, 3. – Auch für das Folgende. – Allerdings vgl. auch Jacobmeyer/Thünemann, Grundlegung und Ausformung des deutschen Geschichtsunterrichts, passim, für Beispiele eindrucksvoller geschichtsdidaktischer Reflexion unter deutschen Gymnasiallehrern.

Lehrer, wie Julius Asbach bei seiner Berufung zum Direktor in Prüm festhält.[813] Zum anderen war er ein ausgewiesen guter Lehrer,[814]

> *der durch ideale Erfassung seines Berufes, durch rückhaltlose, aufopfernde Hingabe an seine Pflichten, durch ununterbrochene wissenschaftliche Arbeit, durch stetes Nachdenken über die Aufgaben des Unterrichts und der Erziehung, durch eindringliche, sachliche Behandlung der verschiedenen das Lehrerkollegium beschäftigenden Fragen vorbildlich gewirkt, der bestimmt und streng in seinen Forderungen, mit unerschütterlicher Geduld, mit Stetigkeit und Konsequenz seinem Unterrichte einen wissenschaftlichen und erziehlichen Erfolg gesichert habe.*

Damit ist das Berufsbild ausgeformt. Erst sehr spät wird als drittes Attribut Wahrung der *Ehre des Standes, die Förderung der Standesinteressen* als Qualifikation benannt.[815] Die Kollegialität indessen war gegen Ende des 19. Jahrhunderts wegen der massenhaft wachsenden Schülerzahlen und der mit ihnen korrespondierenden Vergrößerung der Kollegien in ihrem früheren Wert gemindert worden. Die Perspektive war jetzt nicht mehr, ob ein Kollege wesentliche eigenständige Beiträge zur Kollegialität geleistet hatte, sondern ob er sich freundlich integriert hatte. Wenn das der Fall war, beklagte bei Todesfällen das Lehrerkollegium den Verlust eines *gewissenhaften und treuen Mitarbeiters.*[816] Das Kollegium habe in ihm ein *Mitglied von anspruchsloser Liebenswürdigkeit* gehabt.[817] Den Amtsgenossen war er ein *väterlicher Freund*, den neu eintretenden Lehrern ein *gastlicher Wegweiser* und *dienstwilliger Berater* und darüber hinaus als Kollege *ein Muster in den Tugenden der Pünktlichkeit, Gewissenhaftigkeit, Gerechtigkeit und Bereitwilligkeit* gewesen.[818] Es habe das Kollegium, heißt es über den Oberlehrer Schultz, *einen in herzlicher Gesinnung ihm verbundenen lieben Amtsgenossen* verloren.[819] Das Kollegium war selbständig geworden, und der Kollege konnte die Kollegialität nicht aus eigenem formen, sondern er mußte sich einpassen, oder *er entzog sich allem, was seinen Gewohnheiten unbequem werden konnte und ihm in der einen oder anderen Weise Zwang auferlegt hätte.*[820]

---

813 Dir Dr. Julius Asbach, Bericht über seine Einführung als Direktor, Prog Gym Prüm 1893, 5.

814 Dir Dr. Hermann Bärwald (1828–1907), Rede zum 25jährigen Dienstjubiläum von Prof. Dr. Theobald Epstein, Prog Philanthropin Frankfurt/M 1895, 23.

815 Dir Dr. Gustav Richter (1838–1904), NR auf Prof. Dr. Franz Rasch (1842–1895), Prog Gym Jena 1896, 5.

816 NR auf Prof. Dr. Weiffenbach, Prog Gym Giessen 1896, 13.

817 NR auf Turnlehrer Brülbeck (1850–1897), Prog RealGym Augsburg 1897, 29.

818 Georg Otto Arndt (*1853), Verabschiedung von Karl Tassius (*1830), Prog RealSch Eschwege 1896, 22.

819 NR auf OL Dr. August Schultz, Prog Gym Hirschberg 1890, 13.

820 Dir Ludwig Heinrich Konrad Drewes, NR auf OL Prof Edmund Knittel, Prog Gym Helmstedt 1891, 42.

Gegenüber den Schülern galt die Scheu vor Zwang freilich nur begrenzt. Die Nachrufe quellen über von freimütigen Berichten, in denen nicht die Strenge, sondern die unbillige Härte der Lehrer eingestanden wird. *Wegen seiner Strenge mehr gefürchtet als geliebt* wurde Oberlehrer Deike in Helmstedt;[821] Oberlehrer Timpe in Lübeck lebte an den Schülern sein *lebhaftes Temperament* aus und konnte *rücksichtslos durchgreifen*, mit dem Versuch einer Abschwächung im Urteil, daß *manche weichere Seele sich abgeschreckt* fühlte;[822] *unerbittlich* war die Gründlichkeit eines Lehrers;[823] *Härten und Schroffheiten seines Wesens* wurden einem anderen nachgesagt;[824] an Natorps Unterichtsstil waren die Schüler wohl gewöhnt, aber dem *Neuling in der Klasse mochte gelegentlich angst und bange werden, wenn sich ein luftreinigendes Gewitter entlud,* zumal in dem schlichten, äußerlich unscheinbaren *Mann das brausende Ungestüm des ehemaligen Burschenschafters* lebte;[825] *Sarkasmen über Verfehltes und Verkehrtes in Worten und Thaten* waren die Münze, mit der Oberlehrer Knittel zahlte, wobei es aber (mit geringer Glaubwürdigkeit) abschwächend heißt, niemals sei dadurch *ein berechtigtes Gefühl verletzt* worden;[826] *leicht unwirsch und unfreundlich* war Oberlehrer Haspelmacher, wenngleich die Kollegen *sein zuweilen hypochondrisches Wesen mehr als eine Plage für ihn selbst* werteten;[827] der Lehrer Gumpert in Buxtehude habe sich *oft derber Ausdrucksweise* bedient;[828] Dr. Herrmanowski in Berlin habe *zuweilen wohl auch einmal heftigen Willen* gezeigt;[829] seinem Berliner Kollegen Hoppe sei wegen seiner *oft recht leidenschaftlichen Natur* zuweilen *ein hartes Wort* entfahren, und *augenblicklicher Unmut oder Ärger habe ihn stärker ergreifen können, als der Anlass es erforderte.*[830] Das Gymnasium war also kein Zuckerschlecken für die Schüler. Die sozialen Verheißungen

821 Dir Ludwig Heinrich Konrad Drewes, NR auf OL Dr. Wilhelm Deike (1858–1898), Prog Gym Helmstedt 1898, 14.

822 Dir Prof. Dr. Julius Schubring, NR auf OL Dr. Johann Heinrich Timpe (1837–1895), Prog Gym Katharineum Lübeck 1896, 72.

823 NR auf OL Prof. Edmund Karl Anton Knittel, Prog Gym Helmstedt 1891, 41.

824 Dir Prof. Karl Wilhelm Osterwald, NR auf Karl Friedrich Ameis, Prog Gym Mühlhausen/Th. 1871, 16.

825 Dir Dr. Georg Zietzschmann, NR auf Prof. Oskar Natorp, Prog Gym Mülheim 1899, 4.

826 Dir Ludwig Heinrich Konrad Drewes (*1838), NR auf OL Prof Edmund Knittel, Prog Gym Helmstedt 1891, 41.

827 Dir Ludwig Heinrich Konrad Drewes, NR auf OL Augustin Haspelmacher (†1889), Prog Gym Helmstedt 1890, 24.

828 Dir Bernhard Pansch (*1845), NR auf Prof. Dr. Ferdinand Friedrich Gumpert (1842–1894), Prog RealProGym Buxtehude 1895, 18.

829 Dir Franz Kern, NR auf Dr. Paul Herrmanowski (1842–1892), Prog Köllnisches Gym Berlin 1893, 22.

830 Dir Dr. Ludwig Bellermann, NR auf Prof. Dr. Adalbert Hoppe, Prog Gym zum Grauen Kloster Berlin 1895, 17.

waren teuer erkauft in dieser Institution, die dem verborgenen Lehrplan einer *Schule der Untertanen* folgte.[831] Gegenstimmen gab es zwar auch:[832]

> *Die vielgepriesene Schneidigkeit unserer Zeit gehört auf den Exerzierplatz hin, in den Kampf, auf den Fechtboden und in den Gerichtssaal, aber nicht in die Werkstatt, nicht in die Gesindestube, am wenigsten in die Schule und Familie. [...] Die Knaben und Jünglinge, die hier vor uns stehen, das sind die künftigen Leiter und Führer des Volkes bei seiner Arbeit in Staat und Kirche, in Wissenschaft und Kunst, in Landwirtschaft und Gewerbe, in Handel und Wandel. Die Eindrücke, die sie hier von uns empfangen, nehmen sie ins Leben mit. Laeti magistri – laeti discipuli.*

Das Bild ist allerdings nicht uniform. Wenngleich es nur wenige Stimmen gab, die sich – wie die oben zitierte – mit Entschiedenheit gegen den Zeitgeist stellten, und ungeachtet aller Kritik, die sich am Auftreten der Lehrer äußern läßt, ist doch unverkennbar, daß die Schüler ihren Lehrern vielfach mit Vertrauen und Zuneigung entgegenkamen. Selbst wenn ein Lehrer eine *Herrschernatur* war, *hingen sie an ihm mit Liebe.*[833] Oberlehrer Finger in Halberstadt hat *wegen seiner charaktervollen Gesinnung und sittlichen Sicherheit die Freundschaft aller Amtsgenossen und die Liebe und Verehrung seiner Schüler besessen.*[834] Viele Lehrer pflegten eine doppelte Zuneigung, *zu ihrem Beruf und zu denen, die ihnen anvertraut waren.*[835] Nicht durch *ein klug eingerichtetes Verhalten und ein überlegtes pädagogisches Verfahren* würden nach ihrer Überzeugung *charakterbildende Erfolge in der Jugenderziehung* erzielt, sondern durch die Liebe und Achtung der Schüler, die *den Keim alles Guten in den jugendlichen Herzen zur Entwickelung* bringe.[836] Die Anhänger dieser Berufsauffassung waren fachlich nicht von geringeren Graden. Sie wollten im Blick auf die Leistungsstandards ebenso wenig nachlassen wie ihre harschen Kollegen, waren jedoch maßvoller oder geschmeidiger in der Wahl ihrer Mittel. Der Oberlehrer Prof. Dr. Fischer zeichnete sich durch *eine Erstaunen erregende Fülle und Sicherheit seines Wissens* aus, durch ein athletisches Gedächtnis, durch *wissenschaftliche Sorgfalt*, durch *ruhig abwägende gründliche Forschung*; und war doch in der Lage, die Leistungsforderungen des Lehrers mit der *Milde des*

---

831 Folkert Meyer, Schule der Untertanen. Lehrer und Politik in Preußen 1848–1900. Hamburg 1976.

832 Dir Max Heynacher (*1848), Antrittsrede, Prog Gym Aurich 1893, 4.

833 Dir Prof. Dr. Julius Schubring, NR auf Turnlehrer Carl Schramm (1850–1899), Prog Gym Katharineum Lübeck 1899, 80.

834 Dir Dr. Wilhelm Perle, NR auf OL Finger, Prog ORealSch Halberstadt 1897, 30.

835 Dir Dr. Gustav Grosch, NR auf OL Konrektor Prof. Dr. Wilhelm Tell (1827–1890), Prog Gym Nordhausen 1890, 41.

836 Prof. Dr. Theobald Epstein, Ansprache zum 25jährigen Jubiläum von Dir Dr. Hermann Bärwald, Prog Philanthropin Frankfurt/M 1894, 25.

väterlichen Freundes zu vereinigen.[837] Auch sein bayerischer Kollege Scheuer trat den Schülern als ein *freundlicher Berater* gegenüber, zu nachsichtigem Urteil gern bereit, *wenn er nur den redlichen Willen der Besserung wahrnahm*, also nicht blauäugig und unkonditioniert.[838]

1900 bis 1914

Zu Beginn des 20. Jahrhunderts sind die Gymnasiallehrer mit sich im reinen. Sie waren Staatsbeamte,[839] arbeiteten in der geordneten, überschaubaren Hierarchie der Anstalt, hatten ein tragfähiges Selbstbild entwickelt und erkannten sich in diesem Bild auch an. Mit einer heute befremdlich wirkenden, dem Zeitgenossen aber einleuchtenden Metapher für Selbstaufopferung im Beruf hieß es über einen Lehrer in Berlin, der mitten im Unterricht gestorben ist:[840]

> *Wie der Krieger keinen edleren Tod kennt als den im Kampfe für das Vaterland auf dem Felde der Ehre, so ist unser lieber Mögelin den schönsten Tod gestorben, den es für einen Schulmann geben kann, mitten in der Erfüllung seiner Berufsthätigkeit.*

Zum Berufsbild gehörte eine selbstbewußte Bescheidenheit, nicht als ein bloßes Dekor mit wenig verhüllter Erwartung von Widerspruch, sondern an Demut grenzend und in die private Lebensführung hineinreichend. Es war den Lehrern durchaus bewußt, daß die andauernde Blüte des Bildungswesens nicht durch bessere Besoldung und Schulbauten erfolgte, sondern auf der Erhaltung eines tüchtigen, pflichtbewußten Lehrerstandes ruhte.[841] Das Selbstverständnis schlichter

---

837 Dir Ludwig Ernst Joachim Bellermann, NR auf Prof. Dr. Ernst Fischer (1840–1891), Prog Königstädtisches Gym Berlin 1892, 23.

838 NR auf Prof. Ludwig Scheuer (1841–1896), Prog Ludwigsgym München 1897, 55.

839 ... *eigene Überzeugung, seine Aufgabe vor allem vom Standpunkte des Beamten aus zu erfassen.* – OL Dr. Georg Ellinger (*1859), NR auf Dir Dr. Hermann Hohnhorst (1844–1905), Prog 2. RealSch Berlin 1906, 21.

840 OL O. Gerhardt, NR auf Prof. Dr. Max Mögelin (1855–1901), Prog Königstädtisches RealGym Berlin, Wiss. Beilage 1902, 20. – Daß der Todesfall sich nicht selten in der Berufsausübung ereignete, ist vielfach bezeugt, etwa: *Es rührt uns, daß er noch am letzten Tage vor seinem Tode bis um 1 Uhr seinen Unterricht ertheilt hat.* Hermann Anton Eberhardt (*1865), NR auf Prof. Dr. Arno Oehme (1861–1911), Prog Gym Wurzen 1911, 17. – Oder: *Er merkte es nicht oder wollte es nicht merken, daß die geistige Überanstrengung, die er sich täglich zumutete, seine Kräfte überstieg. So brach er am 3. Juni 1905, an einem Sonnabend, in der letzten Stunde in Obersekunda, vor den Augen seiner Schüler zusammen.* Dir Dr. Friedrich Schlee (*1854), NR auf Heinrich Kuhfahl (1856–1906), Prog Gym Landsberg/L 1907, 8.

841 Dir Dr. Franz Buchenau (*1831), Abschiedsrede, Prog RealSch Doventor Bremen 1903, 4.

Pflichterfüllung ohne glänzenden Lohn wird den Lehrern kompensiert dadurch, daß *in der Stille unsere Arbeit in den Seelen vieler* fortwirkt.[842] Für einen so bedeutenden Lehrer wie Paul Eduard Ludwig Cauer war es *der schönste Lohn*, wenn er beobachten konnte, *wie ein jugendlicher Geist sich entwickelt.*[843] Der Direktor des Gymnasiums Moers, Dr. Zahn, verglich seine Berufsleistung mit der Bedeutung der großen Gelehrten Ritschl, Welcker, Böckh, Lachmann, Nitzsch, Delius, Trendelenburg und anderen und gelangte zu dem Ergebnis, er müsse gegenüber diesen Gelehrten *tief beschämt* dastehen; daher sei es ihm ein *ernstes Bedürfnis, gegen das Übermaß von Lob und Anerkennung, welches ihm gespendet worden, Protest zu erheben.*[844] An diesem Beispiel läßt sich besonders gut erkennen, daß die persönliche Bescheidenheit in der Kenntnis hoher akademischer Maßstäbe wurzelte und daß ein Gymnasialvertreter, wenn er sich denn schon verglich, auch so hoch greifen durfte. Noch differenzierter gebündelt, geradezu als Katalog von Tugenden eines Gymnasiallehrers faßt die einzelnen Merkmale des Berufshabitus zusammen der Nachruf auf Prof. Valentin Both vom Gymnasium Heidelberg:[845]

> *eine schlichte Persönlichkeit im höchsten Sinne des Wortes. Wahr gegen sich, aufrichtig gegen andere; wem er sich einmal aufgeschlossen, vor dem hatte er kein Hehl; dem Freund gab er Treue um Treue. Selbstüberschätzung war ihm fremd; nie stellte er eitel sein Wissen zur Schau. Er geizte nicht nach Anerkennung und äusseren Ehren; schlichte Bescheidenheit, wahrhaft christliche Demut waren ein Grundzug seines Wesens. Das Bewusstsein treuer Pflichterfüllung war ihm genug. Pflichterfüllung ging über alles. Streng war er gegen sich, gerecht und milde gegen andere. Gewiss hatte er seine festen Ansichten über Personen und Dinge, aber er vermied es stets, andere durch schroffe Betonung seines Standpunktes zu verletzen. Er fühlte sich aber auch niemals blos als Lehrer, sondern immer auch als Erzieher, und dadurch wusste er alle zu beleben.*

Der Direktor des Gymnasiums Eisenach äußerte sich zu diesem Problem bezeichnenderweise schon in seiner Rede zum Amtsantritt:[846]

---

842 Anton Funck (*1854), Bericht über die Feier des 50jährigen Dienstjubiläums des Oberlehrers Werner, Prog Gym Sondershausen 1908, 32.

843 Dir Paul Eduard Ludwig Cauer, Abschiedsrede, Prog Gym Düsseldorf 1906, 31. – Cauer war Sohn von Paul Eduard Cauer (*1823, Dir in Hamm und Danzig, dann StadtSchR Berlin) und Bruder von Friedrich Cauer (*1863, OL Gym Schöneberg), beide als Verfasser von Geschichtslehrwerken bekannt. Vgl. W. Jacobmeyer, Das deutsche Schulgeschichtsbuch 1700–1945, Nr. 539, 1646, 1668, 1716. Er wurde verabschiedet, weil er zum ProvinzialSchR in Münster ernannt worden war.

844 Dir Dr. Hermann Caesar (*1859), Bericht über die Abschiedsfeier für Direktor Dr. Johannes Zahn (*1828), Prog Gym Moers 1901, 14.

845 NR auf Prof. Valentin Both (1850–1899), Prog Gym Heidelberg 1900, 6f.

846 Dir Dr. Paul Kötschau (1857–1939), Antrittsrede v. 12.4.1904, Prog Carl Friedrichs-Gym Eisenach 1905, 21f.

Welche Eigenschaften muss aber ein Lehrer besitzen, wenn er auf Erfolg seiner Tätigkeit rechnen will? Zunächst umfassende wissenschaftliche Bildung, die durch stetige Weiterarbeit zu erhalten und zu vermehren ist. Ferner ist der Lehrer ein Beamter, von dem der Staat, der ihn anstellt und besoldet, ausser der wissenschaftlichen Befähigung dasselbe fordert wie von den anderen Beamten, d.h. Pflichttreue, Zuverlässigkeit, Pünktlichkeit, Treue auch im kleinen, strengste Wahrhaftigkeit und Diskretion, endlich willige Einordnung in den Gesamtorganismus. Die Art des Berufs bringt es mit sich, daß der Staat von dem Lehrer ein besonders hohes Mass an Verantwortungsgefühl verlangen muss. Nicht nur den Verordnungen und Vorgesetzten soll sich der Lehrer verantwortlich fühlen. Notwendig ist auch, dass der Lehrer Selbstbeherrschung und eine gewisse vornehme Zurückhaltung besitze. Endlich muss der Lehrer, um Erzieher zu sein, in richtiger Erkenntnis des jugendlichen Fassungsvermögens jeden Schüler ohne Ausnahme gleichmässig fest und liebevoll zugleich behandeln. Jede Bevorzugung des einen, jede Hintansetzung des andern Schülers ist auf das sorgfältigste zu vermeiden. Der Lehrer muss strenge Gerechtigkeit mit liebevoller Nachsicht zu vereinen verstehen. Die Schüler sollen ihm nicht blosses Belehrungsobjekt sein, dem er seine Gedanken wortreich vorträgt, sondern das seiner Obhut und Pflege anvertraute kostbarste Gut. Sein eigenes Herz darf sich in Erfüllung auch kleiner Pflichten nicht verengen oder verhärten, im Verkehr mit der Jugend muss er selbst jung und frisch und aufnahmefähig für alles Grosse und Edle bleiben.

Ob man nun die persönliche Honorigkeit zugrunde legt oder Maximen des Berufsbeamtentums betont – beide Perspektiven treffen zu, wenngleich sie nicht notwendig in einer einzigen Person versammelt waren. Aus ihnen wird deutlich, daß die Lehrer ohne eine förmliche Veranlassung ein in sich stabiles Berufsbild entworfen und durch stille Übereinkunft verabschiedet hatten. Abweichungen oder Übereinstimmungen im Lehrerverhalten waren konfliktbezogen; sie traten dort in Erscheinung, wo Schülerleistungen und Schülerverhalten nicht den Anforderungen entsprachen, denn das Gymnasium war eine Schule des Wissens, und der Wissensstoff war kanonisch beschreibbar. Wo ein Lehrer auf Nicht-Wissen traf, konnte er *unwillig, ja heftig* werden.[847] Professor Oertel war, wie es in formgerechter *litotes* heißt, *nicht ganz frei von Härte.*[848] Vor dem *schroffen Zuge seines Wesens* haben sich die Schüler *gelegentlich gefürchtet*, heißt es über den ersten Direktor der Oberrealschule am Holstentor in Hamburg, die Verhaltenskonstante stärker als die Variable der Schulform.[849] Der Lübecker Oberlehrer Dr. Timpe galt als[850]

---

847 Dir Samuel Herrlich, NR auf Prof. Dr. Paul Deuticke (1848–1908), Prog Humboldt-Gym Berlin 1909, 15. – Auch für das Folgende.

848 Dir Dr. Konrad Duden, NR auf Prof. lic.theol Oertel (1840–1905), Prog Gym Hersfeld 1905, 33.

849 Dir Felix Eduard Philipp Bohnert, NR auf Dir Prof. Dr. Karl Redlich, Prog ORealSch am Holstentor Hamburg 1901, 4.

850 Dir Dr. Julius Schubring, NR auf OL Dr. Johann Heinrich Timpe, Prog Gym Katharineum Lübeck 1896, 71.

> *eifriger, kräftiger, zielbewußter Lehrer. Manchmal griff er mit feurigem Eifer stark ein und konnte bei seinem lebhaften Temperament auch rücksichtslos durchgreifen, so dass manche weichere Seele sich abgeschreckt fühlte. Dann und wann konnte er wohl heftig werden und aufbrausen, auch bisweilen mit Schärfe und Witz Ungehöriges tadeln.*

Auch solches persönliches Verhalten galt weniger als eine individuelle Fehlleistung oder Marotte denn als Erfüllung der Berufspflicht, als *Ausfluß der hohen Auffassung vom Lehrerberuf.* Das war nicht nur Schülern, sondern auch Kollegen gegenüber eine wirksame Leitlinie. Wenn der unscheinbare, von einem *Ohrübel* geplagte Prof. Dr. Benseler Kollegen über mangelhafte Würdigung ihrer Lehrtätigkeit klagen hörte, dann *schäumte seine ohnehin lebhafte Natur über, und heftige Armbewegungen unterstützten die herben Worte über den Rückgang des idealen und wissenschaftlichen Sinnes.*[851]

Zahllos sind die Belege für sowohl freundlichen wie unfreundlichen und arroganten Umgang mit Schülern. Alfred Graf dokumentiert mit seiner wissenschaftlich unbeholfenen Sammlung der Schulerlebnisse von 144 *namhaften Zeitgenossen*, die im Durchschnitt Mitte des 19. Jahrhunderts geboren waren, vor allem die negativen Seiten.[852] Gut bezeugt ist allerdings auch die lebenslang anhaltende Dankbarkeit und liebevolle Erinnerung ehemaliger Schüler:[853]

> *Wohl kam es dabei vor, daß ihm schwächer Begabte nicht folgen konnten. Aber er ließ keinen fallen, er wußte sie alle zu tragen und war milde im Examen. Die Begabteren führte er nicht nur schnell und sicher zum Ziel, er führte sie auch vielfach darüber hinaus.*

Oberlehrer Dr. Röhricht war nicht nur wegen seiner wissenschaftlichen Arbeiten *eine Zierde der Anstalt*, sondern auch wegen des Eindrucks, den er bei seinen Schülern hinterlassen hat, denn *sie werden die Kernsprüche, in die er seine Urteile und Lehren so drastisch zu formen verstand, nicht vergessen.*[854] Prof. Dr. Hankel am Gymnasium Dresden-Neustadt galt als *gottbegnadeter Lehrer*, der in seinen 38 Dienstjahren die Schüler *anzuregen, zu fesseln und zu begeistern verstand für alles Schöne, Gute und Wahre.*[855] Prof. Dr. Christensen war wegen seines *geistvollen Geschichtsunterrichts* hoch angesehen.[856] Prof. Dr. Stiehler konnte die *natürlichen Grenzen*

---

851 OL Dr. Georg August Eulitz (*1862), NR auf Prof. Dr. Gustav Benseler (1848–1902) im *Ecce* am 24.11.1902, Prog Gym Chemnitz 1903, 7.

852 Alfred Graf, Schülerjahre. Erlebnisse und Urteile namhafter Zeitgenossen. Berlin 1912, 355 Seiten.

853 Dir Dr. Friedrich Schlee, NR auf Prof. Heinrich Kuhlfahl), Prog Gym Landsberg/W 1907, 5.

854 Dir Prof. Dr. Voß, Verabschiedung 1904 von OL Prof. Dr. Reinhold Röhricht (1842–1905), Prog Humboldt-Gym Berlin 1905, 25. – Röhrichts Oeuvre umfaßt 87 Titel.

855 NR auf Prof. Dr. Fritz Hankel, Prog Gym Dresden-Neustadt 1914, 17.

856 OL Karl Christian Theodor Dissel (*1857), NR auf Prof. Dr. Heinrich Christensen (1849–1912), Wilhelm-Gym Hamburg 1914, 6. – Christensen war Autor von

eines jeden Schülers klar einschätzen, *die die Individualität des Lernenden dem Ehrgeiz des Lehrenden* setzte und respektierte sie *mit Eifer und Geschick.*[857] Prof. Dr. Brunke gehörte zu den Lehrerpersönlichkeiten, die *einer Schule ihr Gepräge* geben und war *für die Anstalt wie für ihre Zöglinge nicht bloß in der Schulzeit, sondern auch fürs Leben von hohem Werte.*[858]

Der Erfolg des Gymnasiums lebte von der Hingabe und der wissenschaftlichen Kompetenz seiner Lehrer. Ein so bedeutender Direktor und Standesvertreter wie Oskar Jäger hielt es für eine *Selbstverständlichkeit, daß wir Oberlehrer vor allem Männer der Wissenschaft bleiben müssen.*[859] Selten werden *Gründlichstgelehrte*[860] vorgeführt, *deren pädagogische Erfolge null waren, so daß man hätte schließen müssen, nicht ein Zuviel an Gelehrsamkeit, sondern das Zuwenig von pädagogischer Begabung oder Anleitung habe daran Schuld getragen.* Daher beruhten ihre pädagogischen Leistungen nicht auf Ausbildung, sondern sie waren selten, waren dann ein persönliches, also zufälliges *donum super additum.* Männerbündische Überzeugungen sagten eher, *ein rechter Junge will festgefaßt und nicht verzärtelt* werden.[861] Erst spät meldete sich der Wille zu Wort, man wolle *nicht Lehrhandwerker sein, die nichts als Kenntnisse vermitteln.*[862] Diese Einstellung blieb jedoch einsam. Man gab sich damit zufrieden, daß sich methodische und didaktische *Kompetenz ganz von selbst entwickelte;*[863] es war daher nicht professionell zu nennen, daß der eine Lehrer *die Bestrebungen auf pädagogisch-didaktischem Gebiete mit*

Lehrbüchern für Geschichte, u.a. eines 5bändigen Lehrbuchs für Lyceen und Höhere Mädchenschulen, eines 3bändigen Lehrbuchs für Lehrerinnenseminare und Studienanstalten, aber auch ein scharfer Kritiker des zeitgenössischen gymnasialen Geschichtsunterrichts. Vgl. Wolfgang Jacobmeyer, Das deutsche Schulgeschichtsbuch Bd. III, Nr. 1089, 1218, 1302, 1532, 1547.

857 Prof. Dr. Otto Karl Dost (*1847), NR auf Prof. Dr. Ernst Stiehler, Prog RealSch Döbeln 1910, 1.

858 Dir Dr. Wilhelm Brandes, NR auf Prof. Dr. Hermann Bruncke, Prog Gym Wolfenbüttel, 21.

859 Äußerung Jägers auf der XI. Jahresversammlung des deutschen Gymnasialwesens in Bonn am 21.Mai 1902, zitiert von OL Heinrich Fischer, Bericht über den Besuch der Internationalen Ausstellung geographischer Lehrmittel (Amsterdam 1902), Prog Sophien-Gym Berlin 1903, 20.

860 Dir Prof. Dr. Gustav Uhlig (1838–1914), Rede zur 350-Jahrfeier, Prog Gym Heidelberg 1897, 18. – Auch für das Folgende.

861 Dir Prof. Dr. Alfred Biese (*1856), Antrittsrede, Prog Kaiser-Friedrichs-Gym Frankfurt/M 1914, 4.

862 Dir Georg Hanf (*1875), Antrittsrede, Prog Reform-RealGym Halle 1913, 23.

863 Dir Gotthold Bötticher (*1850), NR auf Dr. Karl Schrader (1846–1908), Prog Königstädtisches RealGym Berlin 1909, 24.

Eifer verfolgte,[864] ein anderer immerhin versuchte, den *Unterricht immer fruchtbringender* zu gestalten,[865] ein dritter seinen Schülern das Lernen durch *eine feste und sichere Methode* erleichtern wollte.[866] In ihrer Unkenntnis oder Geringschätzung der Bedeutung von Methodik und Didaktik erblickten die Gymnasiallehrer in ihren Leistungen und denen der Kollegen das Individuelle, nicht das Professionelle; ohne die Empfindung eines Widerspruchs konnten sie *zu große Starrheit* bei einem Kollegen feststellen und dennoch urteilen: *sein Charakter war lauter und rein.*[867] Das *Doppelgesicht*[868] des Lehrerberufs wurde bezeichnenderweise als ein Spannungsverhältnis gesehen, das sich zwischen Wissenschaftsansprüchen und solchen Pflichten arrangierte, die sich aus der *Stellung des Lehrers als Staatsdiener* ergeben. Methodische Kontrolle der Unterrichtstätigkeit dagegen, fachdidaktische Prüfung der Unterrichtsziele, Lehrmaterialien oder Richtlinien waren aus der Praxis des Unterrichtsberufs und aus der theoretischen Besinnung der Gymnasiallehrer ausgeblendet.

4.4 1848/49: Behördenmuster und Selbstbild des Lehrers

Deo, virtuti, litteris[869]

Die preußischen Unterrichtsbehörden forderten, beschworen und verfolgten auf allen hierarchischen Stufen der Verwaltung das Leitbild eines gehorsamen Staatsdieners. Schon in der Circularverfügung vom 12. Juli 1824 hieß es, es reiche nicht aus, wenn *durch die wissenschaftliche Bildung der Zöglinge lediglich keine schädlichen und verderblichen Gesinnungen befördert* werde;[870] sondern die Schule habe

---

864 Dir Rudolf Hanow, NR auf Prof. Dr. Friedrich Gustav Rohmer (1835–1899), Prog Pädagogium Züllichau 1900, 15.

865 Prof. Dr. Gustav Bellermann (*1838), NR auf Prof. Dr. Edmund Schwannecke (1845–1899), Prog Königstädtisches RealGym Berlin 1902, 6.

866 Reinhold Friedrich Theodor Gottschick (*1849), NR auf den Geh. RegierungsR Dr. Ferdinand Schulz (1829–1901), Prog Augusta-Gym Berlin-Charlottenburg 1902, 18.

867 OL Dr. Richard Meister (1848–1912), NR auf Konrektor Prof. Dr. Adelbert Gebhardt (1839–1900), Nikolai-Gym Leipzig 1900, XV.

868 OL Dr. Georg Ellinger, NR auf Dir Dr. Hermann Hohnhorst, Prog 6. RealSch Berlin 1906, 31. – Auch für das Folgende.

869 Gott – Tugendhaftigkeit – Wissenschaft: Inschrift über dem Portal des Gymnasiums Gera. Vgl. OL Adolf Köhler (*1823), Rede am Sedanstag 1889, Prog Gym Gera 1890, 21.

870 Circularverfügung v. 12.7.1824, in: Wiese's Sammlung der Verordnungen und Gesetze für die höheren Schulen in Preußen, Berlin 1888 (3.Aufl. hg.v. Otto Kübler), Bd.2, 60–63. – Auch für das Folgende.

Gesinnungen der Anhänglichkeit, der Treue und des Gehorsams gegen den Landesherrn und den Staat zu erwecken. Der Diensteid, der den Beamten für alle künftigen Ämter band und deshalb bei Versetzungen oder Beförderungen nicht erneut geleistet werden mußte, beanspruchte zwar Gehorsam und Pflichteifer als die wesentlichen Leistungsformen des Berufsbeamtentums, war darüber hinaus aber nicht einschnürend, sondern nur schlüssig für den Wechsel vom monarchischen Absolutismus zum bürokratischen Absolutismus:[871]

> *Ich, N.N., schwöre zu Gott dem Allmächtigen und Allwissenden, daß Seiner Königl. Maj. von Preußen, meinem Allergnädigsten Herrn, ich unterthänig, treu und gehorsam sein und alle mir vermöge meines Amtes obliegenden Pflichten nach meinem besten Wissen und Gewissen genau erfüllen, auch die Verfassung gewissenhaft beobachten will, so wahr mir Gott helfe.*

Hingegen war das vom Dienstherrn geforderte Leistungsprofil eines Gymnasiallehrers ebenso klar wie ausladend:[872]

> *Tüchtige Lehrer von allgemeiner wissenschaftlicher Bildung, von treuer Liebe und Hingebung für ihren Beruf und von gereifter Erfahrung [...], welche die ihnen anvertrauten Lehrfächer wahrhaft durchdrungen haben und beherrschen, in klarer und stets wacher Einsicht von dem Zusammenhange derselben mit den übrigen Lehrobjecten und mit dem gemeinsamen Zwecke [...], in allen Fächern das zur allgemeinen Entwickelung und zur intensiven Bildung ihrer Schüler dienende Material auszuwählen, das Wesentliche vom Unwesentlichen zu sondern wissen und endlich durch die Reinheit und Würde ihres Charakters wie durch den milden Ernst ihrer ganzen Haltung eine unauslöschliche Ehrfurcht vor der sittlichen Macht, welche das Leben der Menschen regiert, in der ihrer väterlichen Obhut und Pflege übergebenen Klasse zu erwecken vermögen.*

Noch detailreicher und bestimmter wird die behördliche Forderung unter der Einwirkung der politischen Erschütterungen von 1848:[873]

> *Der Lehrer an einer öffentlichen Schule muß neben der wissenschaftlichen auch die sittliche Bildung besitzen, die ihn befähigt, seinen Zöglingen in jeder Beziehung zum Vorbild zu dienen. Er darf keine höhere Aufgabe für sich anerkennen, als, seinem selbstgewählten Berufe treu, im Unterricht und im Umgang mit seinen Schülern alles zu vermeiden, was die naturgemäße und gesunde Entwickelung der Jugend irgendwie stören, von ihr nicht begriffen und richtig gewürdigt werden, oder gar auf die Innigkeit des des religiösen*

---

871 Ebenda, 99. – Vgl. auch Fritz Hartung, Deutsche Verfassungsgeschichte. Stuttgart 1969 (9. Aufl.), 246. – Otto Kimminich, Deutsche Verfassungsgeschichte. Baden-Baden 1987 (2. Aufl.), 307.

872 Ministerial-VO v. 24.10.1837: Wiese's Sammlung der Verordnungen und Gesetze, Bd. 2, 233.

873 Circularverfügung v. 20.12.1848, Wiese's Sammlung der Verordnungen und Gesetze, Bd. 2, 60–63.

Gefühls, zu welchem Glauben es sich auch neigen möge, auf die Achtung vor allem Edlen und Guten von nachtheiligem Einfluß sein kann. Wer diese Eigenschaften nicht besitzt und sich anzueignen nicht bemüht ist, hat seinen Beruf als Lehrer verfehlt.

Was hier nur als ein Versagen gegenüber der Norm von Berufstüchtigkeit markiert wird, steigert sich nach 1848. Die nächste Stufe des behördlichen Nachdrucks ist die offen angedrohte Entlassung aus dem Lehramt. Der Lehrer wurde nunmehr als eine öffentliche Person aufgefaßt, so daß die Entlassung nicht wegen politischer Äußerungen bei seiner Berufsausübung, also in der Schule, vollzogen werden soll, sondern auch dann, wenn der Lehrer sich privat äußert:[874]

Die fruchtbringende Wirksamkeit des Lehramts beruht nicht allein auf der wissenschaftlichen Befähigung und der Lehrgabe [...], sondern sie beruht wesentlich auch auf der ganzen geistigen und sittlichen Haltung des Lehrers und auf der Achtung, welcher er dadurch seinen Schülern sowohl, als auch den Eltern und Pflegern derselben einzuflößen vermag. Je wichtiger nun bei der Bildung der Jugend [...] gerade das erziehende Element erscheint, und je entschiedenerer Nachdruck von Seiten der Eltern und Pfleger eben auf diese Wirksamkeit der Schule und der Lehrer mit Recht gelegt wird, um so ernster muß auch die verordnete Aufsichtsgewalt dieses Verhältnis ins Auge fassen, und um so weniger darf sie Anstand nehmen, ein hierauf sich beziehendes Verhalten außer der Schule, eben wegen seiner unverkennbaren Rückwirkung auf die Schule, geeigneten Falls für ein Dienstvergehen zu erachten und es in den Kreis der Disciplinargewalt zu ziehen und denjenigen Lehrer, der durch sein Verhalten Achtung und Vertrauen verscherzt hat, für unfähig zu seinem Beruf als Lehrer und Erzieher der Jugend zu erklären.

Die Forderung nach politischer Loyalität der Unterrichtsbeamten auch jenseits der Wahrnehmung von Dienstaufgaben ging über die Circularverfügung vom 20. Dezember 1848 klar hinaus; sie war eine offensive Verschärfung, aber angesichts der Sachlage eher vorbeugend als durch massenhaftes Auftreten des strafbedrohten Verhaltens herausgefordert, und dokumentierte damit den Erfolg der sog. Reaktion. Keine acht Wochen vorher war die Entlassungsdrohung konditioniert ausgesprochen worden, nämlich für den Fall einer Zugehörigkeit zu opponierenden Gesinnungsgruppen:[875]

In die Kategorie einer feindseligen Parteinahme gegen die Staatsregierung aber fällt unzweifelhaft die Theilnahme in Vereinen, welche statutenmäßig oder factisch eine der Staatsregierung feindselige Tendenz verfolgen, eine systematische Opposition gegen dieselbe unterhalten und betreiben, den bestehenden verfassungsmäßigen Zustand zu untergraben suchen, die Pflicht der Treue gegen das Oberhaupt des Staates, den König, gering achten und anstatt die Regierung zu unterstützen, ihr in allen Maassregeln hemmend entgegenzutreten bemüht sind. [...] hat das Königliche Staats-Ministerium als

874 Kgl. VO v. 11.7.1849 als Verfügung v. 26.7.1849, in: Wiese's Sammlung, 331.
875 Verfügung des Kgl. PSK Koblenz v. 3.11.1849, Prog Gym Elberfeld 1850, 11.

unzweifelhaft anerkannt, dass die Theilnahme an Vereinen der vorerwähnten Kategorie mit den Pflichten des Staatsbeamten nicht vereinbar sei, und daß Beamte, welche gleichwohl an solchen Vereinen sich betheiligen, [...] die Dienstentlassung treffen könne, ohne dass es einer vorhergegangenen Aufforderung zum Austritt aus dem Verein resp. eines Verbots der Theilnahme an demselben bedürfe.

Das preußische Gymnasialwesen profitierte von seinem geschichteten Aufbau – die Gymnasien mit weitgehender Autonomie an der Basis, die Provinzialschulkollegien als Mittelbehörde, das Ministerium und endlich der König. Schon gut einen Monat vor der Koblenzer Verfügung hatte das Kollegium des Gymnasiums Anklam seinen Zöglingen den *Besuch politischer Versammlungen jeglicher Art* untersagt,[876] so daß unerwünschtes politisches Engagement unterbunden wurde, noch ehe es die Ebene der Schulverwaltung überhaupt erreicht hatte. In den Stadtstaaten war die Dämpfung geringer, wie ein Lübecker Beispiel zeigt. Dr. Karl Heinrich Dettmer vom Gymnasium Katharineum hatte sich in den 1930er Jahren burschenschaftlichen Bestrebungen geöffnet, wurde deswegen 1834 auf Senatsebene verhört und verhaftet, wurde 1838 aus Gesundheitsgründen begnadigt und entlassen, unterrichtete zunächst wieder an Privatschulen, seit 1841 aber am Katharineum, übernahm zugleich die Redaktion der Neuen Lübeckischen Blätter, saß im Oberschulkollegium, war Mitglieder verschiedener bürgerschaftlicher Kommissionen und Deputationen, saß bis zu seinem Tode 1879 auch im Kirchenvorstand von St. Marien.[877]

Aber anders, als etwa württembergische Behörden in den 1830er Jahren mit den deutschen *Polenfreunden* abgerechnet hatten, ist strafrechtliche Verfolgung von preußischen Gymnasiallehrern, die sich 1848 politisch engagiert hatten, seltener erfolgt.[878] Typisch ist wohl Adolf Gustav

876 Dir Albert Friedrich Gottschick, *Einige Gedanken über die Stellung der Schule zur Kirche, zum Staate, zur Familie*, Prog Gym Anklam 1849, 3–10 (Anm. 8). – Der Beschluß erfolgte auf der Lehrerkonferenz vom 18.11.1848.

877 Zur politischen Biographie von Dr. Karl Heinrich Dettmer vgl. Prog Gym Katharineum Lübeck 1980. – Weniger glücklich ausgegangen für den Schulamtskandidaten der Mathematik Moritz Matthäi (1809–1864): 1833 Probejahr, Hilfslehrer (200 Taler Jahresgehalt), schon auf der Universität Verfahren wegen burschaftlicher Bestrebungen, Mai 1832 Urteil des Justizministeriums wegen *Theilnahme an geheimen und verderbliche Zwecke verfolgenden Verbindungen*, Juli 1832 Urteil vom OLG Breslau kassiert, wegen einer Kabinettsordre im Januar 1834 erneute Untersuchung und Suspendierung der Unterrichtstätigkeit, Dezember 1834 bis Januar 1835 wieder Unterricht, dann Lehrverbot bis zu einer endgültigen Entscheidung. Prog Gym Görlitz 1835, 4f. Matthäi scheint ganz ausgeschieden zu sein.

878 Bei Konrektor Prof. Robert Heinrich Hiecke (1805–1861) erfolgte zwar eine Untersuchung, aber keine Bestrafung. Vgl. NR im Prog Gym Greifswald 1862. – Strenger wurde gegen OL Dr. Gottfried Johann Töpfer (1807–1859) verfahren: Verwarnung wegen des politischen Engagements, Suspendierung vom Amt, Amtsenthebung

Quidde:[879] 1815 geboren, nach dem Mathematikstudium in Halle 1838 das Probejahr in Halberstadt absolviert, 1840 o. Lehrer in Herford, 1845 Oberlehrer. Neben dem Schulamt war er Herausgeber des Herforder *Boten für Stadt und Land*, wurde deswegen im Juli 1849 in ein Verfahren wegen revolutionärer Umtriebe verwickelt, legte im März 1850 die Redaktionsgeschäfte nieder, mußte jedoch auf Weisung der Behörde auch den Unterricht aufgeben. Das Gericht sprach ihn frei, zumal Magistrat, Stadtverordnetenkollegium, angesehene Herforder Bürger und Abgeordnete der 2. Kammer sich für ihn verwandten. Gleichwohl verfügte der Minister im Januar 1852 seine Entlassung aus dem preußischen Staatsdienst. Quidde fand umgehend Anstellung am Gymnasium Bückeburg im Fürstentum Schaumburg-Lippe mit seiner landständischen Verfassung, ging 1862 an die Realschule Erfurt und wurde 1865 mit dem Professorentitel ausgezeichnet, ehe er 1884 in den Ruhestand eintrat.

Aber eigentlich gab es auch wenig Veranlassung für unduldsame Härte der Behörde, nicht zuletzt wegen der Versicherung der Lehrer, *Fürst und Volk als unzertrennlich zu betrachten.*[880] Die Schulverwaltung hatte schon in den 1820er Jahren am Beispiel der Burschenschaftler erlebt, daß diese *zwar nicht frei von jugendlichen Verirrungen, von unreifen und utopischen Bestrebungen waren, aber bekanntlich später um das Vaterland verdiente Männer* darstellten.[881] Die behördlichen Maßnahmen zielten deshalb nicht auf die Vernichtung der beruflichen Existenz ab,[882] waren aber im Blick auf ihren Ausgang unkalkulierbar. Die politische Erregung von 1848 hatte sich den Gymnasien nicht flächendeckend mitgeteilt. Als etwa Halberstädter

---

1851, erst 1855 rehabilitiert und o. Lehrer am Friedrichs-Werderschen Gym Berlin. Vgl. NR im Prog 1860.

879 Angaben bei Kössler.

880 Dir Dr. Friedrich Theodor Ellendt, Rede bei der Huldigungsfeier 1840, Prog Gym Eisleben 1841, 3.

881 Vgl. z.B. Ludwig Volrad Jüngst (1804–1880): Pfarrerssohn, 1821 Theologiestudium in Halle, Vermittler im Rathaussturm v. Dezember 1823, 1825 Privatlehrer in Hamburg, 1824 zu 16monatiger Festungshaft verurteilt, 1826 Antritt der Haft, Erlaubnis von Lehrtätigkeit (Privatlehrer beim Kommandanten v. Perbandt und teils an einer Töchterschule), 1827 war er Hilfslehrer am Gym Wesel, dann Rektor einer Privatschule in Tecklenburg, 1830 o. Lehrer Gym Bielefeld, Professor, Prorektor, Ehrenbürger der Stadt Bielefeld. Prog Gym Bielefeld 1881 u. FS Gym Bielefeld 1908.

882 Vgl. z.B. Wilhelm Jacobi (1803–1856): Pfarrerssohn, 1821 Theologiestudium in Marburg, 1825 Leiter einer Privatschule, 1834 Pfarrer und Rektor der Stadtschule in Frankenberg, 1835 o. Lehrer am Gym Kassel, 1836 Versetzung an das Gym Hersfeld, 1846 Untersuchung wegen des Verdachtes staatsfeindlicher Äußerungen und Suspendierung, 1848 wieder in seine Stelle eingesetzt, 1848 Abgeordneter des Herfelder Wahlbezirkes an der Frankfurter Nationalversammlung, 1849 Wiederaufnahme der Schultätigkeit. Prog Gym Hersfeld 1857 und 1904.

Gymnasiasten einen *ebenso begeisterten als verworrenen Aufruf* an Schulpforta richteten, mit den Waffen in der Hand auf die Barrikaden zu eilen, wurde er gar nicht erst ernst genommen, sondern von den Schülern *im Tone einer gewissen überlegenen Ironie abgefertigt.*[883] Konservative Stimmen fanden Gehör und wurden gewichtig. Geheimrat Gerd Eilers, seit 1840 konservativer Gegenspieler der Schulreformer im Ministerium Eichhorn, notierte mit denunziatorischer Emphase[884] in seinen Memoiren über die revolutionäre Bewegung, er habe es *selbst mitangesehen, wie das Gesindel durch alle Thore Berlins massenhaft einströmte und sich Tagelöhner, Handwerksbursche, Handlungslehrling und andere mit ihrer Lage unzufriedene Leute mit teuflischer Verführungskunst zugesellte.*[885] Überdeutlich ist die Abwehr, mindestens die Skepsis, die die Lehrerschaft gegenüber der revolutionären Gegenwart an den Tag legte.[886] Der Direktor des Friedrichs-Werderschen Gymnasiums, Dr. Karl Eduard Bonnell, sprach als einer der angesehensten Vertreter des Berliner Gymnasialwesens in seiner Rede zur Verabschiedung der Abiturienten 1849 von den Gefahren, *dass überall Gaukler sich keck hervordrängen und durch das Blendwerk ihrer Künste und prahlerischen Schilderungen von ihrer Weisheit und Kraft die leichtgläubige Menge bethören und sie* [...] *an den Abgrund des Verderbens führen.*[887] Der Neustettiner Direktor Röder, Abgeordneter des Paulskirchen-Parlaments, nannte zwar die *fortzitternde Unruhe des deutschen Volkes* und *den Wirrwarr aller sittlichen und Rechts-Begriffe*, betonte aber, daß demgegenüber seine Schule, *die friedlichen Räume unseres Musensitzes, von keinem Ungemach heimgesucht* worden sei, so *daß der abgemessene Gang des Unterrichts und der Schulordnung* ungestört geblieben seien.[888] Der Direktor der Realschule in Coburg, Eberhard, sprach von *furchtbaren Erschütterungen und grauenvollen Enthüllungen* des Jahres 1848 und davon, daß *als Bodensatz eine Fülle von ernüchternden, herben Lehren* geblieben sei.[889] Mit größerer zeitlicher und politischer Distanz bezeichnete in Brieg Direktor Guttmann die

883 Konrektor Prof. Dr. Otto Kämmel, NR auf Rector Prof. Dr. Friedrich Theodor Hugo Ilberg, Prog Gym Dresden-Neustadt 1884, 28. – Ilberg war 1848 Klassenlehrer der Prima von Schulpforta.

884 Vgl. auch die Giesebrecht-Episode im Anschluß an die Revision des Marienstift-Gym in Stettin 1843: Friedrich Paulsen, Geschichte des gelehrten Unterrichts, Bd. 2, 470ff.

885 Gerd Eilers, Meine Wanderung durchs Leben. 6. Theil, Leipzig 1861, XIf.

886 Dir Prof. Dr. Karl Ernst Georg Matthisson, Prog Kgl. Gym Brieg o.J. [1850], 26f, berichtet, an seiner Schule hätten die Lehrer versucht, *nicht das vorzeitige Hindrängen der Jugend zur Betheiligung an den öffentlichen Angelegenheiten zu befördern, vielmehr dieses Streben zu mäßigen und in die rechte Bahn zu bringen.*

887 Dir Dr. Karl Eduard Bonnell (1802–1877) Entlassungsrede 1849, Prog Friedrichs-Werdersches Gym Berlin 1868, 20.

888 Dir Dr. Friedrich Röder, Jahresbericht, Prog Kgl. Hedwigs-Gym Neustettin 1850, 22.

889 O. Verf. [Dir Dr. Ernst Eberhard], Ueber die beklagte Hinfälligkeit der Schulerwerbnisse, Prog RealSch Coburg 1853, 8.

Revolution als einen *wüsten Traum*, der den Beweis geliefert habe, daß *unser Volk dazu nicht erzogen sei, und ihm der Geschmack an Unordnungen und Gewaltthaten fehle.*[890] Schon 1850 war nach dem Urteil Direktor Poppos *die politische Aufregung, wie sie sich im ganzen Lande gelegt hat, so aus den Schulen glücklicherweise gewichen.*[891]

Die Gymnasien waren fraglos keine Revolutionsherde, wenngleich längst nicht alle Lehrer mit so vehementer Ablehnung über 1848 urteilten wie Direktor Kühner von der Musterschule in Frankfurt am Main, der von einem *verhängnisvollen Herbst des Jahres 1848* sprach und von *erschütternden und verwirrenden Eindrücken der Gesetz- und Zuchtlosigkeit.*[892] Die Ablehnung nährte sich von der Störung des Gewohnten[893] und richtete sich gegen den Zerfall überkommener Ordnungsmuster: *Wie im Sturmwind wurden Ordnungen weggefegt, die auf Jahrhunderte gegründet schienen; Auktoritäten zu Boden geworfen, die für unerschütterlich gegolten hatten.*[894] Nicht anders als andere in bürgerlichen Lagern waren die Schulmänner an den politischen Optionen irregeworden. Demokratische Entscheidungsformen galten ihnen als plebiszitär,[895] und die Ablehnung der vom Paulskirchen-

890 Dir Julius Guttmann, Rede auf Kaiser Wilhelm 1872, Prog Gym Brieg 1874, 1f.

891 Dir Dr. Ernst Friedrich Poppo, Chronik, Prog Fredrichs-Gym Frankfurt/Oder 1850, 11.

892 Dir Dr. Friedrich Ludwig Kühner, NR auf Dir Friedrich Konrad Bruckner, Prog Musterschule Frankfurt/Main 1852, 31.

893 Vgl. Prog Herzogl.-Nassauisches Gym Wiesbaden 1849, 1: *Das in ganz Deutschland erwachte Streben nach zeitgemäßer Umänderung des Bestehenden zeigte sich auch an unserer Anstalt und brachte manche Hoffnungen, so auch manche Störungen in ihren stillen Kreis. Die allgemeine Aufregung, noch gesteigert durch die Volksbewaffnung, an welcher die Lehrer und anfänglich auch sehr viele Schüler aus den oberen Klassen Theil zu nehmen hatten, zog mehr oder weniger von der ruhigen Beschäftigung mit den Wissenschaften ab.*

894 Dir Dr. Ernst Eberhard, Ueber die Unzulänglichkeit und Vergänglichkeit der Erfolge der Schulunterweisung, Prog RealSch Coburg 1853, 8.

895 Vgl. Dir Dr. Karl Gottlieb Anton (1778–1861), Erinnerungen und Gefühle am 15.10.1849, Königsgeburtstagsrede, Prog Gym Görlitz 1850, 5: *Wie traurig war es, daß das Volk, um seine Souveränität zu behaupten, nicht durch die Räthe des Königs, sondern durch eigens gewälte Abgeordnete regirt seyn wollte, und sich einbilden konnte, nun souverän zu sein, ohne zu merken, daß es nun den kühnsten mit einiger Rednergabe ausgestattenen, und oft kein Mittel der Lüge und des Truges verschmähenden Egoisten Preis gegen worden sey. Die Wahl selbst war aber so eingerichtet, daß eigentlich nur ein Stand vertreten war, der des Landmannes, weil Stimme gegen Stimme galt, und der Landmann die Ueberzahl im Volke bildete. Ist nun der Landmann in seinen Verhältnissen nicht im Stande, sich auf den hohen Standpunkt zu stellen, von dem aus das Wohl des ganzen Staates übersehen werden kann* […].

Parlament[896] angebotenen Kaiserkrone durch König Friedrich Wilhelm IV. erschien ihnen, ungeachtet ihrer ungestillten Reichssehnsucht, als klug,[897] zumal die Reichsgründung wenige Jahre später die Ablehnung der Revolution zu einem Gemeinplatz machte:[898]

> *Noch vor wenigen Jahrzehnten glaubten deutsche Männer – und zwar waren die edelsten mit darunter –, sie könnten durch Volksdeputierte im Frack, mit weißer Binde und weißen Handschuhen die deutsche Kaiserkrone zum Präsente machen, sie könnten durch patriotische Gedichte und revolutionäre Phrasen, durch Toaste und Gläserklirren, durch Nationalversammlungen und heißumstrittene Verfassungsartikel vom grünen Tische aus ein einiges Deutschland hervorzaubern.*

Auch wenn die Lehrer klagten, daß *das laute öffentliche Leben in unsere Zurückgezogenheiten hinein tönt und uns zur Betheiligung zwingt,*[899] wünschten sie doch schon vor 1871 nur die schulaffine Form politischer Beteiligung, indem die deutsch-preußische Geschichte im Unterricht in den Vordergrund gerückt wurde, während Rede, Gesang, Deklamation nur auf den Landesfesten stattfinden sollten: *Doch ferne sei das Politisiren aus den Räumen der Schule.*[900] Nach 1871 war solche Abstinenz erklärungsbedürftig. *Politisches Parteiwesen* sei von der Schule fernzuhalten, während die Treue dem Herrscherhause zu den *höchsten und heiligsten Aufgaben* rechne.[901] Deutlich wird die defensive Berührungsscheu:[902]

---

896 Vgl. Dir Wilhelm Perle, Festrede zum 200jährigen Jubiläum des Königsreiches Preußen am 18.1.1901. Prog ORealSch Halberstadt 1901, 6: *Ein solches Herrscherhaus war dann allerdings befähigt [...], Scheinerfolge zu verschmähen, wie Friedrich Wilhelm IV. es that, als er die ihm von unberufener Seite angebotene Kaiserwürde ablehnte.* – Vgl. auch Dir Dr. Karl Gottlieb Anton, Erinnerungen und Gefühle vom 15.10.1849, Königsgeburtstagsrede, Prog Gym Görlitz 1850, 9: *Nicht konnte der Glanz derselben seine Augen so verblenden, daß er nicht sogleich gesehen hätte, diejenigen, welche sie ihm anboten, hätten kein Recht dazu.*

897 Vgl. Dir Dr. Karl Gottlieb Anton, Erinnerungen und Gefühle vom 15.10.1849, Königsgeburtstagsrede, Prog Gym Görlitz 1850, 10: *Weise erwog er die Kräfte seines Landes, und gütig schonte er das Blut seiner Unterthanen. So war er stark genug, eine Kaiserkrone auszuschlagen, und scharfsichtig genug, die in ihr verborgene Dornenkrone zu erspähen.*

898 OL D. theol. Heinrich Kamp, Drei patriotische Reden, Festkommers 1885, Prog Gym Oldenburg, 4. – Auch als selbständige Schrift: Oldenburg: Bültmann & Gerriets 1889.

899 Rektor Dr. Eduard Theodor Haupt (1805–1867), *Ueber die sittliche Aufgabe der Schule*, Prog Gr. StadtSch Wismar 1866, 2.

900 Dir Dr. Friedrich Eiselen, *Leitende Gesichtspunkte*, Prog MusterSch Frankfurt a.M. 1868, 7.

901 Dir Dr. Gustav Sorof, Antrittsrede, Prog Gym Köslin 1883, 9.

902 Dir Gustav Boesche (*1850), *Zur Staats- und Gesellschaftskunde, Thesen*, Prog Real-ProGym Eisleben 1895.

In die Parteigegensätze und Kämpfe der Jetztzeit ist die Jugend nicht einzuführen. Auch schon die Erwähnung des Namens der politisch sozialen Parteien wird man dem Takte des Lehrers überlassen. Doch sind die geforderten Belehrungen so zu gestalten, daß nach Erkenntniss und Gesinnung unsere Jugend genügend vorbereitet wird, in den Verteidigungskampf für die Güter unseres nationalen und Kulturlebens zur Zeit selbständig mit einzutreten.

Wortführer dieser Profilierung der politischen Bildungsaufgabe des Gymnasiums waren vor allem die Direktoren, die zu Beginn der 1850er Jahre geboren waren und nunmehr als 40jährige in Leitungspositionen einrückten.[903] Sie waren es auch, bei denen die unreifen bildungspolitischen Vorstellungen Wilhelms II. vom Kampf gegen die inneren und äußeren Reichsfeinde auf fruchtbaren Boden fielen und den professionellen Code vor allem der jüngeren Lehrer formten.[904] Der 45 Jahre alte Oberlehrer Caspers faßte diese Konditionen in seiner Kaisergeburtstagsrede von 1890 zusammen mit der Bemerkung: *In diesem Vertrauen, das wir auf den Kaiser setzen und gegeneinander hegen, finden wir die Grundlage unserer politischen Befriedigung.*[905] Im elsässischen Hagenau hatten solche Bekenntnisse vermutlich

---

903 Etwa Dir Prof. Dr. Hermann Müller, Antrittsrede, Prog Herzogl. Gym Blankenburg 1886, 5: *Ihr, liebe Schüler, braucht noch nichts zu wissen von konservativ und liberal und andern leidigen Schlagwörtern. Gerade was durch das Parteigetriebe und die Kämpfe des parlamentarischen Lebens in Gefahr schwebt, verloren zu werden, sollt Ihr Euch erwerben und wie ein Heiligtum bewahren: die Freude am Vaterland […], die Heldengestalt des geliebten Kaisers, die Größe seines gewaltigen Kanzlers […]. Erwerbt Euch eine tüchtige historische Bildung: Das ist die beste Vorbereitung für Euren künftigen Beruf in Staat und Gesellschaft.* – Dr. Wilhelm Grossmann (*1853), Antrittsrede, Prog Gym Rastenburg 1894, 20: *Politik ist dabei von der Schule grundsätzlich ausgeschlossen.* Grossmann zitiert Horaz Carmen III: *Beengte Armut willig zu tragen lern' / Gehärtet in der Schule des scharfen Drills / Der Jüngling, daß den grimmen Parther / Furchtbar zu Roß mit dem Speer erjage.*

904 Dir Karl Julius Giesing (1848–1907), Antrittsrede, Prog Gym Löbau 1892, 3f: *Dürfen wir uns einerseits mit Stolz des Ansehens erinnern, an welchem das einige Deutschland nach aussen hin gewachsen ist, und uns an der inneren Erstarkung erfreuen, so können wir andererseits unsere Blicke nicht der betrübenden Wahrnehmung verschliessen, dass innere und äussere Feinde den mächtigen Bau des deutschen Reiches zu untergraben und an ihm zu rütteln versuchen. In dieser Zeit nun, wo die rote Internationale die Begriffe Religion, Vaterland und geordnetes Staatsleben zu verwirren sich bemüht, wo Romanismus und Panslawismus Anmassung auf Anmassung Deutschland gegenüber häufen, da hat Kaiser Wilhelm der Zweite, als das Jahr 1890 zur Rüste ging, eine ernste Mahnung an die höheren Schulen gerichtet. Sie sollen eine Jugend erziehen, aus der Männer hervorgehen, die ihm eine Hilfe seien im Kampfe gegen innere und äussere Feinde des Reiches.*

905 OL Dr. August Caspers (1845–1894), Kaisergeburtstagsrede, Prog Gym Hagenau 1890, 23.

noch größeres Gewicht als im übrigen Preußen. Jedenfalls machte sich im Elsaß eine Vorposten-Mentalität bemerkbar, die Bruno Hebestreit, seit 1908 Direktor des Gymnasiums in Mülhausen, wiederum bei der jährlichen Kaisergeburtstagsrede erklären ließ,[906]

> *Es war ein Glück für die Nation gewesen, daß ihr im preußischen Staat ein Erzieher erstand, der ihren üppig ins Kraut geschossenen Individualismus bändigte und sie zu eiserner Pflichterfüllung und zum Anschluß an das Ganze zwang. [...] Nicht die Liebe Europas, nur die Furcht vor unserem blanken Schwerte hat uns vor Krieg und Verwüstung beschützt, und der Augenblick, wo die Furcht vor uns aufhören sollte, wäre das Ende der Friedenszeit.*

Seit den 1860er Jahren waren Berufsbild und Regelanforderungen an den Gymnasiallehrer in die Ruhelage gekommen.[907] Die vordem geübte skrupulöse Auswahl von Lehramtskandidaten erledigte sich immer mehr durch den Zulauf und Nachfrage.[908] Nun erforderte der Weg in das Amt das Staatsexamen und als schulpraktische Eingewöhnung das Probejahr oder seit den späten 1860er Jahren den Besuch eines der spärlichen Lehrerseminare.[909] Das Stundendeputat der Lehrer stieg in der ersten Hälfte des 19. Jahrhunderts schrittweise an. Während der Gymnasiallehrer

---

906 Dir Prof. Bruno Hebestreit (*1861), *Die Weltlage des deutschen Reiches*, Kaisergeburtstagsrede, Prog Gym Mühlhausen 1909. 15f.

907 Dir Dr. Karl Koppin, Antrittsrede als Direktor, Prog Gym Stade 1879, 6: *Es ist ein großes Glück, denke ich, dass wir Schulmänner in dem Augenblick, wo ein neues Amt uns in die Hand gelegt wird, nicht in die Arena zu treten brauchen mit der Entwickelung eines verheißungsvollen Programms.. Die Ziele sind uns gesteckt, die Mittel sind uns gegeben.*

908 Als eine der letzten wertkonservativen Stimmen: Dir Dr. Ernst Friedrich Eberhard, *Ueber die Unzulänglichkeit und Vergänglichkeit der Erfolge der Schulunterweisung*, Prog RealSch Koburg 1853, 16: *Uebt vor allem Vorsicht und Strenge in der Zulassung zum Lehramt. Für diese Zulassung gebe nicht einzig die Summe eines erarbeiteten oder zusammengerafften Wissens, nicht allein die Gewandtheit in der Methode und in Lehrkunststücken den Ausschlag; man wäge auch den sittlichen und religiösen Werth des Menschen. Nachsicht und falsches Mitleid gegen den einzelnen ist hier, wie bei der Zulassung zum geistlichen Amte, Rücksichtslosigkeit und Grausamkeit gegen die Vielen, deren geistige Interessen einem solchen Manne anvertraut werden. Unwürdig Lehrer wird es wohl noch immer geben, aber als seltenere Ausnahme. [...] Es ist beklagenswerth, aber wahr, daß das Unheil, welches ein sittenbefleckter Lehrer in kurzer Zeit stiftet, viel größer ist als der Nutzen, den der bravste Lehrer in einem langen Leben schafft.*

909 Über die geringen Zahlen der Absolventen, den Ausbildungsmodus, die Standorte und die Leistungsmerkmale vgl. Wiese's Sammlung der Verordnungen und Gesetze für die höheren Schulen in Preußen, Bd. 2, Berlin 1888, S.3–18.

des 18. Jahrhunderts nie mehr als 10 Wochenstunden unterrichtete,[910] hatten in den späten 1860er Jahren hierarchisch fein abgestuft der Direktor 10–12 Wochenstunden, der Oberlehrer 18–20, der ordentliche Lehrer 20–22, der wissenschaftliche Hilfslehrer ohne Dauerstellung 22, der *technische* Lehrer (Schreiben, Musik, Sport) 24–26 zu unterrichten.[911] Neben der Vermittlung des jeweiligen Fachwissens sind die Lehrer als *Seelsorger* der Schüler beauftragt, sollen *den Irrenden nachgehen und auf den rechten Weg helfen, die Verzagten aufrichten, die Trotzigen beugen.*[912] Das bewegte sich im Idealismus der 1860er Jahre, als es für die *Hauptaufgabe* des Lehrberufs ausgegeben wurde, *den Sinn für die Wahrheit in der Jugend zu wecken und ihrem Herzen die Liebe zu derselben einzupflanzen.*[913] Nach der Wende zum 20. Jahrhundert entsteht berufsberatende Literatur, die vor allem Fragen der Disposition in den Vordergrund rückt und die seelische Robustheit des Kandidaten, seine intellektuelle Leistungsfähigkeit und die Neigung zum Umgang mit Kindern betont:[914]

> *Erstens Gesundheit des Leibes und der Seele, nervös belastete Jünglinge sollen niemals Lehrer werden, ebensowenig überängstliche und schüchterne Naturen. Zweitens Liebe zur Wissenschaft. Und drittens Liebe zur Jugend.*

Konkreter formuliert Direktor Seiler vom Gymnasium Wittstock die für Lehramtskandidaten passende Disposition und warnt vor übertriebenen oder irrigen Erwartungen:[915]

> *Wer den Lehrerberuf ergreift nur um der späteren sicheren Versorgung willen oder, um auf der sozialen Leiter höher zu steigen, muß seinen Beruf verfehlen. Ohne Freudigkeit, Liebe und Interesse sinkt der Unterricht zu einer trostlosen Mechanik herab, die nicht Leben shcaafen, sondern nur ausdörren und zerstören kann. [...] Jungen Leuten, welche einen lebendigen wissenschaftlichen Trieb besitzen, welche gesund und zu angestrengter geistiger Arbeit sind, welche ferner nicht zu hoch hinaus wollen, weder in gesellschaftlicher*

910 Dir Prof. Dr. Theodor Nölting, Geschichte der Großen Stadtschule zu Wismar, Prog Große StadtSch Wismar 1892, 3–64.

911 Provinz Posen, Instruktion v. 30.1.1868, in: Wiese's Sammlung der Verordnungen und Gesetze für die höhere Schule in Preußen, Bd. 2, Berlin 1888, 239. – Die Instruktion erfolgte in jeder Provinz einzeln und zu unterschiedlichen Zeitpunkten in den Jahren 1867–68.

912 Provinz Pommern, Instruktion v. 17.5.1867, in: Wiese's Sammlung der Verordnungen und Gesetze für die höhere Schule in Preußen, Bd. 2, Berlin 1888, 233.

913 Dir Prof. Dr. Friedrich Palm, Antrittsrede, Prog Gym Bautzen 1862, 7.

914 Dir Dr. Friedrich Aly, Vademecum für Kandidaten des höheren Lehramts. Marburg 1910, 8. – Aly war 1895 Dir des Gym Burg b. Magdeburg und 1900 des Gym Marburg/Lahn. 1907 zum Vorsitzenden des deutschen Gymnasialvereins gewählt, verfocht er v.a. die Gleichstellung der Besoldung von Gymnasiallehrern und Justizbeamten.

915 Dir Prof. Dr. Friedrich Seiler, Der Oberlehrer (= Das Buch der Berufe; VII), Hannover 1902, 62ff. – Seiler war 1902 Dir des Gym Luckau, 1911 des Gym Wittstock.

noch in materieller Beziehung, sondern ein ruhiges, gleichmäßiges, streng geregeltes Dasein einem materiell vielleicht lohnenden, aber aufregenden und unsicheren Dasein vorziehen, welche endlich – last not least – eine gewisse ideale Gesinnung besitzen, denen ist der Beruf des Oberlehrers durchaus zu empfehlen. Sie sind zu diesem Berufe innerlich berufen und werden daher in ihm nach menschlicher Berechnung auch ihre Befriedigung finden.

4.5 Ansprüche der Schule gegenüber der Elternschaft

Die Liebe bauet das Haus,
und das Gesetz gründet die Schule.[916]

Das Gymnasium sollte nach den idealistischen Vorstellungen und Absichten seiner Lehrer nicht nur Sachkenntnis vermitteln, sondern eine viel tiefer ansetzende und umfassende Bildung von Charakter, Habitus und Urteilsfähigkeit der Schüler bewirken.[917] Der Direktor des Gymnasiums Münstereifel spricht von einem *Amt der Erziehung*, das die Schule ausübe.[918] Zu einem *wohlversehenen Schulsack*[919] gehöre am Ende die *Bildung des Charakters durch die Schulzucht* ebenso wie die *Bildung des Geistes durch die Zucht der Wissenschaft.*[920] Die Lernziele in beiden Bereichen waren im wesentlichen schulintern formuliert und vorgegeben worden; die nichtfachlichen Ziele banden sich an die hauseigenen *Schulgesetze*, also die Hausordnung. Der Katalog der defensiven Schulforderungen und Beschwerden

---

916 Dir Dr. Karl Friedrich Julius Koppin, Antrittsrede, Prog Gym Stade 1879, 9.

917 Dir Dr. Franz Xaver Hoegg (1800–1876), Antrittsrede am 10.10.1842, Prog Gym Laurentianum Arnsberg 1843, 5: *Das Gymnasium ist allerdings nicht nur Bildungs-, sondern auch Erziehungsanstalt; letzteres aber der ganzen Einrichtung nach nur in beschränktem Maße.* – Rektor Paul Mahn (*1852), Antrittsrede v. 7.1.1890, Prog ProGym Kempen b. Posen 1890, 10: *Die Schule ist Bildungs- und Erziehungsanstalt.*

918 Dir Wilhelm Bogen, Antrittsrede, Prog Gym Münstereifel 1863, 13.

919 Dir Prof. Philipp Karl Hess, Abschiedsrede ca. 1862, Prog Gym Wolfenbüttel 1864.

920 Rektor Dr. Eduard Theodor Haupt, *Ueber die wissenschaftliche Aufgabe der Schule*, Prog Gr. StadtSch Wismar 1867, 11. – Ausführlicher dargelegt von Dir Dr. Ernst Schober, *Der Unterricht als Erziehungsmittel*, Prog Kgl. Kath. Gym Glatz 1868, 1: *Als ich einst Veranlassung hatte, einem Vater in der rücksichtsvollsten Weise meine Besorgnisse hinsichtlich eines einzelnen Punktes in der Führung seiner übrigens braven Söhne mitzutheilen, entgegnete er mir, wir möchten uns doch begnügen, seine Kinder zu unterrichten, erziehen würde er sie schon selbst. Darauf konnte ich ihm nur erwidern, daß seinem Wunsche nachzukommen, selbst wenn wir es wollten und dürften, uns dennoch durchaus unmöglich sein würde, weil grade im Unterricht eine Geist und Charakter bildende Kraft liege, die absichtlich unbenutzt zu lassen, sogar ein an der Jugend verübtes Verbrechen sein würde.*

war schon früh entwickelt. Rektor Tscherning notierte 1836 bei den Schülern einen Geist der Irreligiosität, eine Vernachlässigung guter Sitten und anständigen äußeren Betragens; zudem hielten die Eltern keinen Kontakt mit den Lehrern, die Schüler würden nicht vor unnötigen öffentlichen Zerstreuungen gewarnt, gegenüber den Anforderungen an den häuslichen Privatfleiß der Schüler herrsche Sorglosigkeit, denn diese würden nicht zur Lektüre angehalten und nicht vor seichter Lektüre gewarnt.[921] Nur selten, in diesem Fall politisch durch 1848 veranlaßt, äußerte sich die Behörde dazu mit einem Runderlaß:[922]

> *Der Schule, von der Elementar- und Volksschule an bis zu den Gymnasien, ist die Aufgabe gestellt, die ihr anvertrauten Zöglinge nicht allein mit Kenntnissen, welche durch spätere wissenschaftl. Studien oder im prakt. Leben erweitert und ergänzt werden können, auszurüsten, sondern auch, was das Wesentlichste ist, sie zu Staatsbürgern zu erziehen, welche die Religion, die Sitte und das Gesetz achten, ihr Vaterland und ihren Fürsten lieben, welche den Willen und die Kraft besitzen, ihr eigenes Hauswesen zu leiten, und mit edler Hingabe sich dem Wohl der Gemeinde und des Staats widmen.*

Eher suchte die Behörde den Ausgleich. Für die nicht durch Krisen akzentuierte Normallage betonte ein Vertreter der Provinzialschulverwaltung, daß zwar das Elternhaus *die dringendste Pflicht, auch die meisten Mittel* zur Erziehung habe;[923] aber dennoch sei es auch der Beruf der Schule, durch Gewöhnung an Aufmerksamkeit und Ordnung, an Fleiß und Gehorsam die Jugend *zur wahren sittlichen Freiheit* zu erziehen. So wenig die Schule dem Elternhaus die Aufgabe der Erziehung abnehmen könne, so sehr sei sie doch *fähig und berufen, durch ihren gesammten Unterricht entscheidenden Einfluß auf die sittliche Bildung der ihr anvertrauten Jugend auszuüben*:[924]

> *Die Interesselosigkeit und die Zerstreutheit sonst begabter und eifriger Schüler, ihre Schläfrigkeit in den Stunden, welche die größte geistige Frische zeigen sollten, sind unverkennbare Symptome davon, daß für die Schüler der Mittelpunkt ihres Lebens anderswo als in der Schule liegt. Von solchen Beobachtungen sind bei Schülern, welche im Elternhause wohnen, die Eltern zu ihrer Warnung seitens der Schule in Kenntnis zu setzen.*

---

921 Rektor Johann August Tscherning, *Ueber einige Gebrechen der häuslichen Erziehung und ihren nachtheiligen Einfluß auf die öffentlichen Lehranstalten*, Prog Gym Heilbronn 1836, 3–20.

922 Circularverfügung v. 20.12.1848, in: Wiese's Sammlung der Verordnungen und Gesetze für die höheren Schulen in Preußen, 3. Aufl. hg. v. Otto Kübler, Berlin 1888, Bd. 2, 77.

923 ProvinzialSchR Dr. Theodor Breiter, Rede zur Eröffnung der neu gegründeten Anstalt und Einführung des Direktors, Prog Kgl. Höh. BürgerSch Duderstadt 1877, 5. – Auch für das Folgende.

924 Ministerialverfügung v. 29.5.1880, abgedruckt: Prog Gym Pyritz 1881, 24. – Auch für das Folgende.

Die Ereignisse der Jahre 1848/49 hatten bei den Schülern zeitweilig unliebsame Energien und Verhaltensformen freigesetzt. Direktor Matthisson in Brieg beklagte eine Störung der *gesetzlichen Ordnung in der Stadt* und eine *natürliche Wildheit und Roheit der Jugend – Raufereien, tobender Lärm, muthwilliges Zerstören der nächsten Schul-Utensilien –*, wie sie ihm aus 34jähriger Amtserfahrung bislang fremd waren.[925] Da die *gewöhnlichen Zuchtmittel* nichts ausrichteten, sei die Schule genötigt gewesen, den Eltern nahezulegen, *ihre Söhne selbst von der Schule abzuberufen.* Jenseits derart unmittelbarer politischer Veranlassung war die Bahn frei für die schon lange parat stehenden Forderungskataloge der Lehrer. *Verständige Disciplin; rechten Ernst und gehörige Strenge, Gewöhnung an Ordnung und Regel, Eifer, Sorgfalt und Ausdauer, Arbeit und Fleiß, Sitte und Anstand* forderte Direktor Schütte bei seiner Antrittsrede in Blankenburg.[926] Schüttes Kollege Sorof in Köslin verlangte dem Schüler ab,[927]

> *seinem eigenen Ich zu entsagen, den natürlichen Eigenwillen zu brechen und einen höheren Willen als massgebend anzuerkennen, die Gewöhnung an die Unterwerfung unter die Autorität des Gesetzes, durch welches das Interesse der Gesamtheit normiert wird.*

Gelegentlich, vor allem gegen Ende des Jahrhunderts, wurden die harschen Forderungen legitimatorisch auf die Antike bezogen und dadurch bildungspolitisch unabweisbar gemacht.[928] Andere erklärten *die Gottesfurcht zur Voraussetzung aller Erziehung*[929] und leiteten aus dieser Bindung die vier Erziehungsziele *Gehorsam und Pietät, Wahrheitsliebe und Pflichttreue* ab. Wieder andere waren, sicherlich angeregt durch bekannte Äußerungen Wilhelms II., Advokaten einer

---

925 Dir Prof. Dr. Karl Ernst Georg Matthisson, Prog Kgl. Gym Brieg o.J. [1849], 21f. – Auch für das Folgende. – Schon 1847 veröffentlichte das Prog des Gym, 37: *Bei aller Aufmerksamkeit, mit der wir unsere Schüler im Auge gehabt haben, ist es uns doch nicht gelungen, allen Unordnungen und Gesetzwirdrigkeiten zu steuern. Wir sind auch in diesem Jahr wieder genöthigt gewesen, mehrere theils wegen grober Excesse, theils wegen beharrlichen Unfleiß und Ungehorsams gegen die Gesetze* [der Schule], *wenn auch nicht immer direkt, zu entfernen.*

926 Dir D.theol. Eduard Schütte, Antrittsrede, Prog Gym Blankenburg 1858, 7–9.

927 Dir Dr. Friedrich Sorof, Antrittsrede, Prog Gym Cöslin 1883, 4f.

928 *So ist also der Schule vornehmlichste Aufgabe: Hand in Hand mit dem Elternhause den Charakter zu bilden, dem man sehr treffend als Resultat jener geistigen tiefinnerlichen Thätigkeit bezeichnet, durch welche ein Mensch die Eigenschaften seines Blutes und die Grundtriebe seines Wesens durch eigenen Willen und eigne Kraft in derselben Weise entwickelt hat, wie er durch Uebung, Fleiss und Ausdauer die natürlichen Anlagen der Sinne und des Verstandes zur ‚Paideia' erhoben hat.* Dir Heinrich Reimann (*1850), Antrittsrede, Prog Gym Gleiwitz 1886, 22f.

929 Dir Prof. Dr. Ernst Lünzner (1842–1907), Das Verhältnis von Schule und Haus in der Erziehung unserer Jugend, Prog Gym Gütersloh 1895, 9. – Auch für das Folgende.

Nationalerziehung und wünschten, daß sich in den Schülern der Nationalcharakter der Deutschen spiegele, den sie durch die Eigenschaften *Tapferkeit, Wahrheitssinn, Selbstverantwortlichkeit, Treue, Königstreue, Kriegertreue, Beamtentreue, Schlichtheit, Gemütstiefe, Fleiss, Gründlichkeit* erfüllt sahen.[930] Die Erziehungsvorsätze der Gymnasiallehrer zielten also darauf ab, den staatsfrommen und opferwilligen Gehorsam des Schülers in den Vordergrund zu rücken. Es war aber nicht das schulische Ziel, die im individuellen Schüler angelegten guten Eigenschaften zu stärken und die abträglichen zu beherrschen, sondern es ging darum, alle Schüler einem Standard anzugleichen. Die Individualität der Schüler war kaum relevant und jedenfalls kein Maßstab.

Ähnliche Muster traten in der Beziehung zwischen Gymnasium und Eltern zutage. Wie die Schüler unter dem Anpassungsdruck der Lehrer standen, wurde auch das Elternhaus zu einem Wohlverhalten genötigt, das die Autorität der Schule begünstigte. Rektor Tscherning tadelte schon 1836 die *nicht ungewöhnliche Erscheinung*, daß Eltern ihre Kinder *der genauern elterlichen Aufsicht entlassen* und die Erziehungsaufgaben der Schule überantworten.[931] Allerdings hatte die Schule präzise Vorstellungen, wie die Eltern ihre Erziehungspflichten wahrnehmen sollten. Direktor Seelberg in Elberfeld nannte folgende:[932]

> *Insbesondere sollen die Eltern den Gang der Schule nicht dadurch stören, daß sie den Schüler hindern, zur rechten Zeit in der Schule zu erscheinen; daß sie willkürlich kürzere oder längere Vacanzen ihren Kindern bewilligen; daß sie dieselben an Lustbarkeiten und Vergnügungen theilnehmen lassen, welche die Schule aus sittlichen und religiösen Gründen mißbilligt; daß sie ihre Kinder am häuslichen Fleiße hindern; daß sie gewisse Theile des Unterrichts für ihre Kindern hervorgehoben wissen wollen etc. Das unvorsichtige Urtheilen der Eltern über Lehrer in Gegenwart der Schüler, das Mißbilligen der Bestrafungen, wovon sie nicht den Grund sofort einsehen können (weil sie das Vergehen nur theilweise kennen); das unverständige Verlangen, ihre Kinder in kurzer Zeit gezeitigt[933] zu sehen; das kindische [sic!]Begehren der Eltern, daß man ihre Kinder in eine höhere Klasse versetze, ehe diese dazu reif sind – diese und andere Unarten sind wirksame Mittel, um das Ansehen der Lehrer zu zerstören, um den Kindern Gleichgültigkeit gegen die Schule beizubringen und den guten Erfolg in der Erziehung unfehlbar zu vernichten.*

---

930 Dir Dr. Christian Rogge (1848–1933), Antrittsrede: *Wie das Gymnasium nationale junge Deutsche erziehen könne*, Prog Fürstin-Hedwig-Gym Neustettin 1896, 1–10.

931 Rector Johann August Tscherning (1763–1846), *Ueber einige Gebrechen der häuslichen Erziehung und ihren nachtheiligen Einfluß auf die öffentlichen Lehranstalten*, Prog Gym Heilbronn 1836, 5.

932 Dir Johann Ludwig Seelberg (1782–1832), *Bei welchen Voraussetzungen kann eine gute Schuldisciplin erfolgreich seyn?* Prog Gym Elberfeld 1824, 13f.

933 Zeitigen: zur Reife bringen.

Als Erziehungsleistungen des Elternhauses verlangte die Schule die Einübung bürgerlicher Tugenden wie Gehorsam, gute Sitten, anständiges ehrfurchtsvolles Betragen gegen ältere Personen,[934] oder Arbeitsamkeit und Häuslichkeit, Enthaltsamkeit und Berufstreue und all die Tugenden eines christlichen Knaben und Jünglings.[935] Auch noch darüber hinaus war das Elternhaus der Adressat weiter reichender Wünsche und Forderungen der Schule. Die Mahnung Direktor Silbers aus Oels, man fasse nie eine Institution in ihrer Isolirung auf,[936] ohnehin vereinzelt, war zwar an die Eltern adressiert, blieb bei diesen jedoch ungehört. Entsprechend fehlte es nicht an Vorwürfen der Schule:[937]

> *Das Band, welches auf der einen Seite Familie und Schule innig umschlingen sollte, hat sich immer mehr gelöst und es ist möglich, ja zum Theil gewöhnlich geworden, daß Liebe und Vertrauen zwischen ihnen sich in Gleichgültigkeit, Argwohn und Mißachtung verkehrt hat. Wie unser deutsches Volk im Unterschied zu andern wohl das Schulvolk genannt wird, ist es besonders eine deutsche Unsitte, daß die Familie gern ihrer eigentlichen Aufgabe vergessend sich möglichst früh der Kinder entäußert, sie der Schule anheimgiebt und dann zum Dank die Schule für alles verantwortlich macht, was an der Jugend Schlechtes zutage tritt.*

Die Frage nach dem Vorrang in Erziehungsfragen zwischen dem Elternhaus in seiner natürlichen Solidarität mit dem Kind und der Schule mit der Solidarität der Lehrer gegenüber der Institution ist kaum schlüssig zu beantworten. Für die pädagogische Qualität der Entscheidungen lassen sich nur grobe Orientierungen gewinnen, die allerdings zu Gunsten der Schule sprechen. Denn das Elternhaus stehe – so das Urteil Oberlehrer Gräfenhans in Eisleben – unter dem Einfluß der *unendlichen Individualisirung von Erziehungsgrundätzen*,[938] während die Schule nach dem Maßstab der *Erfahrungswissenschaft* entscheide und handele. Ihr Urteil sei umso sicherer, so Direktor Hebestreit in Mühlhausen, als es *auf der breiten Grundlage des Vergleichs ihrer Schüler* beruhe.[939] Daß beide Seiten *Bundesgenossen*

---

934 Christoph Heinrich Andreas Grimm, *Ueber Autorität der Gymnasial-Lehrer*, Halberstadt 1826, 17. – Ebenso Dir Karl Wilhelm Kortüm, *Anordnungen und Wünsche der öffentlichen Schule*, Prog Gym Düsseldorf 1818, 27: *mit Strenge außer der Schule die Söhne anhalten zur Ordnung.*

935 Dir Dr. Ernst Woldemar Silber (1816–1866), *Der Director an die Einwohner*, Prog Gym Oels o.J. [1955], 10.

936 Ebenda.

937 Dir Dr. Adolf Zinzow, *Die Erziehung der Jugend für ihren himmlischen und irdischen Beruf*, Antrittsrede, Prog Kgl. Gym Wetzlar 1857, 4.

938 OL Dr. August Gräfenhan (1807–1876), *Ein Wort der Verständigung zwischen Schule und Haus, mit specieller Rücksicht auf die Quarta des Gymnasiums*, Prog Gym Eisleben 1863, 2. – Auch für das Folgende.

939 Dir Prof. Bruno Hebestreit, Antrittsrede, Prog Gym Mühlhausen 1909, 9.

sind, die mit einander stehen müssen, wenn sie nicht fallen sollen,[940] war weithin die gemeinsame Überzeugung. Aber die Schule begann schon früh, die operativen Konditionen einer solchen Gemeinsamkeit zu formulieren. Die Eltern sollten das Ansehen der Lehrer erhöhen, sollten ihre Erziehung ausrichten auf die Ziele von Gehorsam, guter Sitte, anständigem und ehrfurchtsvollem Betragen gegen ältere Personen, sollten Unterrichtsgegenstände, Erziehungsmethoden und Unterrichtsweisen nicht vor den Kindern herabsetzten, sondern billigen und loben, sollten öfter den Verkehr mit den Lehrern suchen.[941] Daß die Eltern pädagogische Zulieferdienste für die Schule zu leisten hatten, wurde für die Lehrer schon früh zu einer ausgemachten Sache:[942]

> *Jeder es mit seinen Kindern Wohlmeinende wird sich hüten, unbillige und spöttische Urtheile und kränkende Aeußerungen in Gegenwart derselben über ihre Lehrer zu äußern; weil er ihnen dadurch alle Achtung nähme, und ihre Wirksamkeit wie durch ein heftiges*

---

940 Dir Samuel Reuscher, Rede zur Amtseinführung von Prorektor Dr. Karl Wilhelm Nauck, Prog Gym Cottbus 1843, 11.

941 Christoph Heinrich Andreas Grimm, *Ueber Autorität der Gymnasial-Lehrer*, Halberstadt 1826, 17–21.

942 Dir Christian Friedrich Wachter (1763–1836), *Ueber die Nothwendigkeit der häuslichen Mitwirkung zum Zwecke des Gymnasialunterrichts*, Prog Gym Hamm 1822, 25f. – Ferner: Dir Dr. Karl Hermann Funkhänel, *Ueber Erziehung der Jugend zu Vaterlandsliebe und Gemeingeist*, Prog Gym Eisenach 1861, 12: *Schon bloße Gleichgültigkeit gegen die Erziehungszwecke der Schule von Seiten der Ältern ist schädlich, wie viel mehr Widerstand durch Wort oder That.* – Dir Prof. Dr. Michael Ferdinand Fabian, *Abhandlung über die Aufnahme der Schüler ins Gymnasium*, Prog Gym Lyck 1861, 4: *Wir können eine weiche tändelnde Erziehung, die dem Schüler den Ernst und die Arbeit des Lernens ersparen will, nicht befürworten.* – Die elterliche Erziehung haftet nach Auffassung der Schule für den Schulerfolg: *daß sich bald eine kleinere, bald eine größere Zahl von Zöglingen in seinen Lehrstunden einfindet, welche durch rohe und schlechte Sitten Beweise von vernachlässigter, verkehrter oder mißlungener Hauszucht darlegen. Dieses nach allen Richtungen hin wuchernde Unkraut der Unsittlichkeit auszurotten, ehe es zu tiefe Wurzeln gefaßt hat, ist eine der sauersten Arbeiten des gewissenhaften Lehrers, und das um so mehr, je öfter er, bei diesem mühevollen Geschäft, das hart und schief ausgegesprochene Urtheil mancher Eltern und unbefugter Kritikaster über seine Schuldisciplin anhören muß. Wie viel weniger Mühe, Sorge und Verdruß würden den öffentlichen Erzieher treffen, wenn durch eine wohlgeordnete, weise und sich gleich bleibende Hauszucht der Schuldiciplin pflichtmäßig vor- und mitgearbeitet würde! Der gesittete Jüngling ist in der Regel auch der aufmerksamste und eifrigste im Lernen, folglich auch die Frau und der Stolz seiner ihn mit Vaterliebe umfassenden Lehrer.* Rektor Johann August Tscherning, *Ueber einige Gebrechen der häuslichen Erziehung und ihren nachtheiligen Einfluß auf die öffentlichen Lehranstalten.* Prog Gym Heilbronn 1836, 10.

Gift vernichtete; er wird vielmehr sein Möglichstes thun, um das Ansehen der Lehrer zum Besten der Seinigen, zum Seegen des Schulunterrichts zu unterstützen, und mit vereinten Kräften das belohnende Geschäft der Bildung seiner Angehörigen mit betreiben. Wandeln wir so Hand in Hand, so können wir erwarten, daß unsre Zöglinge dereinst [...] die Freude der Ihrigen, ihrer Mitbürger und Mitmenschen sein, mit dem ihn[en] *anvertrauten Pfund wuchern, der Anstalt, der sie ihre frühe Bildung verdanken, Ehre machen, des Guten recht viel stiften, und so ihren Eltern und Lehrern den Kranz der schönsten Belohnungen darbringen werden.*

Darüber hinaus beanspruchte die Schule auch *einen Theil der elterlichen Rechte,*[943] da die Eltern mit der Entsendung des Kindes zur Schule *das Lehrercollegium zum Mitarbeiter bestellt* hätten. Aber immer, wenn die juristische Denkfigur des konkludenten Handelns beansprucht wird, pflegen in der Praxis streitige Verhältnisse vorzuliegen. Die besseren Waffen – Artikulationsfähigkeit und professionelle Standards, einschließlich ihrer historischen Überlieferung – lagen dabei auf schulischer Seite. Die Schule richtete schwere und nach Abwägung aller Umstände doch wohl unberechtigte Vorwürfe an das Elternhaus. Es habe sich[944]

gern seiner eigentlichen Aufgabe vergessend sich möglichst früh der Kinder entäußert, sie der Schule anheimgegeben und dann zum Dank die Schule für Alles verantwortlich gemacht, was an der Jugend Schlechtes zu Tage tritt.

Die etwas weinerlich anmutende Version dieser auf Legitimation berechneten Vorwürfe zeichnet das völlig unzutreffende Bild, als habe sich in dieser Frage die Schule in der Defensive befunden:[945]

Wir Lehrer sind, wie die Väter, Menschen und keine Engel! Aber in den meisten Fällen, wo die Väter so herben Tadel über unser Verfahren aussprechen, würden dieselben an unserer Stelle genau ebenso handeln. Und doch machen wir es vielen niemals Recht: kommen arge Ausschreitungen vor, so schreibt man uns die Schuld zu, wir seien nicht streng genug gewesen; ergreifen wir strenge Maßregeln, so schreit man über die Schultyrannei

943 OL Heinrich Schumann (*1832), *Die beste Art des Zusammenwirkens von Schule und Haus*, Prog Höh BürgerSch Solingen 1869, 3. – Auch für das Folgende.

944 Dir Adolf Zinzow, Antrittsrede *Die Erziehung der Jugend für ihren himmlischen und irdischen Beruf*, Prog Gym Westzlar 1857, 4. – Diese Vorwürfe waren auch außerhalb Preußens gelaufig: *Wie viel weniger Mühe, Sorge und Verdruß würde den öffentlichen Erzieher treffen, wenn durch eine wohlgeordnete, weise und sich gleich bleibende Hauszucht der Schuldiciplin pflichtmäßig vor- und mitgearbeitet würde.* Rektor Johann ÄAugust Tscherning, *Ueber einige Gebrechen der häuslichen Erziehung und ihren nachtheiligen Einfluß auf die öffentlichen Lehranstalten*, Prog Gym Heilbronn 1836, 10.

945 Dir D. theol. Rudolf Haage, Abiturientenentlassungsrede 1877, Prog Gym Lüneburg 1878, 8.

und freut sich und hilft auch wohl dazu, daß die Schüler die gegebenen Vorschriften nicht beobachten!

Das Verhältnis zwischen Elternhaus und Schule war auf beiden Seiten Belastungen ausgesetzt – zunächst seitens der Schule, die nicht gewillt *war, die Theilnahme der Schüler an den Vergnügungspartien der Eltern während der Schulzeit zu* gestatten.[946] Von der kategorischen Schärfe, mit der die elterliche Bitte um Erlaubnis für versäumten Unterricht – bis zum heutigen Tage ein geläufiges Problem – abgelehnt wurde, läßt sich rasch ein zutreffendes Bild gewinnen, das das Problemfeld auch über das Einzelereignis hinaus erhellt:

Die Direction ist nicht befugt, solche [Erlaubnis] zu ertheilen. Die dadurch herbeigeführten Versäumnisse müssen wir im Herzen höchlich missbilligen, und, als nicht gehörig, in den Censuren notiren.

Die Problemlage korrelierte offenbar mit der Anzahl von auswärtigen Schülern an der jeweiligen Anstalt, weil bei dieser Gruppe der Wunsch nach einem Unterrichtsversäumnis öfter auftrat. 1837 hatte das Fürstlich-Hedwigische Gymnasium Neustettin 154 Schüler, von denen 120 Externe waren (78%). Hier nahm das Problem einen solchen Umfang an, daß die Schule sich ausdrücklich erklären mußte. Sie tat das im übrigen ganz autonom, ohne Weisung etwa durch das Provinzialschulkollegium, und argumentierte nicht mit Rechtsgründen, sondern mit erfahrungsgestützter pädagogischer Besorgnis:[947]

Der Grund scheint darin zu liegen, daß Schüler bei ihren Eltern die Meinung verbreiten, als gebe das Gymnasium auf solche Versäumnisse nicht viel und betrachte sie nicht eben als nachtheilig. Wir halten uns daher veranlaßt, darauf aufmerksam zu machen, daß dem nicht so ist. Auch kürzere Versäumnisse haben außer dem Verluste der unmittelbar einzusammelnden Kenntnisse, welche gewiß nur in den seltensten Fällen nachgeholt werden, den weit bedeutendere Nachtheil, daß der Versäumende aus dem ruhigen Gange seines Schülerlebens herauskommt und daß er es leicht mit seiner Pflicht nehmen lernt. Ueberdies schadet jeder Fall dieser Art durch das gegebene Beispiel auch anderen Pflichttreueren.

Aber auch die Eltern waren von der Schule belastet, weil diese eine Quelle von Forderungen, Eingrenzungen und Normierung war. Dazu zählt die periodische Benotung von Schülerleistungen nach dem Vorbild des jesuitischen Schulwesens, die sich in der ersten Jahrhunderthälfte in Preußen durchsetzte. Sie kannte bis 1850 nur drei Notenstufen und wurde in der zweiten Jahrhunderthälfte schrittweise auf fünf Noten erweitert. Als am Gymnasium Nordhausen 1829 die Benotungspraxis

946 Dir Prof. Dr. Karl Ernst Georg Matthisson, Mitteilung *an das dem Gymnasium zunächst stehende Publikum*, Prog Kgl. Gym Brieg 1845, 29. – Auch für das Folgende.

947 Dir Benjamin Adolph Friedrich Giesebrecht, Prog Fürstlich-Hedwigisches Gym Neustettin 1841, 26.

eingeführt wurde – zwei Schulzeugnisse im Jahr –, sollte das *zur Beförderung des wissenschaftlichen und sittlichen Geistes der Schüler* dienen;[948] und die Schulleitung erwartete von den Eltern, daß diese die Zeugnisse so wichtig nahmen, wie sie von Seiten der Lehrer gemeint waren.[949] Die Definitionsgewalt der Schule formte die Landschaft, in der Eltern und Schüler sich zu bewegen hatten, wenngleich wirklich radikale Eingriffe unterblieben – etwa das überzogene und auch deshalb folgenlose Plädoyer, wegen des angeblich fehlenden Erziehungswillens der Eltern sämtliche Schüler, nicht nur die auswärtigen, in schulische Internate aufzunehmen.[950] Es waren zwar keine bloßen Lippenbekenntnisse, wenn die Schule betonte, wie sehr ihr an einem *einmüthigen Zusammengehen der Familie und der Schule* gelegen war;[951] aber die Kosten dafür wurden dem Elternhaus aufgebürdet, und die Schule wurde gegen Ende des Jahrhunderts immer sicherer in der Rolle der Forderungsstellerin. Während Direktor Lersemann im schlesischen Reichenbach 1868 noch sagen konn*te, das Haus übergiebt das Liebste und Beste, was es hat, der Schule,*[952] pocht Direktor Sorof in Köslin 1883 auf den *unvergleichlichen Segen der höheren Schulbildung*[953] und den daraus abzuleitenden Vorrang der Schulforderungen.

948 Prog Gym Nordhausen 1829, 19. Für die zögerliche Zustimmung zu dieser Form der Leistungsklassifizierung wegen der Mehrarbeit für die Lehrer (regelmäßige und gründliche Konferenzen, regelmäßige eigene Aufzeichnungen von Schülerleistungen usw.) vgl. Rektor Dr. Wilhelm Alberti, *Ueber die Zensur der Schüler*, Prog Höh. BürgerSch Landsberg /Warthe 1848, 3–20.

949 Für die zweite Jahrhunderthälfte zeichnet Friedrich Paulsen (Geschichte des gelehrten Unterrichts Berlin-Leipzig 1921, Bd. 2, 648f) ein deprimierendes Bild: *Die Zensuren sind die Sprache, in der die Schule zum Schüler und über ihn zum* [Eltern]*Haus spricht; es ist die Sprache des Mißvergnügens.*

950 Vgl. Dr. Rudolf Plähn, *Erziehungsanstalten.* Prog RealSch Waldkirch i. Br., Freiburg i.Br, 1894, Beilage, 4–12.

951 Dir Dr. Berthold Volz, Prog Gym Potsdam 1875, 33. – Weitere Stimmen chronologisch: OL Karl Lebrecht Hantschke (1796–1856), Königsgeburtstagsrede 1825, Prog Gym Elberfelde 1827, 6: *Staat, Schule und Haus müssen in ihren Strebungen Eins, müssen die engverbundene Trias seyn, wenn das Werk der Jugendbildung gedeihen, wenn die Aus- und Fortbildung des Menschengeschlechts überhaupt gefördert werden soll.* – Dir Prof. Dr. Ernst Georg Matthisson, Antrittsrede, Prog Kgl. Gym Brieg 1839, 12: *Lassen Sie uns im Einverständnis handeln!* – Dir Dr. Wilhelm Bogen, Abschiedsrede, Prog Gym Münstereifel 1863,13: *Schule und Haus müssen sich ergänzen und voller Harmonie und Wechselwirkung stehen.* – Dir Dr. Karl Koppin, Antrittsrede, Prog Kgl. Gym Stade 1879, 8: *Schule und Haus müssen Hand in Hand gehen.*

952 Dir Dr. Karl Heinrich Liersemann (1835–1896), zur Eröffnung der Kgl. RealSch in Reichenbach, Prog RealSch Reichenbach 1869, 25.

953 Dir Dr. Gustav Sorof, Antrittsrede, Prog Gym Cöslin 1883, 5.

Und Direktor Tendering in Elberfeld entschied nur ein Jahrzehnt später in seiner Antrittsrede die Frage der Gewichtsverteilung zwischen Schule und Elternhaus:[954]

> *Wer seinen Sohn einer öffentlichen Schule anvertraut, muß sich der Ordnung dieser Schule unterwerfen und so einen Teil seiner Rechte aufgeben, um sie dem Helfer, den er sich in der Erziehung gewählt hat, zu übertragen. Wir halten es für eine schöne Pflicht, in Eintracht und Übereinstimmung mit der Familie die Erziehung der uns anvertrauten Zöglinge zu leiten.*

Nicht erst nach ihrer institutionellen Etablierung und Verselbständigung reichte der Arm der Schule in das Elternhaus, sondern von Anfang an. Die Eltern sollten ihre Söhne *mit Strenge zur Ordnung anhalten*, fordert schon 1818 Direktor Kortüm in Düsseldorf.[955] Das betraf nicht zuletzt die Hausaufgaben, für die schon 1818 für Schüler der beiden Eingangsklassen täglich *zwey Stunden kaum hinreichend* erschienen. Kortüms Forderung war jedoch ein Indiz für das Grundproblem der außerordentlichen gymnasialen Lernanforderungen an die Schüler. Die Kritik daran bündelte sich in dem 1836 erschienenen Aufsatz in einer medizinischen Fachzeitschrift aus der Feder des Medizinal-Rats Dr. Carl Ignatius Lorinser aus Oppeln, der mit dem Vorwurf einer *Überbürdung,*[956] einer Überlastung des Gymnasialschülers, eine anhaltende Debatte *von außerordentlicher Wirkung und elementarer Wucht* eröffnete.[957] Gipfelpunkt der von Lorinser erhobenen Vorwürfe war die Diagnose:[958]

> *Um diese [von Lorinser genannten] krankhaften Anlagen des Körpers wie des Geistes zu steigern und, wo sie noch nicht vorhanden sind, hervorzurufen, dazu giebt es in der That keine wirksameren Mittel, als diejenigen, welche man heut zu Tage auf den meisten deutschen Gymnasien in Anwendung bringt.*

---

954 Dir Friedrich Tendering (*1855), Antrittsrede bei der Eröffnung der Anstalt, Prog RealSch Elberfeld 1894, 7. – Dir OSchR Wilhelm Karl Lex (1795–1874), Elternhaus und Schule, Prog Herzogl. Nassauisches Gym Wiesbaden 1856, 16: *Strenge Disciplin ist der Schule nöthig.* [...] *Dies ist keine Pedanterie; die Schule verfolgt vielmehr durch diese Manchem kleinlich erscheinenden Mittel einen höheren Zweck und sollte darin von der häuslichen Erziehung mehr, als gewöhnlich geschieht, unterstützt, der Lehrer wenigstens nicht getadelt werden, wenn er strenge darauf hält.*

955 Dir Karl Wilhelm Kortüm, Anordnungen und Wünsche der öffentlichen Schule, Prog Gym Düsseldorf 1818, 27. – Auch für das Folgende.

956 Dr. med. Carl Ignatius Lorinser, *Zum Schutz der Gesundheit in den Schulen.* In. Medizinische Zeitung des Vereins für Heilkunde in Preußen. Januar 1836. – Auch als selbständiges Traktat: Berlin 1836.

957 Karl-Ernst Jeismann, Das preußische Gymnasium, Bd. 2, 232–245. Zitat: 233.

958 Dr. med. Carl Ignatius Lorinser, *Zum Schutze der Gesundheit in den Schulen*, Berlin 1836, 6f.

Von Seiten einsichtsbereiter und urteilsfähiger Lehrer wurden die von Lorinser getadelten Auswüchse bestätigt.[959] Maximilian Schmidt, Rektor der Lateinischen Hauptschule in Halle ermittelt verläßliche Zahlen für die Wochenarbeitszeit von Schülern der Oberklassen: 36 Unterrichtsstunden nach der Stundentafel (häufig überschritten), 14 Stunden Privatfleiß und 12 weitere Stunden, also täglich 12 Arbeitsstunden einer 6-Tage-Woche.[960] Dennoch waren Lorinsers Thesen strittig. Über 70 einzelne Streitschriften und *eine unübersehbare Fülle amtlicher Stellungnahmen*[961] bezeugen das öffentliche Interesse und die Meinungsvielfalt. Zufrieden ging weder Lorinser, noch das Ministerium aus der hitzigen Diskussion hervor. Lorinser beklagt in seiner Autobiographie als seinen *größten Irrthum, daß ich die Pedanterie und den Hochmuth der deutschen Philologen für corrigibel hielt.*[962] Die von ihm geforderten empirischen Beweise konnte er natürlich nicht vorlegen, sondern nur eine schwächere Plausibilität beanspruchen. Minister Karl vom Stein zum Altenstein und der Leiter der Gymnasialabteilung des Ministeriums, Johannes Schulze, waren verbittert und setzten Lorinser dem *absolutistisch-bürokratischen Sachverstand* aus,[963] der die *Schulmänner und ihre Behörden zu Richtern in eigener*

---

959 Vgl. Friedrich Paulsen, Geschichte des gelehrten Unterrichts, Bd. 2, 369 passim, nennt u.a. Dir August Spilleke (1778–1841, Dir des Friedrich-Wilhelms-Gym Berlin 1821–1841), Dir D.theol. Georg Gustav Köpke (1773–1837, Dir des Gymnasiums zum Grauen Kloster Berlin 1821–1837), Dir Maximilian Schmidt (1802–1841, KonDir der Franckeschen Stiftungen und Rektor der Lateinische Hauptschule Halle), Schulrat Dr. Carl Gottfried Scheibert (1855–1873 PSR Breslau).

960 Maximilian Schmidt, Ueber die Nothwendigkeit einer Reform im Gymnasialunterricht. Halle: Waisenhaus 1836, 18. – Besonders betroffen seien die Abschlußklassen: *Nach einer genauen Durchmusterung der Abiturienten der drei letzten Jahre* [...] *war immer der Dritte ein solcher, der sich entweder schon früher oder doch im letzten Semester durch Arbeiten bei Tag und Nacht so erschöpft hatte, daß man froh sein mußte, wenn das Examen glücklich vorüber war.* Ebenda, 24.

961 Karl-Ernst Jeismann, Das preußische Gymnasium, Bd. 2, 234. – Das Darstellung folgt im übrigen der gedanken- und perspektivenreichen, vor allem aber urteilssicheren Darstellung Jeismanns, ebenda 232–245.

962 Carl Ignatius Lorinser, Eine Selbstbiographie. Regensburg 1864, 42.

963 Karl-Ernst Jeismann, ebenda 235, auch für das Folgende. – Vgl. auch das normative Urteil Dr. Friedrich Kohlrauschs, seit 1830 Leiter des Oberschulkollegium Hannovers, nach Inspektion des Gymnasiums Verden/Aller 1856: *Will man für leibliche und geistige Gesundheit der Jugend sorgen, so möchte auch keiner ein ärgerer Irrweg sein als der, ihr aber und abermahls anzuempfehlen, daß sie sich doch ja schone und nicht übermäßig für ernste Thätigkeit anstrenge; der Fehler ist vielmehr der, daß heut' zu Tage der Jugend immer weniger eingeschärft wird, das Leben sei zur Erfüllung wichtiger Pflichten, nicht zum möglichst frühen, reichlichen und mühelosen Genusse bestimmt.* Schulnachrichten, Prog Gym Verden 1856, 1.

Sache machte. Am Ende wurde das Gymnasialsystem nicht geändert, sondern vor allem durch die von Schulze entwickelten Empfehlungen und Vorschriften perfektioniert.[964] Die Lehrer waren und blieben Gelehrte, wurden nicht zu Pädagogen.[965] Der durch ebenso stürmischen wie sicheren Fortgang charakterisierte Lebensweg Karl Friedrich Nobbes gibt davon ein Beispiel: Als Sohn eines Amtsaktuarius 1791 in Schulpforta geboren, die Mutter aus Verwandtschaft mit der Familie Luthers abstammend, absolvierte er Schulpforta, begann als 15jähriger das Studium in Leipzig, trat nach theologischem und Lehramts-Examen 1814 als Kollaborator in die Thomasschule ein, übernahm dort 1815 die Leitung der Tertia anstelle der angebotenen Konrektorate in Freiberg oder dann in Dresden, blieb der Thomasschule treu trotz eines Rufs auf das Prorektorat in Frankfurt/Oder, habilitierte 1817 in Leipzig, wurde 1820 Konrektor der Thomasschule, wurde Mitglied vieler wissenschaftlicher Vereine, auch der Luther-Stiftung wegen der familiären Bindung, lehnte 1826 einen Ruf als Rektor der Landesschule Meißen ab, erhielt gleichzeitig eine a.o. Professur an der Universität Leipzig, wurde 1828 Rektor der Nikolaischule, lehnte 1830 den Antrag ab, in Lübeck die Leitung des Katharineum und die Aufsicht über das gesamte Schulwesen in Lübeck zu übernehmen, schlug 1835 einen weiteren Ruf auf ein Rektorat aus. Als Nobbe 1853 sein 25-jähriges Lehramtsjubiläum beging, berichtete er in seiner Selbstbiographie, er habe *damals gar wohl mit meinen Collegen erkannt, wie sehr es Noth that, unsere Kräfte anzustrengen, um die wachsende Schülerzahl geistig und wissenschaftlich gehörig durchzubilden.*[966] Es läßt sich die fachwissenschaftliche Forderungshöhe leicht vorstellen, die für Nobbe selbstverständlich war, für den normalen Schüler nicht erfüllbar.

Es ist unverkennbar, daß seit den 1870er Jahren die Schule die kontrollierte, an der Maßgabe der Schule orientierte Mitwirkung der Eltern anstrebte. Im Brandbrief, den der Direktor des Cöllnischen Realgymnasiums in Berlin 1849, mit stillem Bezug auf die zeitnahen Vorgänge von 1848, an die Elternschaft schreibt, ist vorwurfsvoll und zugleich die Schule legitimierend von der *Verwilderung des heranwachsenden Geschlechts* die Rede;[967] und der wohlberechnete Schlußsatz *Aus*

---

964 Das Ministerial-Reskript v. 14.10.1875 verstand sich nur zu der schwammigen Formel, die Lehrer sollten in ihren Anforderungen an den Privatfleiß das rechte Maß einhalten und jeder Überbürdung vorbeugen.

965 Friedrich Paulsen, Geschichte des gelehrten Unterrichts, Bd. 2, 373.

966 Dir Karl Nobbe, *Selbstbiographie der ersten 25 Jahre seiner Dienstthätigkeit*, Prog NicolaiSch Leipzig 1839, 31. – Nobbe beging 1853 das 25jährige Rektor-Jubiläum, wurde 1854 als Ritter des Albrechtsordens ausgezeichnet und erlebt 1864 das 50jährige Amtsjubiläum, wurde aus diesem Anlaß mit dem Kgl. Sächs. Verdienstorden geehrt; 1866 ging Nobbe in den Ruhestand, setzte seine Vorlesungen an der Leipziger Universität aber noch fort, seit 1875 als o. Honorarprofessor, und war noch bis 1867 Mitglied der Kgl. Prüfungskommission für Lehramtsanwärter.

967 Dir Dr. Ernst Ferdinand August, *Chronik des Gymnasiums*, Prog Cöllnisches RealGym Berlin 1849,43. – Auch für das Folgende.

frechen Jünglingen sind nie tüchtige Männer geworden warb für freie Handhabe der Schule. Wenn überhaupt, wurden schulkonforme pädagogische Zulieferdienste vom Elternhaus erwartet. Wie in vielen gesellschaftlichen und politischen Fragen markiert 1848/49 eine Wegscheide, auch für das Verhältnis zwischen Schule und Elternhaus. 1840 erklärt der Direktor des Gymnasiums in Neustettin, dem Elternhaus stehe *ein unbestreitbares Recht zu, über die Unterweisung ihrer Jugend zu wachen*;[968] und die Schule stehe in der Pflicht, sich mit der Auffassung der Eltern *in Beziehung und, wo möglich, im Einklange zu halten*. Demgegenüber ließ sich die Schule seit den 1850er Jahren als übermächtiger Forderungsstellerin vernehmen – je näher es der Jahrhundertwende rückte, desto stärker. *Einige Ermahnung an die hochgeehrten Eltern* richtete Direktor Becker in Michelstadt 1872;[969] Direktor Kreyssig in Frankfurt fordert, die Eltern sollten *mehr und mehr unsere Mitarbeiter* werden;[970] Direktor Dr. Volz in Potsdam führt die Entfremdung der Schule vom Elternhaus auf das städtische Wachstum zurück, durch das die Schule an Familiencharakter Einbuße erleidet, so daß die Schule deshalb Beziehungen zum Elternhaus pflegen und *dessen Mitwirkung zur Erziehung der ihr anvertrauten Jugend erstreben* muß;[971] Dr. Wilhelm Deecke, nach seiner Zeit als Oberlehrer am Gymnasium Elberfeld nun mit der Leitung des Gymnasiums Buchsweiler betraut, erklärte, daß bei Reformbedarf in Erziehungsfragen *zunächst nicht an der Schule herumzubessern* sei.[972] Auch die Warnungen Lorinsers vor einer *Überbürdung* der Schüler sind nicht mehr bekannt oder wurden als unbeachtlich abgetan. Jedenfalls teilte die Schule den Eltern ein halbes Jahrhundert nach Lorinsers Kritik ungerührt mit:[973]

> *Die Schule wird nach wie vor darauf bedacht sein, wirklicher Überbürdung der Schüler mit häuslicher Arbeit vorzubeugen. Die Schule erbittet aber dringend die Mitwirkung des Hauses zur Gewöhnung der Kinder an zusammenhängendes und regelmäßiges Arbeiten, an Pflichttreue und Sorgfalt, an frühes Unterscheiden des Notwendigen und Nützlichen oder nur Angenehmen. Um dem Haus eine Kontrolle der Arbeiten zu ermöglichen, sind die Schüler bis zur IIIA zum Führen von Aufgabenbüchern verpflichtet. Als durchschnittliches Maß der erforderlichen täglichen Arbeitszeit gelten 60–90 min für Sexta, 90–120*

968 Dir Prof. Benjamin Adolph Friedrich Giesebrecht, Rede zur 200-Jahrfeier des Gym, Prog Gym Neustettin 1840, 16. – Auch für das Folgende.

969 Dir Wilhelm Becker, Rede zum Schuljahrsschluß 1871, Prog RealSch Michelstadt 1872, 25.

970 Dir Friedrich Kreyssig, *Erläuterungen zum Lehrplan unserer Anstalten*, Prog Schulanstalten der Polytechnischen Gesellschaft Frankfurt/Main 1872, 31.

971 Dir Dr. Berthold Volz, Prog Gym Potsdam 1875, 33.

972 Dir Dr. Wilhelm Deecke (1831–1897), *Plaudereien über Schule und Haus.* Vortrag am 17.2.1884 im Volksbildungsverein Straßburg. Straßburg 1884, 20.

973 Dir Hermann Genthe (1838–1886), *Mitteilung an die Eltern*, Prog Wilhelm-Gym Hamburg 1886, 23. – Die Stundenangaben wurden zur besseren Vergleichbarkeit in Minuten umgerechnet.

Minuten für Quinta, 120 min für Quarta, 120–150 min für Tertia und 150–180 min für Prima. In Fällen, in denen dieses Zeitmaß trotz stetigen Fleisses überschritten werden sollte, bitte ich um schriftliche Benachrichtigung des Klassenlehrers, und erst, wenn auf diesem Wege keine Abhilfe erzielt ist, um direkte Mitteilung des Sachverhaltes an mich. Derartige Benachrichtigungen werden nicht als Beschwerden der Interessenten, sondern als wirksame und dankenswerte Förderung der Schule in Lösung ihrer Gesamtaufgabe betrachtet werden.

Erst mit den 1890er Jahren mäßigt sich, was sich als Selbstherrlichkeit der Schule auffassen läßt, aber nicht aus eigenem Entschluß oder bessere Einsicht, sondern durch die gesellschaftlichen Veränderungen.[974] Nun plädiert die Schule wieder für den Schulterschluß mit dem Elternhaus: *beide müssen im Einvernehmen bleiben,*[975] nun erklärt die Schule, sie wolle *nicht herrschen, sondern dienen* und sei *die natürliche Verbündete* der Eltern,[976] Schule und Haus hätten *gemeinsam an der Erziehung zu arbeiten,*[977] und es sei nicht zweifelhaft, *daß der beste Teil der Erziehung nicht der Schule zufällt, sondern dem Hause.*[978] Das Elternhaus habe mehr *das individuelle Beste des Schülers,* die Schule mehr *die Wohlfahrt des Ganzen* im Auge, so daß eine Verständigung beider *nicht nur nützlich, sondern durchaus notwendig sei.*[979] Die Eltern, so Direktor Graeber in seiner Antrittsrede in Herford, seien *eine Macht, deren Bundesgenossenschaft nicht ich allein, sondern wir Lehrer alle gar sehr nötig haben und darum willkommen heißen.*[980]

Wenn in den Vorstellungen der Schule die alte Konfrontation zum Elternhaus nun langsam, aber deutlich dem Gedanken von Gemeinsamkeit zu weichen begann, so geht das vor allem auf die neu angetretene Generation von Direktoren zurück.

---

974 Dir Georg Otto Arndt, Antrittsrede, Prog Friedrich-Wilhelms RealSch Eschwege 1895, 8: *Der Kampf ums Dasein ist sorgenvoller und heftiger geworden; die Achtung vor dem Gesetz ist in einem weiten Kreise im Schwinden; Mangel an Ehrfurcht vor Alter und Erfahrung, vor dem Großen und Heiligen hat Platz gegriffen, der Maßstab für das, was gut und sittlich erlaubt, ist unfest geworden. Die Jugend ist nicht unberührt davon geblieben.*

975 Dir Prof. Dr. Ernst Lünzner (1842–1907), *Das Verhältnis von Schule und Haus,* Prog Evang. Gym Gütersloh 1895, 5.

976 Dir Dr. Karl Friedrich Julius Koppen, Antrittsrede, Prog König-Wilhelms-Gym Stettin 1894, 5.

977 Dir Gustav Richter, *Elternabend zur Belebung der Beziehungen zwischen Schule und Haus,* Prog Gym Jena 1896, 9. – Auch: Dr. Dr. Julius Asbach, Antrittsrede, Prog Gym Düsseldorf 1898, 16: *geht die häusliche Erziehung Hand in Hand mit den Bestrebungen der Schule, dann werden wir das gemeinsame Ziel leichter erreichen.*

978 Dir Otto Apelt, Antrittsrede, Prog Gym Jena 1905, 8.

979 Dir Paul Kötschau, Antrittsrede, Prog Carl-Friedrichs-Gym Eisenach 1905, 13.

980 Dir Prof. Dr. Rudolf Gräber (*1866), Antrittsrede, Prog evang. Friedrichs-Gym Herford 1912, 5.

Denn das Plädoyer für Zusammenarbeit findet sich vor allem in den Antrittsreden der neu berufenen Direktoren,[981] ist darum aber auch bezeichnend für einen neuen Bedarf an gymnasialer Programmatik. Die alten starren Formen der Selbstvergewisserung durch ständische Exklusivität paßten nicht mehr auf das inzwischen eingetretene außerordentliche Größenwachstum des Gymnasialwesens nach Anstalten, Lehrern und Schülern; mit dem für Veränderungen im Bildungswesen typischen Schritttempo waren sie im Begriff, der Reflexion unter der Lehrerschaft bezüglich einer gesellschaftlichen Funktion von Schule zu weichen. Vielleicht gab es unter der Lehrerschaft mehr Reform-Energie, als sich durch Vereinswesen und Schrifttum artikulieren konnte.

981 Vgl. auch die Antrittsreden von Dir Ernst Karl Heinrich Grimsehl (*1816), Prog ORealSch Hamburg-Uhlenhorst 1910, 12, oder Rektor Paul Mahn, Prog ProGym Kempen/Posen 1890, 10.

5.0 Schüler als Klientel

Maxima debetur puero reverentia[982]
Civibus aevi futuri[983]

5.1 Einordnung

Um einen Anhalt für die historische Verortung zu gewinnen, ist zunächst das 19. Jahrhundert nach rückwärts gegen das 18. Jahrhundert abzugrenzen. – Rudolf Stadelmann zitiert in seiner Centenarschrift zur Revolution von 1848 das Selbstzeugnis eines schwäbischen Dorfschullehrers der zweiten Hälfte des 18. Jahrhunderts, der *bei mäßiger Berechnung* in den 50 Jahren seiner Berufsausübung *911.527 Stockschläge, 1.115.800 Kopfnüsse, 136.517 Handschmisse und 124.010 Rutenhiebe* ausgeteilt habe.[984] Genaue Zahlen müssen genau genommen werden. Es sind also, von einem einzigen Lehrer ausgehend, 2.284.052 Züchtigungsmaßnahmen in 50 Jahren, pro Jahr 45.700. Legt man die einklassige Dorfschule mit etwa 70 Kindern und 270 Schultagen im Jahr zugrunde, so wurde jedes Kind zweimal am Tage gezüchtigt, fast die Hälfte der Kinder aber dreimal. Stadelmanns Urteil einer barbarischen Pädagogik ist also völlig einsichtig.

Aber gegenüber diesen Verhältnissen des 18. Jahrhunderts hatten sich im 19. Jahrhundert die Dinge denn doch geändert, wenngleich langsam. Noch Mitte des 19. Jahrhunderts wurde nicht nur gelegentlich die Leibstrafe als ein probates pädagogisches Mittel gewertet:

> *In seiner Schulklasse fand Immler einen Acker voll Unkraut; er ging rüstig an's Jäten [...] Es hagelte ‚Bletzer' und ‚Handschmitzen'. ‚Es sollen dir die Finger auflaufen wie Bratwürste', war das gewöhnliche, die Strafe begleitende Drohwort. [...] So wirkte Immler in seinem Schulkreise segensreich und glücklich, allgemein geachtet und geliebt von Jung und Alt.*[985]

Eigentümlich ist diese Zustimmung der Erwachsenengeneration – ob Lehrer, ob Eltern – zum schulischen Prügeln. Ob die eigene Prügel-Erfahrung so prägend

---

982 Vor allem muß man dem Knaben mit Respekt und Achtung begegnen. Juvenal, Satiren XIV, 47.

983 Den künftigen Bürgern: Inschrift von 1790 über dem Portal des Friedrich-Wilhelms-Gymnasiums Neuruppin. Vgl. auch Carl Eduard Brauns, Pädagogische Aphorismen. Prog Gym Rinteln 1844, ediert: Wolfgang Jacobmeyer, *Civibus aevi futuri*, 29–45.

984 Rudolf Stadelmann, Soziale und politische Geschichte der Revolution von 1848. Darmstadt ^{2}1970, 17.

985 Dir Dr. Ernst Eberhard, Leben des Lehrers P. Immler. Prog RealSch Koburg 1851, 22.

war, daß man sie bei den Kindern als gegeben hingenommen hat, ist eine geläufige These. Jedenfalls wird übergriffiges Verhalten regelmäßig entschuldigt, wenn es denn nur gut gemeint war:[986]

> *Seinen Schülern gegenüber verband er Ernst und Milde oft in sehr glücklicher Weise. War er zuweilen nicht ganz Herr seines Affects, – und er konnte sehr heftig werden –, so fühlten doch alle bald wieder, wie gut und treu er es meinte. Ut erat comis bonis, ito adversus malos injucundus; ceterum ex iracundia nihil superat.*[987] *Gar Vielen ist er ein väterlicher Wohlthäter geworden.*

Die Vertreter einer handgreiflichen Strafpädagogik sind ausnahmslos noch im 18. Jahrhundert geboren, tradieren also alte Handlungsmuster. Wenn sie im 19. Jahrhundert als Lehrer auch einmal beruflichen Schiffbruch erlitten, so nicht wegen elterlicher Proteste, oder stoischen Ungehorsams der Schüler, oder mäßigenden Einwirkens der Kollegen, sondern allenfalls wegen des behördlichen Eingreifens. Das dokumentiert der Fall Direktor Steins vom Gymnasium Tilsit, dessen Ausscheiden aus dem Beruf zugleich seinen sozialen Absturz bedeutete:[988]

> [Da]*geriet* [Direktor Wilhelm Theodor Stein, 1771–1831] *wegen seiner Härte in der Handhabung der Schulzucht, in Folge deren er selbst gegen die Primaner sehr häufig körperliche Züchtigung anwendete, mit der Regierung in Conflict und nahm seinen Abschied aus dem Staatsdienste. Er kaufte bald hernach das kleine Gut Pauperischken, dessen Bewirtschaftung ihn jedoch in vielfache Verlegenheit brachte, so daß er es wieder verkaufte und nach Tilsit zurückzog, wo er die letzten Jahre seines Lebens in Dürftigkeit und Mangel verlebte.*

Das Eingreifen der Behörde war allerdings weniger eine Reaktion auf das Lehrerverhalten, als vielmehr der amtliche Wille, das sog. Winkelschulwesen zu beschneiden und den öffentlichen Status von kostenpflichtiger Bildung durchzusetzen. Als ein Lehrer der Großen Stadtschule Wismar 1818 *in der Uebereilung einen zarten Knaben in Quinta so hart züchtigte, dasz er die Spuren davon mit nach Hause brachte,*[989] nahm der Vater den Sohn von der Schule und beredete auch andere Eltern, einen Candidaten der Theologie zum Lehrer der Kinder zu gewinnen:

> *Es bildeten sich mit der Zeit auch andere Candidatenschulen, die auf eine lange Reihe von Jahren der öffentlichen Anstalt einen empfindlichen Verlust zuzogen, und so hatten die*

986 Dir Heinrich Julius Kämmel, NR auf Dir Friedrich Lindemann, Prog Gym Zittau 1854, 9.

987 *Wie er den Guten ein Begleiter war, konnte er die Unguten nicht ausstehen; im übrigen blieb sein Zorn nicht auf Dauer.* Tacitus, Agricola 22.

988 Prof. Dr. Heinrich Pöhlmann, *Beiträge zur Geschichte des Kgl. Gymnasiums zu Tilsit,* Tl. 5: 1791–1812, Prog Kgl. Gym Tilsit 1876, 36.

989 Rektor Prof. Dr. Carl Ferdinand Crain, Beiträge zur Geschichte der Wismarschen groszen Stadtschule, Prog Gym Wismar 1862, 17. – Auch für das Folgende.

> *Lehrer den einseitigen Miszgriff ihres Collegen gemeinschaftlich mit zu tragen, da ihre Einnahme an Schulgeld sich bedeutend verkürzen muszte. Es war ja leicht erklärlich, dasz er bei der Menge von Schülern so gemischter Bildung und Erziehung, welche ihm den Kopf warm machten, in Hitze gerieth und seinen Unmuth einmal vielleicht an einem weniger zurechnungsfähigen ausliesz.*

Wenngleich die Forderungen von Zucht und Ordnung weiterhin unverbrüchlich galten, entwuchs doch auch das Schulkind allmählich der Rolle des Untertans, lebte nun weitgehend schon im Besitz der im 18. Jahrhundert nur ersehnten, aber nicht erlangten *Freiheit des Rückens*, wurde also nicht länger beliebig und umstandslos geprügelt. Mindestens wurde das Prügeln wenigstens bemerkt. Direktor Thormeyer in Neuruppin forderte von den Schülern bedingungslosen Gehorsam gegenüber der Schulordnung als eine Voraussetzung für den Besuch des Gymnasiums: *Jünglinge also, welche nur durch körperliche Strafen zum Guten angehalten seyn wollen, wodurch sie sich und das Gymnasium schänden, mögen fern von uns bleiben.*[990] Thormeyer forderte, der Lehrer dürfe *gegen die Schüler nicht partheyisch oder despotisch und tyrannisch* sein.[991] Damit besaß er ein überraschend modernes, dem alten Strafwesen abgeneigtes Schülerbild, das den Leistungswillen des Schülers nicht ins Belieben stellte, aber die Freiheit des Schülers betonte:[992]

> *Jeder Schüler muß nach seiner Art genau und zugleich edel behandelt werden. Damit er Achtung vor sich Selbst behalte. Durch Schläge und andere Zwangsmittel wird der Langsame nicht schnell und der Faule nicht fleißig; denn der Fleiß ist eine moralische Tugend, die nicht erzwungen werden kann, wenn der Schüler als freyes Wesen sie nicht selbst will.*

Vor allem orientierte sich die Strafpraxis an der Hierarchie von Schulformen; die strafende Übung der Schule stellte sich auf der Ebene des Gymnasiums noch anders, wenn man so will: *moderner* dar als beim niederen Schulwesen. Nicht nur rückte das Gymnasium von der Praxis des bedenkenlosen Prügelns ab, sondern es münzte die deutliche Kehrtwendung auch in eine Selbstverpflichtung um: *Die Schule hat die Aufgabe, einen Zustand herbeizuführen, in welchem Strafen so selten als möglich eintreten.*[993]

---

990 Dir Dr. Friedrich Christian Thormeyer, *Bestimmung des Verhaltens, welches jeder Schüler zu beobachten hat*, Prog Gym Neurupping 1824, 23.

991 Dir Dr. Friedrich Christian Thormeyer, Prog Gym Neuruppin 1831, 24.

992 Dir Dr. Friedrich Christian Thormeyer, *Ueber Anregungen, Unterhaltung und Verstärkung der Lernbegierde bei der Jugend von Seiten des Lehrers*, Prog Gym Neuruppin 1822,14.

993 Direktor Albert Gustav Heydemann, *Ueber die an den höheren Schulen in Anwendung kommenden Strafen*. Prog Marienstifts-Gym Stettin 1870. – Dem Beitrag liegt eine Studie für die pommersche Direktoren-Konferenz 1864 zugrunde und greift damit im Anspruch über das Stettiner Gymnasium hinaus.

Ohne Strafen war zwar auch auf dem Gymnasium nicht auszukommen; aber Vergehen gegen die Schulordnung oder die Anweisungen des Lehrers wurden nunmehr nach ihrem Schweregrad abgestuft und kasuistisch bestimmten Strafformen zugeordnet. Vor allem aber wurde die Bestrafung, je schwerer desto häufiger, dem Lehrer aus dem Hand genommen, konditioniert und institutionalisiert. Prügel waren nicht vom zornigen Lehrer im Affekt, sondern zu einem den Eltern avisierten Zeitpunkt vom Pedell in Anwesenheit des Direktors zu verabreichen; der Karzer sonderte den Schüler genau befristet ab; und die Höchststrafe, das *concilium abeiundi*, der Schulverweis, stand nicht in der Verfügungsgewalt eines einzelnen Lehrers, sondern war vom gesamten Kollegium zu beschließen. Die alte Ohrfeige und der Rutenschmiss hatten sich zu einem Verwaltungsakt umgebildet, der Schmerz der Wange war der kontrollierten Minderung von Sozialchancen gewichen.

5.2 Strenge, Zucht und Ordnung

Setzt man eine gängige Qualitätshöhe der Elementarschule voraus, war es kein außergewöhnlicher Glücksfall, die Zulassung zum Gymnasium zu erlangen, eher eine Frage der Finanzierbarkeit. Geburtsurkunde und Taufschein nebst Impfausweisen waren erforderlich – die Kinder der heute etwa angesichts der Corona-Epidemie so wunderlich auftretenden Impfverweigerer hätten also im 19. Jahrhundert keine Chance auf höhere Bildung besessen – und folgende, durch Aufnahmeprüfung nachzuweisende Vorkenntnisse:[994]

> *1. Kenntnis der 10 Gebote und einiger Bibelsprüche und Liedverse, dazu das Bekannteste aus der biblischen Geschichte.*
> *2. Fertiges Lesen eines leichten Lesestückes in deutscher und lateinischer Schrift. Fertigkeit, ein leichtes Diktat ohne grobe Fehler zu schreiben*
> *3. Im Rechnen Kenntnis der 4 Spezies mit ganzen Zahlen,[995] auch benannten, sowie des kleinen Einmaleins und des großen mit 11–20 und 24 und 25.*
> *4. Fertigkeit, mit deutschen und lateinischen Buchstaben zu schreiben.*

Als Gymnasialschüler wurde man, anders als im Klassenzimmer, wenigstens in der Schulöffentlichkeit erlesen höflich und mit dem Ausdruck von Wertschätzung angeredet. Die Schulreden Direktor August Spillekes vom Friedrichs-Wilhelm-Gymnasium in Berlin variieren zwischen *meine Lieben*, *meine Theuren*, *theure, geliebte Jünglinge* oder *meine theuren Jünglinge* (für die Schüler ab Tertia), *meine Geliebten*.[996] In Duisburg wurden sie im Vorgriff auf ihre künftige gesellschaftliche

994 Mit leichten Variationen der einzelnen Gymnasien, hier: Prog Evang. Friedrichs-Gym Herford 1888, 19.

995 Eingekleidete Aufgaben in den vier Grundrechenarten.

996 Dir August Spilleke, Schulreden, Prog Friedrichs-Wilhelm-Gym Berlin 1824, passim (3, 7, 11, 13, 15, 19, 35)

Stellung angeredet: *Ihr, die Ihr Euch alle künftig unter den gebildeten Theil der Nation einzureihen hofft.*[997] Der Direktor des Gymnasiums Katharineum in Lübeck nennt die Abiturienten *meine jungen Freunde,*[998] der Direktor des Gymnasiums im mecklenburgischen Friedland adressiert sie als *meine lieben Schüler.*[999] Die Schüler werden als *junge Freunde,*[1000] *liebe Zöglinge.*[1001] In den bayerischen Studienanstalten – an Zahl geringer als die Gymnasien allein in Berlin – war die Anrede durch den ersehnten, schon vorweg genommenen akademischen Habitus überhöht: *meine lieben Studierenden.*[1002] Rührende Innigkeit ohne Autoritätsverlust wurde dem Prorektor Körber in Hirschberg als Umgangsweise mit seinen Schülern nachgesagt:[1003]

> *Wirklich herzliche Liebe brachte er immer von Neuem der Jugend, für die und an der er arbeitete, entgegen und äußerte sie gelegentlich in einer uns jetzt naiv oder sonderbar erscheinenden Weise. Seine Primaner redete er in der Censur 1811 „Meine Freunde" an; sprach er auch öffentlich von ihnen, so war es im Tone der gleichstellenden Freundschaft und Hochachtung. So schreibt er von einem der zur Universität entlassenen Schüler (Legner aus Oberröhrsdorf, Sohn eines armen Häuslers) 1809: „Ich besinne mich nicht, daß er je auch nur eines Winkes zur Erinnerung an seine Pflicht bedurft hätte. Mit Wehmuth riß ich mich von ihm los, denn er war nicht bloß mein Schüler, er war mein inniger Freund. Zürne nicht, geliebter Jüngling, dem ein Zufall vielleicht dieses Blatt zuweht, daß ich dein Zartgefühl durch so vieles Lob zu verletzen scheine. Du weißt es wohl, daß du erst noch aufstrebst zur Höhe der Menschheit; du hast es ja aus guten Gründen erkannt, daß das Ich selbst der vollendeten Menschen nichts ist und aller Preis dem Gotte in ihnen gebührt".*

Aus den Anreden spricht prinzipielles Wohlwollen, aber nicht prinzipienloses. Die Grundkondition im gymnasialen Lehrer-Schüler-Verhältnis war fachbezogene

997 Dir Dietrich Landfermann (1800–1882), NR auf König Friedrich Wilhelm III, Prog Gym Duisburg 1840,4.

998 Dir Prof. Friedrich Johann Jacob, Abiturientenentlassungsrede, Prog Gym Katharineum Lübeck 1848, 41.

999 Dir Karl Ubbelohde (18 *scher*, Abiturientenentlassungsrede, Gym Friedland 1895, 6.44–1907), *Zur Wahl des Berufes: 1. Mensch, Christ und Deutscher*, Abiturientenentlassungsrede, Gym Friedland 1895, 6.

1000 Direktor Prof. Friedrich Johann Jacob, Abiturientenentlassung. Prog Gym Katharineum Lübeck 1848.

1001 NR auf den Tod zweier Schüler. Chronik, Prog Höhere Bürgerschule Fürstenwald 1870.

1002 Rektor Edmund Behringer (1828–1900), Schuljahrsabschlußrede 1872, Prog Kgl. Studienanstalt Aschaffenburg 1880.

1003 Dir Prof. Dr. Albert Dietrich, Zur Geschichte des evangelischen Gymnasiums zu Hirschberg, Prog Gym Hirschberg 1862, 37. – Gotthelf Wilhelm Körber (*1775) avancierte 1799 zum Prorektor.

und disziplinarische Strenge. Das schloß nicht aus, daß Lehrer in Einzelfällen von Empathie überwältigt wurden und Schülern jenseits der Berufspflicht zu Hilfe kamen, wie eine erst im Nachruf mitgeteilte Episode zeigt. Dem 14jährigen Schüler August Gasda am Gymnasium Oppeln, der später Oberlehrer am Gymnasium in Lauban wurde, fehlte das Geld, um in den Schulferien zu seiner Mutter, einer Försterswitwe, im oberschlesischen Proskau zu fahren. In dieser Situation verwendet sich ein Lehrer für den Schüler und sein Heimkehrinteresse, vermutlich der mit der Aufsicht über das Alumnat beauftragte Lehrer, indem er der Mutter schreibt:[1004]

> *Im Interesse Ihres Kindes ersuche ich Sie hiermit ergebenst, ihm die Erlaubnis, Sie besuchen zu dürfen, zu ertheilen. Wenn ein Knabe ein ganzes Jahr so anhaltend fleissig gearbeitet hat, wie das bei Ihrem Sohne der Fall ist, so bedarf er der Erholung, wenn er nicht körperlich und gemüthlich Schaden nehmen soll. Bleibt er aber hier, so hat er wenig und gar keine Zerstreuung, denn alle Knaben, mit denen er verkehren könnte, sind verreist; er würde dann nach seiner Weise wieder über den Büchern liegen und sich keine Erholung gönnen, was ich durchaus nicht wünschen kann. Ich halte es für nothwendig, daß er einmal aus seinen dermaligen Verhältnissen herauskomme, um sich vorzüglich auch körperlich zu neuer Arbeit zu stärken. Er hat sich auch so unendlich auf diese Reise gefreut, daß ich es unmöglich mit ansehen kann, daß ihm diese Freude nicht zutheil werde. Vielleicht gibt Ihnen Se. Excellenz der Herr Generalpostmeister, wenn Sie sich an ihn wenden, für die Rückreise desselben einen Freipass.*

Sieht man von einem solchen Einzelfall ab, ist aber von Anfang an unnachsichtige Strenge die Erziehungsmaxime des Gymnasiums.[1005] Die Schüler wuchsen in einem schulischen Umfeld auf, in dem sie in rigorose Vorschriften für Arbeitsfleiß und Verhaltensformen eingepaßt wurden. Verhaltensvorschriften galten nicht nur für Schule und Unterricht, sondern auch jenseits davon. Denn das Ministerium hatte schon mit Verfügung vom 31. Juli 1824[1006]

> *sämmtlichen Gymnasiallehrern zur Pflicht gemacht, auf das Betragen ihrer Schüler außer der Schule ihre Aufmerksamkeit und Sorgfalt zu richten, weil sie allerdings befugt sind, dieselben wegen ihres unsittlichen und anstößigen Benehmens außer der Schule*

1004 Dir Heinrich Guhrauer (1844–1909), NR auf OL Dr. August Gasda, Prog ProGym Lauban 1889, 14. – Die Bahnfahrkarte kostete einen Taler.

1005 Schon 1818 formulierte Dir Karl Wilhelm Kortüm: *Allein die Natur hat selbst dem Kinde, neben dem Trieb zum sinnlichen Genuß für die Stärkung der physischen Kräfte, den Trieb zur höheren Entwickelung eingegeben. Es ist die Aufgabe des Erziehenden, den Letzteren, falls er auffallend hervortritt, zu mäßigen, daß der Körper durch jenes Uebergewicht nicht leide, aber eben so sehr darauf zu sehen, daß das Uebergewicht des Leibes nicht alle Geisteskraft unterdrücke und derselbe abstumpfe. – Anordnungen und Wünsche der öffentlichen Schule.* Prog Gym Düsseldorf 1818, 25.

1006 Dir Samuel Gottlieb Falbe (1768–1849), *Ueber Schulen als Lehranstalten und Erziehungshäuser.* Prog Gym Stargard 1825, 12.

zur Verantwortung zu ziehen. Es wird daher in jener hohen Verfügung den Lehrern und besonders den Rectoren zur heiligsten Pflicht gemacht, mit allem Eifer dahin zu sehen, daß die Schüler, deren Aeltern und Anverwandte nicht an dem Orte des Gymnasiums wohnen, unter eine möglichst genaue Aufsicht gesetzt werden.

Der Mittelweg zwischen unnachgiebiger Härte und nachsichtiger Milde ist schwer zu finden. Rektor Beger in Dresden-Neustadt optierte eher für Härte, aber der Schüler wegen, wie er meinte. Denn *stete Nachsicht und billig scheinendes Begnügen mit mangelhaften und unpünktlichen Leistungen bringt sie nicht nur um Muth und Selbstvertrauen, sondern auch fast um alle Brauchbarkeit und Zuverlässigkeit für die mittelmäßigsten Geschäfte.*[1007] Es gab daher keine altersgerechte Stufung der Anforderungen, kein allmähliches Hineinwachsen der Schüler in den Pflichtenkanon, sondern er galt von Anfang an.[1008] Die Härte, mit der er angewendet wurde, korrelierte allerdings auch mit der rasch wachsenden Nachfrage nach dem gymnasialen Abschluß als der Pforte zu sozialem Aufstieg. Zudem platzte in der zweiten Jahrhunderthälfte das Gymnasium aus allen Nähten und konnte sich Strenge leisten, weil es auf die Schülerzahl keine Rücksicht mehr nehmen mußte. Einen knappen Überblick über Formen des Fehlverhaltens von Schülern und die gestaffelten Strafformen der Schule gibt schon Direktor Thormeyer 1824:[1009]

Widersetzlichkeit und Raisonnieren wider den Lehrer, Schreien, Murren, Scharren mit den Füßen bey empfangenen Verweisen, Ermahnungen und Warnungen, Plaudern, Necken, Lachen, Stößen und Werfen hinter ihrem [der Lehrer] *Rücken, wenn sie etwas an die Tafel schreiben, kann als Mangel der Achtung gegen den Lehrer nie ungestraft bleiben und soll doppelt hart bestraft werden, wenn jemand andere zu ähnlichen Vergehen verleitet. Ein solcher Aufwiegler soll als Störer der öffentlichen Ruhe das erstemal vor die Conferenz gezogen, das zweitemal mit Stock oder Carzer belegt, und das drittemal excludiert werden, weil eine schola desoluta besser ist als dis[s]oluta.*

1007 Rektor Dr. August Beger, *Über den Privatfleiß*, Prog Höh. BürgerSch Dresden-Neustadt 1840, 7.

1008 Dem widerspricht nicht die idealistische Einbettung durch Äußerungen wie denen von Rektor u. 1.OL Prof. Dr. Alexander Kapp (1799–1869), Rede zum Schulbeginn 1846, Prog Gym Soest 1847, 5: *Als Ihr freilich das erste Mal als zarte Knaben hier eintratet, da erschienen Euch Eure Lehrer als die, welche allein alle Schätze des Schönen, Wahren und Guten besäßen und verwahreten, und ohne deren Freigebigkeit Ihr für alle Zeit daran darben müßtet, und Ihr blicktet daher bittend zu ihnen auf, daß sie Euch liebevoll von ihrem Ueberflusse mittheilen möchten.* [...] *In Euch herrschte leere Armuth, die sich nach Besitz sehnte, und außer Euch voller Reichthum, der zu sich einlud.*

1009 Dir Dr. Friedrich Christian Thormeyer, *Bestimmung des Verhaltens, welches jeder Schüler zu beobachten hat*, Prog Gym Neuruppin 1824. – Lateinisches Wortspiel: besser eine schülerarme als eine zuchtlose Schule.

In einem krassen Gegensatz zu dieser normativen Härte stehen die Äußerungen von Anteilnahme und die Zeugnisse von Empathie, mit denen die Schule auf den Tod von Schülern reagierte:[1010]

> *tödtete sich am 3. November 31/2 Nachmittags durch einen Terzerolschuss. Den Eltern und dem häuslichen Erzieher unbekannt, von einigen jüngeren Freunden geahnt, hatte sich eine, durch keine Veranlassung, weder in seiner häuslichen Lage noch in seinem Verhältniss zur Schule, erklärliche, tiefe Melancholie seines Geistes bemächtigt, über die er im Beisein anderer und seiner Schulpflicht gegenüber vollständig Herr war. In einem Anfalle derselben beging der 18jährige blühende Jüngling den unheilvollen Selbstmord, der Lehrer wie Eltern in lange anhaltenden Kummer versetzt hat.*

Aus den Worten des Gedenkens wird die Sorgfalt deutlich, mit der die Schule Erkundigungen eingezogen hatte, zumal der Suizid auf dem Schulgelände erfolgte. Noch stärkerer Ausdruck des Mitgefühls spricht aus dem Nachruf Direktor Blumes in Potsdam:[1011]

> *Albert T. gehörte stets zu den Fleißigern und Talentvollern unserer Jugend. Einer der reifern Secundaner, im siebenzehnten Lebensjahre, erregte er bereits nicht gewöhnliche Hoffnungen. Nie war über sein Betragen Klage geführt. Und doch konnte ein noch nicht hinlänglich erklärter, zum Theil wohl aus körperlichen Ursachen herrührender Trübsinn, mit dem jedoch offenbare Verirrungen eines falschen Ehrtriebes verbunden waren, den Unglücklichen, dessen religiöse Überzeugungen durch verderblichen Umgang und schlecht gewählte Privatlectüre tief erschüttert waren, dahin bringen, daß er sein Leben – freiwillig in den Fluthen der Havel endigte. Armer, mißgeleiteter Jüngling! Die Schule kann dein Andenken nicht verdammen. Denn ihr widmetest du redlichen Eifer und treue Liebe; in ihr fandest du, wie du einst in ernster Stunde erklärtest, nur Erholung und Freude. ‚Wenn ich morgens nach dem Gymnasium gehe und sehe nur erst Mitschüler mit Mappe und Büchern unter dem Arme desselben Weges ziehen, dann erheitert sich schon mein Herz. Hier fühle ich mich wohl und finde Frieden der Seele.' – Ja, Gnade und Frieden wolle der Allbarmherzige deiner Seele gewähren!*

Die suizidale Neigung Jugendlicher ist zwar heute nach wie vor niedriger als die Erwachsener, ist jedoch unvermindert. In der Bundesrepublik wurden im Jahre 2017 insgesamt 212 Selbstmorde von Jugendlichen zwischen 10 und 20 Jahren registriert.[1012] Die Lehrer reagierten im 19. Jahrhundert auf die Selbsttötung depressiver Schüler mit angemessener Emphase und Bestürzung, wenngleich offenbar ohne die inzwischen erweiterte Kenntnis von Prävention und Begleitung. Nicht anders wurden schicksalhafte Todesfälle von der Schule aufgenommen und

---

1010 Prog Cölnisches RealGym Berlin 1852, 34.

1011 Dir Dr. Wilhelm Hermann Blume, Prog Kgl. Gym Potsdam 1833, 21f.

1012 Merle Becker u. Christoph U. Correll, Suicidality in childhood and adolescence, Deutsches Ärzteblatt 2020.

wiedergegeben. Ein Beispiel aus den 1820er Jahren und zwei Beispiele aus den 1840er Jahren sind dafür kennzeichnend, gerade weil sich die soziale Lagerung der beiden Betroffenen so unvergleichlich ausnimmt:[1013]

Max v. Pannwitz aus Wallmersdorf bey Schwiebus, stark und kräftig an Leib, sanft und zart an Gemüth, verließ uns den 17ten December 1822 Abends um 11 Uhr in einem Alter von 17 Jahren ganz. Er vollendete an einer Entzündung des Unterleibes seine Laufbahn hier auf Erden, beweint mit Recht als Einziger Sohn von seinen wackern Eltern, beweint von uns allen. Zum Zeichen der Achtung und Liebe gegen seinen vollendeten Geist, begleiteten seine Leiche sämmtliche Lehrer und Schüler des Gymnasii zu Grabe, an welchem Herr Superintendent Schröner, als Ephorus, zugleich zeitgemäße Worte des Nachdrucks für den Verstand und das Herz der ganzen Versammlung mit sichtbarem Nutzen sprach. Gott mildere den gerechten Schmerz der biederen Eltern durch den Gedanken an Fortdauer und Wiedersehen!

Nicht ohne tiefe Wehmuth müssen wir das Andenken eines edlen Jünglings ehren, den unerwartet der Tod aus unserer Mitte riss. Detlev Graf von Reventlow ward Ostern 1847 in die zweite Klasse unserer Gelehrtenschule aufgenommen und hatte sich gar bald durch seinen Ernst und seine Gesetzlichkeit die Liebe und Anhänglichkeit aller, die ihn kannten, im hohen Grade erworben. Im Schoos des Wohlstandes geboren, von zärtlichen Eltern gepflegt, begnadigt mit schönen Anlagen schien er einer lächelnden Zukunft entgegenzublühn. Doch der Herr, vor dessen weiser Führung wir uns in Demuth beugen, wollte es anders. Als er in den Sommerferien des abgewichenen Jahres zu seinen geliebten Eltern nach Uetersen gereist war, so erkrankte er dort, und die Krankheit nahm schnell einen immer bedenklicheren Charakter an, so dass er, ungeachtet der sorgsamsten Pflege und der Anwendung jeglichen Mittels, von welchem Heilung zu hoffen war, am 8. Sept. in frommer Hingebung aus dem Leben schied. Sein Gedächtniss wird in unserem Herzen fortleben.

Unter den Schülern herrschte ein guter sittlicher und wissenschaftlicher Geist, der von dem Lehrercollegium mit gewissenhafter Treue bewahrt und geschützt wurde. Unter denselben hatten manche mit Noth und äußern Verhältnissen zu kämpfen. [...So] *daß Schüler entweder zu geringe Nahrung hatten, oder durch Erwerbung besserer unter zu großen Anstrengungen die Gesundheit gefährdeten und auch in den wissenschaftlichen Studien gehemmt wurden. Ja, einer unserer besten Schüler der Prima, welcher zur Erleichterung seiner als Wittwe in Bedrängniß gekommenen Mutter wöchentlich 16 St. Privatunterricht gegeben hatte, während er in seinem Studium immer Alles aufbot, um es den besten zuvorzuthun, war, wie wir erst nach seinem Tode erfuhren, ein Opfer seiner Verhältnisse geworden, Karl Eduard Meltzer, geb. zu Weimar d. 11. Septbr. 1823, gestorben zu Leipzig am 23. Decbr. 1841.*

1013 Pannwitz: Prog Gym Neuruppin 1823, 3. – Reventlow: Prog Gelehrtenschule Ratzeburg 1849, V. – Meltzer: Rektor Prof. Dr. Karl Friedrich August Nobbe, Prog Nicolaischule Leipzig 1842, 41.

Bis gut in das 20. Jahrhundert hinein beharrten die Lehrer auf der Strenge ihrer Anforderungen. Die bayerische Übung, in den Schulprogrammen die Schüler auch noch *nach ihrem Fortgange,*[1014] also nach Leistungsstand und nicht alphabetisch aufzulisten, haben die preußischen Gymnasien zwar nicht übernommen.[1015] Aber die, wie Realschuldirektor Koch in Tilsit konstatiert, *oft zu starre Strenge namentlich jüngerer Lehrer*[1016] wird wenigstens beobachtet und angemerkt, wenngleich nicht gemildert. Koch moniert – und trifft damit einen Grundzug im Lehrerverhalten über die Reichweite seiner eigenen Beobachtungen hinaus – nicht nur den überwiegenden Gebrauch des Tadels als pädagogisches Instrument, sondern auch die Rechthaberei der Lehrer als unbegriffenes Verlangen nach Autorität:

> *Fällt es ihnen in der That oft recht schwer, ein verdientes Lob auszusprechen, können sie doch aus Eigensinn oder einer mißverstandenen Consequenz, die unter allen Umständen ihr Ansehen behaupten will, es nur schwer über sich gewinnen, einen von ihnen begangenen Fehler oder auch nur einen Irrthum den Schülern gegenüber anzuerkennen, da dieses sie in ihren Augen nothwendig herabsetzen müßte.*

Das öffentlich abgeforderte Schülergelöbnis besaß die Eigenschaft einer vertraglichen Zusicherung, denn es wurde dem Direktor von einem Schüler stellvertretend für die gesamte Schülerschaft *in die Hand versprochen.*[1017] Besonders bei dem Direktorenwechsel gehörte das öffentliche Gehorsamsgelöbnis der Schülerschaft zur Agenda[1018], neben der Amtseinführung und Vereidigung des neuen Direktors

---

1014 Prog Studienanstalt Neuburg/Donau 1865, 25.

1015 Ausgenommen das Kgl. Viktoria-Gym Burg, Prog 1898, 18, oder die RealSch Ernestinum in Coburg, die die 233 Schüler 1888 *nach der Weihnachtscensur* auflisteten. Prog Ernestinum 1889, 10–19.

1016 Dir Louis Koch (1821–1891), *Schule und Haus,* Prog RealSch Tilsit 1878, 3. – Auch für das Folgende.

1017 Dir GeheimR Dr. Friedrich Dieck (1846–1919), Entlassungsrede an die Abiturienten am 25.2.1911, Prog Gym Verden/Aller 1911, 7. – Dir Samuel Reuscher, Amtseinführung von Prorektor Dr. Nauck, Abforderung eines Schülereids gegenüber dem neuen Prorektor, Prog Gym Cottbus 1843, 13: *Und so geben Sie denn, G...u, diesen Handschlag im Namen aller Ihrer Mitschüler Gesinnung, Ihres redlichen Willens, Ihres pflicht- und wetteifrigen Strebens in Ansehung alles dessen, was Ihnen obliegt in Ihren Verhältnissen, als Söhne des Vaterlandes und Zöglinge eines vom Staate und seinem Oberhaupte, glorwürdigen Andenkens, gestifteten und gepflegten Institut´s.*

1018 Auch in der Form, daß der neue Direktor es einforderte: *Einstweilen verlange ich als Rektor nichts, als daß ihr ebenso gut mir wie jedem anderen Lehrer des Carola-Gymnasiums Gehorsam und Ehrerbietung bezeugt und eure Schulpflichten* [...] *getreulich erfüllt. Und zum Erweise dessen, daß alle Schüler des Carola-Gymnasiums dazu verpflichtet sind,* [...] *mögen die Primi scholae Karl Reupert und Walther Rank vortreten und mir im Namen aller den Handschlag geben.* Dir Prof. Dr. Emil Blochmann, Antrittsrede, Prog Königin Carola-Gym Leipzig 1912, 16.

durch den zuständigen Provinzialschulrat[1019] und der Antrittsrede des neuen Amtsinhabers. In diesem Ritual artikulierte sich die ständige Klage der Lehrer über unzureichende Schülerleistungen. Arbeit sei *nicht das traurige Verhängnis der Unterdrückten, sondern das köstliche Vorrecht der Gesunden,*[1020] war noch Ende des Jahrhunderts eine feste Überzeugung der Lehrer. Sie verband sich schon 60 Jahre früher mit einer ausweglos erscheinenden Zeitdiagnose, daß selbst den *Vortrefflichen* unter den Schülern es an *Willenskraft und sittlich ernstem Fleiße* fehle, und zwar wegen *zersplitterter Geisteskraft und Zerstreuung aller Art,*[1021] einem Zustand, in dem sich die allgemeinen Zeitumstände auswirkten, u.a. die von den Lehrern so vehement beklagte *zersplitternden Theilnahme* der Schüler durch die Lektüre von Flugblättern. Dieser Verfassung könne niemand wirkungsvoll entgegentreten, am wenigsten der Schulstand.

Der diagnostische Wert dieser Ausführungen bezüglich des Schülerverhaltens, die ja nicht fundiert zu nennen sind, ist gering. Aber sie sind bezeichnend für die Lehrererwartungen. Was Direktor Jacob als den Sprecher anlangt, so steht seinem

---

1019 Der Wortlaut des Diensteides war behördlich vorgeschrieben und galt nicht nur für das gegenwärtige Amt, sondern für alle künftigen Ämter: *Ich, N.N. schwöre zu Gott dem Allmächtigen und Allwissenden, daß Seiner Königl. Maj. von Preußen, meinem Allergnädigsten Herrn, ich unterthänig, treu und gehorsam sein und alle mir vermöge meines Amtes obliegenden Pflichten nach meinem besten Wissen und Gewissen genau erfüllen, auch die Verfassung gewissenhaft beobachten will, so wahr mir Gott helfe.* VO v. 6.5.1867: Wiese's Sammlung der Verordnungen, Bd. 2, Berlin 1888, 99.

1020 Dir Dr. Karl August Fürchtegott Knabe (*1856), *Abschiedsfeier des Herrn Direktors Dr. Hempfing*, Prog ORealSch Marburg/Lahn 1899, III. – Vgl. auch Dir Dr. Karl Eduard Bonnell, Abiturientenentlassungsrede, Prog Friedrichs-Werdersches Gym Berlin 1868, 28: *Und was haben Sie, liebe Jünglinge, denn bisher von der Arbeit kennen gelernt? Haben Sie nicht immer Herrenarbeit und noch niemals Knechtesarbeit gethan? Der Knecht arbeitet im Dienste eines Anderen und für einen Anderen. Sie haben nur immer im eigenen Dienste und für den eigenen Zweck gewirkt. [...] Sie sind, während Sie wähnten zu arbeiten, mit Götterspeise genährt; Sie sind, während Sie meinten, am Arbeitstisch zu sitzen, gespeist mit den herrlichsten Früchten aller Jahrhunderte, und was Ihnen Anstrengung schien, war doch [...] nur die Ausfüllung einer geschäftslosen Zeit mit den edelsten Bestrebungen, die es giebt. Während Sie arbeiteten, haben Sie ein Leben geführt, welches der auch von Ihnen gefeierte griechische Weise Platon für das hächste Ziel menschlichen Daseins und für das des Menschen allein würdige hält, nemlich zu leben in stets wachsender Erkenntniss.*

1021 Dir Prof Friedrich Jacob, *Einige Bemerkungen über den heutigen Standpunkt der Pädagogik*, Einleitung auf der Versammlung norddeutscher Schulmänner 1840 durch den Vorsitzenden, Prog Gym Katharineum Lübeck 1841, 6. – Auch für das Folgende.

an sich zutreffenden Urteil der eigene Berufserfolg im Wege, weil dieser als Maßstab irreleitet. Einem Mann, der die dreijährige Studiendauer nicht ausschöpfen mußte und mit 20 Jahren schon Oberlehrer war,[1022] konnte auch ein begabter Schüler nicht folgen, ein durchschnittlicher schon gar nicht. Zudem war inzwischen der rasante Aufstieg des Gymnasiums zu normaler Stetigkeit eingeebnet. Den Schülern wurden in Eisenach zu Beginn des neuen Schuljahrs 1839 die Paragraphen der Schulordnung vorgelesen, *welche durch die anregende und ermahnende Stimme des Lehrers von Zeit zu Zeit in das Gedächtniß zurückzurufen nöthig erscheinen.*[1023] Aber die Verfassung des Gymnasiums machte es eben unnötig, eine neue Schulordnung zu konzipieren. Die Bemerkung Direktor Hoffmeisters in Bad Kreuznach – *Die Personen wechseln, die Aufgabe bleibt*[1024] – adressiert einen viel breiteren Kontext als nur die Einführung eines neuen Lehrers.

Mit der Strenge der Lehrer korrespondierte ihre Enttäuschung, wenn der Zwang versagt hatte. Wortreich und gefühlsstark meldeten sie sich dann zu Wort:[1025]

> *Es gibt für den um die Wohlfahrt seiner Schüler bekümmerten Lehrer keine traurigere und niederschlagendere Erfahrung, als daß zuweilen die größten Hoffnungen, die Zöglinge in früheren Jahren erweckten, plötzlich vereitelt, und die hohen Erwartungen, die von von ihnen zu hegen berechtigt war, unvermuthet vernichtet werden. Leider ist dies zuweilen bei denen der Fall, die von der leitenden Fürsorge einer erziehenden Lehranstalt entbunden mit einem Male übertreten auf das Gebiet einer erträumten und zu den verderblichsten Hirngespinsten der jugendlichen Phantasie gehörenden Freiheit. Hier tritt zuweilen an die Stelle gediegener Verstandesbildung der unverständigste Wahn; während die Musen weinen und die Grazien erröthen, freuen sich die finstersten Mächte der Hölle;*

1022 Geboren als Sohn eines wohlhabenden Schumachers, durch den Tod des Vaters mit 3 Jahren Halbwaise, Abitur am Gymnasium des Waisenhauses Halle, 1810 Studium der Theologie und Philologie in Halle, 1812 OL an der Klosterschule U.L.F. Magdeburg, 1815 Kriegsdienst als freiwilliger Jäger, 1818 OL Friedrichs-Kollegium Königsberg, 1825 Prof Gym Posen, 1831 Dir Gym Katharineum Lübeck.

1023 Prog Großherzogl. Gym Eisenach 1840, 20.

1024 Dir Prof. Dr. Karl Hoffmeister, Einführung eines neuen Lehrers, Prog Gym Kreunach 1839, 24.

1025 Dir Dr. Julius Friedrich Karl Dilthey (1797–1857), *Rede gegen die auf Universitäten Statt findenden geheimen Verbindungen*, Prog Gym Darmstadt 1828, 3. – Als preußisches Beispiel: *Wohl mag den Lehrer ein bitterer Schmerz erfassen, wenn er durch Leichtsinn, Unverstand oder widriges Geschick die ihm anvertraute Menschenpflanze aus ihrem mütterlichen Boden gerissen, vor der Zeit verpflanzt und mitten in ihrer schönsten Entwickelung für immer gehemmt sieht; es ist ein gerechter, ein heiliger Schmerz, dern von niederem Egoismus; denn nicht für sich, sondern zu Anderer Nutz und Frommen hat er die Pflanze gewartet und gepflegt.* Dir Dr. Franz Heinen (1807–1870), Rede zur Entlassung der Abiturienten 1841, in: Heinen, Schulreden. Einladungsschrift zur Einweihung des neuen Realschulgebäudes, Düsseldorf 1860, 27.

und gleich, als wäre alles Vorhergehende nur ein eitler Jugendtraum, oder ein langweiliges Schauspiel gewesen, wird die Hoffnung des eigenen Lebensglücks mit Füßen getreten, und die Larve der Beständigkeit und Redlichkeit abgeworfen.

5.3 Das Bild vom Schüler

Die Schülerbilder der Lehrer streuten breit. Gelegentlich trugen sie bukolische Züge. Ihnen gegenüber kontrastierte die Mühe des Lehreramts mit dem Genuß, ständig von Jugend umgeben zu sein: *Wie Homer irgendwo sagt,*[1026] *im Lande der Seligen herrsche ein ewiger Frühling, so umgiebt auch den Lehrstuhl ein ewiger Lenz, der Lenz der Jugend.*[1027] Die Lehrer besaßen und pflegten z.B. ein Schüler-Bild, das entweder aus der Erfahrungsdifferenz zwischen Schüler und Lehrer gefolgert war. Aber die Aufforderung, die Schüler sollten bedenken, *wie so schnell die Jahre dahin fliehen, die euch gegeben sind,*[1028] war ebenso alt wie wirklichkeitsfern oder jedenfalls nicht jugendleitend, weil sie mit dem Zeiterleben von Schülern nicht korrespondierte. Oder das Schülerbild der Lehrer war von dem Alter der Schüler geformt, wie es sich ihnen aus dem Erlebnis der Schulverhältnisse nahe legte. Oberlehrer Schönfelder in Brieg sprach 1844 davon, es sei die Jugend *zu beneiden um ihre glückselige Muße und ihre Stellung dem Leben gegenüber.*[1029] Die Jugend müsse keine Rücksichten auf gesellschaftliche Konventionen nehmen, habe dagegen ein *ungetrübtes Verhältniß zu dem Reiche der Wahrheit, welches ihr in Wissenschaft und Religion geboten wird.* Die Welt der Erwachsenen müsse die Jugend stark machen für die Aufgaben, die sich *zeitig genug* einstellen würden. Dieses idyllische Bild von Jugend als einem Schonraum verwirklichte sich jedoch selten, und wenn doch, dann als ein Zugeständnis der Lehrer. Etwa gleichzeitig will Direktor

1026 Vielleicht Homer, Od 4, 566ff.

1027 Dir Prof. Dr. Jürgen Friedrich Horn (1803–1880), Abiturentlassungsrede 1842, Prog GelehrtenSch Kiel 1857, 8.

1028 Dir August Spilleke, NR auf A. F. Bernhardt (†1820), Prog Friedrich-Wilhelms-Gym Berlin 1824, 11. – Zusammenhang der Tugendrede: *Ihr aber, theure, geliebte Jünglinge, lernet früh den tiefen Ernst des Lebens verstehen; nicht in schnödem Leichtsinn, nicht in weichlicher Gemächlichkeit wird das Göttliche errungen. O nehmt sie treu in Acht, die Zeit der Weihe für das höhere Daseyn; wollet nie den Durst eurer Seelen stillen in den trüben Quellen des irdischen Lebens, sondern allein in denen der ewigen Wahrheit und göttlichen Liebe.* – Dagegen der Realismus Dr. Ernst G. Nöldekes: *Ein Jüngling von 16 Jahren, der ein Zwitteracademist wird, hört nicht auf das, was ihm nothwendig ist, sondern mehr, was ihm gefällt.* Kalokagatholphilos, *Ueber Mängel des höheren Unterrichtswesens besonders im Königreich Hannover.* Hamburg: Hoffmann & Campe 1828, 52.

1029 OL Prof. Karl Friedrich Schönwälder, Königsgeburtstagsrede 1843, Prog Gym Brieg 1844, 15. – Auch für das Folgende.

Heinen in Düsseldorf den Schüler *früh gegen eine Ueberschätzung seines eigenen Werthes geschützt* wissen;[1030] und wenn auch für den Lehrer die Liebe zum Vaterland und zur Menschheit die *Triebfedern des Wohlwollens* sind, das er dem Schüler entgegen bringt, so muß doch *das Kind selbst dieses Wohlwollen zur Liebe steigern.* Gehorsam und Lerneifer als eine Bringschuld der jüngeren Schüler wurden bei den älteren durch die Forderung nach Politikabstinenz erweitert, auf die seit jeher auch die Lehrer verpflichtet waren.[1031] Die *Einmischung der Jugend in bürgerliche und politische Angelegenheiten* sei eine Folge der französischen Revolution und leider auch der Befreiungskriege;[1032] denn die reifere Schuljugend habe *ohne gleiches Verdienst* – Maßstab ist offenbar das Erwachsenenleben, nicht die Beteiligung an den Freiheitskriegen – *doch gleiche Ansprüche erhoben und sich hier und da aufrührerisch geregt.* Das sei jedoch eine *Verirrung des Verstandes und des Herzens.* Direktor Gerlach in Braunsberg hält es sogar für einen *pädagogischen Irrthum,*[1033] Lehrer und Schüler in einem *Rechtsverhältnis* zueinander zu sehen: es handele sich um einen *Familienverband.* Dafür müßten andere Maßstäbe gelten:

> *Man rühmt sich der mündigen Jugend und glaubt, dieselben auf eine Weise behandeln zu müssen, welche ihr wahrlich nicht angemessen ist. Man möchte aus der Schule eine Universität machen, und durch freies Dociren, durch Mittheilung von Lieblingsmeinungen und Räsonnement über Vergangenheit und Gegenwart die Jugend fesseln, damit sie sich recht früh und schnell zu Staatsmännern bilde, und indem sie über alles aburtheilt,*

1030 Dir Dr. Franz Heinen, Abiturientenentlassungsrede 1842, in: Heinen, Schulreden, Einladungsschrift zur Einweihung des neuen Realschulgebäudes, Düsseldorf 1860, 40. – Auch für das Folgende.

1031 Rektor Johann Kaspar Friedrich Manso, *Ueber einige Vorschläge zur Weckung teutschen Sinnes und teutscher Kraft,* Prog Magdalenisches RealGym Breslau 1809, 3: *Es gehört nicht für den Gelehrten, der in dem Schatten der Schule lebt, über die Angelegenheiten des Staats zu richten.*

1032 Prorektor Karl Ludwig Severin, *Ueber die Klage, daß unbefangene Fröhlichkeit großentheils bei der heutigen Jugend vermißt werde,* Prog Evang. Gym Glogau 1835, 8. – Auch für das Folgende. – Noch schroffer sind bayerische Äußerungen nach der Reichsgründung. Rektor Edmund Behringer, Schuljahrsabschlußrede 1873, Prog Kgl. Studienanstalt Aschaffenburg 1880, 14: *Der Staat verbietet den Schülern den Umgang mit Personen, welche Religion, Ehre und Sittlichkeit gefährden; er mahnt zur Aufsicht über die Lektüre der Studierenden; er fordert diese zur Andacht und Ehrerbietung im Gotteshause mit Strenge auf, und befiehlt, dass die Schüler, welche duch Reden oder Handlungen eine irreligiöse oder unlautere Gesinnung kundgeben, von der Studienanstalt entfernt werden. Doch nicht nur abwehrend verfährt in dieser Beziehung der Staat, er verlangt auch angestrengte positive, wissenschaftliche Thätigkeit und scharfe Verstandesbildung.*

1033 Dir Gideon Maria Gerlach, *Sendschreiben an die Eltern und Angehörigen unserer Schüler,* Prog Kath. Gym Braunsberg 1843, 10. – Auch für das Folgende.

sich denen gleichstelle, welche diese hohe Meinung von ihr haben. Aber glauben Sie mir, es ist nicht gut, wenn man die Begriffe umkehrt: Schulen müssen Schulen bleiben, und ihre Aufgabe, wenn sie gleich von der wahren Entwickelung der Zeit das Beste in sich aufgenommen haben, wird doch nie eine andere werden, als für das Leben vorbereiten. Geschieht dieses im Geiste echter Wissenschaft und ist die Zucht von jenem Ernste durchdrungen, welche sie erfordert, so hat die Schule ihre Bestimmung erreicht.

Die konservativen Stimmen aus den 1840 Jahren noch vor der Revolution sind nicht abseitig und ohne Gewicht, denn sie erklären sich durch das Lebensalter der Lehrer, vor allem dem der Direktoren. Von den 91 Gymnasien Preußens sind 23 Direktoren (25%) zwischen 1780 und 1789 geboren, 43 (47%) zwischen 1790 und der Jahrhundertwende. Ihrem politischen Bewußtsein hat sich vor allem die Abneigung gegen alles Französische als die Inkarnation der politischen Bedrohung eingeprägt, ob Revolution oder Napoleon. Sie wünschen in ihrem Verantwortungsbereich Gesinnung und nicht Diskussion, und sie sehen ihre Pflicht darin, die Schüler in den traditionellen Fächern sattelfest zu machen, um sie im übrigen in gesellschaftlicher Hinsicht wie auch im Blick auf die Lebensführung auf dem schmalen Grat des Vorläufigen zu halten. Wie erfolgreich sich diese Maßregel trotz aller Anfechtungen und Abweichungen im Einzelnen gehalten hatte, zeigt die Rede, mit der Friedrich Aly 1901 als neuer Direktor sich und sein pädagogisches Programm vorstellte:[1034]

Noch schöner ist die Arbeit, zu der ich Euch nunmehr auffordere. [...] *Voraussetzung dafür ist einmal eine sittliche Haltung, wie sie den Schülern eines Gymnasiums ziemt. Die Vorwegnahme studentischer Freuden, die in einer Universitätsstadt so nahe liegen, würde Eure richtig verstandenen Interessen auf das schwerste schädigen. Ich liebe Kraft und Frische bei der Schuljugend, und Kopfhängerei ist mir verhaßt, aber ich warne ausdrücklich vor der Überschreitung jener Linie, die den Schüler vom Studenten scheidet.* [...] *Gründliche Vorbereitung, gewissenhafte Pflichterfüllung muß hinzutreten.* [...] *Ich glaube nicht an das Märchen von der Überbürdung, mit der moderne Sentimentalität unsere Jugend zu verweichlichen droht. Es sind recht viele durch übermäßigen Genuß erkrankt, durch übermäßige Arbeit nur sehr wenige.*

5.4 Selbstdisziplinierung der Schule

Die Disziplinierung der Schüler war ein ständiges, aber gering wiegendes Problem, trotz ständiger Klagen der Lehrer.[1035] Das Disziplinarrecht lag bei jeder Schule

---

1034 Dir Prof. Dr. Friedrich Aly, *Sapiens atque eloquens pietas*, Antrittsrede des Direktors, Prog Gym Marburg 1901, 8

1035 Dazu gehörten: Geist der Irreligiosität, Vernachlässigung guter Sitten und eines anständigen äußeren Betragens, kein Kontakt der Eltern mit der Schule, keine Bewahrung von Schülern vor unnötigen öffentlichen Zerstreuungen, Sorglosigkeit gegenüber den wahren Anforderungen des Privatfleißes, kein Anhalten der Schüler zur Lektüre, Warnung von *leichter* Lektüre, usw.: Rektor Johann August

einzeln und wurde individuell gehandhabt, besonders gegenüber den auswärtigen Schülern.[1036] Wichtiger war deshalb die interne Regelhaftigkeit der Schule. Schon das 1818 mit dem *Allgemeinen Lektionsplan* verordnete und bis zur Gegenwart beibehaltene Prinzip des Klassenordinariats, d.h. daß eine Klasse einem bestimmten Lehrer zugeordnet wurde, wirkte sich nach dem Urteil der Lehrer wohltuend auf die Disziplin aus.[1037] Noch stringenter wurde die Handhabung von Ordnung durch die monatlichen Lehrerkonferenzen,[1038]

> *zu welchen überhaupt alle der Berathung unterliegende Angelegenheiten der Schüler, der Unterricht, die Disciplin etc. den Stoff liefern.* [Sie] *entscheiden namentlich über die von den Classenordinariaten vierteljährlich nach Angabe der Classentagebücher, in welche die Lehrer am Ende jeder einzelnen Lehrstunde ihr Urtheil über die Classe und nöthigen Falls auch über einzelne Schüler anzeichnen, bei einer allgemeinen feierlichen Censur auf dem großen Hörsaal, die mit Gesang und Gebet beginnt und schließt, in Gegenwart aller Lehrer und Schüler vom Rector sämmtlich vorgelesen, und den Zöglingen übergeben werden, die sie mit den Unterschriften ihrer Väter, Erzieher oder Vormünder in der ersten Lehrstunde des folgenden Tages dem Lehrer vorzuzeigen verpflichtet sind.*

Tscherning, *Ueber einige Gebrechen der häuslichen Erziehung und ihren nachtheiligen Einfluß auf die öffentlichen Lehranstalten*, Prog Gym Heilbronn 1836, 3–20: *Die Klagen so vieler Lehrer in unseren Tagen über versäumte oder schief behandelte Hauszucht, übrer verdorbene Sitten der Jugend, welche sie sich meistentheils nicht erst in der Schule angeeignet, sondern mit denen sie schon angesteckt in dieselbe eintritt, sind nicht aus der Luft gegriffen, oder zur Beschönigung ihrer eigenen Fehler und Verschulden ersonnen.* Ebenda, 6.

1036 OL Prof. Adolf Jordan, *Aphorismen über das Probejahr der Schulamtscandidaten*, in: Zs. f. d. Gymnasialwesen 1. Jg. (1847), H.1, 49: *Für die letzteren, welche der elterlichen Obhut entzogen sind, haben die Lehrer vornehmlich die heilige Verpflichtung, Sorge zu tragen und ihnen durch väterliche Vorsorge und Theilnahme das möglichst zu ersetzen, was die Eltern zu leisten nicht mehr im Stande sind. Diese Seite des Lehramts ist von den vorgesetzten Behörden mit Recht dem Lehrstande wiederholt dringend ans Herz gelegt.*

1037 Konrektor Prof. Schmidt, *Die Geschichte des Gymnasiums*, Prog Kgl. Gym Potsdam 1839, 10. – Auch Prog Kgl. Gym Neustettin 1830, 15: *Jede Klasse hat einen Lehrer zum speciellen Aufseher und Führer. An ihn wenden sich die Schüler der Klasse in allen ihren Angelegenheiten; er bemüht sich, sie genau kennen zu lernen, besucht sie, allein oder auch mit dem Director in ihrer Wohnung; sucht ihre geistige und moralische Bildung auf alle Art zu befördern und bemüht sich, über alle, soweit es möglich ist, Kenntniß zu erlangen, um dem Director überall die nöthige Auskunft geben zu können.*

1038 Rector Johann Samuel Büttner (*1757; 1826 i.R.), Prog Kgl. Gym Potsdam 1826, 17.

Den Schulverweis als das äußerste Mittel zur Erzwingung von Schulzucht, das *concilium abeundi*, mußten die Kollegien nicht selten beschließen.[1039] 1851 wurde in Neustettin ein Tertianer *wegen unverbesserlicher Rohheit*,[1040] 1853 wurden in Neustettin drei Schüler – ein Primaner, ein Sekundaner, ein Quartaner – *wegen pflichtwidrigen Benehmens* der Schule verwiesen, 1882 in Ratzeburg sogar vier:[1041]

> *Leider haben in Folge unerlaubten Wirtshausbesuches und daraus entsprungener Ausschreitungen im Laufe des Schuljahres vier Schüler unsere Anstalt verlassen müssen. Es würdee dergleichen Vergehen in unserer kleinen Stadt gewiß verhütet oder auf ein geringes Maß beschränkt werden können, wenn dem Unterzeichneten* [Direktor] *von vornherein vertrauliche, nicht anonyme* [sic!] *Mitteilung von etwa sich anspinnenden Ungehörigkeiten der Schüler gemacht würde. Ein mahnendes und warnendes Wort an die Zöglinge unseres Gymnasiums wurde dann in der Regel einem größen Unglück und harten, die Eltern und Angehörigen schwer treffenden Strafen vorbeugen können. Die Schulordnung bestimmt nun, daß in den Winterzeiten die Schüler um 6 Uhr abenbds zu Hause sein und dasselbe ohne triftigen Grund nicht wieder verlassen sollen.*

Aber die Anzeichen des Besonderen werden darin sichtbar, daß der Schulverweis überhaupt erfolgt ist. Die soziale Kontrolle der kleinstädtischen Verhältnisse,[1042]

1039 Prog Fürstlich-Hedwigisches Gym Neustettin 1851, 28. – Auch: Dir Prof. Dr. Michael Ferdi-
nand Fabian (1798-1876), *Abhandlung über die Aufnahme der Schüler ins Gymnasium*, Prog Gym
Lyck 1861, 8: [Beispiel von zwei Schülern] *welche von einem vollständigen Widerwillen am Un-*
terricht nicht geheilt werden konnten und nach längern vergeblichen qualvollen Versuchen zum
bürgerlichen Leben übergeführt werden mußten.

1040 Prog Fürstlich-Hedwigisches Gym Neustettin 1851, 28, wie auch im Folgenden. – Gründe sind nicht mitgeteilt.

1041 Prog Gym Ratzeburg 1882, 13. – Die Vielzahl war wohl nicht außergewöhnlich, denn von der bayerischen Studienanstalt Aschaffenburg wurden 1874 ebenfalls vier Schüler relegiert – *Ungehorsam gegen die Gesetze ist unvereinbar mit dem Streben nach geistiger Bildung*. Rektor Edmund Behringer, Schuljahrsabschlußrede 1874, Prog Studienanstalt 1880, 18.

1042 Als ein positives Beispiel für die Verwurzelung der Schüler in der Stadt vgl. die Wiedergabe des Schreibens des *Wohllöblichen Magistrats* vom 22.10.1855 an das Gym Neustettin: *Nicht nur bei dem gestern hier gehabten Brandschaden, sondern auch bei den frühern Feuersbrünsten haben sich die hiesigen Gymnasiasten durch thätige Mitwirkung beim Löschen des Feuers rühmlichst ausgezeichnet. Euer etc.* [gemeint ist der Dir] *ersuchen wir ergebenst, Denselben dieses Anerkenntniß mit*

die rigorose Ahndung von Überschreitungen und nicht zuletzt der hohe Wert des Gymnasialbesuchs wirkten als hinreichende Dämpfung. Epidemische Ausmaße hat das vorschriftswidrige Schülerverhalten nicht erlangt. Auch daß erst 1860, also fünf Jahre danach, die für Neustettin zuständige Schulverwaltung verfügt, die Schule müsse über einen jeden Fall dieser Art berichten, und vor allem könne ein relegierter Schüler nur mit Genehmigung des Provinzialschulkollegiums an einem anderen Gymnasium der Provinz wieder aufgenommen werden, zeigt, daß die Verhältnisse insgesamt gelassene Reaktionen nahelegten.[1043]

Auch ohne den Schulverweis als äußerstes Mittel in Anspruch zu nehmen, hielten die Lehrer die Schüler doch an einem kurzen Zügel. Noch 1872 hieß es in der Schulordnung des Joachimsthalschen Gymnasiums Berlin:[1044]

> *Allen Lehrern des Gymnasiums hat jeder Schüler Achtung und Gehorsam zu erweisen. In den Lehrstunden ist er verpflichtet, jede Ermahnung und Rüge ohne Widerrede hinzunehmen. Während der Unterrichtszeit ist es nicht gestattet, ohne Aufforderung des Lehrers sich zu vertheidigen. Erst nach dem Ende derselben steht es frei, dies in bescheidener Weise zu thun.*

Bei den Lehrern dürfe die Liebe zur Jugend nicht in Schwäche ausarten, denn dann würde sie mehr schaden als nützen, erklärte Rektor Paul Mahn bei seiner Antrittsrede in Kempen bei Posen.[1045] Diese kühle Zweckkalkulation reichte bis hinab zur nicht ganz absichtslosen Auswahl und Interpretation des Schulstoffes. Prorektor Klütz in Neustettin etwa vermittelte eine in seiner zeitgenössischen Historiographie freilich nicht unbekannte fundamentalistische Weltsicht der Geschichte, da er *die vergeltende Nemesis, die sich in der Geschichte vollzieht,* den Schülern *eindringlich an Herz* legte.[1046] Auch die Auswahl der lateinischen und griechischen Klassiker für die unterrichtliche Lektüre wurde nicht zufällig, sondern mit der Absicht einer Unterstützung erwünschter Bildungsziele und Verhaltensmodi getroffen. Am Progymnasium im westpreußischen Deutsch-Krone ermahnte der Religionslehrer Mader die katholischen Schüler nach dem obligaten Hochamt in einer *ergreifenden Rede zu sittlichem Betragen, zu Fleiß und Aufmerksamkeit und besonders zu unbedingtem Vertrauen und zum Gehorsame gegen Vorgesetzte und Lehrer.*[1047] Die

---

unserem besonderen Danke auf geeignete Weise geneigtest mittheilen zu wollen. Dir Dr. Friedrich Röder, Prog Fürstlich-Hedwigisches Gym Neustettin 1856, 27.

1043 Verfügung des PSK, Referat o. Datum: Prog Fürstlich-Hedwigisches Gym Neustettin 1858, 28.

1044 Prog Joachimsthalsches Gym Berlin 1873, 95.

1045 Rektor Paul Mahn, Antrittsrede v. 7.1.1890, Prog ProGym Kempen b. Posen 1890, 6.

1046 Friedrich Röder, NR *Erinnerungen an Wilhelm August Klütz* (1794–1851), Prog Gym Neustettin 1852, 17.

1047 Prog Kgl. ProGym Deutsch-Crone 1838, 16. – Die Aufforderung muß man auch als konfessionelles Interesse lesen, als Werbung für einen gymnasialen

Schulordnung des Magdeburger Pädagogiums forderte für das Verhalten älterer, vor allem externer Schüler außerhalb der Schule *Anstand und gute Sitte, wie man es von gebildeten Jünglingen, die sich dem Studio der Wissenschaften widmen, erwarten darf;*[1048] die Schüler sollten sich *nie irgendwo aufhalten, wo gemeine Sitte und Mangel an Zucht und Anstand herrschen.* Als die *Cardinaltugend*[1049] des Schülers innerhalb der Schule gilt der Fleiß; dahinter stehen Bescheidenheit und Wahrheitsliebe zurück, denn der Fleiß *potenzirt den ganzen Sittlichkeits-Fonds*:

> *Ich gebe darum keinen Schüler auf, so lange er arbeitet und auf Ermahnungen zum Fleiße hört. Wenn freilich ein Schüler, namentlich ein älterer, der wissen muß, was er will, sich arbeitsscheu zeigt, dann ist die Hoffnung aufzugeben, daß an ihm der Zweck der Schule noch erreichbar sei, und es bleibt nichts übrig, als ihm zuzurufen: Aut disce aut discede – wenn du nicht lernen willst, was willst du noch hier?*

Auch den Lehrern wird eine für den Beruf zweckmäßige Disziplinierung abverlangt. Der gängige berufskundliche Leitfaden[1050] vermittelt in idealer Kategorisierung eine Vorstellung von der Spannweite der Lehrtätigkeit und ihrer Anforderungen. Der eine Lehrer *liebt vorwiegend den Gegenstand* des Unterrichts, ist *ergriffen von dem Ernst der Wahrheit*; dem anderen Lehrer ist *vor allem die Jugend ans Herz gewachsen*; das Ideal aber sollte es sein, daß bei einem guten Lehrer die Liebe zur Sache mit der Liebe zum Schüler vereint wirksam wären: *das erhellt und wärmt seine Seele, giebt ihr Schwungkraft und Feuer und erhält ihn auch in späteren Jahren jung und frisch.* Direktor Meyer in Eutin erklärt *geistige Ueberlegenheit, leidenschaftslose Ruhe und sittliche Würde* zu den Merkmalen eines Lehrers, deren Demonstration sich *der trotzigste Knabe* fügt.[1051] Der widerstrebende Schüler solle – überraschend modern – überzeugt werden, aber nicht verbittert daraus hervorgehen:

Vorzeige-Katholizismus: das seit 1823 bestehende Progymnasium wollte eine Vollanstalt werden und erreichte das auch 1858 als Kgl. Katholisches Gym.

1048 Dir Karl Christoph Gottlieb Zerrenner (1780–1851), *Gesetze für die Schüler des Pädagogii des Closters unserer lieben Frauen*, Prog Pädagogium ProGym Magdeburg 1835, 11. – Auch für das Folgende.

1049 Dir Dr. Bernhard Todt, *Über formale und humanistische Bildung*, Antrittsrede, Prog Gym Schleusingen 1865, 7. – Auch für das Folgende.

1050 Dir des Gym Wittstock Prof. Dr. Friedrich Seiler, Der Oberlehrer, 58–61.

1051 Dir Johann Friedrich Ernst Meyer, *Wie beugt der Erzieher dem Ausbruche fehlerhafter Neigungen bei seinen Zöglingen am sichersten vor?* Prog Gym Eutin 1839, 11. – Auch für das Folgende. – Für die Praxis vgl. Wilhelm Foerster (1832–1910), Lebenserinnerungen und Lebenshoffnungen, Berlin 1911: *Die Schüler der oberen Klassen wurden mit stetigem Ernst unterwiesen und erzogen, aber jegliche disziplinarische Not einer beiderseitigen Erniedrigung wurde aufs glücklichste vermieden.*

> *Das Verkehrteste und Empörendste aber ist, die Fehlenden längere Zeit seinen Unwillen durch völlige Nichtbeachtung, etwa durch Uebergehung und völliges Ignorieren beim Unterrichte fühlen zu lassen.*

Alle diese Überlegungen und Einzelmaßnahmen Vorkehrungen dienten dem Zweck, das Gymnasium zu perfektionieren. Daß man es auch reformieren könnte, trat erst am Ende des Jahrhunderts als eine Idee in Erscheinung:[1052]

> *Das alte patriarchalische Verhältnis, das in seiner Anwendung zu leicht der Gewohnheit und dem Schlendrian verfällt, ist dahin und macht neuen Bindungen Platz, in denen frische Kräfte sich rühren; auch die alte Schule, der der Knabe [...] auf Diskretion, auf Gnade und Ungnade bezüglich der Disziplinarordnung, der Strafen und der Arbeiten übergeben wurde, hat ihre Zeit gehabt.*

Aber eine Schule sich vorzustellen, die die *Bestimmung hätte, eine Wohlthat zu sein für die Schüler und die Eltern, in deren Interesse sie gegründet wurde,* blieb eine Illusion.

5.5 Ethos des Lehrerberufs

Im Lehrerberuf fließen ethische Regulative und deren pragmatische Handhabung zusammen. Es gilt, die Würde von Lehrenden wie Lernenden zu wahren, ohne das Regelwerk und den Zweck von Schule zu verkürzen.[1053] Schon 1809 hatte Friedrich Manso, der einflußreiche, durchaus patriotisch empfindende Rektor des Maria-Magdalenen-Gymnasiums in Breslau, Vorschriften für den Lehrer, seine amtliche Tätigkeit und die Unterrichtsweise entwickelt, die über ein Jahrhundert lang Gültigkeit behielten:[1054]

> *Ein solcher* [Lehrer] *sei ein durchaus unterrichteter Mann; er trage das Geprüfteste vor, verbessere auf der Stelle das Fehlerhafte und lasse es nie in seinen Zöglingen wurzeln. Er*

1052 Rektor Adolf Ostendorf (1845–1911), *Die häuslichen Arbeiten, ihre Begrenzung und ihre Art*, Prog ProGym Neumünster 1889, 3. Auch für das Folgende. – Ausführlichere Darlegung der Reformgedanken: Die Schulreform, ihre Gründe und ihr Ziel, Prog Gym Hadersleben 1891, 3–7.

1053 Für die Breite der Geltung ein bayerisches Beispiel durch Rektor Edmund Behringer, Schuljahrsabschlußrede 1872, Prog Kgl. Studienanstalt Aschaffenburg 1880, 5: *Die strengeren Gesetze folgen aber nicht allein aus dem Wesen der Gymnasien und Lateinschulen als Schulen des Staates; sie folgen ebenso consequent aus der Würde der zu* [Be]*Lehrenden, aus eurer Würde, geliebte, studirende Jünglinge! Kleinode pflegen wir sorgfältig zu verwahren, darüber wachen wir mit ängstlicher Strenge.*

1054 Rector Prof. Dr. Johann Kaspar Friedrich Manso, *Ueber einige pädagogische Vorschläge zur Weckung teutschen Sinnes und teutscher Kraft.* Prog Gym Maria-Magdalena Breslau, 1809, 8.

> *antworte dem Fragenden gern und fordere die nicht Fragenden von selbst auf. Die Ausarbeitungen seiner Schüler lobe er weder zu kärglich, noch zu ausschweifend; denn das erstere erzeugt Ueberdruß an der Arbeit, das letztere Sorglosigkeit. Vor allem hege er für seine Schüler die Gesinnungen eines Vaters und glaube, daß er in die Stelle derer trete, die ihm ihre Kinder vertrauen. Er selbst habe weder Laster, noch dulde er sie. Sein Ernst sey nicht zurückschreckend, seine Freundlichkeit nicht wegwerfend, damit jener nicht Haß, diese nicht Verachtung erzeuge. Das Edle und Gute empfehle er unablässig: denn je öfter er an beyde erinnert, desto seltener wird er strafen.*

Manso verlangte also einen wissenschaftlich ausgebildeten Lehrer, verlangte Unterricht auf der Höhe des Kenntnisstandes, und verlangte darüber hinaus Lebensführung, Charaktereigenschaften und Umgangsformen gegenüber den Schülern, die in hohem Maße anspruchsvoll waren und zugleich den professionellen Standard markieren sollten. Für das ständische Empfinden und das institutionelle Ehrbewußtsein spricht, daß die Lehrer ordnungspolitische Eingriffe der Behörde möglichst abzuwenden suchten. Auch wenn sie Klage führten, daß in disziplinarischen Fragen *die Rechte des Lehrers in keinem Verhältnisse stehen mit seinen Pflichten,*[1055] wünschten sie doch um der Autonomie und um des Erziehungsauftrags willen keinen schulspezifischen gymnasialen Straf-Codex:

> *Es könnte der Schule nichts Schlimmeres begegnen; und je vollständiger diese Gesetze das ganze Leben der Schüler umfaßten, desto größer das Unglück. Wo bliebe das Pietäts-Verhältnis, das wir festhalten müssen, wo das väterliche Princip; ohne welches ein Erziehungsunterrricht – und das soll aller Gymnasial-Unterricht sein – sich gar nicht denken läßt?*

Statt dessen verständigten sich die Lehrer auf vernünftige, schul- und lebensnahe, vor allem auch erfüllbare Normen ihres Berufs, die sowohl den Schüler als auch sich selbst zum Adressaten hatten. Trotz der ausgiebigen Unterrichtszeiten, der Lebensnähe zu den auswärtigen Schülern in schuleigenen Internaten oder der nachmittäglichen Kontakte bei der Kontrolle des Privatfleißes blieb die Vater-Rolle des Lehrers eine Metapher. Direktor Müller in Blankenburg hielt alles andere für eine *Täuschung oder Redensart*: *Wie ein Vater, wie eine Mutter den Sohn ihres Leibes liebt, so kann ein Lehrer seinen Schüler nicht lieben.*[1056] Dennoch sahen die Lehrer es als ihre Aufgabe an, die Schüler für sich einzunehmen und *willigen Gehorsam zu finden.*[1057] Direktor Kortüm in Düsseldorf erklärte, es müsse sich zwischen Lehrer und Schüler ein Verhältnis herausbilden, in dem der Schüler den Lehrer als *väterlich gesinnten Freund* wahrnimmt;[1058] dessen Kombination von Erfahrung

---

1055 Dir Prof. Dr. Karl Ernst Georg Matthisson, Antrittsrede als Dir, Prog Kgl. Gym Brieg o.J. [Matthisson wurde 1839 Direktor, also 1840], 9. – Auch für das Folgende.

1056 Dir Hermann Müller, Antrittsrede, Prog Gym Blankenburg 1886, 8.

1057 Dir Dr. Karl Koppin, Antrittsrede, Prog Gym Stade 1879, 14.

1058 Dir Carl Wilhelm Kortüm, *Anordnungen und Wünsche der öffentlichen Schule*, Prog Gym Illustre Düsseldorf 1818, 22. – Auch für das Folgende. – Zur Bedeutung

in Wissenschaft und Leben den Schüler in den Besitz *derjenigen Freiheit setzt, die, auf Gesetzmäßigkeit sich gründend, alles sittlichen Daseyns Bedingung ist.* Auch die Flensburger Gelehrtenschule berichtet von einem *liebevollen Verhältnis der Schüler untereinander und zu ihren Lehrern, und der Lehrer selbst untereinander.*[1059] Direktor Lehmann gesteht beim Antritt der Leitungsstelle in Marienwerder, er trauere über die Trennung von seinen früheren Schülern.[1060] Nach der Überlieferung glaubhafter Lehrerzeugnisse waren solche Bemerkungen nicht Ausdruck der Irritation durch den Wandel, auf den Schule ja angelegt ist, sondern Bedauern oder gar Trauer über den Fortfall eines als Glück empfundenen sozialen Lebenszusammenhangs.[1061] Solche sozialen Instinkte einer Lebensgemeinschaft leiteten auch die Beobachtung des Privatfleißes der Schüler durch die Lehrer an. Es wäre irreführend, nur die Absicht der Kontrolle oder die Beobachtung von Fortschritten im Stoff zu unterstellen. Die häusliche Arbeit der Schüler sollte nicht in Konkurrenz zur Arbeit in der Schule stehen, sollte *den Bildungsgang der Anstalt nicht feindlich aufhalten, anders* [wohin] *lenken, sondern ehrend anerkennen und übereinstimmend fördern.*[1062] Im übrigen aber sahen die Lehrer im *Privatfleiß* des Schülers eine Arbeitsform, die den Schüler *seiner künftigen Bestimmung als Gelehrter, Staatsdiener und Geschäftsmann entgegenreifen* lassen würde.

Kortüms, zuletzt Ministerialrat in Berlin, vgl. Karl-Ernst Jeismann, Das preußische Gymnasium, Bd.I, 106 u. 422. – Vgl. paternalistisch Dir Georg Hanf, Antrittsrede, Reform-RealGym Halle 1913, 23: *ist es fast selbstverständlich, daß der Lehrer sich bemüht, seinen Schülern ein Freund zu werden, der sich um ihre kleinen Leiden und Freuden kümmert.*

1059 Prog Gelehrtenschule Flensburg 1828, 14.

1060 Der von Danzig nach Marienwerder gewechselte Dir August Johann Lehmann, Antrittsrede *Der freudige Muth des Schulmannes*, Prog Gym Marienwerder 1836, 15: *Dann sehe ich die Trauer, mit welcher mich die Trennung von meinen bisherigen lieben Schülern erfüllt hat, sich lindern in der frohen Hoffnung, auch bei Euch wiederzufinden, was in früheren Verhältnissen meinem Herzen so wohlthuend gewesen ist und immer bleiben wird.*

1061 Vgl. Dir Dr. Gideon Maria Gerlach, *Sendschreiben an die Eltern und Angehörigen unserer Schüler*, Prog Kath. Gym Braunsberg 1843, 10: *nicht in einem Verbande bürgerlicher Art stehen Lehrer und Schüler, sondern in einem Familienverbande, es walte unter ihnen nicht das Verhältniß des Rechts, sondern der Liebe und Pietät, väterliche Pflichten sind durch väterliche Rechte geboten.* [...] *Geschieht dieses im Geiste echter Wissenschaft und ist die Zucht von jenem Ernste durchdrungen, welche sie erfordert, so hat die Schule ihre Bestimmung erreicht.*

1062 Rektor Johann Friedrich Christian Keck (1787–1870), *Ueber den Privatfleiß der Zöglinge auf öffentlichen gelehrten Schulen.* Prog Gym Wiesbaden 1819, 3. – Auch für das Folgende: 7.

5.6 Dankbarkeit der Schüler

Als Direktor Reuscher 1892 in Stolp den Abiturientenjahrgang verabschiedete *aus einer Gemeinschaft, in deren Boden Sie tief hineingesenkt wurden, aus einer Gemeinschaft, der Sie ein hohes Gut schulden,*[1063] rief er nicht nur die *vielseitige, langdauernde und mühevolle Arbeit* der Lehrer in Erinnerung, sondern hob auch das *Gefühl freudiger Genugtuung* und einen *erhebenden Rückblick* der Schüler hervor. Die Lehrerklage über ihr *schwieriges, mühevolles und oft undankbares Geschäft der Jugendbildung*[1064] ist ein geläufiger Topos und zugleich wenig erheblich, denn welcher Beruf kennt keine Schwierigkeiten? Aber die Frage, wie die Schüler auf die Schule reagierten, ist davon getrennt. Direktor Friedrich Thormeyer in Neuruppin zeichnet ein bis zur Unglaubwürdigkeit idyllisches Bild des Schülers:[1065]

> *Die Liebe zu den Lehrern macht, daß er auf ihren Unterricht eine ungetheilte, anhaltende und scharfe Aufmerksamkeit lenkt, ihren Vortrag faßt, behält, darüber nachdenkt und ihn anwendet, ihre Erinnerungen und Warnungen willig glaubt und befolgt, und sich bestrebt, ihre ungetheilte Zufriedenheit zu erlangen und auch zu bewahren. Heiter und vergnügt eilt er in die Schule, besucht sie unausgesetzt ordentlich als den Ort, an dem er lernen kann. Er wird nicht böse, wenn ihm Fehler gezeigt werden, er freut sich, wenn er gelobt wird, und sucht durch Fleiß und gute Auffassung in und ausser der Schule, durch Fortschritte in Sprachen, Wissenschaften und Kunstfertigkeiten ein immer größeres, ja das größte Lob zu erlangen, denn die Liebe zu den Wissenschaften und den Lehrern treibt ihn; das Lernen ist ihm, das Lehren dem Lehrer ein Vergnügen, wie es in Schulen als Pflanzstätten des gemeinen Wesens seyn soll und muß. Er lernt nicht deßhalb, um sich einst Brod zu verschaffen oder eine Ehrenstelle und Würde im Staat zu erlangen, sondern weil er vor Begierde zu lernen brennt – die Wissenschaft ist ihm das höchste Ziel.*

Das war zweifellos nur normativ gemeint, nicht deskriptiv, war ein *eingekleideter* vielgliedriger Vorschriftenkatalog, der sich im Einzelnen eher realitätsfern ausnahm. Aber die Ausführungen Thormeyers zeigen eine Leerstelle im gymnasialen Bildungswesen, nämlich die, daß ein geordneter, gar an einem schriftlichen oder doch gefühlten Kodex orientierter Dank der Schüler an die Adresse ihrer Lehrer nicht vorgesehen war. Das Gymnasium war nach einem Gleichgewicht der Pflichten zwischen Lehrern und Schülern konstruiert – Lehrer sollten lehren, Schüler

---

1063 Dir Dr. Arnold Reuscher, Abiturientenentlassungsrede 1892, Prog Gym Stolp 1892, 3. – Auch für das Folgende.

1064 Dir Prof. Philipp Karl Hess, Rede zur Einführung des OL Dr. Hermann Hausdörffer 1855, Prog Gym Wolfenbüttel 1864, 6.

1065 Dir Dr. Friedrich Christian Thormeyer, *Ueber Anregungen, Unterhaltung und Verstärkung der Lernbegierde bei der Jugend von Seiten des Lehrers*, Prog Gym Neuruppin 1822, 9.

lernen.[1066] Selbstverständlich vermißten die Lehrer den Dank der Schüler, wo sie ihn erwarten konnten:[1067]

> *Gewiß, mit der Arbeit an Ihnen haben wir Lehrer nur unsere Pflicht erfüllt, die wir im Dienste am Ganzen unseres Volkes auf uns genommen haben, und darf man für eine schuldige Leistung Dank erwarten? Solche Forderung ist unberechtigt, wenn es sich um Leistungen handelt, die einem reinen Rechtsverhältnisse entspringen, wie z.B. gewiss der Handwerker, der mir etwas lieferte, keinen unmittelbaren Anlaß hat, mit ausdrücklichem Danke die Bezahlung von mir entgegenzunehmen. [...] Und doch! Durch einen freundlich ausgesprochenen Dank wird das Rechtsverhältnis gleichsam vermenschlicht. Haben wir Ihnen gegenüber wirklich bloß kühl und kalt das getan, wozu wir rechtlich verpflichtet waren? Hat nicht Interesse für Sie, Wohlwollen, Zuneigung, Besorgtheit für Ihr Wohl unsere Lehrertätigkeit begleitet und innerlich belebt? Haben Sie nicht einen Hauch des Geistes empfunden, der uns erfüllte, und der Gesinnung, die unserm Tun erst seinen rechten Wert gab? Und ist die Gesinnung, die warmen Herzens nur das Wohl des anderen zu fördern sucht, nicht des Dankes wert? Gewiß.*

Wenn der bekannte Direktor Zerrenner in die Schulordnung seines Magdeburger Pädagogiums als Artikel 38 aufnahm, *es darf wohl erwartet werden, daß jeder von der Schule abgehende Schüler von seinen Lehrern gebührend Abschied nehme,*[1068] dann

1066 Provinzialschulverwaltung für Pommern, Instruktion v. 17.5.1867: *Er* [der Lehrer] *soll als Seelsorger seiner Schüler ,wachen über ihre Seelen, als der, der da Rechenschaft dafür geben soll' (Hebr. 13,17); er muß den Irrenden nachgehen und auf den rechten Weg helfen, die Verzagten aufrichten, die Trotzigen beugen.* Wiese's Sammlung der Verordnungen und Gesetze für die höheren Schulen in Preußen, 3. Aufl. hg. v. Otto Kübler, Berlin 1888, Bd. 2, 233.

1067 Dir Friedrich Christian Theodor Dieck, Abiturientenentlassungsrede 1911, Prog DomGym Verden 1911, 7f. – Dir Dr. Karl Hoffmeister, Prog Kgl. Gym Kreuznach 1836, 50: *Ich würde wahrlich wenig auf den Schüler halten, welcher seinen Lehrer, der sich lange und mit Eifer um seine Bildung bemühte, gleichgültig und kalt von sich weggehen ließe, welcher nicht wenigstens bei dem Scheiden des Lehrers von einem lebendigen Gefühl des Dankes, der Anhänglichkeit, der Pietät bewegt würde.*

1068 Dir Karl Christoph Gottlieb Zerrenner, Gesetze für die Schüler des Pädagogii des Closters Unserer Lieben Frauen, Prog Pädagogium Magdeburg 1835, 118. – Für die Dauerhaftigkeit des Problems vgl. Prog Städt. ProGym Friedeberg N.M. 1874, 41: *Dagegen verdient eine Unsitte hier öffentlich gerügt zu werden, nämlich das Verlassen der Schule, ohne von den Lehrern Abschied zu nehmen. Es ist den meisten Schülern fast zu viel, sich bei Empfangnahme des Zeugnisses bei dem Rektor flüchtig zu bedanken; von ihren Lehrern Abschied zu nehmen, daran denken sie nicht. Und doch gilt im gewöhnlichen Leben der Menschen für ungezogen, der selbst eine Gesellschaft Fremder, der er kurze Zeit angehört, ohne Gruß und Abschied verläßt. Wieviel mehr muß das bei dem pietätvollen Verhältniß der Fall sein, in welchem Lehrer und Schüler zu einander stehen. Die Eltern tragen daran noch vielfach die Hauptschuld.*

war das gewiß nicht ohne Veranlassung. Aber offen bleibt, ob die Vorschrift der Regel oder der Ausnahme wehren sollte. Für die erste Jahrhunderthälfte sind rührende Zeugnisse der Anteilnahme und der Dankbarkeit der Schüler gegenüber den Lehrern überliefert. Als der Oberlehrer und Professor Justus Kriz (1798–1869) nach schwerer Erkrankung wieder in die Schule kam, wurde er nicht nur von seinen Kollegen herzlich begrüßt, sondern *die Schuljugend gab ihm dadurch ein Zeichen ihrer Liebe und Verehrung, dass die Primaner ihren in lateinischer Rede ausgesprochenen Glückwunsch mit der Ueberreichung eines schönen silbernen Pokals begleiteten.*[1069] Oder: Als OL Prof. Ernst Wiedasch (1791–1857) das Gymnasium Wetzlar verließ, um die Leitung der alten Klosterschule Ilfeld zu übernehmen, wurde er u.a. von dem Schüler Moritz Carriere mit einem Gedicht von 64 Zeilen Länge verabschiedet.[1070] In der Schulchronik des Gymnasiums Wetzlar hieß es 1824:[1071]

> *Der Tod eines unsrer ehemaligen Primaner, Karl Friedrich Vahlenbrachs aus dem Bergischen, darf umso weniger unerwähnt bleiben, als dieser brave Jüngling noch auf dem Sterbebette mit liebevoller Erinnerung der Anstalt gedacht [...]. In seinem Testamente vermachte er seine griechischen, lateinischen und hebräischen Bücher, 55 Werke in 67 Bänden den [be]dürftigen Schülern des hiesigen Gymnasiums.*

Schülerdank war an die besondere Gelegenheit gebunden, war daher also nicht regelförmig, sondern selten. Hier beleuchtet die Episode die konkreten Schulverhältnisse wie etwa das Fehlen einer Schülerbibliothek, den Umfang von Handbibliotheken der Schüler (2 laufende Meter) oder die Armut von Schülern, aber auch das Verpflichtungsgefühl jenseits des Schulbesuchs.

Als Oberlehrer Schneider nach 43 Dienstjahren im Gymnasium Tilsit in den Ruhestand entlassen wurde, erfolgte seine Ehrung vor Kollegium und Schülerschaft, gab es ein Geschenk seitens der Schüler, ein Mittagessen mit dem Kollegium, einen silbernen Becher, und die Behörde verlieh, wie so oft, einen Orden.[1072] Als Oberlehrer Heydenreich am gleichen Gymnasium nach 40 Dienstjahren verabschiedet wurde, fand eine Feier des Kollegiums in Anwesenheit des Provinzialschulrats statt, und wiederum gab es einen silbernen Becher, Chorgesang und

---

1069 Prog Kgl. Gym Erfurt 1855, 7. – Kriz war nach einer Beinamputation genesen.

1070 Prog Kgl. Gym Wetzlar1833, 19. – 1. Strophe: *Wir danken, theurer Mann, mit Herz und Munde / Für's Gute Dir, das Du so treu gelehrt, / Für's Große Dir, von dem Du brachtest Kunde, / Für's Schöne, das wir durch Dich verehrt, / Für jede Liebe, die in unserm Bunde / Den Jünglingherzen Du so gern gewährt. / Wir können hier es nimmer Dir vergelten, / Dir lohnt es Gott in seinen bessern Welten.* – Insgesamt 8 Strophen zu je 8 Zeilen.

1071 Chronik, Prog Kgl. Gym Wetzlar 1824, 3.

1072 Prog Gym Tilsit 1860. – Bei Direktoren der Rote Adler-Orden 3. Klasse, sonst 4. Klasse.

ein eigenes Geschenk seitens der Schüler.[1073] Solche Feier-Anlässe hatten aber gewöhnlich eher einen seriellen Charakter, waren voraussagbar und darum ohne das Element von Überraschung, das das Gefühl von Freude eigentlich prägt. Vor allem ging die Zustimmung der Schüler in solchen Festakten leiser von statten, war weniger ostentativ.[1074]

An den alten Anstalten blieb diese Form der Verabschiedung bis tief in die 1870er Jahre erhalten.[1075] Der eigentliche Wandel, den die Lehrer mit Ablehnung und Kritik begleiteten, erfolgte dort, wo sich die Vermassung des Gymnasiumsbesuchs in

---

1073 Ebenda 1857. – Zur Feier des 25jährigen Dienstjubiläums von Prof. Dr. Samuel Christoph Schirlitz, Prog Kgl. Gym Wetzlar 1845, 15: *Obwol nun derselben diesen für ihn bedeutungsvollen Tag nur in dem engeren Kreise seiner Familie und in gemüthlicher Stille zu begehen dachte, so konnte das Lehrercollegium es sich doch nicht versagen, demselben herzlichste Glückwünsche darzubringen und eine Gabe der Freundschaft und Liebe zu bleibender Erinnerung beizufügen. Auch die Schüler fühlten sich gedrungen, dem theuren Lehrer durch Abgeordneten aus allen Classen ihre Anhänglichkeit und Theilnahme auszusprechen und dieses durch Ueberreichung eines passenden Festgeschenkes an den Tag zu legen.*

1074 Dir Hofrat Dr. Karl Hermann Funkhänel, Abiturientenentlassungsrede, Prog Karl-Friedrichs-Gym Eisenach 1866, 18: *Ich habe es niemals getadelt oder verspottet, wenn derjenige von den auf die Universität Abgehenden, der für sich und im Namen seiner Freunde die Abschiedsworte sprach, in diesen Empfindungen der Wehmut und des Schmerzes aussprach. Ich versetzte mich da jedesmal in die Zeit zurück, wo ich selbst mich von den Lehrern trennen sollte, die ich als Knabe und heranreifender Jüngling lieben und verehren gelernt hatte.* – Funkhänel hatte 1822–1826 das Gym Schneeberg besucht.

1075 Prog DomGym Naumburg 1875, Verabschiedung von Karl Friedrich Gottlieb Foertsch (1805–1878): nahm er nach Semesterschluß [Schuljahrsende] in rührenden Worten Abschied von Lehrern und Schülern. Von den Schülern erhielt er einen wertvollen Pokal als Abschiedsgeschenk. – Stadt- und Höhere BürgerSch Landeshut/Schl.: Der Scheidende war, von zwei Kollegen [her]eingeführt, bei seinem Eintritt in die Klasse mit einem Choral empfangen, dem ein aus dem Herzen aller Anwesenden sprechendes Dankeswort des Rektors folgte, in welchem er dem anspruchslosen Verdienst des treuen Mannes als Lehrers, Kollegen und Menschen die herzlichste Anerkennung zollte [...]. Auch die Schüler gaben durch den Mund eines Primaners ihre Gefühle der Wehmut, Dankbarkeit und Verehrung für den scheidenden treuen Lehrer und Führer unter Ueberreichung eines Gedächtnissgeschenkes in würdiger Weise zu erkennen. Das tiefbewegte Abschiedswort des Scheidenden [...], aus übervollem Herzen gesprochene Abschiedswort wurde von dem Herr Ephorus der Schule in den wärmsten Ausdrücken der Hochachtung und Anerkennung erwiedert [sic!]. Mit Ertheilung des kirchlichen Segens schloss der Herr Ephorus in würdiger Weise diese schöne Stunde. Prog 1855, 32f.

der zweiten Hälfte des Jahrhunderts auswirkte. Kaum noch ein Lehrer hätte 1905 dem Düsseldorfer Direktor Paul Cauer zugestimmt, als er in seiner Abschiedsrede bekannte, er habe *im geistigen Verkehr mit der Jugend immer die größte Freude gefunden.*[1076] Den Internatsverhältnissen der alten Gelehrtenschule von Schulpforta, wo *die hohen Klostermauern von der Welt draußen abschlossen,*[1077] wo ein Ulrich von Wilamowitz-Moellendorff seine Gymnasialzeit als *Weisheit der Lebensordnung* erlebte, hatte sich die moderne Unruhe noch nicht mitgeteilt. Geregelte Tageseinteilung und höchste Lernforderungen waren normal und darum unauffällig.[1078] Bis auf harmlose Scherze, auch diese im gymnasialen Idiom, gingen die Schüler im Zügel. Aber außerhalb von Klostermauern und gegen Ende des Jahrhunderts war die Idylle zerbrochen:[1079]

> *Wir waren, offen gestanden, eine bitterböse Rotte ungezogener Gassenbuben [...]. Lernen und Arbeiten war für die große Mehrzahl Nebensache; die meisten gingen nur darauf aus, die Mitschüler zu necken und die Lehrer zu ärgern. Durch das Studium der Charaktereigentümlichkeiten unserer Schultyrannen hatten wir bald einem jeden seine schwache Seite abgelauscht und nach einigen, freilich oft schmerzhaften Experimenten wußte man auch, wie man diese Schwächen treffen könne, ohne daß der Verwundete sich durch Strafen hätte rächen können. So war die gesamte Gymnasialzeit ein beständiger Kampf gegen die Lehrerschaft, der bald Einzelkämpfe oder Vorpostengefechte, bald*

1076 Dir Paul Cauer, Abschiedsrede als Direktor, Prog Gym Düsseldorf 1906, 28. – Cauer wurde 1905 zum Provinzialschulrat in Münster und o. Honorarprof. an der Universität Münster ernannt.

1077 Ulrich von Wilamowitz-Moellendorff, Erinnerungen 1848–1914. Leipzig o.J. [1928], 63. – Das folgende Zitat 68.

1078 Wilamowitz-Moellendorff mußte eine Bemerkung seines hochgelehrten, früh verstorbenen Lateinlehrers Karl Keil (1822–1865) als einen Vorwurf entgegennehmen: *Wilamowitz, Sie schreiben ja wie Seneca* (und nicht wie Cicero). Ebenda, 79.

1079 Carl Vogt, Aus meinem Leben. Stuttgart 1896, 52. – Als Kommentar dazu vgl. Prof. Dr. August Messer (1867–1937), *Geschichte des Landgraf-Ludwigs-Gym Giessen*, Prog Gym Giessen 1908, 51: *Die Lehrer sind nach Vogts Schilderung teils sittlich minderwertig, teils lächerliche Figuren – nur zwei machen eine Ausnahme: der eine ist der Lehrer der Geschichte, Dr. Wilhelm Gottlieb Soldan, der Verfasser eines bekannten Werkes über Hexenprozesse* [Gesch. d. H., 2 Bde. Stuttgart 1843, 2. Augl. 1880], *ein durch ehrenhafter und freisinniger Mann, in dessen Stunden nie etwas Ungehöriges vorfiel und der dennoch fast niemals weder strafte noch Strafreden hielt. Der andere ist der Pädagogiarch, der Philosophieprofessor Dr. Josef Hillebrand, der von 1824–1838 das Pädagog leitete. Vogt charakterisiert ihn als einen hochgebildeten Mann von feinsten Umgangsformen und liebenswürdigstem Wesen. Sein Unterricht hatte freilich schon aus dem Grunde nicht den mindesten Erfolg, weil Hillebrand seine Schüler als ‚gebildete Menschen' behandelte, worauf sie nach Vogts freimütigem Geständnis nicht den mindesten Anspruch hatten.*

schlau verabredete Massenoperationen in den Vordergrund treten ließ und in welchem nur zuweilen Waffenstillstände, aber nie ein dauernder Friede geschlossen wurde.

Die Klagen der Lehrer korrespondierten mit dem Verhalten der Schüler. Sie sprachen von einer *durch Vergnügungen irregeleiteten Jugend, von fortdauernder Gleichgiltigkeit und störrigem Widerwillen* gegen die Erfüllung von Schulpflichten,[1080] von *Repektlosigkeit, Kritiksucht, Auflehnung gegen jede Autorität*, vom *bösen Geist der* Verneinung.[1081] *Ausgedehnter Wirtshausbesuch* führe den *sittlichen Niedergang* der Schüler herbei,[1082] mindestens der auswärtigen. Diese Klagen der Lehrer ü*ber die Gymnasialverdrossenheit, von der jetzt so viel gesprochen wird,*[1083] sind nicht als Folge der habituellen Fehlersuche des Lehrerberufs zu verstehen, sondern sie folgen aus einem doppelten Wandel der Voraussetzungen. Einmal sind es die wissenschaftlich indifferent gewordenen Schüler

ohne das ernste Streben, sich in die Fächer einzuleben und einzuarbeiten; dann empfinden sie die höheren Anforderungen als unerträgliche Last und kommen aus Gefühlen der Unbehaglichkeit, Niedergeschlagenheit und Angst nicht heraus, zumal wenn sie in ihrer Not zu unlauteren Mitteln greifen, um nur auf jeden Fall das erforderliche Zeugnis zu erlangen. Das sind unglückliche Schüler.

Zum anderen hatten sich auch die Lehrer verändert. Der Habitus des etwas versponnenen, dem Fach und seinen Problemen hingegebenen *einweihenden Priesters der Wissenschaft,*[1084] wie er in der ersten Jahrhunderthälfte nicht nur in großer

---

1080 Rektor Wilhelm Becker, Schuljahrsabschlußrede 1873, Prog RealSch Michelstadt 1874, 25.

1081 Provinzialschulrat Dr. Otto Friedel, Einführung von Dir Bähnisch, Prog Gröningsches Gym Stargard 1914, 14. – Zur *Kritiksucht* der Schüler: Dir Dr. Franz Heinen, Abiturierentlassungsrede 1855, in: Heinen, Schulreden, Düsseldorf 1860, 98: *Deshalb, theure Jünglinge, bescheidet Euch mit Eurem Urtheile über staatliche Verhältnisse, welche größtentheils außerhalb Eures Gesichtskreises liegen. Horcht nicht auf Einflüsterungen gegen die zu Recht bestehende Ordnung, nicht auf Verdächtigungen bewährter heimischer Institutionen und Anpreisungen fremdländischer, noch auf das alte Lied von der guten alten Zeit und die Stoßseufzer nach der Wiedererweckung hingeschwundener, patriarchalischer Rechtszustände, nach Wiederbelebung von längst mit allen ihren Wurzeln abgestorbenen staatlichen Einrichtungen.*

1082 Prog RealSch Landeshut 1888, 16.

1083 Dir Prof. Dr. Konrad Burger (*1858), Antrittsrede als Direktor, Prog Gym Altenburg 1908, 14. – Auf für das Folgende. – Für den Wandel der Schülerpopulation vgl. die Sammlung von Schulerinnerungen bei Alfred Graf, Schülerjahre. Erlebnisse und Urteile namhafter Zeitgenossen. Berlin 1912.

1084 Dir Prof. Dr. Ludwig Bachmann (1792–1881), *Zur gerechten Würdigung der gelehrten Schulen*, Prog Gym Rostock 1843, 19.

Dichte anzutreffen war, sondern wie er geradezu konstitutiv war für das frühe Gymnasium, war dahin. An seine Stelle war der Unterrichts-Beamte getreten.[1085]

1085 Literarisch festgehalten in Wilhelm Raabes *Horaker* (1876), wo die *Conrectorin* [Ehefrau des Konrektors] Ida Eckerbusch über den jungen, forschen OL Dr. Neubauer bemerkt: *Das soll sich erst ausweisen, was für ein Siegergeschlecht die neuen heraufziehen mit ihrem: Stramm, stramm, stramm; Alles über Einen Kamm.* [...] *Die armen Jungen dauern mich, die nun den Exerciermeister in irgend einer Form ihr ganzes Leben lang nicht los werden, von der Wiege über die Schule hinaus bis in ihr numerirtes kühles Grab.* Wilhelm Raabe, Horacker. Berlin: Grot'sche Verlagsbuchhandlung 1913 (19. Aufl.), 14. Kap., 133. – Dir Karl Osterwald, Abiturientenentlassungsrede 1871, Prog Gym Mühlhausen 1871, 20: *nicht ,flott' ist heute die Parole, sondern ,stramm'.*

6.0 Orientierungen

6.1 Bildungsziele

Malo scholam desolatam,
quam dissolutam[1086]

Der Begriff der *Bildung* war der Kern der gymnasialen Selbstdeutung durch ihre Lehrer. Was ihn dazu prädestinierte, war seine doppelte Eigenschaft. Zum einen war *Bildung* das befreiende Signalwort[1087] für die *soziale, statusgebende Relevanz*[1088] der Institution des Gymnasiums, wie es etwa von dem ehemaligen Nürnberger Gymnasialrektor Hegel gefaßt und in dieser Bedeutung auf gymnasialer Ebene rezipiert worden war:[1089]

> *Die Bildung ist daher in ihrer absoluten Bestimmung die Befreiung und die Arbeit der höheren Befreiung, nämlich der absolute Durchgangspunkt zu der nicht mehr unmittelbaren, natürlichen, sondern geistigen, eben so zur Gestalt der Allgemeinheit erhobenen unendlich subjectiven Substantialität der Sittlichkeit.*

Zum anderen war *Bildung* aber auch ein legitimatorischer Begriff. Denn er rechtfertigte nicht nur Inhalte und Lernziele, die die Gymnasiallehrer mit dem

---

1086 *Lieber eine schülerarme als eine zuchtlose Schule!* – Professor Karl Matthisson, NR auf Direktor Prof. Dr. Friedrich Schmieder, Prog Kgl. Gym Brieg 1839, 14. – *Nicht immer ist die wachsende Schülerzahl ein untrügliches Zeichen der Trefflichkeit einer Schule*: Prog Kgl. Gym Erfurt 1856, 9.

1087 Vgl. Dir Dr. Wilhelm Friedrich Philipp Patze, *Was ist Bildung*?, Prog Archi-Gym Soest 1823, 1: *es hat sich deutsches Blut, deutscher Sinn wacker geregt; es ist keine Stätte, kein Verhältniß, nicht Stand, nicht Alter noch Geschlecht, welches davon nicht Kunde gäbe. – Und, allem diesen neuen Treiben und Bestreben Maaß und Ziel anzuweisen, ist Bildung das allseitig gefeierte Losungswort geworden. Ein herrliches, ein bedeutungsvolles Zeichen der Zeit! Großes und Schönes ist unter diesem Paniere schon errungen, und was dürfen wir noch von der Zukunft erwarten!*

1088 Vgl. Rudolf Vierhaus, Bildung, 531f.

1089 Georg Friedrich Wilhelm Hegel, Grundlinien der Philosopie des Rechts (1820). Werke Bd. 8, 252. – Hegel war 1808 Rektor des Nürnberger Gymnasiums. – Zur gymnasialen Rezeption vgl. etwa Rektor Alexander Kapp, Einleitung der Gymnasialpädagogik, Prog Archi-Gym Soest 1841, 2–20. Auch Dir Wilhelm Friedrich Philipp Patze, *Was ist Bildung?*, Prog Archi-Gym Soest 1823,33: *Bildung besteht in Eigenschaften, welche fern sind von allen amtlichen Geschicklichkeiten und Kenntnissen.*

Lernprogramm des Neuhumanismus erstrebten, sondern nicht minder den in Konkurrenz zum Elternhaus angemaßten Auftrag einer persönlichen Erziehung der Schüler;[1090] also nicht nur Stoffziele, sondern auch Verhaltensmuster. Fleiß, Gehorsam, Pünktlichkeit und Ordnung waren so allgemeine Forderungen, daß sie schon auf der Ebene der Schul-*Gesetze* belegt sind.[1091] Von Reinlichkeit war übrigens niemals die Rede. Die Strenge der Schulvorschriften erhellt aus den spröden und umständlich formulierten *Gesetzen* des Gymnasiums Mühlhausen, die 1840 forderten:[1092]

> *1. Als Kind Gottes hat jeder Schüler gegen Gott, seinen himmlischen Vater, für die ihm von demselben zu Theil werdende Liebe die Pflicht der Ehrfurcht und des Gehorsams, der Gegenliebe und Dankbarkeit, der Demuth und Buße zu erfüllen.*
> *2. Als Kind seiner Eltern und Zögling seiner Lehrer ist der Schüler für die im Auftrag von Gott auch von diesen ihm zu Theil werdenden Liebe zu den unter 1. angegebenen Unterweisungen verpflichtet, insbesondere auch noch durch ein Verhalten, wie es die das leibliche und geistige Wohl des Kindes und Schülers bezweckende Bildung von beiden Seiten leicht und angenehm werden läßt.*
> *3. Als Knabe oder Jüngling ist der Schüler dem Erwachsenen gegenüber zu bescheidener Sitte und edlem Anstand verpflichtet, und darf daher nirgends selbständig* [vorlaut?] *auftreten wollen.*
> *4. Als Zögling der Bildungsanstalt ist der Schüler verpflichtet, Alles, was dem Zwecke und der Ehre der Anstalt entgegen ist, an seinem Theile gänzlich zu meiden, und an Andern, so viel ihm möglich, nicht zu dulden; dazu aber, was dem Zwecke und der Ehre der Anstalt förderlich ist, möglichst viel beizutragen, allein, oder in Verbindung mit Andern.*
> *5. Als jetziger Schüler und als einstiger Mitbürger ist der Schüler verpflichtet, dort zur Verträglichkeit und zur Darstellung eines guten Beispiels in Fleiß und Sitten, hier zum gewissenhaften Gebrauche aller seiner Kräfte und Anlagen bei der Vorbildung zu seinem*

1090 Rector Johann August Tscherning kehrt den Spieß um und klagt, daß die Schule zu ihrem Unglück den fehlenden Erziehungswillen der Eltern kompensieren müsse: *Ueber einige Gebrechen der häuslichen Erziehung und ihren nachtheiligen Einfluß auf die öffentlichen Lehranstalten*, Prog Gym Heilbronn 1836, 4f. – Daß *Unterricht und Erziehung Hand in Hand gehen* müßte, fordert schon Prorektor Carl Friedrich Heinrich Freese, *Die pädagogische Bildung der künftigen Gymnasiallehrer*, Prog Gym Stargard 1839, 11.

1091 Besonders schroff fordernd: *Gesetze für die Schüler der höheren Stadtschule zu Crefeld*, Prog RealSch Krefeld 1827, 32–42. – Moderater: Allgemeine Anordnungen und Vorschriften für die Schüler des Catharineums [Lübeck], 7.6.1859. Vgl. Werner Dedekind, Die Schulordnungen des Katharineums zu Lübeck von 1531 bis 1891, Prog Gym Katharineum Lübeck 1911, 86 S. – Der Begriff *Gesetze* reflektiert den Legitimationsbedarf.

1092 Dir Dr. Christian Wilhelm Haun, *Ueber Schulgesetzgebung*, Prog Gym Mühlhausen 1841, 1–26 (hier 25).

> *einstigen Berufe, und zur Verhütung alles dessen, was der Gesundheit des Leibs und der Seele schaden könnte, damit er nach dem Gebote der Nächstenliebe mit Leib und Seele das Beste seiner Brüder einst fördern kann.*

Am Dom-Gymnasium in Verden hatte jeder Schüler nach dem Vorbild Schulpfortas den Eid abzulegen, er wolle *mit Gottes Hilfe gottesfürchtig, wahrhaftig, fleißig, gehorsam und dankbar* sein.[1093] Die Aufnahme eines Schülers in ein Gymnasium konstituierte damit ein Rechtsverhältnis; der Schüler hatte eine Bringschuld einzulösen. Die Zuwendung des Lehrers galt hingegen nicht als Leistung der Schule. Denn *dem öffentliche Lehrer ist die Liebe zum Vaterland, die Liebe zur Menschheit, deren Aussaat die ihm anvertraute Jugend ist, die Triebfeder des Wohlwollens*;[1094] dagegen mußte *das Kind selbst dieses Wohlwollen zur Liebe steigern.* Die *schuldige, dankbare Liebe und Achtung zu zeigen,*[1095] war Aufgabe des Schülers. Am Ende seiner Schullaufbahn sollte der Abiturient folgende Persönlichkeitsmerkmale als Gewinn aus seiner Schulzeit aufweisen:[1096]

> *bescheidenen, anspruchslosen Sinn; edles Selbstvertrauen und kühnen Muth, Charakterstärke und Festigkeit; echt religiöse Gesinnung und derselben entsprechend frommen und gottesfürchtigen Wandel.*

Dazu reichte es nicht, den Schüler nur in der Schule anzuleiten und zu beaufsichtigen, sondern es galt, *das ganze Leben des Schülers auch ausser der Schule zu umfassen.*[1097] Neben den zivilen Tugenden waren die gesellschaftlich-bürgerlichen gefordert: *Wenn ihr glücklich seyn und glücklich machen, und Euer Vaterland wahrhaft lieben wollt, so fürchtet Gott und ehret den König.*[1098] Bildungsziele waren also sowohl persönliche als auch gesellschaftliche Verhaltensmuster. Aufgabe des Gymnasiums war, *nicht einseitig intellektuelle Bildung zu erstreben, sondern zu einem*

1093 Dir Friedrich Christian Theodor Dieck, Abiturientenentlassungsrede, Prog Dom-Gym Verden/Aller 1911, 7. –Schulpforta: *Ich verspreche mit Gottes Hilfe zu sein gottesfürchtig, fleißig, gehorsam und dankbar.*

1094 Dir Dr. Franz Heinen, Rede zur Entlassung der Abiturienten 1842, in: Heinen, Schulreden. Einladungsschrift zur Einweihung des neuen Realschulgebäudes, Düsseldorf 1860, 40. – Auch für das Folgende.

1095 Rektor Johann Friedrich Christian Keck, *Ueber den Privatfleiß der Zöglinge auf öffentlichen gelehrten Schulen*, Prog Gym Wiesbaden 1819, 4.

1096 Dir D. Joseph Kabat (1788–1863), Schulrede *Die Kennzeichen der sittlichen Reife eines Abiturienten*, Prog Kgl. Gym Gleiwitz 1843, 12–15. – Auch: Dir Bernhard Rudolf Abeken, Antrittsrede v. 17.10.1815: *Gewöhnung an Maß und Zucht durch Vorhaltung edler Muster.* Prog Rats-Gym Osnabrück 1867, 23.

1097 Rektor Samuel Gotthilf Falbe, *Ueber Schulen als Lehranstalten und Erziehungshäuser*, Prog Gym Stargard 1825, 12.

1098 OL M. Böbel, *Wie können die Schüler eines Gymnasiums Beweise einer wahren und echten Vaterlandsliebe geben?*, Prog Kgl. Kath. Gym Gleiwitz 1826, 17.

zielbewußten, konsequenten Handeln nach den Gesetzen Gottes, des Staates und der Erfordernisse des Lebens zu erziehen.[1099]

Wandel

Daß sich die Ziele, die unter dem plakativen Begriff *Bildung* gefaßt werden, in einem Prozeß des ständigen Wandels befinden, war den Gymnasiallehrern als eine abstrakte Einsicht geläufig. Direktor Eberhard in Coburg erklärte 1864, Bildung sei *also nur in der unveränderten Richtung des Geistes auf das Höchste ein Fertiges, an sich selbst* [aber] *ein Flüssiges und Veränderliches.*[1100] Aber als sich das in den 1880er Jahren vollzog als ein Wandel vom Bildungsziel der Gesittung in das der Gesinnung, waren sich die Lehrer, vor allem die Direktoren, dieses Vorgangs ebenso wie ihrer Rolle als Agenten dieses Wandels nicht bewußt. Daß die Jugend einer *sittlich guten, christlich frommen und gründlich wissenschaftlichen Bildung* zugeführt werden solle, wie der bedeutende bildungspolitische Sprecher Direktor Karl Christoph Gottlieb Zerrenner aus Magdeburg die Erziehungsziele in der Schulordnung seines Pädagogiums vorgab, war der alte, unstrittige, vielfach belegte Konsens.[1101] Die Ablösung des Neuhumanistischen Programms durch eines der nationalen Identität war die neue Überzeugung. Die alten Schriftsteller wurden zwar nicht unbrauchbar, denn sie bildeten *ein Bildungselement von unvergleichlicher Schärfe,*[1102] seien *nach Form und Inhalt ideale Vorbilder.*[1103] Aber nun sei *Zucht, Ordnung, Gehorsam, Fleiß, Aufmerksamkeit, lautere Gesinnung, Charakterbildung und tüchtiges Streben* anzuerziehen.[1104] Das Vaterland brauche *ein körperlich rüstiges, frisches Geschlecht, mit kräftigen Muskeln.*[1105] Das Gymnasium solle *der Nation körperlich gesunde Führer liefern*, denn *die höchste Blüte des Menschen liege im Patriotismus.*[1106]

1099 Dir Heinrich Reimann, Antrittsrede, Prog Gym Gleiwitz 1886, 23. – Vgl. OL Dr. Gideon Maria Gerlach, *Ueber die Kunstseite der Gymnasialbildung*, Prog Kath. Gym Braunsberg 1825, 11: *Bildung besteht nicht ausschliesslich in Kenntnissen, sondern in einer inneren Veredelung, von welcher Kenntnisse nur ein mitwirkender Theil sind.*

1100 Dir Prof. Dr. Ernst Friedrich Eberhard (1809–1868), *Was ist Bildung?* Prog RealSch Coburg 1864, 6.

1101 Dir Karl Christoph Gottlieb Zerrenner (1780–1851), *Gesetze für die Schüler des Pädagogiums des Closters unterer lieben Frauen*, Prog Pädagogium Magdeburg 1835, 110.

1102 OL Dr. Edmund Weissenborn (?–?), *Xenophons Memorabilia als Schullektüre*, Prog Gym Mülhausen 1886, 16.

1103 Dir Dr. Heinrich Reimann (*1850), Antrittsrede, Prog Gym Gleiwitz 1886, 22.

1104 Dir Dr. Julius Naumann (*1835), Belehrungen in Bezug auf die gesellschaftlichen Irrtümer, Prog Gym Osterode 1895, 9.

1105 Dir Dr. Leopold Contzen (1836–1918), Antrittsrede, Prog Gym Bonn 1895, 48.

1106 Dir Bruno Hebestreit (*1861), Antrittsrede, Prog Gym Mülhausen 1909, 12.

Es war vor allem die neue Generation der Direktoren,[1107] die seit den 1860er Jahren mit der Leitung eines Gymnasiums zugleich den Tenor der Erziehungs- und Bildungsziele bestimmten. Wenn man in den sieben Dekaden von 1820 bis 1880 die überlieferten Väterberufe der Direktoren vergleicht, wird trotz der numerisch geringen Überlieferung der Wandel der sozialen Quellschichten an den prozentualen Anteilen erkennbar:

1107 In Preußen wurden in den 1860 Jahren mindestens 114 Direktorenstellen neu besetzt, in den 1870er Jahren 177 (ausgezählt wurde das o.a. sample von 1617 Direktorenbiographien). Gründe dafür waren, daß die alte Direktorengeneration in den Ruhestand ging oder starb, daß die Direktoren auch nach kurzer Tätigkeit sich auf neue Schulen bewarben und daß die Zahl der Gymnasien sich beträchtlich vermehrte.

Tabelle 11: Väterberufe der Gymnasialdirektoren

Vaterberuf	1820		1830		1840		1850		1860		1870		1880		GESAMT
	Zahl	*in %*	*Zahl*	*in %*	*Zahl*	*in %*	*Zahl*	*in %*	*Zahl*	*in %*	*Zahl*	*in %*	*Zahl*	*in %*	
Kaufmann	-	-	2	7,1	3	8,0	3	9,0	4	11,4	4	10,8	6	18,1	21
Pfarrer[1108]	7	43,7	11	39,0	2	12,0	13	39,3	4	11,4	6	16,2	5	15,1	49
Gym-OL	-	-	2	2,0	-	-	-	-	4	11,4	3	8,1	3	9	12
GymDir	-	-	-	-	4	16,0	3	9,0	4	11,4	9	24,3	4	12,1	24
Beamter[1109]	3	18,7	7	24,9	5	20,0	4	12,1	4	11,4	2	5,4	7	21,2	31
Handwerker	3	18,7	2	7,1	5	20,0	5	15,1	2	5,7	1	2,7	1	3	19
Elem-Lehrer	2	12,5	1	3,5	1	4,0	-	-	3	8,5	6	16,2	2	6	15

1108 Vom Generalsuperintendenten bis zum Prediger.
1109 V.a. Kommunalverwaltungs und Justizbeamte.

Vaterberuf	1820		1830		1840		1850		1860		1870		1880		GESAMT
Univ.-Prof.	-	-	1	3,5	-	-	1	3,0	3	8,5	1	2,7	1	3	7
Agronom[1110]	-	-	1	3,5	3	12,0	1	3,0	3	8,5	1	2,7	-	-	9
Musiker	1	6,2	1	3,5	-	-	-	-	2	5,7	-	-	2	6	6
Arzt	-	-	-	-	2	8,0	3	9,0	1	2,8	-	-	2	6	8
Arbeiter	-	-	-	-	1	4,0	-	-	-	-	1	2,7	-	-	2
Offizier	-	-	-	-	-	-	-	-	1	2,8	-	-	-	-	1
GESAMT	**16**		**28**		**26**		**33**		**35**		**34**		**33**		**205**

*Vom Generalsuperintendenten bis zum Prediger.

†V.a. Kommunalverwaltungs- und Justizbeamte.

‡Pächter wie Besitzer.

1110 Pächter wie Besitzer.

Deutlich ist, wie einzelne Berufsgruppen von Vätern allmählich in die Lehrerschaft hineinwachsen – Kaufleute, Ärzte, Offiziere –, während andere wie gymnasiale Lehrer und Direktoren sich generationenversetzt einstellen. In den Stellenbesetzungen sieht man einen deutlichen sozialen Hiatus durch die Herkunft derjenigen Direktoren, die mit den 1860er Jahren ins Amt gelangten. Sie kamen knapp zur Hälfte aus akademisch gebildeten Elternhäusern. Die frühere Dominanz der Herkunft aus dem Pfarrhaus hatte sich Mitte des Jahrhunderts eingeebnet; dafür stieg die Herkunft aus Kaufmanns- und Selbständigenfamilien an, ebenso die Fortsetzung der Vaterkarrieren auf gleicher Direktorenebene, allerdings nie an der gleichen Anstalt,[1111] während das Aufstiegsmodell vom väterlichen Elementarschullehrer zum Gymnasialdirektor außer Kurs geraten war.

Die Modellvorstellungen dieser neuen Generation von dem, was ein erfolgreich *Gebildeter* sein sollte, waren nicht normiert, sondern wechselten, wenngleich mit geringer Amplitude. Nic*ht Klösterlinge* zu erziehen*, sondern Weltbürger* lautete ein Versuch der Verortung.[1112] Aber der elitäre Anspruch zielte nicht auf eine große Menge von Schülern, sondern wollte nur *in dem Gedeihen der Bildsamen den Werth der Anstalt* suchen.[1113] Gesetzestreue und unbeirrte Achtung der politischen Verfassung sollten den Maßstab des Handelns geben:[1114]

> *tüchtige Bürger des Staates, die Recht und Gesetz ehren, die die Zwecke des Staats hochalten, denen das Gemeinwohl am Herzen liegt, die die Entfaltung des Staatslebens zu immer größerer Blüthe, zu vernunftgemäßer, der Würde der Menschennatur entsprechender Freiheit für ihre Lebensaufgabe halten, die ihres Vaterlandes Ehre im tiefsten Herzen tragen.*

1111 Z. B. Karl Wilhelm Bouterwek (1809–1868) in Elberfeld und Sohn Rudolf (1840–1901) in Treptow a.R., Christian Bossler (1810–1870) und Sohn Sohn Ludwig (*1838) im Elsaß, Georg August Herbst (1797–1852) in Bernburg und Sohn Wilhelm (1825–1882) in Schulpforta, Georg Gustav Samuel Köpke (1773–1837) am Grauen Kloster Berlin und Sohn Ernst (1813–1882) an der Ritterakademie Brandenburg, Eduard Wentzel (1801–1879) in Glogau und Sohn Hermann (1830–1885) in Sagan, Eduard Wesener (1808–1873) und Sohn Georg (*1847) in Köln.

1112 Rektor Johann August Tscherning, *Ueber einige Gebrechen der häuslichen Erziehung iund ihren nachtheiligen Einfluß auf die öfffentlichen Lehranstalten*, Prog Gym Heilbronn 1836, 14. – Für die Reichweite über Preußen hinaus vgl. Rektor Johann Friedrich August Polack (*1820), *Von dem Hauptgesichtspunkt, den ein Bürger bei der Wahl einer öffentlichen Schule für Knaben festzuhalten hat*, Prog Höh. BürgerSch Wiesbaden 1861, 5: *Bildung gibt Unabhängigkeit und macht den Mann zum Herrn seiner Lage.*

1113 Prog Kgl. Gym Erfurt 1829, 57.

1114 Dir Dr. Karl Hermann Funkhänel, *Ueber Erziehung der Jugend zu Vaterlandsliebe und Gemeingeist*, Prog Gym Eisenach 1861, 12.

Nicht dagegen sei es die Aufgabe der Schule, *die Köpfe der Jugend mit politischen Streitfragen zu erhitzen und zu verwirren, die mit dem Bestehen keines Staates verträglich sind.*[1115] Schule galt als ein *Werk des Friedens*:[1116]

> *denn nur ferne vom rastlosen Gewimmel des geschäftigen Lebens in der stillen Studirstube und in den ruhigen Hörsälen* [Klassenzimmern] *wird es uns erlaubt, den Musen ganz nahe zu treten, und nur den von Unruhe und böser Leidenschaft ungetrübten Blicken wird es vergönnt, einen Abglanz der hohen Ideale zu schauen.*

Diese irenisch-metaphorische Platzierung von Schule – weitab von politischen Leidenschaften als ein eher museal anmutender, kontemplativer Ort des Lernens und der Ruhe – war eine Reaktion auf die Erlebnisse von 1848/49 und, wurde modellhaft und hielt sich in den Köpfen vieler Lehrer bis 1914 spannungslos durch, in einem unvermittelten Gegensatz zur politischen Emotionalisierung im Blick auf die äußeren und inneren Feinde des Reiches. Ihre Wirkmächtigkeit nahmen entsprechende schulische Ermahnungen zu politischer Abstinanz nicht zuletzt aus der ebenso freimütigen wie preiswerten und unscharfen Kritik an abgelegten Traditionen:[1117]

> *Deshalb, theure Jünglinge, bescheidet Euch mit Eurem Urtheile über staatliche Verhältnisse, welche größtentheils außerhalb Eures Gesichtskreises liegen. Horcht nicht auf Einflüsterungen gegen die zu Recht bestehende Ordnung, nicht auf Verdächtigungen bewährter heimischer Institutionen und Anpreisung fremdländischer, noch auf das alte Lied von der guten alten Zeit und die Stoßseufzer nach der Wiedererweckung hingeschwundener, patriarchalischer Rechtszustände, nach Wiederbelebung von längst mit allen ihren Wurzeln abgestorbenen, staatlichen Einrichtungen.*

Die Gymnasiallehrer predigten nicht nur ihren Schülern politische Abstinanz, sondern lebten sie auch selbst. Der politischen, gesellschaftlichen und ökonomischen Dynamik seit den 1850er Jahren stand das Gymnasium verhalten gegenüber, obwohl in diesem Jahrzehnt die programmatische Diskussion über Inhalte, Ziele und Formen gymnasialer Bildung einsetzte. Die Stiehlschen Regulative von 1854, deren Ambivalenz genauerer Betrachtung bedarf,[1118] betrafen das Gymnasium nur indirekt, indem die Abkehr von einer Verwissenschaftlichung im Elementarschulbereich der höheren Bildung das Feld billig überließ. Das Gymnasium allerdings besaß kein Programm, um den gewonnenen Freiraum zeitgemäß zu füllen. Das

1115 Dir Dr. August Wissowa (1797–1868), Rede zum Geburtstag König Friedrich Wilhelm III. am 3.8.1832, Prog Kath. Gym Leobschütz 1834, 7.

1116 Rektor Dr. Sören Ludwig Povelsen (1810–1875), Antrittsrede, Prog Domschule Schleswig 1855, 66.

1117 Dir Dr. Franz Heinen, Abiturientenentlassungsrede 1855, in: Schulreden. Einladungsschrift zur Einweihung des neuen Realschulgebäudes, Düsseldorf 1860, 98.

1118 Vgl. Elmar Tenorth, Lehrerberuf und Lehrerbildung, in: Handbuch der deutschen Bildungsgeschichte Bd. III, 250–281, bes. 264ff.

Plädoyer von Direktor Dietsch 1862, einfach weiterzumachen wie bisher, war wohlfeile Unentschlossenheit.[1119] Sie fand aber auch entschiedenen Widerspruch:[1120]

> *Wer zurückbleibt in der geflügelten Eile des Wettlaufs aller Kräfte, wird vom Lebensstrom der Gegenwart ausgestoßen und zu den Todten geworfen. Nur wer die Kräfte seiner Zeit sich angeeignet hat, wird von ihr getragen.*

Den Schülern zuzurufen, es möge ihre Bildung *ein deutscher Geist, deutsche Gesinnung, deutsche Gesittung* durchwehen,[1121] mag zeitgenössisch opportun gewesen sein, ähnlich dem Ziel, die *Zöglinge zu gebildeten Menschen, zu Patrioten, zu Christen* zu erziehen,[1122] ist aus pädagogischer Perspektive aber wohl als Ausdruck von ideeller Hilflosigkeit zu deuten. Direktor Kraner postulierte in seiner Zwickauer Antrittsrede, die Schule entsende ihre Zöglinge als Vertreter einer höheren Bildung, die bezeugen, daß sie *nicht bloss durch die Wissenschaft, sondern auch durch die Weihe wahrhaft christlichen Sinnes innerlich veredelt und gehoben* sind.[1123]

Die Gymnasien gaben sich jedoch allein mit der *Pflege des Idealen*[1124] nicht zufrieden. 1853 ließ man den Primaner Walter in einer betulichen Schulrede über *Bildung – ein Beweggrund zur Vaterlandsliebe* sprechen.[1125] Absichtsvoll einen Schülervertreter zum Sprecher zu wählen und ihm gerade dieses Thema vorzugeben, macht deutlich, wie der Patriotismus als Ziel schulischer ideologischer Prägung sich schon vor der Reichseinigung etablierte. Die Bewegung verlief dabei von der Peripherie ins Zentrum und läßt erkennen, daß hier keine amtliche Federführung waltete, sondern institutionelle Dynamik. Der Flensburger Konrektor

---

1119 *Es würde zu den traurigsten Folgen, zu dem sittlichen und geistigen Untergang ganzer Generationen führen, wollte die Schule nach jeder Strömung des Zeitgeistes, nach jedem Winde* [sic!] *der öffentlichen Meinung ihre Zielpunkte und ihre Einstellungen ändern*: Dir Prof. Dr. Rudolf Dietsch, Antrittsrede, Prog Gym u. RealSch Plauen i.V. 1862, 14.

1120 Conrektor Friedrich Schulz, *Ueber einige Forderungen der Zeit an eine tüchtige Gymnasialausbildung*, Prog Gym Weilburg o.J. [1847], 17.

1121 Dir Dr. Franz Heinen, Rede zum Schluß des Schuljahres 1853, in: Schulreden. Einladungsschrift zur Einweihung des neuen Realschulgebäudes, Düsseldorf 1860, 95. – *Ihr seid jetzt deutsche Jünglinge, und Ihr werdet, so hoffe ich zu Gott, einst deutsche Männer werden, die dem Vaterlande zur Ehre gereichen und deutschen Glauben und deutsche Treue halten*: Dr. Dr. Ludwig Kleiber, Rede zur 25-Jahrfeier der Schule, in: OL Dr. Friedrich Fredericbs, NR auf Kleiber, Prog Dorotheenstädtische RealSch Berlin 1880, 21.

1122 Dir Dr. Georg Friedrich Eysell (*1812), Antrittsrede, Prog Kgl. Gym Hersfeld 1869, 7.

1123 Dir Prof. Dr. Friedrich Kraner (1812–1863), Antrittsrede, Prog Gym Zwickau 1857, 6.

1124 Rector Dr. Christian Pansch (1807–1901), Abiturientenentlassungsrede 1854, Prog Gym Eutin 1857, 72.

1125 Prog Stadt- u. höh. BürgerSch Landeshut 1854, 18.

Jungclaussen verwandte sich 1868 in seiner Rede zum Königgeburtstag für die *Belebung des vaterländischen Sinnes des Schülers*, proklamierte die *weltgeschichtliche Mission Preußens nach göttlicher Gnade* und forderte eine opferbereite, hingegebene Gesinnung der Bürger.[1126] Bei *der Erziehung der Jugend für ihren himmlischen und irdischen Beruf*[1127] nach der Reichsgründung galt es erst recht, die *Vaterlandsliebe in die Herzen der Jugend einzusenken* und *treue Anhänglichkeit an das angestammte Fürstengeschlecht* zu stärken.[1128]

Die Ziele unterrichtlicher Einwirkung auf die Schüler und ihrer institutionellen Prägung durch die Anstalt waren vielfältig, schwankten aber bei aller kanonischen Treue des Lehrplans und der Stundenanteile der Fächer zwischen alter Festigkeit und modernem Anspruch. Die Grenzen, innerhalb derer sich diese Bewegungen vollzogen, deutet der Direktor Dietsch 1861 bei seiner posthum veröffentlichten Antrittsrede in Plauen an:[1129]

> *Es würde zu den traurigsten Folgen, zu dem sittlichen und geistigen Untergange ganzer Generationen führen, wollte die Schule nach jeder Strömung des Zeitgeistes, nach jedem Winde der öffentlichen Meinung ihre Zielpunkte und ihre Einrichtungen ändern. Sie darf zu jenen nur rechnen, was durch die Erfahrung aller Zeiten erwiesen ist. Doch bei allem Festhalten daran würde der Schulmann gewissenlos handeln, wollte er die Stimmen, welche aus dem Leben ihm entgegentönen, unbeachtet lassen, sie nicht auf ihre Berechtigung hin prüfen.*

Dieses unbeholfene Pathos eines fehlenden Maßstabs fand seine Entsprechung in der Schulwirklichkeit. Denn während die Praxis des Unterrichts darin bestand, hohe Gedächtnisleistungen abzufordern, waren diese zugleich ständiger Kritik ausgesetzt. *Vielwisserei* hebe alle *organische Einheit der Gymnasialbildung* auf, war die Kritik eines Direktors beim Amtsantritt;[1130] denn sie lasse jeden *tiefer eingreifenden persönlichen Verkehr des Lehrers mit seinen Schülern, auf dem doch allein aller Segen beruht*, verkümmern oder mißlingen. Gleichzeitig hieß es in Zwickau aus gleichem Anlaß genau entgegengesetzt, man werde *ein tüchtiges Wissen zu*

1126 Konrektor Wilhelm Theodor Jungclaussen, *Die Revision unserer Gelehrtenschulen*, Rede zum Königsgeburtstag am 21.3.1868, Prog Gym Flensburg 1868, 39.

1127 Dir Dr. Adolf Zinzow, *Die Erziehung der Jugend für ihren himmlischen und irdischen Beruf*, Antrittsrede, Prog Kgl. Gym Wetzlar 1857.

1128 Dir Dr. Gustav Lothholz, Königgeburtstagsrede 1871, Prog Kgl. Stifts-Gym Zeitz 1871, 17. – Vermutlich wurde die Rede auf den preußischen König schon im März 1870 gehalten, denn im März 1871 hätte sie den Kaiser huldigen müssen.

1129 Dir Prof. Dr. Rudolf Dietsch, Antrittsrede am Gym Plauen 1861, in: Rudolf Dietsch, Schulreden, Leipzig 1876, 11.

1130 Dir Dr. Karl Gustav Heiland, Antrittsrede v. 16.10.1856, Prog Wilhelm-Ernstisches Gym Weimar 1857, 8. – Auch für das Folgende.

schaffen haben.[1131] Dem gegenüber erklärte im Gymnasium Tilsit der Regierungs- und Schulrat Conditt als Vertreter der Behörde bei der Einführung des neuen Direktors, *Christum lieb haben sei besser als alles Wissen.*[1132] Wissen war kein Programm.

Kontinuitäten

Mitte des 19. Jahrhunderts erschien das Erziehungsziel der Charakterbildung[1133] ebenso gewiß, wie die Mittel und Wege sicher schienen, dieses Ziel zu erreichen. *Wahres Ehrgefühl und tiefe Abscheu vor allem Schlechten und Gemeinen* wollte Direktor Schütte 1857 in Blankenburg bei den Schülern erwecken.[1134] Die *ethische Seite im jungen Menschen zu erfassen und zu veredeln,* sei die *Seele des ganzen Schulwirkens.*[1135] Die Schule solle den jungen Mann zu einem *freien, denkenden Wesen* formen, ihn nicht mit *todter Gelehrsamkeit* peinigen, sondern mit *umfassender Bildung* in das Leben entlassen.[1136] Die *künftigen Führer und Berather des*

1131 Dir Prof. Dr. Friedrich Kraner, Antrittsrede, Prog Gym Zwickau 1857, 11. – Flankierend: Rektor Prof. Dr. Peter Heinrich Jessen (1817–1892), *Einige Worte an die Eltern unserer Schüler*, Prog GelehrtenSch Glückstadt 1860, 17: *Nicht blos schriftliche Arbeiten hat der Schüler im Hause zu machen, sondern auch das, was auswendig zu lernen ist, muß der Gedächtniß eingeprägt werden. Jemehr das Gedächtniß in unserer Zeit gering geschätzt wird (so gering, daß man sich unbedenklich damit entschuldigt, man habe ein schwaches Gedächtniß, während sich doch nicht leicht jemand damit entschuldigen wird, er habe einen schwachen Verstand), desto sorgfältiger wird darüber zu wachen sein, daß es in rechter Weise und in gehörigem Maße geübt werde. Geschieht das nicht in der Jugend, wo die Empfänglichkeit am größten ist, so ist für die spätere Zeit die Kraft geschwunden.*

1132 Regierungs- und Schulrat Otto Conditt (1810–1877), Einführung des neuen Direktors, Prog Gym Tilsit 1859, 35.

1133 Dir Dr. Karl Gustav Heiland, Antrittsrede v. 6.11.1854, Prog Gym Stendal 1855, 3: *daß ich die erziehende Thätigkeit für eine Hauptaufgabe des Gymnasiums halte und daß ich Charakterbildung in der Gewöhnung an Arbeit und Anstrengung, an Entbehrung und Selbstbeherrschung, so wie in Erziehung zur Ehrerbietung und Pietät, zur Gottesfurcht und Frömmigkeit suche.* – Ansprache des 3. OL und Ordinarius von Tertia Prof. Dr. Eugen Frohwein: *die Cardinaltugenden Gehorsam und Bescheidenheit, Fleiß und Ordnung, Wahrheit und Offenheit als Kennzeichen des guten Geistes, der auf einem Gymnasium herrschen müsse.* Dir Prof. Dr. Albert Grumme, Prog Gym Gera 1874, 17.

1134 Dir Dr. Eduard Schütte, Antrittsrede, Prog Gym Blankenburg 1858, 4. – Dir Friedrich Rieck (1809–1878), Antrittsrede v. 30.6.1851, Prog Gym Zwickau 1851, 17: *Die Schule muß wieder ihren Mittelpunkt finden, um den sie ihre Thätigkeit concentrieren kann.*

1135 Dir Prof. Dr. Ernst Eberhard, *Ueber Disziplin*, Prog RealSch Coburg 1851, 1.

1136 Dir Ludolf Heinrich Otto Müller, Antrittsrede, Prog Gym Jever 1850, 7f.

Volks bedürfen einer ganz besonders ernsten und sorgfältigen Zucht, müßten auf der Schule aber schon mit langsam wachsendem Spielraum zu *vernünftiger Selbstbestimmung* gebracht werden.[1137]

Diese behäbige Selbstzusicherung der Gymnasiallehrer, daß ihr drei Leitlinien folgendes Modell aus neuhumanistischer Stoffwahl, Disziplinierungsforderung und Lernintensität zweckmäßig sei für die mit der höheren Bildung angestrebte Elitenbildung, läßt sich als ein durchgängiger Tenor nachweisen. Er setzte vor 1820 ein und war 1914 noch nicht verstummt; und er konnte überdauern, weil sich das klassische Gymnasium immun stellte bei methodischen und didaktischen Einwänden gegen die Unterrichtsformen und den überlieferten Stoffkanon.[1138] Für Formierungsprozesse im Bildungswesen ist das nicht unbekannt und möglicherweise typisch. Jedenfalls könnte man als Beispiel für die retardierte Langzeitwirkung und als zeitgenössische Parallele auf die Verzögerungen hinweisen, mit denen auf der Ebene der Universität die Fachdidaktiken in ihrer wissenschaftlichen Autonomie und heuristischen Dignität erst im späten 20. Jahrhundert, und dann auch noch unwillig, wahrgenommen wurden, und zwar stets hierarchisch – das Gymnasium verspätet gegenüber der Elementarschule, die Universität verspätet gegenüber dem Gymnasium. Auch dieser Konnex erklärt sich aus solchen alten Mustern der Wertigkeit von Bildungsstufen, nur auf eine andere Bildungsebene verschoben – Nachläufer, nicht Anführer der besseren Einsicht.

Im 19. Jahrhundert hat es an selbstkritischen Stimmen aus der Lehrerschaft des Gymnasiums nicht gefehlt;[1139] aber sie haben nicht gefruchtet. Der

---

1137 Dir Dr. Friedrich Röder, Abiturientenentlassungsrede am 22.3.1850, Prog Gym Neustettin 1851, 7. – Die Gymnasien hätten es mit denen zu tun, *welche künftig die Träger der geistigen Bildung, Organe der weiteren Entwickelung des Volkes werden sollen*: Dir Theodor Franz Adler, Antrittsrede, Prog Gym Cöslin 1852, 10.

1138 Für den Geschichtsunterricht vgl. Wolfgang Jacobmeyer, Das deutsche Schulgeschichtsbuch Bd. I, 69–176. Ebenso Wolfgang Jacobmeyer u. Holger Thünemann (Hg.), Grundlegung und Ausformung des deutschen Geschichtsunterrichts, 5–22.

1139 Von den geläufigen Beteuerungen nur diese: *Grundsätzlich soll und will* [das Gymnasium] *nichts zu thun haben mit der Vorbereitung auf einen bestimmten Beruf, mit der Tüchtigmachung für eine bestimmte Lebensstellung. Nur ideale Geistesbildung ist sein Ziel. Daher legen wir es nie ab auf ein blosses äusseres Wissen.* [...] *das Wissen ist uns nur Mittel, nie Zweck.* OL Erich Haupt (*1841), Der *Beruf des deutschen Gymnasiums.* Kaisergeburtstagsrede. Prog Bugenhagen-Gym Treptow a.R. 1873. 5. – *Nicht das Wissen ist des Wissens letzter Zweck. Durch Wissenschaft und Kenntnisse soll der Mensch sich bewußt werden seiner Geisteskräfte und dessen, was er als Mensch werden muß und zu leisten hat.* [...] *Brauchbare Mitglieder dieser Gemeinschaft zu werden, ist das Ziel der männlichen Jugend, dafür die Schüler zu befähigen, letztes Ziel der Schule.* Dir Gottlieb August Lüttgert (*1929), Antrittsrede, Prog Gym Lingen 1872, 33.

gymnasiale Reformbedarf wurde in den Elementarschulbereich abgedrängt oder durch die Schaffung von *realistischen* Schulformen der höheren Bildung kalmiert, ohne die Probleme wirklich anzugehen. Schon 1824 kritisierte Ludwig Seelbach, Direktor des Gymnasiums Elberfeld, die Vorstellung, das Gymnasium sei nur eine *Schule für Gelehrte*, als irrig.[1140] Der Unterricht solle *die Selbstthätigkeit des Schülers beleben, und darum sol nicht sowohl* [=etwa] *docirt als* [vielmehr] *unterrichtet werden.* Der Lehrer solle *keinen Vortrag halten, wie etwa der akademische Lehrer, sondern ein väterlicher Gehülfe seyn, der sich um das Auffassen seiner Schüler, um ihre Fortschritte und ihre geistige Entwickelung gehörig bekümmert.* Mehr als ein halbes Jahrhundert später kritisierte der Königsberger Direktor Ludwig Albert Lehnerdt, sicherlich nicht ohne Absicht in seiner Antrittsrede von 1878, das Gymnasium überhäufe den Schüler mit Lernstoff, ohne diesen wirklich ausgewählt zu haben, vielfach mit *todtem Wissen*;[1141] dabei sei die Selektion des sich *gewaltig häufenden* Lernstoffs *das allerwichtigste.* Am entschiedendsten waren die Vorbehalte gegen die soziale Kontrolle der Schüler, an der 1857 Direktor Ernst Friedrich Eberhard von der Realschule in Coburg Anstoß nahm. Seine beißende Kritik zeichnet sich nicht nur durch die entschiedene Verurteilung der geläufigen Praxis aus, sondern auch durch eine so furiose Wortwahl, daß sie es wert ist, zitiert zu werden:[1142]

> *Es ist eine der größten und bedenklichsten Verirrungen der modernen praktischen Pädagogik, daß es für wohlgethan gehalten wird, die ganze Privatthätigkeit auch der älteren Schüler [...] der strengsten Beaufsichtigung und Rechenschaftsforderung Seitens der Schule zu unterwerfen. [...] Wahrlich! Der hat keine Ahnung vom Weben und Schaffen des wachsenden Geistes, der wähnt, auf diesem Wege zur Thätigkeitsfreude, der die Geistesarbeit selber eine Lust ist, zu erziehen.*[1143] *Wenn's recht gut geht, erzieht man leidlich geschulte, zahme Arbeiter, die arbeiten, so viel sie müssen, nicht um der Arbeit, sondern höchstens um des Lohnes willen, der ihnen den Genuß behaglicher Ruhe in Aussicht stellt. Und statt frisch-gesunder, positurfester, körnigter Charaktere werden lahme Gesellen, lackirte Gecken und Gängelbandsmemmen erzogen, die weder dem Himmel noch der Erde eine Freude sind. [...] systematische schulpolizeiliche Umklammerung und Umspinnung des Schülers.*

Auch ein hoch angesehener und charakterfester Behördenvertreter geißelte die *Influenza des Encyklopädismus, so dass aus einem Menschengeist ein Auszug aus*

1140 Dir J. Ludwig Seelbach, *Bei welchen Voraussetzungen kann eine gute Schuldisciplin erfolgreich seyn?* Prog Gym Elberfeld 1824, 12. – Auch für das Folgende.

1141 Dir Ludwig Albert Lehnerdt, Antrittsrede, Prog Friedrichs-Collegium Königsberg 1879, 39. – Auch für das Folgende.

1142 Dir Ernst Friedrich Eberhardt, *Ueber die häuslichen Arbeiten des Schülers*, Prog RealSch Coburg 1857, 2f.

1143 Im Original verschrieben: *erzielen.*

dem Conversations-Lexikon würde.[1144] Aber da wegen der strikten Lernanforderungen des Gymnasiums der Erwerb von Wissen so selbstverständlich war, erledigte sich das Thema auch nicht. Auch in den 1870er Jahren blieb dieser Widerspruch erhalten, daß der Wissenserwerb in der Schule betrieben und gleichzeitig in ihren Festreden gegeißelt wurde, mindestens ausgegeben als dunkle Folie für die hehren Ziele der Gymnasialbildung wie etwa: *Sinn unserer Jugend zur besseren Erkenntniss des Menschen zu schärfen,*[1145] das Gymnasium als *geistige Ringschule zur Erziehung des Willens für die sittlichen Aufgaben des Lebens,*[1146] *feste Grundlagen jeder sittlichen Persönlichkeit,*[1147] usw. Direktor Haage in Lüneburg entließ 1875 die Abiturienten mit selbstkritischen Warnungen vor dem *kommandierten Lernen.*[1148] Es bilde *den Routinier heran, der das große Tretrad schwingen* kann und daher für die große Maschine nicht unbrauchbar ist, aber ein *Charakter ohne sittliche Energie* sei, keiner Begeisterung für das Ideale mehr fähig und nur zu leicht einer *ganz gemeinen Lebensanschauung* verfalle.

Das Mannhafte und das Charakterfeste formten die Vorstellung vom Absolventen des Gymnasiums, dazu gesellschaftlich aus dem Bürgertum abgeleitete Tugendmuster: *Gehorsam, Ehrerbietung, Bescheidenheit, Ordnung, Pünktlichkeit, Wahrhaftigkeit.*[1149] Im einzelnen waren sie einseitig betont und/oder unscharf, weil es überwölbende Normen nicht gab; aber in der Summe traten sie zu einem offenen Ideal zusammen, das trotz der unscharfen Kriterien und der metaphorischen Verfassung entschiedene idealistische Vorstellungen vermittelte. *Hungig, nicht satt* solle der Schüler entlassen werden.[1150] Eine *freie menschliche Bildung des Geistes und der Seele* stand gleichgeordnet neben *demüthigem Gehorsam gegen Gott und Menschen*, nicht dagegen *Gedächtnißkram und toter Ballast.*[1151]

Die in den 1860er Jahren sich mehrenden Stimmen, die für einen Umschwung plädierten, votierten auch für eine Öffnung des Bildungsbegriffs. Zwar war der Kanon der Sprachenfolge ebenso wie die Unterbetonung von Naturwissenschaften und Moderne stabil geblieben. Aber die Gymnasiallehrer stellten sich nunmehr

1144 Geh. RR Dr. Ludwig Dietrich Wilhelm Landfermann, Einführung von Dir Dr. Wilhelm Herbst (1825–1882), Prog Kgl. Friedrich-Wilhelms-Gym Köln 1861, 25.

1145 Dir Dr. Ludwig Hasper (1825–1890), Antrittsrede v. 30.4.1867, Prog evang. Gym Glogau 1868, 19.

1146 Dir Dr. Gustav Grosch, Antrittsrede, Prog Gym Nordhausen 1876, 8.

1147 Dir Dr. Theodor Vogel, Antrittsrede, Prog RealGym Dresden-Neustadt 1885, 41.

1148 Dir D. theol. h.c. Rudolf Haage, Abiturentlassungsrede 1875, Prog Gym Lüneburg 1876, 9. – Auch für das Folgende.

1149 Dir Dr. Hermann Probst (1819–1906), Antrittsrede v. 12.10.1860, Prog Kgl. Gym Cleve 1861, 10.

1150 Dir Dr. Ludwig Hüser (1816–1895), Antrittsrede, Prog Höh. BürgerSch Aschersleben 1859, 5.

1151 Beides Dir Wilhelm Lorenz, Antrittsrede, Prog Kgl. Gym Wetzlar 1860, 6f.

die Frage, welchen Zwecken der Unterricht dienen sollte, und ließen dadurch den Wandel wenigstens zu. Anzeichen für einen Programmwechsel finden sich, erneut an der politisch beweglicheren Peripherie, in Flensburg, etwa in der Äußerung Konrektor Jungclaussens 1868, die Gymnasien seien *zu einseitig als Vorbereitungsanstalten für die Universität.*[1152] Der längst etablierte Sachverhalt, daß keineswegs alle Absolventen des Gymnasiums in ein Studium überwechselten, ist ein Anhalt für das Maßvolle dieser Veränderungswünsche. Es ging nicht um eine grundstürzende Reform, sondern um eine bloße Anpassung. Aber aus mehreren Gründen war sie nicht zu verwirklichen. Zum einen waren die politischen Umstände zu unruhig, am Ende auch zu erfolgreich, als daß man eine bisher tragfähige und wohl etablierte Institution umgebaut hätte. Die Stärke dieses Motiv läßt sich daran ablesen, daß die Veränderungen im höheren Schulwesen, als sie unumgänglich wurden, nicht durch eine gymnasiale Reform, sondern durch die additive Einrichtung neuer abweichender Schulformen eines *realistischen* Schulwesens erreicht wurde.

Zum anderen war der ideelle Sockel, waren das traditionelle Ansehen des Gymnasiums und seine Eignung für die erhebenden Festreden und Weihestunden nicht zu erschüttern, zumal jede Änderung als Schmälerung, nicht als Bereicherung bewertet wurde. Und endlich war die gymnasiale Lehrerschaft, so hingebungsvoll sie ihren Beruf auch ausübte, zu eindimensional auf das Konzept schulförmig gemachter Fachwissenschaften verpflichtet. Wo neue Inhalte auftraten, besaßen sie die Form guter Wünsche für die Absolventen des Gymnasiums. Direktor Perle gab zwischen 1901 und 1911 den Abiturienten seiner Schule ein ganzes Gepäck davon mit:[1153] Die Absolventen sollten den sozialen Ausgleich in der Gesellschaft anstreben, das in der Schule erworbene *Stück Nationalkapital* auch im Studium pflegen, sich das in der Schule erlangte historische Urteilsvermögen bewahren, sich im bürgerlichen Vereinswesen für öffentliche Zwecke zur Verfügung stellen, nicht verantwortungsscheu sein und nicht zögern, einen kaufmännischen Beruf zu ergreifen. Das waren vorgreifende Lebensregeln, aber weder Lehrziele der Schule, noch Reformanstöße. Denn der Fächerkanon des Gymnasiums und die Themenspezifik der einzelnen Fächer nahmen keinerlei Rücksicht auf solche Perspektiven. In der Selbstdarstellung der Gymnasien der 1870er Jahre setzten sich daher die alten Traditionsbezüge fort, allerdings in einer thematischen und perspektivischen Verengung. Sie profitierten vom Waffenerfolg, gaben zugleich die von ihnen betriebene Schule als die *geeignetste Pflanzstätte des Patriotismus* aus,[1154] sowohl historisch-genetisch als auch vorwärts im Blick auf den französischen Revanche-Gedanken.

1152 Konrektor Wilhelm Theodor Jungclaussen, *Die Revision unserer Gelehrtenschulen,* Rede am Königsgeburtstag 21.3.1868, Prog Gym Flensburg 1868, 37.

1153 Dir Dr. Wilhelm Friedrich Perle, Abiturienten-Entlassungsreden 1901–1911, Prog ORealSch Halberstadt 1911.

1154 Rektor Johann Georg Busch (*1824), *Der Einfluß unseres Schulwesens auf die Kriegstüchtigkeit des Heeres, unter Hinweis auf die Erfahrungen aus dem jüngsten*

6.2 Vom Patriotismus zum Nationalismus

Alle Lehr' ist Tand,
so nicht dient dem Vaterland.[1155]

1813 als Gottesgericht: Sieg des Guten über das Böse[1156]

Die Geschichte des Gymnasiums und die Geschichte der Deutschen im 19. Jahrhundert waren keine separaten Geschichten, sondern sie waren symbiotisch miteinander verflochten, und sie wurden von den Deutschen auch als parallel wahrgenommen und gelebt – Geschichte als Echokammer. Preußen war ein Schulstaat, seine Gesellschaft eine Schulgesellschaft. Daß am Anfang Napoleon war, wie Thomas Nipperdey so pointengewiß sagt,[1157] darf man wohl bezweifeln, weil sich damit der *Anfang* – ohnehin in der Geschichte wenig mehr als eine Metapher und nur als Katalysator brauchbar – zu punktförmig darstellt. Aber der Elan der staatlichen und gesellschaftlichen Erneuerung zog seine andauernde Energie und Konzentration aus dem Kampf gegen *den Korsen.* Als die *wilden Kriegswetter über das Vaterland hereinbrachen,*[1158] stellten sich Gymnasiasten und ihre Lehrer als Kriegsfreiwillige: *das gebeugte, vielfach getretene Vaterland rief.*[1159] Als ein Mitglied der Schulgemeinde daher, und nicht als eine Einzelperson wurde ein Lehrer so in Königsberg verabschiedet:[1160]

---

deutsch-französischen Kriege beleuchtet, Prog ProGym St. Wendel 1871, 18. – Prognostisch, 20: *Wollen daher die Franzosen einmal einen Rachekrieg beginnen, so könnte nur eine erdrückende Coalition gegen Deutschland wirklich gefährlich für uns werden. Für sich allein werden sie, solange sie nicht den Schulzwang und die allgemeine Wehrpflicht bei sich eingeführt haben, an Kriegstüchtigkeit immer hinter uns zurückstehen.*

1155 Prof. Reinhold Gottschick, NR auf Dir Dr. Ferdinand Schultz (1829–1901). Prog Gym Charlottenburg 1902, 19.

1156 Dir Prof. Dr. Wilhelm Wiedasch (1821–1900), Kaisergeburtstagsrede 1872, Prog Städt. Lyceum II Hannover 1872, 10.

1157 Thomas Nipperdey, Deutsche Geschichte 1866–1918. München 1990, 531. – *Lernstaat*: Dir Eberhard Erythropel (1862 – nach 1935), Antrittsrede, Prog Gym Hameln 1906, 24.

1158 Dir Heinrich Julius Kämmel, NR auf Dir Friedrich Lindemann, Prog Zittau Gym 1854, 6.

1159 Dir Johann Samuel Rosenheyn, Rede bei der Entlassung der Freiwilligen am 6.3.1813, Prog Friedrichs-Gym Königsberg 1813, 6.

1160 Ebenda, 8.

> *Endlich finden Sie dieß ehrende Zeugniß unserer Gesinnung in den herzlichen Segenswünschen, die wir Ihnen entgegenrufen. Doch ich trete Ihnen näher, um, Ihnen biedern Händedruck zum Abschied bietend, im Namen meiner sämmtlichen Amtsgenossen, im Namen der gesammten Jugend dieser Anstalt auch in dem letzten Scheidegruß noch jene Gesinnung aus zu sprechen.*

In der gleichen Weihestunde wurden die kriegsfreiwilligen Gymnasiasten mit Ermahnungen verabschiedet, in denen sich die Vorstellungen von militärischer Manneszucht und schulischer Fürsorge vermischten:[1161]

> *Werden Sie stark genug sein, Sich frei zu halten von den Seuchen des Herzens und der Gesinnung? Werden Sie uns wiederbringen die Reinheit und Unschuld der Seele, die Ruhe des Gewissens, die Zartheit des Gefühls, womit Sie heute von uns gehen? – Ich kann meine väterliche Warnung nicht beschließen, ohne noch zu gedenken des sonst schon hohen, für Sie noch höhern Gutes, der Gesundheit. Nur Kraft und Stärke können kämpfen, und Geister in siechen Leibern können wol die Freiheit lieben, für sie denken, reden, schreiben, beten: aber für sie streiten im blutigen Kampfe der Vernichtung können Sie nicht. Vor allen Dingen also erhalten Sie Sich dieses kostbare Gut. [...] Sie bedürfen seiner um so mehr, da Sie so zarten Alters, zu Theilen so zarten Baues sind, daß die Kraft, zu ertragen die vielen und harten Anstrengungen des Krieges, in Ihnen vielleicht noch nicht die nöthige Reife hat. Vergeuden Sie dieses hohe Gut ja nicht im Schoße der Wollust; verscherzen Sie es nicht durch irgend einen leichtsinnigen Schritt, durch eine unüberlegte That.*

Gymnasiasten und ihre Lehrer zeichneten sich durch einen hohen Anteil an den Befreiungskriegen aus. Von den insgesamt ca. 30.000 Freiwilligen stammte die Hälfte aus dem Hörsaal oder kam von der Schulbank. Bei ihnen fanden die königlichen Aufrufe an die 17–24jährige männliche Jugend vom 3. Februar 1812 zur Bildung von Jäger-Detachments, vom 17.Februar 1812 *an mein Volk* und *an mein Kriegsheer* unmittelbar Gehör, zumal sie von der Einführung der allgemeinen Wehrpflicht (9. Februar), der Verordnung über die Landwehr (17. März) und über den Landsturm (21. April) flankiert waren. Außerdem waren die allgemeine Radikalisierung des kulturnationalen Denkens ebenso wie die irreguläre Kampfesweise, die von Selbstbildern und nicht von Dienstverordnungen regulierte Abenteuer-Mentalität – etwa in den Ehrengerichten und bei der Offizierswahl sichtbar – in hohem Maße attraktiv und leitend für Jugendliche aus den Bildungsschichten Nord- und Mitteldeutschlands.[1162] Allein aus dem Berliner Gymnasium

---

1161 Ebenda, 12f.

1162 Wenn Schüler nach dem 18. Oktober 1813 zurückkehrten, um die Schule abzuschließen, gab es regelmäßig disziplinarische Probleme mit ihnen: sie *hatten aber in dem Bewußtsein, an der Befreiung des Vaterlandes thatkräftigen Antheil genommen zu haben, in den engen und stillen Schulkreisen selbstverständlich* [sic!] *die*

zum Grauen Kloster, dem ältesten und stark frequentierten Gymnasium Berlins, folgten 1812 *dem ersten Aufruf 134 Jünglinge*,[1163] deutlich mehr als die durchschnittliche gesamte Schülerzahl eines normalen Gymnasiums. Den hohen Stellenwert dieser Bewegung kann man an den nachfolgenden Selbstinterpretationen ihrer Betreiber ablesen, vor allem in Preußen, wo landes- und nationalpolitische Motive weithin im Einklang miteinander waren. Ihre Anrufung eignete sich dann auch als Argument in schulpolitischen Auseinandersetzungen:[1164]

> *Als im denkwürdigten Jahre 1813 des Königs Ruf durch das Vaterland erscholl, traf er da auf eine im Schulstaub erkrankte Jugend? Waren das Schaaren geistiger und körperlicher Siechlinge, die zu Tausenden aus Universitäten und Gymnasien ausströmten und sich um die Paniere der Freiheitskämpfer sammelten? Oder waren die Jünglinge und Männer, deren Brust damals die heilige Flamme durchglühte, zur Thatkraft erstarkt?* [...] *Ihr Beispiel war es vorzüglich, was alle Waffenfähigen mit fortriß. Natürlich; denn wo eine große und heilige Idee die Massen in Bewegung setzt, geht sie immer von denen aus, welche die Träger der Geistesbildung sind.*

Die Begeisterung von 1812/13 – *eine großartigere, herrlichere Zeit ist seit Menschengedenken nicht gelebt worden*[1165] – war kein Strohfeuer, sondern wurde im

---

Befriedigung nicht mehr gefunden, welche zum wirklichen Gedeihen wissenschaftlicher Thätigkeit gehört und davon unzertrennlich ist. Ihr Einfluß auf die jüngere Generation, war [...] *in minder vortheilhafter Weise hervorgetreten und hatte sich nach und nach so eingebürgert, dass, wenn dem zu Anfang der dreissiger Jahre in ganz Deutschland neu erwachenden wissenschaftlichen Leben und den daraus hervorgehenden Forderungen an die wissenschaftliche Bildung unserer Jugend Rechnung getragen werden sollte, die Wiederherstellung einer strengen Schulzucht zur gebieterischen Nothwendigkeit geworden war.* Dir Dr. Wilhelm Büchner, NR auf Dir Dr. Friedrich Carl Wex (1801–1864), Prog Gym Fridericianum Schwerin 1866, 31f. – Andere Stimmen wiegelten ab, weil sie nur die pädagogische Aktion sahen, nicht das Grundsätzliche: *Wer den fortwirkenden Segen der patriotischen Erhebung aus den Jahren 1813, 14 und 15 erfahren hat, kann es nicht beklagen, daß hie und da in einzelnen Fällen der stille Gang der Studien, zwar nicht äußerlich, aber doch in der gestörten Sammlung der Geister etwas beeinträchtigt wurde*: Prog Gym Wesel 1866, 13.

1163 Dir Dr. Konsistorialrat Johann Joachim Bellermann (1795–1874), Geschichte des Gymnasiums zum Grauen Kloster, Prog Gym Gr. Kloster Berlin 1826, 43. – *Beim zweiten Aufruf 1815 zogen noch 63 zu den königlichen Heeren.* Ebenda.

1164 Dir Dr. Wilhelm Hermann Blume, Unsere Gymnasien und ihre Tadler, Prog Kgl. Gym Potsdam 1830, 13.

1165 Dir Dr.phil. et D.theol. Wilhelm Hermann Blume, *Rede zur Trauerfeier für König Friedrich Wilhelm III.*, Prog Ritter-Akademie zu Brandenburg 1840, 11.

Gymnasium gezielt überliefert[1166] und blieb erinnerungsfest; ebenso wurden die Protagonisten von einem gehobenen Patriotismus zu Helden verklärt:[1167]

> *aber bald muß es doch einleuchten, daß diejenigen nicht zu beklagen, sondern nur zu ehren sind, welche ihr Leben hingegeben haben [...] Aber im Tode des Helden, der sein Leben für das hingab, was dem Leben selbst erst Werth und Leben giebt, ist die herrlichste Reife, die Krone der Vollendung. Höhere Wonne läßt sich nicht denken.*

Das war umso sinnfälliger, als der politische Gehalt aus dem Sieg über Napoleon, die Wiederherstellung und Sicherung der Unabhängigkeit der deutschen Einzelstaaten, so mühelos als *Gränze einer alten und neuen Welt*[1168] idealisiert werden konnte: *Das edle Volk ist frei; der Thron, vor dem die Welt erzitterte, liegt in Trümmern.*[1169] Nunmehr ging es um *Freyheit und Tugend,*[1170] um *Deutschlands Genius*, darum, daß *ein großes Werk unserem Zeitalter zur Ausführung anvertraut zu seyn* schien:

> *Wo aber, fragen wir billig, soll dieser die Menschheit ehrende und beglückende Geist sich bilden, wo soll er beginnen, um durch seinen belebenden Hauch den himmlischen Frühling über die Welt zu verbreiten? Wo anders, als in den Schulen? Wo anders, als bey und durch Euch, Ihr Jünglinge? Ihr seyd das Salz der Erde. Ihr seyd es, in denen der Funke glimmt, durch welchen das Feuer auflodern soll. [...] Ihr seyd berufen, durch Kenntniß und Tugend, so viel ein jeder vermag, die goldne Zeit zu schaffen.*

Ein wesentlicher Bestandteil dieser Erziehung zur Gesinnung war der Patriotismus. In der Elementarschule war der patriotische Gedanke schon lange lebendig. Nach dem viel zitierten Wort Oskar Peschels war der preußische Schulmeister

---

1166 Dir August Spilleke, Schulrede v. 18.11.1822 zum Thronjubiläum, Prog Friedrich-Wilhelms-Gym Berlin 1824, 35: *O bedenkt es wohl, daß Ihr Euch, mit allem, was Ihr seyd und habt, dem Vaterlande schuldig seyd; daß das Vaterland es ist, welches Euch nährt, daß die Quellen Eurer Bildung aus ihm hervorfließen, daß daher jeder, der seine Kraft vergeudet oder sie nicht zum Guten gebraucht, eine Verrätherei begeht an seinem größten Wohlthäter auf Erden; tief sey in Eure Seelen geprägt strenge Erfüllung aller Dir Eurer Pflichten, unverbrüchlicher Gehorsam gegen das Gesetz, tiefe Ehrfurcht und treue Ergebenheit gegen den Vater des Vaterlandes.*

1167 Ebenda, 27. – Vgl. auch Dir Ludwig Ehrenthal, Vor hundert Jahren. Vaterländisches Schülerspiel in einem Aufzug. Prog Gym Halberstadt 1914, 3–10.

1168 Dir Prof. Ludwig Bischoff (1794–1864), Rede zum Geburtstag Friedrich Wilhelms III. am 3.8.1831, Prog Gym Wesel 1832, 7.

1169 OL Franz Xaver Hoegg, Festrede zu Königs Geburtstag, Prog Friedrich-Wilhelms-.Gym Köln 1835, 2.

1170 Dir Johann Friedrich Wagner (1754–1834), *Rede zum Andenken an die im Kampfe für Recht und Freyheit verstorbenen Edlen und Helden*, Prog Johanneum Lüneburg 1815, 31–41. – Auch für das Folgende.

der eigentliche Sieger von Königgrätz 1866.[1171] Das Gymnasium hatte sich dem gegenüber verspätet. Patriotismus als Lehr- und Lernziel trat dort erst nach einem halben Jahrhundert offen hervor. Direktor Funkhänel warnte schon 1860, daß die den Deutschen nachgesagte kosmopolitische Offenheit *zur Schwäche, zu einem großen Fehler werden könne, wenn vor lauter Anerkennung und Bewunderung des Fremden das Heimische gering geachtet wird.*[1172] Direktor Muther in Coburg war *ein glühender Patriot, schon zu einer Zeit, wo die Pflege des Patriotismus noch nicht für so selbstverständlich galt wie heutzutage.*[1173] Direktor Rogge postulierte 1896 in seiner Antrittsrede in Neustettin als Lehrziele nicht nur die lange Tugendliste von Tapferkeit, Wahrheitssinn, Verantwortungsbewußtsein, Treue, Königstreue, Kriegertreue, Beamtentreue, Schlichtheit, Gemütstiefe, Fleiß und Gründlichkeit, sondern erklärte auch, *wir wollen aber nicht unterrichten nur, wir wollen erziehn, und wir wollen national erziehn.*[1174] Eher aus dem Antrieb persönlicher Überzeugung aus dem Jugenderlebnis der Befreiungskriege denn in Verfolg einer offiziellen Programmlinie lehrte Ferdinand Hasenbalg, der 1817 als Lehrer am Gymnasium Stralsund begann und 1836 für eine halbe Generation das Pädagogium Putbus leitete:[1175]

> *Die unserer Anstalt anvertrauten Zöglinge zu tüchtigen Jünglingen heranzubilden, die sich als Männer bewähren möchten in treuem, gewissenhaftem Dienste des Königs und Vaterlandes, das war sein unablässiges Bestreben. Hier bezeugte sich dann auch seine feurige Vaterlandsliebe. Sein theures Deutschland und Preussen, sein Hohenzollernsches Königshaus ging ihm über Alles; er liess Nichts darauf kommen. Diesen Patriotismus bewährte er auch in jenem stürmisch bewegten Jahr 1848, wo die alten Formen unseres*

1171 Oskar Peschel, Die Lehren der jüngsten Kriegsgeschichte, in: Ausland 29 (1866), 695: *Sieg der preußischen Schulmeister über die österreichischen Schulmeister.* Bezugspunkt bei Peschel war das Fach Mathematik; der geflügelte Umgang damit hatte sich von der Fachbindung abgelöst. Pechels Aufsatz *Der Wert der Mathematik für die Kriegsführung* kann kann wegen der Corona-bedingten Unzugänglichkeit des Bibliothekswesens nicht genauer recherchiert werden. – Vgl. aber die zustimmende Aufnahme des Diktums durch Dir Hofrat Dr. Karl Hermann Funkhänel, Abiturentlassungsrede 1871, Prog Großherzogl. Gym Eisenach 1872: *Mag nun auch mancher darüber gespottet haben, so hat doch diese Behauptung ihren guten Grund. [...] so darf man gewiss ohne Selbstüberhebung sagen, dass das deutsche Volk seine Siege über den mächtigen Gegner seinem höheren Bildungsgrade, seiner grösseren Intelligenz und seiner tüchtigeren Gesinnung zu verdanken habe.* (13)

1172 Dir Dr. Karl Hermann Funkhänel, *Ueber Erziehung der Jugend zu Vaterlandsliebe und Gemeingeist,* Prog Gym Eisenach 1861, 10.

1173 Dir Dr. Heinrich Beck, NR auf Dir Dr. Heinrich Muther, Prog Gym Coburg 1901, 21.

1174 Dir Dr. Christian Rogge, Antrittsrede *Wie das Gymnasium nationale junge Deutsche erziehen könne,* Prog Gym Neustettin 1896, 8.

1175 Konrektor Prof. Dr. Franz Biese, NR auf Dir Ferdinand Hasenbalg, Prog Kgl. Pädagogium Putbus 1852, 13.

Staatslebens so plötzlich zusammenbrachen und mit ungestümer Hast das Neue erstrebt werden sollte; in seiner unerschütterlichen Anhänglichkeit an unser ruhmreiches Königshaus, wie sie jedem ächten Preussen geziemt, gewann er wie auch seine Amtsgenossen den rechten Halt und die conservative Richtung entgegen den sich überstürzenden Agitationen einer zügellosen Demokratie.

An Äußerungen wie dieser läßt sich die mentale und emotionale Tiefe der deutschen Nationalbewegung auch schon zu einem Zeitpunkt ablesen, als sie noch im Gewande des Patriotismus einherging. Als sie mit dem Ausgang von 1848 die innere Verfassung des partizipativen Patriotismus, der Anteilnahme am fremden Nationalschicksal erst der Griechen, dann der Polen abgestreift hatte, wurde ein integraler Nationalismus zum Einheitsbekenntnis vor allem des Bildungsbürgertums.[1176] Er war nicht klassenübergreifend, sondern klassenformierend, und er gewann durch die Erfolge der Kriege seit 1866 und die Bildung des Reichs 1871 an unabweisbarer Plausibilität. *Ein echt deutscher Mann* zu sein und *echte, treue, deutsche Gesinnung* zu pflegen,[1177] rechnete zur Identität des Gymnasiallehrers, verdrängte zwar nicht die Gefühle von landsmannschaftlicher Verbundenheit, aber überwölbte sie. Das Nationalgefühl als Bildungserlebnis drückte Direktor Kramarczyk 1860 in seiner Rede auf Friedrich Wilhelm IV. aus:[1178]

Darin besteht ja die hohe Ehre und der reiche Gewinn, einem großen Staate anzugehören, daß an Ruhm und Sieg, an glorreichen Erinnerungen und frohen Hoffnungen, an Bildung und Wohlstand, an den Wirkungen einer weitreichenden Thatkraft jedem Staatsbürger ein angemessener Antheil zufällt. Die Berechtigung zu allen einzelnen und vereinten

---

1176 Für die unbeholfene, auf Anpassung und Imitation setzende und nicht besonders gut informierte Politik gegenüber der polnischen Minderheit vgl. Dir Rudolf Marg (*1830), *Geschichte der höheren Lehr-Anstalt zu Meseritz während ihres fünfzigjährigen Bestehens*, Prog Gym Meseritz 1883, 18: *Der Staatsregierung mußte nun daran liegen, gerade einen rein deutschen Ort für die erste und vermutlich lange Zeit einzige Realschule der Provinz* [Posen] *zu wählen, damit die polnischen Schüler in steter Berührung mit deutschen Elementen den oft künstlich angefachten nationalen Antagonismus aufgeben lernten.* [Direktor des Realgymnasiums] *Kerst hielt in Uebereinstimmung mit dieser irenischn Tendenz den Versuch, die höheren Stände der Polen dem Besuche deutscher Anstalten geneigter zu machen, für den sichersten Weg, die künftigen Generationen des polnischen Volkes für preußische Interessen zu gewinnen, ihre Vorurtheile nach und nach zu besiegen und sie an den Thron zu fesseln.* – Um 1900 hatte der Kreis Meseritz rd. 50.000 Einwohner, davon rd. 20.000 mit polnischer Muttersprache: Max Broesike und Wilhelm Keil (Hg.), Neumanns Orts- und Verkehrslexikon, 672.

1177 Prof. August Sartori, NR auf Dir Johann Friedrich Breier, Prog Gym Katharineum Lübeck 1881, 47.

1178 Dir Dr. Joseph Emanuel Kramarczyk (1809–1883), *Über die Majestät und ihre Attribute*, Rede auf Friedrich Wilhelm IV., Prog Gym Heiligenstadt 1860, 1f.

Bestrebungen im Staate ist in näherer oder entfernterer Beziehung ein Ausfluß der höchsten Regierungsgewalt, sie sichert denselben nächst Gott auf die wirksamste Weise Bestand, Fortgang und Gedeihen. Diese Einsicht die studirende Jugend frühzeitig gewinnen zu lassen, ihr davon eine begründete Ueberzeugung zu verschaffen, ist eine hochwichtige Aufgabe des Lehrers, deren Vernachlässigung oder Verkennung schon öfters politische Verwirrung und bedauerliche Abirrung vom Pfade des Rechts in ihrem Gefolge gehabt hat.

Der *patriotische, aufs Ideale gerichtete Sinn*[1179] sollte ein *Factor in der Entwickelung des Volkes*[1180] werden. Alle Lehrer des Gymnasium illustre in Düsseldorf waren *getragen von dem Hauche des wiedererwachten deutschen Vaterlandsgefühles.*[1181] Ausführlicher, freilich auch später, äußerte sich Direktor Matthes 1893 in seiner Antrittsrede:[1182]

Um aber zu beweisen, daß ich ein treuer Diener Sr. Majestät unsers allverehrten Kaiser sein werde, werde ich, der ich mich einen guten Deutschen nennen darf, meine ganze Kraft darein setzen, diese Jugend zum Bewußtsein dessen zu führen, was zur Erhaltung, Stärkung und Verteidigung unseres teuren Vaterlandes nottut.

Dieses patriotische Hochgefühl überdauerte auch die politischen Verwerfungen von 1848 ohne erkennbaren Verlust an Stärke und Prägung, zumal es sich kurz darauf von den Triumphen der Einigungskriege und der Reichsgründung 1871 bestätigen lassen konnte.[1183] Noch Ende des Jahrhunderts standen die Kämpfer von 1813 den Lehrern als Leitbilder vor Augen:[1184]

1179 Dir Prof. Julius Radeck (1841–1896), Verabschiedung von Dir Prof. Dr. Wilhelm Wiedasch, Prog Städtisches Lyceum II Hannover 1889, 24.

1180 Provinzialschulrat Dr. Bernhard Todt, Einführung von Dir Adolf Rothmaler, Prog Gym Nordhausen 872, 51.

1181 Dir Dr. Julius Asbach, Zur Charakteristik Karl Wilhelm Kortüms, in: FS z. Feier des Einzugs in das neue Schulgebäude des Kgl. Gym, Düsseldorf o.J. [1906], 4.

1182 Dir Georg Matthes (*1843), Antrittsrede, Prog RealGym Witten 1893, 20.

1183 Dir Dr. Karl Ernst Georg Matthisson, NR auf Friedrich Wilhelm III., Prog Gym Brieg 1840, 21: *Wohlan, Jünglinge, dieses mühsame, aber ehrenvolle Loos des Staats, zu dessen Bürgern Ihr erzogen werdet, stets im Auge, vergesset nicht, daß Ihr zu gleicher Noth und Arbeit im Dienst des Vaterlands berufen seid! Sorgt dazu, tüchtig und bereit zu sein, wenn auch für Euch die Stunde schlägt, für Preußens Wohl und Ehre mitzuwirken und dadurch die große Schuld an Staat und König abzutragen. Darum hinweg Alles, was Leib und Seele schwächt! Hinweg jene schlüpfrige Unterhaltung, gleichviel mit schlechten Büchern oder Menschen, die die Phantasie verdirbt, die Sehnen des Geistes erschlafft, das Herz befleckt und wüst und öde macht, und den gesunden Atem der Seele: das sittliche Gefühl erstickt! Hinweg mit aller Schlaffheit und Gemächlichkeit, der sich das Herz so gern ergiebt! Vielmehr die Kraft zusammen gerafft, den Willen gestählt, den Leib getüchtigt! Nur dann dürft Ihr des Vaterlands Euch rühmen, nur dann der Preusse Euch mit Stolz erfüllen.*

1184 Dir Heinrich Guhrauer (1844–1909), *Zum Gedächtnis der fürs Vaterland gefallenen Schüler des Melanchthon-Gymnasiums*, Prog Melanchthon-Gym Wittenberg 1898, 4.

> *Mit welcher Ehrfurcht haben wir in unserer Jugend die Veteranen aus den Befreiungskriegen angesehen, die noch unter uns lebten, und haben mit patriotischem Schauer ihren Erzählungen gelauscht. Sie waren ein Stück Vergangenheit, das lebend in die Gegenwart hineinragt.*

Der eigentliche Siegeszug war die sakrale Überhöhung,[1185] in die die Lehrer bereitwillig mit einstimmten und die sie fortan modellhaft pflegten. Der Brand Moskaus als Signal für die Niederlage Napoleons war nicht nur nach einer Formulierung im weit verbreiteten Schulgeschichtsbuch des Gymnasialprofessors Theodor Bernhard Welter in Münster *die Morgenröthe Europas,*[1186] sondern *Gottes Finger hatte den Gewaltigen gedemüthigt.*[1187] Gott habe *der gerechten Sache den Sieg verliehen;*[1188] vergeblich habe Napoleon zu siegen versucht, *denn es war anders beschlossen im Rathe Gottes, des Lenkers der Schlachten.*[1189] Die Lehrer, vor allem die Direktoren, die über die Redeanlässe ebenso verfügen konnten, wie zugleich

---

1185 *Gott mit uns* (Buch Judith 13,11) war der Wahlspruch des preußischen Königshauses seit 1701, Schlachtruf in Leipzig, dachförmige Umschrift des militärischen Koppelschlosses bis 1945 (ausgenommen Luftwaffe und SS), Randprägung der Silbermünzen des Kaiserreichs.

1186 Prof. Theodor Bernhard Welter (1796–1872), Lehrbuch der Weltgeschichte für Gymnasien und höhere Bürgerschulen. 3 Bde. Münster 1826. Zur Buchgeschichte vgl. Wolfgang Jacobmeyer, Das deutsche Schulgeschichtsbuch Bd. 1, Nr. 253, 549. Das Lehrbuch erschien zuletzt 1928.

1187 Dir Hofrat Dr. Karl Hermann Funkhänel, Rede zur Vorfeier des 18. Oktober 1863, Prog Großherzogl. Gym Eisenach 1864, 3. – Dort auch: *Ein furchtbares Strafgericht war über den Mann ergangen, der aller Gewalt trotzen zu dürfen schien.* – Die Formel *furchtbares Strafgericht Gottes* auch bei Dir Karl Ubbelohde (1844–1907), Abiturientenentlassungsrede, Prog Gym Friedland/Mecklenburg 1892, 2. – Im 50jährigen Gedenken mit unveränderter Sinngebung, OL Albert Wilhelm Dietlein (1827–1884), Festrede am 17. März 1863, Prog Evang. Gym Gütersloh 1863, 15: *Und Gott hat der gerechten Sache den Sieg verliehen.* – Emphatischer war Dir Karl Kiesel, Zur Erinnerung an die Leipziger Schlacht (18.10.1863), In: Dir Dr. Julius Asbach, Karl Kiesel zum Gedächtnis, Prog Gym Düsseldorf 1904, 41: *Da hielt Gott der Herr im Jahre 1812 auf den Eisfeldern Russlands, die der Emporgekommene im Uebermuth zur Vollendung seiner Universalherrschaft zu durchziehen unternommen hatte, ein grosses Gericht, dessen Kunde die Welt mit Schauder erfüllte.*

1188 OL Albert Wilhelm Dietlein, Festrede am 17. März 1863, Prog Evang. Gym Gütersloh 1863, 15. – *Das war die Erhebung unseres Vaterlandes nach tiefer Erniedrigung, zu deren Gedächtnis der heutige Tag uns aufgefordert hat.*

1189 Dir Prof Dr. Karl August Schirlitz (*1795), zur Krönungsfeier König Wilhelms am 18.10.1861, Prog Gym Nordhausen 1862, 5. – Peter Martin Kawerau (*1815), Rede am Reformationstage der Mark Brandenburg am 2.11.1866, Prog Kgl. RealSch Berlin 1867: *Gott war unsere Zuversicht und Stärke, unsere Hülfe in den großen*

über ein ausgewähltes, in der Kunst des Zuhörens geschultes Publikum,[1190] avancierten in der zweiten Jahrhunderthälfte zu Sprechern des Nationalgedankens und schlugen politisches Kapital aus der vor allem protestantischen Volksfrömmigkeit.

1866: das deutsche Volk als *Gottes Knecht*[1191]

Diese schulische Mission aus eigenem Antrieb nahm nach dem großen, unerwarteten Sieg in der Schlacht von Königgrätz am 3. Juli 1866 weithin und rasch regelrechte Feierformen an, blieb nur an wenigen Schulen unbeachtet und ausgeblendet.[1192] Das *Politisiren* solle zwar in der Schule keinen Raum haben; *aber an großen Gedenktagen darf das nationale patriotische Element nicht fehlen.*[1193] Zudem mischte sich nun auch die Behörde ein. Denn die Schulen wurden angewiesen, in dem *Dankgottesdienst zur Wiederherstellung des Friedens* durch Verlesung der Allerhöchsten Ordre auf die Bedeutung des Tages aufmerksam zu machen.[1194] Die ersten Feiern erfolgten jedoch spontan und ohne obrigkeitliche Ermutigung:[1195]

> *Als nun die freudig erregte Jugend um 2 Uhr zur Schule zurückkehrte, wurde sie alsbald in der Aula versammelt, mit einigen begeisterten Worten von der Siegesbotschaft in Kenntniß gesetzt und, nachdem ein jubelndes Hoch auf den König Wilhelm und sein siegreiches Heer ausgebracht und dazu das Lied „Lobe den Herren" gesungen war, wurden die Schüler zur weiteren Feier, zumal bei der großen Hitze, nach Hause entlassen.*

Andere Schulfeierlichkeiten waren weniger herrscherfixiert und verbanden sich mit der im Aufschwung befindlichen Turnbewegung als einem politischen

---

Nöthen, die uns getroffen haben, und darum geben wir der Freude Ausdruck, daß so Großes geschehen, so herrliche Thaten ausgeführt worden sind, und daß Gott, der Allmächtige, sich an seinem Preußenvolke wieder als der alte Gott, Der unseren Vätern geholfen hat und Der keinen je verläßt, der sich in Treue und Wahrhaftigkeit zu ihm hält, erwiesen hat!

1190 Prog Kath. Gym Neisse 1867, 32: *Der Direktor hielt im Prüfungssaale, wo sich die Lehrer und Schüler des Gymnasiums versammelt hatten, die Festrede, in welcher er auf die jüngst vergangene Zeit und die ruhmvollen Siege preußischer Waffen hinwies, und dann der studirenden Jugend die Mittel an das Herz legte, durch welche sie zeigen könne, daß Liebe zu König und Vaterland sie erfülle, und zwar Tüchtigkeit wissenschaftlichen Strebens und religiöser Sinn. Ein dreifaches Hoch auf den lorbeergekrönten Sieger, den glorreichen Mehrer des Reiches, den geliebten Vater seines Volkes fand den begeistertsten Widerhall.*

1191 OL Hermann Lorberg (*1831), Kaiserrede, Prog RealSch Ruhrort 1871, 16.

1192 Z.B. gehen die Prog des Gym Landsberg a.d.Warthe mit keinem Wort darauf ein, ebenso wenig die Prog der Gelehrtenschule Meldorf.

1193 Dir Dr. Friedrich Eiselen, Antrittsrede, Prog MusterSch Frankfurt/M. 1868, 7.

1194 Prog Joachimsthalsches Gym Berlin 1867, 77.

1195 Prog Gym Pyritz 1867, 36.

Bekenntnis, hielten ein *Festturnen*[1196] ab oder nahmen den Weg in die Öffentlichkeit mit der sich festigenden bürgerlichen Feier-Agenda von Sängerchor, Direktorrede und Schauturnen.[1197] Immer war es die Schule, die den Takt und die Richtung angab, denn sie war wegen ihrer inneren und äußeren Geschlossenheit institutionell ansehnlich und wegen ihrer numerischen Stärke in ihrem kleinstädtischen Umfeld bestimmend. Hinzu kam, daß kein Zweifel an der aufrechten, nationalen Gesinnung ihrer Lehrer bestand, die janusköpfig nach rückwärts die Ereignisse resümierten und normativ nach vorn deren politische Bedeutung prognostizierten. Unter schulischer Regie wurden 1866 nach Form und Namensgebung zwar *Friedensfeste*[1198] veranstaltet; aber sie waren zugleich eine politische Abrechnung – mit den äußeren Gegnern, den Feinden, die die Deutschen propagandistisch als eine *Rotte wilder Barbaren, zu Plünderung, Mord und Brand, kurz, zu jeder Untat bereit*, verunglimpft hatten, aber in der Realität vom Auftreten der deutschen Soldaten widerlegt worden seien,[1199] die sich endlich befreit fühlen durften vom *Nessushemd*[1200] des Frankfurter Bundestags als einer Schmälerung des berechtigten preußischen Geltungsanspruchs oder dem *unseligen Dualismus*[1201] ohne echte politische Teilhabe und fern der preußischen Wünsche nach politischer Geltung. Nach den Vorstellungen der Lehrer ist Preußen *auf der ihm von der Vorsehung vorgeschriebenen Bahn mächtig vorangeschritten*,[1202] wenngleich seine nun endlich definierbare *Mission, sein historischer Beruf*[1203] durch den Sieg von 1866 noch nicht erfüllt ist. Die *bloße Machterweiterung* sei *noch keine Garantie für eine glückliche*

1196 Prog Gym Wesel 1867, 9.

1197 Prog Gym Hirschberg 1867, 23. – Für die Dauerhaftigkeit vgl. OL Friedrich Ehringhaus (*1875), Der gesundheitliche, erzieherische und patriotische Wert der Turnspiele. Prog ProGym Eupen 1907, 13 S.

1198 Prof. Ferdinand Vogt (1805–1870), Rede zum Friedensfest am 10.11.1866, Prog Kgl. ElisabethSch Berlin 1867, 27. – *Siegesdankfest*: Dir Dr. Adolf Zinzow, Rede zum Siegesdankfest, Prog Gym Pyritz 1866, 14–18.

1199 Ebenda.

1200 Dr. Alwin Heidelberger (†1876), Geburtstagsrede für Wilhelm I., Prog Gym Nordhausen 1868, 46. – Das mit dem Blut des getöteten Kentauren Nessos vergiftete Hemd führte zu unerträglichen Schmerzen und ließ sich nicht abstreifen. Hier gemeint ist die politische Fesselung Preußens durch den Deutschen Bund von 1815.

1201 Dir Eduard Reimann (1820–1900), Kaisergeburtstagsrede am 22.3.1871, Prog Real-Gym z. Hl. Geist Breslau 1872, 4.

1202 Dr. Alwin Heidelberger, Geburtstagsrede für Wilhelm I., Prog Gym Nordhausen 1868, 46.

1203 Dir Prof. Dr. Karl August Schirlitz, Abiturientenentlassungsrede am 21.9.1866, Prog Gym Nordhausen 1867, 31.

Zukunft.[1204] Diese erblickte Direktor Zinzow vom Gymnasium Pyritz vielmehr in einem *jugendfrischen, königsstarken Deutschland.*[1205] Das sei keineswegs *ein Traum dichterischer, phantasiereicher Köpfe*, keine *Schwärmerei unerfahrener Jugend*, sondern es *sei die Sehnsucht der Gesammtheit aller gebildeten Deutschen.*[1206] Die damit angedeutete Idee eines deutschen Nationalstaats, seit 1848 das Sehnsuchtsziel der Lehrer und des sie tragenden Bürgertums, wird metaphernstark und wortgewaltig in der Schule gepredigt:[1207]

> *Und unser grosses Deutsches Vaterland ist im im Begriff, unter den schützenden Fittichen des mächtigen Preussischen Adlers sich nach jahrhunderte langer Zerrissenheit zu einer so festen Einheit brüderlich zu verbinden, wie sie die Vorzeit nicht aufzuweisen hat.* [...] *Der heranreifenden Jugend ist nun das schöne Ziel und die freudige Aufgabe gestellt, in nicht langer Zeit mitzuarbeiten an dem Werke einer Einigung Deutschlands, die nicht mehr in idealen Träumen wie in den jüngst vergangenen Jahren, oder in einer macht- und wesenlosen Form wie bisher bestehen soll, sondern in der wirklichen Verschmelzung aller Lebensinteressen, so dass ein Deutscher Volksstamm dem andern brüderlich Handreichung thue in Allem, was das Leben der Staaten und der Einzelnen fördert, und alle Fürsten Deutschlands anerkennenn, dass ihre eigne und des gesammten Vaterlandes Macht nur gefördert werde durch Preussens Macht.*

Das politische Weltbild der Lehrer war, wenn man es des rhetorischen Schmucks entkleidet und auf die Inhalte befragt, indessen in seinen Einzelbausteinen einfach geformt und von stringenter Volksfrömmigkeit getragen. Daß für den deutschen Nationalstaat Krieg geführt werden mußte, daß Königgrätz *ein verhängnisvoller Krieg*[1208] war, weil *deutsches Blut von deutschen Bruderhänden in erbittertem Kampfe* geflossen war, ist moralisch wie politisch ein Problem. Aber es wird beruhigt durch

---

1204 Dir Lic. Johannes Tauscher 1799–1881?), *Welche Aufgabe stellt der nationale Aufschwung des vergangenen Jahres der deutschen Jugendbildung?* Prog Gym Stargard 1867, 25.

1205 Dir Dr. Adolf Zinzow, Prog Gym Pyritz 1867, 36.

1206 Hofrat Dir Dr. Karl Hermann Funkhänel, Rede zur Vorfeier des 18. Oktober 1863, Prog Gym Eisenach 1864, 1f.

1207 Dir Dr. Karl Eduard Bonnell, Rede zur Entlassung der Abiturienten, Prog Friedrichs-Werdersches Gym Berlin 1867, 41. – Auch etwa: Dir Prof. Johann Friedrich Breier, Zur Jubelfeier der Leiziger Schlacht, Prog Gym Catharineum Lübeck 1869, 26: *Aber Gott wird das deutsche Reich auch nicht vom Himmel fallen lassen; er verlangt willige Herzen, klare Einsicht und kräftige Hände von denen, die daran arbeiten und darin wohnen wollen.* [...] *O, daß doch der Geist von 1813 neu erwachte!*

1208 Dir Prof. Dr. August Karl Schirlitz, Ansprache zum Jahresende 1866, Prog Gym Nordhausen 1867, 33. – Auch für die beiden folgenden Zitate.

die Gewißheit, daß alles *im Rathe Gottes beschlossen* gewesen sei. *Gott hat geholfen über alles Denken und Träumen.*[1209] Die Lehrer des Gymnasiums Seehausen waren froh, daß die *schweren Bedrängnisse durch Gottes Gnade an unserer Schule ohne Nachtheil vorübergegangen* waren.[1210] Es war sicher, daß der Herr die Lebenswege bestimmte[1211] und das Glück der Waffen segnete, vor allem sicher für Gymnasiallehrer, da die *Schule eine Tochter der Kirche* war,[1212] Kirche und Gymnasium als *unsere lieben Gotteshäuser* aufgefaßt wurden.[1213] Formen der religiösen Legitimation fanden auch Eingang in die Erziehungsziele der Schule. Die Lehrer bemühten sich, die Jugend *für ihren himmlischen und irdischen Beruf* vorzubereiten.[1214] Sie sollte *körperlich tüchtig, geistig gesund, nicht minder practisch entwickelt, theoretisch gebildet zu den bürgerlichen Thätigkeiten wie zur Fahne entlassen* werden.[1215] In offensichtlicher Nähe zu autoritären Bildungsvorstellungen wurde es zum *hohen Beruf* des Gymnasiums gerechnet, *Männer von klarem und sicherem Geiste, von wahrhaft deutschem Sinn und Wesen, festgegründete, willensstarke Charaktere* heranzubilden.[1216] In der Abiturientenentlassungsrede erklärte der Direktor 1829 in Elberfeld:[1217]

1209 Dir Dr. Andreas Weidner (1839–1902), Sedanrede 1884, Prog Gym Dortmund 1885, 17.

1210 Prog Gym Seehausen/Altmark 1867, 27.

1211 Dir Karl Ubbelohde, *Theodor Körner*, Abiturientenentlassungsrede v. 25.9.1891, Prog Gym Friesland 1892, 8: *Immer sollen Sie daran denken, daß Sie nicht für sich zuerst und zunächst, geschweige denn allein da sind, daß Ihr Leben dem Ganzen gehört, in das Gott Sie hineingestellt hat.* – Derselbe, *Wie entwickelte sich Deutschland zum Kaisertum der Hohenzollern?* Kaisergeburtstags- und Abiturientenentlassungsrede, Prog Gym Friedland 1885, 8: *Vergessen Sie nie, dass das Vaterland heilige Rechte an Sie hat, dass Sie, jeder in dem ihm von Gott zu bestimmenden Amt, die Pflicht haben, nach bestem Können und Wissen für das Vaterland, für Kaiser und Reich zu wirken.*

1212 OL Dr. Bernhard Werneke (*1825), Die Confessionalität der höheren Schulen, zunächst in Preußen. Münster 1872, 26. – Mit gleicher Formulierung Dir Moriz Rothert (*1802), Prog Kgl. Gym Aurich 1861, 83.

1213 Dir Heinrich Julius Kämmel, Rede zum 25jährigen Wirken von D. theol. Karl Julius Klemm, Mitvorsteher der Schulen in Zittau, Prog Gym Zittau 1858, o.S.

1214 Dir Dr. Adolf Zinzow, Antrittsrede *Die Erziehung der Jugend für ihren himmlischen und irdischen Beruf*, Prog Kgl. Gym Wetzlar 1857, 3–18.

1215 Dir Wilhelm Deecke, *Plaudereien über Schule und Haus* [Elternhaus], Vortrag am 17.2.1884 im Volksbildungsverein Straßburg, Straßburg 1884, 4. – Deecke war Direktor des Gym Mühlhausen/Elsaß.

1216 Dir Dr. Gustav Grosch, Antrittsrede v. 9.4.1875, Prog Gym Nordhausen 1876, 11.

1217 Dir Joachim Ludwig Seelbach, Abiturientenentlassungsrede, Prog Gym Elbergeld 1829, 3.

Lasset uns dahin wirken, daß unsere Schule des Segens Gottes würdig werde. Möchten zu dem Ende Schulvorgesetzte, Eltern, Lehrer und Schüler in solchem Verhältnisse zu einander stehen und wirken, daß die Anstalt um ihrer selbst willen des Segens Gottes würdig wäre.

Der vor der versammelten Schulgemeinde geleistete Amtseid des neu berufenen Direktors wurde durch Handschlag und stets durch religiöse Formel bekräftigt: *Ja, ich will es, so wahr mir Gott helfe,*[1218] also nur knapp unterhalb der für das Pfarramt vorbehaltenen Einsegnung des neuen Amtsträgers. Die Antrittsrede eines neuen Direktors wurde von diesem mindestens durch ein *Das walte Gott* beschlossen, häufig aber durch ein langes, frei formuliertes und elaboriertes Gebet:[1219]

Der Herr aber, der auch im Schwachen mächtig ist, Er rüste mich aus zu meinem verantwortlichen Amte aus der Höhe; Er, der Wahrhaftige, mache mich treu in dem Gelöbnis, das ich heute ablege, Er, der die ewige Liebe ist, weihe auch hinfort dieses Haus, diese Anstalt zu einem Tempel, darin das Werk des Unterrichts und der Erziehung getrieben wird von fleissigen und tüchtigen Händen als das, was es im tiefsten Grunde ist, als ein Werk der Liebe, die nicht das Ihre sucht, sondern das, was des Andern ist! Das möge sich erfüllen zum Besten der Jugend, zu Nutz und Frommen dieser Stadt, zum Heile des Vaterlandes, zur Ehre endlich dessen, dem alle Ehre gebüret! Amen

An vielen der dominant evangelischen Gymnasien war es üblich, daß Lehrer und konfirmierte Schüler das Schuljahr durch einen Gottesdienst mit gemeinsamem Abendmahl einleiteten und beschlossen. Die Schulverwaltungen erinnerten die Schulen bei religiösen Gedenktagen daran, *in geeigneter Weise auf den Tag aufmerksam zu machen.*[1220] Darum lag es nahe, Gemeinschaft nicht nur durch religiöse Weihehandlungen zu festigen, sondern auch konkrete politisch-historische Erfahrungen religiös zu konnotieren, etwa die Franzosenzeit als *göttliche Heimsuchungen des deutschen Volkes durch Napoleons Herrschsucht und Uebermuth* zu interpretieren und entsprechend Napoleons Niederlage als *eine Vollendung der unschätzbaren Wohlthaten der Reformation* aufzufassen.[1221]

1218 Einführung und Vereidigung des neuen Dir Prof. Franz Wenzlaff durch Provinzialschulrat Dr. Albert Friedrich Gottschick, Prog Königstädter RealSch Berlin 1869, 11.

1219 Dir Adolf Rothmaler, Antrittsrede, Prog Gym Nordhausen 1872, 59.

1220 Rundverfügung des PSK Magdeburg an alle Gymnasien, Seminarien und höheren Bürgerschulen v. 25.9.1855: Dir Prof. Dr. Karl August Schirlitz, Rede zum 300jährigen Augsburger Frieden, Prog Gym Nordhausen 1856, 3.

1221 Konrektor Dr. Philipp Petersen, *Ueber Preussen und dessen Fürsten als Schirmherr des Protestantismus.* Königsgeburtstagsrede v. 21.3.1868, Prog Gym Glückstadt 1869, 9.

1871: *deutsches Kaisertum bei dem Grabgeläute des französischen*[1222]

1870/71 waren diese Ansätze von Deutungen der bilateralen Konfliktgeschichte erprobt und für Festreden, historische Besinnung und nationale Gedenkanlässe verfügbar – *welche Aufgabe für die Schule, die dieses Erbe unseres Volkes unversehrt der Jugend überantworten soll!*[1223] Nun wurden sie allerdings durch den Verzicht auf die Anrufung Gottes säkularisiert und in eine schlüssige Ordnung gebracht, und zwar aus der Perspektive des Siegers, der endlich auch einmal hatte aufbegehren dürfen, darin Erfolg gehabt hatte, und der in der bis dahin einseitig belasteten Beziehungsgeschichte nun seinen Modus von *Gerechtigkeit* demonstrieren konnte. An erster Stelle findet sich das Urteil über den besiegten Feind, den *Erbfeind*,[1224] wie die noch im 16. Jahrhundert geläufige Bezeichnung des Teufels nun ebenfalls aus dem religiösen Kontext in den politischen überführt wurde.

Es arbeitete der Absicht einer Erniedrigung zu, daß die Visionen vom Erbfeind mit deutlichen rassistischen Zuspitzungen angereichert wurden – Entgleisungen, die man mit solcher Schärfe eigentlich nicht erwartet hätte. Gymnasialdirektoren, also Spitzenrepräsentanten der Gesellschaft, erklärten allen Ernstes in der Schulöffentlichkeit, Frankreich habe *mit den losgelassenen Banden der mord- und raubsüchtigen Franctireurs und Garibaldischen Abenteurer*,[1225] *seinen wilden afrikanischen Regimentern, rohen Negern, zuchtlosen Muhamedanern, Menschen, die unter Afrika's Gluthimmel einen barbarischen Vernichtungskrieg gegen aufständische Araberstämme zu führen gewohnt sind*,[1226] seinen *ungezügelten, rohen Horden*[1227] aus

---

1222 Dir Dr. Julius Naumann (*1835), Kaisergeburtstagsrede am 27.1.1900, Prog Gym Osterode 1900, 3.

1223 Dir Wilhelm Burghardt (1807–1877), Rede am 2.9.1872, Prog RealGym Nordhausen 1873, 53.

1224 *Gründliche Demüthigung des Erbfeindes*: OL Albert Munke (1834–1878), *Das neue Kaisertum im Lichte der Kaiserproklamation am 18.1.1871*, Schulrede, Prog Gym Gütersloh 1871, 10. – *Erbfeind der Deutschen*: Dir Dr. Ferdinand Ranke (1802–1876), Prog Kgl. Friedrich-Wilhelms Gym Berlin 1870, 21. – *Erbfeind unserer Nation*: Dir Prof. Karl Osterwald, Abiturientenentlassungsrede, Prog Gym Mühlhausen/Th. 1870, 18.

1225 Dir Dr. Franz Xaver Hoegg, Geburtstagsrede am 223.1871, Prog Gym Arnsberg 1873, 6.

1226 OL Dr. Bernhard Werneke, *Der deutsch-französische Krieg von 1870–71*, Kaisergeburtstagsrede v. 22.3.1871, Prog Theodorianum Paderborn 1872, 14. – Zur Biographie: geboren in Münster am 16.8.1825, Abitur am Gym Paulinum, Dr. phil., Probekandidat am Gym Paulinum Münster Münster, Lehrer am Gym Coesfeld, OL am Gym Deutsch-Krone, 1860 Wechsel an das Gym Theodorianum Paderborn, 1875 Dir am 1871 neu gegründeten Kaiser-Wilhelms-Gym Montabaur.

1227 Dir Dr. Ferdinand Ranke, Prog Kgl. Friedrich-Wilhelms-Gym Berlin 1870, 21.

verwerflichem Hochmut gehandelt. Das geht denn doch über den Theaterdonner hinaus, mit dem eine wütende Selbstgerechtigkeit der Gegenseite die Würde von Zivilisation aberkennt. Diese Linie setzt sich dort fort, wo die deutsche und die französische Armee unter Merkmalen der sittlichen und sozialen Dignität miteinander verglichen werden. Das deutsche Heer, heißt es wirklichkeitsfern, sei klassenübergreifend – *der junge Gelehrte neben dem armen Bergmann, der reiche Kaufherr neben dem Handwerker* – und sozial geeint,[1228] während die französische Armee *aus der Hefe des Volkes, den niedersten Kreisen des Volkes, ja zum Teil aus dem Abschaum der verdorbenen großen Städte* rekrutiert worden sei. Das ist ins Nationale gewendete Zivilisationskritik. *Fränkischer Uebermuth,*[1229] *französischer Frevelmuth,*[1230] führe einen Krieg, der *in frivolster Weise gegen Deutschland heraufbeschworen* wurde.[1231] Zudem sei der Krieg ausgerechnet am Jahrestag des Todes der mythisch verklärten Königin Luise erklärt worden – als ob dieser Zusammenhang in Paris bekannt und intendiert gewesen wäre.[1232] Das ist ein besonders sprechendes Beispiel dafür, wie

---

1228 OL Dr. Bernhard Werneke, *Der deutsch-französische Krieg von 1870–71*, Kaisergeburtstagsrede v. 22.3.1871, Prog Theodorianum Paderborn 1872, 14. – Ähnlich schon in den 1860er Jahren Dir Dr. Adolf Zinzow, Rede bei der Sieges- und Friedensfeier des Feldzuges in Schleswig, Prog Gym Pyritz 1865, 16.: *selbst für die Feinde ein bewunderungswürdiges Staunen, zu sehen, wie diese preußischen Soldaten, aus allen Ständen des ganzen Volkes vereinigt, ihre edlen Sitten und geistige Bildung, ihre provinzielle Eigenthümlichkeit, ihrem Humor und ihre Treuherzigkeit, ja von ihren Gymnasien her zum Theil ihr Latei und ihre Dichtkunst mitgebracht hatten auf das Schlachtfeld, in die Quartiere. [...] das hieß das Kriegshandwerk in den Adelsstand erheben, des schönen Adels der edlen, freien Gesinnung.*

1229 Dir Prof. Dr. Carl Schubart (1829–1904), Antrittsrede als Direktor, Prog Gym u. RealSch Plauen/Vogtland 1879, 6.

1230 Prog Höh. BürgerSch Fürstenwalde 1871, 42.

1231 Prog RealSch Coburg 1871, 24.

1232 OL Prof. Dr. Adolf Geisler (1819–1886), Festrede bei der Vorfeier des 100. Geburtstages der Königin Luise, Prog Kgl. RealSch Rawitsch 1879, 14. – Ebenso OL Prof. Dr. Max Haesecke (*1851), Rede am 10.3.1913 zum Geburtstag Königin Luises, Prog Gym Rinteln 1914, 5. – Oder, um die Dimension dieses Spielfeldes anzudeuten: OL Albert Munke, *Das neue Kaisertum im Lichte der Kaiserproklamation am 18.1.1871*, Schulrede, Prog Gym Gütersloh 1871, 10: *Am 6. Aug. 1806 war das alte Reich zu Ende gegangen: es reimte sich gut dazu, daß am 6. August 1870* [in der Schlacht bei Spichern] *die ersten von jenen wuchtigen Schlägen fielen, denen wir das Entstehen eines neuen Reiches danken sollten.* – Oder die beliebte Zahlenspielerei: *der 7-Tage-Krieg vom Jahre 1866, der 7-Monatskrieg vom Jahre 1870*: Dir Dr. Adolf Zinzow, Prog Gym Pyritz 1871, 25. – Die französische Kriegserklärung ist im Datum abhängig von Bismarcks Redaktion und Veröffentlichung der Emser Depesche des Geheimrats Abeken.

kollektive Emotionen auch noch dem blanken Zufall einen festen Sinn abgewinnen und wie blind alle Propaganda jenseits des Sachurteils ist. *Ungeheurer Frevel, nacktes Banditentum,*[1233] *Ungerechtigkeit gegen unseren König und gegen unser Volk, Raub- und Mordlust,*[1234] *widerwärtige Ueberhebung, windige Prahlerei, räuberisches Gelüst,*[1235] *da schäumten sie fassungslos in blinder und tückischer Wuth.*[1236] Der damit etablierte deutsch-französische Gegensatz wurde im nächsten Schritt nicht ereignishaft auf 1870 verinselt, sondern in der patriotischen Historiographie der Gymnasiallehrer entweder zu einem Grundzug der deutsch-französischen Beziehungsgeschichte ausgeweitet: Frankreich habe sich *im Laufe der Jahrhunderte schwer versündigt an seinem deutschen Nachbarvolke,*[1237] das deutsche Volk habe *tausendfach Schmach und Ungebühr von den Wälschen erlitten.*[1238] Oder umgekehrt wurde das unterlegene Frankreich durch die Verurteilung von dessen *Müßiggang und Unsittlichkeit* angeprangert,[1239] so daß sich die Deutschen zu *Werkzeugen des göttlichen Gerichts* erklären konnten.

Das deutsche Rezeptionsmuster in den *patriotischen Ansprachen an die Jugend*[1240] wegen des Siegs über Frankreich betonte drei realpolitische Sachverhalte: einmal die territorialen Gewinne durch die neuen Reichslande, für die wie in solchen Fällen immer üblich ein historischer deutscher Besitztitel geltend gemacht wurde,[1241] dann die schon sehr bald mit romantischer Emphase begrüßte Reichseinigung – ein

---

1233 Dir Dr. Gustav Wulfert (*1823), Rede beim Friedenfest am 30.8.1871, Prog Kgl. Gym Kreuznach 1872, 12.

1234 Dir Julius Guttmann, Rede auf Kaiser Wilhelm, Prog Gym Brieg 1872, 5.

1235 Dir Dr. Gustav Gerber (*1820), Königsgeburtstagsrede am 22.3.1871, Prog RealGym Bromberg 1872, 4.

1236 Ebenda.

1237 Dir Wilhelm Burghardt, Rede am 5.8.1870, Prog RealSch Nordhausen 1871, 60.

1238 Dir Dr. Adolf Zinzow, Rede am 6.1.1886, Prog Gym Pyritz 1886, 8. – Salbungsvoll überhöht OL Dr. Albertus Pannenborg (*1844), NR auf Wilhelm I. am 22.3.1888, Prog Gym Göttingen 1889, 3: *Seinen eigenen wankenden Thron zu stützen durch die Knechtung Deutschlands, zog mit Rossen und Reisigen von Westen der Unhold her.* – Dir Dr. Gustaf Sorof, Abiturientenentlassungsrede v. 22.3.1878, Prog Kgl. Pädagogium Putbus 1882, 3: auf Deutschland habe *die schwere, lebenstötende Hand eines civilisationsunfähigen Volkes gelastet.*

1239 Dir Dr. Hermann Hampke, Rede am 18.1.1872, Prog Gym Lyck 1872, 13. – Auch für das Folgende: *und unser Volk war geweiht zum Werkzeuge seines Gerichts.*

1240 Prog Gym Seehausen/Altmark 1871, 27.

1241 Dir Dr. Julius Zastra, Kaisergeburtstagsrede v. 22.3.1871, Prog Kath. Gym Neisse 1871, 9: *Der Friedensschluß giebt Deutschland einen Theil derjenigen Länder zurück, welche Frankreichs Uebermuth und Raublust, begünstigt durch den Verrath eines deutschen Fürsten und die Schwäche der deutschen Kaiser, frevelhaft an sich gerissen.* – OL Albert Muncke, Das neue Kaisertum in Lichte der Kaiserproklamation

deutsches *Kaiserthum bei dem Grabgeläute des französischen Kaisertums,*[1242] die *Einmütigkeit der deutschen Erhebung gegen wälsche Anmaßung*[1243] als Ergebnis der *alten, unverwüstlichen Siegfriedsnatur*[1244] – und endlich der künftige Status Deutschlands zwischen innereuropäischer Bedrohung und Geltung. Die Schule, der für ihre Aufgabe, *historischen Sinn zu wecken und zu pflegen,*[1245] mit der Reichsgründung ein unleugbar elementarer Gegenstand überantwortet war, entwickelte eine situationsverhaftete, überschaubare Anzahl von Perspektiven, aber ohne den Versuch nüchterner Abwägung. Wegen der patriotischen Begeisterung und des kaum gehemmten Jubels[1246] waren während der Kriegshandlungen vor allem

---

am 18.1.1871, Prog Gym Gütersloh 1871, 12: *und was neulich das deutsche Schwert gewonnen, ist nur wiedergebrachtes deutsches Gut.* – Gemäßigter urteilte OL Julius Wilhelm August Bartsch (*1844), in seiner Kaiserrede v. 22.3.1880, Prog Gym Stade 1884, 41: *Wiedergewinn zweier vor alters entrissener und fast vergessener Provinzen.*

1242 Dir Dr. Julius Naumann, Kaisergeburtstagsrede 1900, Prog RealGym Osterode/Harz 1900, 1.

1243 Dir Wilhelm Becker, Rede zum Schuljahrsschluß 1871, Prog RealSch Michelstadt 1872, 24.

1244 OL Dr. Hermann Köpert (1830–1876), *Ueber Göthe's Triumph der Empfindsamkeit,* Prog Gym Eisleben 1871, 38. – Auch: OL Julius Wilhelm August Bartsch, Kaiserrede v. 22.3.1880, Prog Gym Stade 1884, 38: *Vor allem aber freuen wir uns unserer Waffenthaten, weil sie unserm Volke eins seiner höchsten Güter errungen haben, ein Gut, ohne welches alle anderen schal und nichtig erscheinen, die nationale Einheit. Wie kostbar und wertvoll dieser Besitz ist, darüber hat eine lange Prüfungs- und Leidenszeit uns Deutsche wohl belehren können.*

1245 Prog Stifts-Gym Zeitz 1872, 37.

1246 Dir Dr. Adolf Zinzow, Prog Gym Pyritz 1871, 24: *Aber kaum war der von frevelhafter Willkür und Ueberhebung uns aufgenöthigte Krieg erklärt, so eilte auf des Königs Ruf auch Alles schon herbei und rüstete sich, Dank der herrlichen Kriegstüchtigkeit, ohne Hast, in geräuschloser Ruhe, nicht allein in Preußen, sondern im ganzen deutschen Land vom Meer bis zum Fels zum schweren, blutigen Kampfe.* – Dir Prof Dr. Friedrich Breier, Rede am 31.3.1871, Prog Gym Catharineum Lübeck 1871, 28f: *Seid nicht träge, was ihr thun sollt, seid brünstig im Geist, schicket euch in die Zeit, d.h. mit einem Wort: Seid deutsch. [...] In der Nacht des Elends und der Schmach, die nach dem Untergang des alten deutschen Reiches über unser Vaterland mit ihrem Dunkel sich gelagert hatte, ging im Ost, in dem tief gedemüthigten, gedrückten und von einem übermütigen Sieger mißhandelten Preußen der Stern auf, der die Morgenröthe des neuen Tages heraufführte und der Sonne voranging, die jetzt in vollem Glanze das neue deutsche Reich bestrahlt. [...] daß die Kraft und Größe und Freiheit eines Volkes nur auf zwei Grundpfeilern ruhe, auf der Zucht des Geistes durch allgemeinen Schulunterricht und auf der Zucht des Leibes durch allgemeine Verpflichtung zum Dienst der Waffen, und Preußen, nicht träge, was zu thun sei, machte sich ernst und entschlossen an die Arbeit.*

unterrichtsfreie Tage üblich, was im Kontext der üblichen gymnasialen Pflichtenstrenge doch wohl als außerordentlich gelten darf – unerhört,[1247] aber auch ephemer. Denn die Schule wurde als ein *Werk des Friedens* ausgegeben,[1248] als Ergebnis der zu einem Ehrenkatalog gebündelten nationalen Tugenden:[1249] *deutsche Sprache, deutsche Sitte, deutsche Treue, deutsche Einheit, deutsche Gottesfurcht.*

Oberlehrer Bartsch in Stade sah *die Schmach vergangener Jahrhunderte ausgelöscht, geachtet sei Deutschlands Name bei den Völkern des Erdballs, und wenn irgend eine Nation nach der Palme des Vorrangs die Hand auszustrecken geziemte, so dürfte keine mehr als die deutsche dazu berechtigt scheinen.*[1250] Das aus diplomatischen Verhandlungen und durch kriegerische Aktionen entstandene deutsche Reich – es

1247 Prog RealSch Stralsund 1871, 40: *Mit Jubel feierten wir die Tage von Sedan, Metz und Paris.* – Prog Gym Hameln 1871, 28: *Die hohen Ideen von Ehre, Freiheit und Vaterland, für welche wir selbst* [Dir Gustav Ferdinand Regel, 1814–1894] *in unserer Jugend schwärten, haben auf's neue die Herzen unserer Söhne entflammt.* – Prog Höh. BürgerSch Fürstenwalde 1871, 42: *Patriotischer Feier halber wurde gelegentlich des Eintreffens der Nachrichten von den Großthaten des deutschen Heeres bei Sedan, von der Capitulation von Paris und dem Abschluß der Friedenspräliminarien* [Versailles, 26.2.1871] *je ein Theil der Lectionen ausgesetzt.* – Prog Gym Ulm 1871, 14: *Manchmal drangen die glücklichen Siegesnachrichten in ihre Lektionen herein, und wer wollte einem fröhlichen Hurrahruf wehren? Manchesmal störten uns die zusammenschallenden Glocken und die Victoriaschüsse, da wurden die Schüler freigelassen, weil die Lehrer so wenig wie sie in der Gemüthsverfassung waren, ernstlich am Pensum weiterzumachen.* – Prog Gym Potsdam 1871, 26: *Die Schule hat es nicht unterlassen, die weihevolle Stimmung, welche die große Zeit in aller Gemüther hervorrief, auch ihrerseits in der Jugend zu nähren und zu stärken.* [...] *Mehr als einmal wurde zur Erhöhung der Festfreude den Schülern ein freier Tag bewilligt.* – Im Gegensatz: Prog Gym Helmstedt 1871, 53: *Die Schule hatte dabei zu sorgen, daß die Wärme der Empfindungen nicht in müßiger Festseligkeit verflog.* – Das Ministerium hatte durch Verfügung v. 16.8.1871 den Schulen freigestellt, an *patriotischen Feiern für die Siege der deutschen Waffen* teilzunehmen: Dir Wilhelm Burghardt, Rede am 2.9.1872, Prog RealGym Nordhausen 1873, 6. – Prog Stifts-Gym Zeitz 1871, 32: *Das tiefe Interesse, das die Zurückgebliebenen an denen nahmen, die hinaus gezogen waren, um des theuren Vaterlands höchste Güter zu wahren und seine Ehre mit den Waffen in der Hand zu schützen, und das allgemeine Gefühl, daß es sich in diesem Kampfe um die Macht und Weltstellung unseres Volkes handelte, hinderten mehr oder weniger bei Lehrern und Schülern eine unbefangene, stille Hingabe an die Aufgaben der Schule.*

1248 Dir Dr. Ferdinand Ranke, Prog Kgl. Wilhelms-Gym Berlin 1870, 21.

1249 August Preuß (*1855), *Über die Entwickelung des deutschen Nationalbewußtseins*, Schulrede am Sedanstage, Prog Gym Schneeberg 1891, 18.

1250 OL Julius Wilhelm August Bartsch, Kaiserrede v. 22.3.1880, Prog Gym Stade 1884, 41.

galt den Lehrern als *Abschluß und Gipfelpunkt unserer Geschichte,*[1251] weil mit ihm *das Werk der Befreiungskriege vollendet* schien[1252] – war für die Lehrer nicht nur zu bewahren, sondern der äußeren Reichseinigung mußte die innere folgen, und das Reich mußte gleichzeitig nach außen hin wehrhaft auftreten. Im Flottenbauprogramm des *Neuen Kurses* schien beides vereinbar:[1253]

> *Auf dem Meere ist alles deutsch und kaiserlich schlechtweg; die Flotte ist die nationalste aller Reichsinstitutionen, nationaler selbst als unser herrliches Landheer, nationaler auch als z.B. die Reichspost, die ja Bayern und Württemberg ausschliesst. Ausserdem ist die Flotte auch die eigentümlichste Institution des neuen Reiches. Denn durch nichts ist das neue Reich so bestimmt und so zu seinem Vorteil von dem alten unterschieden als durch den Besitz einer eigenen Kriegsflotte.* [...] *Ein Deutsches Reich, das auf dem Meere ohnmächtig wäre, ist heute eine absolute Unmöglichkeit.*

Schon bald war *der tolle Jubel verflogen, Ernüchterung eingetreten; wir erschrecken vor uns selbst und begreifen nicht, dass es so weit mit uns habe kommen können.*[1254] Der Vergleich mit Frankreich, militärisch entschieden, war damit auf eine andere Ebene verwiesen. Auch die Franzosen seien tapfer gewesen, erklärte Direktor Brunnemann in der Abiturientenrede 1872, ihre militärische Führung fachkundig; aber die Deutschen besäßen das *warme Pflichtgefühl,*[1255] durch das *der germanische Volksstamm nicht nur über die Romanen, sondern über alle übrigen Racen schliesslich immer die Oberhand behalten* werde. Mit dem zeitlichen Abstand von 1870/71 wuchs allerdings auch die Befürchtung, daß der Erfolg fragil, die Stellung

---

1251 Dir Karl Wilhelm Osterwald, Rede *Welchen sittlichen Segen und Gewinn hat uns der letzte Krieg gebracht?*, Prog Gym Mühlhausen/Th. 1872, 8. – Dir Prof. Dr. Wilhelm Friedrich Wiedasch, *Über die Größe unserer Zeit*, Kaiserrede, Prog Städt. Lyceum II Hannover 1872, 4: *weltgerichtliche Entscheidung*. – Dir Dr. Wilhelm Becker, Prog RealSch Michelstadt 1872, 25: *weltgeschichtliche Resultate.*

1252 Dir Eduard Reimann, Kaisergeburtstagsrede v. 22.3.1871, Prog RealGym zum Hl. Geist Breslau 1872, 8.

1253 Dir Dr. Ferdinand Zitscher (*1849), Kaisergeburtstagsrede v. 27.1.1898, Prog RealGym Forst i.L. 1898, 3. – Das drückte sich auch pathetisch-trivial im Alltag aus. Der Schwiegervater des Verf., evangelischer Geistlicher, besaß ein Rasiermesser aus dem Devotionalien-Angebot des Flottenvereins mit der eingeätzten Losung *Gott strafe England!*

1254 Dir Prof. Dr. Carl Schubart, Antrittsrede, Prog Gym Plauen/Vogtland 1879, 6. – In den Kaiserreden war indessen der Jubel unverzichtbar, etwa Dir Julius Guttmann, Rede auf Kaiser Wilhelm 1872, Prog Gym Brieg 1874, 5: *Und so gewaltige, alle Sinne und Geister überwältigende Thaten wurden vollbracht, daß wir gewissermaßen noch davon betäubt sind.*

1255 Dir Karl Otto Martinus Brunnemann (1823–1896), Abiturienten-Entlassungsrede, Prog Städt. RealSch Elbing 1872, 42. – Auch für das Folgende.

des deutschen Reiches bedroht sein könnte. Es gebe *keinen schneidenderen Hohn,* erklärte 1909 Direktor Hebestreit im thüringischen Mühlhausen,[1256]

> *als wenn wir Deutschen uns in der Vorstellung wiegen wollten, als habe sich unser friedliebendes Vaterland die Liebe der Welt erworben. Luftwandler wären wir, wenn wir solchen Glauben hegten. Nicht die Liebe Europas, nur die Furcht vor unserem blanken Schwerte hat uns vor Krieg und Verwüstung beschützt, und der Augenblick, wo die Furcht vor uns aufhören sollte, wäre das Ende der Friedenszeit. Diese Tatsache zu beklagen, ist zwecklos; es gilt vielmehr, sie mit männlichem Sinne fest ins Auge zu fassen.*

Sedan als Focus und Orientierung

Die Schlacht von Sedan war eine mentale Zäsur, militärisch hingegen wohl nicht entscheidend, sondern nur den Ausgang beschleunigend. Überlegene preußische und bayerische Truppen kesselten am 1. September 1870 die letzte Armee des französischen Kaisers ein, erzwangen am 2. September deren Kapitulation und bewirkten schließlich die Absetzung des gefangenen Napoleon III. An diesem Tage selbst war es nicht ungewöhnlich, daß vor allem in Berliner Gymnasien der Direktor *eine kurze erhebende Schulfeier in der Aula* veranstaltete,[1257] um dann die Schüler zur *Teilnahme an der allgemeinen Siegesfreude* in die Hauptstadt zu entlassen. Auch in Meiningen drückte sich das *vaterländische Gefühl der Schulgemeinschaft in einem improvisirten Actus auf dem Markte* aus.[1258] Am 2. September 1873 wurde der *Tag von Sedan* erstmals als ein nationaler Feiertag begangen, eher zögerlich anlaufend, weil in zeitlicher (Oktober) und inhaltlicher Konkurrenz mit dem Gedenken an die Völkerschlacht zu Leipzig stehend.[1259] Erst in den späten 1880er Jahren wurde der Feiertag wirklich populär, wurde er zu einem schulischen Höhepunkt der nationalen Erinnerungskultur ausgestaltet, und zwar mit zunehmender Militanz. Er begann als Schulfest:[1260]

1256 Dir Prof Bruno Hebestreit, *Die Weltlage des deutschen Reiches.* Kaisergeburtstagsrede, Gym Mühlhausen/Th. 1909, 16.

1257 Reinhold Friedrich Theodor Gottschick, NR auf den Geh. RRat Dr. Ferdinand Schulz (1829–1901), Prog Augusta-Gym Berlin-Charlottenburg 1902, 18. – Auch für das Folgende.

1258 Prog Schleusingen Hennebergisches Gym Meiningen 1871, 49.

1259 OL Dr. […] Ferdinand Ohly (*1862), Rede zum Sedanstag 1896, Prog Gym Hamm 1897, 23f: *Während unsere Väter mehr denn ein halbes Jahrhundert das Andenken an die Schlacht bei Leipzig hochgehalten hätten, mache sich bei dem jetzt lebenden Geschlechte, das doch so gern rauschende Feste aller Art feiere, vielmehr geradezu eine Abneigung gegen die Begehung des Sedantages geltend […]. Aber die Feier des Sedantages sei eine heilige Dankenspflicht.*

1260 Prog RealSch des Johanneum Hamburg 1876, 40.

Lehrer und Schüler auf dem Schulhofe, zogen in geordnetem Zuge nach der Alster und versammelten sich alle fuhren auf zwei gemietheten Dampfböten nach Eppendorf. Von dort wurde mit Musik nach Gr. Borstel marschiert. Auf einem Felde unweit des Dorfes wurde Halt gemacht und nach einer Ansprache des Direktors wurden Frei- und Ordnungsübungen ausgeführt. Es folgten Wettübungen im Hochspringen, Laufen und Ringen. Nach der Vertheilung der Preise ging's nach dem Licentiatenberg, an dessen Fusse sich die Schüler klassenweise geordnet lagerten und an Bier [!] und Butterbrod erquickten. Gegen 7 Uhr wurde der Rückweg angetreten. In Eppendorf wurden die Dampfböte wieder bestiegen; während der Wasserfahrt wurde auf zwei begleitenden Böten ein kleines Feuerwerk abgebrannt.

Seit Mitte der 1880er Jahre nahm der öffentliche Demonstrationscharakter dieser Schulfeiern zu. In Eschwege zogen Lehrer und Schüler *in feierlichem Zuge nach dem Kriegerdenkmal*, sangen dort *patriotische Lieder*, und es hielt der Direktor *eine warme Ansprache* an die Schüler.[1261] In Treptow an der Rega erfolgte ein *deklamatorischer Actus auf der Aula mit anschließendem Zug der Schülerschaft unter Vorantritt des Trommler- und Pfeifer-Vereins mit wehender Fahne in die Marienkirche zum öffentlichen Gottesdienst.*[1262] Zur Schulfeier des Gymnasiums Nakel schmückte der örtliche Besitzer einer Buchdruckerei die Aula mit Blumen und einem *wohlgetroffenen Bildnis Sr. Durchlaucht des Fürsten von Bismarck, welches als ein überaus dankenswertes Geschenk dem Gymnasium verblieben ist.*[1263] Im schlesischen Landeshut wurde das Schulgebäude beflaggt, wurde von jedem *Ordinarius*, also dem Klassenlehrer, auf die Bedeutung des Tages hingewiesen, und den Schülern wurden alle Hausarbeiten für den kommenden Tag erlassen.[1264] Es werde aus Anlaß dieses Tages *nicht ruhmredig gesprochen, nicht chauvinistisch*, sondern man danke für die göttliche Hilfe;[1265] *Liebe zum Vaterland, treue Liebe zum Fürstenhaus, Liebe zum treuen Gott, das ist die Predigt, die auch an diesem Tage den Schülern in der Hauptsache geboten wird.* In Treptow an der Rega wurde das Schauspiel *Sedan* des Oberlehrers Georg Thouret aufgeführt, und ein örtlicher Militär stellte *eine Anzahl sonst schwer zu beschaffender militärischer Ausrüstungsgegenstände zur Verfügung*,[1266] damit es auch zünftig zugehen konnte.

Schon die Zeitgenossen hatten die Modellierbarkeit von Sedan erkannt: *Erst war sie ein Erlebnis, dann wurde sie eine Erinnerung, und jetzt rückt sie aus dem Bereiche der Erinnerungen in den Bereich der Geschichte ein.*[1267] Aber die Sinnzuweisung, die

---

1261 Prog Friedrich-Wilhelms-RealSch Eschwege 1885, 18.
1262 Prog Bugenhagen-Gym Treptow a.R. 1887, 33.
1263 Prog Gym Nakel 1887, 18.
1264 Prog RealGym Landeshut 1893, 21.
1265 Prof. Paul Rumpe (*1846), *Schule und Haus und ihr Verhältnis zu einander*. Ein offener Brief an Eltern und Pfleger, Prog Gym Rawitz 1897, 7. – Auch für das Folgende.
1266 Prog Bugenhagen-Gym Treptow a.R. 1897, 18.
1267 OL Prof. Ernst Haaris (*1860), *Der Sedan-Feldzug 1870*, Prog Gym Wolfenbüttel 1911, 3.

die Schule aus dem Sieg von Sedan zog, ging über das bloße historische Ablaufmuster einer schrittweisen Erstarrung hinaus. Vor allem in normative Hinsicht war Sedan ein gefügiger Stoff, der mit nahezu beliebigem Inhalt gefüllt werden konnte. Sedan war Vorbild – *der heranwachsenden Jugend zur Mahnung und Nacheiferung.*[1268] *Erfüllt Euch mit edlem nationalen Stolz, mit echter Vaterlandsliebe, mit wahrer Gottesfurcht*[1269] –, betonte *Völkerfrieden auf der Grundlage von Gerechtigkeit* und forderte *Eintracht im Innern durch Einheit des Geistes,*[1270] mahnte die Schuljugend, *durch getreues Hegen des wahren Idealismus sich das Gefühl für seine* [eigene] *Ehre fest und rein zu bewahren,*[1271] *Begeisterung für die Ruhmesthaten unserer Nation,*[1272] oder rief in der Anrede mit der üblichen Unterscheidung zwischen Ober- und Unterstufe die *Jünglinge und Knaben* auf, es sei ihre *heilige Pflicht, die Errungenschaften jener schweren Tage dereinst als wackere deutsche Männer zu schützen und zu verteidigen.*[1273] Besonders pathetisch redete Direktor Reuscher in Stolp:[1274]

> *begrüßen wir dich, du Tag von Sedan, in ernster Weihestimmung als den Tag heiliger Entschlüsse: wir wissen es, im Osten und Westen, da gährt es tief in den Massen feindseliger Völkerstämme, da sind die Leidenschaften der Rachsucht, des Neides und des Hasses. Lange schon glimmend unter trügerischer Asche, entfacht und aufgelodert zu hellen Gluten, da sind gewaltige Truppenmassen bereit zum verheerenden Ansturm auf die Grenzen deutschen Landes. Wenn nun aber der Kriegsgott seine eisernen Würfel rollt, wenn der Kaiser sein Volk zu den Waffen ruft, wenn es noch einmal gilt, den heiligen Boden der Heimat zu schützen: dann, und gelobt in dieser Stunde, dann scharet euch als eine heilige Wacht des Vaterlandes um die hochflatternden Fahnen eures kaiserlichen*

1268 August Preuß, *Über die Entwickelung des deutschen Nationalbewusstseins*, Schulrede am Sedanstage, Prog Gym Schneeberg 1891, 17.

1269 Prof. Fritz Böckelmann, *Der Tag von Sedan im Licht unserer heimatlichen Geschichte*, Prog evang. Friedrichs-Gym Herford 1910, 13.

1270 Konrektor Prof. Ferdinand Lachmann (1817–1882), *Die Aufgaben, welche dem deutschen Volke durch den Sieg bei Sedan gestellt sind*, Prog Gym Zittau 1874, 4.

1271 OL Ottokar Brunzlow (*1834), Festrede, Prog Gym Fridericianum Schwerin 1881, 15.

1272 Dir Andreas Weidner, Sedanrede 1884, Prog Gym Dortmund 1885, 15.

1273 OL Albert Kullmann (*1848), *Kaiser Napoleon III*, eine Sedanrede, Prog Gym Wolfenbüttel 1887, 12. – Dir Dr. Gustav Grosch, Sedanfeier auf dem Kyffhäuser am 1.9.1883, Prog Gym Nordhausen 1884, 29: *Ihr steht hier als Zöglinge des deutschen Gymnasiums. Das erinnere Euch, daß Ihr berufen seid, Euren Geist zu bilden und durch Geistesbildung dem Vaterland zu dienen. Arbeitet also, dieses hohen Berufes eingedenkt, daß Ihr stark und reich werdet an Geist, auf daß Ihr wahren helfet den edlen Ruhm deutscher Geistesbildung, auf daß Ihr kräftig schwingen möget das Schwert des Geistes gegen äußere und innere Feinde deutschen Wesens und deutscher Gesittung.*

1274 Dir Dr. Arnold Reuscher, Sedanrede 1891, Prog Gym Stolp 1892, 18. – Weniger dramatisch Rektor Edmund Behringer, Schuljahrsabschlußrede, Prog Kgl. Studienanstalt Aschaffenburg 1880, 18:

Kriegsherrn, und dann seid entschlossen, zu kämpfen und, wenn es sein muss, zu sterben für das Vaterland!

Der hochgestimmte Ton, dem man die Gelegenheit und die Absicht der pädagogischen Überredung zugute halten kann, wurde in anderen Reden zum Sedan-Tag durch spirituelle Perspektiven unterfüttert.[1275] Man müsse nicht verzagen an *des deutschen Volkes hoher Mission*;[1276] denn Sedan habe dem deutschen Volk *das Bewußtsein seiner Kraft und seines Werthes, die Achtung vor sich selbst gebracht*;[1277] hier sei *die gerechte Strafe der langmüthigen Vorsehung* offenbar geworden, die das *französische eigennützige Spiel mit den heiligsten Interessen der schwächeren Völker endlich bitter gestraft* habe;[1278] *Die Rosen von Sedan werden ewig in dem Herzen unseres Volkes fortblühen, der unvergängliche Schmuck dieses schönen Tages, dieses Friedensfestes des wieder geeinigten Deutschland.*[1279] Die Meinungsführer in diesem Chor der Festredner sind im Durchschnitt 50 Jahre alt und verjüngen sich. Ende der 1880er Jahre ballen sich die Stimmen der im Durchschnitt 1837 geborenen, also 43jährigen Redner. Diese demographische Unterfütterung aus dem Führungspersonal der Gymnasien verleiht der nationalen Emphase Dauerhaftigkeit bis in die erste Dekade des 20. Jahrhunderts.

Die politischen Heroen: Wilhelm I. und Bismarck

Das historische Narrativ der Gymnasiallehrer war durch die drei Ereignisbündel von 1813, 1848 und 1871 strukturiert, aber durch schon bei Lebzeiten als historisch empfundene Leitfiguren exemplifiziert, vor allem durch König Wilhelm I. von Preußen und seinen Ministerpräsidenten Otto von Bismarck. Beide waren bei der gymnasialen Bildungselite hoch angesehen und subtil unterschieden. Wilhelm I. genoß als deutscher Kaiser unbegrenzte populäre Verehrung; Bewunderung dagegen als dem Politiker wurde Bismarck zuteil vom Bürgertum, zu dem die Gymnasiallehrer sich rechneten. Die Verehrung der Gymnasiallehrer gegenüber Wilhelm I. läßt sich

1275 *Uns alle hat Gott, einen jeden in seinen Stand gesetzt, daß er mit seinen Kräften und Gaben und zu seinem Theile beitrage und mithelfe an dem Bau des großen Gottesreiches und dem Ziele zustrebe, das Gott nach seinem Willen unserm Geschlechte gesetzt hat*: Dr. Heinrich Heibert (1844–1885), Rede zur Feier des Sieges von Sedan, Prog Gym Gera 1873, 22.

1276 Dir Oskar Henke (1843–1914), Sedanrede 1892, Prog Gym Barmen *Weihet dem Vaterlande euer Herz, und, wenn es Noth thut, auch euren Arm! Füget euren Opfergaben noch die Herzensreinheit bei; diese Gabe wird dem Vaterlande Segen bringen, denn sie ist die grösste, die ihr ihm bieten könnt, weil sie am schwersten im Lebenskampfe errungen wird.*1893, 4. – Henke war ein besonders reger Beiträger mit mehr als 40 Titeln in den Programmen seiner jeweiligen Schulen.

1277 Dr. Ignatz Henrychowski (*1841), *Napoleon III. und der Tag von Sedan*, Festvortrag, Prog Gym Inowrazlaw 1876, 25.

1278 Ebenda, 2.

1279 Dir Wilhelm Burghardt, Rede v. 2.9.1872, Prog RealGym Nordhausen 1873, 52.

kaum besser belegen als durch die ihm verliehenen Beinamen: *der Gesalbte, der als ein auserwähltes Rüstzeug des Herrn in Tapferkeit, Demut und Gottesfurcht sich bewährt hatte,*[1280] *Heldenkaiser, Wilhelm der Siegreiche,*[1281] der *Charaktergroße,*[1282] *der Einzige,*[1283] *Friedensfürst,*[1284] *herzgewinnender Zauber seiner erhabenen Persönlichkeit,*[1285] *Heros Eponymos seines Jahrhunderts,*[1286] *der Demütige und Bescheidene,*[1287] *Wilhelm der Große,*[1288] *ruhmgekrönter Heldenkaiser,*[1289] *Eckstein unseres Staats,*[1290] *Wilhelm der Charaktergroße.*[1291] Bei seinem Tode hieß es:

> *Er ist nicht mehr. – Unser Held, unser König, der Gründer und Mehrer des Reiches, der Sieger in allen Schlachten, die er schlug, der Schirmer des Weltfriedens, der Vater seines Volkes, unser Kaiser Wilhelm ist nicht mehr. Kein deutsches Herz blieb unerschüttert bei dieser Kunde, Hort und Halt des Weltfriedens.*[1292]

1280 Prof. Dr. Oskar Gerhard (1826–1895), *Sieger und Besiegte von Sedan*, Prog Ritterakademie Liegnitz 1883, 6.

1281 Dir Dr. Adolf Zinzow, Rede am 6.1.1886, Prog Gym Pyritz 1886, 8.

1282 Dir Dr. Alwin Schmidt (*1861), Antrittsrede, Prog Gym Schleusingen 1898, 6.

1283 Dir Heinrich Guhrauer, *Zum Gedächtnis der fürs Vaterland gefallenen Schüler des Melanchthon-Gymnasiums*, Prog Melanchthon-Gym Wittenberg 1898, 3.

1284 Dir Ludwig Heinrich Konrad Drewes, Rede zum Einzug des Regenten des Herzogtums Braunschweig Prinz Albrecht, eines Neffens Wilhelms I. am 2.11.1885, Prog Gym Helmstedt 1886, 36. – Auch: Ders., Traueransprache anläßlich der Beisetzung Wilhelms I., Prog Gym Helmstedt 1888, 16. – Auch: Dir Karl Ubbelohde, Rede zum 90. Geburtstag Wilhelms I., zugleich zur Entlassung der Abiturienten, Prog Gym Friedland/Mechlenburg 1887, 30. – *Mit gepanzerter Faust hält er Wacht und schützt so das deutsche Vaterland und uns alle, damit die Werke des Friedens blühen.* OL Adolf Chalybaeus (*1879), Kaisergeburtstagsrede, Prog Gym Schleswig 1911.

1285 Dir Richard Volkmann, Gedächtnisrede auf Wilhelm I. v. 22.3.1888, Prog Gym Jauer 1888, 8. – Es war dafür eine ministerielle Anordnung ergangen, vgl. ebenda.

1286 Wss. Hilfslehrer Walther Roth (*1863), Geburtstagsrede für Wilhelm I., Prog Gym Wilhelmshaven 1892, 13.

1287 Dir Karl Ubbelohde, Rede zur Feier des 100. Geburtstages des Hochseligen Kaisers Wilhelms I. des Siegreichen und Grossen v. 22.3.1897, Prog Gym Friedland/Mecklenburg 1897, 55.

1288 OL Dr. Albertus Pannenborg, Rede auf den Tod Wilhelms I. v. 22.3.1888, Prog Gym Göttingen 1889, 5.

1289 Prog Gym Wilhelmshaven 1889, 11.

1290 Dir Dr. Oskar Jäger (1830–1910), *Wahrer und falscher Patriotismus*, Prog Friedrichs-Wilhelm-Gym Köln 1871, VI.

1291 Dir Dr. Alwin Schmidt, *Über die Aufgaben des Gymnasiums*, Antrittsrede, Hennebergisches Gym Schleusingen-Meiningen 1898, 5.

1292 Dir Dr. Ludwig Bellermann, Nachruf auf Wilhelm I., Prog Königstädtisches Gym Berlin 1888, 20f.

Diese Sammlung, die unschwer ergänzt werden könnte – etwa aus dem Genre der poetisch etwas einfachen, aber doch tief gefühlten *Kaiserlieder,*[1293] – zeigt die ganze Ergriffenheit der Bildungsgesellschaft, die unmittelbar affektive Teilnahme am Tode Wilhelms I. Das Schlagwort, man müsse *die Nation monarchisch und die Monarchie national* machen, war erfüllt.[1294] Vergessen war der *Kartätschenprinz*, der 1848 in den Berliner Unruhen eher einer militärischen als einer politischen Lösung das Wort geredet hatte und darum in der Verkleidung eines Kaufmanns zeitweilig sein Land hatte verlassen müssen. Geblieben war der sprichwörtliche *Kaiser Wilhelm*, für den zwischen 1867 und 1918 im deutschsprachigen Raum über 1000 Denkmäler errichtet wurden, darunter so monumentale wie 1896 das Kyffhäuserdenkmal und das an der Porta Westfalica oder ein Jahr später am Deutschen Eck in Koblenz. *Nie hat ein Volk um seinen Herrscher so getrauert, wie Deutschland um Kaiser Wilhelm.*[1295]

An Otto von Bismarck haben die Gymnasiallehrer den *Schmied der deutschen Einheit, unseren eisernen Kanzler* bewundert.[1296] Bei seinem Ableben galt die Trauer *einem gewaltigen Toten.*[1297] Er galt als *Reformator unseres politischen Lebens, führender Genius, Fels im brandenden Meere, Schildhalter des preußischen Königtums, divinatorischer Geist, Genie im Dienste des Vaterlands.*[1298] Die *Heldengestalt des geliebten Kaisers* wurde damit ergänzt durch den *gewaltigen Kanzler.*[1299] Das Element des Heroischen zeitigte seltsame Blüten. Weil die große Ferienwanderung der Gelsenkirchener Schule *Zähigkeit, Ausdauer und unbeugsame Willenskraft* schulen sollte, wurde sie *Bismarckwanderung* genannt.[1300] Die Metaphern gerieten im Andrang des Feierlichen durcheinander, so daß Bismarck, der *sturm- und wettererprobte Steuermann mit scharfem Auge, unser Staatsschiff* nicht nur durch Wogen, sondern auch *durch Klippen lenkte.*[1301] Die kalendarische Nähe von Bismarcks Todestag (30.

1293 Rektor Dr. Joseph Schlüter (1833–1887), Fünf Kaiserlieder, Prog ProGym Andernach 1882: *Im engen Bett schlich unser Leben| Vereinzelt wie der Bach in Sand;| Da hast Du uns, was not, gegeben| Den Glauben an das Vaterland.| Das schöne Recht, uns selbst zu achten,| Das uns des Auslands Hohn verschlang,| Hast Du im Donner Deiner Schlachten| Uns heimgekauft, o habe Dank!*

1294 OL Dr. Emil Pohlmeyer (*1844), Kaisergeburtstagsrede, Prog Evang. Gym Gütersloh 1890, 3.

1295 Dir Eduard Kammer (*1839), NR auf Wilhelm I., Prog Gym Lyck 1889, 18.

1296 Prof. Dr. Hans Meyersahm (1867–1951), *Ziel und Bedeutung der staatsbürgerlichen Erziehung*, Prog Gelehrtenschule Kiel 1914, 31.

1297 Dir Rudolf Lange, Prog Gym Rostock 1899, 16.

1298 Prof. Dr. Richard Köhler (1847–1918), *Gedächtnisrede auf Bismarck*, Prog Gym Bernburg 1899, 28ff.

1299 Dir Hermann Friedrich (1843–1919), Antrittsrede, Prog Gym Blankenburg 1886, 5.

1300 Adolf Brackhahn, Unsere Bismarckwanderung, Prog ORealSch Gelsenkirchen 1912, 24.

1301 OL D. theol. Heinrich Kamp, Drei patriotische Reden, Festkommers 1885, Oldenburg 1889, 12.

August) und dem Sedan-Nationalfesttag (2. September) machten wechselseitige Bezugnahmen sinnfällig: *Heute, am ersten Gedenktage der Sedanschlacht ohne ihn, lasst uns geloben, deutsch zu sein wie er.*[1302] Denn Bismarck galt dem Meiningischen Direktor als *das abgeklärte Ideal deutscher Mannesgrösse.* Bismarcks Entlassung konnte unter diesen Umständen *das deutsche Volk nicht verstehen. Tiefer Schmerz und Bitterkeit ergriff die Gemüter, dass der Mann, der Deutschland gegründet, der uns ein Vaterland gegeben hatte, ohne den es keinen deutschen Kaiser geben würde, nicht mehr das Steuer führen sollte.*[1303]

Die Gymnasiallehrer, besonders die Direktoren waren zutiefst fasziniert von der Person des Reichskanzlers, und sie zeichneten Charakterbilder, die mindestens ebensoviel über den von ihnen gewünschten Politikstil sagten wie über die bewunderte Person. Heinrich Guhrauer, Sohn eines Universitätsprofessors, der nach dem Direktorat in Lauban mit 46 Jahren die Leitung des Wittenberger Gymnasiums übernommen hatte, zeigt sich geradezu überwältigt:[1304]

> *Bismarck ist neben Luther die schlechthin größte weltgeschichtliche Persönlichkeit, die das deutsche Volk hervorgebracht hat. Daß er aber überdis seiner ganzen Person nach im Geiste Luthers als evangelischer Christ gewachsen und geworden ist, dessen wollen wir Evangelischen mit besonderem Stolze froh gedenken. Dankbare Verehrung und Bewunderung den großen Männern der Freiheitskriege, einem Stein, Scharnhorst, Gneisenau! An Bismarck reichen sie nicht heran. Denn keiner von ihnen ragt so allein, in einsamer Größe, hervor in seinem Volke. Bismarck hat, wie nie ein anderer zuvor, den Geist seiner Zeit zu erkennen, die Kräfte seines Volkes zu begreifen, zu wecken und zu sammeln verstanden, und dann im rechten Augenblicke mit Scharfsinn und kühnem Wagemut, allen Hindernissen zum Trotz, und doch ein treuer Diener und Vasall seines kaiserlichen Herren, sein Volk zu Größe und Macht geführt, ja, er ganz besonders, eine neue Zeit ihm heraufgeführt, eine Wiedergeburt ihm beschieden in politischem Sinne, ähnlich wie Luther im religiösen. Zu einer Zeit der Not und inneren Zwietracht von seinem königlichen Herrn zu Hülfe gerufen, von fast aller Welt gehaßt und gefürchtet, hat er es fertig gebracht, aus dem Samen der Zwietracht den starken Baum einer vorher nur erträumten Einigkeit hervorwachsen zu lassen, ist er ein Held und Heros seines Volkes geworden.*

Nicht minder bewunderungswürdig erschien dem Direktor Alwin Schmidt in Meiningen der entmachtete Bismarck:[1305]

1302 Dir Dr. Alwin Schmidt, *Gedächtnisrede auf den Fürsten Bismarck*, Prog Schleusingen Hennebergisches Gym Meiningen 1899, 11. – Auch für das Folgende.

1303 Dir Dr. Ludwig Bellermann, NR auf Bismarck, Prog Gym zum Grauen Kloster Berlin 1899, 20.

1304 Dir Heinrich Guhrauer, Traueransprache für Bismarck v. 2.8.1898, Prog Gym Wittenberg 1899, 11f.

1305 Dir Dr. Alwin Schmidt, *Gedächtnisrede auf den Fürsten Bismarck*, Prog Schleusingen Hennebergisches Gym Meiningen 1899, 5. – Dir Oskar Henke, Sedanrede 1892, Prog Gym Barmen 1893, 4: *Nur zuweilen noch hören wir von ferne seine Stimme*

Immer und überall auf der Wacht, immer und überall in Wirren, Widerstand und Verwicklung nach aussen und innen, als der unerscnhrockene Mann der That. Und als im Jahre 1890 seine Thatenlaufbahn ein jähes Ende erreichte, da ward aus dem Mann der That der Mann des Rates, aus dem Steuermann der getreue Ekhart des deutschen Volkes, aus dem eisernen Kanzler der tiefweise Alte vom Sachsenwalde. Der gewaltigen Machtfülle seiner politischen Ämter entkleidet, trat nun die reine Macht seiner Persönlichkeit um so herrlicher hervor, und aller egoistischen Nebenrücksichten bar, konnte nun das deutsche Volk seine Gefühle der Liebe und des Dankes ihm gegenüber voll und rein walten lassen. 8 Jahre lang hat er als geistiger Mittelpunkt des deutschen Volkes diesen letzten und menschlich schönsten Kreis seines Lebens ausfüllen dürfen mit derselben inneren Wahrheit und Folgerichtigkeit wie alle früheren. Ein Menschenleben von wahrhaft klassischer Vollendung.

Solche Huldigungen der Gymnasiallehrer, denen *die Macht des Reiches und die Ordnung vor der Freiheit rangierten,*[1306] sind als bekenntnishafte Selbstbilder zu lesen, als ein wenn nicht persönlicher, dann doch nationaler Rekurs. Bismarcks Persönlichkeit habe *dem deutschen Volkscharakter in Licht und Schatten* entsprochen und deshalb *eine so gewaltige Einwirkung auf das Volksbewußtsein ausgeübt.*[1307] Das Urteil über Bismarck ist nicht nur entschieden, sondern auch unduldsam und exklusiv. Wer über den Heros nicht so denkt und fühlt wie die Gymnasiallehrer, *der trägt den Namen ‚Deutscher' mit Unrecht; der ist gar kein deutscher Mann.*[1308] Kritik an Bismarck wird als *nörgelndes Gewerbe* ins Abseits gestellt.[1309] Den Abiturienten wird Bismarck als Leitstern vorgegeben, der *rechter Mannesarbeit Raum und Wege und Ziele bereitet* hat,[1310] *geistige Reckenhaftigkeit des grössten Staatsmanns seines Volkes und seiner Zeit, vielleicht aller Zeiten.*[1311]

---

aus dem Sachsenwalde, bald grollend, bald warnend – unter allen Umständen für uns belehrend und ernster Beachtung wert. – Bei Bismarcks Fistelstimme wird am *Grollen* die Heroisierung besonders deutlich.

1306 Thomas Nipperdey, Deutsche Geschichte 1866–1918, Bd. I, 561.

1307 Prof. Dr. August Sachs (*1837), *Gedächtnisrede für Bismarck*, Prog Gym Hadersleben 1899, 19.

1308 OL D. theol. Heinrich Kamp, Drei patriotische Reden, Festkommers 1885, Oldenburg 1889, 5. – Dir Dr. Paul Lorentz (1862), *Deutsche Art*, Sedanrede 1906, Prog Gym Friedeberg i. Nm. 1907, 3: *der das Kernhafteste der deutschen Volksseele wie kein anderer verkörperte.*

1309 Prof. Theodor Berndt (*1838), Ansprache bei der Vorfeier des Sedantages 1901, Prog Gym Hamm 1902, 24.

1310 Dir Heinrich Begemann (*1851), Abiturentlassungsrede, Prog Gym Neuruppin 1899, 24.

1311 Dir Karl Ubbelohde, *Deutsche und romanische Grössen*, Abiturientenentlassungsrede v. 24.3.1899, Prog Gym Friedland 1902, 29.

Die wirklich gravierende Auswirkung des Bismarckkults war allerdings der Verdruß über parlamentarisch und partizipativ verfaßte Formen der politischen Entscheidungsbildung:[1312]

> *Wenn man die gewaltige Opposition gegen das Ministerium Bismarck und die neue Heeres-Organisation denkt, zu der das ganze Land aufgestachelt wurde, wenn man an den von dieser Partei veranstalteten Sturm von Friedenspetitionen denkt, so muß es auch dem schlichtesten Bürger klar werden, wie wenig Kammern geeignet sind, die politischen Geschicke des Landes richtig zu leiten – wozu ihnen auch die Befugniß abgeht.*

Die Bismarck-Verehrung, die Direktor Schmidt *als gigantischen Ausdruck deutscher Willensstärke* pries,[1313] fußt auf autoritären Grundmustern, ungeachtet der Tatsache, daß die Verfassung des Reiches einen Zuwachs an parlamentarischer Mitwirkung gegenüber der retardierten preußischen Verfassung bot. Hier leisteten die Gymnasiallehrer einen Beitrag zur Perspektivenverkürzung und Erstarrung des politischen Systems, die sich nach der Jahrhundertwende katastrophal auswirken sollten.

Nationalgefühl als Selbstfesselung

Die Zahl der Belege für affirmative Lehrer-Äußerungen zum deutschen Nationalgefühl ist Legion. Offenbar konnte kein Gymnasiallehrer es sich leisten, bei Gelegenheit einer öfffentlichen Rede nicht zu diesem Thema zu sprechen. Die Hoffnung auf berufliches Fortkommen oder die Rücksichtnahme auf die Akzeptanz der Hörerschaft[1314] standen dem entgegen. Die außerordentliche Anzahl der Belege macht die Dynamik der Sache, mindestens die zeitgenössischen Empfindungen einer Dynamik evident, während die schmale inhaltliche Spurbreite aller dieser Appelle einen Anhalt für das Zwanghafte des Themas überhaupt vermittelt. Vaterlandsfreunde, Patrioten waren die Lehrer seit 1813. Der Nationalismus, zu dem sie sich seit 1871 offen und vehement bekannten, ist die Ideologisierung eines natürlichen und kaum zu tadelnden Gefühls der Zugehörigkeit. Heimat als das *kleine Vaterland* trat zurück hinter das *große Vaterland*, die Erlebnisgemeinschaft der Nation, die Anspruch auf Gehör hatte und deren Forderungen persönlich so schlüssig waren, daß sie auch Gehorsam verlangen durfte. *Sein theures Deutschland*

1312 Subrector Carl Rinne (1802–1887), Das Friedensfest am 11. November 1866, Prog Stifts-Gym Zeitz 1867, 21.

1313 Dir Dr. Alwin Schmidt, *Über das geschichtliche Wachstum der deutschen Vaterlandsliebe*, Kaisergeburtstagsrede, Prog Schleusingen Hennebergisches Gym Meiningen 1898, 21.

1314 Prorektor Friedrich Wilhelm Münscher (1832–1897), NR auf Dir Dr. Richard Volkmann, Prog Gym Jauer 1893, 10: *vermochte er dann zuweilen hinreißend zu sprechen und machte von dieser Fähigkeit erfolgreichen Gebrauch, wenn es galt, dem Patriotismus Ausdruck zu verleihen.*

und Preussen, sein Hohenzollernsches Königshaus gingen ihm über Alles wird dem Direktor Hasenbalg 1851 nachgesagt.[1315] Hasenbalg hatte mit diesen Anhänglichkeiten Position gegen die politischen Erschütterungen von 1848 bezogen, die er als *sich überstürzende Agitationen einer zügellosen Demokratie* außerordentlich negativ bewertete.

Der unter den Gymnasiallehrern üblich werdende Patriotismus war politikfern, einseitig, konfliktscheu und zugleich trutzig:[1316]

> *Und als dann unser König Wilhelm im siebentägigen Waffengange von Nachod bis Königgrätz auf den ruhmreichen Schlachtfeldern Böhmens (im Jahre 1866) das natürliche Recht Preußens auf die Führerschaft in Deutschland endgültig behauptete und festgestellt hatte, da erscholl vom Rhein herüber der schrille Ruf des Neides und Hasses aus dem Munde des alten Erbfeindes: ‚Rache für Sadowa', bis endlich in dem unvergleichlichen Kriege, dessen herrlichen Siegestag wir heute zum zwölften Male feiern, über den Trümmern des zweiten Bonapart'schen Kaiserthrons der Traum der Jahrhunderte zur Wahrheit wurde und die herrlichste Krone der Welt die Stirn des Gesalbten schmückte, der als ein auserwähltes Rüstzeug des Herr in Tapferkeit, Demut und Gottesfurcht sich bewährt hatte.*

Direktor Hess in Helmstedt gab den Abiturienten mit auf den Lebensweg, die *wahre Vaterlandsliebe* bestehe in der *völligen Unterordnung des eigenen Interesses unter das Gemeinwohl, im freien Gehorsam gegen die Gesetze des Vaterlandes und in dem ernsten Bestreben, durch wissenschaftliche und sittliche Tüchtigkeit und Gediegenheit dem Vaterlande dereinst ersprießliche Dienste zu leisten.*[1317] Der deutsche Patriotismus lebte in den ersten Jahren nach 1871 den Gedanken einer naturwüchsigen Überlegenheit des Deutschen,[1318] die sich aber zunächst noch nicht so

---

1315 Prof. Franz Biese, NR auf Dir Karl Friedrich Ferdinand Hasenbalg, Prog Kgl. Pädagogium Putbus 1852, 13. – Auch für das Folgende.

1316 OL Prof. Dr. Oskar Gerhard, *Sieger und Besiegte von Sedan*, Prog Ritterakademie Liegnitz 1883, 6:

1317 Dir Prof. Dr. Philipp Karl Hess (1792–1872), Abiturientenentlassungsrede, Prog Gym Helmstedt 1864, 12f.

1318 Selbstreferent: OL Erich Haupt, der Beruf des deutschen Gymnasiums, Kaiserrede, Prog Bugenhagensches Gym Treptow a.R. 1873, 5: *Das tägliche Leben und seine realen Anforderungen und Verhältnisse mit geistigem Gehalt zu durchsäuern und zu verklären, das ist der höchste und edelste Beruf, den grade das deutsche Volk vor andern empfangen hat.* [...] *Die Herrlichkeit des deutschen Volkes ist lange eine sehr verhüllte gewesen, und in der Komödie der Weltgeschichte ist seine Häßlichkeit nicht selten verspottet worden.* [...] *Das ist jetzt anders geworden. In hehrer Gestalt steht es jetzt vor unserm Blicke da.* [...] *das ideale Geistesleben auf jede mögliche Weise zu stärken. Niemandem aber ist dieser Beruf in höherem Grade geworden als dem Gymnasium, ja es ist diess der Beruf, der es von allen anderen Lehranstalten unterscheidet.*

scharfkantig gerierte und vor allem oft meinte, sie sei von der Geschichte schon erfüllt. Die resignative Version davon war die Forderung, der Geschichtsunterricht solle die deutsche Geschichte nicht als ein *Aggregat von Namen, Kriegen und Friedensschlüssen* erzählen,[1319] sondern als die *Leidensgeschichte eines Volkes.* Direktor Heiland in Weimar dagegen, der später sogar zum Provinzialschulrat von Sachsen avancierte, vertrat die offensivere Version und wünschte einen vaterländischen Geschichtsunterricht, der *hingebende Liebe und reine Begeisterung für die Herrlichkeit und Ehre des deutschen Namens entzündet.*[1320] Zum Gegner erklärte Heiland, und das demonstriert im Grunde seine quietistische Einstellung, nicht den gegenwärtigen *Erbfeind* Frankreich, sondern das historisch abgelebte Rom, da durch *die im deutschen Eichwald genährte Manneskraft Roms stolze Heere vernichtet* wurden, während Jahrhunderte später der *Gottesmann Luther mit dem Schwerte des Gotteswortes zum zweiten Male die stolze Roma* besiegte. Geschichte war für diese Gruppe von Gymnasiallehrern Bestätigung, nicht Waffe, biedermeierlich, nicht politisch, eher Patriotismus als Nationalismus, dessen Programm als ein *politischer Charakter* aufgefaßt wurde, der sich *unter aller Noth und unter allem Druck unerschütterlich bewährt.*[1321]

Aber es fehlten auch die offensiven Stimmen nicht. Direktor Reuscher in Stolp hatte 1891 eher die Innenpolitik vor Augen, als er die Abiturienten bei der Entlassung auf unbedingte nationale Treue verpflichtete:[1322]

1319 Dir Dr. Ernst Woldemar Silber, *Der Director an die Einwohner*, Prog Gym Oels o.J. [1855], 5. – Auch für das Folgende.

1320 Dir Karl Gustav Heiland, Antrittsrede als Dir v. 16.10.1856, Prog Wilhelm-Ernstisches Gym Weimar 1857, 10. – Auch für das Folgende.

1321 Dr. Otto Gustav Friedrich (*1818), *Über Patriotismus und Vaterlandsliebe*, Prog Gym Potsdam 1864, 25.

1322 Dir Dr. Arnold Reuscher, Abiturientenentlassungsrede 1891, Prog Gym Stolp 1892, 14. – Vgl. die geradezu liturgisch verfaßte Feier zum Sedanstag 1896 des Gym Hagen mit der Einbeziehung der Schüler: *Oberlehrer Dr. Weber schilderte die Gründung des Deutschen Reiches durch Wilhelm den Grossen, entwarf namentlich ein Bild des grossen Krieges von 1870/71 und schloss mit einem Hoch auf das deutsche Vaterland. Nach dem Liede Deutschland, Deutschland über alles! wandte sich dann der Primaner Oskar Huth in einer kurzen Ansprache an seine Mitschüler. Er forderte sie auf zur Dankbarkeit gegen die Helden von 1870, denen sie nacheifern wollten, und legte zum Schluß in aller Namen ein Gelübbde der Treue ab. ‚Treu wollen wir sein: treu gegen Gott – aus der Frömmigkeit quillt jegliche wahre Tugend; treu gegen uns selbst – undeutsch, welsch ist Lug und Trug; treu gegen unsere Eltern – der Gehorsam hat die erste Verheissung, ohne ihn keine menschliche Ordnung; wir wollen treu sein, wie die Väter waren, treu gegen das Vaterland, treu gegen Kaiser und Reich, treu bis in den den Tod. Amen!'* Prog Gym Hagen 1896, 21.

Ja, wir hoffen auf den Sieg der staatserhaltenden Parteien über die wilden Ausbrüche verblendeter Leidenschaft. Aber dazu gehört ein energischer Kampf. Dieser Kampf gibt der Gegenwart ihr Gepräge. Vom Ausgang desselben hängt die Zukunft unseres Volkes und unseres Vaterlandes ab. In diesem Kampf treten auch Sie ein. Auch an Sie wird einst die Mahnung ergehen, mit scharf geschliffenem Geistesschwert, mit allen Kräften Ihres Wesens sich zu scharen um die von unserem Kaiser entfaltete hochflatternde Fahne des Staatswohles. Auf Sie rechnet der Kaiser und das Vaterland.

Die seherische Unbedingtheit und das Hochfahrende im Tonfall waren am Ende des Jahrhunderts nicht mehr ungewöhnlich. Es zahlte sich nunmehr aus, daß schon seit der zweiten Hälfte der 1850er Jahre solche Stimmen an Zahl und Entschiedenheit zugenommen hatten. Für Direktor Osterwald aus Merseburg galt es *Gott sei Dank! Wieder für eine Ehre, patriotisch zu denken und zu fühlen,*[1323] so daß die patriotische Erziehung als eine *heilige Aufgabe* aufgefaßt wurde. Nationalbildung war *die Bildung des Menschen zum Menschen.*[1324] Mit vollem Recht forderte daher nach den Vorstellungen von Direktor Heinen in Düsseldorf der *Vaterlandsfreund* von einer öffentlichen Lehranstalt, daß sie das Nationalgefühl der Schüler kräftigte und bestärkte.[1325] Kosmopolitisches Denken könne *Schwäche, ein großer Fehler* sein;[1326] daher solle die Schule den *lebendigen Sinn für das Heimische, die treue Anhänglichkeit an das Volkstümliche, die Liebe zum Vaterlande* in ihren Zöglingen wecken. Da selbst nach der Auffassung des liberalen, politisch besonnenen Direktors Oskar Jäger in Elberfeld erst dort *die Cultur beginnt, wo das Vaterlandsgefühl beginnt,*[1327] war für den Frankfurter Direktor Kühner die *Krittelei, die den Staat verunglimpft, den der Knabe als sein Vaterland lieben möchte, am unerträglichsten für das Ohr der frischen Jugend.*[1328]

1323 Dir Prof. Karl Wilhelm Osterwald, *Ueber die Erziehung der Jugend zum Patriotismus,* Zur Vorfeier des Geburtstages Sr. Majestät des Königs, Prog DomGym Merseburg 1855, 5.

1324 Dir Prof. Dr. Friedrich Gottlob Starke (?1818–1892?), Rede zum Königsgeburtstag v. 15.10.1849, Prog Kgl. Kaiser-Wilhelms-Gym Neuruppin 1850, 26.

1325 Dir Dr. Franz Heinen, Abiturientenentlassungsrede 1842, in: Heinen, Schulreden, Einladungsschrift zur Einweihung des neuen Realschulgebäudes, Düsseldorf 1860, 37.

1326 Dir Dr. Karl Hermann Funkhänel, *Ueber Erziehung der Jugend zu Vaterlandsliebe und Gemeingeist,* Prog Gym Eisenach 1861, 10. – Auch für das Folgende.

1327 Dir Dr. Oskar Jäger, *In wie fern ist die Liebe zum Vaterland ein kulturschaffendes Moment im Leben eines Menschen?,* Prog Gym Elberfeld 1865, 140.

1328 Dir Carl Friedrich Ludwig Kühner, *Erziehung zur Wehrhaftigkeit,* Prog Musterschule Frankfurt/Main 1861, 12. – Einen eher belustigenden Bogen von Antikenkenntnis zur Gegenwart schlägt Dir Dr. Karl Koppin in seiner Sedanrede v. 2.9.1882 mit Blick auf kritischen Journalismus (Prog Gym Stade 1884, 34): *Vaterlandsliebe von den Alten zu lernen, von den Römern oder sei es auch nur von den Gänsen des*

Die Abgrenzungen zwischen Vaterlandsliebe, Patriotismus und Nationalismus verschwimmen in ihren Bedeutungsgehalten je nach Sprecher und Anlaß. Zäsuren lassen sich jedoch ereignisgeschichtlich gewinnen. Schon in den frühen 1860er Jahren melden sich Stimmen zu Wort, die durch *fortgesetzte körperliche Übungen die ganze Nation wehrhaft*[1329] machen wollen, die zwar zwar *keinen engherzigen und eitelen Nationalstolz* wünschen, aber darauf hoffen, daß die Deutschen *mit Eifer über ihrer Nationalehre wachen und jederzeit bereit sind, dieselbe mit allen zu Gebote stehenden Mittel zu vertheidigen.* Daß Vaterlandsliebe *nicht nur Pflicht sei, sondern Naturdrang und Naturgebot* ist,[1330] ist historisch noch rückwärts gewandt, während die Etatisierung der Vaterlandsliebe als *Lebenskraft des Staates*[1331] vorwärts blickt und mit den militärischen Erfolgen Preußens spätestens ab 1866 die überkommene Selbstgenügsamkeit aufgibt. Was an diesem Wandel in den politischen Einstellungen der Lehrer ins Auge fällt, sind drei Umstände: Einmal artikuliert sich vorher wie nachher die gleiche Personengruppe. Zumeist sind es Gymnasialdirektoren, und zwar nicht nur wegen der Materiallage, sondern auch wegen der schulischen Hierarchie; es sind auch die gleichen Anlässe, bei denen nunmehr das Nationale anstelle des Vaterländischen gepredigt wird. Neu hingegen ist, daß nunmehr die

---

Kapitols, die sich beeiferten, mit Geschnatter und Flügelschlag die vaterländische Feste zu retten, während die modernen Gänse ihre Kiele dazu hergeben, das Vaterland zu bekritteln und seine edelsten Söhne in den Staub zu ziehen. – Vor den Gefahren eines regellosen Rationalismus warnt SeminarDir Christian Lex, *Die wichtige Pflicht der Lehrer, den Gefahren des Formalismus mit aller Sorgsamkeit zu begegnen*, Prog Schullehrerseminar Usingen 1860, 7: *Denn bei der herrschend gewordenen Neigung des Verstandes, gefühl- und theilnahmslos Alles nur noch formell zu betrachten und zu beurtheilen, erzeugt sich in den calkulirenden Formalisten ein kritisirender Ton, der alles mit kalter Rücksichtslosigkeit unter die Schere nimmt, bekrittelt, tadelt und verurtheilt, Menschen, Menschwerke, Vorgesetzte, Regierungen, Regierungsmaximen, Regenten, Religion, heilige Schrift, ja Gott selbst.*

1329 Schulinspektor Professor Hermann Wedewer (*1811), *Ueber den Begriff und die Bedeutung der Nationalität überhaupt und die Pflege der deutschen Nationalität durch Unterricht und Erziehung insbesondere*, Prog Selektenschule Frankfurt/M. 1861, 36 – auch für das Folgende.

1330 Inspektor der TöchterSch Dr. Carl Friedrich Wilhelm Clemen (*1804), Acht Schulreden, Kassel-Göttingen 1861, 30. – Auch Dr. Otto Gustav Friedrich, *Ueber Patriotismus und Vaterlandsliebe*, Prog Gym Potsdam 1864, 21: *Wie nun die Vaterlandsliebe, aus Eltern- und Heimathliebe entsprungen, in der geschichtlichen Entwickelung des Gesamtlebens eines Volkes zum ganzen und vollen Ausdruck ihres Wesens gelangt, so erreicht sie unter den günstigsten Umständen ihre höchst charaktervolle Vollendung in dem Nationalgefühl.*

1331 Dir Dr. Franz Heinen, Rede zum Schluß des Schuljahrs 1853, in: Schulreden, Einladungsschrift zur Einweihung des neuen Realschulgebäudes, Düsseldorf 1860, 95.

Schule auch einen nationalen Beruf erhält. Das Signalwort *deutsch* wird, solange man den Nationalstaat noch nicht anrufen kann, zum vorläufigen Gruppen-Code der Gymnasiallehrer: *Daß Eure Bildung ein deutscher Geist, deutsche Gesinnung, deutsche Gesittung durchweht*, wird den Schülern vorgegeben.[1332] *Der Deutsche sei dem Deutschen der erste Freund.*[1333] Der Code dient zudem der Abgrenzung und hebt auch in unvermuteten Zusammenhängen das Eigene heraus, etwa zu den Stilmerkmalen der deutschen Sprache: Nicht der *fließende französische Satz, welcher nie die Tiefe des deutschen Gedankens erreicht*, sei das Maß für Stilistik im Deutschen, *sondern der schwere Tritt der lateinischen Periode.*[1334] Die Deutschen müßten *die abergläubische Verehrung des Fremdländischen* abstreifen;[1335] durch *fremde Sitte* sei *der ehrliche deutsche Sinn verwelscht* worden; wünsche man *eine patriotische Jugend*, so müsse man *diese wie eine Seuche grassierende Vorliebe für alles Fremdländische niederschlagen.* Natürlich galt die alte Regel nach wie vor, daß das *Politisiren den Räumen der Schule fern* sei;[1336] aber an großen Gedenktagen dürfe – Beleg für die begrifflichen Abgrenzungsprobleme! – *das nationale patriotische Element* nicht fehlen, wenngleich in den Gymnasien noch immer die Auffassung vertreten wurde, die *Hauptmission sei die Beförderung geistiger Bildung.*[1337] Auch wenn es hieß, m*an verabscheue den heutigen Nationalitätenschwindel aus tiefster Seele,*[1338] räumte der Sprecher doch auch ein, daß man am Beispiel der Teilungen Polens vor 70 Jahren habe beobachten müssen, daß *die Nationen wie eine Waare und todte*

1332 Ebenda.

1333 Dir Dr. Rudolf Hanau (1806–1872), Königgeburtstagsrede 1844, Prog Pädagogium Züllichau 1845, 13.

1334 Dir Karl Julius Schaper, Antrittsrede, Prog Gym Lyck 1865, 13.

1335 Dir Carl Friedrich Ludwig Kühner, *Erziehung zur Wehrhaftigkeit*, Prog Musterschule Frankfurt/Main 1861, 11. – Auch für das Folgende.

1336 Dir Dr. Friedrich Eiselen, Antrittsrede als Direktor, Prog Musterschule Frankfurt/Main 1868, 7. – Auch für das Folgende.

1337 Dir Prof. Philipp Karl Hess, Abiturientenentlassungsrede ca. 1862, Prog Gym Helmstedt 1864, 8.

1338 Schulinspektor Prof. Dr. Hermann Wedewer, *Ueber den Begriff und die Bedeutung der Nationalität überhaupt und die Pflege der deutschen Nationalität durch Unterricht und Erziehung insbesondere*, Prog Selektenschule Frankfurt/Main 1861, 10. – Auch für das Folgende. – Hintergrund ist die Zunahme von Willkür in der europäischen Friedenswahrungstechnik: vom *Konzert der Mächte* zum Gleichgewichtsprinzip. Dazu: Wolfgang Jacobmeyer, Die zweite Teilung Polens als Problem des historischen Urteils, in: Elmar Krautkrämer u. Elisabeth Erdmann (Hg.), FS für Wolfgang Hug zum 9.Juli 1991, Rheinfelden-Berlin 1992 (Gesellschaft, Erziehung und Bildung; 32), S. 33–42. – Dir Dr. Gustav Gerber, Königsgeburtagsrede v. 22.3.1871, Prog RealGym Bromberg 1872, 4: *daß statt des künstlichen Systems eines mechanischen Gleichgewichts der Staaten, welches niemals eine Wahrheit gewesen ist, der Völkerfriede sich auf ein Tieferes, auf die Gesinnung der Menschen, erbauen müsse.*

Masse behandelt und nach Rücksichten der Politik und des Eigennutzes zerrissen und getheilt würden. Schutz vor solcher Willkür sei nur die starke Nation, und *ehrlos vermag der Preusse und der Deutsche nicht zu leben.*[1339]

1866 und 1871: *Idee der politischen Wiedergeburt des deutschen Volkes*[1340]

Innerhalb von nur fünf Jahren verwirklichten sich die nationalpolitischen Visionen der Gymnasiallehrer[1341] auf dramatische und stupende Weise, ihre Wünsche erfüllend und vor allem ihre Überzeugungen bestätigend. 1866 war das richtungsweisende Vorspiel. Als Preußen sich Schleswig-Holstein einverleibte, fand im Januar 1867 im Flensburger Rathaus ein *feierlicher Besitzergreifungsact*[1342] statt, an dem die Lehrer der Gelehrtenschule *mit Freuden* teilnahmen, weil sie durch Vereidigung zu preußischen Beamten wurden und *sich freuten, in den weiten Kreis der Lehranstalten aufgenommen zu sein, deren fröhliches äusseres und inneres Gedeihen in der jetzt neu aufblühenden Epoche Preußens und Deutschlands keine leere*

1339 Dir Dr. Karl Eduard Bonnell, Abiturientenentlassungsrede 1863, Prog Friedrichs-Werdersches Gym Berlin 1868, 37.

1340 Konrektor Wilhelm Theodor Jungclaussen, *Die Revision unserer Gelehrtenschulen seit der Verbindung mit Preussen*, Königsgeburtstagsrede 1867, Prog Kgl. Gelehrtenschule Flensburg 1868, 34.

1341 Vgl Dir Prof. Dr. Karl August Schirlitz, Rede zur Feier des Jahrestages der Schlacht bei Königgrätz, Prog Gym Nordhausen 1868, 46: *Wenn Deutschlands vielbesprochene und vielbesungene, weil ersehnte Einheit und Einigkeit, von welcher seine Macht und Größe abhängt, realen Boden gewinnen und aufhören soll, ein Phantasiegebilde, ein Phantom zu sein, für das man nur in Worten und Reden schwärmt und sich begeistert, so muß der Anfang dazu von Preußen geschehen, denn in ihm liegt der Schwerpunkt Deutschlands und bei ihm findet sich nicht nur der gute Wille, sondern auch die erforderliche Macht, Deutschlands Nationalität fest zu gründen; Preußen hat von jeher bei Erweiterung seiner Macht und seines Ansehens nicht bloß in seinem eigenen, sondern im Interesse von ganz Deutschland gehandelt; seine Politik verfolgte immer höhere, weil allgemeine und nationale Zwecke und war keine so beschränkte und eigennützige, wie in Oesterreich […]. Daher müssen wir es als einen unschätzbaren Gewinn der Kämpfe und Anstrengungen des vorigen Jahres den Einfluß betrachten, den Preußen in Deutschland erlangt hat, und der es ihm nun möglich machen wird, seinen historischen Beruf unangefochten zu erfüllen.* – Auch im Rückblick: OL Julius Wilhelm August Bartsch (*1844), Kaiserrede am 22.3.1880, Prog Gym Stade 1884, 40: *Da war es denn hohe Zeit, daß die preussische Politik, von energischer und fester Hand geleitet, sich des nationalen Gedankens annahm. Bei Königgrätz war die Frage über die Berechtigung zur Führerschaft Deutschlands leider blutig, aber endgültig gelöst.*

1342 Prog Kgl. Gelehrtenschule Flensburg 1867, 37. – Auch für das Folgende.

Hoffnung sein werde. Auch die Lehrer der Kieler Gelehrtenschule erwarteten, daß die *Neugestaltung des Vaterlandes auch dem engeren, so lange von der grossen Mutter getrennten Heimathlande zum vollen Segen gereichen werde,*[1343] und nahmen aus dem Bedürfnis der Anerkennung und mit markanter Nationalorientierung für sich in Anspruch, *wir waren eine Mark des Reiches und haben tapfer auf der Grenzwacht ausgehalten.*

Über solche Sehnsüchte oder Erfahrungen von Heimkehr oder *natürlichem* Anschluß einer Grenzregion ging die Reichsgründung 1871 weit hinaus. Sie besänftigte zum einen die alten Gefühle von *Ohnmacht und Schmach*[1344] gegenüber Frankreich durch deren Überwindung, rief andererseits die Lehrer zu *einer ruhigen Abschätzung der eignen Rechte, der eignen Stellung und der eignen Kräfte* auf. Der neue Reichspatriotismus solle den Kern des inneren Lehrplans bilden, auch die selbstgerechten Denkmuster und Erinnerungsformen.[1345]

Das Gymnasium wurde zur *Pflanzstätte vaterländischer Gesinnung* erklärt.[1346]

Den Auftakt hatte der Geheime Oberregierungsrat Dr. Wiese aus dem Kultusministerium bei der Amtseinführung des Flensburger Direktors gemacht mit einer Rede, die rückblickend zwar den Herrschaftswechsel noch andeutete, im übrigen aber für das Kommende als eine nationale Erweckungspredigt verstanden werden sollte:[1347]

> *Die sittliche Aufgabe der Schule kann heute nur auf nationaler Basis gelöst werden. Das bedarf hier keines Beweises, wo wir uns auf einer Vorhut deutschen Geistes befinden. Es gibt Zeiten, in denen dis nationale Element nicht besonders hervorzuheben ist, weil es zu der stärkenden und belebenden Luft gehört, die wir athmen; es gibt andere, wo dafür*

1343 Prog Gelehrtenschule Kiel 1867, 50. – Auch für das Folgende.

1344 Dir Karl Ubbelohde, *Kosmopolitismus und Patriotismus*, Schulrede, Prog Gym Friedland/Mecklenburg 1887, 4. – Auch für das Folgende.

1345 Dir Eduard Reimann, Kaisergeburtstagsrede am 22.3.1871, Prog RealGym z. Hl. Geist Breslau 1872, 4: *Österreich fürchtete das Uebergewicht Preußens und verband sich mit den Mittelstaaten, welche von gleicher Angst gequält wurden. Ein peloponnesischer Krieg verwüstete deutsche Fluren; aber er hatte nicht denselben verderblichen Ausgang. Er dauerte nur kurze Zeit und endete zum Heile nicht nur unseres engeren, sondern auch des weiteren Vaterlandes, indem er den unseligen Dualismus für immer beseitigte. Die Welt sah mit Erstaunen die unsterblichen Thaten unseres Heeres; aber in die Herzen der Franzosen zog zugleich der Neid ein. Sie dachten unruhig Tag und Nacht an die preußische Größe; sie rüsteten sich zum furchtbaren Kampf, und mit der Hast, die ihnen eigen ist, traten sie in denselben ein: Die Preußen von 1806 erwarteten sie selber nicht zu finden; aber wie hätten sie ahnen sollen, was ihnen bevorstand! Die außerordentlichen Begebenheiten der letzten sieben Monate werden die traurigsten Blätter der französischen, die stolzesten der deutschen Geschichte füllen.*

1346 Dir Dr. Adolf Rothmaler, Antrittsrede, Prog Gym Nordhausen 1872, 54.

1347 Geh. ORR Dr. Ludwig Wiese, Amtseinführung des Direktors, Prog Kgl. Gym Flensburg 1869, 40.

> *zu sorgen ist, dass diese Luft rein und gesund ist. Durch Gottes Fügungen ist es dahin gekommen, dass das nationale Bewusstsein des deutschen Volkes wieder festen Boden gewonnen hat, nachdem ihm das Gefühl seiner Einheit, sowie seiner Kraft und Sicherheit lange abhanden gekommen war. Ein neues deutsches Reich beginnt zu erstehen, und hat seinen Schwerpunkt wieder im Norden Deutschlands. [...] Es gebührt der Schule, auch an ihrem Theil diese unbefangene Auffassung und Erkenntniss bei der Jugend zu begründen und zu einem Boden thatkräftiger Ueberzeugung werden zu lassen.*

Wortführer und Schrittmacher dieser Überzeugungsarbeit waren vor allem neu ernannte Direktoren in ihren Antrittsreden, von denen solche Äußerungen auch erwartet wurden. Aber die konkrete stoffliche Ausgestaltung dieser übergreifenden nationalen Lehrziele war denn doch schlicht und normativ. Apostrophiert als *die junge Garde der Zukunft*[1348] wurde den Schülern aufgegeben, *mit den Waffen des Arms oder des Geistes eine Wacht am Rhein zu sein.* Sie sollten gehorsam, aufrichtig und fleißig sein, weil sie nur dadurch zu *freien Männern in einem freien Vaterlande* werden könnten.[1349] In Beschwörungsformeln:[1350]

> *Zuerst seid nicht träge, was ihr thun sollt, d.i. seid deutsch. – Und seid brünstig im Geist, auch das ist deutsch. – Schicket euch in die Zeit, auch das ist deutsch. – Dienet dem Herrn; auch das ist deutsch.*

Der pädagogische-Zeigefinger-Nationalismus stattete lediglich die Disziplinforderungen der Schule mit einer neuen Begründung aus und war deshalb nicht sogleich erkennbar von politischem Belang:[1351]

> *Dieses Vaterland, meine lieben Schüler, erwartet einst auch Eure Dienste; es erwartet sie schon jetzt; es fordert, daß Ihr die Pflichten, die Euch die Schule auferlegt, treu und eifrig erfüllet, damit Ihr einst auch Männerpflichten treu und eifrig zu erfüllen geübt seid; es verlangt also vor Allem von Euch Gehorsam gegen Eure Lehrer und die Schulordnung, theils damit Ihr auch als Männer versteht, dem Ganzen zu dienen und Euch zu fügen, theils weil Ihr nur durch das Gehorchen das Befehlen lernen könnt; es will, dass Ihr wahrhaftig seid unter einander und gegen Eure Lehrer, denn Ihr werdet nicht zu Sclaven erzogen, deren Waffe das Lügen ist, sondern zu freien Männern in einem freien Vaterlande.*

1348 Rektor Joseph Schlüter, Antrittsrede v. 13.5.1878, Prog ProGym Andernach 1879, 11. – Auch für das Folgende. – Schlüter bezieht sich auf eine angebliche Äußerung des französischen Literaturwissenschaftlers Leon Gautier (1832–1897), daß *eine der Hauptursachen der* [französischen] *Niederlage die wissenschaftliche Überlegenheit Deutschlands* gewesen sei. Ebenda, 10.

1349 Dir Adolf Nicolai (*1828), Antrittsrede, Prog Gym Köthen 1874, 27.

1350 Dir Friedrich Johann Breier, Actus-Rede v. 31.3.1871, Prog Gym Katharineum Lübeck 1872, 28–32.

1351 Dir Adolf Nicolai, Antrittsrede Gym Köthen 1874, 27.

Direktor Bernhardt in Verden an der Aller ist noch vager, wenn er vom Gedeihen der großen nationalen Gemeinschaft spricht und die Aufgabe von Schule darin sieht, die Jugend in unsere nationale Cultur einzuführen.[1352] Aber die Erziehung deutscher Jugend zu deutscher Gesinnung und deutscher That lasse sich zwar,[1353] wie der Festredner an der Brandenburgischen Ritter-Akademie feststellt, nicht in Regeln fassen und auf bestimmte nationale Tugenden zurückführen, sei aber für das Gymnasium eine wahrhaft conservative Aufgabe. Auch Hugo Ilbergs Plädoyer bei der Amtsübernahme in Dresden-Neustadt, die Jugendbildung nicht auf das religiöse und wissenschaftliche Gebiet zu beschränken, [...] sondern das Gefühl der Volkseinheit auf die Dauer lebendig und wirksam zu erhalten,[1354] besaß kein schulfachliches Korrelat und war in den 1870er Jahren doch nicht strittig unter der Lehrerschaft.[1355]

Seit den 1890er Jahren änderte sich der Tonfall, mit dem die Gymnasiallehrer ihrem Nationalgefühl Ausdruck gaben. Die Einkesselungsfurcht zwischen dem neuen Panslawismus im Osten und dem alten *Erbfeind* im Westen verhärtete die eigenen Überzeugungen durch geostrategische Konturen:[1356]

> *Jetzt wogt von Osten und Südosten die slavische blinde Wut auch gegen das Bollwerk des Deutschtums heran und reicht in ihrem Hasse den Feinden und den entarteten Söhnen*

1352 Dir Emanuel Bernhardt, Antrittsrede, Prog Kgl. Dom-Gymnasium Verden/Aller 1872, 21.

1353 OL Dr. Johannes Müller (*1827), *Die nationale Aufgabe des Gymnasiums*, Festrede, Prog Ritter-Akademie Brandenburg 1871, 23. – Auch für das Folgende.

1354 Rector Prof. Dr. Friedrich Theodor Hugo Ilberg, Antrittsrede, Prog Gym Dresden-Neustadt 1875, 17.

1355 Vgl. OL Dr. Johannes Müller, *Die nationale Aufgabe des Gymnasiums*, Festrede, Prog Ritter-Akademie Brandenburg 1871, 17.

1356 Dir Prof. Dr. Eduard Roese (*1855), Antrittsrede, Prog RealGym Stralsund 1898, 7. – Vgl. auch OL Dr. Friedrich Neubauer (1861–1953), *Was ist deutsch?*, Kaisergeburtstagsrede, Prog Latina Halle 1903, 6: *Mit schwerer Sorge suchen unsere Staatsmänner einen Damm zu bauen, um die immer stärker heranschwellende Woge des Slawentums zurückzudrängen.* – Die kategorische Geltung geopolitischer Denkweisen in der Gymnasiallehrerschaft macht ein anderes Beispiel deutlich: Dir Dr. Julius Asbach, *Die überlieferten Aufgaben der preussischen Staatskunst*, Kaisergeburtstagsrede, Prog ProGym Prüm 1890, 5: *Die natürlichen Verhältnisse des Bodens machen den Süden Deutschlands zur Bildung eines größeren Staatswesens ungeeignet. Der Norden ist dafür ungleich günstiger gestaltet und wird zudem von einer Bevölkerung bewohnt, die von jeher eine stärkere staatsbildende Begabung bewiesen hat als die süddeutschen Stämme.* – OL Julius Bartsch (*1844), Kaiserrede v. 22.3.1880, Prog Gym Stade1884, 42: *Und wer darf sich der Erkenntnis verschliessen, dass Nachbarn im Westen wie im Osten nur auf den Augenblick warten, um gemeinschaftlich die zu demütigen, gegen welche sie einzeln nichts vermögen?*

> [...] *die Hände. Da lerne schon der Knabe: Wisse und bekenne, daß du den deutschen Namen trägst!*

Da weder der Ausgleich mit Frankreich gesucht wurde, noch die Ostmarkenpolitik sich mäßigte, ergab sich für die Schule *die Pflicht, bei der Sicherung des Vaterlandes mitzuarbeiten.*[1357] *Gesinnungstüchtigkeit* war das Ziel, *Fremdtümelei* galt als der Irrweg.[1358] Direktor Draeger in Aurich suchte *echte Vaterlandsliebe und wahre Gottesfurcht* zu wecken.[1359] Als Adolf Nicolai sein Amt als Direktor in Köthen antrat, entwickelte er theoretische Vorstellungen, daß das Nationalgefühl nicht nur *ein köstliches Erbstück* sei,[1360] sondern sich geradezu naturgemäß auf streitigem Wege bilde und nach diesem Modus gelebt werden müsse:

> *Wenn ein Mann in dem Kampfe des Lebens eine würdige Stellung gewinnen und behaupten will, so bedarf er einer gesunden Selbstachtung und Selbstliebe. Ebenso muß eine Nation, die in dem Drängen der Völker die ihr gebührende Stelle vertheidigen will, durchdrungen sein von einer vernünftigen Liebe zu sich selbst. Denn die Nationen haben sich nicht zu ihrer Vielheit entfaltet durch eine friedliche Abzweigung von einander, so etwa wie eine blühende Familie die mündig gewordenen Söhne zur Gründung eines eigenen Hausstandes segnend entläßt, sondern durch Streit und Krieg und Abkehr von einander. In diesem Zustande des Kampfes, der nur langsam der Arbeit sittlicher Ideen weichen wird, findet die einzelne Nation das kräftigste Mittel zu ihrer Selbsterhaltung in einer innigen und opferfreudigen Liebe zu sich selbst. Nicht die Blüte der Wissenschaften und Künste verbürgt den ‚Fortbestand der Nationalität, die staatliche Selbständigkeit.*

Nur selten meldete sich Widerspruch – *Natürlich darf sich die Vaterlandsliebe nicht zum Chauvinismus auswachsen!* –,[1361] war dann aber nicht politisch begründet, sondern durch die Schulformkonkurrenz; denn der Widerspruch verwies auf die neusprachlichen Fächer Englisch und Französisch und damit auf die Domäne des Realgymnasiums gegenüber dem altsprachlichen Gymnasium.[1362] Aus Mangel an Evidenz kann nicht entschieden werden, ob die Differenz zwischen gymnasialer und realistischer Bildung a priori über die Intensität des Nationaldenkens

---

1357 Dir Paul Mahn, Sedan-Rede, Prog Progym Kempen b. Posen 1896, 25. – Auch für das Folgende.

1358 Prof. Dr. Jürgen Andreas Lübbert, *Die Aufgaben des Eisleber Gymnasiums*, Antrittsrede, Prog Gym Eisleben 1905, 8.

1359 OL Prof. Keuffel, NR auf Dir Dr. Anton August Draeger, Prog Gym Aurich 1895, 6.

1360 Dir Adolf Nicolai, Antrittsrede, Prog Gym Köthen 1874, 26. – Auch für das Folgende.

1361 Dir Max Krüger (*1866), Antrittsrede, Prog RealproGym Langensalza 1906, 14.

1362 Ebenda: *Deshalb ist es gut, wenn das Realgymnasium Einblicke verschafft in die Sprachen und damit in die Kultur zweier der wichtigsten und angesehensten Nachbarvölker; und das ist m.E. ein erheblicher Vorzug gegen das Gymnasium.*

entschied.[1363] Aber mäßigende oder einlenkende Stimmen sind auf der gymnasialen Ebene praktisch nicht anzutreffen:[1364]

> *Die Gymnasien wollen stets und immerdar sein und bleiben die Pflegestätten nationalen Sinnes und eines hingebenden Patriotismus, wie sie sind und waren die Pflanzstätten echter Humanität und sittlich-religiöser Bildung.*

Der innere Lehrplan bediente sich der direkten Adresse an die Schüler als *verjüngtes Spiegelbild der Nation:*[1365] *Dieses Vaterland rechnet auf Euch und Eure schuldige Dankbarkeit.*[1366] Ebenso aber wurde auch als Selbstvergewisserung an die Lehrer appelliert: *Vor allem müssen also Lehrer und Leiter der höheren Schulen Christen, Gentlemen und Patrioten sein. Daß wir Lehrer Patrioten sein müssen, ist etwas Selbstverständliches.* Der auch als Historiker bekannte Otto Kaemmel[1367] erklärte beim

---

1363 Dir Prof. Dr. Konrad Friedlaender (1831–1896), Abschiedsrede, Prog RealGym des Gym Johanneum Hamburg 1896, 4.: *Mit dem Wunsche daß das Realgymnasium wachse, blühe und gedeihe, echt deutsche Gesinnung pflegen und solide deutsche Arbeit leisten möge, schloß Direktor Friedlaender seine mit bewegtem Herzen gesprochene Rede.* – Dagegen Otto Richter, *Die nationale Bewegung und das Problem der nationalen Erziehung in der Gegenwart*, Prog Gym Greiz 1902, 28, mit der Feststellung: *Zwar herrscht noch heute beim Lehrerstande große Zerklüftung, aber die meisten Parteien und Richtungen desselben sind sich einig in der Bereitwilligkeit, ihre besondere Thätigkeit im Dienst der einen, grossen Nation auszuüben.* – Vgl. auch die Leipziger Diss von Friedrich Behrens (*1848), *Deutsches Ehr- und Nationalgefühl*, Leipzig 1891, die noch vor dem Staatsexamen 1903 fertig gestellt wurde.

1364 Dir Heinrich Milz, Antrittsrede, Prog Marzellen-Gym Köln 1885, 9.

1365 Dir Dr. Karl Koppin, Sedanrede am 2.9.1882, Prog Gym Stade 1884, 26.

1366 Dir Dr. Karl Koppin, Antrittsrede, Prog Gym Stade 1879, 12.

1367 Etwa: Der deutsche Volkskrieg gegen Frankreich 1870/71. 3 Bändchen. Zwickau 1871/72. – Johannes Hass, Stadtschreiber und Bürgermeister zu Görlitz, ein Lebensbild aus der Reformationszeit. Gekrönte Preisschrift der Oberlausitzer Gesellschaft der Wissenschaften. Dresden, Burdach 1874. – Berichte über die Schlacht von Kunaxa und den Fall von Kyros. Ein Beitrag zur Kritik des Xenophon, Ktesias und Diodor. In: Philologus. Bd. 34. 1875. – Die Anfänge des deutschen Lebens in Nieder-Österreich des 9. Jahrhunderts. Prog Gym Dresden-Neustadt 1877 (zugleich Habilitationsschrift). – Kur-Sachsen gegenüber der Revolution in Ungarn 1604–1608. In: Archiv f. d. sächs. Geschichte. N. F. VI 1879. – Die Entstehung des österreichischen Deutschtums. I. Band: Die Anfänge deutschen Lebens in Österreich bis zum Ausgange der Karolingerzeit. Mit Skizzen zur keltisch-römischen Vorgeschichte. Leipzig 1879. – Illustrierte Geschichte der Neueren Zeit. 2 Bände. (V. und VI. Band der Illustrierten Weltgeschichte, hg. v.Otto Spamer, Leipzig und Berlin 1882/83. – Grundzüge der Geschichte, III. Teil. (Neuere Zeit). Dresden, Höckner 1886. – Aus dem Saalbuche eines österreichischen Klosters. In: Zeitschr. f. Allg.

Amtsantritt als Direktor des Leipziger Nicolaigymnasiums, *das Deutsche* müsse der *Mittelpunkt des gesamten Unterrichts sein,*[1368] ein Satz, der leitmotivisch in den durch Wilhelm II. angestoßenen Schulkonferenzen, Kabinettsordres und Ministerreden wiederkehrte.[1369] Aller Unterricht habe dem Ziel zu dienen, *nationale Bildung und Gesinnung zu erzeugen.*[1370] Damit ist jedoch die Linie der 1870er Jahre verlassen, ist der Nationalgedanke offensiv geworden. Damals hieß es:[1371]

> *Im ganzen blieben jedoch die Stimmen des Lehrerstandes, welche auf eine Reformation des Gymnasiums in nationaler Hinsicht hindrängten, in der Minderheit, ja zu Zeiten vereinzelt.* [...] *In dem Charakter jedes Volkes walte ein allgemeines Element, welches der reinen Idee der Menschheit zustrebe, und ein nationales, welches durch die besonderen zeitlichen und örtlichen Verhältnisse und Bedürfnisse bedingt sei, und es sei nothwendig, daß da der ideale Zug zurücktrete, wo die Nationalität scharf betont werde.*

Daß der Oberlehrer Dr. Zöller sich 1872 an eine Schule im Elsaß versetzen ließ, um in *patriotischer Begeisterung an der Germanisierung* der sog. Reichslande mitzuwirken,[1372] ist nur ein objektbezogener Missionsgedanke. Der hohe, zugleich zügige

Geschichte. 1886. – Ein Gang durch die Geschichte Sachsens und seiner Fürsten. Festschrift zur 800jährigen Jubelfeier des Hauses Wettin. Dresden 1889. – Deutsche Geschichte. Dresden 1889. – Die Universitäten des Mittelalters bis zum Eintritt des Humanismus. In: Schmid, Geschichte der Erziehung II. 1. Stuttgart 1892. – Zur Entwicklungsgesellschaft der weltlichen Grundherrschaften in den deutschen Südostmarken während des 10. und 11. Jahrhunderts. Ernst Förstemann zum 50jährigen Doktorjubiläum gewidmet von der historischen Gesellschaft in Dresden. 1894. – Illustrierte Geschichte des Mittelalters. I. (III. Bd. V. Spamers Illustr. Weltgeschichte). 1896. – Der Werdegang des deutschen Volkes. I. 1896. – Die Organisation des höheren Unterrichts im Königreich Sachsen. In: Baumeisters Handbuch der Erziehungs- und Unterrichtslehre I, 2, S. 117–36. München 1897. – Die Besiedelung der deutschen Südostmarken vom Anfange des 10. bis gegen Ende des 11. Jahrhunderts. Prog Leipzig Nikolaigymnasium 1909.

1368 Dir Otto Kämmel, Antrittsrede, Prog Nicolaigymnasium Leipzig 1889, XII.

1369 Vgl. Friedrich Paulsen, Geschichte des gelehrten Unterrichts, Bd. 2, 595f.

1370 Dir Dr. Gustav Grosch, Abiturientenentlassungsrede v. 21.3.1891, Prog Kgl. Gym Nordhausen 1892, 17.

1371 OL Dr. Johannes Müller, *Die nationale Aufgabe des Gymnasiums*, Festrede, Prog Ritter-Akademie Brandenburg 1871, 17.

1372 Dir Dr. Max Zöller (1839–1896), biogr. Eintrag in: Franz Kössler, Personenlexikon von Lehrern des 19. Jahrhunderts (Preprint, 18.12.2007). Die Quelle des Wortlauts ist, wie bei Kössler leider üblich, nicht nachgewiesen; es dürfte sich dabei um den Nachruf aus dem Prog RealGym Mannheim 1897 handeln. – Zur Sonderstellung der neuen Territorien vgl. Prog Gym Gera 1872, 17: *In den letzten Tagen des August erhielt der fünfte ordentliche Lehrer Dr. Boßler einen Ruf als Direktor einer höheren Lehranstalt in Weißenburg im Elsaß, und mit Rücksicht auf die Interessen des neuen*

Anstieg der Nationalisierung der deutschen Bildungseliten, von dem die Gymnasiallehrer erfaßt wurden und den sie in ihrem Wirkungskreis beförderten, trat in den frühen 1880er Jahren zunächst als eine Art von Sonntags-Nationalismus auf und diente den in der Schule sich mehrenden Okkasionen von Weihe und Gedenken. Ausgangsebene waren die 1860er Jahre, in denen der Nationalgedanke noch keine operative Basis besaß. Jeder *vaterländische Festtag sollte,* wie der zu nationalem Überschwang nun wirklich nicht neigende Direktor Jäger erklärte, *mahnend ins Gedächtnis rufen, daß wir alle und täglich mehr uns des deutschen Berufes dieses unseres Staates bewußt werden sollen.*[1373] Auch ein Friedrich Neubauer sah vor seiner nationalen Erweckung nur das Trivialbild einer *herrlichen Verbindung deutschen Mannessinnes, deutscher Treue, deutschen Glaubens.*[1374] Ein etwas treuherziger Glaube an das gefällige, politikarme und wirklichkeitsferne Portrait der Germanen in der *Germania* des Tacitus leitete im Schulwesen das Genrebild *des* Deutschen an.[1375] Die thematische Streuung, mit der sich nationale Überzeugungen äußerten, war allerdings breit. Die Vorstellung des kleinen Vaterlandes, die patriotische Loyalität gegenüber dem Landesherrn, verflachte nur allmählich:[1376]

Reichslandes wurde ihm sofort die nachgesuchte Entlassung aus dem hiesigen Staatsdienste schon auf Michaelis bewilligt.

1373 Dir Dr. Oskar Jäger, *In wie fern ist die Liebe zum Vaterland ein kulturschaffendes Moment im Leben eines Menschen?*, Prog Gym Moers 1865, 146.

1374 OL Dr. Friedrich Neubauer, *Was ist deutsch?*, Kaisergeburtstagsrede, Latina Halle 1903, 30.

1375 Vgl. Dir Alwin Schmidt, *Über das geschichtliche Wachstum der deutschen Vaterlandsliebe*, Kaisergeburtstagsrede, Prog Gym Schleusingen 1898, 10: *Als ein herrliches Geschlecht treten sie uns entgegen. Hochgewachsen, von gewaltigem Gliederbau und behender Kraft, mit langem Blondhaar und trotzig leuchtenden blauen Augen verrieten sie schon durch ihr Äusseres, welche Heldenseele in ihnen lebte. Und mit ihrer ungestümen Tapferkeit – dem gefürchteten furor teutonicus – einten sich schöne Vorzüge des Charakters: Treue gegen Gefolgsherrn und Genossen bis zum Tod, Wahrheitsliebe ohne Falsch und Verstellung, Ehrerbietung gegen die Frauen, Menschlichkeit gegen die Sklaven, und tief verhüllt in Mannhaftigkeit weiche Gemütstiefe.* – Vgl. auch Dir Reinhold Hermann August Agahd (*1864), Antrittsrede, Prog RealSch Frankfurt/Oder 1908, 20: *Unter dem vielen Großen und Schönen, was der Römer Tacitus an unsern Vorfahren rühmt, scheint mir das Schönste und Größte die deutsche Treue zu sein, die selbstlose Hingabe und das Gefühl pflichtmäßiger Gebundenheit an eine Person oder eine ideale Aufgabe.*

1376 OL Dr. Karl Friedrich Bauer (*1849), Kaisergeburtstagsrede, Prog Gym Nordhausen 1876, 29.

> *Denn der Preusse, selbst der liberale, ist seinem eingeborenen*[1377] *Könige und Herrn in altdeutschem Sinne treu ergeben. Ihm gilt der Monarch als der Sachwalter der Gerechtigkeit, der Hort der Religion, der Bewahrer der Volksehre und Volksselbständigkeit, als das von Gott verordnete Haupt des gesammten Staatswesens.*

Deshalb konnte sich der Oberlehrer Latendorf aus Schwerin in den 1870er Jahren *mit freudigem Stolz einen Deutschen und zugleich einen Mecklenburger* nennen.[1378] Direktor Koppin aus Stade suchte, sich mit unterschiedlichen Aggregatsformen von Verbindlichkeit zu behelfen, indem nach seiner Auffassung der *Staat von seinen Bürgern nur Gehorsam und Treue, Liebe von seinen Kindern das Vaterland* fordere.[1379] Deshalb, so stufte Koppin, sei die Verbindlichkeit von *Vaterland* höher anzusehen als die einer politisch-administrativen Einheit namens *Staat.* Tatsächlich war hier der appellative Affekt landsmannschaftlicher Zugehörigkeit von der Rationalität der Staatsbürgerschaft zu unterscheiden.[1380] Anders als der Staat sei das Vaterland *unsere natürliche, von Gott verliehene Heimat, in der sich alle Angehörigen als Brüder erkennen, der historische Inbegriff alles dessen, was unsere Ahnen gefühlt, gedacht, gelebt und gewirkt haben.*[1381] Andererseits kann sich nach Auffassung von Direktor Hartung in Erfurt der Patriotismus *als eine nationale Tugend erst in einem staatlichen Organismus* entfalten, so daß er ohne diese Voraussetzung *stets unwert und niedrig zugleich und befleckt* sei.[1382]

Die Gymnasiallehrer empfanden jedoch den Dualismus von Vaterland und Nationalstaat als störend und suchten in den wenigen Jahren, die das Reich zu seiner inneren Konsolidierung haben sollte, nach Wegen, die Konkurrenz zwischen den beiden, jeweils berechtigten Ansprüchen einzuebnen. Als Zielperson zur symbolischen Verschmelzung erschien ihnen der Kaiser. *Die Kaisergeburtstagsfeier ist zugleich eine Vaterlandsfeier,* erklärte Direktor Schmidt in Schleusingen,[1383] während sein Kollege Guhrauer in Wittenberg noch weiter ging und

---

1377 Beachtlich das Zitat aus dem Glaubensbekenntnis: *seinen eingeborenen Sohn, unseren Herrn.*

1378 OL Dr. Friedrich Latendorf, Die Lehrer und die Abiturienten des Fridericianums von 1834 bis 1874, Prog Gym Fridericianum Schwerin 1875, 64.

1379 Dir Dr. Karl Koppin, Sedanrede v. 2.8.1882, Prog Gym Stade 1884, 28. – Auch für das Folgende

1380 Wenn man vergleichen wollte, dann findet sich diese Unterscheidung auch im System der landsmannschaftlich gegliederten Aushebungsbezirke der preußischen Armee wieder, weil etwa die Infanterie-Regimenter neben ihrer staatlichen Zählnummer die landsmannschaftliche Nennung aufwiesen – Identität im Kleinräumigen.

1381 Dir Dr. Andreas Weidner, Sedanrede 1884, Prog Gym Dortmund 1885, 16.

1382 Dir Albert Hartung (1840–1887), Kaisergeburtstagsrede am Sedanstage 1884, 2.

1383 Dir Alwin Schmidt, *Über das geschichtliche Wachstum der deutschen Vaterlandsliebe,* Festrede zum Kaisergeburtstag, Prog Gym Schleusingen 1898, 8.

den eigenartigen Formelkompromiß verkündete, der Kaiser sei *gewissermaßen das Person gewordene Vaterland.*[1384] Deshalb werden die Schüler der Oberrealschule in Halle beschworen, der Kaisergeburtstag 1895 verlange von ihnen *in erster Linie Hingabe für das Vaterland* und nicht, wie es nahegelegen hätte, Verehrung des Monarchen.[1385]

Nicht nur die weltliche Beglaubigung des Nationaldenkens durch die Einbeziehung des Kaisers, sondern auch die religiös-spirituelle durch die Anrufung Gottes war wichtig – *heisst doch deutsch-patriotisch sein im letzten und höchsten Sinne gar nichts anderes als fromm, gläubig, gottergeben, ein demütiger Christ sein.*[1386] Man müßte ein Verlöschen der *Flamme nationaler Begeisterung* befürchten, wenn *die höchste irdische Idee des Vaterlandes ohne die notwendige Ergänzung der himmlischen des Reiches Gottes* bleiben würde.[1387] Nicht nur diese Dimensionen, sondern auch das Zeitmaß habe sich verändert, *weil endlich nach zweitausend Jahren die deutsche Gesamtnation den neuen Weg aufwärts zu Glück und Sieg, zu Größe und Ruhm gefunden hat, weil der Führer auf diesem Weg unser Kaiser Wilhelm gewesen ist und weil das erhabene Ziel die göttliche Vorsehung in der Weltgeschichte gesetzt hat.*[1388] Das Vaterland sei *keine willkürliche, von Menschenhand gestiftete Vereinigung,*[1389] sondern es sei als Letztinstanz *die natürliche, von Gott verliehene Heimat.*

Dämpfungsversuche

Am selbstgefälligen nationalistischen Überschwang hat es im Gymnasium nicht gefehlt, auch nicht an Warnungen davor, den 1871 erreichten Zustand für stabil zu halten.[1390] Es gab auch die Stimmen, die den rauschhaften Zustand von 1871 nicht auf Dauer gestellt wissen mochten. Wenn ein 28jähriger Hilfslehrer am Gymnasium Rogasen in der Provinz Posen eine Schulrede über *Unser Nationalbewußtsein* halten mußte, dann konnte durch

1384 Dir Heinrich Karl Berthold Guhrauer, *Die Aufgabe des Gymnasiums in der Gegenwart*, Kaisergeburtstagsrede, Prog Gym Wittenberg 1906, 7.

1385 OL Walter Franke (*1861), *Das Wesen des Patriotismus und seine Behandlung in der Dichtung*, Prog ORealSch Halle 1895, 3.

1386 Dir Albert Hartung, Kaisergeburtstagsrede, Prog Gym Erfurt 1885, 6.

1387 Dir Christian Rogge, *Wie das Gymnasium nationale junge Deutsche erziehen könne*, Antrittsrede, Prog Fürstin-Hedwig-Gym Neustettin 1896, 7.

1388 Rektor Dr. Ferdinand Zitscher, Festrede zum 90. Geburtstag Sr. Majestät des Kaisers und Königs, Prog RealproGym Forst 1887, 4.

1389 Dir Dr. Andreas Weidner, Sedanrede, Prog Gym Dortmund 1885, 16. – Auch für das Folgende.

1390 Dir Wilhelm Osterwald, *Welchen sittlichen Segen und Gewinn hat uns der letzte Krieg gebracht?*, Prog Gym Mühlhausen 1872, 1: *Frühling und Friede erfüllte unsere Herzen, und wie lebendig auch noch die Erinnerungen an die Zeit des Bruderkrieges*

den Zusammenfall dieser Konditionen wohl die Devise des Volkstumskampfes ausgegeben werden, *wer sich der deutschen Art nicht gefügig anbequemen will, der muß mit Recht aus Deutschlands Grenzen weichen.*[1391] Man muß das aber einordnen in den Zusammenhang, daß Rogozno erst unter Bismarck zu Rogasen mutierte und nach 1918 wieder als Rogozno polnisch wurde, so daß ein Hilfslehrer, dazu noch mit der polnischen Namensschreibung Liman unter nationalem Bekenntnis- und beruflichem Erfolgsdruck gestand haben dürfte.[1392] Andere Stimmen aus der Gymnasiallehrerschaft warnten deutlich:[1393]

> *Wenn die Vaterlandsliebe nicht zur Geringschätzung oder gar zur Verachtung des Auslandes führen darf, so darf sie doch noch weniger in leidenschaftlichen Hass gegen andere Völker ausarten, selbst in Zeiten des Krieges nicht, selbst nicht dem Feinde gegenüber.*

Schon 1871 hatte der besonnene Oskar Jäger *ein neidloses Anerkennen des Fremden* angeraten, weil das *am besten vor Selbstverblendung schützt.*[1394] Einseitig überspannter Patriotismus sei nach dem Urteil Direktor Schmidts *eine hässliche Verzerrung des wahren Menschenideals, wäre Chauvinismus und Barbarei.*[1395] Der gymnasiale Unterricht predige als Botschaft *vornehmlich die Brüderschaft aller*

---

in uns nachzitterten, so waren wir doch schon wieder so deutsch, so ganz dem Reiche der Idee hingegeben, dass wir gern dem schmeichelnden Wahne uns überließen, als sei der letzte Krieg in Wahrheit der letzte gewesen, und die Zeit des ewigen Völkerfriedens müsse beginnen, in dem die goldene Saat der Menschenbildung und Menschenwohlfahrt ungestört reifen könne, als sei das Reich in Wahrheit gekommen, oder doch sehr nahe, in dem Gott in der Höhe die Ehre gegeben werde und Friede auf Erden und den Menschen ein Wohlgefallen sei.

1391 Hilfslehrer Dr. Oskar Liman (*1860), *Unser Nationalbewußtsein*, Rede zum Sedanstag 1888, Prog Gym Rogasen 1889, 10.

1392 Liman, als Sohn eines Rechtsanwalts in Schneidemühl geboren, hat in Berlin und Halle studiert, 1884 Lehramtsexamen, 1886 Promotion, Probejahr am Sophien-RealGym Berlin, dann Wiss. Hilfslehrer am Friedrich-Wilhelm-Gym Posen und am Gym Rogasen, 1887 dort o. Lehrer, 1889 Versetzung an die ORealSch Bromberg, 1903 GründungsDir der städtischen RealSchul in Bromberg, 1909 Dir des Gym Bromberg, 1919 Dir des RealGym Leer. – Frank Tosch (*Gymnasium und Systemdynamik. Regionaler Strukturwandel im höheren Schulwesen 1890–1938. Bad Heilbrunn 2006, S. 233*) sieht v.a. die reformorientierte Dynamik für das realistische Schulwesen, aber nicht die nationale.

1393 OL Dr. Ernst Krämer, *Vaterlandsliebe*, Festrede zum 27.1.1907, Prog Gym Prüm o.J. [1907], 35.

1394 Dir Dr. Oskar Jäger, *Wahrer und falscher Patriotismus*, Prog Friedrichs-Wilhelm-Gym Köln 1871, IV.

1395 Dir Dr. Alwin Schmidt, *Über die Aufgaben des Gymnasiums*, Antrittsrede, Prog Hennebergisches Gym Schleusingen 1898, 5. – Auch für das Folgende.

Menschen. Aggressiver Nationalismus sei ein Bruch mit der deutschen Geschichte, denn im Gegensatz zu Frankreich habe Deutschland *seine höchste Ehre noch immer auf dem Felde des Friedens gesucht.*[1396] Und endlich dürfe Deutschland sich nicht zum Vorreiter von Nationalismus machen; das sei auch politisch unklug:[1397]

> *Die scharfe Betonung des Nationalen, wie sie jetzt herrscht, während einst die weltbürgerliche Gesinnung den Ton angab, ruft namentlich in den Staaten, die verschiedene Nationalitäten umfassen, die bedenklichsten Gegensätze wach und legt den Staatsmännern die schwierigsten Fragen vor.*

Die Einwände gegen nationalistischen Überschwang waren zwar berechtigt, aber nicht durchschlagend. Wenn das deutsche Nationalgefühl mit dem anderer Völker verglichen wurde, galt es immer als das schwächere.[1398] Man solle nicht, lautete einer der vielen Vergleiche, die Augen verschließen *gegen die unchristliche Wut unserer Feinde im Osten und Westen.*[1399] Wehrhaftigkeit sei daher eine Tugend:[1400]

> *Nimmermehr dürfe die kommende, an ernsten Gefahren reiche Zeit ein Geschlecht erblicken, das, entartet und entnervt, außer stande sei, das durch der Väter Heldenmut und –blut erkämpfte Reich zu schirmen und zu wahren gegen jeden Ansturm von innen und außen.*

Besonders schlagend erschien den häufig erst in der zweiten Jahrhunderthälfte geborenen Traditionalisten unter den Gymnasiallehrern der blinde, situationsferne Bezug auf das Heroentum in der antiken Überlieferung. Die todesverachtenden Heldentaten eines Leonidas, eines Horatius Cocles oder eines Mucius Scaevola seien *eine einleuchtende Parallele,*[1401] so daß es auch *keine leere Phrase ist, wenn der*

1396 OL Julius Wilhelm August Bartsch, Kaiserrede v. 22.3.1880, Prog Gym Stade 1884, 37.

1397 Dir D. theol. Rudolf Haage, Rede v. 22.3.1898, Prog Gym Lüneburg 1899, 5.

1398 Dir Prof. Theodor Berndt, Ansprache bei der Vorfeier des Sedantages, Prog Gym Hamm 1902, 24: *In allen gemischten Gebieten schreiten Slaven und Romanen vor, und der Deutsche weicht zurück. Sie haben ein geradezu fanatisches Nationalgefühl, der Deutsche hat immer noch ein recht bescheidenes Maß davon.*

1399 Dir Hermann August Menge (*1841), NR auf Friedrich III., Prog Gym Wangershausen 1889, 18.

1400 OL Dr. Ferdinand Ohly, Rede zum Sedanstag 1896, Prog Gym Hamm 1897, 24. – Vgl. auch das Pathos von Dir Dr. Arnold Reuscher, Abiturientenentlassungsrede 1884, Prog Gym Stolp 1892, 10: *Und dann, wie die Pflanze sich an Pflanze reiht, wie die Bäume zu ihren Genossen sich gesellen und den dichten Wald bilden, also schließen auch Sie sich den Genossen Ihres Volkes an, ein jeder sich selbst zum Schutze und dem Vaterlande zur Wehr, auf dass Sie in der Stunde der Gefahr, wenn der gewaltige Kriegssturm brausend heranfährt, fest dastehen, als eine unerschütterliche Mauer gegen den Feind, als eine heilige Wacht des Vaterlandes.*

1401 Dir Alwin Schmidt, *Über die Aufgaben des Gymnasiums,* Antrittsrede, Prog Gym Schleusingen 1898, 4. – Auch für das Folgende.

römische Dichter ausruft: dulce et decorum est pro patria mori. Immer wenn dagegen die Parallele zur Antike dem deutschen Selbstbild widersprach, wurde sie einfach negiert:[1402]

> *Anders ist heute unsere Stellung zum Griechentum. Wenn wir uns zu Menschen ausbilden wollen, so erstreben wir dies zunächst, indem wir uns zu echten Deutschen entwickeln, indem wir alle unsere nationalen Anlage aufs beste zu entfalten suchen; eine blinde Nachahmung der Griechen ohne Rücksicht auf unsere Eigenart würden wir sogar für schädlich halten.*

Wenn solche als Dekor oder Bestätigung von Lebensgefühl gedachten Parallelen nichts mehr zur Veredelung und Bestätigung des eigenen Nationalgefühls beitragen konnten, wurde die Kulturgeschichte herangezogen. Selbst Lessing, der im Lese-Kanon des deutschen Gymnasiums gewöhnlich hinter Schiller[1403], Goethe oder Luther weit zurückstehen mußte, galt als *einer der kräftigsten Vorkämpfer der deutschen Sache.*[1404] Luthers Persönlichkeit hingegen war für die nationale Stilisierug konstitutiv. Sie war eine *specifisch deutsche;*[1405] er war *ein ganzer Mann, ein deutscher Mann, ein Gottesmann;*[1406] oder im Stil nationaler Panegyrik:[1407]

> *Darum aus deutschem Geiste ist die Reformation geboren; Luther, der deutsche Mann, ist der große deutsche Reformator geworden. Er hatte es früh erkannt, daß in dem Kampf des*

1402 Dir Dr. Christian Rogge, *Wie das Gymnasium nationale junge Deutsche erziehen könne*, Antrittsrede, Prog Fürstin-Hedwig-Gym Neustettin 1896, 7.

1403 *Der unvergleichliche Schöpfer und Fortbildner der heutigen deutschen Gesittung*: OL Fritz Skrodzki (1824–1875), *Schiller – der größte Dichter der Nation*, Prog Kgl. Gym Tilsit 1862, 3.

1404 Kgl. Studiendirektor Dr. Christian Cron (1813–1892), *Lessing und die Schule*, Rede zum 100. Todestag, Prog Kgl. Studienanstalt bei St. Anna, Augusburg 1884.

1405 Dir Leopold Spreer (1844–1906), *Luthers Werk in seinen Wirkungen*, Festrede v. 10.11.1883, Prog Kgl. Pädagogium Putbus 1884, 3.

1406 OL Adolf Hynitzsch (1838–1911), Rede zur 400-Jahrfeier von Luthers Geburtstag, Prog Gym Quedlinburg 1884, 26. – Dr. Philipp Both (*1847), Festrede zum 400. Geburtstag Luthers am 10.11.1883, Prog Kaiser-Wilhelm-Gym Hannover 1884, 12: *Das ist der deutsche Mann; der echte Volksmann, der Wohlthäter seines Volkes, Martin Luther!* [...] *Kein Volksmann hat sein Volk wohl mehr geadelt als Luther.*

1407 Dir Dr. Adolf Zinzow, Luthergeburtstagsrede am 10.11.1883, Prog Gym Pyritz 1884, 19. – Analog OL Adolf Hynitzsch (1838-1911), Rede zur 400Jahrfeier von Luthers Geburtstag, Prog Gym Quedlinburg 1884, 26: *So steht Martin Luther vor unserer Seele: Ein ganzer Mann, ein deutscher Mann, ein Gottesmann!* [...] *Ja, Dir danken wir, Vater im Himmel, dass Du diesen Mann in unser Volk hineingestellt hast als ein leuchtendes Beispiel davon, wie dein heiliger Geist gewaltig wirken kann.* – Ebenso politisch Dir Dr. Karl Waldemar Meyer (1845-1888), Zur Lutherfeier am 10.11.1883, Prog Leibniz-RealGym Hannover 1884, 8: *Unserm Volk aber hat er mit seinem Leben mit dem h. Gotteswort aus deutscher Gemütstiefe, Treue und Kernkraft wiedergewonnenen wahren Christenglaubens gegen die mittelalterliche Papstkirche besonders auch der wiedererwachte deutsche Geist dem entarteten Wälschtum gegenüberstehe.*

Vervollständigen läßt sich dieses enge, nationalzentrierte Selbstbild durch einen Blick auf die über den Unterrichtsstoff hinausreichende Botschaft in der gymnasialen Lehre. Wenn Direktor Agahd in seiner Antrittsrede aufruft, *mit Gott für König und Vaterland, und für Kaiser und Reich!,*[1408] dann erscheint das formelhaft und inhaltsleer; ebenso unbestimmt ist, was der Oberlehrer König in seiner Kaisergeburtstagsrede aus der historischen Vorbildhaftigkeit Luthers folgerte: *In der Feier des heutigen Tages erneuern wir daher bei uns und vor Gott die Gelübde der Liebe und Treue gegen König, gegen Vaterland.*[1409] Oberlehrer Franke in Halle glaubte dagegen anreden zu müssen, *daß ein Teil unseres Volkes, ja sogar ein Teil seiner Gebildeten die Vaterlandslosigkeit zum Panier erhoben hat,*[1410] predigte seinen Schülern aber als positive Norm *Hingabe an, Hingabe, wenn es sein muß, für das Vaterland.*

---

und Wirken erst ein gemeinsames geistiges Leben gegeben, eine Aufgabe hinterlassen, deren Lösung unser Recht auf einen Platz unter den großen Nationen der Welt begründet. – Zu den bedenklichen Zügen der schulischen Luther-Verehrung vgl. Wolfgang Jacobmeyer, *Mentalitätsgeschichtliche Strukturen im Lutherbild deutscher Schulgeschichtsbücher 1860-1942,* in: Internationale Schulbuchforschung 6 1984), 186-192.

1408 Dir Reinhold Hermann August Agahd, Antrittsrede, Prog RealGym Frankfurt/Oder 1908, 21.

1409 OL Johannes König (*1834), *Luther als Sprachreiniger,* Kaisergeburtstagsrede v. 21.3.1885, Prog Gym Dramburg 1886, 11.

1410 OL Walter Franke, *Das Wesen des Patriotismus und seine Behandlung in der Dichtung,* Prog ORealSch Halle 1895, 3. – Auch für das Folgende. – Seit 1870 erfolgte eine allfällige Verpflichtung der Schüler auf das Soldatentum: Dir Prof. Karl Wilhelm Osterwald, *Wie sind die Deutschen eine politische Nation geworden?* Königsgeburtstagsrede 1869, Prog Gym Mühlhausen/Th., 1870, 27: *Gelobt Euch, preußische Jünglinge und Knaben, Euch heimisch zu machen und zu erhalten in dem köstlichen Erbtheil des deutschen Volkes [...], aber nicht, um es als todtes Erbtheil anzutreten, sondern um es selbstthätig täglich zu erwerben und so erst wahrhaftig zu besitzen und alsdann auch so zu verwerthen, daß Ihr des preußischen Namens würdig sei und wenn, was Gott verhüte, es nöthig sein sollte, mit Gut und Blut für seine Ehre eintreten könnt, wie Eure Väter und Brüder es gethan haben. Solches gelobt Euch.* – Dir Prof. Dr. Friedrich Karl Kaiser (Dir 1888–1906), Antrittsrede, Prog ORealSch Barmen-Wupperfeld 1889, 28: *Und wenn die preussische Jacke auch den Söhnen des Wupperthales anfangs enge und unbehaglich, ja drückend gesessen hat, sie ist in kurzer Zeit ihr Schmuck- und Ehrenkleid geworden, wie sie's für euch alle, liebe Schüler, werden soll, die ihr des Königs Rock zu tragen gewürdigt werdet.*

Der Historiker blickt eine halbe Generation weiter, sieht Gymnasiasten wie auch Lehrer im Elend der Schützengräben des Ersten Weltkrieges dahinsterben, vergleicht die Enge des Kaiserreichs in historischer Perspektive und vermutet, daß die Bedenkenlosigkeit oder Arglosigkeit bei der Tradierung solcher Formeln ihren Ursprung in den wiederholten Siegeserfahrungen zwischen 1813 und 1871 gehabt haben könnte und daß sie von den relativ noch geringen Menschenverlusten in den Kriegen von 1866 und 1870 unter der Gymnasiallehrerschaft bestärkt worden ist.

7 Zusammenfassung

habere eripitur, habuisse numquam[1411]

Vor den 1820er Jahren hatten sich die Gymnasien äußerlich und innerlich in einem ruinösen Zustand befunden. Das betraf ihre bauliche Verfassung, die Fachkompetenz ihrer Lehrer, die Vielfalt von untereinander konkurrierenden *höheren* Schulen bei einer zunächst geringen Anzahl von eindeutig als Gymnasien anzusprechenden Anstalten oder die niedrigen Schülerzahlen. Als Dr. Johann Samuel Kaulfuß 1825 aus politischen Gründen von Posen an das noch wenig bekannte Fürstin-Hedwig-Gymnasium nach Neustettin versetzt wurde, fand er die Schule[1412]

> *in einem höchst traurigen Zustande: 66 Schüler – ein Drittel lernte nicht Latein –; 3 Klassen, sehr wenige auswärtige Gymnasiasten; die erste Klasse kaum eine Secunda, und in diesem Verhältniß alle Klassen; die Mathematik gänzlich vernachlässigt; keine Bibliothek; keinen mathematisch-physikalischen Apparat – denn einige wenige gute Bücher, und einige durch die Zeit verdorbenen Instrumente konnten so nicht benannt werden –; keine Lesebibliothek für die Schüler; fünf Lehrer mit spärlichem Gehalt; das Gymnasial-Gebäude dem Einsturz nah.*

Für die ärmliche Ausstattung der Gymnasien gibt es flächendeckend ebenso deprimierende wie erheiternde Beispiele.[1413] Auch die Lehrer waren in Teilen unzureichend ausgebildet, der Betrieb des höheren Schulwesens unterfinanziert und improvisiert, zudem war die Personaldecke der Schulverwaltung auf Provinzebene – Schulräte wie Sekretäre – äußerst limitiert.[1414] Knapp 90 Jahre später hatte

---

1411 Wohl kann ich verlieren, was ich habe; jedoch kann mir niemals verloren gehen, was ich gehabt habe (Seneca, Lucilius-Epistel). – Dir Ferdinand Sander (*1840), Drei Festreden 1889–1891. Prog Gym Bunzlau 1892.

1412 Dir Dr. Johann Samuel Kaulfuß, Kurze Nachricht von dem jetzigen Zustande des Königlichen Gymnasiums in Neustettin, Prog Hedwigs-Gym 1830, III. – In den sieben Jahren seines Wirkens brachte Kaulfuß die Schule zu ungekannter Blüte.

1413 Das Gym Gumbinnen besaß 1830 nicht einmal eine eigene Uhr: *Die schlechte Verfassung der Kirchthurmuhr, welche nicht selten stehen bleibt und* [...] *oft gestellt werden muß, brachte bisher mancherlei Unordnung in den Gang des Unterrichts und der Disciplin.* Prog Gym Gumbinnen 1830, 29.

1414 Vgl. die Verabschiedung von OL Prof. August Friedrich Huberdt (*1804) und die dabei berichteten Umstände: *Er war also gerade 18 Jahre alt, als ihm die erste Lehrerstelle zu Teil wurde. Allerdings war diese nur mit 170 Thalern dotiert. Der jugendliche Lehrer beeilte sich alle seine Kräfte anzustrengen, um die ungenügende Vorbildung zum Lehrerberuf allmählich zu überwinden. Meisterhaft verstand es Direktor Spilleke, der in der völlig mittellosen Anstalt unter den armseligsten Gehaltsverhältnissen*

sich dieses Bild vollständig verkehrt. Das Gymnasium war als Schule der Gebildeten, der künftigen Staatsdiener und Gewerbebürger etabliert und zwingend. Es war sozial offen in der Rekrutierung seiner Schülerschaft und hatte reichen Zulauf, war zugleich *ein Faktor sozialer Dynamisierung und ein Instrument der Ergänzung des gebildeten Akademikerstandes.*[1415] Seine Lehrer und Direktoren erlangten und genossen soziales Prestige, seinen Absolventen eröffnete sich das universitäre Studium oder die höheren Beamtenlaufbahn, seine Schulgebäude waren zweckdienlich bis weit in das 21. Jahrhundert hinein und sind mit ihrer historisierenden Backstein-Architektur noch heute unübersehbar im Weichbild unserer Städte.

Die Oberlehrer hatten diesen Wandel, diesen Erfolg orchestriert. Jeder von ihnen hatte, jeder zu seinem Teil, jenseits der sorgsam erfüllten engeren Dienstpflichten und der institutionellen Vorgaben ein personalisiertes Geflecht von Beziehungen geschaffen und unterhalten, das das Gymnasium stabilisierte und erfolgreich machte. Begleitet wurde ihr dienstliches Handeln dabei von einer Behörde, deren Vorschriften eine mittlere Linie von erfüllbaren Vorschriften markierte, etwa die brandenburgische Instruktion von 1868, die den Gehorsam gegen die Vorgesetzten forderte, *Eintracht mit seinen Amtsgenossen*, die Pflicht, durch selbständige Fortbildung *seine wissenschaftliche Tüchtigkeit und pädagogische Geschicklichkeit sich zu bewahren und zu erweitern* und beim Kritisieren der Schüler *unziemliche Scheltworte, sowie spöttische Bemerkungen durchaus zu vermeiden.*[1416] Da die Zielpunkte dieser Vorschriften so weit streuen – Achtung der Hierarchie, Wahrung der Kollegialität, Ausweitung wissenschaftlicher und pädagogischer Kompetenz, akzeptable Formen von Kritik –, sollte die Instruktion wohl nicht als eine auf konkrete Vorfälle bezogene Weisung verstanden werden, sondern darf als Katalog für die

---

nur mit grosser Mühe die nötigen Lehrkräfte um sich sammeln konnte, die jungen Männer die er erwählte, unter einander zu befreunden und mit seinen Tendenzen zu durchdringen. So musste Huberdt überall eintreten, wo es das Bedürfnis erheischte, und unterrichtete Anfangs fast in allen Gegenständen und in den verschiedensten Klassen. Auch gab er Privatunterricht, um sein Einkommen ein klein wenig aufzubessern, war nicht ohne grosse Anstrengung aller seiner Kräfte geschehen konnte. Prog Kgl. RealSch Berlin 1875. Huberdt trat 1874 nach 54 Dienstjahren in den Ruhestand. –Zur Schulaufsicht vgl. Karl-Ernst Jeismann, Das preußische Gymnasium, Bd.2, 141f.

1415 Karl-Ernst Jeismann, Das preußische Gymnasium, Bd. 2, 640. – Christoph Führ, Gelehrter Schulmann – Oberlehrer – Studienrat. Zum sozialen Aufstieg der Philologen. In. Werner Conze u. Jürgen Kocka (Hg.), Bildungsbürgertum im 19. Jahrhundert. Teil 1: Bildungssystem und Professionalisierung im internationalen Vergleich. Stuttgart 1992.

1416 Provinz Brandenburg, Instruktion v. 22.1.1868, in: Wiese's Sammlung der Verordnungen und Gesetze für die höheren Schulen in Preußen, Berlin 1888, 3. Aufl. hg. v. Otto Kübler, Bd. 2, 231.

Eckpunkte eines Berufsbildes gelten. In der professionellen Wirklichkeit hatten die Gymnasiallehrer derlei Ermahnungen (wenn es denn welche waren) nicht nötig. Das urpädagogische Medium des Tadels war längst etabliert, praktisch wie theoretisch. Im Nachruf auf den Wismarer Direktor Sonne wurde der Lehrertadel angesprochen, und zwar viel differenzierter und lebensnäher als in der Instruktion:[1417]

> *Dass ein tadelndes Wort aus seinem Munde, der zürnende Blick des Auges, hin und wieder eine schneidige Bemerkung oder ein leichter Spott, wohl auch zuweilen eine ausbrechende Heiterkeit das empfängliche und erregbare Gemüth des Schülers empfindlicher traf als positive Strafen, das braucht wohl nicht weiter erörtert zu werden. Es mag nicht selten vorkommen, dass ein Lehrer durch zu grosse Schärfe zu tief verletzt und so vielleicht Erbitterung statt Einkehr erzeugte. Bei unserem [Direktor] Sonne war das nicht der Fall: er wußte das rechte Mass zu halten, und auch der Getroffene und Verwundete entzog ihm nicht Liebe und Verehrung.*

Korrektur und Tadel stehen dem Lehrer habituell näher als das Lob; andererseits ist der Getadelte aber auch notorisch dünnhäutig. Die Instruktion trifft die schwierige Balance also recht gut, ist doch wohl eher als eine Bestätigung der Lehrerleistungen auf diesem Gebiet aufzufassen. Was die Instruktion dagegen nicht erwähnt, ist die hohe Arbeitsbelastung des Lehrers: sechs Tage in der Woche jeweils zehn Stunden, nicht gerechnet besondere Pflichten wie Schulkonferenzen und die tägliche Kontrolle des Privatfleißes externer Schüler.[1418] Hinzu kommen die eigene wissenschaftliche Arbeit für Weiterbildung und Veröffentlichung,[1419] die innerschulischen Ämter[1420] und die Ehrenämter in

---

1417 Dir Dr. Theodor Nölting, NR auf Dir Dr. Wilhelm Sonne, Prog Gr. StadtSch Wismar 1873, 7.

1418 [Dir Gym Hamm] Karl Schmelzer (1834–1894), *Vom höheren Schulwesen. Ein Wort an die Eltern*, Essen 1882, 48f: *Der Lehrer der höheren Lehranstalten hat, wenn er Oberlehrer ist, 22, als ordentlicher Lehrer 24 Stunden in der Woche zu unterrichten. Neben seinen Schulstunden bürdet ihm sein Amt im Durchschnitt täglich eine fast zweistündige Korrektur auf, eine auch für den begeistertsten Lehrer nicht interessante Arbeit. Ferner hat er, zumal der Oberlehrer, mindestens täglich zwei Stunden auf die Vorbereitung zum Unterricht zu verwenden. Endlich aber ist es für ihn mehr als für jeden anderen geboten, sich selbst durch Studium frisch zu erhalten.*

1419 *Wer als Gymnasiallehrer nur zehren will von dem in der Studienzeit gesammelten wissenschaftlichen Vorrath, der wird bald aufgezehrt haben und als ein armer Mann herabsinken zum geistlosen mechanischen Einüben seines Classenpensums.* Dir Prof. Dr. Richard Richter (1839–1901), Antrittsrede, Kgl. Gym Leipzig 1881, 39.

1420 Z.B: *Lieber war wie in seiner ganzen Lebensführung so auch in seinem Unterricht eine durchaus praktische Natur. Sein Geschäftssinn befähigte ihn, jahrelang die Versammlungen des Vereins der pommerschen Gymnasiallehrer zu führen, die Rendantur der Schule und unsere Witwen- und Waisenkasse zu verwalten.* Dir Dr. Hermann Fritsche,

wissenschaftlichen Vereinen, Bibliothek und Archiv der Stadt, Kirche und im Justizwesen.[1421]

Die selbstverständliche Dienstbereitschaft der Gymnasiallehrer und ihr stiller, beständiger Fleiß besaßen jedoch über lange Jahrzehnte kein Pendant in ihren Einkünften oder Gehältern. Die Situation war derart regellos, daß für die erste Hälfte des 19. Jahrhunderts keine generellen Aussagen möglich sind.[1422] Die Lehrer waren an die Dotationen der Kommune gebunden und lebten nicht selten davon, daß sie den Eltern gegenüber als die Vollstreckungsbeamten der behördlichen Schulgeldforderung und, vor allem die Elementarschullehrer, überhaupt als bildungspolizeiliche Wächter über die Schulpflicht fungierten; die Einkommensspanne reichte von jährlichen 300 oder 400 Talern in Kleinstädten für ordentliche Lehrer, bis zu 800 Talern für Direktoren, allerdings bei freier Wohnung. An den wachsenden Schülerzahlen, damit an höheren Einnahmen aus dem Schulgeld partizipierten nach noch immer gültiger allgemeiner ökonomischer Logik die höheren Stelleninhaber mehr als die niedrigeren, nicht nur an solchen gut dotierten Schulen wie Eisleben oder dem dank reicher Stiftungen florierenden Joachimsthalschen Gymnasium in Berlin mit freier Wohnung und *fürstlicher Dotierung*.[1423] Der friesische Bauernsohn Gerd Eilers hatte als Direktor in Kreuznach vom Geld seiner Frau Weingüter erworben und neben einer kleinen Landwirtschaft einen *blühenden Weinhandel* betrieben,[1424] zum milden Befremden von Kollegen. Aber die Ausnahmen von begüterten Schulverhältnisse und erfolgreichem Unternehmertum können neben den gewöhnlich bedrängten Verhältnissen nicht bestehen. Sogar ein beruflich erfolgreicher Schulmann wie der spätere Direktor Falbe in Stargard *verheiratete sich spät, erst in seinem 53sten Jahre, weil ihn früherhin seine beschränkte Lage davon abhielt*.[1425] Besonders elend dran waren die technischen Hilfslehrer,

---

NR auf OL Prof. Dr. Heinrich Lieber (1836–1896), Prog Friedrich-Wilhelms-Sch Grünberg/SWchl. 1897, 20.

1421 Dir Dr. h.c. Hermann Fritsche, Prog Friedrich-Wilhelms-RS Grünberg 1882, 9: *war OL Dr. Walther 13 Tage lang als Geschworener nach Glogau einberufen. Zu derselben Zeit mußte College Burmeister als Schöffe fungiren. Letzteres wiederholte sich noch mehrere Male im Laufe des Jahres. Im Januar 1882 sollte der Direktor 16 Tage lang in Glogau als Geschworener thätig sein, nur in Folge seiner dringenden Vorstellung wurde er auf 8 Tage beurlaubt. Wenn aus einem so kleinen Collegium 3 Mitglieder in einem Jahr zu so erheblichen Leistungen herangezogen werden, so werden uns die Segnungen des Schwurgerichts immer zweifelhafter.* -

1422 Vgl. Karl-Ernst Jeismann, Das preußische Gymnasium, Bd. 2, 330ff.

1423 Ludwig Wiese, Lebenserinnerungen und Amtserfahrungen, 2 Bde., Potsdam 1886 (2. Aufl.), Bd. 1, 76.

1424 Horst Kübler, Besoldung und Lebenshaltung der unmittelbaren preußischen Staatsbeamten im 19. Jahrhundert. Nürnberg 1976, 197ff.

1425 Dir Prof. Carl Friedrich Heinrich Freese, NR auf Dir Prof. Dr. Gotthilf Samuel Falbe, Prog Gym Stargard 1850. – Dir Prof. Karl Wilhelm Osterwald spricht von

die kaum 200 Taler im Jahr erreichten. Zudem waren die Einkommen der scharfen Verteuerung von Grundnahrungsmitteln ausgesetzt, die bis zur Jahrhundertmitte zwischen 20 und 50 Prozent betrug. Als daher das Provinzialschulkollegium aus vermehrten Schulgeld-Einnahmen dem Gymnasium Eisleben 410 Taler als einmalige Vergütung anwies, wurden sie an die Bedürftigsten, die unteren Lehrer verteilt, offenbar nach Entscheidung vor Ort.[1426] Das war indessen bei einem so exzellent dotierten Gymnasium – der Direktor erhielt 1827 ein fürstliches Salär von über 1000, 1840 sogar 1300 Talern[1427] – ein billiges Ermessen.[1428] Überdies war es nichts anderes als eine Okkasion und gab vor allem den unteren Lehrern keine Verbesserung der Regelbezüge, schon allein, weil selbst steigende Schulgeldeinnahmen ohne sichere Prognose sind.

Die unablässigen Klagen der Lehrer in den kleinen Städten und in den Provinzen Rheinland und Westfalen, die sich in den 1840er Jahren vermehrt wegen ihrer Hungerlage zu Wort gemeldet hatten, der Appell des westfälischen Provinziallandtags an den König und andere Formen der direkten und indirekten Intervention[1429]

---

der beruflichen Armut aus verklärenden Alterssicht: *Ich zähle zu meinen schönsten Lebenserinnerungen die Zeit, in der ich als junger Lehrer mit gleichgesinnten Altersgenossen in ein hallisches Lehrercollegium* [Lateinische Hauptschule u. Kgl. Pädagogium] *eintrat. Wir hatten damals äußerlich mit Entbehrungen zu kämpfen, von der die heutigte Zeit sich kaum noch eine Vorstellung machen kann, denn das Honorar für die einzelne Lehrstunde war ungefähr von gleicher Höhe mit dem, was heut zu Tage ein Primaner anständiger Weise für eine Privatstunde beanspruchen darf.* Rede zur Einführung neuer Lehrer, Prog Gym Mühlhausen 1870, 8.

1426 Nach unten steigend: Ordinarius Quarta 50 Taler, Sexta 120, 2 Hilfslehrer je 120 T. Prog Gym Eisleben 1844, 24.

1427 Prog Gym Eisleben 1844.

1428 Prorektor Karl Ludwig Severin, *Einige Worte über den Maßstab, nach welchem gelehrte Anstalten beurtheilt zu werden pflegen*, Prog Evang. Gym Glogau 1825, 7: *Die Frequenz ist etwas nicht ganz Sicheres. Oft fehlen die Mittel, sogleich einen neuen Lehrer anzustellen, wenn die Zahl der Schüler plötzlich um fünfzig steigt. Oder die Frequenz verliert sich wieder: was soll dann aus dem neu angestellten, nun überflüssigen Lehrer werden? Diese Umstände bewirken, daß man in der Regel nur erst bei dringender Noth die Lehrerzahl vermehrt. Die Noth aber wirde erst dann als dringend anerkannt, wenn schon einige Lehrer ihre Kraft verzehrt haben.* – Die Sonderzahlungen sollten auch wohl der Abwanderung von Lehrkräften vorbeugen.

1429 Zur Bescheidenheit vieler Lehrer vgl. den Bericht Rektor Prof. Dr. Karl Friedrich August Nobbes, Prog NikolaiSch Leipzig 1855, 21: *1854 wurde unserm auch durch seine Schriften als Philolog rühmlichst bekannten Otto Kreussler der ehrenvolle Antrag von der Behörde zu Cottbus, das Rektorat des dortigen sehr besuchten Gymnasiums unter sehr vortheilhaften Bedingungen zu übernehmen. Er fand sich aber bewogen, denselben nicht anzunehmen, und machte davon, erst nachdem er abgelehnt hatte, der hiesigen Behörde Anzeige mit dem bescheidenen Wunsche, ihm nach 17jähriger*

blieben nutzlos bis zum Normaletat von 1863, der die Besoldung in Preußen endlich landesweit regelte und der nach dem Lehramtsexamen der 1830er Jahre ein bedeutendes zweites Plateau der Rechtssicherheit markierte.[1430] Die Wirkung war flächendeckend; vor allem die städtischen Gymnasien mußten mit den königlichen gleichziehen, weil sie sich sonst der drohenden Abwanderung von Lehrkräften ausgesetzt hätten, zudem noch *in dieser Zeit des Lehrermangels.*[1431] Mit dem Verzug einer ganzen Generation trat eine Verfassung ein, die der Königliche Geheime Oberregierungsrat Dr. Johannes Schulze weit vorausschauend schon vor 1830 für erforderlich gehalten hatte:[1432]

> *Alle von den obersten Behörden auch noch so weise ausgedachten Gesetze, Verordnungn, Rescripte und Normative in Betreff des Unterrichts in den Gymnasien sind nutzlos und verfehlen ihren Zweck, solange keine hinreichende Anzahl fähiger, wissenschaftlich gebildeter Lehrer vorhanden und ihnen kein anständiges Auskommen vom Staate gesichert ist.*

Die schiere persönliche Not war nun beruhigt, wechselte aber innerhalb der Lehrerschaft alsbald ihre Position, indem sie sich in das Bewußtsein einer ständischen Benachteiligung wandelte. Denn im Vergleich mit den Einkommen der Zivilbeamten oder der Richter[1433] waren und blieben die Gymnasiallehrer nachgeordnet – sowohl im Tableau, weil ihre Besoldung im Niveau niedriger lag, als auch in den Beförderungschancen, weil der Stellenkegel im Schulwesen ungleich steiler war als im Justizwesen oder in der staatlichen Verwaltung. Wenn das Problem mit gemessenem Abstand dargelegt wurde, wie etwa von Direktor Iltgens in seiner

---

Thätigkeit wenigstens nach dem Masse derselben seinen hiesigen Gehalt zu erhöhen, was in gerechter Würdigung seiner bescheidenen Bitte geschah.

1430 Der Zusammenhang mit dem Examen war geläufig: *Die banausische Spekulation auf die neuen hohen Gehälter wird stets die Spekulanten betrügen. Das Staatsexamen ist glücklicherweise noch eine feste Mauer, die Unberufene fern hält, und der Lehrerberuf selbst ist so ernst und entsagungsvoll, dass ohne innerliche Anteilnahme, ohne aufrichtige Neigung die Befriedigung trotz Gehalt und Titel ausbleibt.* Dir Friedrich Aly, *Vademecum für Kandidaten des höheren Lehramts*, Marburg 1910, 7.

1431 Karl August Baumeister, *Der höhere Unterricht. Bemerkungen und Vorschläge weiteren Kreisen vorgelegt von einem Schulmanne im Elsaß*, Straßburg 1878, 62. – Die RealSch Iserlohn berichtet 1872, die städtischen Behörden hätten die Gehälter der drei ordentlichen Lehrerstellen um je 50 Taler erhöht: Prog 1872, 31.

1432 Dr. Wilhelm Hermann Blume, *Unsere Gymnasien und ihre Tadler*, Prog Gym Potsdam 1830, Zitat Schulzes aus dessen Rezension von Thiersch (*Über gelehrte Schulen*) in den Berliner Jahrbüchern f. wiss. Kritik 1827, Kolumne 90f.

1433 Für die heftige Kritik der Lehrer wegen ihrer Zurücksetzung gegenüber den Richtern vgl. OL Dr. Hans Wermbter (*1860), Die höhere Schullaufbahn in Preußen statistisch beleuchtet, Schalke 1901.

Culmer Antrittsrede 1883, spricht nicht der Wohlstandsbürger, sondern der an seinem Beruf interessierte Lehrer:[1434]

> *Wir lehren nicht für Geld, wir werden nicht besoldet nach einem ehernen Lohngesetze. Es wird uns nur die Sorge für das Tägliche Brot abgenommen, damit wir Musse und Freiheit gewinnen für das Erziehungswerk, das in seinem besten Teile sich aller materiellen Schätzung, jeder Statistik entzieht. Wir lehren, wie einst Sokrates, nicht, um Geld zu erwerben,*

In solchen Auffassungen, fast schon Bekenntnissen, äußern sich nicht nur die Spitzenverdiener, die sich ihren Idealismus auch leisten konnten. Sondern allgemein verbreitet und akzeptiert war der ideelle Auftrag als sinntragender Lohn des Lehrberufs:[1435]

> *Ist denn auch des Lehrers äußere Lage keine glänzende, arbeitet er auch nicht um Lohn oder um Lob von den Menschen, rechnet er selbst nicht einmahl auf Dankbarkeit und Anerkennung für sein treues Bemühen, ist ihm doch ein glückliches Loos gefallen, denn er ist ein Diener der Wahrheit und des Rechts, ein Arbeiter im Weinberg Gottes.*

Berufsstolz und öffentliches Ansehen – *Jeder nahm zuvorkommend den Hut vor den gelehrten Leuten, Kennern alter Sprachen und alter Weisheit ab.*[1436] – machten die Lehrer selbstbewußt und geduldig. Sie waren in die Hierarchiebindung des Gymnasiums eingepaßt. Das Abitur als Versprechen des sozialen Aufstiegs wurde durch sie vermittelt; im Lehrkörper befanden sie sich zwischen Schulleitung und Hilfslehrern. Aber im Unterricht waren sie souverän; ihre Lehre war *top-down*, die Sitzordnung der Schüler nach der *Collocation* sah die Guten vorn, die Schlechten hinten. Die Lehrer gaben zwar nicht die Regeln – selbst die Schulordnungen mußten behördlich gebilligt sein[1437] –, aber sie wandten sie an, und sie legten sie aus. Vor allem schätzten sie an sich selbst die doppelte Bindung von unnachgiebiger Fachlichkeit und menschlicher Zuneigung zu ihren Schülern. *Ja, Euch gehörte sein Herz,*[1438] versichert der Nachruf auf den mit 40 Jahren verstorbenen Lehrer.

Die Trias von hingebungsvoller Sorge für die Schule als Institution und Ort von Kollegialität, persönlicher Gelehrsamkeit und Fürsorge für die Schüler wird vielen Gymnasiallehrern nachgerühmt, von der Frühzeit des modernen Gymnasiums bis in das 20. Jahrhundert. Nicht ausnahmsweise, sondern regelmäßig bot das Gymnasium tüchtigen und fleißigen Männern tief gestaffelte Gelegenheiten,

---

1434 Dir Dr. Johann Iltgen, Antrittsrede, Prog Gym Culm 1884, 9.

1435 Rektor Ludolf Heinrich Otto Müller, Antrittsrede als Direktor, Prog Gym Jever, Oldenburg 1850, 9f.

1436 Gerd Eilers, Meine Wanderung durchs Leben, 1. Theil, Leipzig 1856, 54.

1437 Karl Eduard Brauns u. August Friedrich Adam Theobald, Statistisches Handbuch der deutschen Gymnasien, Bd. 1, Kassel 1837, 41f.

1438 OL Prof. Dr. Wilhelm Gerberding, NR auf Dr. Gustav Dederding, Prog Luisenstädtische ORealSch Berlin 1885, 27.

ihre Talente zu entwickeln und auszuleben. Sehr unterschiedliche Charakterbilder sind überliefert.

Prof. Dr. Friedrich Johann Georg Messerschmidt (1776–1830) war

> *ein Mann von staunenswerter philologischer Gelehrsamkeit, eine durchaus poetisch angelegte Natur, ein belebendes und erfrischendes Element des Gymnasiums. In seiner äusseren Erscheinung war er ein genialer Zyniker; für weisse Wäsche besass er keine Leidenschaft, an Rock und Weste fehlte es oft an den Knöpfen, nie aber an Flecken. An seiner Toilette nahm man in der damaligen Gesellschaft keinen Anstoss, da er durch sein geistreich lebhaftes Gespräch, durch improvisierte Sonette und Triolette und sonstige poetische Spenden alles andere vergessen machte. Die Ferien benutzte er gern zu Fußreisen, die er mit der Einfachheit eines Simonides ausführte. Mit Unbefangenheit nahm er dabei die Gastfreundschaft von Freunden und Fremden, namentlich von Landpastoren, in Anspruch, scheute sich aber auch nicht, in eine Dorfschenke auf der Streu neben Fuhrleuten und Handwerksburschen Nachtruhe zu suchen. Zurückgekehrt gab er dann gern in der Klasse Bericht von seinen Erlebnissen, zuweilen sogar in epischem Versmaße. Dabei erhielten die Schüler Kenntnis von seiner persönlichen Bekanntschaft mit den lebenden Größen der deutschen schönen Literatur, z.B. von der gastlichen Aufnahme bei Jean Paul, dessen Gattin ihm die etwas defekte Garderobe wieder instand setzte, oder er schilderte die gesellschaftlichen Verhältnisse Hamburgs, namentlich die Gastereien dieser Stadt, zu denen er eingeladen worden, in launiger Weise im Versmaße der Odyssee. Messerschmidt verstand es, seine Schüler mit den klassischen Dichtern, mit der Größe, Schönheit und dem Tiefsinn ihrer Dichtungen bekannt, ja vertraut zu machen. Der Kirchenhistoriker Karl Hase erzählt, es sei eine Lust gewesen, unter ihm den Homer zu übersetzen. – Der reichbegabte Mann wusste sich selbst nicht zu zähmen. Er ergab sich dem Trunke. Als das Übel bedenklich zunahm und die Schule darunter zu leiden begann, setzte Matthiä die Pensionierung durch. Messerschmidt ging Ostern 1828 in den Ruhestand. In seinen letzten Lebensjahren war er ganz und gar verkommen. – Seine dichterische Begabung hat mannigfache Anerkennung gefunden. Bei der von der Universität Oxford 1815 ausgeschriebenen Preisbewerbung um die beste lateinische Ode auf die Besiegung Napoleons wurde ihm der erste Preis zu Teil.*[1439]

Nicht weniger originell – wie überhaupt vielfach die aus dem 18. Jahrhundert gekommenen Lehrer im Erscheinungsbild weniger ständisch profiliert waren als die des ausgehenden 19. Jahrhunderts – war Erdmann Gottlieb Johann Müller (1786–1858):[1440]

> *In der Schule wirkte er mit jener Treue, die der hervorstechendste Zug in seinem Charakter war, mit der er an seinen Jugendfreunden und Jugendfreuden festhielt, mit der er seine religiösen und sittlichen Überzeugungen pflegte, mit der er seine alte Lebensweise und selbst Nahrung und Kleidung fortsetzte. Er trug das Haar lang bis auf die Schulter*

1439 Prog Gym Altenburg 1892.

1440 Prog Gym Gera 1908 (FS).

herab und hohe Stiefel. Da er ausserdem klein von Statur war, so musste seine Erscheinung mit der Zeit auffallend genug werden. Im Unterrichte war er mild und hatte rohen Gemütern gegenüber manchmal Schwierigkeiten. Er richtete die Schüler nicht für das Examen ab und konnte daher nicht immer glänzende Erfolge aufweisen. So wurde er von dem Konsistorium nicht richtig beurteilt. Der Sitte, am Neujahrstage Aufwartungen zu machen, fügte er sich nicht. Dazu kam, dass der so bescheidene und humane Mann sich den Mut, seine Überzeugung in Wort und Schrift (in der Zeitung) frei zu äussern, nicht verkümmern liess, so dass er wohl manchmal unbequem wurde. In der Stadt galt er als Armenvater, bei dem kein Notleidender umsonst anklopfte. Als er am 5. April 1858 im 72. Lebensjahre starb, war die Teilnahme allgemein, denn alle hatten das Gefühl, dass mit ihm ein Charakter von seltener Reinheit und Festigkeit aus dem Leben geschieden war.

Beim Tode Direktor Georg Friedrich Keysers (1776–1842) eilten die Landlehrer der Umgebung unaufgefordert herbei, um ihren früheren geschätzten Lehrer zu Grabe zu tragen.[1441] In dem 1872 verstorbenen August Kastner sahen[1442]

seine Amtsgenossen einen biederen, aufrichtigen Freund, bewährt in allen Lebensverhältnissen. Seinen Schülern war er ein liebevoller, strenger, aber im höchsten Grade gerechter Lehrer.

Dr. Matthias Hoch vom Gymnasium Münstereifel zeichnete sich aus durch[1443]

gründliche und ausgebreitete Kenntnisse in den klassischen Sprachen, seinen unermüdlichen Eifer im Unterricht, die durchaus edle und hohe Auffassung der Berufspflichten. [...] Jugendbildner in der echten und rechten Weise.

Dem Direktor der Domschule in Güstrow und Ehrenbürger der Stadt, Gustav Karl Heinrich Raspe (1811–1887), wurde von den Kollegen nachgerühmt[1444]

eiserner Fleiß, bis in das Kleinste hinein peinliche Ordnungsliebe, hervorragendes Organisationstalent. Höher zu veranschlagen sind die Verdienste in seinem unmittelbaren Einwirken auf die Schüler.

1441 Prog Gym Sondershausen 1905.

1442 Prog Gym Neisse 1872.

1443 Prog Gym Münstereifel 1876.

1444 Prog DomSch Güstrow 1887. – Ehrenbürgerschaften waren eine seltene Ehrung und wurden nicht unter dem Rang eines Gymnasialdirektors vergeben: Dauber (Holzminden), Eckstein (Leipzig), Falbe (Stargard), Gerber (Bromberg), Haacke (Stendal), Herzog (Gera), Jüngst (Bielefeld), Kämpf (Neuruppin, noch einmal Landsberg a.W.), Kautzsch (Basel), Kieser (Sondershausen), Liedtki (Gleiwitz), Lorenz (Grimma), Lozynski (Culm), Pähler (Montabaur), Raspe (Güstrow), Röller (Gr.-Glogau), Rossolkiewicz (Danzig), Schönborn (Krotoschin), Wex (Schwerin).

Das Lebensbild von Prof. Wilhelm Dethard Motz (1815–1897) in Bremen, das aus Anlaß der Pensionierung im Programm seiner Schule gezeichnet wurde, gibt ein anschauliches Bild davon, welche Prägewirkung auf das öffentliche Schulwesen von einem einzelnen Pädagogen ausgehen konnte:[1445]

> *1844 zunächst als Hilfslehrer an der Vorschule der Hauptschule zu Bremen ein. 1850 wurde er zum ordentlichen Lehrer, und 1858 nach Reorganisation der Hauptschule zum Vorsteher der Vorschule ernannt. In dieser Eigenschaft hat Professor Motz ein Vierteljahrhundert unserer Hauptschule angehört und sich sowohl um die unter seiner speziellen Direktion stehende Abteilung derselben, wie um die Gesamtschule die grössten Verdienste erworben. Als Professor Motz die Leitung der Vorschule übernahm, zählte sie 187 Schüler, als er das Direktorat niederlegte, hatte sie die Ziffer 530 überschritten! Seine Jahresberichte an die vorgesetzte Behörde lassen erkennen, welche Arbeit für Unterricht und Disziplin, wie viele Beratungen über Lehrstoff und Lehrgang, über die Fixierung der Lehrziele in den einzelnen Fächern [es] in den 25 Jahren bedurfte, ehe die Vorschule diejenige in sich abgeschlossene Organisation erreichen konnte, derer sie sich heute erfreut. Als Professor Motz eigenstes Werk ist auch die nähere Verbindung zur Hauptschule mit den zu derselben vorbereitenden Anstalten zu bezeichnen, deren Inspektion gleichfalls 25 Jahre lang von ihm ein erfolgreichster Weise ausgeübt wurde. Zu allen diesen Pflichten, deren Erfüllung die ganze Manneskraft eines andern schon vollauf in Anspruch genommen hätte, kamen nun noch seine Beteiligung an den Arbeiten unserer gesetzgebenden Körperschaft, deren tätiges Mitglied er von 1859 bis 1865 war, sowie der Schuldeputation, in welcher er seit seinem Austritt aus der Bürgerschaft als beratendes Mitglied bis zum Herbst 1883 eine für unser gesamtes Schulwesen in hohem Grade segensreiche Wirksamkeit entfaltete, endlich seine Tätigkeit in der Lehrerprüfungs-Kommission in den Jahren 1858 – 1870. Aber trotz der von Jahr zu Jahr sich steigernden Arbeitslast hat der Unermüdliche mit einer Pflichttreue und einer Begeisterung für seinen Beruf, wie sie nur wenigen eigen ist, vor allem seines mühevollen Schulamtes gewaltet. In der unablässigen Sorge um die seiner Obhut anvertraute Anstalt fand Professor Motz seine beste Befriedigung. Und wer von seinen Schülern spräche nicht mit der größten Hochachtung und der innigsten Liebe von dem verehrten Mann, dessen wahrhaft seltenes Verständnis für die Jugend, dessen Konsequenz und strenge Unparteilichkeit, stets verbunden mit väterlichem Wohlwollen, ihn wie keinen andern zu der Leitung eines solchen Lehranstalt befähigten. Seinen Kollegen gegenüber hat sich Professor Motz durch seinen nie ermattenden Pflichteifer und sein selbstloses Streben allzeit als leuchtendes Beispiel erwiesen, während seine humane Gesinnung und seine stete Fürsorge das Verhältnis zu ihnen zu einem echt freundschaftlichen gestalteten.*

Ein sprechendes Beispiel dafür, wie die Geschichte einer Institution von der Hingabe Einzelner abhängig ist, wie Bildungsgeschichte nicht von Umständen,

1445 Prog HauptSch Bremen 1884.

sondern von Personen geformt wird, tritt im Nachruf auf Direktor Schulrat Dr. Heinrich Eduard Foß (1805–1875) entgegen:[1446]

> *1829 wurde er als Adjunkt am Joachimsthalschen Gymnasium zu Berlin angestellt und 1831 als Direktor des Gymnasiums nach Friedland in Mecklenburg-Strelitz berufen. Am 5. November trat er dieses Amt an und entwickelte nun eine ähnliche Tätigkeit, wie sie Matthiä bei Antritt seiner Altenburger Stellung gezeigt hatte. Ein genauer Lehrplan wurde entworfen, das Klassensystem eingeführt, die bisher engverbundene Bürgerschule vom Gymnasium getrennt, Schulgesetze entworfen, die regelmäßige Veröffentlichung von Programmen begonnen. 1835 wurde er nach Altenburg berufen. In Altenburg hatte er die keineswegs leichte Aufgabe, den alten Ruf zu wahren und einem Vorgänger wie Matthäi nicht nachzustehen. Den Ruhm, daß er es verstanden hat, der Anstalt sein Gepräge zu geben, darf man ihm nicht absprechen. Hatte Matthäi milde Humanität geübt, so zeigte Foß vor allem strengen Ernst. Mit Energie handhabte er strenge Zucht. Im Besitze einer außerordentlichen Lehrgabe wußte er die Aufmerksamkeit der Schüler zu fesseln und ihre geistigen Kräfte allseitig zu üben. Besonders Gewicht legte er auf Übungen des Gedächtnisses und stellte nach dieser Seite hin nicht geringe Anforderungen an die Schüler. Nachdrücklich hielt er auf Sicherheit im Lernen, was sich besonders bei der griechischen Formenlehre bewährte. In dem Nachrufe der Altenburger Zeitung heißt es, die Schüler der vormaligen Mittelsekunda, die bei Foß griechischen Unterricht genossen, hätten Mühe gehabt, das für seine Stunden Gelernte wieder zu vergessen. Strenger noch als gegen seine Schüler, war er gegen sich selbst; das hat ihm zu einem glänzenden Muster von Pflichteifer und Gewissenhaftigkeit gemacht. Regungen des Gemütes kämpfte er mit dem festen Willen nieder. Nur die vor seinen Abiturienten gehaltenen Entlassungsreden zeigten nicht selten den Ausdruck tiefen Gemütes und warmen Gefühles.*

Die professionelle Kompetenz eines Gymnasiallehrers zeigte sich auf den drei Sachebenen der Kollegialität, der Fachwissenschaft und des Umgangs mit den Schülern. Sie war ein ständisches Merkmal, nicht nur der Direktoren, sondern aller Lehrer. Sie war auch nicht gebunden an eine bestimmte Epoche oder Phase, sondern sie galt in den ersten Jahrzehnten des modernen Gymnasiums im 19. Jahrhundert nicht weniger als im frühen 20. Jahrhundert. Oberlehrer Dr. Gülzow in Stettin, geboren 1861, wird nachgesagt, er sei ein *idealer Ordinarius in der wohltuenden Vereinigung straffer Zucht und väterlicher Fürsorge.*[1447] Ebenso erklärt der

---

1446 Prog Gym Altenburg 1892.

1447 Prog Schiller-Gym Stettin 1912, NR auf OL Dr. Albert Gülzow (*1861). Nicht weichgespült: *Die Disciplin handhabte er mit sicherer Hand, er liebte die Jugend, kannte auch ihre Versuchungen und wirkte diesen mit allem Ernst entgegen. Als Ordinarius der Ober-Secunda war er streng und entschieden in seinem Urteil über die Versetzbarkeit seiner Schüler und ging von dem Grundsatze aus, daß man nur wirklich fleißige, lernbegierige und tüchtige Schüler in die Prima kommen lassen dürfe.* Dir Dr. Ferdinand Ranke, Verabschiedung von OL C. E. Bresemer (*1802), Prog Friedrich-Wilhelms-Gym Berlin 1873, 43.

mehr als ein halbes Jahrhundert früher geborene Oberlehrer Dr. Hahn in Salzwedel zu seinem Ordinariat in Quarta: *in welcher Stellung ich mir die Freundschaft meiner Kollegen und die dankbare Liebe meiner Schüler erworben zu haben glaube.*[1448] Es ist unrealistisch anzunehmen, daß es immer freundlich und glatt zwischen Lehrern und Schülern zugegangen wäre. Konflikte zwischen schwachen, säumigen, aufmüpfigen Schülern und überarbeiteten, strengen, leistungsfordernden Lehrern gehören zum institutionellen Rollenmuster und sind deshalb ständig aufgetreten. Aber die Überlieferung läßt doch keinen Zweifel daran, daß die Gymnasiallehrer auch um Mäßigung bemüht waren, zumal sie aus einer privilegierten Position handelten. Rektor Julius Rieckher am Gymnasium Heilbronn sei zuvorkommend gegenüber guten Schülern gewesen, habe aber die *trägen und zerstreuten Schüler oft scharf angefahren.*[1449] Wo zuvorkommende Freundlichkeit oder pädagogische Zuneigung ganz oder situativ fehlte, wurde wenigstens der Habitus beansprucht, so auch von Rieckher: *die klassisch-professionelle Würde zu behaupten.*

Was wie eine bloße Attitüde anmuten könnte, gründete allerdings auf professioneller Stabilität. Die Gymnasiallehrer befanden sich von Anfang an in einem Aufstieg als Gruppe, der die Karriere des Einzelnen klar überstieg. Sie hatten die Bildungsverhältnisse des 18. Jahrhunderts hinter sich gelassen,[1450] waren Beamte geworden, hatten sich zu einem Stand zusammengefunden, konnten als Teil des Bürgertums an dessen mächtigem Aufstieg teilhaben, hatten sich gegenüber der Universität als dem konkurrierenden Bildungsträger ohne Nachteile verselbständigt, und sie hatten für sich ein hoch anspruchsvolles ideelles Berufsbild entworfen und in der Praxis realisiert. Samuel Reuscher, der 35 Jahre lang, von 1820 bis 1855 das Gymnasium Cottbus leitete, formulierte 1842 dessen Komplexität, zugleich dessen Selbstbewußtsein:[1451]

1448 OL Dr. Gustav Karl Eduard Hahn (*1807), Prog Gym Salzwedel 1879.

1449 Rektor Prof. Dr. Adolf Planck, NR auf Rektor Dr. Julius Rieckher, Prog Gym Heilbronn 1878. – Auch für das Folgende.

1450 Dafür die eindringliche Beschreibung von Dir Prof. E. J. Birnbaum, *Uebersicht der Entwicklung des Schulwesens in Deutschland von der Mitte des 18. Jahrhunderts an*, Prog Kath. Gym Köln 1846, 16: *Einen eigenen und eigentlichen Lehrerstand gab es mithin nicht; die Stellung der Lehrer war eine transitorische; daher dachte niemand daran und konnte niemand aufgefordert werden, ihnen einen bestimmten Rang in der Gesellschaft anzuweisen, sie als Beamte oder Staatsdiener anzuerkennen, ihnen auch nur einen Titel zu geben und für ihre >Zukunft und ihr Alter durch gesetzliche Bestimmungen Sorge zu tragen; auch die für die damaligen Verhältnisse schon auffallende Kärglichkeit ihrer Besoldungen, die ohne allgemeine Normirung großentheils von dem Rufe und der Celebrität ihrer Schule abhingen, findet von diesem Gesichtspunkte aus ihre Erklärung und einigermaßen ihre Entschuldigung.*

1451 Dir Samuel Reuscher, Rede zur Amtseinführung von Prorektor Dr. Karl Wilhelm Nauck, Prog Gym Cottbus 1843, 9f.

Wer nun als Lehrer mit bewährter Tüchtigkeit und dauerndem Erfolge über den todten Buchstaben seiner Bestallung und das gemeine Maaß seiner Instruction hinaus lebendig wirksam und thätig ist, wer den Verstand des Lehrlings [= Schülers] *ausbildet durch Weckung, Schärfung, Uebung des Vermögens zur Kraft, der Kraft zur Fähigkeit, der Fähigkeit zur Tüchtigkeit und Fertigkeit – nach Maaßgabe des Lehrstoffes und seiner Bildsamkeit –; und wer ferner den Willen des Lehrling's zur guten, pflichtmäßigen Gesinnung und angemeßnen Thätigkeit – religiös-moralisch entwickelt und disciplinarisch zieht und regelt; wer Verstand und Willen des Zöglings, indem die Methode zur Disciplin und die Disciplin zur Methode wird, so zu erleuchten und zu erwärmen weiß, daß aus der harmonischen Stimmung jener, wie dieser, das Gemüth des Jünglings in seiner Vertrauen ansprechenden Offenheit, Aufrichtigkeit, Redlichkeit, Gewissenhaftigkeit und Charakter anstrebenden Thätigkeit und Tüchtigkeit hervortritt und sich in seinem Streben frei und fröhlich, jugendlich und glücklich fühlt: Der, aber auch nur Der darf sagen: ich bin als Lehrer auch ein Erzieher, ein bildender Künstler und Meister im Unterricht, bin ein Pädagog.*

Die Auffassungen Reuschers als die eines Vertreters der frühen Lehrergeneration zeigen die intensive Vernetzung von kontrollierenden Normen und professionellem Selbstbewußtsein. Sie belegen im Rückblick ebenso wie im Blick nach vorn die langen Linien im Bildungs- und Erziehungswesen, mit denen der Berufsstand des Lehrers sich entwickelt und damit der bürgerlichen Nachfrage und dem staatlichen Auftrag zugearbeitet hat.

Was Direktor Dr. Perle in seiner Ansprache zur Jahrhundertwende 1900 als die *Grund- und Ecksteine einer ersprießlichen nationalen Zukunft* pries, waren *der kategorische Imperativ der Pflichterfüllung, die Lehren aus der Franzosenzeit und die Errungenschaften von 1870/71,*[1452] also Berufsernst, historische Erinnerung und politische Geltung. Das Politische verschattete den Beruf, und der Beruf bot eine Arena für das Politische. Diese Bindung geht über das Loyalitätsgebot für den beamteten Lehrer hinaus und hat Wurzeln in den frühen 1840er Jahren. Direktor Heinen in Düsseldorf entließ 1842 die Abiturienten mit der Erklärung, der *Vaterlandsfreund* fordere von einer öffentlichen Lehranstalt, daß ihre Zöglinge *einen lebendigen Sinn für das Gemeinwesen, den Sinn für den Staat mitbringen, daß ihr Nationalgefühl so weit gekräftigt und erstarkt sei, daß sie ihm mit ganzer Seele angehören wollen.*[1453] Die Schule sei *die geeignetste Pflanzstätte des Patriotismus,* erklärte Rektor Busch und fügte im Blick auf den französischen Revanchismus hinzu, Frankreich werde, solange es nicht Schulzwang und allgemeine Wehrpflicht eingeführt habe, *an Kriegstüchtigkeit immer*

1452 Dir Dr. Wilhelm Perle (*1854), Ansprache zur Jahrhundertwende, Prog ORealSch Halberstadt 1900, 4.

1453 Dir Dr. Franz Heinen, Abiturentlassungsrede 1842, in: Heinen, Schulreden, Einladungsschrift zur Einweihung des neuen Realschulgebäudes, Düsseldorf 1860, 37.

hinter uns zurückstehen.[1454] Wegen dieser Verbindung von Beamtenstatus und politischer Bekenntnistreue wurde der 1887 verstorbene Oberlehrer Berlit nicht nur als treuer und zuverlässiger Kollege, nicht nur als väterlicher Freund seiner Schüler gerühmt, sondern wie viele seiner Kollegen auch als *begeisterter Anhänger von Kaiser und Reich.*[1455] Dr. Friedrich Neubauer, Oberlehrer an der Latina der Franckeschen Stiftungen in Halle, später Direktor erst in Landsberg a.L., dann des Lessing-Gymnasiums in Frankfurt am Main, Vorsitzender des Geschichtslehrerverbands und einer der bedeutenden Schulbuchautoren Ende des 19. Jahrhunderts, erklärte in seiner Kaisergeburtstagsrede 1903:[1456]

> *Mit schwerer Sorge suchen unsere Staatsmänner einen Damm zu bauen, um die immer stärker heranschwellende Woge des Slawentums zurückzudrängen, und was unserm Staate und unsrer Nation von seiten einer übermütigen, zügellosen Demokratie droht, ist durch die Vorgänge, die wir vor kurzem erleben mußten, nur noch deutlicher geworden.*

Die Verhärtung autoritärer Vorstellungen von Staatlichkeit und Politik waren die innere Überzeugung und die dienstliche Linie nicht nur eines Spitzenvertreters der Gymnasiallehrerschaft, sondern der breite Konsens, der im höheren Bildungswesen von den 1890er Jahren bis tief in die Weimarer Republik trug.[1457] Über die Tugend von Wissenschaft in der Schule lagerte sich der Mehltau einer verblendeten Selbsteinschätzung und Gesinnung.

Dieser Hinweis auf das zwiespältige Bild von den Gymnasiallehrern, auf das gemeinsame Auftreten von Tugend und Verblendung findet im Umgang mit Geschichte in der Gegenwart eine Entsprechung. Geschichte ist widersprüchlich und uns Nachlebenden in dieser Gestalt aufgegeben. Sie ist auch dort real, wo sie uns nicht paßt. Sie ist unser Anruf zur Metanoia, kein beliebig formbares Material, das jeweiligen Selbstbildern angepaßt werden könnte. Alle Versuche einer nachträglichen Begradigung von Geschichte durch Tilgung der Erinnerung – etwa durch die Umbenennung von Straßen (*Hindenburg*) oder

---

1454 Rektor Johann Georg Busch, *Der Einfluß unseres Schulwesens auf die Kriegstüchtigkeit des Heeres, unter Hinweisung auf die Erfahrungen aus dem jüngsten deutsch-französischen Kriege beleuchtet*, Prog ProGym St. Wendel 1871, 18.

1455 Dir Konrad Duden, NR auf OL Bruno Berlit (1843–1887), Prog Gym Hersfeld 1888, 6.

1456 OL Dr. Friedrich Neubauer, *Was ist deutsch?* Kaisergeburtstagsrede, Prog Latina Halle 1903, 6. – Neubauer wurde 1903 nach Landsberg, 1905 nach Frankfurt berufen. Er erklärt nicht, auf welche Vorgänge er sich bezieht. Zu seinen Lehrbüchern vgl. Wolfgang Jacobmeyer, Das deutsche Schulgeschichtsbuch, Bd. III, 1348, 1448, 1450, 1473, 1480, 1516f, 1576, 1620 u. 1633. Auch eine Autobiographie, typographisch in Reinschrift.

1457 Vgl. Ernst Weymar, Das Selbstverständnis der Deutschen, Ein Bericht über den Geist des Geschichtsunterrichts der höheren Schulen im 19. Jahrhundert. Stuttgart 1961.

Institutionen (*preußischer Kulturbesitz*) oder Namen (*Bismarck-Zimmer* im Auswärtigen Amt) – sind *ein antiaufklärerischer Größenwahn, der sich als Demut nur tarnt.*[1458]

1458 Florian Illies, *Vergangenheit minus Preußen, Über den naiven Versuch, die deutsche Geschichte zu optimieren*, in: Die ZEIT v. 5.1.2023, 39.

Literaturverzeichnis

Aly, Friedrich: Vademecum für Kandidaten des höheren Lehramts. Marburg 1910.

Aubin, Hermann u. Zorn, Wolfgang (Hg.), Handbuch der deutschen Wirtschafts- und Sozialgeschichte. 2 Bde. Stuttgart 1871-1976.

Ächtler, Normann: Schulprogramme Höherer Lehranstalten. Hannover 2020.

Apel, Hands-Jürgen: Preußische Gymnasiallehrer 1820-1850. Soziale Herkunft, Studienverhalten, Studienerfolg nach Prüfungszeugnissen insbesondere der Bonner Schulamtskandidaten. Vierteljahrsschr. f. Sozial- u. Wirtschaftsgesch. 72 (1985), 353-368.

Barthel, C.: Ueber die Gewissenhaftigkeit des Lehrers. In: Der katholische Jugendbildner, Eine pädagogische Zeitschrift, 10. Jg. (1848).

Baumeister, Karl August: Der höhere Unterricht. Bemerkungen und Vorschläge weiteren Kreisen vorgelegt von einem Schulmanne im Elsaß. Straßburg 1878.

Becker, Merle u. Correll, Christoph U., Suicidality in childhood and adolescence. Deutsches Ärzteblatt 2020.

Behrens, Friedrich: Deutsches Ehr- und Nationalgefühl. Lepzig 1891.

Brauns, Karl Eduard u.Theobald, August Friedrich Adam (Hg.): Statistisches Handbuch der deutschen Gymnasien. 2 Bde. Bd.I: Kassel 1837, Bd. II ebenda 1838.

Broesike, Max u. Keil, Wilhelm Hg.): Neumanns Orts- und Verkehrslexikon des Deutschen Reichs. Leipzig-Wien 1905 (4. Aufl.).

Deecke, Wilhelm: Plaudereien über Schule und Haus. Straßburg 1884.

Eilers, Gerd: Meine Wanderung durchs Leben. 6 Bde. Leipzig 1856-1861.

Ellendt, Georg: Lehrer und Abiturienten des Königlichen Friedrichs-Kollegiums zu Königsberg Pr. 1698-1898. Königsberg 1898.

Förster, Wilhelm, Lebenserinnerungen und Lebenshoffnungen. Berlin 1911.

Führ, Christoph: Gelehrter Schulmann – Oberlehrer – Studienrat. Zum sozialen Aufstieg der Philologen. In: Bildungsbürgertum im 19. Jahrhundert, hg. v. Werner Conze und Jürgen Kocka. Tl. 1: Bildungssystem und Professionalisierung im internationalen Vergleich. Stuttgart 1992.

Graf, Alfred: Schülerjahre. Erlebnisse und Urteile namhafter Zeitgenossen. Berlin 1912.

Gronewald, Andreas: Das Essener Burggymnasium 1824-1945. Eine Höhere Schule im Wechsel politischer Machtsysteme. Essen 2011.

Gutenäcker, Josef: Verzeichnis aller Programme und Gelegenheitsschriften, welche an den kgl. Bayer. Lyzeen, Gymnasien und Lat. Schulen vom Schuljahr 1823/24 bis 1859/60 erschienen sind. Bamberg 1862. – Fortsetzung: Zeiß, J. G. 1860/

61-1883/84. Landshut 1874-1885. – Renn, Emil: Fortsetzung 1884/85-1907/08. Ebenda 1890-1909.

Haats, Uwe u. Rudolph, Konrad: Die Erfassung der historischen Schulschriftensammlung des Domgymnasiums Verden. Jb. f. d. Landkreis Verden 2023, 179-187.

Hartung, Fritz: Deutsche Verfassungsgeschichte. Stuttgart 1969.

Haubfleisch, Dietmar u. Ritzi, Christian: Schulprogramme. Zu ihrer Geschichte und Bedeutung für die Historiographie des Erziehungs- und Bildungswesens. Bibliothek u. Forschung Bd. 102 (2011), 165-205.

Hensel, Rolf: Diese außerordentlichen Tage des Winters... Die Jahresberichte der höheren Schulen in Preußen. Berlin in Geschichte und Gegenwart. Jb. d. Landesarchivs Berlin 2015, 55-71.

Hoffrogge, Jan M., Schlutow, Martin, Twickler, Max (Hg.): Geschichtsbewußtsein in der Gesellschaft. FS f. Bernd Schönemann zum 65. Geburtstag. Frankfurt/Main 2021.

Jacobmeyer, Wolfgang: Die zweite Teilung Polens als Problem des historischen Urteils. In: FS für Wolfgang Hug, hg. v. Elmar Krautkrämer u. Elisabeth Erdmann. Rheinfelden-Berlin 1992, 33-42.

Ders.: Geschichte des Gymnasiums Paulinum in Münster 1918-1945. In: Lasalle, Günter (Hg.), 1200 Jahre Paulinum in Münster. 797-1997. Münster 1997, 123-144.

Ders.: Das deutsche Schulgeschichtsbuch 1700-1945. Die erste Epoche seiner Gattungsgeschichte im Spiegel der Vorworte. 3 Bde. Münster 2011.

Ders.: Grundlegung und Ausformung des deutschen Geschichtsunterrichts. Diskurse zur Didaktik und Historik 1814-1914. Zus. m. Holger Thünemann. (Geschichtskultur u. historisches Lernen, hg. v. S. Handro u. B. Schönemann; 17). Münster 2018.

Ders.: Zeitgeschichte – Zeitverständnis. Gesammelte Aufsätze, hg. v. Barbara Hanke. *Berlin 2020.*

Ders.: „Civibus aevi futuri“: Normen des schulischen Lehramts aus der Sicht eines Gymnasialdirektors 1844. In: Hoffrogge, Jan M., Schlutow, Martin, Twickler, Max (Hg.), Geschichtsbewußtsein in der Gesellschaft. Frankfurt/Main 2021, 29-45.

Jeismann, Karl-Ernst: Das preußische Gymnasium in Staat und Gesellschaft. Bd. 1: Die Entstehung des Gymnasiums als Schule des Staates und der Gebildeten 1787-1817. – Bd. 2: Höhere Bildung zwischen Reform und Reaktion 1817-1859. Stuttgart 1996.

Ders. u. Lundgreen, Peter (Hg.), Handbuch der deutschen Bildungsgeschichte Bd. III: 1800-1870. Von der Neuordnung Deutschlands bis zur Gründung des Deutschen Reiches. München 1987.

Jung, Rudolf: Die deutschen Schulprogramme. Erinnerungen an eine fast vergessene Publikationsform. 300 Jahre Bibliothek des Gymnasiums Weilburg. Weilburg 1985, 86-95.

Kalokagathophilus [i.e. Nöldeke, Ernst Georg Karl], Ueber Mängel des höheren Unterrichtswesens besonders im Königreich Hannover. Hamburg 1828.

Kimminich, Otto: Deutsche Verfassungsgeschichte. Baden-Baden 1987.

Kössler, Franz: Personenlexikon von Lehrern des 19. Jahrhunderts. Berufsbiographien aus Schul-Jahresberichten und Schulprogrammen 1825-1918 mit Veröffentlichungsverzeichnissen, Preprint (Stand: 18.12.2007). UB Giessen 2008. URL: http://geb.uni-giessen.de/volltext/2008/6106.

Ders.: Verzeichnis der Programm-Abhandlungen deutscher, österreichischer und schweizerischer Schulen der Jahre 1825-1918. 4 Bde. München 1987 und 1 Ergänzungsband 1991.

Kreusch, Julia: Der Verlag der Buchhandlung des Waisenhauses als Schulbuchverlag zwischen 1830 und 1918. Tübingen 2008.

Kübler, Horst: Besoldung und Lebenshaltung der unmittelbaren preußischen Staatsbeamten im 19. Jahrhundert. Nürnberg 1976.

Kübler, Otto (Hg.), Wiese's Sammlung der ‚Verordnungen und Gesetze für die höheren Schulen in Preußen. Berlin 1888 (3. Aufl.).

Küpper, Erika, Die höheren Mädchenschulen. In: Jeismann, Karl-Ernst u. Ludgreen, Peter (Hg.), Handbuch der deutschen Bildungsgeschichte, Bd. III, München 1987.

Leuchtenberger, Gottlieb: Vademecum für junge Lehrer. Berlin 1909.

Ders.: Der Schuldirektor. Erfahrungen und Ratschläge für junge Direktoren und solche, die es werden möchten. Berlin 1911.

Lorinser, Carl Ignatius: Zum Schutz der Gesundheit in den Schulen. Berlin 1836.

Ders.: Eine Selbstbiographie. Regensburg 1864.

Markewitz, Friedrich: Das Schulprogramm als Textsorte zwischen Erziehungs- und Wissenschaftssystem. Münster 2018.

Meyer, Folkert: Schule der Untertanen. Lehrer und Politik in Preußen 1848-1900. Hamburg 1976.

Neigebaur, Johann Ferdinand (Hg.): Die preußischen Gymnasien und höheren Bürgerschulen. Eine Zusammenstellung der Verordnungen, welche den höheren Unterricht in diesen Anstalten umfassen. Berlin-Posen-Bromberg 1835.

Nipperdey, Thomas: Verein als soziale Struktur in Deutschland im späten 18. Und frühen 19. Jahrhundert. Eine Fallstudie zur Modernisierung I. In: Ders., Gesellschaft, Kultur, Theorie. Gesammelte Aufsätze zur neueren Geschichte. Göttingen 1976, 174-227.

Ders.: Deutsche Geschichte 1866-1918. München 1990.

Nitsche, Reinhard: Verdens Sammlung historischer Schulschriften. Ein Schatz der Bildungs- und Wissenschaftsgeschichte. Jb. f. d. Landkreis Verden 2023, 188-217.

O'Boyle, Leonore: Klassische Bildung und soziale Struktur in Deutschland zwischen 1800 und 1848: HZ 207 (1968), 584-608.

Paulsen, Friedrich: Geschichte des gelehrten Unterrichts auf den deutschen Schulen und Universitäten vom Ausgang des Mittelalters bis zur Gegenwart. 2 Bde. Berlin-Leipzig 1921 (3. Aufl.).

Peschel, Oskar: Die Lehren der jüngsten Kriegsgeschichte. In: Ausland 29 (1866).

Schmidt, Maximilian: Ueber die Nothwendigkeit einer Reform im Gymnasialunterricht. Halle 1836.

Pierer, Heinrich August u. Lobe, Julius (Hg.), Universal-Lexikon der Gegenwart und Vergangenheit. Altenburg 1857 (4.Aufl.).

Seiler, Friedrich: Der Oberlehrer (= Das Buch der Berufe; VII). Hannover 1902.

Stadelmann, Rudolf: Soziale und politische Geschichte der ‚Revolution von 1848. Darmstadt 1970 (2. Aufl.).

Tenorth, Elmar: Lehrerberuf und Lehrerbildung. In: Handbuch der deutschen Bildungsgeschichte, hg. v. Karl-Ernst Jeismann u. Peter Lundgreen, Bd. III: Von der Neugründung Deutschlands bis zur Gründung des Deutschen Reiches. München 1987, 250-281.

Tosch, Frank: Gymnasium und Systemdynamik. Regionaler Strukturwandel im höheren Schulwesen 1890-1938. Bad Heilbrunn 2006.

Turner, R. Steven: Universitäten. In: Jeismann, Karl-Ernst u. Lundgreen, Peter (Hg.), Handbuch der deutschen Bildungsgeschichte Bd. III: 1800-1870. Von der Neuordnung Deutschlands bis zur Gründung des Deutschen Reiches. München 1987, 221-249.

Vierhaus, Rudolf: Bildung. In: Geschichtliche Grundbegriffe. Historisches Lexikon zur politisch-sozialen Sprache in Deutschlands, hg. v. Otto Brunner, Werner Conze und Reinhard Koselleck. Bd. 1, Stuttgart 1972, 508-551.

Vogt, Carl: Aus meinem Leben. Stuttgart 1896.

Wachsmuth, Wilhelm: Entwurf einer Theorie der Geschichte. Halle 1820.

Weymar, Ernst: Das Selbstverständnis der Deutschen. Ein Bericht über den Geist des Geschichtsunterrichts der höheren Schulen im 19. Jahrhundert. Stuttgart 1961.

Wermbter, Hans: Die höhere Schullaufbahn in Preußen statistisch betrachtet. Schalke 1901.

Wiese, Ludwig: Ludwig Wiese's Sammlung der Verordnungen und Gesetze für die höhere Schule in Preußen. Berlin 1867.

Ders.: Lebenserinnerungen und Amtserfahrungen. 2 Bde. Berlin 1886 (2. Aufl.).

Wilamowitz-Moellendorff, Ulrich v.: Erinnerungen 1848-1914. Leipzig o.J. [1928].

Lehrer und Schulverwaltungsbeamte

[Die Stellenangaben beziehen sich auf die Anmerkungen. Dort sind auch die schulischen Ränge und die akademischen Titel aufgelöst.]

Abeken, Bernhard Rudolf 41, 112, 152, 250, 510, 1096
Ackermann, Heinrich Ludwig Oskar 289
Adler, Franz Theodor 209, 360, 669, 1137
Agahd, Reinhold Hermann August 1375, 1408
Ahlburg, Heinrich 761
Ahrens 484
Aigte, Hermann 169
Alberti, Wilhelm 13, 948
Aly, Friedrich 310, 914, 1034
Ameis, Karl Friedrich 535, 701, 707, 824
Ammon, Hermann 169
Andeltshauser, Anton 674
Anton, Karl Gottlieb 244, 895, 896f
Anz 746
Apelt, Otto 188, 978
Arndt, Georg Otto 818, 974
Arndt, Karl 662, 724
Arnold, Bruno 803
Arnold, Friedrich August 669
Asbach, Julius 42, 251, 266, 515, 813, 977, 1181, 1187, 1356
Asmus 568
Auerbach, Jakob 276
August, Ernst Ferdinand 263, 554, 577, 967
Axt, Carl August Moritz 249, 493, 499, 561f
Babucke, Heinrich 768
Bähnisch, Alfred 205, 280
Bärwald, Hermann 814, 836
Bahn, Ernst 173
Bamberg, Albert v. 287
Barby 556
Bartsch, Julius Wilhelm August 1341, 1396
Bartelmann, Johann Heinrich Jakob 711, 714752
Barth, Albert
Barth, Karola 91
Barthel, C. 573
Bartsch, Julius Wilhelm August 1241, 1244, 1250, 1356
Bathe, Karoline 91
Bauer, Hermann Johannes Wilhelm 760
Bauer, Karl Friedrich 1376
Baumeister, August Karl 346, 1431
Beck, Heinrich 269, 408, 1173
Becker 614
Becker, Eva 91
Becker, Joseph 169
Becker, Paul 169
Becker, Wilhelm 318, 969, 1080, 1243
Beckmann, Paul 169
Beckstein, Ferdinand 160
Begemann, Heinrich 1310
Beger, August 58, 570, 1007
Behringer, Edmund 1002, 1032, 1041, 1053
Beinert, Albert 252
Bellermann, Gustav 865
Bellermann, Johann Joachim 1163
Bellermann, Ludwig Ernst Joachim 786, 799, 808, 830, 837, 1292, 1303
Benary, Carl Albert Agathon 673

Benseler, Gustav 851
Bergmann, Helene 91
Berlit, Bruno 1455
Berndt, Gustav 756
Berndt, Theodor 1309, 1398
Bernhardt, A F 1028
Bernhardt, Emmanuel 260, 322, 516, 722, 1352
Bernhoeft, Elisabeth 91
Berk, Elisabeth 91
Besse, Peter 365
Biese, Alfred 861
Biese, Franz 43, 349, 401, 1175, 1315
Biester, Karl 237
Bindseil, Theodor Friedrich August 287, 426
Binsfeld, Johann Peter 54
Birnbaum, E J 1450
Bischoff, Ludwig 1168
Bledow, Erdmann Ludwig 577
Blochmann, Emil 1018
Blume, Wilhelm Hermann 378, 746, 1011, 1164f, 1432
Böbel, M 1098
Böckelmann, Fritz 1269
Böhmer 350
Bösche, Gustav 93, 902
Bösser, Ferdinand 191
Böttger, Heinrich 111, 438, 476
Bötticher, Gotthold 863
Bötticher, Johann Friedrich Wilhelm 609
Bogen, Wilhelm 328, 918, 951
Bohnert, Felix Eduard Philipp 273, 769, 849
Boltenstern, Paul v. 133, 175, 271, 286
Bonnell, Karl Eduard 887, 1020, 1207, 1339
Bormann, August Friedrich Wilhelm 772
Bossler, Christian 1111
Bossler, Ludwig 1111
Both, Philipp 1406
Both, Valentin 845
Bouterwerk, Rudolf 227, 283, 1111
Bouterwek, Wilhelm 1111
Brackhahn, Adolf 1300
Brandes, Wilhelm 189, 347, 858
Brandt, Franz Bernhardt 248
Brandt, Samuel 455
Brauns, Karl Eduard 47, 50, 230, 501, 599, 606, 983, 1437
Bredow, Ferdinand 49
Bredtmann, Hermann 63
Breier, Johann Friedrich 1207, 1246
Breitenbach, Oskar 321
Breiter, Theodor 477, 923
Bremer, Frieda 91
Besemer, C E (1447
Bretschneider, Carl Anton 704
Bretschneider, Paul 106
Brilka, Franz 582
Bruckner, Friedrich Konrad 275, 409, 892
Brüggemann, Franz 395
Brülbeck 817
Bruncke, Hermann 48, 189, 347, 449, 858
Brunnemann, Karl Otto Martinus 1255
Bruns, Wilhelm 493
Brunslow, Ottokar 1271
Buchenau, Franz 841
Buchholz, Eduard 692
Buchwald, Otto 321
Buddeberg, Wilhelm 186, 338, 400
Büchner, Wilhelm 451, 649, 653, 672, 727, 1162
Büttner, Johann Samuel 1038
Burger, Konrad 1083
Burghardt, Wilhelm 1223, 1237, 1247, 1279
Busch, Johann Georg 1154, 1454
Buschmann, Johannes 266, 809

Cadenbach, Carl August 411
Caesar, Hermann 844
Cammann, Ernst Ludwig 639
Campe, Johann Friedrich Christian 779
Capelle, Karl 219
Carnuth, Otto Alexander 767
Caspers, August 905
Cauer, Friedrich 843
Cauer, Paul Eduard Ludwig 337, 453, 497, 667, 695, 843, 1076
Cavan, Karl 160
Christensen, Heinrich 856
Condit, Otto 1132
Conrad, Karl Ludwig 353
Contzen, Leopold 389, 1105
Corsenn, Arthur 337
Crain, Carl Ferdinand 43, 430, 989
Crampe, Karl Gustav 333
Cron, Christian 1404
Curtius, Georg 310
Curtius, Karl 789
Czwalina, Julius 780

Däckee, Otto 171
Dähn, Johannes 171
Dahleke, Friedrich 171
Dahse, Wilhelm Ernst Gottlieb 718
Dangel, Max 160
Danz, Ernst 323
Daßler, Alfred 171
David, Luise 91
Deckelmann, Heinrich 169
Dedekind, Werner 1091
Deeke, Wilhelm 1215
Deutschle, Julius 652
Deutschbein, Karl 95
Dickhoff, Emil 169
Dieck, Friedrich Christian Theodor 1017, 1067, 1093
Diehl, Theodor 666
Dielitz, Theodor 666, 696
Dietlein, Albert Wilhelm 1187, 1188
Dietrich, Albert 20, 247, 511, 1003
Dietsch, Rudolf 425, 434, 1119, 1129
Dietze, Paul 153
Dihle, August 670
Dillenburger, Wilhelm 171, 370
Dilthey, Julius Friedrich Karl 1025
Dissel, Karl Christian Theodor 856
Döbelt, Hugo 169
Döderlein, Ludwig 503
Doering, Friedrich Wilhelm 542
Doerks, Henry 133, 175
Dost, Otto Karl 857
Draeger, Anton August 201, 278, 1359
Drewes, Ludwig Heinrich Konrad 762, 781, 826
Dressler, Arnold
Dressel, Otto 196
Drewes, Ludwig Heinrich Konrad 820f, 827, 1284
Drygalski, Fridolin v. 209
Ducrue, August 342
Duden, Konrad Alexander Friedrich 136, 169, 379, 751, 848, 1455
Düvel, Wilhelm 169

Eberhard, Ernst Friedrich 200, 627, 629f, 641, 889, 894, 908, 985, 1100, 1135, 1142
Eberhardt, Hermann Anton 840
Eberwein, Wilhelm Christian Alexander 586
Ebinger, Julius 226, 295
Eckstein, Friedrich August 435, 657, 758, 776f
Eder, Ernst Kurt 154
Eggerking, Elisabeth 91
Ehrenthal, Ludwig Karl Wilhelm 392, 1167
Ehrich, Johannes 44
Ehringhaus, Friedrich 1197
Ehwald 753
Eilers, Gerd 512

Eiselen, Friedrich 382, 422, 452, 900, 1336
Eiselen, Marie 91
Ellendt, Friedrich 161, 211, 502, 639, 643, 880, 1193
Ellendt, Georg 131, 175, 209
Ellendt, Johann Ernst 254, 640
Ellendt, Theodor 20
Ellinger, Georg 839, 868
Elsner, Carl Friedrich 486
Elster 617
Emmert 54
Ennecerus, Magda 91
Epstein, Theobald 814, 836
Erler, Wilhelm 396, 726
Erzgräber, G 746
Esch, Hermann 735
Essing, Josef 99
Eulitz, Georg August 851
Evers, Gustav 634
Ewoldt, Konstantin 96
Eysell, Georg Friedrich 1122

Faber, Albert 94
Fabian, Gottlieb Theodor 282, 398
Fabian, Michael Ferdinand 679, 942
Facius, Friedrich 623
Falbe, Samuel Gottlieb 1006, 1097, 1425
Falk, Charlotte 91
Feddern 64, 578
Feit, Paul 796
Finger 834
Fischer, Christian Wilhelm 65
Fischer, Ernst 837
Fischer, J. 198, 691
Floeck, Anton 344
Förster 796
Foertsch, Karl Friedrich Gottlieb 1075
Forberg, Eduard 623, 637
Foß, Heinrich Eduard 1446
Foß, Rudolf 750
Francke, Carl Ludwig 605
Francke, Eduard Christian 646
Franke, Friedrich 289, 474, 723
Franke, Walter 1385, 1410
Franz, Karl August 181
Frederichs, Friedrich 1121
Freese, Carl Friedrich Heinrich 155, 164, 377, 809, 1090, 1425
Frederichs, Friedrich 207, 255
Frenkel, Ernst Eduard 36f,
Friedel, Otto Wilhelm 202, 271, 286, 290, 303, 1081
Friedländer, Konrad 1363
Friedländer, L. 773
Friedrich, Hermann 1299
Friedrich, Oskar 336
Friedrich, Otto Gustav 1321, 1330
Fries, Theophil 334
Fritsche, Hermann 331, 436, 1420f
Frohwein, Eugen 785, 1133
Funck, Anton 842
Fürstenau, Eduard 370
Funkhänel, Karl Hermann 647, 942, 1074, 1114, 1172, 1187, 1206, 1326

Gaertner, Johann 557
Gebhardt, Adelbert 867
Geffers, August 199, 302, 661
Geier, Robert 49, 648
Geisler, Adolf 1232
Geist, Hermann 790
Gemß, Gustav 67, 117, 120, 176
Gensler, Johannes Günther 763
Genthe, Friedrich Wilhelm 36, 581
Genthe, Hermann 973
Gerber, Gustav 1235f, 1338
Gerberding, Wilhelm 774, 1438
Gerhard, Oskar 1280, 1316
Gerhardt, O. 840
Gerlach, Maria Gideon 237, 1033, 1061, 1099
Gerstenberg, Carl 121, 177
Getz, Franz Josef 99

Giesebrecht, Adolf Friedrich 209, 437, 947, 968
Giesen, Anton 97
Giesing, Karl Julius 904
Gilbert, Gustav 803
Gilbert, Robert Otto 734, 747
Göbel, Anton 370, 395
Goerlitz, Ernst Wilhelm Theodor 781
Göthe, Alfred 277
Götschke, Karl 286
Goldschmidt 54
Goßmann, Elsa 91
Gotthold, Friedrich August 209
Gottschick, Albert Friedrich 493, 866, 876, 1215
Gottschick, Reinhold Friedrich Theodor 1155, 1257
Gräber, Rudolf 980
Gräfenhan, August 938
Graf, Hedwig 91
Grahn, Wilhelm 784
Grashof, Karl Friedrich August 15
Grenzken, Hermann 132
Grimm, Christoph Heinrich Andreas 480, 491, 934, 941
Grimm, Julie 91
Grimsehl, Ernst Karl Heinrich 387, 981
Grobe, Konrad 135
Gröning, Samuel Friedrich 558
Grohnert, Alexander 99
Grosch, Gustav 783, 802, 835, 1146, 1216, 1273, 1370
Große, Johann Christian 551
Grossmann, Wilhelm 903
Grotefend, August 302
Gruber, Carl 123, 177
Grumme, Albert 350, 375, 745, 785, 1133
Gruner, Gottlieb Anton 22
Gülzow, Albert 1447
Günther 746
Günzel, Johann 552
Guhrauer, Heinrich Karl Berthold 770, 1004, 1184, 1283, 1304, 1384
Gumpert, Ferdinand Friedrich 828
Guttmann, Julius 253, 339, 890, 1234, 1254

Haacke, August Hermann 671
Haage, Karl 397
Haage, Rudolf 218, 397, 710, 945, 1148, 1397
Haake, Albert 283, 320
Haaris, Ernst 1267
Habich, Heinrich Theodor 390
Hackstroh, Caspar Heinrich Gustav 720
Haesecke, Max 1232
Hafkesbrink, Klara 91
Hagge, Heinrich 685
Hahn, Gustav Karl Eduard 1448
Halbkart, Karl Wilhelm 17
Hampke, Hermann 764
Hamacher, Hilger 487
Hamke, Hermann 1239
Hammer, Martin 134
Hanf, Georg 862, 1058
Hanau, Rudolf 1333
Hankel, Fritz 800, 855
Hannes, Helene 91
Hanow, Rudolf Friedrich 208f, 396, 597, 726, 864
Hansen, Jacob Heinrich 54, 585
Hantschke, Karl Lebrecht 489, 951
Harms, Christian 44
Harnischmacher, Franz Joseph 738
Harre, Paul 286, 455
Hartfelder, Karl 455, 506, 812
Hartung, Adam Johann 692
Hartung, Albert 1382, 1386
Hase, Karl August v. 458
Hasenbalg, Karl Friedrich Ferdinand 43, 349, 401, 1175
Haspelmacher, Augustin 827
Hasper, Ludwig 1145

Haun, Wilhelm Christian 194, 1092
Haupt, Erich 1139, 1318
Haupt, Eduard Theodor 678, 689, 899, 920
Hausdörffer, Hermann 450
Hecker, Gotthilf Samuel 40
Hebestreit, Bruno 906, 939, 1106, 1256
Heep, Gustav 86, 356
Hegel, Georg Friedrich Wilhelm 1089
Heibert, Heinrich 1275
Heidelberger, Alwin 1200, 1202
Heidrich, Rudolph 341
Heiland, Karl Gustav 151, 429, 1130, 1133, 1320
Heinen, Franz 1025, 1030, 1081, 1094, 1117, 1121, 1325, 1331f, 1453
Held, Julius 575, 580, 633
Henke, Oskar 1276, 1305
Henrychowski, Ignat 1277
Herbst, Georg August 1111
Herbst, Ludwig Ferdinand 797
Herbst, Wilhelm 1111, 1144
Herrlich, Samuel 407, 847
Herrmann, Immanuel 613
Herrmanowski, Paul 829
Hertel, Friedrich Gottfried Wilhelm 8
Herter 554
Heseler, Hans Karl Eduard 697
Hess, Philipp Karl 233, 447,450, 642, 919, 1064, 1317, 1337
Heucke, Paul 799
Heydemann, Gustav 359, 993
Heydenreich, Ferdinand 399
Heynacher, Max 832
Hiecke, Robert Heinrich 878
Hillebrand, Josef 1079
Hincke, Julius 688
Hinrichs, Gustav 786
Hoch, Matthias 1443
Hoche, Richard Gottfried 256
Hoegg, Franz Xaver 917, 1169, 1225
Hoffmann, Wilhelm 391
Hoffmeister, Karl 354, 541, 545, 1024
Hofmann, Friedrich 766
Hohnhorst, Hermann 839
Hölker, Joseph 187
Höpfner, Ernst 370
Hoffmeister, Karl 683, 1067
Hoffa, Anna 91
Hohnhorst, Hermann 868
Holk; Cornelius 218
Holzapfel, Rudolph 615
Hoppe, Adalbert 808, 830
Hoppe, Alexander 740
Horkel, Johannes 209
Horn, Jürgen Friedrich 1027
Horkheimer, Florence 91
Huberdt, August Friedrich 1414
Hüser, Ludwig 1150
Hunt 608
Hupe, Heinrich 811
Hynitzsch, Adolf 1406

Ilberg, Friedrich Theodor 263, 421, 445, 474, 1354
Ilberg, Hugo 370, 723, 883
Iltgen, Johann 215, 1434

Jacob, Johann Friedrich 235, 998, 1000, 1021
Jacob, Johannes 37, 263
Jacob, Theodor Gustav Karl 759
Jacobi, Wilhelm 882
Jaeger, Georg v. 198, 691
Jäger, Oskar 859, 1290, 1327, 1373, 1394
Jessen, Peter Heinrich 1131
Joachimsen, Paul 166
Jordan, Adolf 144, 159, 163, 477, 1036
Jüngst, Ludwig Volrad 881
Jungclaussen, Wilhelm Theodor 340, 1126, 1152, 1340
Jungmann, Emil 169, 777

Kabat, Joseph 1096
Kämmel, Heinrich Julius 41, 111, 301, 332, 336, 410, 421, 986, 1158, 1213
Kaemmel, Otto 883, 1367f
Kahnt 610
Kaiser, Karl 1410
Kalokagathophilos (Ps. f. Nöldeke, Ernst Georg Karl) 509
Kammer, Eduard 1295
Kamp, Heinrich 508, 898, 1301, 1308
Kapff, Ludwig 625
Kapp, Alexander 1008, 1089
Kaulfuß, Johann Samuel 431, 517, 1412
Kawerau, Peter Martin 1189
Kayser, Eduard 299
Keck, Johann Friedrich Christian 1062, 1095
Keil, Karl 1078
Kern, Franz 754, 829
Keuffel, Karl 201, 278, 1359
Keutel, Otto 110
Keyser, Georg Friedrich 1442
Kienitz, Max 110
Kiesel, Karl 266, 1187
Kießling, Friedrich Gustav 370, 757
Kießling, Gottlieb 610
Klamroth, Martin 798
Kleiber, Ludwig 1121
Kirchner, Friedrich 167
Klein, Otto 412
Klopsch, Christian David 557
Klütz, August 1046
Knabe, Karl August Fürchtegott 1020
Kneebusch, Karl Johann Friedrich 700
Knittel, Edmund Karl Anton 805, 820, 823, 826
Knitterscheid, Anton 362, 365
Koch Louis 1016
Köhler, Adolf 869
Köhler, Richard 1298
König, Johannes 1409
Köpert, Hermann 1244
Köpke, Georg Gustav 959, 1111
Köpke, Ernst 1111
Köpke, Reinhold 370
Körber, Gotthelf Wilhelm 1003
Kötschau, Paul 846, 979
Kohlrausch, Friedrich 963
Kolbe, Alexander 320
Kolligs, Hans 361
Koppen, Karl Friedrich Julius 421, 976
Koppin, Karl 709, 733, 907, 916, 951, 1057, 1328, 1365f, 1379
Korell, Adolf 794
Korselt, Ernst Julius 281
Kortüm, Karl Wilhelm 42, 238, 251, 934, 955, 1005, 1058, 1181
Koslowska, Alexandra Maria 91
Krämer, Ernst 1393
Krahner, Leopold 303
Kramarczyk, Joseph Emanuel 1178
Kraner, ,Friedrich 1123, 1131
Kranz 584, 598, 708
Krause, Emil 44
Krause, Karl Ernst 236
Krebs, Friedrich Rudolf Karl 516
Krech, Adolf Ferdinand 300
Kreyssig, Friedrich 14, 970
Kries, Friedrich 542, 574
Kriz, Justus 1069
Krösing, Max 361
Krüger, Max 1361
Kruhl, Heinrich 608
Krupp, Hermann 767
Kruse, Carl 780
Kühn, Wilhelm 113
Kühner, Emma 91
Kühner, Carl Friedrich Ludwig 275, 409, 892, 1328
Künstler, Rudolf 771, 775
Küsell, Karl Johann Friedrich 471
Kuhfahl, Heinrich 840, 853
Kuhnert, Johann Gottfried Carl 583
Kullmann, Albert 1273

Lachmann, Ferdinand 1270
Lambeck, Gustav Adolf 389
Lamprecht, Karl Ludwig 274
Landfermann, Dietrich 370, 997, 1144
Lange, Gustav 407
Lange, Johann August 575, 580
Lange, Rudolf 1297
Langguth, Hugo 323
Lanzenberger, Heinrich Otto 721
Latendorf, Friedrich 130, 177, 1378
Laubert, Karl 794
Lehmann, August Johann 427, 493, 498, 514, 555, 1060
Lehnerdt, Ludwig Albert 148, 270, 493, 1141
Lehrs, Karl 773
Leiste 4
Lentz, Wilhelm 399
Leuchtenberger 750
Leutsch, Ernst v. 302, 661
Lex, Christian 476, 1328
Lex, Wilhelm Karl 954
Lieber, Heinrich 1420
Liersemann, Karl Heinrich 952
Liman, Oskar 1391f
Lindemann, Friedrich 301, 410, 559, 611, 1158
Linge, Carl 355
Linke, Bernhard 226
Lommatsch 616
Lorbacher 540
Lorberg, Hermann 1191
Lorentz, Paul 1308
Lorenz, Wilhelm 493, 1141
Lorey, Adolf 732
Lothholz, Gustav 205, 1128
Luchterhand, August Rudolf 57, 631
Ludwig 287
Lübbert, Jürgen Andreas 296, 1358
Lüdeking 736
Lünzer, Ernst 929, 975
Lüttgert, Gottlieb August 1139
Mackel, Emil 369
Märklin, Christian 625
Magener, Albert 790
Mahn, Paul 917, 981, 1045, 1357
Manikowsky, Heinrich v. 549
Manso, Johann Kaspar Friedrich 636, 1031, 1054
Mantels, Wilhelm 789
Marg, Rudolf 1176
Marquardt, Joachim 219
Martus 748
Martini 755
Matho, Johann Gottlob 197
Matthäi, August 22
Matthäi, Moritz 877
Matthes, Georg 1182
Matthiä, August 463
Matthias, Johann Andreas 9Matthisson, Karl Ernst Georg 12, 253, 291, 329, 339, 345, 348, 553, 591, 596, 601, 638, 886, 925, 946, 951, 1055, 1086, 1183
Mayhoff, Karl 288
Meier, Christian 75
Meineke, August 503
Meister, Richard 867
Menge, Hermann August 1399
Messerschmidt, Friedrich Johann Georg 1439
Meyer 792
Meyer, Johann Friedrich Ernst 422, 1051
Meyersahm, Hans 1296
Milz, Heinrich 432, 1364
Mirow, Ernst 268
Mögelin, Max 840
Möller 579
Möller, Rudolf 254, 350
Möller, Wilhelm 370
Mößler 675
Monjé, Gerhard 618
Mosche, Carl 235
Motz, Wilhelm Dethard 1445

Mühlberg, Rafael 267
Müller, Anton 200
Müller, Erdmann Gottlieb Johann 185, 460, 1440
Müller, Hermann 221, 903, 1056
Müller, Johann Heinrich 245, 325, 664, 693
Müller, Johannes 1353, 1355, 1371
Müller, Josef 582, 684
Müller, Ludolf Heinrich Otto 428, 631, 1136, 1435
Müller, Ludwig 685, 690
Münschee, Alwin 13
Mützell, Julius 432
Muff, Christian Fürchtegott 315f, 327, 443, 806
Muncke, Albert 466, 543, 1224, 1232, 1241
Muther, Heinrich 408, 1173

Nasemann, Otto 261
Nath, Max 372
Natorp, Oskar 621
Nauck, Karl Wilhelm 571
Naumann, Julius 1104, 1222, 1242
Neubauer, Friedrich 1356, 1374, 1456
Nicolai, Adolf 1351, 1360
Nitzsch, Gregor Wilhelm 503
Nobbe, Karl 503, 966, 1013, 1429
Nöldeke, Ernst Georg Carl 686
Nölting, Theodor 123, 678, 689, 713, 910, 1417

O'Boyle, Leonore 83
Oehme, Arno 840
Oertel 848
Ohly, Ferdinand 1259, 1400
Orthmann, Karl 782
Osterwald, Karl Wilhelm 535, 701, 707, 824, 1085, 1224, 1251, 1323, 1390, 1410, 1425

Pähler, Robert 729
Palm Friedrich 59, 115, 214, 293, 913
Palm, Johann 621
Pannenborg, Albertus 1238, 1288
Panowsky, Hugo 122, 383
Pansch, Bernhard 828
Pansch, Christian 1124
Panzerbieter, Wilhelm 157
Patze, Wilhelm Friedrich Philipp 18, 1087, 1089
Paul, Wilhelm Theodor 391
Paulus, Matthias 361
Paulssen, Anton Jacob 186, 338, 400
Peppmüller, Rudolf 493
Perle, Wilhelm 333, 834, 896, 1153, 1452
Perschmann, ,Theodor 783
Peter, Karl Ludwig 314, 360, 439, 510
Petersen 545
Petersen, Philipp 1221
Petzold, Karl Wilhelm 795
Pfaff, Hermann 762
Plähn, Rudolf 317, 950
Planck, Adolf 297, 317, 703, 1449
Pöhlmann, Heinrich 398, 988
Pohlmeyer, Emil 1294
Polack, Johann Friedrich August 1112
Poppo, Ernst Friedrich 177, 257, 483, 486, 891
Povelsen, Sören Ludwig 1116
Prellwitz, Walther 372
Preuß, August 1249, 1268
Probst, Hermann 1149

Radeck, Julius 1179
Rättig, Ernst Gabriel Christian 576
Rahn, Wilhelm 169
Ranke, Ferdinand 56, 59, 64, 168, 302, 567, 578, 605, 609, 653, 706, 1224, 1227, 1248, 1447
Rasch, Franz 815
Raspe, Gustav Karl Heinrich 1444
Redlich, Karl 273, 769, 849

Regel. Karl August 704, 742, 1247
Reibstein, Eduard 686
Reimann, Eduard 1201, 1252, 1345
Reimann, Heinrich 928, 1099, 1103
Reimnitz, Friedrich Wilhelm 746
Rein, Wilhelm 647
Reinhardt, Theodor Friedrich Gottfried 658
Rethwisch, Conrad 483
Retzlaff, Otto 768
Reuscher, Arnold 1063, 1274, 1322
Reuscher, Samuel 190, 488, 494, 571, 940, 1451
Reuter, Franz Christian 711, 737, 750
Richter, Gustav 815, 977
Richter, Johannes 341
Richter, Otto Julius Wilhelm 178, 504
Richter, Richard 1419
Riebe, Karl Ferdinand 614
Rieck, Friedrich 1134
Rieckher, Julius 297, 703, 1449
Riehm, Gottfried 261
Riek, Hubert 810
Riemann, Hermann 779
Riemann, Hugo 629
Rietz, Friedrich 653, 672
Rinne, Carl 1312
Risch, Julius 360, 362
Rockstroh, Isidor 362
Röder, Friedrich 274, 292, 569, 888, 1042, 1046, 1137
Roehricht, Carl Gottlieb 619
Röhricht, Reinhold 854
Roeren, Carl 738
Roese, Eduard 1356
Rogge, Christian 930, 1174, 1387, 1402
Rohmer, Friedrich Gustav 864
Romberg, August 537
Romeis, Franz Seraph 342
Roscher, Wilhelm Heinrich 734
Rosenhagen, Hermann 133, 175
Rosenheyn, Johann Samuel 216, 518, 1159
Rosezin, Siegfried 70
Roßbach, Johann Valentin 715
Roßmann, Johann Heinrich Andreas 665
Rost, Valentin Christian Friedrich 390
Roth, Walther 1286
Rothe, F. 204
Rothert, Moritz 1212
Rothmaler, Adolf 259, 393, 1180, 1219, 1346
Ruczinski, Jacob 55, 264f
Rückert, Friedrich Wilhelm 56
Rührmund, W. 676
Rumpe, Paul 1265
Runge, Gustav Adolph Friedrich 300

Sachs, August 1307
Samland, Franz 27
Sander, Ferdinand 1411
Sartori, August 1177
Saupe, Ernst Julius 375, 730, 743
Schacht, Ludwig 654, 788
Schaper, Friedrich 758, 778
Schaper, Karl Julius 41, 233, 262, 659, 787, 1334
Schauwienold, Wilhelm 63
Scheibel, Ewald 279
Scheibert, Carl Gottfried 687, 959
Schenck, Philipp Adolph 260, 722
Schepers, Karl 239
Scheuer, Ludwig 838
Schickhelm, Franz 372
Schieck, Karl Julius 248
Schimmelpfeng, Gustav 267
Schirlitz, Karl August 1189, 1203, 1208, 1220, 1341
Schirlitz, Karl Richard 227, 272, 290, 670f
Schirlitz, Samuel Christoph 1073
Schlee, Friedrich 840, 853

Schlüter, Joseph 1293, 1348
Schmelzer, Karl 1418
Schmidt 655, 1037
Schmidt, Alwin 1282, 1291, 1302, 1305, 1313, 1375, 1383, 1395, 1401
Schmidt, Gustav 54, 772,
Schmidt, Max Georg 394
Schmidt, Maximilian 959f
Schmieder, Friedrich 329, 345, 553, 1086
Schnabel, Heinrich Immanuel 800
Schneider, Johann 399
Schneegans, Karl Friedrich 793
Schneider, Otto 753
Schober, Ernst 62
Schöler, Georg 424, 500
Schönborn, Carl 252
Schoene, Gustav 654, 788
Schönwälder, Karl Friedrich 566, 1029
Scholderer, Emil 712
Scholz, Hermann 41, 262
Schottmüller, Alfred 728
Schrader 209
Schrader, Karl 863
Schrader, Wilhelm 58, 370, 725
Schramm, Augustin 29
Schramm, Carl 833
Schröter, Reinhold 361, 363
Schubart, Carl 222, 1229, 1254
Schubarth, Karl-Ernst 309
Schubring. Julius 811, 822, 833, 850
Schütt, Johann Karl Gottfried 192, 223, 360
Schütte, Eduard Wilhelm Emil 617, 626, 660,926, 1134
Schulte 716
Schulte, Ludwig Rudolf 326
Schulteß, Friedrich 256, 797
Schullze, Eduard 236
Schultz, August 801, 819
Schultz, Ferdinand 1155
Schultze, Johann Georg 712
Schulz, Ferdinand 866
Schulz, Friedrich 572, 1120
Schumann, Heinrich 943
Schumann, Otto 372
Schwalbe, Hermann 204
Schwannecke, Edmund 865
Schwepfinger, Fran Friedrich Karl 492
Sckeyde 116
Seebeck, Adolf 787
Seebeck, Karl Julius Moritz 440
Seel, Wilhelm Heinrich 245
Seelbach, Joachim Ludwig 492f, 1140, 1217
Seelberg, Johann Ludwig 932
Seiler, Friedrich 495, 915, 1050
Semper, Ernst August 190, 488
Severin, Karl Ludwig 475, 1032, 1428
Seyffert, Moritz 441
Siecke, Gustav 185
Siederer, Johann Christoph 459
Siefert, Otto 340
Silber, Ernst Woldemar 935, 1319
Sintenis, Friedrich Wilhelm 587, 590, 677
Skrezeczka, Rudolf 589, 592
Skrodzki, Fritz 1403
Sonne 75
Sonne, Wilhelm 713, 1417
Sorof, Gustav Friedrich 213, 901, 927, 953, 1238
Spilleke, August 35, 65, 556, 959, 996, 1028, 1166f
Spilleke, Hermann 335
Spohn, Friedrich August Wilhelm 503
Spreer, Leopold 1405
Stange 739
Starke, Friedrich Gottlob 1324
Steinbach, Karl v. (Ps. f. Hase 458)
Steinbart, Friedrich August 243
Steinmetz 635
Stengel, Paul 239
Stern, Sigismund 276
Stiehler, Ernst 857

Stisser, Gustav Hermann 656
Stössner, Eduard 326
Studniarski, Maximilian v. 790
Stüve, Johann Carl Bertram 41, 112, 152, 250
Stumpf, Theodor 719

Tappe 42
Tassius, Karl 819
Tauswcher, Johannes 1204
Tell, Wilhelm 835
Tendering, Friedrich 954
Teuber 717
Theobald, August Friedrich Adam 47, 50, 230, 599, 606, 1437
Thiede, Karl 22
Thiel, Theodor 696
Thienemann, Heinrich Wilhelm 208f, 597
Thilo, Georg 662, 724
Thilsch, August 582
Thormeyer, Friedrich Christian 473, 990ff, 1009, 1065
Thospann 19
Timpe, Johann Heinrich 822, 850
Todt, Bernhard 205, 285, 305, 1049, 1180
Töpfer, Gottfried Johann 878
Töpfer, Heinrich August 546
Trosien, Eugen 324, 444, 446
Tschackert, Wilhelm 369
Tscherning, Johann August 536, 921, 931, 942, 1035, 1090, 1112
Tücking, Karl 209
Türkheim, Wilhelm 633

Ubbelohde, Karl 999, 1187, 1211, 1284, 1287, 1311, 1344
Uhlig, Gustav 860
Uppenkamp, August 809
Uppenkamp, Julius 369

Veil, Heinrich 793
Veith, August 513
Völcker, Gustav 807
Voelker 663
Vogel, Theodor 59, 373, 621, 765, 1147
Vogt, Edmund 432
Vogt, Ferdinand 1198
Volckmar, Karl Heinrich 304
Volkmann, Diederich 314, 327, 439, 442, 510
Volkmann, Richard 1285, 1314
Volz, Berthold 649, 951, 971
Voß 854

Wachsmuth, Richard 211
Wachter, Christian Friedrich 942
Wähdel, Hermann 128, 177
Wagner, Gustav Heinrich 209, 270
Wagner, Johann Friedrich 1170
Waldeyer, August 233
Walter, Friedrich Ludwig 706
Walther 727
Wasmannsdorff, Erich 754
Wasner, J. 126, 177
Weber, Georg 624
Weck, Gustav 771, 775
Wedewer, Hermann 1330, 1338
Wehrenpfennig 507
Wehrmann, Theodor 213, 422
Weicker, Gustav 277
Weidner, Andreas 1209, 1272, 1381, 1389
Weigand, Ferdinand Gottlieb 348, 601
Weiffenbach 816
Weissenborn, Edmund 1102
Welter, Theodor Bernhard 1186
Wensch, Wilhelm Ferdinand 650
Wenzlaff, Franz 721
Werneke, Bernhard 1212
Werner 842
Werner, M. 587
Wentzel, Eduard 1111

Wentzel, Hermann 1111
Wenzlaff, Franz 1218
Werneke, Bernhard 1228
Wernicke, Alexander 795
Wesener, Eduard 1111
Wesener, Georg 1111
Wex, Friedrich Carl 1162
Wieck, Carl Ferdinand 635
Wiedasch, Wilhelm 1156, 1179, 1251
Wiegand, Ferdinand Gottlob 596
Wiese, Ludwig 668, 698, 1347
Willkomm, Karl Ferdinand 563, 593
Windel, Hans 804
Winter, Ferdinand 699
Wirth, Philipp 365
Wissowa, August 1115
Wittich, Wilhelm 217
Worbs, Hermann 177
Wulfert, Gustav 1233

Yxem, Ernst Ferdinand 59, 168

Zahn, Johannes 844
Zander 505
Zastra, Julius 717, 1241
Zerrenner, Karl Christoph Gottlieb 1048, 1068, 1101
Zestermann, Adolf 657
Ziel, Ernst 384, 386, 421
Zietzschmann, Georg 622, 825
Zinzow, Adolf 212, 234, 699, 937, 944, 1127, 1198f, 1205, 1214, 1228, 1232, 1238, 1246, 1281
Zitscher, Ferdinand 1253, 1388
Zöller, Max 1372

Biographische Merkmale der Gymnasiallehrer

GESCHICHTSDIDAKTIK DISKURSIV –
PUBLIC HISTORY UND HISTORISCHES DENKEN
Herausgegeben von Jürgen Elvert, Christine Gundermann,
Wolfgang Hasberg und Holger Thünemann

Seit den 1970er Jahren hat sich die Didaktik der Geschichte als Wissenschaft vom historischen Lernen (Rüsen) bzw. vom Geschichtsbewusstsein in der Gesellschaft (Jeismann) fest etabliert. Während die 1970er und 1980er Jahre als eine Zeit intensiver Debatten gelten, besteht heute eher ein Mangel an Diskursivität.
Die Reihe Geschichtsdidaktik diskursiv – Public History und Historisches Denken verfolgt drei Ziele:
Erstens versteht sie sich als ein Forum des geschichtsdidaktischen Diskurses. Unterschiedliche Forschungspositionen sollen systematisch aufeinander bezogen und hinsichtlich ihres Innovationspotenzials klar profiliert werden.
Zweitens fühlt sich die Reihe dem Prinzip der Internationalisierung verpflichtet. Sie verfolgt das Ziel, nationale Diskurse miteinander zu vernetzen.
Drittens setzt die Reihe auf Interdisziplinarität, denn gerade für die Geschichtsdidaktik und Public History ist interdisziplinäre Kommunikation von entscheidender Bedeutung.

Band 1 Wolfgang Hasberg / Holger Thünemann (Hrsg.): Geschichtsdidaktik in der Diskussion. Grundlagen und Perspektiven. 2016.

Band 2 Matthias Bode: Traumsommer und Kriegsgewitter. Die politische Bedeutung des schönen Sommers 1914. 2016.

Band 3 Holger Thünemann / Jürgen Elvert / Christine Gundermann / Wolfgang Hasberg (Hrsg.): Begriffene Geschichte – Geschichte begreifen. 2016.

Band 4 Marco Dräger: Deserteur-Denkmäler in der Geschichtskultur der Bundesrepublik Deutschland. 2017.

Band 5 Karl Filser: Ort der Geschichte – Geschichte vor Ort. Gesammelte Aufsätze. Herausgegeben von Wolfgang Hasberg und Eugen Kotte. 2017.

Band 6 Eva Lettermann: Täterhandeln im Nationalsozialismus. Ein Unterrichtsmodell zum historischen Lernen über die Shoah. 2018.

Band 7 Christine Gundermann / Wolfgang Hasberg / Holger Thünemann (Hrsg.): Geschichte in der Öffentlichkeit. Konzepte – Analysen – Dialoge. 2019.

Band 8 Jörn Rüsen: Geschichtskultur, Bildung und Identität. Über Grundlagen der Geschichtsdidaktik. 2020.

Band 9 Wolfgang Jacobmeyer: Zeitgeschichte – Zeitverständnis. Gesammelte Aufsätze. Herausgegeben von Barbara Hanke. 2020.

Band 10 Christine Gundermann / Habbo Knoch / Holger Thünemann (Hrsg.): Historische Jubiläen. Zwischen historischer Identitätsstiftung und geschichtskultureller Reflexion. 2022.

Band 11 Wolfgang Jacobmeyer (Hrsg.): Hungerleider werden Bildungsbürger: Preußische Gymnasiallehrer 1820–1914. Profile einer Profession. 2023.

www.peterlang.com

www.ingramcontent.com/pod-product-compliance
Ingram Content Group UK Ltd.
Pitfield, Milton Keynes, MK11 3LW, UK
UKHW041827290926
8980IPUK00002B/107

9 783631 909119